DES CONDITIONS

DE LA

VIE ÉCONOMIQUE & SOCIALE

DE

L'OUVRIER AUX ÉTATS-UNIS

———

Commission Industrielle Mosely

———

Traduit par

MAURICE ALFASSA

INGÉNIEUR CIVIL DES MINES
LAURÉAT DE L'ÉCOLE DES SCIENCES POLITIQUES

————————

PARIS (5ᵉ)

V. GIARD & E. BRIÈRE

LIBRAIRES-ÉDITEURS

16, RUE SOUFFLOT ET 12, RUE TOULLIER

—

1904

DES CONDITIONS

DE LA

VIE ÉCONOMIQUE & SOCIALE

DE

L'OUVRIER AUX ÉTATS-UNIS

Commission industrielle Mosely

DES CONDITIONS

DE LA

VIE ÉCONOMIQUE & SOCIALE

DE

L'OUVRIER AUX ÉTATS-UNIS

——

Commission Industrielle Mosely

——

Traduit par

MAURICE ALFASSA

INGÉNIEUR CIVIL DES MINES
LAURÉAT DE L'ÉCOLE DES SCIENCES POLITIQUES

——

PARIS (5ᵉ)

V. GIARD & E. BRIÈRE

LIBRAIRES-ÉDITEURS
16, RUE SOUFFLOT ET 12, RUE TOULLIER

—

1904

AVANT-PROPOS

———

C'est uniquement une traduction intégrale des Rapports des Membres de la Commission Industrielle Mosely que nous présentons aujourd'hui à nos lecteurs. Nous n'y avons introduit aucun commentaire. Nous nous sommes uniquement bornés à quelques notes indispensables à la compréhension du texte. Nous avons été conduits à procéder ainsi pour deux raisons :

1° Pour nous conformer à la condition que M. Mosely, l'organisateur de cette Commission qu'il dirigea, nous imposait dans la lettre suivante :

Londres, le 14 mai 1903.

« Cher Monsieur,

« Je vous accorde bien volontiers l'autorisation de traduire en français et « de publier les Rapports de la Commission Industrielle Mosely : il est bien « entendu et c'est une condition *sine qua non* que vous n'apporterez aucune « modification à l'ouvrage qui doit demeurer absolument tel qu'il est : rien « n'étant supprimé et rien n'y étant ajouté. »

Veuillez agréer, etc.

A. Mosely.

Toutefois nous avons cru pouvoir publier en petit texte certaines parties des rapports qui donnaient des descriptions techniques de machines et qui, par suite, ne présentaient pas, à beaucoup près, autant d'intérêt que le reste des rapports.

2° Parce que, à notre sens également, les rapports des membres de la Commission Mosely se suffisaient à eux-mêmes. Ils nous donnent les détails les plus précis et les plus minutieux sur les conditions économiques et sociales dans lesquelles vivent les ouvriers, des États-Unis et ces rapports, fournis uniquement par des ouvriers sont une réponse péremptoire, à la campagne que le *Times* mena en 1901-1902 contre les syndicats anglais, sous ce titre : la « Crise de l'Industrie Britannique ». Ces rapports réfutent les arguments du *Times*, et nous montrent les causes de la plus grande productivité ouvrière qui sont dues à des différences profondes existantes dans la vie sociale, et surtout au développement des « rapports humains » de Lassale et aux encouragements prodigués au génie d'invention des ouvriers que l'on tend à développer aux États-Unis, au lieu de les restreindre comme on le fait malheureusement trop souvent dans nos pays.

MAURICE ALFESSA,
Ingénieur Civil des Mines,
Lauréat de l'École des Sciences Politiques.

REMERCIEMENTS AU BOARD OF TRADE

Au cours de mes voyages autour du monde et plus particulièrement aux États-Unis, j'ai pu me rendre compte, de la façon la plus évidente, que l'Amérique, en tant que pays manufacturier, va de l'avant avec une rapidité dont ni les employeurs, ni les ouvriers Anglais ne se rendent compte. J'arrivai, par conséquent, à cette conclusion qu'il serait nécessaire que les ouvriers eux-mêmes se rendissent compte de ce développement et je décidai d'inviter les secrétaires des Trade-Unions, représentant les principales industries du Royaume-Uni, à m'accompagner pour faire une enquête sur la situation industrielle de l'autre côté de l'Atlantique.

Grâce à la courtoisie de Sir Alfred Bateman K. C. M. G., qui se déclara fort intéressé par mon idée, j'obtins d'être reçu par M. Gérald Balfour, Président du Board of Trade. Il m'assura de son entière sympathie pour mon projet et il voulut, encore, que son département m'offrît toute assistance en son pouvoir. Je dois un témoignage spécial de gratitude à M. H. Llewellyn Smith (du Board of Trade) pour ses efforts pour nous obtenir des informations et des lettres d'introduction pouvant nous être utiles à moi et aux délégués. M. Burnett m'a fourni une aide de grande valeur en faisant choix des Unions à inviter et en me donnant des renseignements généraux, car il est personnellement en rapport avec les Trade-Unions de ce pays; et M. Henry Fountain m'a apporté de précieuses informations relatives aux progrès faits au cours de ces dernières années par les industries des États-Unis : nous en avons fait usage dans l'appendice imprimé à la fin du rapport de la Commission.

PRÉFACE

—

Ayant été l'instigateur de la Commission Industrielle qui s'est rendue aux États-Unis, les ouvriers Anglais et le public, en général, désireront connaître mes opinions personnelles. Avant de les donner, cependant, j'ai le devoir et le plaisir de remercier publiquement la Nation Américaine pour sa courtoisie, son hospitalité et la bonne volonté mise à ouvrir ses usines et ses manufactures pour qu'elles soient visitées par ma mission, et à nous donner toutes les facilités possibles pour conduire à bien notre enquête. Je dois également remercier la FÉDÉRATION CIVIQUE NATIONALE DE NEW-YORK (¹) et la FÉDÉRATION AMÉRICAINE DU TRAVAIL (²) : la première nous a puissamment aidés en toutes choses et a piloté mes délégués à travers les États-Unis, tandis que la seconde recevait ses frères en Travail avec la plus grande cordialité et était toujours prête à les assister autant que possible. Patrons et ouvriers nous ont offert l'hospitalité la plus large, à tel point qu'ils ont pu apporter quelque gêne dans notre enquête.

Il avait été entendu cependant que quiconque préférerait poursuivre sa besogne au lieu d'assister aux réceptions et aux fêtes avait toute latitude de le faire. Un très petit nombre de délégués se prévalut de cette liberté, encore que quelques-uns d'entre eux fussent extrêmement studieux et se soient livrés infiniment plus au travail qu'au plaisir. Chaque délégué avait les plus grandes facilités pour se rendre dans les centres qu'il désirait visiter, d'enquê-

(¹) *National Civic Federation of New-York.*
(²) *American Federation of Labour.*

ter dans son industrie particulière sans qu'il en fut empêché par
des considérations de temps, de dépense, et je n'avais pas fixé de
date pour le retour d'aucun des membres de la mission en Angleterre. J'avais le désir qu'ils pussent faire une enquête approfondie
et qu'ils eussent pour cela tout le temps nécessaire.

Les délégués quittèrent l'Angleterre vers la fin octobre (1902),
la moitié environ se rendant d'abord au Canada. Les autres, après
un court séjour à New-York, voyagèrent avec moi dans un
Pullman Car spécial afin de se réunir au premier groupe pour que
tous pussent avoir l'occasion de visiter les merveilles du Niagara.

La tâche de s'assimiler un si grand problème, avec des représentants de tant de métiers divers accompagnant la Commission
et en si peu de temps était naturellement difficile, surtout quand
il s'agit d'un champ aussi vaste que celui indiqué par la liste des
questions remises aux délégués et auxquelles ils avaient à répondre ; par conséquent mon propre résumé sera nécessairement
incomplet et imparfait. Nous avons demandé aux délégués d'écrire
leurs rapports à leur façon, bien qu'il ait été nécessaire, à cause
de l'espace restreint dont nous pouvions disposer, de supprimer
ou de couper les descriptions de paysage, les notes de voyage, etc.
fournies par quelques-uns d'entre eux ; dans aucun cas leurs
opinions relativement à leurs propres industries n'ont été modifiées, et chacun de ces rapports dans sa forme finale, tel qu'il a
été imprimé, a été revu et approuvé par son auteur. Aucune
pression n'ayant été faite sur eux pour former leur opinion, ces
rapports devraient être doublement bien accueillis par leurs
sociétés : ce sont leurs impressions, et elles n'ont été influencées
par aucune pression extérieure. Tous les délégués, sauf M. Macdonald, ont donné des rapports. Les quelques considérations que je
développe sont celles d'un homme qui connait les affaires et qui
a étudié pendant un certain temps les questions économiques en
se plaçant à un point de vue pratique. Ma conclusion personnelle
est que le véritable Américain est un homme dont l'éducation
est plus soignée, dont l'habitation, la nourriture et le vêtement sont
meilleurs, dont l'énergie est plus grande que chez son frère Anglais : il est infiniment plus sobre que celui-ci, comme conséquence il est plus capable d'employer son cerveau ainsi que son

énergie physique. Un grand nombre des hommes occupant de
hautes situations sont Anglais ou Ecossais et l'Américain s'enor-
gueillit avec raison de son ascendance britannique.

Une des principales raisons de la supériorité de l'ouvrier Américain sur l'ouvrier Anglais est que le premier a reçu une éducation meilleure et plus saine que le dernier et qu'il est par suite
mieux armé pour les luttes de l'existence, et je crois que tous mes
délégués ont été vivement impressionnés par le niveau généralement élevé de l'éducation aux Etats-Unis — un niveau auquel
devrait tendre notre nation autant qu'il est possible.

Dans mes voyages précédents en Amérique, j'avais été très
sérieusement frappé par les méthodes de production, toujours
actuelles, tant au point de vue des affaires qu'à celui de l'équipement de leurs ateliers. Les manufacturiers n'hésitent pas à introduire la machinerie la plus nouvelle, quel qu'ait été le coût de
l'ancien outillage, dès qu'un perfectionnement est réalisé. Un
homme qui est à la tête d'une grande affaire me disait : « L'une
des raisons de notre succès est que nos ouvriers sont prêts à
abandonner le mode de production qui leur est familier dès qu'on
leur a démontré qu'il y a une méthode meilleure ». Les machines
économisatrices de travail sont très employées partout, les Unions
y sont très favorables, et les ouvriers les accueillent volontiers,
parce que l'expérience a prouvé que la machine est, en réalité,
leur meilleur ami. Elle économise énormément de fatigue physique, augmente les salaires, contribue à élever le niveau de
l'existence et en outre elle crée plutôt du travail qu'elle ne réduit
le nombre des bras employés. A mon avis un fait qui a été démontré amplement aux délégués, membres de cette Commission, est
précisément celui dont je viens de parler — non que je pense
qu'ils se soient jamais opposés personnellement au machinisme
(car heureusement cette crise d'opposition est passée pour les gens
intelligents), mais ils ont dû être très heureux de voir des démons-
trations aussi évidentes de ce qu'ils ont essayé de prouver, depuis
longtemps, aux membres de leurs propres Unions.

Mes observations personnelles me font voir que le véritable
manufacturier Américain fait fonctionner ses machines avec une
rapidité beaucoup plus grande que celle communément en usage

en Angleterre — en d'autres termes qu'il leur fait donner « leur
plein » et que les ouvriers secondent utilement les efforts de leur
employeur, dans ce sens. Les ouvriers, dans leur ensemble, font-
ils de même ici ? Je crois que la réponse doit être négative.

Pourquoi les systèmes sont-ils si différents ? En Angleterre il a
été de règle pour les générations passées que dès qu'un homme
gagne au delà d'un certain salaire, le prix de son travail est réduit ; et celui-ci trouvant qu'en travaillant davantage ou qu'en
faisant fonctionner sa machine avec une rapidité plus grande (ce
qui implique un plus grand effort) il n'obtient pas une rémunération supérieure, réduit ses efforts en conséquence. Si cela est vrai,
pouvons-nous en blâmer l'ouvrier ? Que l'employeur considère
les choses avec équité, qu'il se mette à la place de son ouvrier ! —
Aux États-Unis un système tout différent a prévalu, et les manufacturiers se montrent plutôt satisfaits des hauts salaires de leurs
ouvriers dès qu'ils peuvent réaliser un profit : ils disent que
chaque individu occupe un espace de..... dans la fabrique correspondant à un capital engagé de..... et que, par suite, plus grande
est la production de cet individu, plus grand est le profit du manufacturier, proposition rendue encore bien plus évidente en se
rappelant que les frais généraux dans une entreprise (qui sont
toujours une lourde charge) sont pratiquement les mêmes comme
total que la production par ouvrier soit forte ou faible. Je suis
convaincu que les manufacturiers Anglais, s'ils veulent obtenir
le meilleur rendement de leur personnel, doivent arriver à une
entente avec les Unions pour établir pour le travail aux pièces,
un tarif équitable, qui ne sera pas *réduit* quand les ouvriers ga-
gneront de hauts salaires. Je suis sûr que ce système est nécessaire si l'on veut pousser les ouvriers à fournir leur plein effort,
car, pour regarder cette question de haut, c'est là la nature
humaine. La machinerie doit fonctionner avec la plus grande
rapidité possible, tandis que l'ouvrier doit sentir qu'il récolte les
fruits de son travail et que ces fruits sont assurés non seulement
dans le présent mais dans l'avenir. Dans un assez grand nombre
d'industries, des Comités mixtes d'employeurs et d'employés se
réunissent périodiquement pour fixer d'un commun accord le
taux du travail aux pièces, et si pareille coutume était généralisée,

je suis convaincu qu'elle serait avantageuse pour tout le monde : c'est ce qui a lieu, en pratique, dans toutes les industries Américaines.

Bien entendu, la véritable solution de tout le problème est la participation aux bénéfices (¹) sous une forme ou sous une autre, et je suis convaincu que c'est vers ce but que patrons et ouvriers devraient tendre. C'est un problème difficile, mais je suis certain qu'il pourra être résolu avec le temps. Le Capital et le Travail sont des associés et ils doivent agir comme tels. On pourrait parler indéfiniment sur ce sujet, mais l'espace ne le permet pas. Cependant, comme je l'ai dit, c'est à ce prix que sont la paix et la prospérité industrielles. Les Aciéries Carnegie ont commencé à mettre cette méthode en pratique; elle n'est pas inconnue dans ce pays-ci et je crois qu'elle donne d'excellents résultats.

Les États-Unis avancent par sauts et par bonds. Ils commencent à éprouver les bons effets de l'éducation des masses et un territoire immense, où abondent les ressources naturelles, n'est que peu développé industriellement. Eu égard à ces richesses naturelles, ils ont été plus que bénis et les avantages qu'ils en tirent et doivent en tirer, en feront forcément le premier pays manufacturier du globe (situation qu'ils ont déjà acq 'ise); en outre ce pays doit arriver à la prééminence occupée par l'Angleterre il y a quelque 50 ans. Il est de la plus haute importance que le Capital et le Travail aient toujours cette idée présente à l'esprit. Actuellement le marché intérieur des États-Unis est tellement occupé par le développement du pays, que l'on a peu songé aux exportations; mais dans l'avenir, lorsque les nombreuses manufactures, qui s'élèvent dans tout le pays, seront en plein rapport, l'Amérique sera forcément le plus terrible concurrent sur les marchés du monde. Il est évident pour tout le monde, sauf pour ceux qui sont volontairement aveugles, qu'elle ne perd pas de vue le commerce extérieur, mais elle ne fait que se préparer, pour aujourd'hui. L'acquisition des grandes compagnies de navigation

(¹) *Profit-sharing* — En anglais ce mot a un sens plus étendu que dans notre langue, il comprend, outre la participation aux bénéfices proprement dite, le système des primes; cela dans son sens général; on trouve cependant quelquefois le mot *bonuses* qui correspond à notre mot : prime (Note du traducteur).

transatlantique, le démontre surabondamment. Quand l'Amérique voudra se livrer à l'exportation, elle entend dicter ses conditions de frêt, ce qu'elle ne pourrait pas faire sans avoir une marine marchande. Les profits des transports maritimes sont pour elle actuellement d'ordre secondaire, par rapport à la possibilité de réglementer le frêt quand cela lui conviendra. Il faut se rappeler que les manufacturiers et financiers Américains savent ce qu'ils veulent et sont prêts à faire aujourd'hui de gros sacrifices en vue de profits futurs.

On m'a envoyé une coupure d'un journal Américain, relativement au système de rémunération des ouvriers, d'après les résultats de leur travail. Je le donne pour ce qu'il vaut sans m'en porter garant : mais il nous éclaire de façon frappante sur la différence qu'apporte une extra-production sur le profit des manufacturiers et les salaires des ouvriers. Cette coupure a été extraite d'un article récemment publié dans la *Contemporary Review* par M. Major C. C. Towensend; il relate que dans une aciérie, non loin de New-York, les ouvriers sont payés d'après les résultats obtenus par eux et s'ils s'élèvent au-dessus de la normale, le salaire s'accroît plus que proportionnellement : « Le nombre habi-« tuel de coulées que l'on peut obtenir, par poste, est de onze, « mais en apportant la plus vigilante attention à tous les détails, « en accomplissant le travail et le piquage du feu d'une façon « scientifique et incessante on peut arriver parfois à une coulée « supplémentaire. Le salaire des ouvriers du haut-fourneau, « lorsqu'ils font onze coulées, est de 40 dollars ; s'ils en font douze « il est porté à 80 dollars. » Ce système est la clé de voûte du succès des Américains. Je ne sais pas jusqu'à quel point les délégués ont compris que ce qui fait toute la différence entre de gros profits et des profits nuls, et un taux élevé de salaires pour les ouvriers au lieu du niveau comparativement très bas des salaires dans ce pays-ci, c'est la rapidité considérable des machines, le haut degré de spécialisation du travail, grâce auquel chaque homme devient expert dans sa partie, ce qui signifie : efficacité et production plus grandes, en outre c'est le plus petit nombre de bras pour le service des machines et aussi l'excellente organisation des usines qui économise du temps et du travail.

Comment les manufacturiers Américains peuvent-ils payer 50 %
ou 100 %, et même plus dans certains cas, au-dessus de nos salaires
et être à même de lutter avec succès sur les marchés du monde ?
La réponse est qu'ils le peuvent, grâce aux petites économies, ci-
dessus mentionnées, qui échappent à l'œil nu. L'exemple précédemment indiqué, dans lequel le salaire normal est doublé pour
une coulée supplémentaire dans une aciérie, est des plus frappants. Les ouvriers gagnent le double et le manufacturier réalise
aussi un profit. En réalité, la douzième coulée ne lui coûte que le
prix des matières premières et cela est vrai pour toutes les industries et dans tous les cas.

Il est hors de doute que l'ouvrier Américain gagne un salaire
plus élevé que l'ouvrier Anglais. Comme conséquence, l'ouvrier
marié possède, en général, sa maison, l'économie de loyer lui fait
prendre racine dans le pays et lui permet, en outre, de mettre de
l'argent de côté ou de se procurer d'autres améliorations à son
sort.

La nourriture est aussi bon marché (sinon davantage) aux
États-Unis qu'en Angleterre, tandis que les autres objets de première nécessité coûtent sensiblement le même prix, je crois. Le
loyer, les vêtements faits sur mesure et une foule de choses, y
compris les objets de luxe, sont infiniment plus chers. Les objets
de luxe ne font cependant pas partie de la consommation journalière de l'ouvrier ordinaire en Angleterre, et si, [aux États-Unis,
il peut se les procurer (bien qu'il ait à les payer très cher) c'est
certainement un gros avantage en faveur de ce pays.

L'ouvrier Américain boit fort peu d'alcool, et sa maison est ordinairement bien meublée et pourvue d'installations de luxe : salle
de bain, lingerie, lavoir, eau chaude et systèmes de chauffage,
etc., qui sont pour la plupart inconnues aux ouvriers Britanniques.

Un des points, sur lesquels devait porter l'enquête des délégués était de savoir si « l'usure » de l'ouvrier est plus rapide aux
États-Unis qu'en Angleterre. Personnellement je ne le crois pas.
On reconnaît généralement que l'ouvrier Américain n'a pas besoin de fournir un effort supérieur ni même égal à celui de l'ouvrier Anglais similaire et cela grâce à l'emploi de machines éco-

nomisatrices de travail et à l'excellente organisation des ateliers. Il est infiniment mieux payé, partant mieux logé, mieux nourri, mieux vêtu et en outre il est beaucoup plus sobre que l'Anglais ; il est donc mieux portant, fait qui, je le crois, ne peut être nié. Par conséquent, si son existence de travailleur est plus courte, il faut en chercher les causes en dehors de l'usine. Ceci est une hypothèse générale, et, si la place me le permettait, j'étudierais de plus près les raisons pour et contre; mais la principale me paraît être la suivante : l'ouvrier Américain peut quitter l'usine lorsqu'il est jeune encore, grâce à ses habitudes de tempérance, et au taux élevé de salaires, qu'il reçoit pendant qu'il y est employé, au lieu d'être obligé de travailler jusqu'à la fin de son existence comme en Angleterre. On fait, en général, grande attention aux besoins et au confort des ouvriers dans les usines Américaines. Des armoires séparées (dont l'ouvrier à la clé) sont installées pour contenir les vêtements de travail, l'homme peut, par suite, arriver à la fabrique et la quitter en étant bien habillé : il change de costume à l'usine. Les ateliers sont bien ventilés, encore qu'on ait l'habitude de les maintenir à une température de plusieurs degrés, supérieure à celle des ateliers anglais; mais on y tient, sans quoi on ne le ferait pas : c'est certainement une caractéristique nationale et il y a beaucoup à dire en faveur de cette coutume : il est évidemment excellent de pouvoir traverser une usine bien chauffée dans laquelle les outils ne vous gèlent pas les mains dès qu'on les touche. C'est une règle générale, plutôt qu'une exception dans les grandes usines américaines que de trouver des lavabos bien installés, des salles de douche et beaucoup d'autres installations augmentant le confort du personnel : en fait l'industriel Américain a compris que s'il veut obtenir de ses ouvriers tout leur effort, il doit leur fournir des installations confortables et où ils peuvent procéder aux soins de propreté. Ce n'est pas là une question de philanthropie, mais une question pratique d'affaires ou une question commerciale pratique.

J'ai été très frappé, ainsi que les délégués, je le crois, par le contact très direct des patrons et des ouvriers et la sympathie existant entre eux : il y a même plus et on fait appel à la bonne volonté des ouvriers pour améliorer les méthodes de production.

Leurs propositions sont les bienvenues (on a ordinairement une
boîte spéciale à cet usage) et cela parce que l'industriel Américain
s'est rendu compte que ce n'est pas le comptable ou les gens assis
à leur bureau qui sont le mieux à même de juger où des perfectionnements peuvent être apportés aux machines ou aux méthodes de production, mais celui qui conduit une machine du
matin au soir. Par suite l'employeur demande qu'on lui suggère
aussi bien des indications relatives à la conduite générale de l'entreprise que des perfectionnements à la machinerie, les propositions sont librement données, examinées périodiquement et si
elles sont admises, leur auteur reçoit de suite une petite somme
d'argent, tandis que pour celles dont l'expérience a pleinement
démontré la valeur pratique et qui sont adoptées ultérieurement,
l'auteur reçoit une belle rémunération sous forme d'une partie
(quelquefois la totalité) du bénéfice en résultant ; parfois il est
promu à un poste plus élevé, ou son employeur lui achète entièrement son idée. En résumé l'homme se rend compte qu'il tirera
un profit appréciable du travail de son cerveau. Y a-t-il lieu de
s'étonner par conséquent que la machinerie américaine change
et s'améliore sans cesse, que l'évolution des méthodes soit inniter-
rompue ? Chacun dans l'usine, homme, femme ou enfant, cherche
constamment à découvrir un perfectionnement apparent au régime existant, simplement parce que cela lui rapportera un profit
personnel Un tel système a-t-il jamais été essayé ici ? Sauf peut-
être dans des cas isolés, je ne le crois pas. En règle générale
l'employeur Britannique connaît à peine ses ouvriers, il aban-
donne rarement son cabinet pour l'atelier, délègue, en totalité, son
autorité à un contremaître dont les pouvoirs sont arbitraires et
si quelque ouvrier placé sous ses ordres fait montre d'initiative,
il en devient immédiatement jaloux par crainte de se voir supplanté par lui. En conséquence un ouvrier qui suggère quelque
chose au contremaître (le patron lui-même n'étant d'ordinaire
pas accessible) subit généralement une rebuffade et se voit demander : « Est-ce vous ou moi qui dirigeons cet atelier? » ou
« Si vous connaissez le métier mieux que moi, vous feriez mieux
de mettre votre veston et de partir ». Un tel système doit être
abandonné et tout de suite si l'Angleterre veut conserver son

**

pouvoir au point de vue industriel. Nous devons encourager l'initiative chez l'ouvrier et être prêts à la payer équitablement quand
elle se produit, accordant libre carrière et bonne rémunération à
leur cerveau et à leur puissance d'invention comme on le fait aux
États-Unis.

L'on se demandera sans doute comment cela peut se faire sans
créer de jalousies dans l'atelier? En réponse j'expliquerai le système américain. Quiconque embauche les ouvriers doit en donner la liste au propriétaire : chacun d'eux doit se présenter à lui
à une heure donnée le premier jour, on lui assigne un numéro
que l'on inscrit dans un registre particulier que garde sous clé
celui qui est à la tête de l'entreprise. Lorsqu'il fait une proposition, l'ouvrier n'inscrit pas son nom et se borne à rappeler son
numéro; par suite lors de l'examen périodique de ces propositions le contremaître ne sait pas de qui émane telle idée particulière, il ne peut être question de jalousies et l'ouvrier qui
montre beaucoup d'initiative n'a pas à craindre d'être renvoyé.
Quand une idée a été adoptée la situation de son promoteur se
trouve réglée et s'il vient à être connu il ne subit aucun préju-
dice de ce fait, bien au contraire. Les manufacturiers Anglais
feraient bien d'essayer cette méthode.

Une autre « notion Yankee » que j'ai trouvée excellente est un
relevé, dans certaines usines, de la valeur morale et du travail
de chaque ouvrier. On sait par suite s'il est sérieux, sobre, actif et
bon ouvrier et s'il commet une faute à un moment quelconque
et que le premier mouvement soit de le congédier, on se réfère
d'abord au « livre des relevés »; l'on découvre ainsi souvent
qu'en le renvoyant on se priverait de quelqu'un qui a rendu
d'excellents services dans le passé, mais qui, pour une raison ou
une autre, a fait un faux pas : c'est l'équivalent d'un appel devant
une juridiction supérieure et c'est ainsi qu'on le juge.

Le combustible et les matières premières coûtent sensiblement
le même prix aux États-Unis qu'en Europe, et l'on ne peut pas
prétendre qu'ils aient un grand avantage de ce côté; mais les
facilités de transport par le chemin de fer et par eau sont sans
aucun doute beaucoup plus grandes et meilleur marché et à mon
avis il est absolument indispensable au succès de l'Industrie Bri-

tannique de procéder à un examen approfondi, à une revision
de nos tarifs pour les amener au niveau de ceux de nos concurrents. Je crois que quelques délégués ont fait des comparaisons
défavorables pour les États-Unis au point de vue des services
municipaux ; certainement l'état de leur voirie est très inférieur
à celui de la nôtre. Il n'est que juste de rappeler par contre que
les taxes municipales aux États-Unis ne sont qu'une faible fraction des nôtres ; personnellement je préfèrerais pâtir de l'entretien des rues si l'argent était dépensé pour développer l'éducation des masses. Le résultat serait que dans l'avenir on pourrait
je crois trouver plus d'argent pour entretenir les rues parce que
le plus haut niveau de vie atteint par l'ouvrier lui permettrait de
faire une meilleure journée de travail, partant de gagner un salaire plus élevé dont il ne refuserait certainement pas d'abandonner une partie sous forme de taxes.

Au meeting de la Fédération Civique Nationale (¹) à New-York
et dans d'autres villes des discussions ont porté sur la restriction
de production et le principe du *Ca'Conny*. Il fut nié d'une façon
absolue (²) par la totalité de mes délégués et je ne prétends point
donner une opinion, mais M. Carol Wright le Commissaire du
Travail à Washington leur déclara crûment qu'il allait publier
à bref délai des statistiques démontrant une restriction de production, dans certains cas. Je suis convaincu que les démentis
des délégués étaient exacts, mais même en supposant qu'il y ait
une restriction je demande quelle incitation l'on a faite en Angleterre, dans le passé, aux ouvriers pour qu'ils fournissent tous
leurs efforts. Ordinairement on les rudoye pour leurs propositions
et s'ils font produire son plein à la machine, le résultat pour eux
n'est pas meilleur parce que le prix de leur travail est réduit proportionnellement au surplus de la production.

On entend beaucoup parler contre les trusts aux États-Unis
(suivant leur dénomination là-bas, nous les appelons ici corporations) mais personnellement je serais disposé à leur faire bon
accueil parce que ces vastes organisations, avec un grand capital,

(¹) *National Civic Federation.*
(²) *In toto.*

sont le mieux outillées pour lutter économiquement contre leurs concurrents, elles peuvent accroître sans danger les salaires entre certaines limites; elles sont en situation de combattre la concurrence non viable, elles peuvent installer *ad libitum* l'outillage le plus perfectionné, construire des ateliers bien ventilés et dans d'excellentes conditions hygiéniques et d'une façon générale elles peuvent mieux étudier le confort et le bien être de l'ouvrier que les petits manufacturiers, individus isolés, se débattant contre un capital insuffisant et un outillage ancien. A mon sens la solution des problèmes industriels est d'une part l'organisation du Capital et d'autre part l'organisation totale du Travail, et il vaut infiniment mieux pour les industriels avoir à faire à des ouvriers bien organisés qu'à une masse hétérogène de travailleurs cherchant tous à obtenir des conditions différentes. Le Président Roosevelt en recevant les délégués à Washington leur disait : « C'est folie de protester contre la tendance inévitable du temps vers les Corporations et les Unions. C'est plus que de la folie que de combattre les Unions comme telles. La démarcation doit s'établir par leur attitude ».

Pendant notre voyage j'avais avec nous un photographe professionnel qui a pris des clichés de tous les sites et usines intéressants dans le but de faire des projections. Ces clichés seront très utiles pour les conférences que les délégués feront à leurs confrères dans différentes parties du pays. Elles commenceront dès le printemps (j'espère y prendre part) et se continueront aussi longtemps qu'elles seront utiles. C'est un moyen pratique pour les délégués de faire profiter les membres de leur Union des renseignements qu'ils ont reçu de l'autre côté de l'Atlantique.

Le fonctionnement de la Fédération Civique Nationale de New-York a produit la plus vive impression sur les délégués et les a beaucoup intéressé : cette organisation contribue puissamment à la paix dans le monde industriel Américain. Tous les membres de la Commission présents à New York à cette époque ont signé le document suivant exprimant leur désir de voir quelque organisation similaire créée ici.

Pendant le cours de notre voyage et de notre enquête aux États-Unis nous avons eu connaissance des excellents résultats obtenus par

la Fédération Civique Nationale d'Amérique, la Fédération a réussi
entre autres choses, à amener le Capital et le Travail en un contact plus
direct, qui permet d'obtenir une solution pratique de difficultés nombreuses et d'éviter bien des froissements entre eux.

L'un des traits caractéristiques de ces Fédérations est la section dont
le devoir est d'obtenir des renseignements au premier signe de difficultés imminentes et d'intervenir dans la première phase des conflits
pour tenter la conciliation entre les parties avant qu'aucune rupture ne
se soit produite et avant que les parties n'aient pris une attitude
qu'elles ne peuvent abandonner que difficilement et, à notre avis, la
création d'une organisation semblable en Grande-Bretagne serait
extrêmement utile pour les employeurs et les ouvriers.

En exprimant cette opinion nous ne voulons aucunement toucher
aux Conseils de Conciliation et de Médiation existants tels que : Board
of Trade, Chambres de Commerce, Conseils de Métiers pour la Conciliation (¹) etc., ni aux Conventions conclues entre les Associations patronales et ouvrières, mais si cela est possible, établir des organisations
dont le rôle serait, moins d'aplanir les conflits déjà en cours, que de les
prévenir.

Comme représentants de nos Trade-Unions respectives, il sera de notre
devoir, lors de notre retour dans notre pays, d'exposer à nos membres
le but de cette section de la Fédération Civique et les résultats qu'elle
a obtenus et nous espérons obtenir le concours de toutes les organisations de métier, grandes ou petites du Royaume Uni.

Je vois que l'on dit que l'un des principaux Trade-Unionistes
de Bradford déclarait l'année dernière : « de même que le but du
« patron est d'obtenir le plus de travail possible pour le moindre
« salaire possible, le but de l'ouvrier est de même d'obtenir le plus
« haut salaire qu'il pourra pour la moindre quantité de travail
« possible. » Cela est très humain. Ne serait-il pas sage, par suite,
d'accepter cette proposition comme étant la base de la question
pour les patrons et les ouvriers? Foin d'hypocrisie et acceptons la
situation telle qu'elle est. Supposons que cette déclaration soit
exacte : ne démontre-t-elle pas la nécessité, pour tous ceux qui
sont dans l'industrie, — patrons et ouvriers, — de se réunir périodiquement, de discuter les questions, d'arriver à quelque entente impliquant des concessions de part et d'autre et aboutissant
à des conventions durables? Ceci nous montre encore l'utilité
d'organisations créées sur la base de la Fédération Civique Natio-

(¹) *Trade Conciliation Boards.*

nale Américaine, grâce auxquelles des conférences de conciliation seront à l'ordre du jour en cas de conflits particulièrement
dans celles des industries où il n'existe pas encore de Comités
mixtes de patrons et d'ouvriers pour discuter les points délicats
et arriver à une entente.

En concluant je ne puis que dire que si nous voulons conserver notre place dans le commerce mondial, patrons et ouvriers
doivent se mettre d'accord et agir. Les vieilles méthodes doivent
être abandonnées ainsi que l'outillage ancien. L'instruction pratique des masses doit être établie et donnée efficacement. La masse
de nos ouvriers est sobre et intelligente mais un grand nombre
d'entre eux doivent devenir plus sobres, c'est de toute nécessité.
Ils doivent être plus prêts à adopter les méthodes et les idées nouvelles au lieu des anciennes qui sont surannées, à accepter les
machines perfectionnées dès qu'on les leur propose et à obtenir
le meilleur résultat possible pour leur travail. Les industriels de
leur côté doivent se décider à assurer à leurs ouvriers un tarif
aux pièces qui ne sera pas réduit lorsque le salaire de ces derniers
dépassera ce que l'on a considéré comme suffisant pour eux, jusqu'ici. On doit introduire la machinerie moderne, chercher la
coopération des ouvriers et leur initiative doit être encouragée
par tous les moyens possibles. Sans ce système modernisé nous
ne pouvons pas espérer lutter contre des pays comme les États-
Unis, qui l'ont accepté et qui, de plus, sont dotés de richesses naturelles que nous ne possédons pas. La Grande-Bretagne a été le
guide des nations autrefois et pourrait l'être encore. Nous avons
les éléments de succès : il appartient aux patrons et aux ouvriers
de décider si, et jusqu'à quel point, ils veulent les utiliser dans
l'avenir.

A. MOSELY.

Les Membres de la Commission étaient :

M. THOMAS ASHTON. . Union des Ouvriers Filateurs (*Amalgamaedt Society of Operative Cotton Spinners*).

M. G. N. BARNES. . . Union des Mécaniciens (*Amalgamated Society of Engineers*).

M. C. W. BOWERMAN. Union des Compositeurs de Londres (*London Society of Compositors*).

M. W. COFFEY . . . . Union des Ouvriers Relieurs de Londres (*London Consolidated Society of Journeymen Bookbinders*).

M. JAS COX. . . . . . Union des Ouvriers du Fer et de l'Acier de Grande-Bretagne (*Associated Iron and Steel Workers of Great Britain*).

M. H. CRAWFORD . . Union des Ouvriers Charpentiers-Menuisiers (*General Union of Operative Carpenters and Joiners*).

M. D. C. CUMMINGS . Société des Ouvriers Fabricants de Chaudières et Constructeurs de Navires (*United Society of Boiler Makers and Shipbuilders*).

M. M. DELLER . . . . Union des Ouvriers Plâtriers (*National Association of Operative Plasterers*).

M. W. M. DYSON. . . Union des Fabricants de Papier (*Amalgamated Society of Paper Makers*).

M. T. A. FLYNN . . . Union des Tailleurs (*Amalgamated Society of Tailors*).

M. HARRY HAM . . . Union des Industries de l'Ameublement (*National Amalgamated Furnishing Trades' Association*).

M. R. HOHNSHAW . . Conseil de la Coutellerie de Sheffield (*Sheffield Cutlery Council*).

M. W. B. HORNIDGE. Union des Ouvriers Cordonniers (*National Union of Boot and Shoe Operatives*).

M. THOS. JONES . . . Représentant la Fédération des Métiers des Comtés du Midland (*Midland Counties Trades' Federation*).

M. G. D. KELLEY. . . Union des Imprimeurs-Lithographes de Grande-Bretagne et Irlande (*Amalgamated Society of Lithographic Printers of Great Britain and Ireland*).

M. G. J. LAPPING . . Union des Ouvriers en Cuir (*Amalgamated Society of Leather Workers*).

M. JAS MACDONALD. Conseil de Métiers de Londres (*London Trades-Council*).

M. J. MADDISON . . . Union des Ouvriers Fondeurs de Fer de Grande-Bretagne et d'Irlande (*Friedly Society of Ironfounders of Great Britain and Ireland*).

M. W. C. STEADMAN. Comité Parlementaire des Trades-Union (*Trades-Union Parliamentary Committee*).

M. H. R. TAYLOR. . . Union des Briqueteurs (*Operative Bricklayers' Society*).

M. P. WALLS. . . . . . Fédération des Ouvriers de Hauts-Fourneaux (*National Federation of Blastfurnacemen*).

M. ALEX WILKIE. . . Union des Charpentiers de Navires (*Amalgamated Society of Shipwrights*).

M. W. H. WILKINSON. Union des Filateurs des Comtés du Nord (*Northern Counties Amalgamated Associations of Weavers*).

COMMISSION INDUSTRIELLE MOSELY

RAPPORT

de M. P. WALLS de la Fédération des ouvriers
de Hauts-Fourneaux (¹)

—

En publiant, dans ce rapport, mes impressions d'Amérique, j'ai conscience de la difficulté et même du danger qu'il y a à faire des comparaisons d'ordre général et à essayer d'en tirer des conclusions. Le temps dont nous disposions était trop court et le champ de nos investigations trop vaste pour pouvoir nous livrer à une enquête détaillée et complète sur les conditions industrielles, économiques et sociales d'un pays comme les Etats-Unis.

Il est inutile de dire que les Américains ont un très vaste territoire dont la plus grande partie n'a pas encore été mise en valeur. Ils ont des ressources minérales considérables, des voies navigables naturelles et des communications, par chemins de fer, sans rivales. Ils ont également toute l'énergie et l'initiative habituelles à un pays neuf ou chacun a des chances de succès dans la course vers la fortune. Nous avons été très cordialement accueillis par les patrons et les ouvriers partout aux Etats-Unis ; on eût dit une visite à de vieux voisins. Les employeurs n'avaient rien à cacher et les ouvriers parlaient librement et nous renseignaient sans réserves. Le même esprit règne dans les écoles et dans les collèges.

J'ai essayé d'employer pour le mieux mon temps et je l'ai consacré, en majeure partie, à l'étude des conditions du travail et des modes de production. J'ai, bien entendu, cherché à compléter ces études, par une enquête sur le système d'enseignement et par des renseignements aussi complets que possible sur les ressources naturelles du pays. Nous avons visité des écoles primaires et techniques et peut-être deux des meilleurs collèges techniques existant en

(¹) *National Fédération of Blast furnacemen.*

Amérique : le *Pratt Institute* à Brooklyn et l'*Armour Institute* à Chicago.

L'enseignement primaire, supérieur et technique est très libéralement compris et à la portée de tous. Les enfants ne peuvent quitter l'école avant l'âge de 14 ans dans les Etats du Nord. Une enquête faite dans une école moyenne, dans une localité ouvrière, nous a démontré que 50 % des enfants y demeuraient jusqu'à 15 ans et 25 % jusqu'à 16 ans.

Dans les écoles techniques, les cours complets de mécanique durent 4 ans, et les cours élémentaires deux ans. Certains élèves suivent les cours complets, d'autres se bornent à étudier un sujet spécial. Il ne peut pas y avoir de doute que, les enfants américains reçoivent, en général, un enseignement bien supérieur à celui des nôtres. Certains de nos employeurs croient que l'ouvrier, fait par la pratique est suffisant, mais, l'ouvrier qui a fait un apprentissage ordinaire est plus intelligent et a un rendement supérieur, si son esprit a été cultivé et développé. (Il semble qu'il y ait encore quelque vestige de cet esprit qui existait lorsque Georges III écrivit sa fameuse lettre à William Penn). Je ne veux pas dire que les meilleurs ouvriers puissent être fournis par la seule école professionnelle. Le véritable apprentissage doit se faire à l'atelier, à la sortie de l'école. Quelles que soient les capacités des hommes sortis de l'Université au point de vue de la direction générale d'une entreprise — et ils sont très compétents — les bons contremaîtres et les chefs d'ateliers doivent être choisis dans le rang. L'instruction fait faire des progrès à toutes les catégories d'ouvriers, même aux manœuvres. Je suis convaincu que les contremaîtres reconnaissent que leur tâche est plus facile avec les ouvriers les plus instruits. Mais je ne suis pas fanatique de l'idée qu'il faut instruire les jeunes gens afin de pouvoir en tirer un plus grand profit, et de les employer dans la lutte folle due à la concurrence ; cependant, ce seront des hommes ayant une situation sociale plus élevée et partant une conception plus haute de leurs devoirs de citoyens. La culture intellectuelle, la bonne éducation et la sympathie pour l'humanité existent rarement chez ceux qui font la chasse à la fortune. Un peuple instruit arrivera dans l'avenir à penser que la production des richesses par la nation doit avoir un but plus haut que de créer quelques millionnaires : ce temps n'est pas encore venu. Nous devons par conséquent nous contenter d'améliorer les conditions actuelles et, fidèles aux traditions de notre pays, nous tenir au premier rang dans la bataille industrielle. Sans l'enseignement, nous n'y pouvons pas songer. Je sais que notre pays s'éveille en ce moment et qu'un fort courant se dessine en faveur de l'enseignement supérieur et de l'enseignement professionnel. On agrandit les collèges et les écoles, on en a inauguré récemment de nouvelles ; d'autres sont en cours de construction, mais il faudra bien des années avant que leur effet salutaire se fasse sentir dans les ateliers.

Il me semble que les Américains sont nos maîtres et nous dépassent de beaucoup pour la machinerie très spécialisée, la question ne me paraît même pas discutable. Les usines de la Compagnie Américaine des Locomotives ([1]) à Shenectady, qui occupent une superficie de 62 acres, emploient un très grand nombre de machines puissantes et ingénieuses, ayant chacune leur rôle particulier. Elles semblent couper le fer, l'acier et le cuivre avec autant de facilité qu'un ébéniste, le bois. On nous apprit qu'elles peuvent fabriquer 6 locomotives par jour, soit 33 par semaines. On y emploie plus de 5 000 ouvriers. Les usines de la Compagnie Générale électrique ([2]) situées dans la même ville, bien que n'occupant pas une superficie aussi considérable, emploient un nombre supérieur de machines dont la plupart sont mobiles : on peut ainsi en amener deux ou trois autour des portions massives des dynamos. Il existe des machines spéciales pour produire les moindres pièces des machines génératrices d'électricité.

Dans les usines de la Compagnie des Caisses Enregistreuses ([3]) à Dayton, l'on voit des machines spéciales pour fabriquer chacune des pièces de ces appareils si petites soient-elles. La plupart de ces machines sont certainement le résultat d'un merveilleux génie d'invention ; elles font le travail avec une habileté surhumaine ne nécessitant que l'introduction, à travers un tube, des barres d'acier ou de cuivre dont la pièce est faite. Dayton est une édition amplifiée de Bournville. La machinerie des laminoirs de la partie sud de Chicago, de Homestead, Youngstown, etc. dépasse de beaucoup tout ce que j'ai vu dans les usines similaires de ce pays. Mais je ne dois parler qu'avec circonspection de crainte d'empiéter sur le terrain réservé à d'autres et il vaut mieux arriver aux hauts-fourneaux qui sont ma partie.

La construction du haut-fourneau Américain au point de vue de son aspect extérieur ne diffère pas beaucoup de celle que nous voyons en Angleterre. Ses colonnes sont plus hautes et son creuset ou pot plus grand. Les tuyères se trouvent à un niveau plus élevé qu'ici et leur nombre est supérieur. On emploie plus d'eau pour refroidir le bas du fourneau, mais on ne la laisse pas s'accumuler. Les ouvertures de soufflage de vent sont plus larges et l'on a élevé un plus grand nombre de fours de réchauffage du vent.

La surface de chauffe est plus grande, l'on peut donc souffler le vent à une pression supérieure sans réduire sa température. Celle-ci est sensiblement la même que dans les installations les plus modernes de ce pays. Dans la plupart des cas le gaz est lavé pendant le trajet du haut fourneau aux autres fours ou chaudières. Les minerais du Lac Supérieur contiennent moins de silice mais 5 à 7 °/° de fer en plus que les hématites dont on se sert ici. J'ai examiné des échantillons de coke ; leur qualité me paraît inférieure à celle du « Best Durham. »

([1]) *American Locomotive Company.*
([2]) *Général Electric Company.*
([3]) *National Cash Register Company.*

Les ouvriers Américains employés aux hauts-fourneaux ne sont pas soumis au même épuisement que ceux d'ici, sauf si celui-ci est dû au climat. L'emploi des machines économisatrices de travail rend le travail sensiblement moins fatigant. On ne coule ni dans le sable, ni en gueuse. Toute la charge est conduite par les poches à un grand mélangeur avant d'être transportée aux laminoirs. Quand ils ne fonctionnent pas on transporte de la même manière toute la coulée à une machine spéciale. On emploie une machine hydraulique pour fermer le trou de coulée, mais en arrêtant la soufflerie, contrairement à ce que j'ai vu affirmer : dans chaque cas on l'arrête de 0 à 10 minutes. Comme on ne sert pas de lits de coulée, il n'y a pas l'engorgement habituel devant le fourneau. Le danger s'en trouve diminué et les hommes ont une plus grande liberté dans leur travail. On emploie plus d'ouvriers qu'ici. On peut déverser rapidement le minerai sur les tas car les wagons ont une capacité de 40 à 50 tonnes (¹). Le dispositif pour faire tomber le fond du wagon est des plus ingénieux, et ses faces sont inclinées de telle sorte que la matière première tombe librement. On fait passer par chute le minerai, le coke et la chaux du tas dans les brouettes. A l'aide d'un levier on en fait tomber juste la quantité nécessaire. Ces leviers sont très rapprochés les uns des autres et tous placés sur le côté du tas le plus voisin du fourneau.

Quand les minerais du Lac Supérieur arrivent directement à l'usine, le déchargement des bateaux s'opère à l'aide d'une grue électrique qui extrait le minerai avec un appareil automatique très semblable à l'appareil généralement connu sous le nom de « caisse à vapeur (²) » et il est déversé dans un dépôt à proximité. On le transporte de là aux tas par un pont roulant électrique. On n'emploie le travail manuel que pour pousser le minerai dans le champ d'action du pont lorsque la majeure partie du chargement est évacuée.

On a installé un très grand nombre d'appareils mécaniques autour des hauts-fourneaux, moins dans le but de supprimer le travail humain que dans celui de le rendre moins fatigant et plus expéditif. Les ouvriers qualifiés (³) sont, pour la plupart, Anglais, les non qualifiés (⁴), Polonais, Scandinaves et Italiens (ceux-ci formant la majorité), ils sont de petite taille et de physique malingre. Je n'ai pas vu un seul homme employé au service de remplissage des brouettes qui eût été capable de travailler même pendant un seul poste à côté d'un ouvrier anglais de haut-fourneau. Etant donné que ces ouvriers sont répartis en 3 postes de 8 heures dans le nord de l'Angleterre et en 2 postes de 12 heures aux Etats-Unis, les premiers sont aussi bien payés que les seconds. Le plus souvent il y a équivalence entre les sommes payés pendant 24 heures dans les deux pays. Mais si on établit la comparaison avec les métallurgistes du Lincolnshire, du Derbyshire, de Stafford et du Sud du Pays de Galles, les Américains gagnent de 40 à 60 % de plus en *argent* que ceux-là. On n'emploie pas d'ouvriers de couleur aux hauts-fourneaux excepté dans l'Alabama

(¹) *La tonne anglaise* est de 1 016 kilos.
(²) *Steam Navvy.*
(³) *Skilled.*
(⁴) *Unskilled.*

où le climat est très chaud, mais un employeur bien connu m'a dit que leur travail revenait très cher et qu'on ne pouvait avoir aucune confiance en eux.

La production normale d'un haut-fourneau américain est plus du double de celle obtenue en Angleterre. Mais c'est une erreur de croire que tous les hauts-fourneaux américains sont du type, le plus moderne ; il n'y en a guère que la moitié ; et il n'y en a pas la moitié qui soient chargés automatiquement. Il y en a un grand nombre qui ne valent pas mieux que ceux construits en Angleterre il y a quelque dix ou quinze ans et quelques-uns sont comparables à certains des nôtres construits entre 1870 et 1879, mais grâce au meilleur chauffage à la très haute pression du vent et à ce que les minerais se fondent plus facilement, la production est comparativement satisfaisante.

Nous n'avons pas vu d'exemples d'ouvriers américains travaillant avec une intensité fébrile ([1]). Certes la machine fonctionne très vite, m   l'ouvrier ne montre aucun signe de fatigue excessive. D'après certains auteurs il aime tellement sa machine et son travail qu'il voudrait presque les emporter chez lui : nous avons vu la même attente de la cloche de départ qu'en Angleterre et la même poussée à son premier coup.

De même que nous avons en vain cherché la « bousculade ([2]) » extraordinaire que nous avons vu décrire si souvent, nous avons cherché, de même, la preuve de ce qu'on nous avait dit au sujet des hommes vieillis avant l'âge et renvoyés brutalement. J'ai questionné 4 ouvriers dans différents ateliers : ils me semblaient âgés et dans chaque cas j'ai été surpris de voir que l'homme était plus vieux qu'il ne le paraissait.

L'ouvrier américain âgé, bien vêtu, et proprement rasé a une apparence trompeuse. Les barbes grises ne se voient guère en Amérique. J'appris aussi que, de même qu'en Angleterre, l'ouvrier âgé est déplacé ; on lui confie un travail plus facile et exigeant de moindres efforts, mais on ne le renvoie pas. A l'exception d'un seul atelier, je n'ai vu nulle part un travail propre à user un homme avant l'âge ou à réduire la durée de ses années de travail plus qu'elles ne le seraient ici dans des industries similaires. Peut-être la vie est-elle plus courte dans les pays très chauds, mais c'est l'affaire des statisticiens. Que ceux qui affirment que les ouvriers de plus de 50 ans sont renvoyés en Amérique, veuillent bien nous dire ce qu'ils deviennent. Ils ne sont pas à charge aux deniers publics. On ne les vend pas comme vieille ferraille. Ils ne sont pas tous millionnaires à 50 ans. Que deviennent-ils ?

Les traits caractéristiques de la vie de l'ouvrier américain auxquels on

([1]) Nous traduisons par intensité fébrile les mots *high-pressure* qui signifient littéralement à une haute pression (note du traducteur).
([2]) *Hustling*.

peut s'opposer sont les heures de travail trop longues et une tâche monotone. L'ouvrier Américain, qui a fait un apprentissage, est, ce que Ruskin
dénommait, « un segment d'homme » (sic). En surveillant la ou les mêmes
machines pendant des années, en faisant toujours la même pièce il devient une
véritable machine lui-même. Ceci explique pourquoi l'on trouve tant de contre-maîtres anglais ou allemands dans les ateliers américains. Les améliorations de la machinerie américaine sont dûs en grande partie aux encouragements donnés à l'ouvrier intelligent. Les propositions sont toujours bien
accueillies et dans la plupart des usines on alloue périodiquement un prix à
la meilleure. Si elle aboutit à un brevet, son auteur y participe et est inscrit
sur un tableau d'avancement. En Angleterre les contre-maîtres et les directeurs accueillent comme une offense personnelle les projets d'amélioration
émanant de leurs meilleurs ouvriers. J'ai entendu des phrases comme celles-ci :
« Qui de nous est le chef ? » « Vous n'êtes pas payé pour penser », etc. Cette
espèce de stupidité a empêché pendant des années la réalisation du progrès
dans l'industrie de la fonte. L'homme-théoricien, le directeur, exigeait le
système connu sous le nom de « gueulard ouvert » et le piquage par en-dessous
pour faire de la place dans le fourneau. Le praticien, c'est-à-dire l'ouvrier,
préconisait la fermeture du gueulard et par suite de laisser le haut-fourneau
fonctionner sans intervention. Cette idée fut accueillie avec suspicion parce
que son corollaire était une moindre quantité de travail. Cette méthode ana-
chronique ne fut abandonnée que lorsqu'on vint à savoir que pendant l'é-
quipe de nuit en l'absence du directeur, le chef de poste agissant à sa guise
produisait 20 % de fer en plus que pendant le jour.

Je n'ai pas vu d'opposition aux machines économisatrices de travail de la
part des ouvriers américains, mais j'ai entendu des objections assez sérieuses
faites au système du salaire aux pièces avec primes. Je n'ai jamais rencontré
d'opposition à ces machines ici et nous avons eu bien des modifications dans
la pratique des hauts-fourneaux. Je me rappelle notamment une modification
qui remonte à le'n p ur décharger le minerai grillé des Kilns dans le Cleveland, elle permit de réduire notablement le nombre des ouvriers. Récemment nous avons vu des applications mécaniques pour le transport de la
fonte. Ni l'union, ni les ouvriers n'y ont fait d'opposition. Je ne crois pas qu'il
y ait une base solide à l'accusation que les ouvriers anglais s'opposent aux
améliorations d'outillage ou de méthode, même quand elles ont pour résultat une réduction du nombre des bras.

Les ouvriers qualifiés et chefs dans nos usines et fonderies sont aussi bien
vêtus et nourris que leurs confrères des États-Unis, mais il y a une différence
marquée dès qu'il s'agit d'ouvriers non-qualifiés, ou employés aux travaux
communs et c'est la majorité. Dans le premier cas la différence des salaires

n'est pas très grande, dans le second elle atteint 60 % et pour ce que l'on dénomme travail commun, les Américains gagnent en somme le double des salaires payés en Angleterre. Cette dernière catégorie gagnant aux Etat-Unis des salaires suffisants pour se vêtir et se nourrir convenablement eux et leur famille, l'ensemble des ouvriers présente un aspect très prospère en Amérique.

L'on nous dit dans une usine que personne ne gagnait moins de 1 $ 80° (soit 7 shillings 6ᵈ) par jour et dans une autre 1 $ 60° (soit 6 sh. 8ᵈ). Ce sont les deux principales usines des Etats-Unis. En Angleterre il y a un pourcentage important d'ouvriers habiles ne gagnant que 3 shillings 6ᵈ à 4 sh. par jour.

Les Américains sont mieux logés mais les loyers sont plus élevés et dans certains cas atteignent le double de ce qu'ils sont en Angleterre. Les vêtements de dessous et les vêtements communs et bottines ne sont pas plus chers qu'ici, mais les vêtements soignés valent de 40 à 50 % de plus. La nourriture ne coûte pas plus qu'en Angleterre. Après une enquête approfondie je suis arrivé à la conclusion qu'en comparant les salaires au prix de la vie, il y a, au moins, une moyenne de 25 % en plus en faveur des Américains. Un homme soigneux et sobre économise davantage qu'en Angleterre et d'après nos observations les beuveries sont loin d'être ordinaires. L'ouvrier Américain ignore en général ce que c'est que de parier aux courses.

Les encouragements donnés aux inventeurs ont sans doute aidé les Américains à avoir plus de machines modernes, mais ils ont débuté beaucoup plus tard que leurs concurrents Anglais et ont profité de toute l'expérience du vieux pays. Il leur a été plus facile d'améliorer des installations relativement récentes qu'à nous de transformer radicalement notre outillage. Mais en dehors de toute autre raison, par leur régime douanier, si nous supposons que le coût de production est le même dans les deux pays et que des profits égaux pourraient être réalisés sur un marché ouvert, les manufacturiers Américains ont un immense avantage du fait de la protection : au moins 35 % de plus que nous. C'est un trésor qui permet d'installer indéfiniment des machines modernes. Il n'y a pas lieu de s'étonner qu'il n'hésitent pas à changer une machine qui n'est pas du dernier modèle et que les millionnaires se créent presque aussi vite que les machines. Mais le peuple Américain pourra découvrir dans l'avenir qui paye les tarifs. Si les Américains ont quelque chose à nous apprendre au sujet de la spécialisation des machines, ils tireraient un grand profit en prenant de nous des leçons de politique et de civisme. L'honneur public décroît peut-être dans le vieux pays ; il ne peut pas encore se mesurer par dollars.

Réponses de M. P. WALLS au questionnaire

Questions	*Réponses*
A. Apprentissage des jeunes ouvriers.	
1. Par l'apprentissage qu'il a fait et l'instruction qu'il a reçue le jeune ouvrier Américain est-il mieux préparé à son travail que le jeune Anglais?	1. Oui.
2. Si oui, quelles modifications avez-vous à proposer au système d'enseignement pratiqué en Angleterre?	2 et 3. Rester à l'école jusqu'à 14 ans; après, cours complémentaires et professionnels le soir.
3. Avez-vous quelques indications à fournir relativement aux cours complémentaires du soir, aux cours professionnels du soir pour les ouvriers travaillant toute la journée?	
B. Rapports entre employeurs et employés.	
4. Quelle est la durée du travail dans votre métier en Amérique; comment se compare-t-elle à la durée du travail en Angleterre?	4. Douze heures en Amérique, huit dans le nord de l'Angleterre; douze dans le Midland et le Sud du Pays de Galles.
5. L'ouvrier Américain a-t-il en moyenne par heure une production supérieure à celle de l'ouvrier Anglais?	5. Les conditions diffèrent; avec un outillage meilleur, la production des Américains est supérieure.
6. Les tarifs aux pièces (travail aux pièces ou travail aux pièces et au temps), sont-ils très en vigueur en Amérique?	6. Pas aux Hauts-fourneaux. Ici nous employons le système des primes ou le salaire à la tonne.
7. Ce système est-il avantageux (a) à l'ouvrier (b) aux employeurs? Donne-t-il un avantage injustifié à l'une des parties?	7. Il fonctionne de façon satisfaisante. Il est équitablement observé des deux côtés.

8. Quand les ouvriers qualifiés, travaillant aux pièces augmentent leur production par leur propre habileté, les employeurs Américains réduisent-ils les tarifs pour empêcher un homme de gagner plus qu'une certaine somme ?

8. Non.

9. Les systèmes de primes et boni sont-ils plus généralement employés en Amérique qu'en Angleterre ; dans ce cas quels sont leurs résultats pour l'employeur et les employés ?

9. Voir n° 6.

10. Là où existe le salaire hebdomadaire.

(*a*) Les ouvriers semblent-ils désireux de faire de leur mieux et de fournir une bonne journée de travail en échange d'un bon salaire ?

10. (*a*) Ils semblent l'être.

(*b*) Avec ce système l'énergie personnelle et l'initiative sont-elles dûment rémunérées ?

(*b*) Oui.

11. Les employeurs Américains sont-ils désireux de pousser le personnel payé au temps à augmenter sa production par homme et sont-ils prêts à accroître proportionnellement le salaire par ouvrier ?

11. On nous l'a dit.

12. Les propositions d'amélioration de l'outillage faites par les employeurs, l'introduction d'applications mécaniques économisant le travail et les machines du dernier modèle sont-elles favorablement accueillies par les ouvriers ou le contraire se produit-il ?

12. Elles sont bien accueillies.

13. Les propositions de perfectionnements émanant des ouvriers sont-elles bien accueillies par les employeurs et récompensées par eux ?

13. Oui.

14. (*a*) Les ouvriers servent-ils un plus grand nombre de machines qu'en Angleterre?

   (*b*) Si oui, ce système est-il avantageux pour les deux parties ou l'une des deux en tire-t-elle un avantage injustifié?

15. L'ouvrier Américain nécessite-t-il une grande « surveillance »? Quelle comparaison peut-on établir sous ce rapport entre lui et l'ouvrier Anglais?

16. L'ouvrier Américain est-il capable d'initiative et de travailler sans ordres fréquents et détaillés? Quelle comparaison peut-on établir sous ce rapport entre lui et l'ouvrier Anglais?

17. L'ouvrier donne-t-il un fort coup de collier en temps de presse et le fait-il gaiement? Quel rapport y a-t-il entre sa production pendant ces heures supplémentaires et sa production normale? et quelles comparaisons peut-on établir à ces divers points de vue entre lui et l'ouvrier Anglais?

18. Les employeurs Américains sont-ils plus facilement accessibles à leurs ouvriers que les employeurs Anglais?

19. D'une façon générale, un ouvrier a-t-il de plus grandes chances de s'élever en Amérique qu'en Angleterre?

20. L'usine Américaine répond-elle mieux que l'usine Anglaise aux besoins des ouvriers pour l'hygiène, la ventilation et le confort en général.

14. (*a*) Oui; mais les machines sont différentes de celles en usage en Angleterre.

   (*b*) Ce système est avantageux pour le patron et l'ouvrier.

15. L'ouvrier Américain semble nécessiter une surveillance moindre.

16. On le surveille autant qu'ici à ce point de vue, mais autrement.

17. Je ne puis le dire.

18. Oui, en règle générale. Il y a ici des employeurs que l'on peut voir sans difficulté.

19. Oui, ses chances de succès y sont très supérieures.

20. Oui, en général; il y a des exceptions. Les machines sont mieux protégées en Angleterre.

21. (a) L'outillage des usines Américaines est-ils upérieur au point
de vue de la production.

(b) Sont-elles mieux dirigées ? La
proportion des directeurs sortis de l'Université est-elle plus
grande qu'en Angleterre ?

(c) La qualité des produits finis
est-elle meilleure ?

21. (a) Oui l'outillage Américain est
de beaucoup supérieur au
notre.

(b) Oui.

(c) Non.

22. Pour combien la plus grande
production des usines Américaines
est-elle dûe :

(a) A la durée du travail supérieure à ce qu'elle est ici ?

(b) A la plus grande rapidité de
marche des machines ?

22. Elle est dûe aux deux, surtout à
la vitesse.

23. Y a-t-il des pratiques de l'organisation Américaine qu'il y aurait
lieu d'introduire, à votre avis, dans
les usines Anglaises ?

23. Oui; il y en a beaucoup aux
hauts-fourneaux. Le sort des ouvriers, en dehors de l'usine, est
beaucoup meilleur qu'en Angleterre.

C. Conditions générales de vie des
ouvriers en dehors de l'usine.

24. (a) Les ouvriers Américains sont-ils
mieux nourris que les Anglais?

(b) Quel rapport peut-on établir
entre le prix de la nourriture
en Amérique et en Angleterre ?

24. (a) Oui en général (b) la différence est faible, plutôt moins cher.

25. (a) Les ouvriers Américains sont-
ils mieux vêtus que les Anglais?

(b) Quel rapport peut-on établir
entre le prix des vêtements en
Amérique et en Angleterre?

25. (a) Ils sont beaucoup mieux habillés en règle générale. Seuls les
artisans sont habituellement bien
vêtus en Angleterre.

26. (a) Les habitations des ouvriers
Américains sont-elles supérieures à celles des Anglais?

(b) Quel rapport existe-t-il entre
les loyers dans ces deux pays ?

(c) Y a-t-il une plus grande pro-

26. (a) Oui (b) Les loyers Américains
sont de 50 à 80 0/0 plus élevés.

portion d'ouvriers propriétaires
en Amérique qu'en Angleterre?
Si oui, à quelles causes attri-
buez vous ce fait?

27. Quel rapport existe-t-il entre le
salaire des ouvriers de votre métier, *exprimé en argent*, en Amérique et en Angleterre.

27. Environ 40 0/0 de plus.

28. Quel rapport existe-t-il entre la
valeur du salaire de l'ouvrier Américain et de l'ouvrier Anglais,
*en tenant compte du coût de l'exis-
tence.*

28. La nourriture ne coûte pas *plus
cher*. La différence principale est
dûe au loyer ; en en tenant compte
l'Américain reçoit 25 0/0 de plus.

29. L'ouvrier prévoyant, sobre et de
bonne conduite, tout en vivant
convenablement, peut-il épargner
davantage en Amérique qu'en Angleterre?

29. Oui.

30. Si oui, son épargne est-elle plus
grande *en fait*?

30. Oui, l'épargne est beaucoup plus
répandue en Amérique.

31. Les paris aux courses etc. jouent-
ils un rôle aussi important dans la
vie de l'ouvrier Américain que dans
celle de l'ouvrier Anglais?

31. Non ; il ne sait pas ce que c'est.

32. L'ouvrier Américain est-il plus
sobre?

32. Oui.

33. Est-il vrai que, pendant qu'il est
jeune, l'ouvrier Américain fournit
une plus grande quantité de travail
que l'ouvrier Anglais, mais qu'il
soit usé jeune et que ses années
de travail soient peu nombreuses?

33. Cela peut être vrai jusqu'à un
certain point, mais c'est très exa-
géré.

34. Est-il vrai que l'ouvrier Américain soit renvoyé lorsqu'il est
jeune encore?

34. Je ne le crois pas, il n'y en aurait qu'une faible proportion. On
ne veut pas de gens âgés ici.

35. (*a*) Est-il vrai que la durée
moyenne de la vie des ouvriers
Américains est moindre que
celle des Anglais?

   (*b*) Si oui, est-ce dû à une fatigue

35. (*a*) Il faudrait se procurer des
statistiques. J'ai trouvé quelques
vieux amis qui semblaient très
verts.

excessive, à un climat moins sain
ou à quelqu'autre cause?

36. Y a-t-il une proportion plus grande ou inférieure d'ouvriers à la
charge de l'Assistance publique
en Amérique qu'en Angleterre?

36. Non. J'ai fait quelques recherches
sans résultats probants. D'après ce
que l'on nous a dit la proportion
est moindre.

37. Les enfants et les amis des ouvriers Américains qui sont trop
âgés pour travailler, ou que la
maladie ou les accidents en rendent
incapables, leur viennent-ils plus en
aide qu'ils ne le font en Angleterre? Si oui à quoi attribuez-vous
la différence?

37. Ordinairement l'homme a fait
des économies plus grandes, ses
enfants lui viennent en aide. La
différence peut être attribuée à
l'esprit d'indépendance.

38. Trouvez-vous que les conditions
générales d'existence de l'ouvrier
soient meilleures en Amérique
qu'en Angleterre? En quoi pourrions-nous imiter l'exemple des
Américains pour améliorer les conditions de vie en Angleterre?

38. Oui. Un meilleur enseignement,
des logements meilleurs, des salaires plus élevés seraient à l'avantage des employeurs dans l'ensemble.

D. QUESTIONS GÉNÉRALES

39. Approuvez-vous le fonctionnement de la Fédération Civique?

40. Pourrait-on implanter en Angleterre une organisation établie sur
la même base, ou sur une base un
peu différente?

41. Les délégués sont-ils en faveur
d'une tentative pour établir une
organisation analogue en Angleterre?

39, 40, 41. Oui. J'ai été très fortement
impressionné par l'œuvre excellente accomplie en Amérique par
la Fédération Civique, et plus particulièrement lorsque j'ai assisté à
ses séances à New-York au *Board
of Trade Hall*. Les problèmes industriels qu'on y discutait, étaient
de ceux qui amènent d'ordinaire
à des malentendus et des conflits.
On lut des notes émanant des patrons et des ouvriers; elles furent
non seulement discutées par les
deux parties, mais par des gens
d'une haute instruction et tout à fait
indépendants. Un certain nombre
de membres de la Commission se

figuraient, la première fois qu'on
leur parla de la Fédération Civique, qu'il s'agissait d'un Conseil
d'Arbitrage. Si je croyais que cette
organisation tentât d'assumer le
rôle d'arbitre ou d'intervenir dans
la technique des conflits, je ne
voudrais pas en faire partie; mais
son seul rôle est d'amener à composition les parties par tous les
moyens possibles, avant que la
rupture ne soit réellement consommée ou avant qu'elle soit trop
importante pour être facilement
réglée. Je n'hésite pas à dire que
si une organisation analogue avait
existé dans ce pays elle aurait économisé plusieurs milliers de livres
sterling au Capital et   Travail et
évité bien des larmes amères. Je
ne perds pas de vue nos conseils
de conciliation et nos comités mixtes non plus que le fait que les
Trade-Unions sont reconnues dans
les principaux centres industriels
et que l'on arrive généralement à
des ententes amiables; mais il
existe encore l'employeur plus ou
moins isolé qui n'est pas habitué
aux Unions et qui en craint même le
nom. Il a entendu parler de leurs
agents comme d'agitateurs payés
et a une sorte d'horreur totale à
cette pensée. D'autre part il existe
des ouvriers pour lesquels l'Union
est une nouveauté et qui ne savent
pas plus comment on l'emploie
que l'enfant de 3 ans ne sait diriger une locomotive qu'on lui
donne comme jouet. Ces conditions

constituent une sorte de dépôt de poudre, dans l'industrie, où la moindre étincelle détermine certainement une explosion. Lorsqu'elle se produit les deux parties se drapent dans leur dignité et le fossé se creuse entre elles à chaque heure. La fonction d'une organisation analogue à la Fédération Civique serait d'amener les parties face à face. Ceci fait, chacune trouverait que l'autre n'est pas le monstre qu'elle s'attendait à trouver et l'on découvrirait probablement qu'il n'y avait pas mal de droit et de raison de chaque côté. Une telle organisation ne manquerait pas de faire beaucoup de bien dans ce pays.

P. WALLS.

RAPPORT

de M. J. MADDISON de l'Union des Ouvriers Fondeurs de fer de Grande-Bretagne et Irlande ([1])

—

La Commission fut envoyée par petits groupes dans les centres suivants des États-Unis et du Canada : Boston, New-York, Philadelphie et Montréal, et comme il avait été convenu, elle se réunit à Niagara le jeudi 13 novembre 1902. Nous y rencontrâmes M. F. H. Mason secrétaire du Board of Trade, Buffalo, qui s'était arrangé à nous faire visiter l'usine que l'on affirme devoir être la plus grande aciérie du monde, celle de la Compagnie des Aciéries de Lackawanna actuellement en cours de construction. Le capital souscrit de cette Compagnie est de 8.000.000 livres sterling et elle a acheté quelque 1.500 acres de terrain près du Lac Erié à 6 ou 7 *miles* de Buffalo. C'est un terrain presque totalement marécageux et toutes les constructions sont élevées sur pilotis de 40 à 70 pieds de profondeur. Nous nous rendîmes à cette usine en bateau à vapeur et un train spécial avait été préparé pour nous la faire visiter; bien que l'usine soit en cours de construction, la fonderie de fer et l'atelier des tours ont été poussés activement et fonctionnent déjà, mais comme nous ne nous sommes pas arrêtés nous n'avons eu que peu ou pas de temps pour enquêter. On doit augmenter la fonderie plus tard ; telle qu'elle est, elle est actuellement assez bien remplie, par environ 80 ouvriers en pied qui semblent travailler très à leur aise ; l'un des artisans qui nous accompagnaient nous déclara qu'ils n'étaient pas dans le coup de feu, mais il faut noter qu'ils fondaient pour l'usage de l'usine et non pour un marché extérieur. Les salaires payés étaient 3 ½ dollars par jour (14 sh. 7ᵈ). Je n'ai pu savoir la durée du travail, mais je pense qu'elle était de 10 heures par jour. Toute l'installation est établie sur une très large échelle. On a établi sur le lac, dans le voisinage immédiat de l'usine un barrage important de 4 miles de longueur environ, nécessaire pour protéger la navigation lorsque le temps est mauvais et orageux, ce qui arrive fréquemment sur ce lac.

En rentrant à Buffalo, nous visitâmes l'Hôtel des Postes qui est un superbe

([1]) *Friendly Society of Ironfounders of Great Britain and Ireland.*

bâtiment. Nous avons également visité le *City Hall* ou *Council Chambers* où le corps de feu le président Mac Kinley fut exposé en grande pompe pendant huit heures. Buffalo possède un très grand nombre d'élévateurs à blé et est le cinquième port du monde par son tonnage ce qui montre l'énorme trafic qui se fait sur ces lacs. Nous retournâmes à Niagara le même soir, et nous en partîmes le lendemain soir pour Cleveland situé à quelques 290 *miles* envi. ron ; nous voyagions en sleeping-car. Notre séjour à Cleveland comprenait 3 journées : Samedi, Dimanche et Lundi, ce dernier jour seul ayant été réservé pour nos enquêtes industrielles. Etant donné que la ville et le district renfer- ment environ 70 fonderies employant 2.000 mouleurs, le temps ne nous a pas permis de nous livrer à une enquête aussi minutieuse que je l'aurais désirée. Je puis dire que mes recherches n'ont réellement commencé que dans les établissements de la Compagnie électrique Westhinghouse (¹) qui possède deux grandes fonderies côte à côte ; l'une pour les petites et l'autre pour les grosses pièces. Elle emploie environ 90 ouvriers en pied et 150 ouvriers-aides ; je mentionne ce chiffre pour montrer la différence avec l'Angleterre. Les fonderies seules travaillent 9 heures ; la journée est plus longue dans les autres parties des usines. Les salaires sont de 3 à 3 ¹/₂ dollars et je dois dire que les ouvriers fournissent un effort considérablement plus grand qu'en Angleterre. Comme l'on faisait de très grosses pièces, cet atelier était par suite très en désordre. On a adopté généralement le système de former les moules par des anneaux et l'on obtient des pièces très rugueuses auxquelles il faut faire subir un dressage sérieux : l'on emploie un grand nombre d'ou- vriers pour faire les anneaux dans cet atelier, leur salaire journalier est de 2 ¹/₄ à 2 ¹/₂ dollars. La plupart de ces ouvriers-aides sont des étrangers qui ne comprennent, ni ne peuvent dire un mot d'anglais : résultat : un nombre considérable de fautes commises en prenant les instructions pour ce qu'ils ont à faire, ce qui ne peut évidemment amener à une gestion économique.

J'ai visité ensuite les établissements de la Compagnie Américaine de Cons- tructions Navales (²) qui ne fait que de très petites pièces et emploie 36 mou- leurs. Ici encore les ouvriers semblent être maintenus en haleine et tra- vaillent 10 heures par jour, ils reçoivent un salaire de 50 % supérieur pour les heures supplémentaires et double du salaire ordinaire, pour le travail du dimanche et de toutes les fêtes légales. Les salaires varient de 2,00 à 3 ¹/₂ dollars.

Ils ont beaucoup à apprendre des mouleurs anglais pour ce genre de travail, particulièrement pour le moulage dans l'argile ; lorsque je donnais la description de notre système de moulage en argile sans pilonnage, le contremaître, jeune

(¹) *Westinghouse Electrical Engineering Company.*
(²) *American Shipbuilding Company.*

homme très gentil et avide d'apprendre tout ce qui touche au métier semblait être fort intéressé par le système sus-mentionné. En retour, il se donna beaucoup de mal pour m'expliquer une très jolie petite machine à faire les moules dénommée « machine-marteau à moules » et prit la peine de mélanger des sables et de faire quelques moules pour m'en montrer le fonctionnement. Je n'hésite pas à déclarer qu'aucune fonderie ne devrait être dépourvue de cette machine qui fait 10 tailles de moules parfaitement cylindriques ayant une épaisseur de $^3/_8$ à 1 $^1/_2$ pouces et une hauteur de 22 pouces. Son apparence est celle d'une machine à faire des saucisses ; elle se compose d'un plateau avec arbre denté et fixé dessus par un coussinet, une trémie droite portant une vanne d'alimentation centrale engrenant sur l'arbre. Avec une machine l'on fournit six plateaux à moules (pour cinq moules chacun), une console-planchette, dix centres et dix tubes pour introduire les centres et l'on coule le sable dans l'anneau ainsi formé. — Des détails complémentaires seront fournis par la Compagnie Brown frères ([1]) (Chicago U. S. A.).

Le soir même nous quittions Cleveland en sleeping-car et après 13 heures de trajet arrivions à Chicago qui n'est distant que de 357 *miles*, ce n'était pas voyager par train rapide ; mais on nous expliqua que la cause de la faible vitesse était un affaissement de la voie. Ici encore notre temps fut occupé par des réceptions et fêtes, ce dont nous fûmes mécontents sachant que l'on attendait de nous des rapports sur la situation industrielle. Un jour était réservé pour l'enquête et cependant Chicago et ses environs comptent 135 fonderies. C'était la fin de notre voyage vers l'Ouest et la mission devait maintenant se diriger vers New-York ; à la vérité, pleine liberté était laissée à ceux qui désiraient continuer leurs pérégrinations, sous la réserve, toutefois, de se trouver à New-York pour assister les 8, 9 et 10 décembre à l'Assemblée de la Fédération Civique ; cela nous permit de consacrer tout notre temps à nos études industrielles. M. Barnes, de l'Union des mécaniciens, et moi décidâmes de rester en arrière et de travailler ensemble : les fonderies et les ateliers de mécanique se trouvant généralement côte à côte. Notre première visite à Chicago fut pour la fonderie d'Allis–Chambers, dont la Société a un grand esprit d'entreprise et qui a un grand nombre d'établissements dans les différentes villes. C'est le plus beau des ateliers que nous ayons visités jusque là, il est bien éclairé, très haut et pourvu d'excellentes grues. On y a installé des appareils permettant d'abaisser la température en été et de l'élever en hiver. Vous figurez-vous la réponse d'un industriel anglais auquel on demanderait de prendre de telles mesures pour le bien-être de son personnel ! Bien que le contremaître fut souffrant d'une brûlure au pied il se déclara enchanté de me servir de guide et de me fournir tous les renseignements qu'il possédait. Cet atelier travaille pour les mines et la mécanique ; on y fait des coulées de

([1]) *Brown Brothers manufacturing Company.*

30 tonnes (¹) dans des moules de sable sec. On y emploie 123 ouvriers, gagnant un salaire journalier de 3 à 4 dollars et travaillant 55 heures par semaine. Cette usine a l'intention de réduire la durée du travail à 54 heures après le premier janvier. Je dois dire que les ouvriers ne se donnent pas plus de mal qu'en Angleterre. Les cubilots peuvent fondre 20 tonnes par jour. Les mouleurs étaient en grève depuis fort longtemps à cause de cette question de la durée du travail ; le conflit se termina tout récemment, satisfaction ayant été donnée aux ouvriers sur ce point. Pendant la grève, les « Travailleurs libres » (²), que les Américains appellent des *Scabs* entrèrent en scène ; au point de vue de l'habileté, ils semblent être au niveau de ceux qui sont enrégimentés sous la même bannière dans ce pays ainsi qu'en fait foi la déclaration du contremaître : il nous disait qu'il espérait ne plus jamais subir pareil épreuve. Il ajoutait qu'il ne voudrait recommencer cette expérience ni pour or ni pour argent, car ce n'est pas un phénomène ordinaire de n'obtenir que 15 tonnes de fonte coulée de bonne qualité sur 40 tonnes de fer passées par jour ; avec les unionistes, le pourcentage de mauvais travail n'est que de 2 %. Comme nous lui demandions ce qu'étaient devenus les *scabs*, il nous répondit qu'ils étaient embauchés dans un autre atelier de la même compagnie où l'on n'emploie que des ouvriers non-unionistes.

Nous demandâmes ensuite l'autorisation de visiter l'atelier Crane, elle nous fut refusée, parce que le patron ou le directeur ayant visité l'Angleterre il y a quelque temps et s'étant vu refusé l'entrée d'une ou de plusieurs usines, avait résolu d'agir de même lorsque l'occasion s'en présenterait. J'en fus très marri, ayant le plus vif désir de visiter cette installation qui fabrique des tuyaux. Cette usine occupe un grand nombre de femmes, à des conditions peu habituelles.

Le lendemain matin dès la première heure, nous partîmes par chemin de fer pour Milwaukee, situé sur les bords du Lac Michigan où nous fûmes admis à visiter, sur le champ, un autre atelier de la Compagnie d'Allis_ Chambers exécutant sensiblement les mêmes objets que celui de Chicago, c'est-à-dire outillage de mines et de mécanique. Ils font de bonnes coulées de 60 tonnes (¹) ; on y emploie 126 ouvriers recevant un salaire journalier de 2,85 à 3,90 dollars ; ils se donnent un peu plus de mal que les ouvriers anglais.

Ils ont un système de berceaux (?) métalliques fixés les uns aux autres par des charnières de façon à avoir le moins de pilonnage possible pour les moules dans l'argile. Ici encore la « machine-marteau à moules » est en évidence. Cette Compagnie a construit récemment à 5 ou 6 *miles* de Milwaukee une fonderie et des

(¹) La tonne anglaise est de 1016 kilogrammes.
(²) *Free Labour men.*

ateliers de mécanique qui passent pour l'installation la plus moderne d'Amérique
et qui est connue sous le nom de *West Allis Works* (Ateliers Allis de l'Ouest) ; la
Compagnie nous accorda, avec son amabilité coutumière, l'autorisation de les
visiter. La fonderie a 500 pieds de long ; elle est formée de trois travées, celle du
milieu ayant 100 pieds et les deux latérales 60 pieds de large, soit au total 220
pieds de large, représentant 125.000 pieds carrés de surface. Les installations de
grues sont très remarquables ; un pont roulant de 60 tonnes de puissance avec
un monte-charges auxiliaire de 15 tonnes, ainsi que deux ponts roulants de
30 tonnes avec monte-charges de 10 tonnes sont établis dans la travée centrale.
L'une des travées latérales est pourvue de trois ponts roulants, l'un de 30 et les
deux autres de 20 tonnes avec monte-charges auxiliaire pour les pièces légères.
L'autre travée comprend deux ponts roulants de 20 tonnes avec les installations
accessoires ; tous sont mûs par l'électricité.

Cet atelier est remarquablement éclairé et ventilé. Il y a un nombre important de ventilateurs aspirants dans le toit et des ventilateurs foulants pour
assurer l'échappement des gaz et de la fumée quand cela est nécessaire ; ici
encore l'électricité est la force motrice. On doit aussi chauffer les bâtiments à
l'eau chaude en hiver ; de tels soins pour le bien-être de leurs ouvriers n'entreront jamais dans l'esprit des patrons britanniques.

Les fours de séchage sont obturés par des portes glissantes montées sur rouleaux, comme les devantures de magasins, mais le contremaître n'est pas par-
tisan de ce système : la chaleur passe par les joints. On a creusé dans le sol un
certain nombre de puits pour y faire les coulées. Le fer et le coke sont montés
par trolley électrique le long d'un plan incliné et chargés dans le cubilot sans
intervention de main d'œuvre. Tous les accessoires semblent très bons à ce contremaître qui est Anglais et originaire de Derby.

Je dois dire qu'il semble y avoir abondance de bon sable à mouler dans tout le
pays. Les salaires de cet atelier sont de 2,90 à 3,90 dollars par jour et les ouvriers
semblent travailler sans trop de fatigue. Le personnel n'est pas encore au complet, il atteindra 200 ouvriers quand l'usine sera en plein rapport ; on pense que
les installations seront encore étendues de 200 pieds. Je crois que la durée du travail est de 9 heures par jour, mais je n'en suis pas tout à fait sûr. La production
totale de cette Compagnie, pour les usines de Milwaukee et Chicago, atteindra
mensuellement 5000 tonnes.

J'ai déjà dit que la Compagnie d'Allis-Chambers avait à Chicago un atelier
n'employant que des non trade-unionistes. Nous y avons été tout-à-fait par
hasard. Les produits y sont beaucoup plus grossiers que dans les trois autres
ateliers ci-dessus mentionnés. C'est l'un des ateliers les plus anciens de Chicago, avec un outillage tout à fait archaïque, employant encore des grues à
contre-clavettes. L'on m'a montré les plans d'un nouvel atelier que l'on va
élever. Ayant demandé si les résultats obtenus de l'élément non-unioniste
étaient aussi satisfaisants que ceux des unionistes, on me répondit non de
façon formelle ; on les emploie pour une question de principe, la direction ne

voulant pas se soumettre à l'Union. On emploie des ouvriers de couleurs pour le moulage; le contremaître n'a jamais rencontré parmi eux de bons mouleurs, ils ont leurs idées particulières. Le salaire à la journée est fixé à 3 dollars et au-dessus, mais la majorité des ouvriers sont aux pièces. Il y a une machine Pridmore travaillant aux pièces dans cet établissement.

Le lendemain fut employé à nous rendre à Cincinnatti distant de 300 *miles* de Chicago. Cincinnatti est le siège de l'Union des mouleurs de l'Amérique du Nord (*North American Iron Moulders*); les agents de l'Union nous vinrent en aide et rivalisèrent d'amabilité. Ils nous menèrent à la Fonderie Buckeye très joli petit atelier employant 45 ouvriers et faisant des outils; les coulées y sont bonnes ainsi que l'on pouvait s'y attendre étant donnés l'usine et le personnel. Les salaires y sont de 3 dollars et au-dessus; la journée dure 10 heures. L'usine est bien tenue, bien outillée surtout comme moufles, permettant ainsi aux ouvriers de faire une bonne journée sans se bousculer. La direction agit très équitablement avec le personnel; par exemple si un homme produit normalement 4 articles donnés dans sa journée et qu'il arrive à en faire un cinquième, on le paye 25 °/₀ en plus pour le tout, ou ce dernier article lui est payé autant que les quatre autres réunis; l'on ne tente pas de l'empêcher de fournir son effort supplémentaire. C'est ce qui devrait exister partout. L'on fait également des plaques, mais en petite quantité et bien entendu aux pièces. Les mouleurs de Cincinnatti jouissent d'un privilège particulier que l'on ne retrouve nulle part ailleurs; si un ouvrier exécute un travail nécessitant plus d'une journée, chaque jour, où il ne fait pas de coulée, est considéré comme un *jour froid* (*a cold day*) et il peut cesser son travail une heure un quart avant le moment prévu par le réglement d'atelier, tout en recevant le salaire de la pleine journée.

J'ai oublié de mentionner que la plupart des fonderies que j'ai visitées ont un laboratoire d'analyse chimique; c'est une pratique que l'on imiterait avec fruit en Grande-Bretagne.

Nous avons visité ensuite des installations de la Compagnie américaine de tuyaux (¹), situés à Addistown à quelque 14 *miles* de Cincinnatti en descendant le fleuve Ohio, en face de Kentucky qui est sur l'autre rive.

L'atelier des tuyaux, exécutés à la tâche, est très beau; il est fort bien outillé, les grues sont assez puissantes et les moufles excellents. Les tuyaux de 6 à 7 pieds de diamètre sont de taille très commune; l'on m'apprit qu'on en fait ayant jusqu'à 12 pieds. Ils semblent bien connaître cette industrie. On a construit dans le sol un grand four de séchage de 40 pieds sur 25 en surface et 18 de profondeur; le foyer est en bas à l'un des angles et il y a un ventilateur qui aspire l'air froid du bas du four. On y empile les moules et il faut rarement plus d'une nuit pour

(¹) *U. S. American Pipe C°.*

les sécher. Les salaires journaliers sont de 3 à 3,75 dollars, la durée quotidienne du travail 10 heures; les ouvriers semblent travailler sans trop grande fatigue. L'atelier de réchauffage des tuyaux est tout à fait remarquable; mais le travail y est exceptionnellement dur ainsi que le savent tous ceux ayant visité ce genre d'usines.

Les ouvriers en pied touchent 2 $\frac{1}{2}$ dollars par jour, les aides 1 $\frac{1}{2}$, sauf les hommes de couleur payés $\frac{1}{4}$ de dollar en moins que les blancs, l'on explique cette différence de salaire en disant que s'ils étaient payés autant que les autres, ils ne travailleraient pas, mais iraient au cabaret. J'ai été surpris de voir employer l'antique noyau de fer avec liens de paille, sans une seule broche de liaison, mais grâce à un rouleau à comprimer les liens de paille, l'intérieur des tuyaux est très régulier et sans rugosités. Un cubilot fond jusqu'à 230 tonnes de fer par jour.

De retour à Cincinnatti nous nous rendîmes à Hamilton qui n'en est distant que de 25 *miles*. Dans l'usine d'outils Niles ([1]), qui a une grande réputation, le personnel de la fonderie est de 63 ouvr'   en pied; c'est un atelier mixte, c'est-à-dire que les unionistes et les non-unionistes y travaillent côte à côte; les salaires sont de 2,80 dollars et au-dessus. Jusqu'ici je n'avais vu que peu ou point de coulée directe dans le sol, il y a généralement un fond et un couvercle pleins aux moules; dans cet atelier on fait beaucoup de coulée directe, le contremaître ayant la plus grande difficulté, à ce qu'il m'a dit, à recruter des ouvriers capables de travailler d'après un autre système.

Comme l'on emploie beaucoup le système de former des moules par anneaux, il y a un grand nombre d'ouvriers employés à en faire, on les paye de 1 $\frac{1}{2}$ à 2 $\frac{1}{2}$ dollars par journée de 10 heures. Ayant demandé pourquoi l'on ne voyait pas le moindre ouvrier âgé, le contremaître dit qu'il supposait ([2]) que lorsqu'un ouvrier n'était plus capable de fournir une journée ordinaire de travail, il ne trouvait plus guère à s'employer. Je considère que le travail de cet atelier est très dur, c'est le plus fatigant de ceux que j'ai visités jusqu'à ce moment.

Nous avons été ensuite à Pittsburg où nous avions compté rester deux jours, mais comme nous y sommes arrivés à deux heures du matin le « *Thanksgiving Day* » nous avons trouvé tous les ateliers fermés et avons été ainsi privés d'un jour d'enquête. Le premier établissement que nous avons vu est celui de la Compagnie Westinghouse où travaillent plus de 100 ouvriers en pied; on y fabrique des machines et l'on y fait des coulées de 40 tonnes et dans l'ensemble l'installation est très belle. Il y a deux contremaîtres-chefs s'occupant chacun d'une moitié de l'atelier et chacun d'eux a deux contremaîtres en second sous ses ordres. L'on emploie beaucoup les moules à charnières, ce qui permet d'arriver plus facilement à finir les pièces; ces moules sont bien faits. Les salaires varient de 3 $\frac{1}{4}$ à 3 $\frac{1}{2}$ dollars par jour, la durée du travail est de 9 heures par jour ou 54 heures par semaine.

([1]) *Nile's Tool Works.*
([2]) Nous avons traduit par ce mot l'américanisme « *guessed* » dont le sens littéral est « *deviner* ». (Note du Traducteur).

Le système dit des « primes de Pittsburg » (¹) est en vigueur ici, mais on ne l'applique pas comme en Angleterre. Un jeune homme (un anglais) me montra par exemple un travail qu'il avait fait ; bien qu'il eût huit jours pour le faire, il parvint à le terminer en cinq, mais la direction ne fit pas la plus petite tentative pour bénéficier en partie de l'économie de temps réalisée, l'ouvrier reçût 8 jours de salaires. S'il fait une mauvaise coulée, il est payé pour les 5 jours qu'il a passés à faire l'objet et puis repayé pour 5 jours lorsqu'il le recommence, il ne perd que l'extra-effort des 3 jours pour la non-réussite. Le contremaître me confirma cette déclaration. J'ai oublié de mentionner que le marteau à enfoncer les chevilles et boulons et le marteau plat ont été réunis dans presque tous les ateliers, ils sont fixés aux deux extrémités du même manche, le dernier n'ayant que deux pouces et demi de diamètre. Les avis seront partagés sur le point de savoir si c'est avantageux ou non.

Nous avons été visiter ensuite les établissements de la Compagnie Mesta (Machines) (²) à Homestead, à 6 *miles* de Pittsburg. On y fait de la mécanique et des machines et par suite de fortes coulées, ainsi que des coulées d'acier; cet atelier est le plus long de tous ceux qu'a jamais vus l'auteur : 960 pieds sur 60 avec six ponts-roulants, il y a également une petite grue à contre-clavette qui est transportée par les ponts-roulants et peut être fixée à l'une quelconque des colonnes de l'atelier. Le contremaître et les ouvriers sont d'accord pour trouver que de tels ateliers ne sont pas bons à cause de leur longueur; les ponts-roulants arrivent à se bloquer mutuellement. Les salaires et les heures de travail sont les mêmes que dans l'atelier Westinghouse, à l'exception des ouvriers faisant les moules; ils sont mieux payés que d'habitude, gagnant 3 dollars par jour.

On nous a fait visiter ensuite l'installation de Mackintosh, Hemphill et Cᵒ connue sous le nom de Fonderie de Fort Pittsburg (³) qui passe pour la plus ancienne fonderie de la ville. L'on y fait de la mécanique générale, y compris les objets d'acier. Bien que ce soit un vieil atelier, on y voit deux bonnes grues de 20 tonnes, dont la force portante a été vérifiée soigneusement il y a peu de temps lorsqu'on a fait une plaque de fondation de 74 tonnes, qu'elles ont soulevée. J'ai remarqué que la surface des coulées d'acier était beaucoup plus unie que d'habitude. Les salaires et la durée du travail sont analogues à ceux indiqués pour les deux ateliers précédents. Le lendemain (samedi) nous sommes partis de bonne heure pour Altoona qui est au pied de la chaîne des Alléghanys, à 1200 pieds au-dessus du niveau de la mer, et distante de 117 *miles* de Pittsburg. Nous voulions voir les ateliers de construction du Chemin de fer de Pensylvanie au cours de l'après-midi. Nous fûmes encore désappointés car ils ferment à midi le samedi ; nous

(¹) *Pittsburg Bonus system.*
(²) *Mesta Machine Cᵒ.*
(³) *Fort Pittsburg Foundry.*

fûmes contraints de prolonger notre séjour jusqu'au lundi matin où nous commençâmes notre visite de bonne heure. Ces établissements sont très vastes, ils occupent 7.000 bras et les ouvriers parlent en termes élogieux de la Compagnie, en tant qu'employeur. Dans l'atelier de fonderie, le salaire aux pièces semble être à l'ordre du jour, l'on y fait pas mal de travail à la machine. Les mouleurs sachant tout faire, gagnent deux dollars et demi par jour et de trois et demi à quatre quand ils sont aux pièces ; les fabricants de moules sont payés deux et demi à trois dollars ; les mouleurs à la machine, payés aux pièces, gagnent trois dollars et demi par jour, les mouleurs en cuivre, de trois et demi à quatre dollars ; les ouvriers conduisant la machine Tabor de 2,50 à 2,75 dollars ; les ouvriers faisant les roues de wagons en acier trempé sont payés trois et demi à quatre dollars par jour ; ce sont simplement des manœuvres habiles [1] ou ouvriers en second ayant chacun un aide qui devient, par la suite, ce qu'ils appellent un mouleur. Il y a quelque temps la Compagnie envoya son contremaître mouleur en cuivre en Angleterre pour voir s'il pourrait y apprendre quelque chose ; il dit que les ateliers du chemin de fer du Lancashire et Yorkshire à Horwich sont les plus complets qu'il ait vus ; une telle installation rejette les Etats-Unis eux-mêmes au second plan.

Les caractéristiques d'Altoona sont la spécialisation et la division du travail poussées jusqu'à leur extrême limite. On considère Altoona comme la ville ouvrière par excellence ; on affirme que 90 °/₀ des travailleurs possèdent leurs maisons ; si cela est vrai il n'y a pas de ville qui puisse lutter avec celle-ci.

De là nous avons été à Washington par Harrisburg et Baltimore. Ici, pour une fois, nous nous décidâmes à employer notre temps en touristes car il n'y a que peu d'industries. Nous y avons cependant vu, par hasard une petite fonderie, montée sur un très petit pied, n'employant que 5 à 6 ouvriers gagnant de 2 1/2 à 2 3/4 dollars par journée de neuf heures. Washington est sur la frontière des Etats du Sud et les salaires se réduisent au fur et à mesure qu'on va vers le Sud ; étant donnée la grande chaleur, on emploie de la main d'œuvre de couleur et la qualité du travail s'en ressent. Nous avons vu les Chantiers de la Marine, les ateliers de mécanique paraissent bien outillés et très développés ; mais j'ai été très déçu par la fonderie — en vérité je trouve que c'est une honte nationale pour les Américains.

Notre étape suivante fut Philadelphie à 135 *miles* de Washington où nous avons étudié les ateliers de locomotives de la maison Baldwin qui ont une grande réputation. La majeure partie du travail est faite d'après un système aux pièces des plus néfastes ; un travail donné est adjugé à un contractant qui le distribue à des sous-contractants. C'est le sweating-system pur et

[1] *Handy-Labourers.*

simple, en conséquence on se hâte et le travail est fini de façon honteuse.
Les salaires à la journée sont de 2,90 dollars et l'on travaille 60 heures par
semaine. Je remarquai que le toit était horizontal et sans ouvertures et j'appris que les chaudières se trouvaient au-dessus de la fonderie et qu'un atelier
de forgerons était installé au-dessus des chaudières. Je dois dire que le succès
de cette entreprise est dû au travail à bon marché et aux produits grossièrement finis.

A notre sortie de l'usine Baldwin nous allâmes tout à côté chez Selly et Cⁱᵉ, des
fabricants d'outils, on nous accompagna dans les ateliers d'ajustage, mais on
refusa de me laisser visiter la fonderie dans laquelle je dus me borner à jeter un
coup d'œil. De là nous allâmes à la fabrique d'outils Benent et Miles qui est dans
le voisinage immédiat des deux autres. Ici le personnel se compose de 12 ouvriers
en pied travaillant tous aux pièces ; aussi se hâtent-ils, mais leur salaire est en
proportion ; si j'en disais le montant on ne me croirait pas. Sauf chez Baldwin on
ne travaille à Philadelphie que 56 heures et demie par semaine. Il y a abondance
de bon sable de mouleur dans le voisinage immédiat de cette localité. 30 % des
ouvriers de Philadelphie possèdent leur maison à ce que l'on m'a dit. Nous avons
ensuite tenté de visiter les Chantiers de Constructions navales de Cramp, mais
sans succès car ils ne reçoivent pas de visiteurs le samedi.

Le lendemain matin (dimanche) nous sommes partis pour New-York qui n'est
qu'à 90 miles et nous avons assisté le lundi et le mardi à l'Assemblée de la Fédération Civique. Devant partir pour l'Angleterre le samedi, je dus renoncer à assister à la réunion de la Fédération Civique le troisième jour, afin d'employer le
mieux possible le reste de mon temps pour pousser mon enquête. M. D. Black, le
directeur du journal des fondeurs de fer de l'Amérique du Nord [1], avait chargé
son agent commercial, M. W. A. Perrine, de m'accompagner dans cette région
et l'expérience a prouvé que je n'aurais pu être confié à un meilleur guide. Notre
première visite a été pour les établissements E. W. Bless et Cⁱᵉ, Brooklyn où
75 ouvriers en pied sont occupés, gagnant de 3 à 3,75 dollars par journée de
9 heures ; on ne fait que des pièces de commande y compris quelques petites
pièces de marine. J'y ai vu la machine à mouler Tabor, conduite par un mouleur
qui reçoit le même taux de salaire que les ouvriers du même atelier ne travaillant
pas aux pièces, et la direction est très satisfaite des résultats. La raison pour
laquelle je fais une mention de ce cas est que les employeurs Anglais refusent à
leurs mouleurs le droit de travailler avec la machine Tabor. Les ponts-roulants et
grues sont suffisants dans cette usine qui est bien éclairée et les ouvriers travaillent un peu plus vite que chez nous. Nous avons été visiter ensuite les usines
de la Compagnie Lidgerwood [2], le personnel est composé de 50 mouleurs,
les salaires et la durée du travail étant les mêmes que dans l'usine précédente, la production se compose de grues et de pièces de marine. J'ai trouvé ici
une fabrication nouvelle de moules en argile sans ouvertures, ni ferrures, jusqu'à
une certaine taille : ils sont faits de vase de mer mêlée à de l'huile de lin dans la
proportion de 1 à 45 ; le séchage peut faire voler en éclat ces moules, mais quand

[1] *North American Ironmoulders' Journal.*
[2] *Lidgerwood Manufacturing Cᵒ.*

ils sont secs ils ont un son de poterie. A moins que le moule n'ait un fond plat
permettant de le placer sur une plaque, il doit y avoir des boîtes métalliques
pour le sécher, par suite le nombre de ces boîtes doit être égal à celui des
moules dont on a besoin chaque jour. Un autre de leurs avantages est qu'il
n'est presque pas besoin de travail pour les séparer du lingot. Les fabricants de
moules gagnent de 2 1/2 à 2 1/2 dollars par jour.

Notre visite suivante fut pour les établissements de la Compagnie des Pompes
Worthington (¹) à Elisabeth Port, Jersey à 14 miles de New-York. C'est une installation des plus importantes employant 140 ouvriers en pied. Les salaires
varient de 2,80 à 3 1/2 dollars, les fabricants de moules en argile gagnent
2 1/2 dollars. Autre caractéristique spéciale : 30 jeunes femmes sont occupées à
faire des moules, et gagnent aux pièces 1 à 2 1/2 dollars par journée de 9 heures ;
la plupart de ces moules sont semblables à ceux précédemment décrits pour les
établissements de Lidgervood, c'est-à-dire sans ouvertures ni ferrures, mais la
proportion de l'huile de lin n'est que de 1/60. La direction a une bonne renommée
parmi les ouvriers. Deux Anglais occupés dans cet atelier déclarent qu'ils ne se
donnent pas plus de mal qu'en Angleterre. Soixante-quatre hommes, tous travaillant aux pièces, conduisent différentes machines et font des plaques; ce ne sont
pas des mouleurs. L'outillage de cet atelier est analogue à celui des installations
déjà décrites.

Nous avons été voir ensuite MM. S. L. Moore et Cⁱᵉ, constructeurs de navires
dans la même ville ; nombre des ouvriers 35, salaires comme ci-dessus. Un des
ateliers s'occupe exclusivement du travail de l'argile, le personnel était occupé à
pilonner de l'argile avec un pilon pneumatique et le contremaitre nous demanda
si nous avions quelque chose d'analogue en Angleterre. Je répondis que nous n'en
avions pas besoin ayant un système pour faire les moules sans pilonnage et je le
lui expliquai.

Nous terminâmes nos investigations à Elisabeth Port par une visite à MM. A. et
F. Brown, fabricants de poulies, employant 30 hommes ; les salaires et la durée
du travail sont les mêmes que dans les deux ateliers précédents. On fait plusieurs
sortes de poulies à la machine, bien que le contre-maître proteste contre la dénomination de machine à mouler donnée à la machine Pridmore. Je suis d'accord
avec lui sur ce point car l'objet doit être travaillé tout comme s'il n'y avait pas de
machine : elle fait un simple traçage sur la pièce de fonte, procédé que connaissent tous les mouleurs.

Le lendemain vit le terme de mes pérégrinations dans la Cité de New-York ; j'ai
vu d'abord les établissements Mott et Cⁱᵉ. Ils se composent de très nombreux
petits ateliers employant 155 ouvriers en pied à un travail peu fatigant tel que
baignoires, poêles, pièces creuses en général et travaillant presque tous aux
pièces. Un nommé Stoneham, originaire de Londres, occupe la position de second
contremaître.

Notre dernière visite fut pour les Fers d'architecture de Jackson (²). Ainsi que
son nom l'indique cet atelier produit les fers de construction dont il y a une
grande demande tant à New-York qu'aux alentours. La fonderie est quelque peu
antique avec ses grues à contre-fiches placées au milieu de l'atelier.

(¹) *Worthington Pumping Cᵒ.*
(²) *Jackon's Architectural Iron Works.*

Je dois d'ailleurs ajouter que j'ai vu employer plus ou moins, dans presque toutes les fonderies que j'ai visitées, les chassis de moulage, et généralement avec de bons résultats, car ce procédé supprime en partie l'emploi des grues et on les soulève plus vite à bras. Pour travailler au tour on emploie le procédé de la botte; on la pose sur le sol, on l'ouvre sur le côté et la pièce moulée en sort, la même botte sert pour un nombre indéfini de pièces; on les pèse et les remplit.

J'ai encore oublié de mentionner que les mouleurs portent pendant leur travail un vêtement spécial les recouvrant entièrement; ils disposent habituellement d'une armoire fermant à clef; ils procèdent à des ablutions et changent de vêtements avant de quitter l'atelier.

OBSERVATIONS GÉNÉRALES. — Mon enquête a été faite avec autant de soin que le temps dont je disposais me l'a permis. Je suis arrivé à la conclusion que la production du mouleur américain dépasse de 25 0/0 celle du mouleur anglais; 10 0/0 de cette différence doivent être attribués à un plus grand effort et le reste soit 15 0/0 au meilleur outillage et aux facilités plus grandes données pour le travail. Voici un exemple relatif à ces facilités dans le travail. Il y a sept mois environ un patron anglais me demanda de visiter son installation, car il ne pouvait obtenir une bonne journée de travail des membres de mon union qui étaient à son service. Les pièces dont il s'agissait étaient coulées dans le sable et je vis que l'ouvrier manquait d'outils pour faire son travail, n'ayant ni pelle, ni pilon, ni brosse sèche, ni tamis, etc. Maintenant chacun sait qu'un homme qui cherche ces outils dans l'atelier ne peut faire du moulage au même moment et par conséquent leur absence est une perte sèche pour l'employeur. Par contre l'employeur américain se préoccupe non seulement de ce que l'ouvrier ait une pelle mais encore, en général, de lui fournir quelqu'un pour l'employer sous forme d'un aide (manœuvre) et ceux qui font des pièces moyennes ou très grosses la manient rarement et le résultat en est qu'ils font une plus grande quantité de moulage. Je me rends parfaitement compte que le fait de n'avoir pas travaillé au métier pendant seize ans pourra faire naître quelque doute sur ma capacité de juger de l'allure des deux pays, mais je ne me suis pas fié uniquement à mon seul jugement et toutes les fois que j'ai rencontré des mouleurs anglais en Amérique je les ai consultés sur ce point et on est généralement d'accord pour reconnaître que les Américains travaillent d'avantage : ce surtravail peut s'estimer à 10 0/0.

J'arrive maintenant à une question importante, celle des salaires qui sont en moyenne, c'est la conclusion à laquelle je suis parvenu, de 3 1/4 dollars par jour soit 4 £ 1 s 3 d par semaine. Il ne faut pas perdre de vue que nos études ont porté uniquement sur de grands centres, par suite les comparaisons doivent être établies entre ces salaires et ceux payés dans nos grands centres, Londres, Liverpool, Manchester, Sheffield et Leeds, qui atteignent

2 livres-sterling par semaine, exception faite pour Leeds ; l'on voit que le salaire des mouleurs en Amérique est le double de celui payé en Angleterre.

On ne doit pas en conclure que l'ouvrier britannique est, de quelque façon que ce soit, inférieur à l'ouvrier américain ; au contraire là où nous avons rencontré des mouleurs anglais, leur travail était considéré comme le meilleur et l'on peut être certain qu'en Amérique comme ailleurs, c'est l'habileté des ouvriers qui détermine leur position. Sans doute la spécialisation est poussée si loin que les américains ne font pas de mouleurs sachant faire tous les travaux de ce métier et qu'ils doivent compter, en conséquence, sur les autres pays pour leur fournir cette catégorie d'ouvriers. L'employeur anglais se lamente souvent sur la restriction du nombre des apprentis savoir un pour quatre ouvriers, que dirait-il aux États-Unis où ce nombre est de un pour huit ouvriers. L'employeur anglais a plus besoin que l'ouvrier britannique des leçons que donne l'Amérique.

Les avantages que l'Amérique possède sur ce pays-ci et tous les autres peuvent se résumer ainsi ; elle a d'abord d'immenses ressources naturelles principalement en minerai de fer. Comparons par exemple le gigantesque gisement de fer du Lac Supérieur qui, sur wagon, coûte 8 *cents* la tonne et contient 66 $\%$ de fer au minerai du Cleveland qui d'après ce que je sais, n'a qu'une teneur de 33 $\%$ soit la moitié et bien que je n'aie pas de données, je suis certain qu'embarqué sur wagon, il coûte plus de 8 *cents*. Ce pays, ni aucun autre, ne peuvent lutter contre cet avantage. Le second point est que la tendance générale à la spécialisation et les quantités considérables nécessaires pour les besoins du marché intérieur ont permis aux industriels de dépenser des sommes beaucoup plus importantes qu'en Angleterre pour établir la machinerie la plus étendue et la plus complète pour toutes les branches de la production nécessaire à ce pays. Il est probable que leur consommation intérieure est double de la nôtre et par suite cette dépense ne revient guère par article qu'à la moitié de ce qu'elle est en Angleterre. Des avantages comme ceux-là sont insurmontables.

Réponses de M. J. MADDISON au questionnaire

Questions	*Réponses*
A. APPRENTISSAGE DES JEUNES OUVRIERS	
1. Par l'apprentissage qu'il a fait et l'instruction qu'il a reçue, le jeune ouvrier Américain est-il mieux pré-	1, 2, 3. N'ayant eu que peu ou point d'occasions de faire porter mon enquête sur l'Enseignement, je suis

paré à son travail que le jeune Anglais ?

2. Si oui, quelles modifications a-vez-vous à proposer au système d'enseignement suivi en Angle-terre ?

3. Avez-vous quelques indications à fournir relativement aux cours complémentaires du soir, aux cours professionnels du soir pour les ou-vriers travaillant toute la journée ?

B. RAPPORTS ENTRE EMPLOYEURS ET EM-PLOYÉS.

4. Quelle est la durée du travail dans votre métier en Amérique ; comment se compare-t-elle à la durée du travail en Angleterre ?

5. L'ouvrier américain a-t-il par heure une production moyenne su-périeure à celle de l'ouvrier anglais.

6. Les tarifs aux pièces (travail aux pièces ou travail aux pièces et au temps) sont-ils très en vigueur en Amérique ?

7. Ce système est-il avantageux (a) à l'ouvrier (b) aux employeurs. Donne-t-il un avantage injustifié à l'une des parties ?

8. Quand des ouvriers qualifiés tra-

incapable de formuler une opinion.

4. Le nombre d'heures de travail varie de 9 à 10, soit une moyenne de neuf heures et demie contre 9 heures en Angleterre. J'ai été très frappé par les relations familières entre l'employeur et l'employé, je considère que cet état amène au bien-être des deux parties.

5. J'ai déjà répondu à cette question dans mon rapport.

6. Autant que j'ai pu m'en rendre compte, c'est le système du travail au temps qui est le plus répandu bien que le travail aux pièces soit pratiqué dans quelques ateliers. La qualité du travail exécuté dans les ateliers de travail aux pièces ne peut se comparer à celle obtenue dans les ateliers où règne le sys-tème de travail au temps.

7. L'employeur a un plus grand avantage avec ce système.

8. Ce que j'ai appris me porte à

vaillant aux pièces augmentent la production par leur propre habileté, les employeurs américains réduisent-ils les tarifs pour empêcher un homme de gagner plus qu'une certaine somme ?

9. Les systèmes de primes et boni sont-ils plus généralement employés en Amérique qu'en Angleterre et dans ce cas quels sont leurs résultats pour l'employeur et les employés ?

10. Là où existe le salaire hebdomadaire.

(a) Les ouvriers semblent-ils désireux de faire de leur mieux et de fournir une bonne journée de travail en échange d'un bon salaire ?

(b) Avec ce système l'énergie personnelle et l'initiative sont-elles dûment rémunérées ?

11. Les employeurs américains sont-ils désireux de pousser le personnel payé au temps à augmenter sa production par homme et sont-ils prêts à accroître proportionnellement le salaire par ouvrier ?

12. Les propositions d'amélioration de l'outillage faites par les employeurs, l'introduction d'applications mécaniques, économisant du travail et les machines du dernier modèle sont-elles favorablement accueillies par les ouvriers, ou le contraire se produit-il ?

13. Les propositions de perfectionnements émanant des ouvriers sont-elles bien accueillies par les employeurs et récompensées par eux ?

croire qu'ils ne le font pas, mais il ne faut pas oublier que le profit de l'employeur est d'autant plus grand que le salaire de l'ouvrier est plus élevé.

9. J'ai déjà parlé du système du prœmium ou bonus.

10. Oui, certainement ; exactement comme en Angleterre.

11. Oui.

12. Cette question ne peut s'appliquer que rarement à notre métier.

13. Elles sont probablement bien accueillies ; m'ai j'ai peur que la récompense ne soit douteuse, tout comme en Angleterre.

14. (a) Les ouvriers servent-ils un plus grand nombre de machines qu'en Angleterre ?

(b) Si oui, ce système est-il favorable aux deux parties ou l'une des deux .a-t-elle un avantage injustifié ?

14. Ne s'applique pas à notre métier.

15. L'ouvrier américain nécessite-t-il une plus grande « surveillance ». Quelle comparaison peut-on établir sous ce rapport entre lui et l'ouvrier anglais ?

15. Comme l'ouvrier anglais, à bien peu de chose près.

16. L'ouvrier américain est-il capable d'initiative et de travailler sans ordres fréquents et détaillés ? Quelle comparaison peut-on établir sous ce rapport entre lui et l'ouvrier anglais ?

16. La réponse à la question précédente s'applique également à celle-ci.

17. L'ouvrier américain donne-t-il un fort coup de collier en temps de presse et le fait-il gaiement ? Quelle rapport y a-t-il entre sa production pendant ces heures supplémentaires et sa production normale ? et quelles comparaisons peut-on établir à ces divers points de vue entre lui et l'ouvrier anglais ?

17. Je suis incapable de répondre à cette question.

18. Les employeurs américains sont-ils plus facilement accessibles à leurs ouvriers que les employeurs anglais ?

18. Je suis d'avis qu'ils le sont infiniment plus.

19. D'une façon générale un ouvrier a-t-il plus de chances de s'élever en Amérique qu'en Angleterre ?

19. A mon avis, les chances sont bien supérieures en Amérique.

20. L'usine américaine répond-elle mieux que l'usine anglaise aux besoins des ouvriers relativement à l'hygiène, la ventilation et au bien-être en général ?

20. Autant que j'en puis juger on tient plus compte de ces besoins en Amérique.

21. (a) L'outillage des usines améri-

21. Il n'y a pas grande différence,

caines est-il supérieur au point de vue de la production ?

(b) Sont-elles mieux dirigées ? La proportion des directeurs sortis des Universités est - elle plus grande qu'en Angleterre ?

(c) La qualité des produits finis est-elle meilleure ?

mais la petite qui existe est à l'actif des Américains.

22. Pour combien la plus grande production des usines américaines est-elle due,

(a) A la durée du travail supérieure à ce qu'elle est ici ?

(b) A la plus grande rapidité de marche des machines ?

22. Ceci ne s'applique pas à notre industrie.

23. Y a-t-il des pratiques de l'organisation américaine qu'il y aurait lieu d'introduire, à votre avis, dans les usines anglaises ?

23. J'ai déjà répondu à cette question.

C. Conditions générales de la vie des ouvriers en dehors de l'usine.

24. (a) Les ouvriers sont-ils mieux nourris en Amérique qu'en Angleterre ?

(b) Quel rapport peut-on établir entre le prix de la nourriture en Amérique et en Angleterre ?

24. (a) Oui ; ils sont bien nourris, mais personnellement je n'aime pas leur façon de se nourrir.

(b) Je dirai dans l'ensemble que c'est sensiblement la même chose.

25. (a) Les ouvriers sont-ils mieux vêtus en Amérique qu'en Angleterre ?

(b) Quel rapport peut-on établir entre le prix des vêtements en Amérique et en Angleterre ?

25. (a) Ils sont probablement un peu mieux vêtus ;

(b) Les vêtements sont considérablement plus chers en Amérique ; ceux qui coûtent 4 livres sterling en Angleterre valent de 6 à 6 ¼ livres sterling en Amérique. Le prix des vêtements grossiers est à peine supérieur à ce qu'il est en Angleterre.

26. (a) Les habitations des ouvriers américains sont-elles supérieures

26. (a) Nous n'avons eu que peu l'occasion d'enquêter dans la vie

à celles des ouvriers anglais ?

(*b*) Quel rapport existe-t-il entre les loyers dans ces deux pays ?

(*c*) Y a-t-il une plus grande proportion d'ouvriers propriétaires en Amérique qu'en Angleterre ? Si oui, à quelles causes attribuez-vous ce fait ?

sociale. Le peu que nous en avons vu avait trait à la classe supérieure des ouvriers qui vivent dans les faubourgs et ne peut se prendre comme criterium, mais les maisons semblent mieux construites et plus commodes que celles auxquelles nous sommes habitués en Angleterre.

(*b*) Cela dépend considérablement de la demande de maisons, mais je crois que les loyers sont plus élevés même qu'à Londres.

(*c*) J'ai déjà traité de cette question en parlant d'Altoona et de Philadelphie.

27. Quel rapport existe-t-il entre le salaire des ouvriers de votre métier en Amérique et en Angleterre, ce salaire étant *exprimé en argent* ?

27. J'ai déjà répondu à cette question.

28. Quel rapport existe-t-il entre la *valeur* du salaire de l'ouvrier américain et de l'ouvrier anglais en *tenant compte du coût de l'existence* ?

28. La situation de l'ouvrier américain est, sans conteste, infiniment meilleure que celle de l'ouvrier anglais, c'est-à-dire qu'il lui reste une somme beaucoup plus grande après avoir prélevé, sur son salaire, les dépenses nécessaires à la vie.

29. L'ouvrier sobre, prévoyant et de bonne conduite, tout en vivant convenablement, peut-il épargner plus en Amérique qu'en Angleterre ?

29. Sans aucun doute.

30. Si oui, son épargne est-elle plus grande *en fait*.

30. Je ne puis répondre à cette question.

31. Les paris aux courses, etc., jouent-ils un rôle aussi important dans la vie de l'ouvrier Américain que dans celle de l'ouvrier Anglais ?

31. Je ne puis répondre à cette question faute de données.

32. L'ouvrier Américain est-il plus

32. Je le crois ; nous n'avons entendu

sobre que l'Anglais ?

aucune plainte relativement au temps perdu.

33. Est-il vrai que pendant qu'il est jeune l'ouvrier américain fournisse une plus grande somme de travail que l'ouvrier anglais ; mais qu'il soit usé jeune et que ses années de travail soient peu nombreuses ?

33. Une chose certaine et très suggestive est que l'on voit très peu de vieux ouvriers dans les ateliers.

34. Est-il vrai que l'ouvrier américain est renvoyé lorsqu'il est jeune encore ?

34. Ma réponse à la question précédente le fait supposer.

35. (a) Est-il vrai que la durée moyenne de la vie de l'ouvrier américain est moindre que celle l'ouvrier anglais ?
   (b) Si oui, cela est-il dû à une fatigue excessive, à un climat moins sain ou à quelque autre cause ?

35. (a) L'ouvrier américain l'admet.
   (b) Je ne le sais pas.

36. Y a-t-il une proportion supérieure ou moindre d'ouvriers à la charge de l'Assistance-publique, en Amérique qu'en Angleterre ?

36. Je l'ignore absolument.

37. Les enfants et les amis des ouvriers américains, qui sont trop âgés pour travailler ou que la maladie et les accidents en rendent incapables, leurs viennent-ils plus en aide qu'en Angleterre ? Si oui, à quoi attribuez-vous la différence ?

37. Même réponse.

38. Trouvez-vous que les conditions générales d'existence de l'ouvrier soient meilleures en Amérique qu'en Angleterre ? En quoi pourrons-nous imiter l'exemple des américains pour améliorer les conditions de vie en Angleterre ?

38. Je proposerais de donner un salaire plus élevé aux ouvriers anglais : ce serait la solution du problème.

D. Questions d'ordre général

39. Approuvez-vous le fonctionnement de la Fédération Civique ?

40. Pourrait-on introduire en Angleterre une organisation établie sur
la même base ou sur une base un
peu différente ?

41. Les délégués sont-ils en faveur
d'une tentative pour établir une
organisation analogue en Angleterre.

39. Oui, c'est un pas dans la bonne
voie.

40. Je crois qu'une organisation semblable serait d'une grande utilité en
empêchant la guerre industrielle
en Angleterre, mais pour inspirer
confiance une telle organisation
devrait être élue constitutionnelle-
ment ; une organisation qui se for-
merait spontanément ne serait pas
acceptée.

41. Personnellement oui.

J. Maddison.

RAPPORT

de M. JAMES COX de l'Union des ouvriers du fer et de l'acier de Grande Bretagne [1]

—

Le développement phénoménal de l'Industrie Américaine pendant les 10 dernières années et plus spécialement depuis l'année 1898 est sans exemple dans l'histoire du monde — par sa rapidité et la proportion qu'il a prise — c'est l'une des plus grandes merveilles de notre temps. Il a attiré l'attention du monde éveillant des intérêts aussi vifs que divers. Nombreux ont été les grands capitaines de l'Industrie Britannique qui ont consacré une attention assidue à découvrir ses subtiles mystères, tandis que son ampleur a déterminé quelque chose de bien semblable à de la panique chez les employeurs de Travail, faibles et sans fortune, que le hasard de la naissance a placés dans une situation à laquelle leur apprentissage et leurs aptitudes générales les rendaient impropres. Le scepticisme de la classe moyenne ouvrière a été également très prononcé.

On ne doit pas se livrer à l'étude de ces phénomènes dans un esprit de panique ou de désintéressement, l'une et l'autre de ces attitudes démontrant de la faiblesse ou de l'ignorance, ou une combinaison des deux. A mon sens il est de toute nécessité d'acquérir, avec la plus grande impartialité, la connaissance la plus complète de ces phénomènes. Il est absolument inutile qu'employeurs et ouvriers se refusent à voir certains faits prouvés ; il serait également désastreux de les présenter sous un faux jour ou de les nier.

C'est dans cet esprit, qu'avec le consentement des membres de l'Association que je représente et du Conseil de Conciliation du Nord [2], j'ai accepté l'aimable invitation de M. Mosely de faire partie de sa « Commission Industrielle d'Enquête ». Le temps dont je disposais pour faire mon enquête était de un mois environ, bien que la période pendant laquelle je pouvais étudier mon

[1] *Associated Iron and Steel Workers of Great Britain.*
[2] *Northern Conciliation Board.*

propre métier fût beaucoup plus courte. Cela était dû à une modification
apparente de notre programme, qui devait nous permettre de voir les villes
principales et de visiter les régions intéressantes sous les auspices de la
« Fédération Civique ». Les délégués pouvaient ainsi obtenir un coup d'œil
d'ensemble de la vie américaine, aperçu extrêmement intéressant mais nécessairement superficiel à beaucoup de points de vue.

Cette visite était la première que je faisais en Amérique. Je ne pouvais
manquer d'avoir bien des idées préconçues, dûes aux quantités de rapports
que j'ai lus sur la vie et l'industrie américaines ; mon expérience personnelle
m'a rapidement amené à changer d'avis sur bien des points. Je m'attendais
à voir des allures précipitées et une bousculade perpétuelles dominant tous
les actes de la vie, que ce soit au bureau, dans la rue où à table, et causant
un complet ahurissement à un véritable anglais.

Je me suis promené dans les rues à circulation intensive des principales
villes, j'ai visité toutes sortes d'hôtels et de restaurants, j'ai vu pas mal
d'aspects de la vie commerciale dans les bureaux, mais cependant je n'ai
rien vu en fait d'allures précipitées et de bousculades que l'on ne voye dans
les grands centres industriels de ce pays, et j'ai souvent pensé que les *cons-
tables* américains pourraient prendre avec profit quelques leçons de notre po-
lice Métropolitaine pour régler la circulation dans les villes. Je dois intercaler
ici la remarque suivante : on pourra m'objecter qu'un voyage de 4 semaines
est trop court pour qu'il soit possible de donner une opinion définitive. Je
reconnais la force de cet argument, mais je ferai observer que l'expérience
des choses ne dépend pas d'une limite de temps mais de son utilisation et cela
n'a pas été une faible récompense que de m'entendre dire par un des principaux manufacturiers, que j'avais vu et appris plus de choses en deux semaines que bien des gens de sa connaissance qui étaient restés des mois à
visiter les Etat-Unis.

J'avais été aussi amené à croire que ces allures de fièvre et cette bousculade avaient partout pénétré dans tous les ateliers et faisaient agir tous les
ouvriers. Je m'étendrai plus tard d'une façon spéciale sur les industries du fer
et de l'acier, mais pendant tout mon voyage dans ces grandes villes, mes visites
aux bâtiments en construction, aux chantiers du Métropolitain souterrain de
New-York (¹) et autant que j'ai pu m'en rendre compte, dans les manufactures, ateliers, sur les chemins de fer et les ports, je n'ai pas vu, sauf dans de
rares cas exceptionnels, l'ouvrier américain déployer une énergie exceptionnelle plus grande que celle existant dans des lieux semblables et dans des
conditions analogues dans ce pays-ci.

(¹) *New-York Underground Railway.*

Je m'étais également formé une opinion erronée au sujet de la façon de voyager en Amérique. Je ne parle pas des « Pullman Cars », voitures très luxueuses mais qu'il n'est pas juste de prendre comme point de comparaison, mais des voitures de première classe habituelles, dans lesquelles le tarif de transport est de 1 1/2 *d* par *mile*. Je m'attendais à les trouver beaucoup plus confortables, me fiant aux rapports que j'avais lus et aux déclarations que l'on m'avait faites. A mon sens il y a tendance à comparer ce que nous avons *de plus mauvais* à ce qu'ils ont de *meilleur*. Nos salons ou nos voitures-directes pour les longs trajets offrent un confort au moins égal à celui des voitures directes ordinaires pour les longs parcours en Amérique ; nous n'avons rien de plus sale ni de plus mauvais qu'un grand nombre de leurs voitures pour petits parcours.

Les renseignements officiels ou privés sur le prix des vivres m'avaient aussi trompé. Il faut bien comprendre que je me place maintenant uniquement au point de vue de l'ouvrier. La différence peut être de 1 à 3 pour le voyageur qui compare les deux pays en se basant sur le prix de la vie d'hôtel ; le naturel bien à son aise, qui vit dans les environs avec une importante domesticité trouve que la différence n'est que de un à deux ; mais l'ouvrier Américain est loin de dépenser à ce point de vue autant que nous avons été amenés à le croire. Pour sa nourriture habituelle de tous les jours le véritable ouvrier dépense sensiblement la même chose dans les deux pays sauf que l'ouvrier Américain bénéficie d'une variété beaucoup plus grande en fait de volaille et de fruits et à un prix très inférieur à celui d'ici. J'ai dîné avec de l'excellente oie à 10 *cents* la *pound* ; les dindes coûtent 12 *cents*. Par contre les loyers sont beaucoup plus élevés qu'ici, ainsi que les mille objets de première nécessité qui entrent dans les dépenses de ménage du plus humble des ouvriers et j'estime que dans l'ensemble, de deux travailleurs, qui vivraient de façon identique dans les deux pays, l'Américain dépenserait 20 à 25 % de plus que l'Anglais. Il faut se rappeler que cette différence s'accroîtra au fur et à mesure que l'ouvrier s'élève au-dessus du niveau de la simple subsistance.

En partant de New-York la tournée comprenait Albany, Shenectady, Niagara, Cleveland, Chicago, Dayton, Pittsburg, Washington, Philadelphia et New-York. Je n'ai pu aller à Dayton et j'ai par suite manqué la visite des superbes usines de la Compagnie des caisses-enregistreuses (¹) parce que j'étais resté à Chicago pour visiter les établissements du Sud de Chicago et Jolliet (²). J'ai également manqué Washington, vu le peu de temps dont je disposais à Pittsburg.

(¹) *National Cash Register Company.*
(²) *South Chicago and Jolliet Works.*

New-York m'a énormément intéressé car on y voit plus que dans toutes les autres villes l'utilisation, dans l'industrie du bâtiment, de poutres d'acier, dont l'adoption générale a été l'un des nombreux facteurs du développement et de la croissance de l'industrie de l'acier en Amérique pendant les cinq dernières années. Le *Sky-Scraper* de New-York est l'une des merveilles architecturales de notre époque. Avec leurs caissons de fondations sur le roc à 50 ou 100 pieds au-dessous du sol, il semble qu'il n'y ait plus de limite à ces gigantesques superstructures dont quelques-unes atteignent à des hauteurs de 3 à 400 pieds, hauteurs vous donnant le vertige. Le peu de surface dont on dispose a nécessité l'emploi de ce système ; seul le temps nous montrera sa résistance et sa durée. Pour démontrer l'esprit d'entreprise et la décision pratique des New-Yorkers l'on vous dit qu'ils considèrent comme peu de chose d'abattre une maison de 5 à 6 étages pour en élever à sa place une autre qui aura 25 à 30 étages. C'est, cependant, uniquement une question de nécessité et de bon marché. L'on m'a indiqué comme prix des constructions avec l'ancien système de brique et de pierre, 5 dollars par pied-cube tandis que le prix du pied-cube est inférieur à 40 cents avec les cadres d'armatures d'acier (1).

Pendant notre séjour à New-York nous avons visité des écoles ainsi que le « Pratt's Institute » à Brooklyn. On me demande de formuler une opinion sur les avantages que présente l'enseignement Américain par rapport au nôtre. Rien ne m'aurait fait plus de plaisir que de faire une enquête complète et approfondie sur une question présentant un tel intérêt d'actualité, mais on ne peut donner de conclusion ferme au sujet de l'enseignement américain, en se basant sur les renseignements recueillis dans une ville unique, quelle qu'elle soit. Des recherches que j'ai faites il résulte à mon avis que les Américains ont de l'avance sur nous au sujet de l'enseignement technique. Les enfants paraissent faire un séjour plus prolongé à l'école que ceux des ouvriers de ce pays-ci ; des salaires plus élevés permettant aux parents de le faire. Cela semble être démontré par le « census » de 1900 qui donne le chiffre de 1001 enfants seulement, de moins de 16 ans travaillant dans toutes les différentes branches de l'industrie du fer et de l'acier. Dans l'Etat de New-York, les lois sur l'enseignement confèrent certainement des pouvoirs très étendus aux Autorités Enseignantes (2) pour assurer l'apprentissage industriel dans les écoles publiques, ainsi que le pouvoir de lever des taxes spéciales dans ce but. Il aurait fallu pouvoir faire des observations plus étendues que les miennes pour s'assurer jusqu'à quel point les autorités profitent de leurs pouvoirs et quels sont les résultats obtenus. Je suis très porté

(1) Il s'agit de constructions en ciment ou béton armé. (Note du traducteur).
(2) *Educational Authorities.*

à croire, quoi qu'il en soit, que cette enquête montrerait qu'il est fait une grande application de ces pouvoirs et que le résultat est exceptionnellement bon et d'une portée considérable, actuelle et future.

Shenectady était notre seconde étape, son but était de nous permettre de visiter les ateliers de la Compagnie Générale électrique (¹) et de la Compagnie Américaine des locomotives (²). Notre arrivée tardive nous obligea à faire une visite hâtive, mais j'ai été spécialement impressionné par l'organisation exceptionnelle faite pour assurer le confort et le bien-être du personnel. Il y a un très grand nombre de salles de bains et de salles de douches et chaque ouvrier a une armoire treillagée fermant à clé pour y serrer ses vêtements. Il est d'usage courant pour les ouvriers de changer complètement de linge et de vêtements quand ils quittent le travail, les salles de bains et de douches sont le théâtre d'amusements et de plaisirs, 80 % des ouvriers de la Compagnie électrique travaillent aux pièces et 90 % des ouvriers sont réellement membres de leur trade-union.

L'intérêt des quelques heures passées à Albany consista à voir un superbe bâtiment de l'Etat; c'est là, cependant, que je me suis rendu compte pour la première fois du caractère superficiel de beaucoup des choses qui attirent et déçoivent l'œil à travers toute l'Amérique. J'avais admiré l'une des salles de conseil de ce bâtiment et tout particulièrement ce qui m'avait semblé être un superbe plafond en chêne sculpté. Je fis part de mon admiration à l'un des employés : « Oui, Monsieur, me répondit-il, mais ce n'est pas du chêne sculpté, c'est un plafond en *papier mâché* » (*sic*). Comme je racontais cette anecdote à un des notables Américains qui a beaucoup voyagé, il me fit cette réponse : « Je ne connais pas de pays où l'on puisse dire avec plus de raison « et d'exactitude qu'ici : Tout ce qui brille n'est pas or ». J'en fis la constatation par la suite.

D'Albany nous nous rendîmes à Niagara ; c'est là que nous avons retrouvé les membres de la mission venus *via* Montréal. Nous allâmes d'abord voir la station électrique (³). C'est une véritable merveille. L'homme aux prises avec cette chute impitoyable, maîtrisant le Niagara et par l'action d'un mince filet de cette gigantesque chute, produisant 50 000 chevaux-vapeur et un courant électrique à la pression de 22 000 volts. L'Amérique peut bien être fière de son Niagara, universellement réputé, mais elle doit l'être bien plus encore de l'intelligence et de l'habileté qui lui ont permis de dompter cette puissante force naturelle qu'elle a asservie à ses besoins industriels et sociaux et de la manière dont elle a transformé cette force affolante en un générateur de vie et de

(¹) *General Electric. C°.*
(²) *American Locomotive C°.*
(³) *Electric-Power Station.*

lumière. La station est située à un *mile* environ au-dessous de la chute, le long de la rivière, et l'on a assuré l'arrivée de l'eau en creusant un canal d'amenée de 100 pieds de large sur 15 de profondeur. L'eau, qui ne représente pas une goutte du majestueux courant, s'engouffre dans dix larges tubes dans lesquels elle subit une chute de 140 pieds avec un débit de 25 000 pieds-cubes par minute et par tube. C'est l'intensité de cette chute qui donne leur impulsion aux turbines qui se trouvent au pied, et c'est sur ces turbines que sont fixés les arbres de transmission qui actionnent les dynamos. Chaque dynamo pèse 30 tonnes et fait 1500 tours par minute. L'usine proprement dite a 450 pieds de long et occupe une équipe de 11 ouvriers par poste de 8 heures soit 33 ouvriers au total. L'électricité est si bon marché que l'on ne se soucie pas de la perte de 15 % que subit le courant entre Niagara et Buffalo distants de 21 *miles*; cette perte me paraît considérable. On double actuellement l'installation; elle sera quadruplée d'ici peu. Du côté du Canada, la Compagnie de Puissance Electrique (¹) installe 10 moteurs de 10 000 chevaux-vapeur et l'on peut, sans risquer de méningite, prévoir dans un temps relativement court un développement d'industrie et de puissance qui rapetissera jusqu'à les rendre insignifiants, les rêves les plus vastes, conçus il y a quelques années à peine et qui semblaient alors irréalisables.

Des chutes que puis-je dire? Elles sont un rêve. Je les ai vues dans la clarté d'un merveilleux soleil couchant et sous les rais limpides de la lune et ce spectacle m'a fait oublier les regrets que j'avais de ne pas m'être plongé, dès mon arrivée, dans la fumée et la saleté des laminoirs et des forges.

De Niagara, la mission s'est rendue à Cleveland, d'autres en parleront car je fis une visite hâtive à Toronto et rejoignis mes compagnons à Cleveland lors de leur départ pour Chicago.

Il est difficile de se rendre compte des progrès faits à Chicago. On est frappé d'une admiration sans bornes en pensant que moins d'un siècle nous sépare de l'époque où des Indiens campaient dans « State street » et que la masse imposante des constructions et la population considérable sont l'œuvre de moins de cinquante ans. Ici le tout puissant dollar est roi incontesté, régnant en despote sur toutes les phases de la vie, privée, sociale ou publique. A titre d'exemple de la façon dont est exécuté le travail pour compte du Gouvernement je dois mentionner que l'on a mis huit ans à construire le nouvel Hôtel des Postes qui sera fini dit-on en 1900. Ceci est caractéristique de tous les travaux faits pour le Gouvernement. Une municipalité de troisième ordre eut fait ce travail en 4 ans. On ne peut mentionner le nom de Chicago sans parler immédiatement de porcs, aussi avons-nous été visiter les établissements Armour (²). J'ai lu bien des descriptions de cette merveilleuse installation; elle est telle en effet, considérée comme un tout, par sa conception et son organisation; mais jamais plus je ne reverrai un spectacle aussi ignoble,

(¹) *Electric-Power Cº.*
(²) *Armour's meat packing Establishment.*

ne repasserai plusieurs heures dans l'odeur de fumée et de sang chaud ou dans la puanteur des soies de porc. Cependant cela vaut bien une visite, car ici, comme dans toutes les autres entreprises industrielles, le développement des machines et la contribution qu'on leur demande sont merveilleux.

C'est à Chicago que j'ai commencé à enquêter dans ma propre industrie et je me consacrerai dorénavant à celle-là en particulier. Je demeurai encore deux jours de plus à Chicago et me rendis de là à Pittsburg dont je fis mon centre d'action, rayonnant de là dans un cercle de cent *miles*. C'est dans ce cercle que l'on fait la moitié de la production totale du fer et de l'acier des Etats-Unis. J'ai donc eu bien des occasions, dans les limites de temps dont je disposais, de visiter une grande variété d'établissements, d'interviewer beaucoup des principaux manufacturiers et directeurs, de parler à une foule d'ouvriers, de discuter les questions du travail et des salaires avec leurs représentants ; de tous j'ai reçu le meilleur accueil sans exception et ils étaient prêts à m'aider, avec la plus grande cordialité, dans mes recherches.

L'un des points essentiels dans une enquête industrielle est d'avoir une connaissance exacte de la productivité du pays dans l'industrie dont on s'occupe. J'écris ce rapport non seulement à l'usage de ceux qui connaissent l'étendue de la production américaine, mais surtout pour ceux qui n'ont pu acquérir ces connaissances. Je dois donc citer quelques chiffres montrant la production Américaine dans l'industrie que je représente.

La production totale de fonte en 1901 fut de 15 878 354 tonnes. Je mentionne simplement ce qui suit pour montrer les qualités de la fonte comprises dans le total comme ayant une importance au point de vue des produits finis.

Qualités	Tonnes
Fonte Bessemer et faiblement phosphoreuse	9 589 030
» basique	1 418 850
» forgée	639 181
» de fonderie.	3 186 148
» Bessemer malléable.	256 532
» (au charbon de bois)	300 117
» blanche et truitée	07 374
Spiegeleisen et Ferro	291 461
Résidus de coulées	8 252
Total	15 878 354

La production d'acier se compose de 8 713 302 tonnes d'acier Bessemer, 4 656 309 en fourneau ouvert et 103 984 d'acier au creuset et divers — soit une production totale de 13 473 595 tonnes. En 1897 la production d'acier Bessemer était de 5 476 315 tonnes de telle sorte qu'en 4 ans l'accroissement a été 3 237 087 tonnes. La production de l'acier en fourneau ouvert pendant cette

même période montre même un plus grand accroissement; en 1897, elle
n'était que de 1 608 671 tonnes. Elle montre donc un accroissement
3 047 638 tonnes. En 1901 ce total est formé de 3 618 993 tonnes par le procédé basique et 1 037 316 par le procédé acide. Ces chiffres ne se rapportent
cependant qu'à un produit semi-manufacturé et il est nécessaire que nous
examinions la production de produits finis pour nous rendre compte de
la productivité américaine. En 1901 la production a été : rails d'acier
2 870 816 tonnes; acier pour constructions 1 013 150 tonnes, feuilles et
plaques 2 254 000 tonnes; fils de fer 1 305 934 tonnes et autres produits laminés tels que barres, clous coupés, rails d'acier au four ouvert et rails de fer
4 815 002 tonnes.

On se figure généralement que le Trust de l'Acier (¹) a le monopole complet de la production de ces quantités énormes. Je me rappelle la panique
causée lorsqu'on apprit sa constitution, particulièrement dans les districts du
Midland. Le fait de la formation d'un trust de l'acier au capital d'un billion
de dollars, combinaison gigantesque, et dont on n'avait pas encore entendu parler jusque là, était de nature à rendre fous les manufacturiers anglais.
Il y avait un autre facteur qui vint rendre plus aiguës les craintes du moment.
Nous avions juste atteint le point culminant d'une période de prospérité
remarquable, les prix avaient été follement poussés dans toutes les branches
de l'industrie du fer et de l'acier et il n'y avait presqu'aucune limite à l'opti-
misme sans précédent qui régnait dans tous les milieux. Les prix de fabrication avaient subi une très forte baisse aux Etats-Unis à ce même moment
(oct. 1901) et les producteurs Américains prenant avantage de nos prix anor-
malement élevés, s'introduisirent sur le marché et firent complètement échouer
le manufacturier Anglais. Il est à regretter qu'un certain nombre d'entre eux
s'en soient jamais relevés. L'industrie du fer en Grande Bretagne et les ouvriers qu'elle occupe verraient leur position s'améliorer infiniment si un
tremblement de terre pouvait détruire un grand nombre de ces usines surannées de manufacturiers qui les « saignent » à blanc en temps de prospérité
et « pressurent » leurs ouvriers à l'heure de l'adversité. Les grands trusts ont
leurs défauts qui leur sont inhérents, mais mes études m'ont convaincu que
l'ouvrier moins à redouter, en fin de compte, des opérations du Capital con-
centré que de l'employeur sans argent avec ses efforts désespérés pour réduire
encore les salaires d'ouvriers qui reçoivent un salaire inférieur à la normale.

Les chiffres suivants montrent quelle est la part du Trust de l'Acier dans la
production totale en 1901. Il a extrait 43,0 % de minerai de fer, produit
42,0 % de fonte y compris le spiegeleis en et le ferro-manganèse, 66,3 %

(¹) *United-States Steel Corporation.*

d'acier Bessemer, d'acier en four ouvert en lingots et d'acier coulé ; 30,1 % des produits laminés et 65,8 % de clous et rivets. Le plus haut pourcentage qu'il ait obtenu dans une catégorie quelconque de produits a été de 77,6 % pour les fils de fer. Ce chiffre est compris dans les 30,1 % de produits laminés. Ces chiffres, tout en démentant l'assertion que le Trust de l'Acier est un monopole, montrent la colossale importance de ses opérations et qu'il a, pratiquement, le pouvoir de fixer les prix des matières premières et des produits finis. Il y a en dehors du Trust quelques sociétés très riches et ayant de belles installations, par exemple les Forges et Aciéries de la République (1) avec un capital de 55000000 de dollars, les Forges et Aciéries Lukens (2) ; les Aciéries Sharon (3) (qui ont d'excellents outillages) et quelques autres dont la situation est assurée grâce à leur outillage et leur organisation financière.

Mais il y en a un grand nombre, dont j'estime la production d'ensemble à 20 % du total, qui ne pourront probablement pas faire face à la bourrasque, lorsque surviendra le prochain cycle de dépression industrielle. C'est une grosse erreur de croire que toutes les installations et toutes les méthodes américaines sont du dernier type. Il est également inexact de croire qu'elles pourront jamais l'être. De même que pour beaucoup de nos usines il faudra jeter ces installations à la ferraille. Leurs tarifs douaniers eux-mêmes ne les sauveront pas et avec un bon sens bien supérieur à celui de nos industriels, ils se rendent parfaitement compte qu'à un moment donné, plus ou moins rapproché, seuls les établissements forts et dont la direction a été prudente et prévoyante pourront survivre, encore que pour l'instant le pays ait besoin de tout le fer et l'acier qu'il peut produire. L'année dernière (1901) la production totale des rails d'acier a été de 2870816 tonnes. J'ai visité 5 laminoirs à rails qui, ensemble, peuvent produire les 4/5 de ce total et cependant la Société du Fer et de l'Acier (4) compte 45 laminoirs de rails d'acier répartis en 15 installations distinctes. Ceci vous montre le mauvais outillage d'un grand nombre de ces laminoirs. Il y a cependant une autre face du danger que prévoient certains de ces « indépendants » et qui s'est manifestée déjà de façon apparente. Le Trust de l'Acier a le pouvoir de maintenir très élevés les prix des matières premières ou des produits bruts tout en abaissant les prix des produits finis ; les exportations considérables d'acier brut, tendent également vers ce résultat, et l'on m'a fait entendre que quand cela sera nécessaire il n'y aura aucune difficulté à faire disparaître ainsi le plus

(1) *Republic Iron and Steel Co*.
(2) *Lukens Iron and Steel Co*.
(3) *Sharon Steel Co*.
(4) *Iron and Steel Association*.

grand nombre, sinon la totalité, de ces petits établissements indépendants répandus dans les États-Unis.

L'on peut se demander quelles sont les causes secrètes de l'énorme développement industriel qui s'est produit au cours de quelques dernières années. Il faut se rappeler que cette période récente de prospérité n'a pas été localisée à l'Amérique, mais que nous avons très largement profité de ce développement exceptionnel de l'industrie tant sur le Continent qu'en Angleterre. Pendant la période précédente de dépression qui s'étend de 1893 à 1897 l'Industrie Américaine était beaucoup plus déprimée que la nôtre ; les faillites et banqueroutes ne cessaient de se produire dans ce pays en même temps qu'y sévissait un affaissement du commerce dont l'intensité ne fut égalée dans aucune autre contrée du globe. Le cycle actuel, (sans précédent aux États-Unis) a cependant duré plus longtemps que dans tous les autres pays tout en présentant des caractères de stabilité beaucoup plus grands qu'en Angleterre ; et infiniment supérieurs à ceux qui ont existé en Belgique et en Allemagne. J'ai déjà parlé de la demande considérable d'acier pour les bâtiments, dûe au développement récent des constructions en ciment armé. Plus de la moitié de l'acier laminé est employé dans le Bâtiment et la construction des ponts.

Le développement industriel du pays a eu pour corollaire d'engendrer un trafic si intense que l'on a dû refaire les voies sur des parcours considérables en employant des rails plus lourds et que la reconstruction des ponts s'imposait d'urgence. La fabrication des rails d'acier s'est accrue par conséquent de 1 250 000 tonnes depuis 1896. Il semble cependant étrange qu'avec tous ces besoins du marché intérieur, la production totale des rails d'aciers en 1901 n'ait dépassé que de 700 000 tonnes celle d'il y a quinze ans. Les laminoirs de rails d'acier ont actuellement 2 000 000 de tonnes de rails d'acier commandées pour 1903 sans compter 500 000 d'arriérés pour l'année actuelle (1902) ; des personnes dignes de foi m'ont assuré que le Trust de l'Acier a reçu plus de 5 000 000 de tonnes de commandes.

Un autre facteur de ce développement a été la consommation d'acier pour wagons d'acier, c'est une industrie toute nouvelle. On manque beaucoup de wagons à marchandises et la Cie du Chemin de fer de Pensylvanie en a commandé 15 000 qui doivent être livrés de suite. La Cie des wagons en acier comprimé (¹) avec un capital de 25 000 000 de dollars peut fabriquer 35 000 wagons d'acier, 120 000 trucks, 250 000 bolsters et 18 150 wagons plats. Le trafic sur les lacs s'est également accru de façon considérable ; les matières premières pour la construction des ponts manquent ; et toutes ces causes ré-

---

(¹) *Pressed Steel Car C°.*

unies ont donné une impulsion considérable à l'industrie des plaques et tôles d'acier. Le « *boom* » a autant surpris les manufacturiers Américains que toutes les autres personnes et les compagnies de Chemins de fer reconnaissent franchement qu'elles ne s'y attendaient nullement et n'y étaient pas préparées. A la fin de l'année 1899 il n'y avait que 200 hauts-fourneaux en marche, soit moins de la moitié de leur nombre total actuel, mais avant la fin de cette même année, je le tiens de bonne source, un grand nombre de producteurs avaient réalisé comme bénéfice une somme égale à celle qu'ils avaient dépensée pour s'outiller. La grande « consolidation » (¹) survint alors, les prix furent unifiés et abaissés à un niveau plus raisonnable et je crois que cela a largement contribué à ce qu'il ne se produisît en Amérique aucune crise, tandis que nous en subissions une. Il est maintenant évident qu'aux États-Unis une ère nouvelle s'est ouverte pour la demande de fer et d'acier ; on emploie ces métaux à des usages auxquels on n'avait jamais songé jusqu'ici. La demande et les besoins du marché intérieur dépassent tout ce que l'on peut imaginer et pour les satisfaire on a dû mettre les producteurs dans l'obligation de donner leur maximum.

Un autre fait notable dans l'industrie du fer et de l'acier est que l'année dernière et cette année (1901 et 1902) l'exportation a été en décroissance et l'importation a crû. Les autorités américaines les plus compétentes reconnaissent que leurs exportations, au cours des dernières années, avant 1901 étaient exceptionnelles et dûes à des circonstances extraordinaires. Ainsi que je l'ai déjà indiqué il s'est révélé chez les manufacturiers Britanniques une absence de cohésion et d'organisation ; en ne maintenant pas les prix relativement bas dans un marché en ébullition ils ont fourni une excellente occasion à l'Amérique, occasion dont elle n'a pas tardé à tirer l'avantage que l'on sait et les industriels des États-Unis reconnaissent que la lutte se poursuit dans des conditions beaucoup moins avantageuses pour eux, qu'il y a trois ans, maintenant que nos prix sont retombés à un niveau plus normal. M. Swank dont la compétence au point de vue de l'industrie Américaine, est bien connue dit, en parlant de nous : « leur travail à bon marché et leurs « méthodes de fabrication qu'ils perfectionnent leur assurent non seulement « leur propre marché, mais leur permettent encore de lutter activement et « de prendre l'offensive pour acquérir la possession des marchés neutres ».

Il y a cependant en Angleterre une tendance à ignorer ou à dédaigner de se renseigner sur la nature des objets que nous importons des États-Unis. Un examen de nos importations de ce pays pendant la période de panique dont j'ai parlé, montre qu'elles se composaient pour la plus grande partie,

---

(¹) C'est l'origine du Trust de l'acier. (Note du traducteur).

de matières semi-manufacturées telles que billettes ou tôle à laminer. Les dépôts énormes de minerai, — aussi bon marché qu'ils sont vastes — permettent
aux États-Unis de fabriquer ces objets bruts à des prix bien inférieurs à ceux
auxquels ont peut les faire dans ce pays. Mais il leur coûte plus cher qu'à
nous de pousser la fabrication plus loin à cause du prix élevé de la main-
d'œuvre et l'industriel Américain préfère exporter son acier brut, y trouvant
plus d'avantages, de même que nos fabricants Anglais ont trouvé plus profitable, à l'occasion, d'exporter leur fonte même aux dépens des produits
finis. Comme conséquence le prix des matières premières en Angleterre
s'éleva par rapport à celui des produits finis, à un niveau bien supérieur aux
maxima atteints auparavant, et c'est pourquoi les industriels Anglais ont
tellement acheté à l'étranger de billettes et de barres à laminer. Prenons
l'industrie des tôles comme exemple. Pendant les trois dernières années, les
manufacturiers de tôle d'acier ont acheté à l'étranger des milliers de tonnes
de barres d'acier à des prix inférieurs de 1 £ par tonne à celui auquel elles
pouvaient être produites dans notre pays, par suite du prix élevé des matières
premières. Ceci pèse largement sur nos importations et augmente les lamen-
tations sur le fait que nous assistons à notre décadence industrielle; mais ce
n'est voir qu'une face de la question. L'importation de ces barres se fait durement sentir aux quelques producteurs Anglais qui en fabriquaient mais
cela est plus que contrebalancé par l'augmentation du volume total de notre
commerce. Le total du travail nécessaire pour passer des barres aux tôles
galvanisées ou aux feuilles de fer blanc, les salaires payés, les ouvriers nécessaires, dépassent de beaucoup les frais correspondants pour transformer
le minerai en barres et d'autre part les manufacturiers Britanniques, avec
l'avantage que leur procure la matière première à plus bas prix se trouvent
dans une situation beaucoup plus favorable pour la production de l'article
fini et par rapport au commerce mondial.

Quelle que soit l'opinion de ce pays relativement à l'application des principes protectionnistes à l'industrie Britannique on déclare généralement que
l'industrie du fer et de l'acier en Amérique n'est née et ne s'est développée
qu'à l'abri de ces tarifs de protection. Je ne puis, sans sortir des limites de
mon rapport discuter cette question, mais j'ai été extrêmement intéressé en
remarquant que si des organisations puissantes cherchent à faire réviser et
changer les tarifs douaniers existants il y a par contre, chez les industriels
du fer et de l'acier une très forte opposition à toute modification ou révision.
Lorsque l'on étudie suffisamment à fond l'industrie Américaine du fer et de
l'acier on arrive à la conclusion que malgré leurs réserves illimitées de matières premières, le transit à bon marché, l'outillage le plus perfectionné et les
concentrations énormes de capitaux, les plus riches manufacturiers affirment

de façon énergique qu'il est indispensable de conserver les tarifs prohibitifs comme étant le seul moyen de faire vivre et de protéger leur industrie nationale contre la concurrence étrangère. Les plus ardents, je pourrais presque dire les plus véhéments, des avocats des tarifs protectionnistes
se trouvent parmi les industriels du fer et de l'acier, dont l'industrie est dans
la situation la plus favorable précisément à cause des richesses naturelles et
des facilités de transport. Que signifie cette campagne? Que la puissance industrielle des États-Unis est en grande partie à la fois limitée et artificielle
et qu'elle doit être soumise à des épreuves et démontrée. J'ai déjà parlé du
grand nombre d'établissements dans lesquels l'outillage est insuffisant et la
production faible, il reste maintenant à savoir comment leurs établissements
ayant la machinerie la plus moderne, supporteront le poids de leur capitali-
sation lorsque se produira un nouveau cycle de dépression industrielle. Il se
peut que ces tarifs qui ont servi de fondation au commerce et à l'industrie
n'en supportent même pas le poids. Mais il y a encore une autre raison : le
manufacturier Américain prévoit le moment où la production dépassera de
beaucoup la consommation nationale et où il aura à s'assurer de nouveaux
débouchés. Ainsi que je l'ai déjà dit une partie de leurs propres usines aura
disparu avant que ces temps n'arrivent mais la demande et les besoins co-
lossaux d'aujourd'hui n'existeront pas toujours et qu'y a-t-il de mieux qu'un
accommodant tarif protectionniste grâce auquel le consommateur national
paye les frais de l'exploitation des marchés étrangers ou neutres. La question
n'est pas dans les limites de mon rapport mais il serait bon de la discuter
de façon pratique et de savoir jusqu'à quel point nous devons permettre à
une nation quelconque de venir exploiter nos marchés et drainer nos capitaux, qui viennent pratiquement en aide au Gouvernement, et sur lesquels
doivent être prélevés des taxes. Je ne m'occuperai plus cependant de la question des tarifs douaniers Américains autrement que pour suggérer au lecteur
que leurs plaidoyers retentissants en faveur de son maintien ont une portée
considérable lorsqu'il s'agit de faire une comparaison des habiletés professionnelles dans les deux pays, comparaison qui, dans son ensemble, ne nous
est pas défavorable.

Je m'occuperai maintenant de la fabrication de quelques-uns des produits
les plus nécessaires tels que tôles, rails, plaques, fils de fer, etc., dont les établissements les mieux outillés laissent les nôtres bien en arrière, tant par l'é-
tendue de leurs installations que par leur productivité. Je désire que l'on
comprenne bien que j'ai fait mon enquête avec la plus grande impartialité
possible ; j'ai exprimé le désir de voir leurs meilleurs et leurs plus mauvais
laminoirs — ce que l'on ne fait pas toujours, j'en ai peur, dans des études de
cette nature — et j'ai parlé librement et franchement tant de ce que j'ai en-

tendu que de ce que j'ai vu, et exposé, sans détour, les déductions que j'ai
faites ainsi que mes observations. Il pourra sembler que j'aie tenté de déni-
grer le haut état de perfection que l'on attribue généralement aux établissements américains, mais je peux affirmer à mes lecteurs qu'il n'en est rien ;
mon seul désir étant d'exposer les choses telles que je les vois par mes propres yeux, et non par ceux d'autrui et de les rapporter aussi exactement que
je le puis.

Il n'y a pas le moindre doute que la disposition et la production des principaux laminoirs américains soient infiniment supérieures à celles de nos
meilleures installations. Je n'ai jamais rien vu de semblable dans ce pays-ci,
soit au point de vue de la production, soit comme machines économisatrices
de travail. La production de ces laminoirs semblera incroyable au bon ouvrier métallurgiste du fer et de l'acier en Angleterre : soit par exemple les
laminoirs de tôle de l'Illinois à South-Chicago où l'on a laminé 318 tonnes
de tôle finie, prête à être livrée, dans les 12 heures. Pendant la quinzaine précédant ma visite, on avait laminé, dans un seul appareil, 6060 tonnes dont la
majeure partie avait été amenée à 3/16 de pouce d'épaisseur, et cela avec un
personnel de 1 lamineur, 3 aides, 1 receveur et 1 ouvrier pour la manœuvre
des vis de réglage. Le laminoir se compose de deux paires de cylindres dont
les dimensions sont 34ᵖ × 90ᵖ (¹) et 34ᵖ × 132ᵖ. Les 4 fours de réchauffage
au gaz sont établis de telle sorte qu'on y peut consommer indifféremment du
pétrole ou du gaz ; il y a également deux chargeurs mécaniques d'un type
bien supérieur à tous ceux que j'ai vus, ainsi qu'un laminoir-découpeur permettant de laminer des billettes aux dimensions de 4 pouces sur 4 pouces.
Cet appareil n'existe que depuis 3 ans ; il fallait auparavant commencer par
laminer le lingot. Le mécanisme servant à changer les cylindres est tel qu'il
suffit de 13 minutes pour changer celui du milieu. L'installation comporte
en outre 10 fours ouverts, l'un d'une capacité de 35 tonnes pour l'acier Sie-
mens-acide, 4 de 50 tonnes pour l'acier basique Wellman, à laminer et 5
d'une capacité de 30 tonnes pour l'acier basique Siemens. Je puis dire ici que
le chargeur Wellmann est employé dans toutes les installations de fours ouverts.

Il n'est pas nécessaire de donner une description détaillée des autres installations de laminoirs à tôles, ils sont généralement construits sur le même type. Les
Américains sont partisans de trois cylindres superposés pour les tôles, et bien que
l'on trouve encore quelques laminoirs réversibles, la majorité des laminoirs, ainsi
que les types les plus modernes, sont à 3 cylindres. Un autre trait caractéristique
est l'espace considérable qu'ils occupent. Les plaques ne tombent pas sur le sol
à leur sortie du laminoir et l'on ne perd pas de temps à les relever comme en

(¹) p = pouces.

Angleterre, elles circulent sur des rouleaux tournants du laminoir jusque dans les cylindres aplanisseurs. De là aux cisailles et aux wagons-trucks et tout cela se passe sur le même plan et sur une ligne continue. Je parle ici des laminoirs les plus remarquables.

Je veux faire remarquer que l'on ignore absolument l'attente des inspecteurs ; on évite ainsi les dépenses et le travail nécessaire pour décharger ces tôles ou plaques, ainsi que cela nous arrive trop souvent. On notifie à l'inspecteur l'heure exacte à laquelle toute plaque ou tôle nécessitant son examen, doit être laminée. S'il n'est pas là, on lamine, coupe et charge la plaque ou tôle, et c'est à l'inspecteur de savoir quand, où, et comment il pourra l'examiner.

Un autre élément très important pour un bon travail de laminoirs est de faciliter leur alimentation. On ne sait pas ce que c'est que d'attendre le déchargement du fourneau ; aux laminoirs, l'outillage du chargement et de l'enlèvement des pièces est parfait. Pour tous ces travaux on emploie en général l'électricité comme force motrice. Je suis forcé de dire cependant que le « fini » des pièces sortant des cylindres ne peut absolument pas se comparer au fini obtenu par nos propres laminoirs et cette même remarque s'applique à leurs laminoirs pour les pièces peu importantes, telles que fortes barres. S'il fallait « finir le travail » comme en Angleterre, la production américaine serait singulièrement réduite ; on porte remède aux défectuosités par le procédé de l' « aplanissement » qui n'est pas en usage ici. Les tôles vont directement du laminoir aux cylindres « d'aplanissement » qui font disparaître tous les nœuds et qui, autant que j'ai pu en juger ou le voir, donnent, sans la moindre main d'œuvre, un fini égal à celui que nous obtenons de nos cylindres, avec assez de difficultés quelquefois, et en consacrant un effort considérable à une mince besogne.

Les laminoirs universels sont, bien entendu, réversibles : on les emploie pour les plaques de plus faibles dimensions servant à la construction des ponts, etc., et qui sont laminées avec une très faible dépense de main d'œuvre. La demande nationale pour ces plaques est extrêmement considérable ; la longueur des plaques est très grande et ces laminoirs ont une production presque illimitée. Le laminoir universel de Homestead, l'un des plus remarquables que j'ai vus, lamine à l'épaisseur de la « jauge N° 8 » et son personnel se compose d'un ouvrier pour la commande des leviers et d'un gamin pour la manœuvre des vis ; l'ensemble de leurs salaires est de 12 dollars par poste. Je dois laisser à d'autres le soin de décider si de tels laminoirs pourraient fonctionner d'une façon permanente en Angleterre, mais je tiens à insister énergiquement sur une déclaration que j'ai déjà faite : l'une des causes essentielles de la bonne réussite des laminoirs américains est due aux dispositions excellentes et parfaites assurant la facilité de leur alimentation.

Les laminoirs dégrossisseurs marchent avec une très grande rapidité, bien supérieure à celles en usage ici. Je suis d'avis cependant que ceux du type le plus récent que nous ayons, sont équivalents à la moyenne de ces laminoirs en Amérique et que si on les alimentait convenablement ils pourraient fournir, s'il en était besoin, de quoi suffire à alimenter un nombre plus grand d'autres laminoirs. Il se peut cependant que, dans ce cas encore, les laminoirs américains soient supérieurs aux nôtres tant par leur vitesse de marche que par leur puissance. Il n'est que juste de signaler encore une fois que la grande masse de la production des plaques et tôles en Amérique (indépendamment de son industrie spéciale des tôles et plaques pour chaudières) est employée à la construction de wagons à marchandises, tenders de locomotives, ponts, etc. Notre industrie des tôles et plaques, ayant pour objet principal les constructions navales, nécessite infiniment plus de soins et de « fini » à tous les points de vue. Je suis porté à croire que l'une des plus grandes infériorités de nos derniers types de laminoirs est infiniment moins le laminoir lui-même que le manque de facilités données pour l' « alimentation ».

L'ensemble de ces excellentes dispositions, si caractéristiques, se rencontre dans la plupart de leurs meilleures installations de laminoirs pour rails, tels que ceux de South-Chicago, Jolliet, Lorraine, Ohio et Braddock. Ces laminoirs présentent des différences importantes tant au point de vue de leur construction qu'à celui de leur production. Le laminoir de South-Chicago est à 4 paires de cylindres, (dont en pratique deux servent pour l'ébauchage) avec un train finisseur triple de 27 pouces alimenté par un dégrossisseur de 40 pouces, la production ayant été de 812.325 tonnes l'année dernière. L'établissement comporte 3 convertisseurs Bessemer, de 12 tonnes et 10 *soaking-pits* pour le réchauffage des lingots. Il est intéressant de donner quelques chiffres relatifs à la production des convertisseurs. La moyenne du nombre des opérations est de 162 en 12 heures, représentant un total de 1758 tonnes d'acier. La plus grande production hebdomadaire a été de 10.350 tonnes ; la plus grosse production mensuelle de 80.700 tonnes. Etant donnée la faible proportion de *silice* environ (1 % et parfois seulement 0, 0 %) les opérations peuvent se conduire très rapidement, elles durent de 9 à 10 minutes en moyenne. Ceci s'applique à toutes les installations de convertisseurs Bessemer. La plus longue durée d'opération, que j'ai vue, était de 11 minutes.

Un autre facteur facilitant le travail au Bessemer, en le rendant plus expéditif, est la coulée directe des lingots dans des wagons, contenant deux ou trois moules. On les sort de l'atelier dès que la coulée est terminée, ce qui facilite le travail des ouvriers qui ne séjournent pas dans une atmosphère surchauffée et sont relativement au frais. L'on emploie ordinairement des « mélangeurs » que l'on remplit par le procédé de la « double coulée ». On obtient ainsi une meilleure fusion du carbone et du manganèse.

L'usine Jolliet est dotée de deux convertisseurs de 10 tonnes avec un laminoir dégrossisseur de 36 tonnes. L'on n'y lamine pas directement les lingots, qu'on fait séjourner dans 7 fours de réchauffage ; et il alimente un laminoir à rail de 23 pouces. La production est ici de 700 tonnes par poste.

Le laminoir Lorraine est exceptionnellement bon par suite de son adaptation à la fabrication de wagonnets, tramways et poutres. L'outillage comporte deux convertisseurs de 12 tonnes, des laminoirs dégrossisseurs et laminoirs ébaucheurs de 36 pouces ainsi qu'un laminoir à rail de 27 pouces. Je regrette de ne pas y avoir vu laminer des wagonnets vu que c'était là le but principal de ma visite. La puissance motrice est fournie par des Machines Galloway et la production moyenne par poste est de 700 tonnes.

Le laminoir à rails de l'Ohio est certainement moins compliqué et mieux adapté à la production des rails. Deux convertisseurs Bessemer fournissent en moyenne 100 tonnes par heure. On lamine directement les lingots après les avoir fait séjourner dans 6 grands soaking-pits à 4 trous. Je vois que j'ai négligé d'indiquer la production de ce laminoir ; elle est à infiniment peu de chose près équivalente à

celle de South-Chicago. Etant donnée la rapidité de ma visite, vu le peu de temps
dont je disposais, je considère que les deux plus belles installations que j'ai eu
le plaisir de voir — comme laminoirs de rails — sont cette dernière et le grand
laminoir d'Edgar Thomson.

A l'usine Edgar Thomson, à Braddock, il y a deux laminoirs, l'un de 23 et
l'autre de 27 pouces et 4 convertisseurs Bessemer de 15 tonnes. Un laminoir
dégrossisseur triple de 40 pouces est alimenté par 7 fours verticaux à 32 trous. Le
petit laminoir lamine des rails de 25 à 70 livres (par pied) et l'on obtient par
poste une production de 300 tonnes de rails de 25 livres; toutefois la production
normale par poste est de 400 tonnes. On lamine les blooms; les machines électriques de chargement et de déchargement sont exceptionnellement bonnes. Le
record du grand laminoir est de 1200 tonnes en 12 heures, mais la moyenne est
de 900 tonnes par poste. Une des caractéristiques à noter, au sujet de ce laminoir,
est que l'on laisse refroidir les rails avant leur dernier passage; le grain obtenu
est plus fin, en même temps que la résistance est accrue et l'usure moins rapide.
On a si remarquablement établi la distribution et l'évacuation des produits sur
cette table de refroidissement, que cette opération ne réduit nullement je le crois,
la production du laminoir et l'on obtient des rails de meilleure qualité.

Il est presque impossible de décrire la disposition de ces installations, la
rapidité parfaite avec laquelle s'exécutent toutes les opérations, ainsi que la
main d'œuvre nécessaire, incroyablement faible par rapport à celle qu'exigent nos laminoirs. Tous les appareils sont en ligne droite et les opérations
se font sans solution de continuité. Non seulement l'alimentation des laminoirs est parfaite, mais l'outillage et l'espace sont tels qu'il n'y a ni arrêt, ni
à-coups dans les opérations du commencement jusqu'à la fin. Depuis la sortie
du four jusqu'au moment où le rail arrive sur le bloc à redresser, il n'y a
aucune manipulation de matière. Le redressement est la seule opération pour
laquelle on n'a pas pu trouver encore de machines économisant de la main-
d'œuvre, mais même là, le travail de l'ouvrier a été singulièrement adouci
parce que le rail après avoir été débité à longueur par la scie s'engage dans
une paire de cylindres courbes, supprimant toutes les rugosités et qui lui donne
une « surface unie ». A titre d'exemple de la machinerie réduisant la main-
d'œuvre, en dehors du laminage proprement dit, il faut citer celui de Lorraine où 4 hommes chargent, sur des wagons, 600 tonnes de rails par journée
de 12 heures. Ils sont payés chacun 60 cents par 100 tonnes. M. H. C. Ryding,
l'inventeur de plusieurs perfectionnements, employés dans cette usine, et
qu'il a fait breveter, et qui dirige si heureusement ce laminoir, prit un vif intérêt à me montrer ces applications mécaniques. Il est intéressant de noter,
puisque nous sommes sur ce chapitre, que si les Américains produisent un
total de rails d'acier triple du nôtre, ils ont actuellement je crois dix fois
plus de laminoirs à rails qu'il y en a en Angleterre.

L'on a réalisé de très grands progrès dans la fabrication des fils de fer et

produits de tréfilerie. J'ai eu le plaisir et la bonne fortune de passer une
une excellente soirée en compagnie de M. W. Garrett, l'un des hommes dont
la compétence, au point de vue du travail et de la construction des tréfileries,
est universellement reconnue. Je pense pouvoir dire également que peu
d'hommes ont eu comme lui, sous leurs ordres, autant d'ouvriers de nationalités différentes ; Voici comment il apprécie les ouvriers Anglais. « L'ou-
« vrier Anglais moyen peut travailler n'importe où, en donnant les mêmes ré-
« sultats, pourvu que les conditions soient les mêmes. A très peu d'exceptions
« près il n'existe pas dans le monde d'ouvriers aussi habiles et aussi résis-
« tants que lui. Traitez votre ouvrier comme un homme au lieu de l'assi-
« miler à une machine, utilisez son intelligence, encouragez-le à vous pro-
« poser des améliorations, diminuez la distance qui sépare le directeur de
« son personnel et le résultat sera excellent pour les deux parties ». C'est ce
que j'ai entendu répéter au cours de mon enquête. « Jusqu'à présent, me
« disait le Colonel French de la Compagnie des Forges et Aciéries de la Répu-
« blique, je n'ai jamais éprouvé de déception en me fiant à l'honneur pro-
« fessionnel d'un ouvrier ». Je donne ces déclarations à titre d'exemples de
celles qui me furent faites au cours de mon voyage.

Les Tréfileries américaines, que j'ai vues, sont celles de la Compagnie Jolliet, elles
contiennent deux laminoirs Garret, alimentés par 4 fours, et produisent 400 tonnes
par poste. J'ai également visité les laminoirs combinés Sharon qui se composent de 5 paires de cylindres, l'une pour les blooms, deux pour les barres et
deux pour le tréfilage. Ces dernières paires de cylindres sont alimentées par
4 fours de réchauffage, et comportent 6 cannelures de 10 pouces pour le dégros-
sissage et 7 ou 8 pour le finissage. Voici la composition moyenne que l'on m'a
donnée, pour les fils de fer Bessemer : carbone 0,10, phosphore 0,09, soufre
0,08, manganèse 0,45. Le manufacturier américain ne veut pas laminer au
dessous de la « jeauge N° 5 » qui lui fournit la plus forte production. M. Garret
dit que bien que l'épaisseur indiquée soit la « jeauge N° 5 » il y a au moins
80 % de la production laminée à une épaisseur de moitié supérieure bien
que numérotée 5. Les fils pour faire des clous, pour clôtures en fil de fer barbelé,
fils galvanisés et pour autres emplois pour lesquels on se sert de fils doux, sont obtenus en partant d'une barre de 4 $1/2 \times 5$ et l'on réduit à la jeauge N° 20 plusieurs
milliers de tonnes de barres de 5×7, sans les recuire ; cette opération a lieu
alors, puis on tréfile jusqu'aux dimensions industrielles les plus faibles.

Les laminoirs de tôles minces ne sont munis que de fort peu de machines
économisatrices de main d'œuvre, bien qu'ils soient infiniment supérieurs aux
nôtres par leur installation, en général, et la disposition des laminoirs, en particulier. Des constructeurs tels que MM. Lysaght et Summers, pour l'établissement
de nouveaux laminoirs de tôles en Angleterre, ont adopté des systèmes rationnels ;
les ateliers ont une plus grande superficie, ils sont plus élevés, on a assuré une
bonne ventilation par le toit, installé des ponts roulants, des engrenages plus
forts aux laminoirs et surtout on n'a pas lésiné pour la puissance motrice qui est largement suffisante. Je regrette qu'il ne soit pas possible d'en dire autant de toutes

ces installations récentes faites depuis 5 ou 6 ans ; un grand nombre de nos laminoirs, principalement dans les comtés du Midland, sont archaïques.

La Compagnie Américaine des Tôles d'acier (1), l'un des principaux adhérents du
Trust de l'Acier et dont M. Geo. G. Mac Murtry est président, est le plus grand
producteur de tôles galvanisées et de tôles noires. Je désire reconnaître ici les
obligations que j'ai à M. Mac Murtry pour m'avoir obtenu l'autorisation de
visiter toutes les usines que je voulais étudier. Je puis franchement dire que
c'est sa grande amitié, et celle de M. John Garret et l'intérêt qu'ils prenaient à
ma mission qui ont rendu mon enquête aussi agréable que profitable.

Les installations de cette compagnie comprennent 20 usines séparées pouvant
produire annuellement 247.000 tonnes de lingots, en fourneaux ouverts, 8.100
tonnes de blooms au charbon de bois, 29.500 tonnes de barres puddlées, 53.000 tonnes de tôle (ordinaire et noire), 160.000 tonnes de tôles galvanisées et 103.000 tonnes
de barres d'acier pour tôles. J'ai visité les usines d'Ætna Standard et de Vandergrift à 40 miles environ de Pittsburg. Dans cette dernière usine je n'ai vu fonctionner que les laminoirs pour travaux divers, c'est-à-dire deux laminoirs de
60 pouces et trois de 38 pouces. Ils présentent un intérêt particulier en montrant
l'emploi que l'on fait des machines économisatrices de main d'œuvre toutes les
fois qu'on le peut. Les engrenages d'arrière du laminoir de 60 pouces sont
commodes et bien construits, l'excellente disposition des « reposoirs en col
de cygne » ainsi que l'absence du séjour sur le sol, économisent beaucoup de
travail. Les résultats obtenus ne sont nullement supérieurs à ceux qu'obtiennent
nos ouvriers aux laminoirs équivalents, bien qu'ils ne disposent pas d'un matériel
aussi bon.

Cependant le laminoir américain idéal est celui de Vandergrift et j'ai contracté
une dette de reconnaissance envers M. E. W. Larguy, pour l'amabilité et l'intérêt
qu'il m'a témoignés en me faisant visiter l'usine et me faisant voir l'ensemble de
cette petite ville charmante. Il y a 6 fours ouverts produisant l'acier, dont 4 de
30 tonnes employant le procédé acide et deux de 30 tonnes, le procédé basique ;
4 fours à gaz, à 4 trous, avec régénérateurs Siemens, un laminoir dégrossisseur
réversible, alimentant de façon continue un laminoir à barres, composé de deux
groupes de 3 paires de cylindres chacun, laminant des barres de 8 pouces de
largeur, à l'usage de laminoirs à tôle. Ces derniers, placés sur le même rang,
constituent la plus belle installation de ce genre qu'il m'ait été donné de voir. Je
n'ai pas vu la longueur totale de l'installation, mais je l'estime à 1200 ou
1300 pieds, un pont roulant électrique, exceptionnellement bon, circule transversalement à l'effet de changer les cylindres et ulsters. En temps normal l'opération
nécessite 25 minutes ; on l'a faite cependant en 12 1/2. Tous les cylindres sont
tournés vers le mur latéral. Une machine, pouvant développer jusqu'à 2.000 chevaux vapeur, dessert un groupe de 8 laminoirs. L'on emploie 45 chaudières
H. Caball comme générateurs de vapeur. Les fours à recuire, au nombre de 40
environ, sont d'un type ordinaire. Je me suis souvent demandé pourquoi une
entreprise, ayant quelqu'esprit d'initiative, n'avait pas remplacé les fours de type
horizontal en usage aujourd'hui, par des fours, à recuire, verticaux, à pots. Il me
suffira de dire ici que toutes les opérations suivantes, décapage à l'acide, galva-
nisation, etc. nécessaires avant l'emmagasinement dans les vastes magasins, où

(1) *American Steel Sheet Company.*

sont accumulés les stocks, se font de manière aussi parfaite. Jamais je n'ai éprouvé plus de plaisir qu'à visiter ces usines qui m'ont causé tellement d'admiration et de surprise. J'ai déjà cité les deux établissements anglais qui s'en rapprochent le plus. Le pourcentage des tôles « gâchées » est de 1 % et le poids des tôles finies représente les 87 % de celui des barres d'acier. Ceci signifie qu'à chaque CENT TONNES de barres d'acier entrant dans le laminoir correspondent 87 TONNES de produits finis. La méthode de travail diffère quelque peu, de la nôtre. Toutes les barres passent deux fois à travers des cylindres dégrossisseurs au lieu d'aller directement aux cylindres finisseurs. C'est là une pratique générale du travail de laminage en Amérique ; elle a l'avantage de donner une surface plus nette et je ne crois pas qu'elle retarde ou réduise la production, parce que l'on peut grâce à cette méthode chauffer la barre davantage, donner une pression plus grande lors des premiers passage et la température des cylindres finisseurs est plus uniforme. Pour le laminage à la jauge Latten, leur méthode est aussi différente, en ce sens qu'ici nous faisons le réchauffage de la façon continue dans le four en empilant les plaques et les retirant par en dessous en donnant chaque fois un coup de feu après ; en Amérique ils donnent des coups de feu moins vigoureux qu'ils achèvent après le doublage, ils laminent bien entendu quelques paires de plaques à différentes températures, de plus en plus élevées, afin de préparer les cylindres pour le finissage. Tout le doublage se fait par pression de vapeur, mais on peut employer le même procédé avec la presse hydraulique. Le serrage avec une longue barre fixée peut sembler mal commode au premier abord mais lorsqu'on en a l'habitude je crois que c'est préférable à nos procédés.

Il est certain qu'aucun de nos laminoirs ne fournit du travail aussi parfait que celui que j'ai vu à Vandergrift. Pourquoi ? Je dois dire de façon explicite que la faute n'en incombe pas à nos ouvriers. Je garantirais la totalité de la production des 29 laminoirs de Vandergrift sans un ouvrier de plus, avec nos chauffeurs et nos lamineurs, qui, en quinze jours au plus, fourniraient un travail au moins égal en quantité et qualité. Ce n'est pas une question d'ouvriers, mais de méthodes. Tout d'abord les Américains ont sur nous un avantage dû à des causes naturelles ; grâce au gaz naturel pour le chauffage des fours dont j'ai parlé, la parfaite combustion obtenue leur permet d'obtenir des produits doux et malléables bien que solides et infiniment supérieurs à ceux que l'on obtient avec des foyers au charbon toujours influençables par la fumée et les courants d'air. Cependant leur plus grand avantage est dû à la meilleure qualité des produits. En premier lieu ils font leur propre acier, doux et de structure uniforme, on examine chacune des barres avant de la passer au laminoir et l'on n'emploie que les barses parfaites ; on n'accepte pas la moindre trace de fêlure ou la plus petite paille, il faut de plus que ces barres aient des dimensions déterminées exactement, quant à la largeur et l'épaisseur. D'autre part, en Angleterre, nous faisons tout le contraire. L'uniformité des barres est une chose inconnue, seul le hasard la réalise et quant à l'inspection préalable des barres, c'est une opération que

l'on regarderait ici comme une monstruosité. Les barres rouillées sont ici
communément employées; on n'en voudrait à aucun prix à Vandergrift ; de
plus ici, pour exécuter le même objet pour une commande donnée, le poids
des barres varie de plusieurs livres. Lorsque nos employeurs voudront faire
plus attention à ces points élémentaires de la fabrication, ils peuvent être
certains d'obtenir des résultats au moins égaux, sinon meilleurs que ceux
réalisés en Amérique. Les industriels feraient mieux de reconnaître que la
pratique du laminage des paquets est condamnée à disparaître. Même dans
les usines où cela se fait, l'on ne se préoccupe nullement de faire un bon paquet bien solide. Tout semble assez bon ; on les fabrique sans aucun soin,
par une méthode quelconque que l'on néglige d'observer et neuf fois sur dix,
pour chaque shilling économisé en faisant le paquet, il y a cinq shillings de
perdus sur la plaque finie. Il est si facile de blâmer l'ouvrier, de dire que c'est
un gâcheur, et de disserter à perte de vue sur son infériorité, mais si les meilleurs ouvriers Américains embauchés en Angleterre, y travaillaient avec nos
méthodes actuelles, on arriverait en fin de compte à un échec au moins aussi
grave que celui qui attendrait nos directeurs, ou du moins beaucoup d'entre
eux, s'ils appliquaient en Amérique les méthodes anglaises.

Je voudrais dire un mot de la ville de Vandergrift. C'est une ville modèle
dépassant de beaucoup certaines villes comme Port-Sunlight et Bournville
que j'ai visitées. Son développement est entièrement l'œuvre de M. Mac
Murtry qui peut être justement fier des conditions dans lesquelles ses ouvriers
travaillent et vivent. J'ai vu plusieurs maisons qui m'ont vivement intéressé.
Plus de 80 % des ouvriers sont propriétaires de maisons séparées, très
grandes et confortables. Elles se composent généralement d'une véranda,
d'un beau vestibule, trois ou quatre salles de réception, trois ou quatre
chambres à coucher; elles sont entièrement chauffées au gaz naturel que l'on
emploie également pour la cuisine et éclairées à l'électricité. Leurs dimensions sont variables ainsi que les prix qui sont de quatorze cents à trois ou
quatre mille dollars suivant les besoins et les goûts de l'ouvrier ; mais toutes
se font remarquer par leur architecture, qui donne à cette ville un pittoresque
que je n'avais jamais vu jusqu'ici. Les rues sont larges et plantées d'arbres.
La seule chose que l'on ne puisse trouver dans toute la ville est un « saloon »
ou, en langage vulgaire, un marchand de vins et les résultats heureux de
de cette absence se font sentir dans la demeure et dans la vie de famille de
l'ouvrier.

L'industrie du fer blanc aux Etat-Unis a une origine relativement récente,
puisqu'elle ne date en pratique que de 1890 et qu'elle s'est constituée à
l'abri du tarif protectionniste frappant le fer blanc d'un droit d'importation
de 1/2 *cent* par livre. Avant l'année 1892 les Etats-Unis se fournissaient in-

tégralement en Angleterre et en 1891, l'année où le tarif entra en vigueur, leur importation s'éleva à près de 335.000 tonnes. Les industriels Américains ont fait bien des tentatives, au cours des 50 dernières années, pour fabriquer du fer blanc poli et terne, mais toujours sans succès car les producteurs Anglais étaient alors les maîtres du marché Américain. Il était relativement assez facile aux manufacturiers Gallois de vendre au-dessous du prix de revient de leurs jeunes concurrents Américains, quittes à se rattraper en relevant leurs prix lorsque les concurrents seraient obligés d'abandonner la lutte. Déjà en 1863 et en 1868, des experts Américains furent envoyés en Angleterre pour étudier l'industrie du fer blanc et fournir un rapport à ce sujet et leurs conclusions furent que les Américains ne pouvaient espérer soutenir la lutte tant les salaires payés dans cette industrie étaient bas. Ces rapports sur les salaires des ouvriers Gallois, ainsi que les fluctuations considérables des prix à l'importation, furent constamment cités au cours du mouvement en faveur d'un tarif protectionniste dans le but de créer cette industrie du fer blanc aux Etats-Unis. Les demandes croissantes du marché intérieur, à la suite du développement de l'industrie des conserves de viandes et de fruits, en même temps que la consommation pour emmagasiner le pétrole avaient créé une demande considérable, l'on affirmait que les prix fixés par les producteurs Gallois étaient excessifs et tout à fait arbitraires : ce furent les arguments que l'on employa afin d'obtenir le régime protectionniste pour favoriser le développement de cette industrie dans ce pays. On obtint enfin la protection et depuis ce moment leurs importations ont décru à peu près d'une quantité sensiblement égale à celle que leur donnait leurs manufactures sans cesse accrues.

Il n'est pas utile d'indiquer tous les chiffres relatifs à la production annuelle, mais ceux qui suivent montrent son développement régulier et continu : en 1892 les Etats-Unis produisaient 18.803 tonnes, en 1896, 160.362 tonnes, en 1899, 360.875 tonnes et en 1901, 309.201 tonnes. Il semble probable que le chiffre de 1902 sera inférieur à celui de 1901. Pendant les dernières années on a importé principalement du fer blanc en feuilles que l'on réexporte sous forme de boîtes ou bidons contenant des fruits, du poisson ou du pétrole. Pour ces articles réexportés on rembourse 99 % des droits perçus à l'entrée, de telle sorte que de gros consommateurs comme le Trust du Pétrole [1] importent le fer blanc Gallois presque sans payer de droits.

Ce fut une véritable folie qui s'empara des industriels après le vote des tarifs protectionnistes, on construisit beaucoup plus de laminoirs qu'il n'en était besoin, aussi un grand nombre chôment-ils depuis longtemps. Employeurs et ouvriers firent par conséquent tous leurs efforts pour s'assurer ces

[1] *Standard Oil Trust.*

commandes faites à l'étranger et après plusieurs conférences et un vote des ouvriers ils convinrent d'un tarif spécial de salaires pour ces commandes qu'il s'agissait d'arracher à l'étranger. J'en ai parlé avec des employeurs et des ouvriers et je me suis invariablement attiré cette même réponses : « Nous « n'allons pas nous laisser supplanter par vous à cause de votre main-d'œuvre « à trop bas prix. Pourquoi vos ferblantiers donnent-ils leur travail ? Nous « sommes décidés à suffire à nos propres besoins et nous y arriverons avec « un salaire double de celui payé chez vous ». Je ne veux pas discuter cette ligne de conduite relativement aux importations mais j'en ai parlé avec des gens bien équilibrés, appartenant aux deux partis, qui pensent maintenant qu'ils ont commis une des plus grosses fautes qu'ils pouvaient faire.

Les remarques générales que j'ai faites relativement à l'outillage des laminoirs à tôles s'appliquent égaleme. à l'industrie du fer blanc. Voici les principales installations que j'ai visitées :   nes Laughlin ([1]), à Martins Ferry appartenant à la Compagnie américaine du Fer   ne ([2]) et les usines Sharon ([3]) de la Compagnie des Aciéries de South Charon ([4]) :   usines de fer blanc sont toutes modernes et en en visitant une, l'on peut se faire ne idée exacte et générale de leur industrie. L'un des traits caractéristiques est la puissance de leurs trains de laminoirs, les dimensions des cylindres et aussi la nature des moteurs et leur puissance. On ne sait pas dans les laminoirs ce que c'est que les arrêts pour insuffisance de force motrice : elle est toujours supérieure au maximum qu'on peut lui demander. On admet généralement par laminoir un minimum de 150 chevaux-vapeurs, mais même dans ce cas on calcule une machine plus puissante. On ne peut s'empêcher de remarquer le contraste entre les ateliers Américains et les nôtres dans lesquels la machine marche faiblement et comme par spasmes. La vitesse de rotation des cylindres varie dans des proportions très notable d'une usine à l'autre, comme dans notre pays, il y a controverse en Amérique sur l'avantage des vitesses plus ou moins grandes. La vitesse de rotation des cylindres est cependant généralement de 24 à 26 tours ([5]), les hommes de l'art les plus compétents pensent — à juste titre selon moi — que les grandes vitesses ne donnent ni un bon travail, ni un rendement élevé. J'ai été très intéressé par la « condu e à la corde » que j'ai vu employer à l'usine Sharon. On prétend que cela économise 14 % de la puissance motrice et évite les à-coups. D'autres affirment que ce système est dispendieux et nécessite beaucoup d'attention pour son entretien. Je pense que l'on ne peut nier que ce système évite les à-coups ; mais je n'y suis pas très favorable. Le travail des ferblanteries est généralement fait par équipes, charg es d'assurer chacune la fabrication complète d'un certain nombre de pièces ; mais le nombre des ouvriers est plus considérable que chez nous. Le lamineur a un ouvrier dégrossisseur et un manœuvre pour la commande des vis, et le chauffeur a un aide.

L'ouvrier qui fait le « doublage » a généralement un aide quand le temps est

([1]) *Laughlin Works.*
([2]) *American Tinplate C°.*
([3]) *Sharon Works.*
([4]) *South Charon Steel C°.*
([5]) A la minute. (Note du traducteur).

chaud. L'on m'a dit que le personnel parvenait à réduire à 7 heures la durée des postes et l'on m'a même cité des cas où elle n'a été que de 6 heures et demie. On se sert d'énergie électrique dans tous les laminoirs. Les ponts roulants électriques sont employés dans toutes les usines; ils sont utilisés pour changer les cylindres (l'opération se fait en quelques minutes) et pour transporter les plaques de fer blanc, facilement et rapidement. Les appareils qui font le doublage (sorte de moutons) sont mûs par l'électricité, chacun ayant son moteur spécial. Les Américains nous devancent de beaucoup, pour le laminage à froid grâce à l'emploi des lamineurs tandems avec chaîne sans fin intermédiaire pour le transport des plaques de l'un à l'autre. L'on emploie également un dispositif de premier ordre permettant au gamin surveillant chaque paire de cylindres, de rejeter toute plaque endommagée; on évite ainsi qu'elle passe dans le laminoir suivant dont les cylindres seraient marqués et abimés. Ils nous devancent de beaucoup également tant par l'outillage que par les méthodes dans les opérations du recuit, du décapage, de l'étamage et du finissage. Le chargement des fours à recuire se fait par l'introduction de chariots portant les plaques et feuilles qui peuvent facilement en être retirés ensuite. L'on emploie également dans l'atelier de recuit, des ponts roulants.

J'ai été très frappé des excellentes mesures d'hygiène prises en faveur des ferblantiers je puis assurer à mes lecteurs que dans l'atelier d'étamage de l'usine Laughlin — atelier de plus de 400 pieds de long — il n'y avait aucune trace de fumée et l'atmosphère y était aussi pure et transparente que dans l'atelier de triage. L'on emploie généralement des femmes pour séparer et trier les feuilles de fer blanc.

Pour donner une idée des ressources naturelles de l'Amérique, je citerai un fait relatif à cette usine. La mine de charbon — mine à flanc de coteau — est toute proche de l'usine. La veine y a une épaisseur de cinq pieds et le charbon, au moyen d'un transporteur aérien électrique, arrive non seulement dans l'établissement, mais en parcourt les divers ateliers et l'on vide les chariots aériens directement dans le dépôt de charbon de chaque jour. La dépense totale de la tonne de charbon est de 75 cents représentant les frais d'exploitation et de transport à l'usine plus les redevances et M. Robinson m'a affirmé que d'ici à quelques mois on pourrait produire une tonne de feuilles de fer blanc prêtes à être livrées avec une consommation d'une tonne de charbon. Je mentionnerai un autre fait intéressant bien qu'il me soit impossible d'établir une comparaison pour nos propres usines. La dépense totale de laminage de la Compagnie Américaine du fer blanc, possédant 20 usines pouvant produire un total annuel de 500 000 tonnes de feuilles de fer blanc et de feuilles ternes, est de 35 cents par tonne de produit fini. L'on peut se demander s'il est possible que le producteur Anglais vienne faire concurrence aux Américains sur leur propre marché? Je ne le crois pas, du moins aussi longtemps que les tarifs actuels seront en vigueur. Je désire con-

vaincre nos industriels Anglais de la nécessité d'avoir des installations absolument modernes — les transformations sont insuffisantes — et des méthodes
de travail également modernes pour que nous puissions nous assurer notre
propre marché et lutter avec succès sur les marchés neutres. L'industrie du
fer blanc, comme celle des tôles succombe sous le poids d'une machinerie
archaïque, et du « microbe » de la pauvreté ; il vaudrait infiniment mieux
qu'une destruction totale pût atteindre une partie des installations ; il renaîtrait
une force vive de la nation, par suite d'un outillage nouveau des installations, fort et adapté aux besoins : ses bienfaits se feraient sentir à la fois à
l'employeur et aux employés. La lamentable détresse financière crie :
« Réduisez les salaires ». A cet appel désespéré l'outillage et la production
modernes perfectionnées répondent « non, réduisez la dépense physique de
l'ouvrier, augmentez sa productivité et ainsi, non seulement vous ferez vivre,
mais vous créerez l'industrie ».

Dans les forges — ateliers de puddlage et de forges — nous n'avons rien
à apprendre des Américains ni à copier chez eux sauf leurs hauts salaires et
les courants d'airs frais que l'on force à balayer les ateliers en été. Pour eux,
comme pour nous, le fer est devenu une spécialité d'arrière-plan qui ne
compte plus guère dans le commerce total. Peut être sera-t-elle nécessaire
encore dans quelques cas particuliers aussi longtemps qu'il existera des
puddleurs, mais je n'ai pas vu de puddlage, en Amérique, pouvant se comparer même de loin au nôtre. Les presses circulaires, que nous avons
remplacées depuis longtemps par le marteau pilon, sont encore très employées
en Amérique. La qualité de nos barres puddlées n'est pas discutée, bien que
des patrons se soient sérieusement plaints à moi de la fabrication allemande
des barres puddlées, et des barres pour fer blanc.

Pour le laminage des petites pièces nous sommes très en retard sur la
généralité des installations Américaines.

Qu'il me soit permis de citer, à titre d'exemple, l'usine Brown Bonnel de la
Compagnie des Forges et Aciéries de la République (¹) et de profiter de cette
occasion pour adresser mes plus sincères remerciements à M. J. Nutt pour
son extrême amabilité et pour toute l'aide qu'il m'a prêtée. L'équipement de
cette usine se compose de 41 doubles fours à puddler (la plupart de ces fours
sont doubles) ; de deux laminoirs triples de 20 pouces pour les pièces de fer,
d'un laminoir de 20 pouces, d'un deuxième de 18, d'un troisième de 12, d'un
quatrième de 10 et de deux laminoirs de 8 pouces. Il y a un laminoir de 10
pouces avec deux jeux de cylindres dégrossisseurs, et qui est alimenté par un
four continu. Le four de 30 pieds de long est chargé avec des billettes et a
été construit par Cⁱᵉ de Constructions Morgan, à Worcester (Mass) (²). Le chauffeur retire ces billettes du four sans aucun effort et elles sont transportées au

(¹) *Brown Bonnel Works of the Republic Iron and Steel Cᵒ.*
(²) *Morgan Construction Cᵒ of Worcester (Mass).*

premier jeu de cylindres dégrossisseurs qui n'est qu'à deux pieds de la porte du four. Pendant ce temps elles sont coupées à la longueur voulue et laminées en plaques circulaires, rectangulaires, ou carrées suivant les besoins du moment. Les deux jeux de cylindres de ce laminoi. continu réduisent l'épaisseur de ces billettes de 1 pouce trois-quarts à 1 pouce. Le travail se fait par postes de 8 heures, la production de chacun d'eux étant de 50 tonnes. Le record a été de 79 tonnes.

Point d'effort violent de l'ouvrier, ou de bousculade; c'est véritablement le triomphe de l'intelligence sur la force musculaire. Il y a également une installation Bessemer de deux convertisseurs de 7 tonnes avec un laminoir à blooms qui prenant le lingot dans le four le conduit à un laminoir à billettes à marche continue réduisant les billettes à 1 pouce trois-quarts d'épaisseur sans réchauffage du lingot. Le laminage à marche continu se généralise dans tout le pays pour la fabrication des petites pièces.

Au point de vue des salaires, la situation de l'ouvrier Américain est bien supérieure à celle de l'ouvrier Anglais. Il n'y a pas un taux uniforme pour les grandes installations des laminoirs d'aciéries, car il ne peut pas plus y en avoir dans ce pays que dans le nôtre à cause de la grande diversité des laminoirs, de la différence de main d'œuvre nécessaire et des productions d'une usine à l'autre.

Il est également très difficile d'établir une comparaison basée sur la moyenne des salaires dans les deux pays, car, à cause de l'emploi de machines économisatrices de main d'œuvre aux États-Unis on ne peut établir un rapport entre le nombre des ouvriers employés à la production obtenue dans les deux pays. Dans certains des laminoirs à rails, le chef lamineur reçoit un traitement fixe annuel de 5000 $ (1000 £) plus une prime égale à $\frac{1}{4}$ ou $\frac{1}{3}$ de cette somme suivant la production. Le salaire des chauffeurs varie de 7 à 13 dollars par jour, suivant le laminoir et la quantité de travail. Cependant il y a les éléments d'une comparaison sincère dans les industries des tôles, du fer blanc et du puddlage. Dans les deux pays il existe pour ces industries un tarif normal à la tonne et les Américains gagnent deux, deux et demie ou trois fois plus que les ouvriers Anglais. Les Syndicats patronaux et ouvriers conviennent chaque année de tarifs et d'échelles de salaires très détaillés, j'en ai rapporté des copies. Le travail des laminoirs de tôles et de fer-blanc s'effectue par postes de 8 heures, avec une production minima; les puddleurs travaillent également dans ces conditions; dans les autres ateliers on a organisé la production comme en Angleterre par le système des deux-postes.

On a déclaré que la main d'œuvre coûte beaucoup moins cher dans les États du Sud, tels que l'Alabama à cause de l'emploi des nègres. Il est vrai que le salaire journalier des noirs est inférieur à celui des ouvriers blancs; mais me basant sur l'autorité du colonel French de la Compagnie des Forges et Aciéries de la République ([1]), je puis déclarer, avec une absolue certitude

---

([1]) *Republio Iron and Steel C°.*

que la dépense totale par tonne de produit fini est plus grande avec la main-
d'œuvre noire, si bon marché, qu'elle ne l'est avec la main d'œuvre blanche
des Etats du Nord dont les salaires sont si élevés. Cette déclaration doit suffire, puisque cette Compagnie a plus d'intérêts que toute autre dans le Sud
et que personne ne peut répondre à cette question d'une façon plus autorisée
que le colonel French. Les employeurs Américains ont appris qu'en fin de
compte la main d'œuvre à bon marché est celle qui revient le plus cher et
ils n'hésitent pas à le déclarer.

On a fait grand fond sur la déclaration que, par suite de l'activité fébrile
régnant dans les entreprises Américaines, seuls les hommes jeunes peuvent
résister à l'effort qu'elle nécessite et encore pendant peu d'années. Aucune
affirmation ne s'écarte davantage de la vérité. Il est vrai que la coûtume
de se faire quotidiennement la barbe, coûtume quasi-universelle aux Etats-
Unis, donne une apparence de jeunesse; il est également vrai que grâce aux
avantages pécuniaires qu'il a eus, l'ouvrier avançant en âge peut beaucoup
plus facilement prendre sa retraite que l'ouvrier Anglais; mais en resserrant
mes questions et en approfondissant le sujet, je suis certain qu'il n'y a pas
tendance à renvoyer les vieux ouvriers; il y a bien plutôt une tendance
croissante à s'en occuper. Je suis pleinement d'accord avec M. Mac Murtry.
Il n'aime pas le mot d'assistance ([1]) qui porte le cachet indélébile de paupé-
risme et d'obligation, il préfère la conception suivante : tout vieux serviteur
dans l'armée industrielle serait inscrit sur un Grand Livre des retraites, avec
autant de droit qu'un fonctionnaire de l'Administration civile ([2]) ou qu'un
officier. J'ai vu des lamineurs, âgés de 50, 60, et même de 72 ans dans un cas,
dirigeant leurs machines. L'idée du « travail pour jeunes gens ([3]) » est née d'une
fausse conception de l'organisation aux usines du Homestead. Répondant à
une question, le surveillant me déclara que si à quarante ans un homme n'a
pas montré sa valeur il n'a plus aucune chance d'avancement — dans cette
usine tout au moins. D'autre part si un jeune homme — si jeune qu'il soit
— a démontré de façon évidente ses capacités, il n'y a pas de situation trop
élevée pour lui et l'avancement est rapide. La jeunesse n'est nullement un
obstacle à l'avancement comme c'est souvent le cas ici. En fait les gens qui
travaillent le plus durement sont ceux qui font partie de l'« Etat-major » ([4])
de direction : directeur technique, surveillant, ingénieurs et contremaîtres.

Je me suis renseigné dans tous les milieux pour savoir quel fond il fallait
faire sur l'affirmation que les hommes sortant de l'Université monopolisent
les situations les plus importantes dans la direction et la création de l'In-

([1]) *Pension.*
([2]) Civil Service.
([3]) *Young man business.*
([4]) *Staff.*

dustrie Américaine. On m'a affirmé que cela était manifestement inexact et mes observations personnelles m'ont montré qu'il y a des ouvriers qui se sont élevés du rang de travailleurs manuels par leur propre mérite et occupent des situations élevées qu'ils n'ont pas acquises, comme tant d'autres, par le hasard de la naissance ou les amitiés personnelles qu'ils avaient parmi les titulaires des hauts postes.

Les rapports existant entre employeur et directeur et le personnel ne sont pas meilleurs que dans ce pays, bien qu'ils soient quelque peu plus libres, à mon sens. Le directeur qui a réussi sait apprécier et utiliser les projets d'amélioration que lui suggère l'ouvrier bien équilibré quel qu'il soit et celui-ci lui donne ses indications, sans hésiter, quand la confiance s'est établie entre eux. Ils ont beaucoup à apprendre de nous au point de vue des salaires, des conflits et des rapports entre organisations patronales et ouvrières. Il serait très utile aux Américains qu'un Comité de leurs leaders Trade-Unionistes vînt en Angleterre pour faire une enquête personnelle dans notre organisation Trade-Unioniste et étudier nos relations avec les Associations patronales. A une certaine époque, l'esprit de *jingoïsme* (¹) dominait le mouvement Trade-Unioniste. Des méthodes plus sensées règnent aujourd'hui et une grève sur une question de salaire est l'exception et non la règle. Je ne puis pas savoir si la Fédération Civique réussira à amener l'opinion Américaine au même point. Une organisation semblable ne doit avoir qu'un rôle, celui d'Educateur il y a des moments où employeurs et ouvriers éprouvent de la rancune contre toute intervention extérieure. Lorsque, grâce à une éducation suffisante, les deux parties auront compris que grèves, et lockouts sont futiles et criminels et qu'ils peuvent se faire rendre justice par d'autres méthodes, il n'y aura plus de difficultés à conclure des arrangements satisfaisants. Il y a eu, dans ce pays-ci des tentatives pour organiser des conseils similaires, mais on a abouti à un échec par suite du manque d'intérêt — ou peut-être à cause d'intérêts divergents. Il est difficile de se faire une opinion sur ce point. Il y a cependant bien assez de sujets d'éducation pour la Fédération Civique et aussi longtemps qu'elle demeurera dans ces limites, son œuvre et son influence seront profitables.

Je veux, en terminant, indiquer trois caractères généraux de l'Industrie Américaine auxquels j'attribue son succès.

1° Ses richesses minérales si considérables, ses voies navigables et le bas tarif des transports ;

2° Le manufacturier (soit par l'Association, soit par acquisition) est le maître de la production ou propriétaire des matières premières — minerai, calcaire, houille ou coke ;

(¹) Equivalent du Chauvinisme.

3° L'ingéniosité et l'initiative auxquelles sont dûes des merveilles de mécanique remarquables — dans toutes les phases de la production — par la diminution de main d'œuvre alliée à une grande productivité.

Un mot en manière de conclusion à mes confrères ouvriers, véritables
boucs émissaires pour lesquels chacun presque envoie un coup de pied en
discutant les questions de travail et de salaires. Les ouvriers qui ont aidé au
développement de l'Industrie Américaine, et en ont fait ce qu'elle est, sont
Anglais pour la plupart.

L'un des principaux directeurs m'a dit généreusement et franchement :
« Votre ouvrier est le meilleur ouvrier du monde entier. Son seul défaut,
« chez lui, est d'être un peu trop conservateur pour son travail, mais quand
« il vient ici, il relève ses manches et fait bientôt voir en quel bois il est
« bâti ». Cela est généralement vrai. Ce qu'un Anglais ou un Gallois peut
faire en Amérique, il peut le faire également ici, n'importe où. Travaillez de
votre mieux en vue du profit et fiez-vous à votre trade-union pour vous protéger. Rappelez-vous que l'Industrie vous donne votre pain quotidien et
qu'elle réclame vos efforts ainsi que toutes vos attentions.

Il est nécessaire que mes lecteurs se souviennent que mes remarques ne
s'appliquent qu'à l'industrie du fer et de l'acier; je ne sais si elles sont
exactes pour les autres. Je ne parle que de mon industrie.

J'ai contracté une grande dette de reconnaissance envers M. Mosely pour
le plaisir inattendu et auquel je ne rêvais même pas, de cette visite en Amérique et je désire lui adresser mes remerciements les plus sincères ainsi que
ceux du métier que je représente pour cette occasion de voyage et d'études.

Je ne puis qu'espérer que l'Industrie Britannique en récoltera tous les avantages que M. Mosely peut désirer et qu'il a tant à cœur de voir se réaliser.

Mes remerciements à ceux qui m'ont rendu ma tâche légère et facile sont
également sincères. Je ne puis les citer tous mais je dois une mention spéciale
à M. Mac Murtry, M. John Jarret qui a consacré tout son temps à m'aider,
à MM. Max. M. Suppes, Wm. Garret, James Nutt, E. N. Pargny, James M.
Swank, G. A. Cope, A. Jarvis et enfin — bien que ce ne soient pas les
moindres — j'adresse mes remerciements aux agents de l'Union des ouvriers
du fer et de l'acier, les *Frères* T. J. Shaffer, J. Pearce, J. Williams, M. F.
Tighe et B. Davis. J'espère avoir le plaisir un jour ou l'autre, de leur rendre
l'accueil si aimable et cordial qu'ils m'ont fait.

Réponses de M. JAMES COX au questionnaire

Questions	*Réponses*
A. APPRENTISSAGE DES JEUNES OU-VRIERS.	
1. Par l'apprentissage qu'il a fait et l'instruction qu'il a reçue, le jeune ouvrier Américain est-il mieux pré-paré à son travail que le jeune Anglais.	1. Voir mon rapport.
2. Si oui, quelles modifications avez-vous à proposer au système d'en-seignement suivi en Angleterre ?	2. Id.
3. Avez-vous quelques indications à fournir relativement aux cours complémentaires du soir, aux cours professionnels du soir pour les ouvriers travaillant toute la journée ?	3. Id.
B. RAPPORTS ENTRE EMPLOYEURS ET EMPLOYÉS.	
4. Quelle est la durée du travail dans votre métier en Amérique ; comment se compare-t-elle à la durée du travail en Angleterre ?	4. Id.
5. L'ouvrier Américain a-t-il, par heure, une production moyenne supérieure à celle de l'ouvrier Anglais ?	5. La productivité est plus grande et la fatigue physique moindre par suite d'une machinerie admi-rablement adaptée aux besoins et économisant de la main d'œuvre.
6. Les tarifs aux pièces (travail aux pièces ou aux pièces et au temps) sont-ils très en vigueur en Amé-rique ?	6. Ils sont employés d'une manière semblable à celle existant dans ce pays-ci pour ma propre industrie .
7. Ce système est-il avantageux : (a) à l'ouvrier (b) aux employeurs.	7. Je suis un ardent défenseur du système de rétribution d'après les

Donne-t-il un avantage injustifié à l'une des parties ?

8. Quand des ouvriers qualifiés, travaillant aux pièces, augmentent la production par leur propre habileté, les employeurs Américains réduisent-ils les tarifs pour empêcher un ouvrier de gagner plus qu'une certaine somme ?

9. Les systèmes de primes et boni sont-ils plus généralement adoptés en Amérique qu'en Angleterre ; dans ce cas quels sont leurs résultats pour l'employeur et les employés.

10. Là où existe le salaire hebdomadaire :

(a) Les ouvriers semblent-ils désireux de faire de leur mieux et de fournir une bonne journée de travail en échange d'un bon salaire ?

(b) Avec ce système l'énergie personnelle et l'initiative sont-elles dûment rémunérées ?

11. Les employeurs Américains sont-ils désireux de pousser le personnel payé au temps à augmenter sa production par homme et sont-ils prêts à accroître proportionnellement le salaire par ouvrier ?

12. Les suggestions faites par les

résultats obtenus, système généralement en vigueur dans l'industrie du fer et de l'acier.

8. La production est presque totalement réglée par la machinerie et les facilités apportées au travail. Cependant je ne trouve pas que les employeurs Américains soient aussi obstinés et regardants sur la question des salaires qu'un certain nombre des nôtres. Aux États-Unis, l'idée dominante est de réduire les charges par des méthodes meilleures et une productivité plus grande, non en réduisant les salaires des ouvriers pris individuellement.

9. Non, on ne les emploie pas plus qu'ici.

10. Cette question ne s'applique pas suffisamment à notre industrie pour que je puisse y répondre avec compétence.

11. Id.

12. L'un des principaux directeurs

employeurs, en vue d'améliorer l'outillage, l'introduction de procédés mécaniques économisant du travail et les machines du dernier modèle sont-elles favorablement accueillies par les ouvriers ou le contraire se produit-il ?

m'a dit : « Notre plus grosse difficulté est de faire disparaître la prévention des ouvriers contre l'introduction de la machine ». Il peut y avoir quelques directeurs en Angleterre qui feraient la même déclaration. Je ne pense pas qu'elle soit conforme à la vérité, dans la généralité des cas, en Amérique; ici je suis certain qu'elle est inexacte — du moins pour notre organisation et nos comités mixtes pour les salaires. Je ne me préoccupe nullement des actes et de l'opposition des ouvriers non organisés.

13. Les propositions de perfectionnements, émanant des ouvriers, sont-elles bien accueillies par les employeurs et récompensées par eux ?

13. Oui, et malheureusement pour nous, infiniment mieux que dans ce pays-ci.

14. (a) Les ouvriers conduisent-ils un plus grand nombre de machines qu'en Angleterre ?

    (b) Si oui ce système est-il favorable aux deux parties ou l'une d'elle a-t-elle un avantage injustifié ?

14. Cette question regarde les ouvriers mécaniciens.

15. L'ouvrier Américain nécessite-t-il une plus grande « surveillance » ? Quelle comparaison peut-on établir sous ce rapport entre lui et l'ouvrier Anglais ?

15. Les ouvriers Américains et Anglais ne valent pas mieux l'un que l'autre sous ce rapport.

16. L'ouvrier Américain est-il capable d'initiative et de travailler sans ordres fréquents et détaillés ? Quelle comparaison peut-on établir sous ce rapport entre lui et l'ouvrier Anglais ?

16. L'ouvrier Américain n'est supérieur au nôtre en aucune manière.

17. L'ouvrier Américain donne-t-il

17. Il n'y a pas d'heures supplémen'

un fort coup de collier en temps de presse et le fait-il gaiement ? Quel rapport y a-t-il entre sa production pendant ces heures supplémentaires et sa production normale ? Quelle comparaison peut-on établir à ces divers points de vue entre lui et l'ouvrier Anglais ?

taires dans notre métier dans les deux pays.

18. Les employeurs Américains sont-ils plus facilement accessibles à leurs ouvriers que les employeurs Anglais ?

18. Non. Pour les directeurs voir mon rapport.

19. D'une façon générale un ouvrier a-t-il plus de chances de s'élever en Amérique qu'en Angleterre ?

19. Cela dépend principalement de l'ouvrier. Si j'étais au début de ma carrière, tout en ayant mes connaissances actuelles, je partirais pour l'Amérique.

20. L'usine américaine répond-elle mieux que l'usine anglaise aux besoins des ouvriers relativement à l'hygiène, à la ventilation et au confort en général ?

20. Dans l'ensemble, oui.

21. (a) L'outillage des usines américaines est-il supérieur au point de vue de la production.
    (b) Sont-elles mieux dirigées. La proportion des directeurs sortis des Universités est-elle plus grande qu'en Angleterre ?
    (c) La qualité des produits est-elle meilleure ?

21. (a)
    (b) } Voir mon rapport.
    (c)

22. Pour combien la plus grande production des usines américaines est-elle due :
    (a) A la durée du travail, supérieure à ce qu'elle est ici ?
    (b) A la plus grande rapidité de marche des machines ?

22. (a)
    (b) } Id.

23. Y a-t-il des pratiques de l'orga-

23. Id.

nisation américaine qu'il y aurait lieu d'introduire, à votre avis, dans les usines anglaises?

C. Conditions générales de la vie des ouvriers en dehors de l'usine.

24. (a) Les ouvriers sont-ils mieux nourris en Amérique qu'en Angleterre ?

(b) Quel rapport peut-on établir entre le prix de la nourriture en Amérique et en Angleterre?

24. (a) Les salaires plus élevés donnent des facilités plus grandes à ce point de vue.

(b) Voir mon rapport.

25. (a) Les ouvriers sont-ils mieux vêtus en Amérique qu'en Angleterre?

(b) Quel rapport peut-on établir entre le prix des vêtements en Amérique et en Angleterre?

25. (a) Cela dépend de l'ouvrier, voir également la réponse 24 (a).

(b) Voir mon rapport.

26. (a) Les habitations des ouvriers Américains sont-elles supérieures à celles des ouvriers Anglais?

(b) Quel rapport y a-t-il entre les loyers dans les deux pays ?

(c) Y a-t-il une plus grande proportion d'ouvriers propriétaires en Amérique qu'en Angleterre. Si oui à quoi attribuez-vous ce fait ?

26. (a) Meilleures dans leur ensemble, bien que cependant beaucoup dépendent de la nature de l'individu.

(b) Beaucoup plus élevés en Amérique. Voir mon rapport.

(c) Oui un nombre bien supérieur. Les loyers élevés poussent à l'acquisition, que facilitent les salaires plus hauts.

27. Quel rapport existe-t-il entre les salaires des ouvriers de votre profession en Amérique et en Angleterre, ce salaire étant *exprimé en argent*?

27. Voir mon rapport.

28. Quel rapport existe-t-il entre la *valeur* des salaires de l'ouvrier Américain et de l'ouvrier Anglais en tenant compte *du coût de l'existence* ?

28. Id.

29. L'ouvrier sobre, prévoyant et de bonne conduite peut-il, tout en vi-

29. Oui sans aucun doute.

vant convenablement, épargner
davantage en Amérique qu'en
Angleterre ?

30. Si oui son épargne est-elle plus
grande en *fait* ?

31. Les paris aux courses, etc. ont-ils
un rôle aussi important dans la vie
de l'ouvrier Américain que dans
celle de l'ouvrier Anglais ?

32. L'ouvrier Américain est-il plus
sobre que l'ouvrier Anglais ?

33. Est-il vrai que pendant qu'il est
jeune, l'ouvrier Américain fournisse une plus grande somme de
travail que l'ouvrier Anglais mais
qu'il soit usé jeune, et que ses
années de travail soient peu nombreuses ?

34. Est-il vrai que l'ouvrier Américain soit renvoyé quand il est
jeune encore ?

35. (*a*) Est-il vrai que la durée
moyenne de la vie soit moindre
chez l'ouvrier Américain que
chez l'ouvrier Anglais ?

(*b*) Si oui cela est-il dû à une fatigue excessive, à un climat
moins sain ou à quelqu'autre
cause ?

36. Y a-t-il une proportion supérieure ou moindre d'ouvriers à
la charge de l'Assistance Publique
en Amérique qu'en Angleterre ?

37. Les enfants et les amis des ouvriers Américains, qui sont trop
âgés pour travailler ou que la maladie et les accidents en rendent
incapables, leur viennent-ils plus
en aide qu'en Angleterre ? Si oui
à quoi attribuez-vous la différence ?

30. Je ne puis répondre à cette question, mais je pense que oui.

31. Non, c'est là notre faiblesse nationale et même elle nous empêche
de progresser.

32. Il l'est certainement grâce à la
bière qui est plus légère.

33. Voir mon rapport.

34. Id.

35. Je ne puis répondre, manquant
de données.

36. Je ne puis rien affirmer, mais
je crois que la proportion est plus
faible en Amérique.

37. Je ne sais rien à ce sujet.

38. Trouvez-vous que les conditions générales d'existence de l'ouvrier soit meilleures en Amérique qu'en Angleterre. En quoi pourrions-nous imiter l'exemple des Américains pour améliorer les conditions de la vie en Angleterre?

38. Voir le sens général du rapport.

D. QUESTIONS D'ORDRE GÉNÉRAL.

39. Approuvez-vous le fonctionnement de la Fédération Civique?

39. Voir mon rapport.

40. Pourrait-on introduire en Angleterre une organisation établie sur la même base ou sur une base un peu différente?

40. Id.

41. Les délégués sont-ils en faveur d'une tentative pour établir une organisation analogue en Angleterre?

41. Id.

JAMES COX.

RAPPORT

de M. GEORGES N. BARNES de l'Union des Mécaniciens [1]

—

En compagnie d'un certain nombre de collègues, de la plupart desquels je
me séparai par la suite, j'arrivai en Amérique le 9 novembre et en partis le
25 décembre ayant visité pendant ce temps les villes suivantes : Montréal,
Toronto, les Chutes du Niagara, Buffalo, Cleveland, Chicago, Milwaukee,
Cincinnati, Hamilton, Pittsburg, Altoona, Washington, Philadelphie, New-
York, Boston, Providence, Worcester et St-Jean. J'ai étudié 39 usines et visité 8 établissements d'instruction, dont quatre sont des écoles publiques
gratuites et quatre des écoles de technologie ou d'apprentissage. J'ai également visité les bureaux de M. Caroll F. Wright, de l'Office du Travail des
Etats-Unis [2] et le Bureau des Brevets à Washington, ainsi que les chantiers
de constructions Navales du Gouvernement et les ateliers de Washington, le
service de la batellerie ; mon but en visitant ces centres de constructions navales était de me rendre compte de suite des conditions d'emploi des ou-
vriers-mécaniciens dans les ateliers et la marine du Gouvernement Américain. J'étais muni de lettres d'introduction pour les chefs des bureaux
sus-indiqués, ainsi que pour d'autres Américains occupant des situations
de directeurs, surveillants, ingénieurs-conseils ou ingénieurs d'usines et pu-
blicistes et je désire, avant tout, reconnaître l'amabilité et la courtoisie, partout les mêmes, avec lesquelles je fus toujours reçu. Toutes les sources d'informations m'ont été littéralement ouvertes et l'on m'a donné toutes facilités
pour employer le mieux possible le temps dont je disposais.

Je parlerai des faits principaux d'abord pour le Canada, puis pour les
États-Unis, suivant l'ordre des visites que j'ai faites. Je parlerai ensuite des

[1] *Amalgamated Society of Engineers.*
[2] *United States Labour Bureau.*

points d'un intérêt plus général en répondant aux questions posées aux délégués.

Mais auparavant il est bon de dire brièvement les conditions principales du travail en Grande-Bretagne relativement à la profession des mécaniciens. L'instruction ne peut s'acquérir que dans les écoles du Conseil de l'Enseignement [1] pour lesquelles il existe quelques bourses et dans les écoles techniques, dont quelques unes sont subventionnées par les pouvoirs publics ; mais ce système est inefficace, parce que défectueux au regard de la classe ouvrière, par suite de la non existence d'écoles préparatoires. L'apprentissage de l'ouvrier se fait principalement à l'atelier : il est de cinq années et il se termine à l'âge de 21 ans. La durée hebdomadaire normale du travail est de 48 à 54 heures. Les taux minima de salaires dans des villes anglaises correspondant à celles que j'ai visitées en Amérique sont les suivantes : sur la Clyde, la Tyne, la Wear et la Tees et dans les grandes villes des Comtés de Lancastre et de York 8 pence l'heure, à Sheffield, Londres, Belfast et dans les villes du Sud du Pays de Galles 8 3/4 pence dans les ateliers où l'on travaille 9 heures par jour et 9 3/4 pence dans ceux où la journée n'est que de 8 heures. Le salaire normal des ouvriers compétents est cependant de 2 à 3 °/₀ plus élevé. Les heures supplémentaires sont payées dans tout le pays au taux de 11 pence et les ouvriers aux pièces arrivent à un salaire équivalent. La solde des ouvriers mécaniciens — autrement dit artificiers, dans la Marine Royale part de 5 shillings 6 pence par jour au début pour atteindre un maximum de 7 sh 6 d sauf pour le très petit nombre d'ouvriers arrivant à une position commissionnée et garantie, après de très longues années de service et qui eux gagnent 10 s 6 d par jour.

Dépenses nécessaires a l'existence. — Les loyers varient de 7 à 12 shillings par semaine pour 3 à 6 pièces. Le pain coûte 5 pence par 4 pounds dans tout le pays. Le prix du charbon varie considérablement suivant la distance de la mine, mais on peut dire que le prix moyen par tonne est de 1 £ 1 s.

Épargne. — Les ouvriers mécaniciens en Angleterre n'épargnent que fort peu, sauf dans un but déterminé et exception faite de ceux qui, par l'entremise des sociétés de construction [2] ou des *Trade-Unions*, sont partiellement propriétaires de leur maison et ceux-là ne sont que 2 à 3 °/₀ du total. Un mot encore avant d'aborder mon rapport : les salaires ci-dessous cités ne se rapportent pas aux « spécialistes » ou « manœuvres habiles » [3] sauf si cela est spécifié. Ces ouvriers sont payés 20 °/₀ de moins que les mécaniciens [4]

[1] *Board of Education.*
[2] *Building Societies.*
[3] *Specialists or handy men.*
[4] *Mechanics.*

dans les deux pays, mais ils sont beaucoup plus nombreux en Amérique qu'en Grande-Bretagne sauf dans les ateliers de l'État. Les chiffres cités se rapporteront aux mécaniciens, c'est-à-dire à des ouvriers qui ont fait un apprentissage complet ou qui ont acquis la connaissance des outils de ces professions et une aptitude à s'en servir leur permettant de gagner le salaire d'un mécanicien. Dans ce pays on les dénomme « mécaniciens » (¹) et aux États-Unis « machinistes » (¹).

J'ai commencé et achevé mon voyage par le Canada *via* Montreal et Toronto, me rendant ensuite aux Etats-Unis pour retourner m'embarquer à St-Jean, Nouveau-Brunswick.

Le Canada présente des contrastes frappants au point de vue de l'enseignement. Dans la province de Québec, les pouvoirs publics n'ont pris aucune mesure à ce sujet et dans les villes, y compris Montréal, l'ouvrier qui veut faire instruire ses enfants encourt de ce fait de sérieuses dépenses, d'autre part dans les provinces d'Ontario et du Nouveau-Brunswick l'enseignement se donne gratuitement non seulement dans les écoles primaires, mais dans les écoles secondaires préparant aux Universités, et un certain nombre d'enfants d'ouvriers y ont accès grâce à des bourses.

La base des salaires est de 21 *cents* l'heure à Montréal, de 23 *cents* à Toronto et ils s'élèvent parfois à 25 et 27 *cents*. La durée hebdomadaire du travail est de 55 heures. Il n'y a pas de tarif plus élevé pour les heures supplémentaires, sauf pour le travail du dimanche. D'après les renseignements que j'ai pu obtenir il n'y a pas de travail aux pièces à Toronto, mais ce système a beaucoup de vogue à Montréal où j'ai trouvé des ateliers mal outillés, les mesures d'hygiène étant des plus insuffisantes. Les salaires des mécaniciens sont de 30 *cents* ou 15 *d* à l'heure et les manœuvres-habiles gagnent 23 *cents* à l'heure, le minimum étant de 17 *cents*.

A St-Jean, le taux est quelque peu inférieur. J'ai été retenu dans cette ville lors de mon retour, sans quoi je n'y aurais pas pris de renseignements. Saint-Jean est une ville des plus intéressantes, cependant ; c'est la cité la plus ancienne des colonies Britanniques et connue sous le nom de « Cité des Loyalistes » parce qu'elle a été fond   par quelque 3 000 loyalistes qui quittèrent le territoire des Etats-Unis à la fin de la Révolution Américaine. Lorsque l'on construisait des vaisseaux en bois, cette ville passait pour l'un des principaux centres industriels du Canada ; elle a perdu cette place lorsqu'a commencé le règne des navires en fer. Le grand incendie d'il y a 25 ans l'a encore fait rétrograder davantage, mais elle a regagné du terrain et sert

---

(¹) *Engineers.* — Nous avons été obligé de traduire en Français ces deux mots par le même terme. (Note du traducteur).

actuellement de port d'hiver aux Compagnies Canadiennes de navigation à vapeur, en même temps qu'elle a un commerce important de coton, meubles et fer. Il y a deux petits ateliers de mécanique dans cette ville, dont l'un pour la marine, la durée du travail est de 54 heures par semaine et les salaires de 10 à 13 dollars. J'attire l'attention sur le taux des salaires à Saint-Jean parce que je désire faire constater que dans les petites villes d'Amérique il est moindre que celui désigné pour les grandes cités industrielles. C'est exactement ce qui se passe en Grande-Bretagne où les salaires sont moindres dans les villes qui ne se trouvent pas dans le cercle sus-indiqué comme correspondant à celui dans lequel nous avons fait notre enquête aux Etats-Unis.

Dans les grandes villes du Canada dont j'ai parlé, le prix de l'existence est sensiblement le même qu'à Londres, certains articles sont moins chers, d'autres plus et ceux-ci dominent. Le pain coûte 2 *d par pound*, les loyers 9 shillings par semaine pour un appartement de 4 à 5 chambres de dimensions ordinaires. Le vêtement coûte 25 à 30 % de plus, la lingerie et autres petits articles de luxe ainsi que les distractions reviennent au double de ce qu'ils sont en Angleterre. Par contre la viande de boucherie et les fruits sont bon marché en comparaison. Je n'ai eu que peu d'occasions de me renseigner exactement sur l'épargne, mais il est prudent de dire qu'elle est infiniment plus répandue qu'en Grande-Bretagne ; quant aux ouvriers propriétaires de leurs foyers, une enquête approfondie m'a appris que 12 % des mécaniciens possèdent leur maison et que certains en possèdent encore d'autres.

Aux Etats-Unis j'ai visité d'abord les villes sur les Lacs : Niagara, Buffalo et Cleveland. La description des chutes, du Niagara sort malheureusement des limites de ce rapport. Je serais incapable de leur rendre justice. Cependant je puis dire quelques mots des stations de force de la Compagnie de force motrice des Chutes du Niagara (¹) situées sur le fleuve du même nom au-dessus des chutes. La rivière venant du Lac Erié acquiert de la puissance par suite du rétrécissement de son lit, franchit les chutes pour aller se jeter dans le Lac Ontario distant de quelques *miles*. À mesure qu'on se rapproche de Niagara, la différence de niveau atteint 50 pieds par *mile* et c'est dans cette portion du cours du fleuve que les usines sont établies.

Le canal d'amenée a quelque centaines de pieds de long, ses faces latérales sont perforées et à quelques pieds en dehors on a établi un barrage de protection à côtés également perforés pour empêcher l'arrivée des glaces et permettre l'écoulement du trop plein. Un courant d'eau continu parcourt ce canal pour tomber dans les puits de 140 pieds de profondeur, inclinés parallèlement au canal. Il y en a dix d'un côté, douze de l'autre. Le poids de l'eau est réparti de façon à équilibrer, en entrant dans la turbine, tout le poids du système (64 tonnes chacune avec arbres de transmission et générateur). Les générateurs sont situés au rez-de-chaussée

(¹) *Niagara Falls Power Company.*

des bâtiments et sont horizontaux afin de supprimer les engrenages, les turbines étant au bas de chaque arbre vertical et les générateurs à la partie supérieure ; ces arbres sont creux dans toute leur longueur sauf à leurs deux extrémités et aux points intermédiaires de support où ils sont pleins. Chaque appareil faisant 250 tours, produit une puissance motrice dont le maximum est de 5000 chevaux-vapeurs. Cette énergie est répandue comme force motrice et pour l'éclairage dans un rayon de 24 *miles* et les pertes atteignent en cours de route 15 %.

Il y a en outre une autre station en plein fonctionnement sur la rive Américaine et on en construit une sur la rive Canadienne. Celle-ci aura une disposition différente. Le projet consiste, dans cette installation, à retenir l'eau au niveau le plus élevé, à l'aide d'un barrage, puis à la conduire horizontalement, par des tuyaux d'acier au delà des chutes et à faire tomber violemment l'eau sur les turbines ou roues placées au niveau le plus inférieur, de la rivière. Cette opération ne demandera pas de main-d'œuvre et n'entraînera à aucune dépense et l'on estime que les frais de construction par cheval-vapeur n'atteindront pas 20 £, tandis qu'ils ont été de 30 £ sur la rive Américaine. Et l'on affirme avec pleine confiance, que ce district Canadien deviendra un centre industriel des plus importants.

Bien que ce soit une digression, je pense devoir parler ici d'une usine. C'est celle de la compagnie Nationale d'alimentation ([1]) ; qui, par la magnificence des installations, l'attention apportée aux besoins des ouvriers et l'esprit qui règne dans la direction dépasse tout ce que j'ai vu. Les seules installations en vue de l'hygiène ont coûté 20.000 livres sterling, l'on a fait des arrangements remarquables en vue de l'éducation et des distractions pour les ouvriers, et même on a construit des halls pour Congrès, à l'usage des visiteurs, le tout étant mis gratuitement à la disposition de ceux qui désirent en profiter. Il y a également des salles à manger pour les ouvriers dans lesquelles on leur sert les viandes au prix coûtant : la propreté et le confort de ces salles à manger sont égaux à ceux des meilleurs restaurants.

Niagara n'étant pas actuellement un des centres de la concurrence pour la mécanique ou la construction de machines, je n'ai pas besoin de m'étendre sur ce sujet. Je puis dire que les salaires des mécaniciens sont de 27 *cents* environ par heure ou 14 1/2 dollars par semaine de 54 heures. Le prix de l'existence y est plus élevé qu'au Canada, le pain vaut 5 *cents par pound*, les loyers sont de 15 sh. par semaine pour cinq chambres et l'habillement coûte 7 % de plus qu'en Angleterre pour des vêtements de bonne qualité sur mesure. Les meilleurs vêtements en Amérique sont d'importation anglaise et payent 30 % de droits, je crois.

Buffalo. — Après les chutes du Niagara, nous avons été à Buffalo qui n'en est distant que de 25 *miles*, cette ville située à l'extrémité Est des Grands Lacs est le port intérieur de l'Amérique et ses caractéristiques générales retiennent plus l'attention que ses ateliers de mécanique. Je dirai cependant que les salaires des mécaniciens sont sensiblement les mêmes qu'à Niagara mais que

([1]) *National Food C°.*

la durée hebdomadaire du travail est un peu supérieure, elle atteint 57 heures.

On fait à Buffalo, ou on pourrait y faire, la manutention, de 225 millions de boisseaux de grain par an, mais on ne peut y emmagasiner qu'un peu moins d'un dixième de ce total et la plus grande partie n'y vient qu'en transit. Le grain vient de l'Ouest dans des bateaux construits spécialement pour cet usage et dont quelques-uns peuvent contenir 8000 tonnes. Les caractéristiques principales de cette ville sont par suite ses immenses élévateurs de grains.

Cependant ce qui a le plus attiré mon attention sont les ateliers, actuellement en construction, de la Compagnie du Chemin de fer de Lackawanna (¹). L'on dit que ce seront les plus belles aciéries d'Amérique, capables de fournir un dixième de la production totale de l'acier ; les ateliers de mécanique sont bâtis en rapport. On doit dépenser une somme de 8 000 000 livres sterling et l'on y travaille déjà beaucoup. Les ateliers de mécanique étaient les plus beaux que j'eusse vus jusqu'alors, pourvus de l'outillage moderne le plus perfectionné et pouvant produire du travail de la meilleure qualité.

Notre prochain arrêt fut CLEVELAND. C'est là que j'ai eu occasion de visiter pour la première fois aux Etats-Unis une école publique. C'est l'une des cinq écoles supérieures de cette ville fréquentée par 1300 élèves qu'instruit un personnel de 45 professeurs. C'est une des écoles préparatoires aux Universités, l'enseignement y est gratuit pour les élèves sortis de l'Ecole primaire à 14 ans ; l'âge moyen auquel ils quittent celle-ci est de 18 ans. On y prépare aux grades élevés de l'enseignement. Il y a d'autres écoles supérieures, également gratuites pour les élèves venus des écoles primaires : on les appelle écoles d'arts mécaniques ou écoles professionnelles (²) ; l'on y enseigne aux élèves (jeunes hommes) à travailler le bois et les métaux. J'aurai à parler de ces écoles plus tard. J'ai emporté une impression très favorable de cette école de Cleveland dans laquelle l'installation matérielle des bâtiments, etc., est admirable ; les élèves doivent acheter leurs livres. J'y ai vu des élèves appartenant à toutes les classes de la société et je serais enclin à penser que le contact et le rapprochement des garçons ou des jeunes filles des milieux ouvriers et bourgeois doit donner d'excellents résultats.

Cleveland est le port de répartition du minerai de fer du Lac Supérieur ; ce service est effectué par des vapeurs ayant une très grande capacité et construits spécialement en vue d'amener ce minerai à l'Est. Cette ville est également devenue, depuis quelques années, l'un des centres de l'industrie des pièces et outils de machines. J'ai visité 6 établissements dont 5 s'occupant exclusivement de la fabrication des outils ; le sixième étant les usines Brown,

(¹) *Lackawanna Railway Company.*
(²) « *Mechanic arts or manual Schools* ».

les fabricants bien connus de monte-charges. Cleveland est une ville très animée et bien moderne. Les salaires sont de deux dollars et demi par jour, au minimum, ils atteignent souvent 2 $^3/_4$ à 3 dollars et même plus. Les heures de travail changent dans les divers ateliers; dans l'un qui ne fabrique guère que des forets hélicoïdes, la semaine était de 60 heures, chez Brown de 57 et dans d'autres de 55. Au moins deux de ces ateliers font partie de syndicats patronaux et ont des ateliers ailleurs, par exemple la Compagnie Pneumatique d'Outils de Chicago ([1]) dont les ateliers principaux sont, en fait, à Détroit. J'ai constaté avec regret qu'une usine employait des femmes pour conduire les machines. Elles affutaient les forets et travaillant aux pièces gagnaient un dollar un quart par jour. Le travail aux pièces n'est en vigueur que dans deux des ateliers que j'ai visités et dans l'un, celui de la Compagnie Am^caine pour la Fabrication des boulons et écrous de machines ([2]) le directeur m'a dit que les prix n'avaient subi aucune modification depuis des années et que les ouvriers gagnaient, en moyenne, trois $^1/_2$ dollars par jour.

Pour la première fois depuis mon arrivée en Amérique j'ai vu, à Cleveland, quelques mesures en vue du bien-être des ouvriers mécaniciens. Chez Warner et Swasey, fabricants de pièces de machines et d'instruments d'astronomie, les précautions d'hygiène et soins de même ordre sont assez bien prises et les ateliers sont propres. La Compagnie des forets hélicoïdes de Cleveland ([3]) a encore mieux fait les choses. Chez MM. Brown on va construire une salle à manger pour les ouvriers, au nombre de 1000 environ, et l'on en a déjà bâti une pour le personnel des bureaux. La Chambre de Commerce de Cleveland s'est fait une spécialité de projets d'améliorations industrielles; l'un de ses secrétaires ayant pour unique besogne de se renseigner sur ce que l'on fait ailleurs dans ce sens; le Comité directeur répand ces informations et encourage les industriels à opérer ces améliorations.

Le prix de l'existence est à peu près le même qu'à Niagara. En fait, le pain coûte sur tout le territoire des Etats-Unis 5 cents par pound, cependant il coûte un peu moins dans quelques rares villes. Les loyers varient peu; ils sont en moyenne pour une maison d'ouvrier, à Cleveland, de 14 sh par semaine, mais un grand nombre d'ouvriers mécaniciens, 10 % environ, sont propriétaires de leur maison. L'habillement est cher et pour de bons vêtements sur mesure je dois dire que le prix n'est pas de beaucoup inférieur au double de celui payé en Grande-Bretagne. Ce paragraphe s'applique à toutes les villes situées à l'Ouest de Cleveland.

Nous nous sommes rendus ensuite à CHICAGO et je me suis occupé d'abord

([1]) *Chicago Pneumatic Tool C°.*
([2]) *Américan Nut and Bolt Machine Manufacturing C°.*
([3]) *Cleveland Twist Drill C°.*

de l'Eco'e de Technologie Armour. Elle fait partie d'un Institut immense, auquel on a fait des additions de temps à autres, de sorte que maintenant la plupart des branches de l'enseignement et de l'activité sociale y sont représentées. L'École de Technologie est consacrée à toutes les subdivisions de l'Art de l'Ingénieur ; elle compte 1000 élèves : les externes payant de 90 à 120 dollars par an et les élèves ne suivant que les cours du soir 10 dollars par 10 semaines. Malgré cette participation des élèves aux frais, cette école ne se suffit pas à elle-même et nécessite des établissements Armour une subvention annuelle de 16 000 livres sterling. Cet Institut ne contribue cependant pas beaucoup à l'éducation de l'ouvrier, exception faite pour ceux qui aspirent à sortir du rang, et l'on m'a dit que ce résultat avait été obtenu pour un grand nombre des ouvriers qui suivaient ces cours.

J'ai également visité pendant mon séjour à Chicago, mais dans un district plus pauvre, une autre école de technologie. L'enseignement y est absolument gratuit, mais on y a adjoint un club sociologique pour lequel on paye une cotisation. Elle ne m'a pas produit bonne impression et je crois que l'instruction qu'on y donne pourrait être donnée infiniment mieux à l'atelier.

J'ai parcouru deux des ateliers de la Compagnie Allis Chambers à Chicago. C'est un trust de compagnies qui possède une demi-douzaine d'usines à Chicago et Milwaukee employant 10 à 12 000 ouvriers pour de la grosse mécanique : machines motrices fixes, machines d'extraction pour mines, pilons et qui est l'un des plus grands trusts des Etats-Unis. J'ai trouvé leurs ateliers de Chicago en plein travail pour le Sud de l'Afrique et occupés à fabriquer des articles de spécialité anglaise. La durée hebdomadaire du travail était de 55 heures dans l'un et de 51 dans l'autre et le tarif basc des salaires 29 *cents* par heure pour les mécaniciens. Ceux qui conduisent les plus grosses machines arrivent à 37 *cents* par heure. J'ai trouvé à Chicago quelques indications sur un système d'apprentissage. Il dure 4 années de 16 à 20 ans.. Les jeunes apprentis reçoivent de deux et demi à trois dollars par semaine pendant la première année et environ le double pendant la dernière année.

Dans l'un des ateliers le directeur de la fabrication est en train d'introduire ce qu'il appelle le salaire aux pièces ; c'est en réalité un système de primes, étant donné qu'on garantit aux ouvriers leur salaire hebdomadaire antérieur.

Il prônait beaucoup les avantages du travail aux pièces pourvu qu'il y ait quelque stabilité dans les prix, et les profits réalisés tant par l'employeur grâce à une production plus grande, que pour les ouvriers, grâce à l'accroissement des salaires. Il était décidé, à ce qu'il m'a dit, à ce que les prix ne soient pas réduits sauf si cela est justifié par des machines perfectionnées ou des outils fournis par la direction. Je lui ai souhaité bonne chance pour tout cela et j'espère qu'il ne se montrera pas injustement méfiant.

Les heures supplémentaires sont payées 50 °/₀ plus cher que le travail ordinaire, mais le salaire normal n'est pas augmenté pour les équipes de nuit.

J'ai également visité les ateliers de la Compagnie du chemin de fer de Chicago et du Nord-Ouest (¹) et je trouve qu'ils ressemblent beaucoup à ceux que nous avons en Angleterre sauf qu'ils s'étendent sur un espace beaucoup plus grand. Cette compagnie, je suis heureux de le dire, a l'orgueil de conserver ses vieux ouvriers dont on trouve un assez grand nombre d'un bel âge. Le taux des salaires est quelque peu moins élevé que dans les autres établissements industriels du district — c'est exactement la même chose avec les Compagnies de chemins de fer en Angleterre — Les ouvriers mécaniciens gagnent de 27 à 32 *cents* par heure. Ce dernier chiffre est un maximum. Tout le travail soigné est fait au temps, mais les petites pièces et surtout celles en cuivre, sont faites aux pièces par des manœuvres habiles (²) qui reçoivent 20 *cents* par heure et au-dessus. J'ai vu ici, comme j'en avais vu ailleurs, des petites machines très intéressantes facilitant le travail ; j'ai l'intention de les décrire aux membres de l'Union des mécaniciens dans la circulaire mensuelle de la société, parce qu'elles n'ont pas d'intérêt dans un rapport d'un caractère général, comme celui-ci.

Le prix de l'existence est à peu près le même à Chicago qu'à Cleveland sauf que le chapitre des dépenses d'omnibus est très important par suite de la très grande superficie de la ville. Le tarif des tramways dans toute l'Amérique est de 5 *cents* (2 1/2 d) pour toute distance comprise dans les limites de la ville. Chicago a d'excellents moyens de transport, bien que fort laids ; le résultat en est le développement de la ville avec pour corollaire, probablement, le maintien des loyers à un taux inférieur à ce qu'il serait autrement. Le charbon vaut 30 shillings la tonne.

Je ne peux citer aucun chiffre exact relativement à l'épargne, mais le nombre de ceux qui épargnent est certainement moindre dans les villes plus petites.

MILWAUKEE. — Milwaukee et West-Allis étaient le terme de l'étape suivante, West-Allis est l'un des faubourgs de la ville. La Compagnie Allis-Chambers a des établissements, que j'ai visités, dans les deux endroits ; 3 200 ouvriers sont employés à Milwaukee. C'est dans cette usine que furent construites les fameuses locomotives envoyées à Glasgow il y a quelques années et dont l'envoi fut la cause d'une grave contestation à l'époque. A West-Allis on a

(¹) *Chicago and North-Western Railway C°.*
(²) *Spécialists.*
(³) *Amalgamated Society of Engineers.*

pris des dispositions pour pouvoir employer un nombre beaucoup plus considérable d'ouvriers. Les ateliers sont encore incomplets, mais les plans sont admirablement établis et ce sont les ateliers les plus vastes que j'aie jamais vus. Voici un exemple que comprendront même les non-initiés. Dans l'atelier des machines lourdes, le sol, qui est bien plan, est recouvert d'une immense plaque, d'une surface de 240 × 60 pieds, sur laquelle on peut boulonner soit la pièce à travailler, soit la machine qui doit agir, selon qu'on le trouve plus commode. Pendant que j'y étais on travaillait avec des machines porte-molettes pesant chacune plusieurs tonnes et d'autres opérations se faisaient parallèlement, chaque machine ayant un moteur séparé.

J'ai vu beaucoup d'outils spéciaux à Milwaukee inventés par le surveillant de ces ateliers, une véritable perle, qui a été formée dans ces ateliers.

L'apprentissage à Milwaukee a une durée de 4 années et les conditions sont semblables à celles de Chicago. Le salaire des ouvriers en pied est quelque peu inférieur à celui payé à Chicago, il est de 2 1/2 à 2 3/4 dollars par journée de neuf heures, ceux qui manœuvrent les gros outils reçoivent cependant 35 *cents* par heure. Il n'y a pas de travail aux pièces à Milwaukee et à West-Allis.

CINCINNATI. — De Milwaukee nous nous sommes rendus à Cincinnati. J'y ai visité deux fonderies et deux ateliers de constructions mécaniques : l'une des fonderies et l'un des ateliers font partie de syndicats patronaux ayant des ateliers dans d'autres villes. Le travail au temps est la règle dans trois d'entre eux. J'ai trouvé ici les salaires plus bas, la normale étant 20 *cents*, et dans l'un des ateliers la base est 23 *cents* seulement et au-dessus, mais il n'y a que peu d'ouvriers gagnant de 25 à 26 *cents*. J'ai vu ici fonctionner pour la première fois le système des primes, mais il vient seulement d'être inauguré. Le directeur, qui est Allemand, m'a dit qu'on n'introduisait ce système que pour les travaux se renouvelant constamment et toujours semblables à eux-mêmes, mais qu'il ne saurait convenir pour l'assemblage ou travaux de même nature. Jusqu'à présent ce système a donné satisfaction et les ouvriers travaillant avec ce système « mixte » gagnent en primes de 10 à 90 % de leur salaire au temps et on leur a garanti qu'il ne serait pas modifié. On paye aux ouvriers la moitié du temps qu'ils ont économisé sur celui qui leur est alloué pour faire une pièce donnée.

Cincinnati est une ville où les salaires sont généralement bas, les manœuvres ne gagnent que 1 1/4 dollars par jour, alors qu'ailleurs la base est 1 1/2 dollars. Le prix de l'existence y est cependant moindre qu'ailleurs, le pain est meilleur marché et le loyer quelque peu inférieur que dans les autres villes. Les heures de travail sont de 57 par semaine, et le taux pour les heures supplémentaires mal déterminé.

HALMILTON. — Nous avons visité ensuite Hamilton où la condition des ouvriers est à peu près la même qu'à Cincinnati. C'est ici que se trouvent les ateliers des fabricants d'outils, occupant le second rang aux Etats-Unis, dans lesquels on a construit peu à peu le lourd outillage de Milwaukee et j'ai été très
déçu en les visitant. La durée hebdomadaire du travail est de 58 1/2 heures,
sauf pour les 3 mois d'été où elle est de 55 1/2 heures. Le travail est fait par
2 équipes dont celle de nuit travaille 13 heures, coupées d'un repos unique, en
gagnant le même salaire par heure que les ouvriers de l'équipe de jour. On
travaille et on a toujours travaillé aux pièces dans cet atelier, mais on établit
d'autre part un compte à chaque ouvrier d'après une base journalière minimum, le taux étant de 25 *cents* par heure, bien que les ouvriers travaillant
avec les grosses machines-outils gagnent pas mal plus. Les salaires des mécaniciens arrivent à 3 dollars par jour, et en atteignent 4 pour ceux qui conduisent les grosses machines.

Je me suis renseigné dans d'autres ateliers à Hamilton où les conditions du
travail sont plus pénibles. Généralement sa durée atteint 59 à 60 heures par
semaine. Quelques ouvriers demeurent à Cincinnati et dépensent de ce chef
28 *cents* par jour et le double trajet leur prend 2 1/4 heures sur leur temps
de repos. Il est inutile de dire qu'avec la journée de 10 heures, le travail
aux pièces et ce long voyage, il semble que les conditions imposées aux ouvriers exigent un très grand effort.

Nous sommes arrivés à PITTSBURG le matin du « Thanksgiving Day » l'un
des rares jours fériés des Etats-Unis ; il n'y avait rien d'autre à faire ce
jour-là que de différer notre enquête dans les usines et d'employer notre
temps à voir la ville dont l'aspect est rien moins qu'engageant et agréable.
On a comparé, je crois, Pittsburg à l' « enfer sans couvercle » ([1]) et telle que
je l'ai vu ce jour-là des « Hauteurs de Washington » ([2]), colline juste en
dehors de la ville, cette ville m'a semblé répondre fort bien à cette description. Elle s'élève sur un terrain bas, dans l'angle ou delta formé par le con-
fluent de deux rivières : sur leurs bords, des hauts-fourneaux, des laminoirs
dont s'échappent de la fumée, de l'hydrogène sulfuré et entre eux s'étendent
pêle-mêle les constructions et maisons constituant la ville. Heureusement
pour ses habitants elle a, comme toutes les villes d'Amérique, un service
rapide de tramways, de telle sorte qu'il est facile d'en sortir pourvu qu'on
soit prêt à se tenir sur le marche pied qui court le long de la voiture, ou à
s'y suspendre. Les tramways américains ne sont, d'ailleurs, complets que
lorsque tout l'espace sur lequel des hommes peuvent se placer est occupé et
il y a toujours deux ou trois voyageurs qui sont suspendus à l'arrière d'une

([1]) « *Hell with the lid off.* »
([2]) « *Washington Heights.* »

manière quelconque. Il n'ont jamais, ou presque jamais, d'impériale.

La base générale des salaires des mécaniciens dans le district de Pittsburg est de 28 *cents* par heure, mais un certain nombre gagnent beaucoup plus et dans l'ensemble il est facile d'atteindre un salaire élevé. La durée du tra-vail est de 9 heures par jour. J'ai d'abord visité les fameux ateliers Westinghouse à East-Pittsburg, à quelque douze *miles* en dehors de la ville. Je n'ai pas eu le temps d'aller voir les ateliers des grosses machines, qui sont dans un bâtiment adjacent, mais je suppose, d'après ce qui m'a été dit, qu'ils sont bien conçus et outillés et je dirais, d'après les renseignements que j'ai eus, qu'ils ressemblent beaucoup aux ateliers West-Allis de la Compagnie Allis Chalmers. Cependant la caractéristique est l'atelier de constructions électriques dont on nous a envoyé le surplus d'outillage à Manchester. Il y a un bâtiment principal de 1 000 × 300 pieds carrés, flanqué de chaque côté de galeries pour le travail des petites pièces et traversé par des grues-électriques à marche rapide. Le sol est réservé pour les machines lourdes et la construction des générateurs : j'en ai vu un de 32 pieds de diamètre intérieur. Tout y est admirablement en ordre et, en me plaçant au point de vue de la production actuelle, je dirai que ces établissements sont aussi voisins que possible de la perfection. Ils sont également remarquables au point de vue de la propreté et des mesures prises pour répondre aux besoins des ouvriers.

Les mécaniciens ont un salaire-base de 28 *cents*, mais peuvent atteindre près de 40 *cents* à l'heure. Cependant au bas de l'échelle ouvrière, et même quelquefois au-dessus, il y a un grand nombre de manœuvres-habiles, tarifés à 20 *cents* seulement. La plus grande partie des petites pièces et même quelques-unes des grandes sont faites d'après un système de primes en vigueur depuis 3 ou 4 ans et en vertu duquel l'ouvrier perçoit une prime correspondante à la moitié du temps économisé sur le temps-base déterminé pour chaque objet.

Il y a un grand nombre de femmes employées pour les opérations les plus faciles ; les plus habiles arrivent à gagner 8 à 9 dollars par semaine en tenant compte de la prime. Dans l'ensemble, les ouvriers, travaillant avec ce système, gagnent 1 1/3 fois leur salaire antérieur ; le système fonctionne bien et donne satisfaction à tout le monde. La direction semble bien disposée pour ses ouvriers au nombre d'environ 5 à 6 000, si ma mémoire est fidèle, et entretient de bons rapports avec eux.

Il y a ici un système d'apprentissage tout nouveau. Il y a deux catégories d'apprentissages ; l'une comprend les jeunes gens sortant du collège qui sont liés pour deux ans et reçoivent par heure 15 *cents* la première année et 18 la seconde. Ceux qui n'ont pas fréquenté l'école sont embauchés pour 3 ou 4 ans mais à un tarif moindre. L'idée semble être de préparer les premiers à remplir des emplois de directeurs et les seconds à être de bons mécaniciens. Il y a des épreuves d'admission que je n'ai pas eu occasion de connaître par moi-même. J'ai été frappé par le fait suivant : la spécialisation très prononcée existant ici comme ailleurs en Amérique semblerait nécessiter pour l'avenir moins de mécaniciens et l'embauchage de plus de manœuvres spécialisés.

HOMESTEAD ne présentait pour moi qu'un intérêt médiocre. M. Cox et d'autres de mes collègues qui ont visité cette ville qui les concernait plus spécialement, en parleront sans doute de façon suffisamment détaillée pour qu'il ne me soit pas nécessaire de m'étendre sur ce sujet. Je me borne à mentionner Homestead parce que je veux citer la machinerie remarquable que j'y ai vue à l'effet d'alimenter les fours et les laminoirs et d'en extraire les produits à température si élevée. On a supprimé, pour les ouvriers, la nécessité d'approcher des fours : toutes les manipulations de l'acier fondu et des lingots se font par des grues électriques qui agissent à plus de vingt pieds de l'ouvrier. Une autre caractéristique des usines est le faible nombre d'ouvriers, pour la quantité considérable de matières manipulées.

Le prix de l'existence à Pittsburg ne s'écarte pas sensiblement de la moyenne en Amérique qui a déjà été citée plus haut. Le charbon est évidemment moins cher à cause de la proximité des mines. Le gaz naturel, amené de Virginie par des tuyaux, est très employé dans les habitations ainsi que dans les usines. Le loyer est d'environ 14 shillings par semaine pour quatre ou cinq chambres et le vêtement représente une dépense double de ce qu'elle est en Angleterre.

Nous avons visité ensuite ALTOONA. C'est l'équivalent américain de Crewe (¹). C'est le grand centre de construction pour les chemins de fer de Pensylvanie et une ville agréable sous bien des rapports. Il y a deux ateliers, l'un à Altoona, l'autre à Juanita, ville toute voisine et, grâce à l'amabilité des chefs mécaniciens, j'ai pu les voir tous les deux. J'ai été heureux de constater ici le lien plus ou moins flottant des écoles et de l'atelier, car la direction incite les parents à profiter des avantages qu'ils peuvent recueillir, pour leurs enfants, dans les écoles supérieures : elle donne, en effet, la préférence aux postulants munis de certificats, pour les places d'apprentis ou d'ouvriers. J'ai été également heureux de constater les bons rapports entre la direction et les ouvriers et tous les efforts faits pour améliorer les conditions de la vie sociale dans la ville.

Le travail aux pièces est aussi employé que possible dans ces établissements et les prix sont très réduits à ce qu'il m'a semblé. Les mécaniciens

(¹) Crewe est le grand centre anglais de la construction de locomotives et matériel de chemins de fer. (Note du traducteur).

aux pièces reçoivent 25 *cents* à l'heure, ceux qui travaillent à la journée, 28 ou 30 *cents* et la durée normale du travail est de 55 heures par semaine. En parcourant les ateliers, j'ai vu plus d'une machine établie spécialement pour une catégorie de travail et l'outillage offre les plus grandes commodités et facilités pour le travail. En voici un exemple : il y a des ascenseurs à air comprimé et l'on emploie l'air comprimé non seulement pour forer et percer des trous, pour mettre en place et river les tirants de chaudières, pour introduire les valves et agrandir les ouvertures, mais on a placé une tuyère sur chaque vis et chaque machine dans le seul but d'enlever la poussière et les particules de métal des objets en fabrication.

Le prix de l'existence est quelque peu inférieur à ce qu'il est ailleurs. Un nombre extraordinairement grand d'ouvriers possèdent leurs maisons et l'on m'a dit qu'il est tout à fait exceptionnel de voir un ouvrier mécanicien payer un loyer à un propriétaire.

PHILADELPHIE. — J'ai passé trois jours dans la cité des Quakers et visité 4 usines du voisinage. Il y a une certaine entreprise dont les produits importés d'Angleterre font beaucoup parler d'eux ; j'ai trouvé que ses ateliers fonctionnaient dans des conditions très peu satisfaisantes. Le travail se fait d'après un système de contrat aux pièces, par équipe, en vertu duquel un ouvrier soumissionne pour un lot qu'il fait exécuter sous sa direction par une équipe de gamins et de manœuvres spécialisés travaillant à la journée et recevant un ou deux dollars de supplément par semaine, suivant le bon plaisir du sous-entrepreneur. On marche par double équipe, celle de jour travaillant 10 heures et celle de nuit, 13, et les ouvriers des deux équipes reçoivent le même salaire. Il est presque impossible de fixer un tarif-base car les ouvriers mécaniciens sont en très faible minorité par rapport au total d'hommes occupés. Cependant ce tarif est d'environ 25 *cents* l'heure pour les mécaniciens et 18 *cents* pour les manœuvres spécialisés qui sont beaucoup plus nombreux. L'outillage est ancien et les méthodes de travail archaïques ; on ne se préoccupe nullement des conditions d'hygiène et de propreté et si le coût de production est faible c'est que le travail n'est pas bien fait et que « Sweating system » règne en maître incontesté.

J'ai visité deux ateliers de machines-outils à Philadelphie appartenant tous deux à des syndicats patronaux. Les deux étaient en pleine activité, la durée hebdomadaire du travail est de 56 1/4 heures et le salaire des mécaniciens est de 25 *cents* l'heure au minimum. Les équipes de nuit sont employées dans toute la ville, mais le salaire n'est pas augmenté de ce fait. Le travail aux pièces et les primes sont également assez en vogue.

Le prix de l'existence est quelque peu inférieur à ce qu'il est dans la généralité des grandes villes américaines, les loyers sont quelque peu plus bas et le charbon est moins cher. Cependant un très grand nombre d'ouvriers sont propriétaires de leur maison ; d'ailleurs Philadelphie a été appelé le « *home* » des « Building Sociétés » (¹). La proportion des ouvriers propriétaires est grande, bien que moindre qu'à Altoona.

Je suis arrivé à New-York le 7 décembre et en compagnie de ceux de mes collègues qui y étaient restés et que j'avais rejoints, j'ai assisté pendant les 3 jours suivants aux séances de la Fédération Civique dont je parlerai plus loin. Le 9 décembre, dans la soirée, j'ai visité le « Cooper Institute ». Cet établissement a été fondé pour augmenter le bagage scientifique des travailleurs et réussit aussi bien que le lui permettent ses ressources. L'enseignement est gratuit et l'Institut est ouvert pendant la plus grande partie de la soirée, de sorte que les jeunes gens occupés pendant la journée pour gagner leur vie y viennent de 20 à 25 *miles* à la ronde. Il y a 2400 élèves et l'établissement a maintenant des revenus, la dotation primitive ayant été augmentée de 90 000 dollars par an grâce à des souscriptions volontaires. C'est un très bel établissement accomplissant d'excellente besogne, mais gêné dans son œuvre par des ressources insuffisantes. L'on m'a dit que le nombre des demandes d'admission dépassait de beaucoup celui des places disponibles d'où résultent une longue attente des postulants et du mécontentement. Cet « Institute » est situé en plein cœur de New-York.

J'ai visité 4 ateliers à New-York et Brooklyn. Le taux des salaires du district est, je crois, de 28 *cents* l'heure pour les mécaniciens, mais beaucoup gagnent davantage. J'ai vu des mécaniciens dirigeant des gros tours et de puissantes machines à planer, gagner jusqu'à 37 *cents* l'heure à Brooklyn ; c'est le taux ordinaire pour ceux qui établissent les modèles. La durée hebdomadaire du travail est ordinairement de 54 heures. Dans deux de ces ateliers, on ne travaille qu'au temps, dans l'un des autres il y a un système de primes qui ne joue que pour une partie du personnel et dans le quatrième on ne travaille qu'aux pièces. Dans l'atelier où joue le système des primes, et qui appartient à la Compagnie Internationale des Pompes (²), les ouvriers se font de 12 à 20 %, en sus de leur salaire journalier qui est à peu près le même que celui payé dans les ateliers « au temps » c'est-à-dire au minimum de 28 *cents* l'heure. Dans l'atelier du travail aux pièces, celui de MM. Hoe, qui est l'un des meilleurs que j'aie vus au point de vue de l'éclairage, de l'hygiène et de la propreté et qui est certainement le plus parfait de cette région, le pourcentage des primes est quelque peu plus élevé.

(¹) Sociétés mutuellistes constituées en vue de faciliter l'acquisition de terrains et la construction de maisons, mais elles n'interviennent pas personnellement pour le faire. (Note du traducteur).

(²) *International Pump C°.*

MM. Hoe ont établi un système d'apprentissage qui mérite une mention
spéciale. Les jeunes gens sont embauchés à 16 ans, avec un salaire de deux
et demi dollars par semaine, qui est porté à 3 dollars, puis à 6 et ainsi de
suite jusqu'à ce qu'il ait atteint 7 dollars dans la dernière année d'apprentissage. On les fait passer dans tous les services et l'on a établi une école
pour les cours du soir. Si à un moment quelconque le jeune homme préfère
se spécialiser pour la conduite d'une certaine machine, on lui paie un dollar
de plus par semaine pendant le reste de son apprentissage.

Le coût de l'existence est un peu plus élevé à New-York que dans les
autres villes américaines. Les loyers sont plus chers et l'on paye facilement
15 shillings par semaine pour des maisons en bois, de six chambres. De plus,
les dépenses de transport constituent un chapitre plus important qu'ailleurs
à cause des grandes distances que l'on doit parcourir. Je crois qu'il n'y a qu'un
nombre relativement faible d'ouvriers possédant leurs maisons à New-York.

Boston. — De New-York je me suis rendu à Boston et, ayant fait de cette
ville mon quartier général, j'ai été ensuite à Providence et Worcester.
L'École de Technologie du Massachussetts [1] fut mon premier sujet d'étude
et je fus informé que le Dr Waldo, ancien professeur et actuellement ingé-
nieur-conseil à New-York, avait la bonté de voyager avec moi pour me présenter aux autorités de cette école. Cette école fait probablement la meilleure
besogne, dépassant celle faite par les établissements similaires au point de
vue d'un enseignement supérieur des sciences appliquées à l'industrie. Elle
compte 1 600 élèves recrutés dans un cercle de très grand rayon et dont 10 à
15 % viennent des écoles primaires et secondaires, grâce à des bourses, ou de
l'atelier ; ceux-ci devant gagner suffisamment pendant les 4 mois de vacances
pour subvenir à leurs besoins pendant le reste de l'année. Malgré que cette
école soit richement dotée, les autres élèves payent 200 dollars par an. Un
trait caractéristique de la section de l'industrie mécanique est un enseignement systématique de ce que l'on appelle les « Arts mécaniques ». On y
enseigne en réalité l'emploi des outils et machines pour établir des modèles,
forger, aléser, limer, et le fonctionnement des machines-outils. On consacre à
chacune de ces branches, pendant le cycle des études, un nombre d'heures
déterminé d'après l'importance qu'on lui accorde.

J'ai visité ensuite « l'Ecole Supérieure Publique des Arts mécaniques [2] »
qui est une école « supérieure [3] » ou secondaire correspondant à celle que
j'avais vue à Cleveland et dont j'ai déjà parlé, sauf qu'au lieu de recommencer l'enseignement primaire ainsi qu'on le fait habituellement dans les écoles

[1] *Massachussetts' Technology Institute.*
[2] *Public High School of Mechanical Arts.*
[3] *Superior* : ce mot s'emploie dans le sens de secondaire que nous lui avons donné

supérieures, on consacre ce temps à apprendre le maniement des outils exactement comme dans la Section des Arts Mécaniques de l'Ecole de Technologie, mais on ne fait rien d'autre ici. Cette école fait partie de la catégorie de celles dénommées « Ecoles Professionnelles Manuelles » différentes des Ecoles supérieures et établies pour permettre aux parents de choisir entre ces deux enseignements. Elles sont absolument gratuites et si celles que j'ai vues doivent être considérées comme d'un type courant, elles ont un outillage remarquable pour le travail du bois et des métaux, et les machines valent mieux que celles employées dans les usines ordinaires de construction mécanique. Il me semble que l'on a gâché beaucoup d'argent dans ce but et que l'on exige des jeunes gens un temps précieux qui pourrait être infiniment mieux employé par une étude approfondie des principes généraux dans les Ecoles supérieures ordinaires, ou à l'atelier comme apprenti, si le jeune homme n'a des aptitudes que pour la mécanique. L'âge moyen de sortie de cette « École Professionnelle Manuelle » est de 18 ans et je crois qu'à ce moment les élèves qui en sortent sont propres à exercer tous les métiers sans en connaître aucun à fond.

J'ai parcouru ici ou plus exactement à Cambridge, qui est tout à côté de Boston un autre des établissements de la Compagnie Internationale des Pompes. On y occupe 1700 ouvriers, la durée du travail est de 56 heures par semaine et les salaires des mécaniciens de 25 *cents* à l'heure. Le système des primes, en vigueur ici, est celui d'après lequel l'ouvrier est payé pour la moitié du temps économisé, c'est un système que nous avons déjà vu employer ailleurs. Voici un an qu'il est appliqué et les ouvriers gagnent un dollar en plus de leur salaire journalier.

J'ai visité à PROVIDENCE les établissements Brown Sharp et Cº. Ils ont la réputation d'être la meilleure fabrique d'outils en Amérique, leur fondateur ayant inventé il y a quelque 30 ans un laminoir universel devenu universel dans un double sens ; non seulement il est universel par toutes les catégories différentes d'objets qu'il produit mais son emploi s'est généralisé dans le monde entier. Cette compagnie emploie 2200 ouvriers et au point de vue de la lumière, de la propreté, de l'hygiène et de tous les soins pris pour assurer le bien-être des ouvriers pendant la durée de leur travail, ces ateliers sont les plus remarquables de tous ceux des Etats-Unis. La durée hebdomadaire du travail est cependant longue, 59 heures, et les salaires relativement bas, ces conditions de travail étant, de fait, générales dans tous les ateliers de la Nouvelle-Angleterre. Le tarif base est d'environ 23 *cents* et peut arriver à 30. Le travail aux pièces est très général et l'on m'a dit que les ouvriers gagnent 20 %, de plus que le salaire sus indiqué parce qu'un grand nombre des ouvriers ont fait leur apprentissage uniquement dans ces ateliers. Il y a un excellent système d'apprentissage. Les jeunes gens débutent à 6 *cents* l'heure, ils en gagnent 8 la seconde année, 10 la troisième et 14 la dernière année. Mais ils sont aux pièces pendant toute la durée de leur apprentissage et arrivent à gagner en moyenne un dollar par jour. La caractéristique est qu'il y a une sorte de protecteur général des apprentis qui remplit vis-à-vis d'eux le même rôle que le contrôleur-peseur vis-à-vis des mineurs dans ce pays-ci. Son service consiste à veiller aux intérêts des apprentis, à voir que leur travail soit varié, et qu'ils soient versés d'un atelier dans l'autre au moment voulu et d'une façon générale à les encourager et à les stimuler dans leur propre intérêt ainsi que dans celui de la Compagnie qui le paye.

WORCESTER est la dernière ville des Etats-Unis où je me sois arrêté. Les heures de travail et les salaires sont les mêmes qu'à Providence c'est-à-dire 14 dollars pour 59 heures. Le travail aux pièces est généralisé et les ouvriers gagnent 3 dollars de plus que ce salaire. Mais le système de Worcester est moins de nature à déterminer la paix industrielle et à provoquer de la bonne volonté que celui de Providence parce que le système du travail et de la rémunération par équipe est en vigueur.

Je n'ai à ajouter qu'un mot en terminant ce *résumé (sic)* : en Nouvelle-Angleterre le coût de l'existence est quelque peu inférieur à ce qu'il est ailleurs, mais par contre les salaires sont proportionnellement moindres.

Je n'ai eu aucune occasion sérieuse de faire une enquête approfondie sur la question de l'épargne et sur le nombre d'ouvriers propriétaires, mais il me semble assez clair que le niveau de la vie des ouvriers est d'une façon générale inférieur à ce qu'il est dans l'Ouest ou à New-York. Il est bon de se souvenir à ce propos que les villes de la Nouvelle Angleterre sont les cités industrielles les plus anciennes.

CONDITIONS DES OUVRIERS DE L'ETAT ET RÈGLEMENTS. — Il y a deux points que je n'ai pas encore abordés : celui des conditions d'emploi des ouvriers de l'Etat et celui de la loi des Brevets. Comme je l'ai dit plus haut, j'ai visité les ateliers de l'Etat de Washington et Brooklyn. Ces ateliers sont bien outillés, dans d'excellentes conditions d'hygiène, ils sont propres, spacieux et bien ventilés. Les mécaniciens gagnent de 33 à 40 *cents* par heure, la durée de la journée est de 8 heures, et on leur accorde 15 jours de congé payé par an, non compris les fêtes nationales. A Washington le travail est organisé en deux équipes, l'une commençant à 7 heures du matin et l'autre à 3 heures et demie l'après-midi. Le système d'apprentissage en vigueur, fixe le nombre des apprentis à 12 % de celui des ouvriers, leur salaire de début est de 56 *cents* par jour.

Il existe dans la Marine Américaine une classe d'ouvriers mécaniciens

correspondant à celle des « artificiers » dans la Marine Britannique ; son
recrutement se fait parmi les mécaniciens de la même manière qu'ici. Ils
sont embauchés comme mécaniciens de seconde classe à 40 dollars, puis
deviennent après un an, ou moins s'ils sont très au courant, mécaniciens de
première classe à 56 dollars par mois. Après un maximum d'un an ils arrivent au grade de chefs-mécaniciens avec 70 dollars par mois, puis 75 et
après une autre année encore, mécaniciens brevetés avec 108 dollars par
par mois, leur salaire arrivant enfin à atteindre 150 dollars par mois. Par
suite, du jour de l'entrée en service, il y a des occasions permanentes d'examen pour les postes supérieurs de telle sorte que le mécanicien de seconde
classe peut devenir mécanicien breveté dès qu'il en a acquis les capacités en
suivant la filière, mais sans s'attarder dans aucun poste et l'on m'a dit que
ces mécaniciens brevetés avaient la possibilité d'arriver au grade d'officier
responsable et actif. L'engagement se fait pour 4 ans, mais après 30 ans de
services continus, on a droit à une pension des trois quarts de la paye. Je dois
ajouter que je tiens mes renseignements du mécanicien breveté du navire
que j'ai visité et qui n'est pas un indigène, étant né à Rochdale (Lancashire).

BREVETS. — L'Office des Brevets à Washington a reçu en 1901, 52.000 demandes dont 35.000 ont été accueillies. Toute personne demandant un brevet doit payer 35 dollars à ce moment, puis 20 dollars de plus s'il est
accordé. Dans 98 à 99 % des cas, l'Etat ne reçoit aucune autre somme que
ces 35 dollars. Dans 1 ou 2 % des cas pour lesquels il est nécessaire de voir
si la demande n'empiète pas sur le terrain d'un autre brevet, il existe, à
l'Office des Brevets, des Cours constituées par des experts assistés du Commissaire des Brevets. Les frais s'élèvent encore dans ce cas à 20 dollars et le
demandeur peut faire appel devant les Tribunaux Civils du pays mais sans
grande chance de succès car les Commissaires et les Juges de l'Office des
Brevets doivent être, aux termes de la loi, des hommes ayant une profonde connaissance du Droit et des Sciences. Les recettes totales fournies
par ces frais équilibrent exactement les dépenses d'entretien de l'Office de
telle sorte que les inventeurs ne fournissent aucun revenu à l'Etat. On conserve à l'Office un registre très complet des brevets accordés dans tous les
pays faisant partie de l' « Union des Brevets » et l'on n'accorde aucun brevet
qui empiéterait sur l'un de ceux déjà accordés aux Etats-Unis ou dans
l'Union. Par conséquent le fait seul qu'un brevet a été accordé en Amérique est une preuve raisonnable de la nouveauté de l'idée. Le brevet a une
durée de 17 ans, puis tombe dans le domaine public, on ne le renouvelle
jamais en pratique, mais une fois accordé il est intangible qu'il soit exploité
ou non.

Cependant les demandeurs ont l'habitude d'employer comme intermédiaires des agents de brevets et des gens qui en avaient pris plus d'un, m'ont dit qu'il était prudent d'agir ainsi parce que ces agents sont mieux à même de formuler les demandes d'une manière claire et précise. C'est également l'opinion qui a été donnée à l'Office des Brevets. En moyenne les honoraires d'un agent sont de 30 à 40 dollars et par suite la dépense totale pour obtenir un brevet de 17 années est de 80 dollars. L'Etat ne demande aucune rémunération pour recherches ou dérangement, pendant la durée d'un brevet. A ce point de vue le « breveté » a la protection absolue de l'Etat et par suite a un avantage considérable sur les possesseurs de brevets dans ce pays-ci.

Le dernier rapport du Contrôleur-Général des Brevets publié par « His Majesty's Stationery Office » montre que pour l'année 1901 le nombre des demandes de Brevets Anglais a été de 23.924 sur lesquels 12.787 ont été accordées pour 4 ans. En 1901 les charges incombant aux demandeurs se sont élevés à £ 224,125,120 et les dépenses de l'Office des Brevets y compris les retraites des vieux employés n'ont été que de £ 102.543. 7 sh 7 d.

Ici le demandeur paye quatre livres sterling pour enregistrement et protection pendant 4 ans, puis encore 95 livres sterling pour la part totale de l'Etat pendant les 14 années d'existence d'un brevet et faute de payer les annuités à un moment quelconque, le brevet tombe dans le domaine public. Les fonctionnaires de l'Etat ne font aucune recherche et l'on n'a, par suite, pas la moindre garantie de nouveauté. Les Autorités Britanniques sembleraient plutôt avoir résolu de décourager les inventeurs et de les frapper d'amende que de les encourager et de les récompenser. En fait ils semblent considérer les inventeurs comme des rentiers possédant de gros revenus que l'on impose très lourdement au lieu de leur venir en aide. La fausseté de cette attitude officielle se trouve démontrée par le document officiel déjà cité puisque 5,2 % seulement des brevets accordés en 1888 avaient dépassé leur treizième année ; on a renoncé à exploiter les autres soit par impossibilité de payer les annuités ou par suite de la non-valeur du brevet. Ainsi l'Etat impose de lourdes charges aux inventeurs Anglais en sus des honoraires qu'ils doivent payer aux agents de brevets pour frais de recherches ou autres services et quand après beaucoup de temps perdu et d'argent dépensé les brevets sont accordés on s'aperçoit qu'ils sont sans valeur et partant inutiles.

En conclusion laissez-moi ajouter un mot avant de répondre au questionnaire ; je ne suis pas du tout un pessimiste pour l'avenir de l'Industrie Mécanique et des Constructions en Angleterre pourvu qu'on lui donne des moyens d'action et qu'on ne lui mette pas des bâtons dans les roues. Il est vrai que les exportations de machines motrices et de machines-outils Améri-

caines se sont énormément développées depuis quelques années, mais il est
également vrai que les exportations Britanniques similaires ont également augmenté et que dans un temps donné, le total de nos exportations a une valeur
à peu près double de celui des Américains. L'ensemble des chiffres démontre
que la demande mondiale a augmenté et que — ce qui est très naturel — elle
est allée très largement en croissant dans les pays qui sont encore dans la
fièvre première et dans la période d'expansion industrielle. Mais les considérations de qualité des produits entreront en jeu et à ce point de vue je suis
absolument sûr que les produits Britanniques n'ont rien à craindre pourvu
que l'on encourage nos dessinateurs. De plus il est raisonnable de supposer
que les Américains continueront à voir se développer de plus en plus le désir
d'avoir quelques loisirs pour profiter des distractions et des plaisirs de l'existence et pour s'occuper des nécessités de la Communauté pour lesquelles ils
sont bien en arrière de nous. Ainsi que je le dis en réponse à la question
qui porte sur ce sujet, la durée normale hebdomadaire du travail a été
réduite de 3 heures depuis 3 ans et je crois que le moment d'opérer une
nouvelle réduction est venu. Même les employeurs m'ont dit qu'ils étaient
prêts à accepter une plus courte durée de travail et à faire, de commun
accord, tout ce qui est nécessaire.

Les Américains ont évidemment des avantages naturels et autres sur nous.
Ils ont de grands gisements de matières premières et leurs industries ont un
marché intérieur protégé. D'un autre côté nous avons de notre côté des
avantages sous forme de bonnes routes, de main d'œuvre habile et ayant
fait un apprentissage sans compter tous les menus avantages résultant de la
civilisation et qui font défaut aux peuples plus neufs.

Y a-t-il des choses que nous aurions avantage à imiter de la pratique
Américaine? Je crois que oui. Tout en conservant nos caractères de supériorité, de perfection dans les produits finis, certains niveaux sociaux et notre
ligne de conduite, je crois que nous pourrions néanmoins suivre l'exemple
des Américains et encourager les inventions et l'initiative, utiliser la machinerie plus complètement et peut être organiser notre industrie sur une
plus large échelle ce qui réduirait, par suite, le coût de production. Si l'on
fait cela, je suis absolument certain que l'industrie mécanique de la Grande
Bretagne continuera à imposer ses volontés sans sacrifier l'orgueil national
et individuel que nous donne notre production et sans nuire au bien être des
ouvriers.

Réponses de M. G. N. BARNES au questionnaire

Ayant plus ou moins épuisé mon sujet au point de vue général, je vais tâcher de présenter quelques observations d'ensemble, ou mes opinions personnelles en répondant aux questions posées aux Délégués. Il faut bien comprendre, cependant, qu'elles ne sont données que sous toutes réserves, parce que, bien qu'ayant tâché d'employer mon temps du mieux qu'il m'a été possible, je me rends parfaitement compte que je n'ai parcouru qu'une faible portion du champ qui m'était ouvert et que je n'ai vu qu'une petite fraction de l'existence si variée des États-Unis.

Questions	*Réponses*
A. Apprentissage des jeunes ouvriers.	
1. Par l'apprentissage qu'il a fait et l'instruction qu'il a reçue, le jeune ouvrier Américain est-il mieux préparé à son travail que le jeune Anglais?	1. Le système Américain d'enseignement — en ce qui touche les mesures prises par les pouvoirs publics pour les écoles secondaires — est infiniment meilleur que le nôtre. Les écoles primaires sont à peu de chose près les mêmes que celles de nos « Conseils de l'Enseignement » et les élèves y fréquentent jusqu'au même âge, soit quatorze ans. Mais les écoles secondaires sont bien supérieures et nous n'avons ici en réalité rien qui leur soit comparable ni qui y corresponde. Par suite les enfants, dont les parents ont profité de l'existence de ces écoles, en Amérique, ont un avantage incomparable sur les jeunes Anglais. Mais les jeunes Anglais ont à leur tour l'avantage pour l'apprentissage, parce que notre système, avec ses tenants et aboutissants, est le

meilleur. Les exemples que j'ai cités, Brown and Sharpe, Hoe et un ou deux autres, sont l'exception. Les mécaniciens en Amérique « ont grandi parce qu'ils étaient Espagnols » comme dit la chanson, mais le véritable Américain se soucie fort peu de savoir où et comment.

2. Si oui quelles modifications avez-vous à proposer au système d'enseignement suivi en Angleterre?

2. Je crois que ce qu'il y a de mieux à faire pour améliorer notre système d'enseignement est de prendre des mesures pour créer des écoles secondaires gratuites avec cours du jour et du soir pour les jeunes gens de plus de 14 ans. Je proposerais que ces écoles ne fussent pas exclusivement, ou principalement, techniques, mais surtout qu'elles fussent des écoles secondaires qui donneraient un enseignement plus élevé que celui des « Board-Schools », enseignement général dont le but principal serait de développer les facultés du raisonnement. Je crois que ce ne sont pas les écoles techniques qui font défaut à notre système d'enseignement, mais un enseignement général plus élevé que l'enseignement primaire et qui permettrait aux jeunes gens de profiter plus utilement des écoles techniques et de mieux apprécier les principes généraux appliqués non seulement à l'industrie, mais aussi au commerce et aux affaires. Actuellement les autorités de l'enseignement abandonnent les jeunes gens à eux-mêmes au moment le plus

3. Avez-vous quelques indications à fournir relativement aux cours complémentaires du soir, aux cours professionnels du soir pour les ouvriers travaillant toute la journée?

important de leur vie. Ils quittent l'école à 14 ans et si après un an ou deux ils entreprennent des études techniques aux écoles du soir ils sont handicappés par le manque de connaissances générales.

3. Je n'ai que peu de foi dans les écoles du soir, techniques ou non pour les ouvriers travaillant toute la journée.

« Attrapez-les quand ils sont jeunes » est un bon principe pour l'enseignement quand on l'applique bien. Ce qui nous fait grandement défaut ce sont les écoles préparatoires et les écoles techniques pour les jeunes gens et je crois que si nous avions les premières on demanderait bien davantage les secondes dont la sphère utile serait beaucoup plus considérable et peut-être qu'alors les écoles techniques seraient — bien plus qu'aujourd'hui — d'un grand secours pour les ouvriers faits. Actuellement les pouvoirs publics ont fait plus et mieux en Angleterre, pour les écoles techniques, qu'en Amérique et nous en avons un plus grand nombre, mais d'autre part l'initiative privée Américaine a fait plus pour l'enseignement professionnel.

B. RAPPORTS ENTRE EMPLOYEURS ET EMPLOYÉS.

4. Quelle est la durée du travail dans votre métier en Amérique, comment se compare-t-elle à la durée du travail en Angleterre?

4. La durée hebdomadaire moyenne du travail est en Amérique de 56 heures, ayant été de 59 heures il y a 3 ans. En Grande-Bretagne la normale est 52 heures.

5. L'ouvrier Américain a-t-il par heure une productivité moyenne

5. Je dirai qu'il produit plus par heure mais il faut se souvenir à ce

supérieure à celle de l'ouvrier Anglais?

6. Les tarifs aux pièces (travail aux pièces, ou aux pièces et au temps) sont-ils très employés aux États-Unis?

7. Ce système est-il avantageux (*a*) à l'ouvrier (*b*) aux employeurs ? Donne-t-il un avantage injustifié à l'une des parties?

8. Quand des ouvriers qualifiés travaillant aux pièces augmentent la production par leur propre habileté, les employeurs Américains réduisent-ils les tarifs pour empêcher un ouvrier de gagner plus qu'une certaine somme?

propos qu'il faut tenir compte de la qualité et de la quantité, non de celle-ci seule. Je traiterai de ce sujet plus loin.

6. Le travail aux pièces est bien plus en usage qu'en Grande-Bretagne.

7. Il n'est avantageux d'une façon permanente pour les deux parties, que si l'on a pris soin de se prémunir contre une réduction des tarifs.

8. Partout les employeurs veulent réduire les tarifs. Cependant aux États-Unis on ne recourt pas autant qu'ici à ces réductions parce que l'on reconnaît plus généralement chez les employeurs et les employés, que l'accroissement de production présente un grand avantage pour tous deux.

Je crois — ne m'occupant pas des bénéfices pour l'instant — que la plupart des gens sont bien intentionnés et de bonne foi en introduisant les tarifs aux pièces mais qu'ils ne se rendent pas exactement compte des difficultés. Une réduction injustifiée des tarifs devient inévitable à cause de la concurrence lorsque l'emploi du travail aux pièces se généralise ; le seul moyen de l'empêcher est l'association des employeurs ou une entente entre eux sur le prix des objets et parallèlement une forte organisation ouvrière et que ces associations établissent une convention ; mais ces conditions n'existent pas en Amérique.

9. Les systèmes de primes et boni sont-ils plus généralement adoptés en Amérique qu'en Angleterre, dans ce cas quels sont leurs résultats pour les employeurs et les ouvriers?

9. Les systèmes de primes et boni ne sont guère plus en faveur aux Etats-Unis qu'ici. Ils sont en période d'essais aussi bien en Amérique qu'en Angleterre et je crois que, dans l'ensemble, leurs résultats ont été heureux pour les employeurs et les employés.

Sous l'empire de ce système, l'employé est sûr de son salaire et si une réduction trop considérable et injustifiée se produit il n'a qu'à ne plus se soucier du boni. Mais avec ce système l'employeur a une moindre tentation de réduire les tarifs, puisqu'il n'a qu'une partie des bénéfices en résultant, si tant est qu'il y ait bénéfices.

10. Là où existe le salaire hebdomadaire,

(a) Les ouvriers semblent-ils désireux de faire de leur mieux et de fournir une bonne journée de travail en échange d'un bon salaire?

(b) Avec ce système l'énergie personnelle et l'initiative sont-elles dûment récompensées?

10. Relativement au paragraphe (a) il n'y a que peu de différence entre les ouvriers Américains et Anglais, autant que j'ai pu le voir, sauf que les ouvriers Américains se montrent plus favorablement disposés pour la machine. Et c'est ici que se place le trait distinctif de l'Industrie Américaine, c'est-à-dire la recherche de la machinerie la plus récente et de la méthode de travail la meilleure, et ce trait domine l'Industrialisme Américain. Les Américains, employeurs et ouvriers, se sont convaincus, plus complètement qu'on ne l'avait fait jusqu'ici, que ce qui compte dans la plupart des choses c'est le cerveau et non « le coup de boutoir d'un sanglier » (sic); que l'activité intellectuelle a une importance

primordiale et bien supérieure à l'activité manuelle. En réponse au paragraphe (*b*), je dirai que l'employeur Américain est beaucoup plus prêt que son confrère Anglais à augmenter les salaires de ceux qui ont montré de l'énergie personnelle et de l'initiative.

11. Les employeurs Américains sont-ils désireux de pousser le personnel payé au temps à augmenter la production par homme et sont-ils prêts à accroître proportionnellement le salaire par ouvrier?

11. Je réponds affirmativement, mais je ne puis m'empêcher de douter que les employeurs Américains soient prêts à accroître les salaires proportionnellement à la production.

12. Les suggestions, faites par les employeurs, en vue d'améliorer l'outillage, l'introduction de machines économisant de la main d'œuvre et la machinerie du dernier modèle sont-elles favorablement accueillies par les ouvriers ou le contraire se produit-il?

12. Je crois que les machines économisant de la main d'œuvre et les perfectionnements mécaniques les plus récents sont favorablement accueillis par les ouvriers en Amérique.

13. Les propositions de perfectionnements, émanant des ouvriers, sont-elles bien accueillies par les employeurs et récompensées par eux?

13. Je crois que ces propositions des ouvriers sont favorablement accueillies par les employeurs et récompensées jusqu'à un certain point.

14. (*a*) Les ouvriers conduisent-ils un plus grand nombre de machines qu'en Angleterre?

(*b*) Si oui, ce système est-il favorable aux deux parties ou l'une d'elles a-t-elle un avantage injustifié?

14. Il n'y a que peu de différences à ce point de vue entre la Grande-Bretagne et l'Amérique. Ici et là-bas, il y a certaines machines automatiques dont un seul ouvrier peut conduire et conduit effectivement deux, trois, ou même davantage; dans certains ateliers de travail aux pièces en Amérique, un groupe d'ouvriers ou de gamins s'occupe d'un nombre double (et quelquefois supérieur) de machines. Mais dans ce cas les machines ne fonc-

tionnent pas toutes à la fois. J'ai vu au Canada, deux ouvriers travaillant aux pièces et surveillant trois machines à eux deux et dans l'atelier de New-York, dont je viens de faire mention, j'ai vu des cas où un ouvrier conduit deux machines, mais c'est absolument l'exception. En règle générale, aux machines faisant des objets de grande valeur, ou ayant une très forte production, on attache un ouvrier spécial auquel on adjoint en permanence un aide pour la conduite des gros tours ou des planes. Je sais bien que le contraire a été affirmé par des journalistes bilieux, en voyage, qui ont déclaré avec insistance que chaque ouvrier Américain conduit deux ou trois machines et qu'on travaille uniquement aux pièces aux Etats-Unis. Je suis heureux d'avoir l'occasion de déclarer — après observations et enquêtes personnelles — que ces assertions sont inexactes.

15. L'ouvrier Américain nécessite-t-il une plus grande « surveillance » que l'ouvrier Anglais ? Quelle comparaison peut-on établir entre eux sous ce rapport ?

15. Il faut, pour donner une réponse complète, traiter cette question pour chacune des deux catégories d'ouvriers Américains, savoir : les manœuvres-spécialisés et les mécaniciens. Les premiers sont moins surveillés parce qu'ils nécessitent moins de surveillance. Leur rôle se borne à recommencer, de façon incessante, de petites opérations qui ne permettent ni initiative ni personnalité, en résumé ils sont enfermés dans une ornière profonde

et étroite dont ils ne peuvent s'écarter et autant que j'ai pu me former
une opinion, ce sont bien les in-
vertébrés timides, que l'on devait
s'attendre à trouver, étant données
les conditions de leur formation
industrielle. Si tant est que l'on
puisse obtenir une augmentation
de marchandises commerciales en
« produisant » ce type de « producteur » je suis convaincu que
cette augmentation n'est obtenue
qu'au prix d'une dépense trop
grande par rapport à sa valeur. Je
voudrais établir ici, cependant, le
départ entre manœuvres-spécialisés et mécaniciens. Lorsque la
spécialisation est le résultat de
machines perfectionnées rendant
le travail plus simple ou automatique, il est inévitable et il est légi-
time que ces opérations passent du
domaine des ouvriers « qualifiés »
([1]) dans celui des « non qualifiés »
([2]). C'est-à-dire qu'elles seront exécutées, non plus par des mécaniciens mais par des conducteurs de
machines ou manœuvres-spécialisés. Mais il y a une autre forme de
la spécialisation : celle résultant
de simples divisions et subdivisions
des opérations et de leur attribu-
tion à des manœuvres spécialisés
travaillant sous la direction de sous-
contractants ou de chefs d'équipes
et qui ne nécessite que la mise en
œuvre quotidienne et mécanique
d'une certaine somme de force

[1] *Skilled.*
[2] *Unskilled.*

musculaire. C'est à cette seconde forme de la spécialisation que je m'oppose. Pour les mécaniciens il n'y a que peu ou pas de différence dans la « surveillance » et s'il y en a une je dirai qu'il y a plutôt plus de « surveillance » en Amérique, mais je ne dirai pas que cela soit dû à ce qu'il en faille plus par ce que les mécaniciens des Etats-Unis ont de moindres capacités que les nôtres. Je suis convaincu du contraire.

16. L'ouvrier Américain est-il capable d'initiative et de travailler sans ordres fréquents et détaillés. Quelles comparaisons peut-on établir sous ces rapports entre lui et l'ouvrier Anglais?

16. Je viens de répondre en partie à cette question, mais je crois qu'il n'y a que peu de différences entre les ouvriers Américains et Anglais au point de vue considéré. En fait, pour les mécaniciens l' « ouvrier Américain » est très fréquemment l' « ouvrier Anglais ». J'ai vu bien souvent des Anglais, des Allemands et des Scandinaves occuper des postes dans lesquels ils disposaient d'une assez grande autorité sur le personnel. Comme je l'ai dit ailleurs, on récompense, bien plus qu'ici, l'initiative et par suite on en suscite d'avantage.

17. L'ouvrier Américain donne-t-il un fort coup de collier en temps de presse et le fait-il gaiement? Quel rapport y a-t-il entre sa production pendant ces heures supplémentaires et sa production normale? Quelles comparaisons peut-on établir à ces divers points de vue entre l'ouvrier Anglais et lui?

17. Je n'ai pas eu occasion de comparer la production pendant les heures supplémentaires dans les deux pays mais je n'ai pas de raison de croire qu'il existe sous ces divers rapports, de différence entre Anglais et Américains.

18. Les employeurs Américains sont-ils plus facilement accessibles à

18. Oui, je crois que les employeurs ou leurs représentants sont plus

leurs ouvriers que les employeurs Anglais ?

facilement accessibles à leurs ouvriers en Amérique qu'en Grande Bretagne. J'ai eu de fréquentes occasions de m'en rendre compte dans les ateliers et j'ai été tout particulièrement frappé de la manière franche et sans contrainte dont se parlent l'un à l'autre, directeur et ouvrier, même lorsque les conditions du travail semblaient dures.

19. D'une façon générale un ouvrier a-t-il plus de chances de s'élever en Amérique qu'en Angleterre ?

19. Oui, l'ouvrier Américain a des chances bien plus grandes de s'élever, les causes en sont, principalement le développement de l'Industrie dans le Nouveau-Monde et les raisons déjà dites, telles que de reconnaître convenablement les capacités, et les facilités que les ouvriers ont pour s'instruire.

20. L'usine américaine répond-elle mieux que l'usine anglaise aux besoins des ouvriers relativement à l'hygiène, à la ventilation et au bien être, en général ?

20. Non. Les usines américaines ne répondent pas mieux que les usines anglaises à ces besoins des ouvriers ; je dirai même — exception faite pour ceux des ateliers cités comme bien installés — les ateliers américains sont, autant que j'ai pu le voir, plus sales, moins sains et plus peuplés que la moyenne des ateliers anglais. Mais on doit dire d'autre part que les ateliers américains sont bien chauffés, en hiver par l'air chaud ou la vapeur et rafraîchis en été par des ventilateurs ou autrement. Cela on l'ignore complètement dans ce pays-ci.

21. (a) L'outillage des usines américaines est-il supérieur au point de vue de la production ?
(b) Sont-elles mieux dirigées ?
La proportion des directeurs

21 (a) A certains points de vue les ateliers américains sont mieux outillés que les nôtres. Ils sont pourvus d'une plus grande variété d'outils spéciaux fabriqués en vue

sortis des Universités est-elle plus grande qu'en Angleterre?

(c) La qualité des produits est-elle meilleure?

d'une catégorie spéciale d'objets que l'on produit de façon continue, d'autre part on se préoccupe moins de la dimension des outils dans les ateliers et par suite, précisément à cause de cela, la production est plus grande. Il faut se rappeler à ce point de vue que l'Amérique a une population de 80 millions d'habitants, pouvant dépenser largement et que le pays demande chaque jour à son industrie une production plus grande. C'est ce qui a permis aux constructeurs-mécaniciens Américains de fabriquer par très grosses quantités; en fait cela leur a été imposé par la nécessité et ils ont été obligés d'établir des plans leur permettant d'opérer à la fois sur un très grand nombre de pièces du même modèle et d'adopter toutes sortes de dispositifs assurant l'uniformité et la célérité dans la production.

(b) Le directeur Américain est plus entreprenant, plus prêt à introduire les machines les plus nouvelles, les plus perfectionnées dans ses ateliers et, de plus, il travaille dur lui même arrivant souvent le premier et partant le dernier; mais pour rendre justice au directeur Anglais, il faut reconnaître que l'esprit d'entreprise est beaucoup plus général en Amérique et comme il a été dit précédemment, l'on est très généralement disposé à accepter les idées nouvelles et il y a un désir passionné de la machinerie et

des applications mécaniques qui
rendent, relativement, plus facile
la tâche du directeur Américain.

(c) Les usines ne fournissent certainement pas de produits meilleurs. Au point de vue de la qualité
ils sont inférieurs aux produits de
la Grande Bretagne. Ceci se voit
dans d'autres métiers que la
mécanique notamment dans la
coutellerie et l'impression des
journaux et c'est également vrai,
en partie, pour les industries de
la mécanique, non pas au point
de vue du montage, dont le degré de perfection est très élevé,
mais parce que l'on se dispense de
tout le poli et du fini qui ne sont
pas absolument nécessaires et
aussi dans le choix des matières
premières qui sont moins résistantes et moins durables qu'en
Grande Bretagne. Pour avoir la
preuve de ce que j'avance sur ce
dernier point, je me suis procuré
un échantillon de metal dans un
atelier américain appartenant à
une compagnie de constructions
mécaniques qui a également des
ateliers dans ce pays-ci et j'ai
fait procéder à des essais com-
paratifs de cet échantillon et
d'un autre provenant des ateliers
anglais de cette même compagnie, ces deux échantillons ayant
été prélevés sur les lingots employés dans les deux pays pour
des usages identiques. Cet essai
est quelque peu favorable à l'A-
mérique parce que l'usine en

question est l'une des meilleures de ce pays mais néanmoins les conclusions sont à l'avantage du métal anglais, ce dernier a un plus grand allongement à la tension. L'analyse montre qu'il contient plus de carbone combiné et moins de silicium et par suite qu'il est plus dur que le métal américain. Voici le rapport :

Essais à la tension et Analyses de deux échantillons de fer fondu

Reçu de M. Georges N. Barnes de l'Union des Mécaniciens, le 9 Janvier 1903

Etat du Métal reçu.   Barres non préparées.
Etat du Métal essayé.   Barres préparées.

Essais à la tension

W. S. H Essai N°	Diamètre	Surface en pouces carrés	ALLONGEMENT MAXIMUM		Remarques-Observations
			Livres par pouce carré	Tonnes par pouce carré	
21 817	0,626	0,3078	20 675	9,23	Echantillon carré devenu rond
21 818	0,626	0,3078	24 622	11,01	Echantillon rond devenu carré

W. H. STANGER,
6 Février 1903.

Analyses

W. S. H. Essai N°	21 818	21 817
	pour cent	pour cent
Graphite.	2,709	3,093
Carbone combiné	0,488	0,226
Silicium.	2,246	2,669
Soufre	0,123	0,121
Phosphore	1,311	1,019
Manganèse.	0,000	0,626
Fer (par différence).	92,523	92,216
Total	100,000	100,000

STANGER et BLOUNT,
6 Février 1903.

Le Métal américain porte le numéro 21 817 et le Métal anglais le numéro 21 818.

22. Pour combien la plus grande
production des usines Américaines
est-elle dûe,
   (*a*) A une durée de travail supérieure à ce qu'elle est ici ?
   (*b*) A la plus grande rapidité de
   marche des machines ?

22. La production supérieure est
presque entièrement dûe à ce que
l'on emploie en Amérique plus de
machines qu'ici pour un même
nombre d'ouvriers. La rapidité plus
grande est jusqu'à un certain point
attribuable aux matières employées, qui sont moins dures
qu'ici et à ce que les outils tranchants sont en acier de qualité extra. Peut-être la durée du travail y
est-elle pour quelque chose, mais
il n'y a pas une différence suffisante entre le nombre d'heures en
Amérique et en Angleterre pour
que ce soit là la raison.

23. Y a-t-il des pratiques de l'industrie Américaine qu'il y aurait
lieu d'introduire dans les usines
Anglaises, à votre avis ?

23. Oui. Je proposerais (*a*) d'employer plus de machinerie et d'introduire les perfectionnements les
plus récents, (*b*) que les patrons se
montrent prêts à reconnaître et à
récompenser largement l'habileté
exceptionnelle et l'initiative de
l'ouvrier. Cela pourrait se réaliser
soit par un système de boni, soit
autrement à condition que le tarif
normal du travail au temps fût
payé à tous et que l'ouvrier soit
assuré de recevoir un salaire plus
élevé pour un effort plus grand.
(*c*) L'établissement de types-éta-
lons uniformes quand cela est possible. Les Américains nous devancent de beaucoup sous ce rapport. Je pourrais citer, par exemple, les roues et axes des wagons.
On a fixé des dimensions et un
poids uniformes et on peut les
fournir aux chemins de fer ou autres Compagnies de construction à

des prix d'un bon marché extraordinaire. Une compagnie fait des affaires considérables grâce à une spécialité de roues en acier trempé, sur une portion de leur rayon mais en garantissant un parcours de tant de milliers de *miles* avant que la partie en acier trempé ne soit usée — et cette compagnie en fournit dans toute l'Amérique aux Compagnies de Chemins de fer et autres constructeurs. (*d*) La refonte de la législation sur les brevets et la réorganisation de l'Office des Brevets de manière à obtenir le simple enregistrement, et des recherches faites par l'Etat assurant à l'inventeur une forte présomption de nouveauté en même temps qu'une réduction des charges lui incombant actuellement pour obtenir un brevet. C'est là une matière de la plus haute importance et nous ne devons pas tarder à suivre l'exemple de nos cousins d'Amérique qui se targuent — et qui ont je crois grandement raison de le faire — du fait que les Brevets Américains ont fourni un emploi à un nombre considérable d'ouvriers et ont amené à l'adoption de machines économisant la main-d'œuvre et ayant une très grande productivité. (*e*) Des mesures prises par les pouvoirs publics pour développer et créer des écoles secondaires.

C. CONDITIONS GÉNÉRALES DE LA VIE DES OUVRIERS EN DEHORS DE L'USINE.

24. (*a*) Les ouvriers sont-ils mieux nourris en Amérique qu'en Angleterre ?

24. (*a*) Je crois que d'une façon générale les Américains — exception faite des classes les plus pauvres

(*b*) Quel rapport peut-on établir entre les prix de la nourriture en Amérique et en Angleterre ?

— mangent des mets très variés et en quantité plus considérable qu'il ne le leur faudrait et que l'ouvrier mécanicien Anglais avec son régime plus simple, et en partie grâce à cela, a une plus grande force physique que le mécanicien Américain. (*b*) Le prix des aliments en Amérique est de 25 à 30 % plus élevé qu'en Grande-Bretagne.

25. (*a*) Les ouvriers sont-ils mieux vêtus en Amérique qu'en Angleterre ?

(*b*) Quel rapport peut-on établir entre le prix des vêtements en Amérique et en Angleterre ?

25. Il y a peu de différence dans les vêtements des ouvriers mécaniciens en Angleterre et en Amérique ; cependant en général, aux Etats-Unis, l'ouvrier enlève ses vêtements de travail avant de quitter l'usine. Je crois que l'ouvrier Américain porte, en dehors de l'usine, des vêtements d'une meilleure coupe que ceux de l'ouvrier Anglais. Je ne veux pas empiéter sur le rapport du délégué des tailleurs, mais je puis dire qu'il m'a semblé que le travail des tailleurs Américains était plus soigné que celui des nôtres. Le prix des vêtements grossiers est sensiblement le même qu'ici, mais pour les bons vêtements bien faits — importés d'Angleterre et frappés d'un droit élevé — le prix aux Etats-Unis est à peu près double de ce qu'il est en Grande-Bretagne.

26. (*a*) Les habitations des ouvriers Américains sont-elles supérieures à celles des ouvriers Anglais ?

(*b*) Quel rapport y a-t-il entre les loyers dans les deux pays ?

(*c*) Y a-t-il une plus grande pro-

26. Je n'ai eu que peu d'occasions d'enquêter sur ce point, mais ayant visité environ une douzaine de maisons, je puis dire que la maison de l'ouvrier Américain me semble, en règle générale, — être plus grande que celle de l'ouvrier

portion d'ouvriers propriétaires en Amérique qu'en Angleterre? Si oui, à quoi attribuez-vous ce fait ?

27. Quel rapport existe-t-il entre les salaires des ouvriers de votre profession en Amérique et en Angleterre, ces salaires étant *exprimés en argent* ?

Anglais. Mais elle ne vaut pas mieux au point de vue du confort. (b) Les loyers sont de 30 à 40% plus élevés dans tout le pays et pour tous les immeubles. (c) Oui. Beaucoup plus d'ouvriers sont propriétaires en Amérique qu'ici. Je dirais le double. Je suis porté à attribuer ce fait aux habitudes contractées autrefois à l'époque des maisons en bois. Dans les agglomérations premières, les maisons étaient bon marché, d'où l'habitude généralisée d'avoir la sienne et je crois que cette coutume est demeurée plus ou moins stéréotypée. J'ai remarqué que la proportion des propriétaires était dominante dans les petites villes où l'on s'attache encore, de façon plus tenace, aux traditions et où les maisons, étant en bois, sont bon marché.

27. Pour établir le rapport existant entre les salaires en Amérique et en Grande-Bretagne il faut comparer non seulement le salaire hebdomadaire normal — plus élevé en Amérique qu'ici, — mais aussi les tarifs des heures supplémentaires et du travail de nuit qui sont inférieurs là-bas à ce qu'ils sont ici ; je crois que l'ouvrier mécanicien a, aux États-Unis, un salaire de 35 à 45%, plus élevé qu'ici, mais ceci est une moyenne et comme il y a une différence beaucoup plus marquée qu'ici entre le salaire le plus élevé et le plus bas, je dirai que le maximum de salaire en Amérique

dépasse de 70 °/₀ le maximum Anglais. J'ai cité les taux actuels des Etats-Unis qui ont été considérablement élevés depuis trois ou quatre ans.

28. Quel rapport existe-t-il entre *la valeur* des salaires de l'ouvrier Américain et de l'ouvrier Anglais en tenant compte du *coût de l'existence ?*

28. La valeur du salaire de l'ouvrier mécanicien en Amérique est de 15 à 20 °/₀ plus élevée que celle du salaire payé en Grande-Bretagne. Cette différence est proportionnellement plus grande pour les salaires maxima.

20. L'ouvrier sobre, prévoyant et de bonne conduite peut-il tout en vivant convenablement épargner davantage en Amérique qu'en Angleterre ?

29. Il le peut dans les limites que j'ai indiquées, mais je crois que la durée de sa vie d'ouvrier sera moindre que dans ce pays.

30. Si oui, son épargne est-elle plus grande *en fait ?*

30. Je réponds oui.

31. Les paris aux courses, etc. ont-ils une importance aussi grande dans la vie de l'ouvrier Américain que dans celle de l'ouvrier Anglais ?

31. Je ne le crois pas.

32. L'ouvrier Américain est-il plus sobre que l'ouvrier Anglais ?

32. J'en suis convaincu ; d'ailleurs voici un fait : aux Etats-Unis la consommation d'alcool, par tête d'habitant, n'est que les 55 °/₀ de ce qu'elle est ici.

33. Est-il vrai que, pendant qu'il est jeune, l'ouvrier Américain fournisse une plus grande somme de travail que l'ouvrier Anglais, mais qu'il soit usé jeune et que ses années de travail soient peu nombreuses ?

33. Je crois qu'il en est probablement ainsi. Je n'ai pas eu assez d'occasions de recueillir des renseignements sur ce point pour que mon opinion ait grande valeur. Je crois cependant que, bien que le travail manuel produit par unité ne dépasse pas beaucoup celui de l'ouvrier Anglais, l'effort total demandé est plus intense et plus prolongé. Je répondrai de façon plus détaillée à la question 35.

34. Est-il vrai que l'ouvrier Américain soit renvoyé quand il est jeune encore.

34. Cela n'est pas vrai, si l'on se fonde sur mes observations pour baser un jugement. J'ai vu dans les ateliers Américains autant d'ouvriers âgés que dans les ateliers Anglais, mais je crois qu'étant donné le grand *boom* actuel en Amérique, on emploie pour l'instant tout ceux qui peuvent et désirent travailler. D'une façon générale il n'y a qu'une très faible cohésion vraie ou solidarité entre les ouvriers, sauf sous cette forme grossière qui unit l'homme à l'homme en Amérique et dont j'ai déjà parlée. La plupart ne travaillent que parce que c'est le seul moyen de « faire de l'argent » et je pense qu'on renverrait les ouvriers âgés sans le moindre remord. Je ne voudrais pas cependant que l'on prit cette déclaration trop au pied de la lettre : j'ai vu et cité des ateliers — ceux des compagnies de Chemins de fer et d'autres — qui m'ont causé une impression très favorable et je suis sûr que, dans ces cas, les vieux serviteurs sont généreusement traités.

35. (*a*) Est-il vrai que la durée moyenne de la vie soit moindre chez l'ouvrier Américain que chez l'ouvrier Anglais ?

(*b*) Si oui, cela est-il dû à une fatigue excessive, à un climat moins sain ou à quelqu'autre cause ?

35. (*a*) Pour les hommes qui ont dépassé l'âge de 15 ans, l'âge moyen de la mort est de 56,4 aux Etats-Unis et 58,41 dans ce pays. Cette comparaison montre que l'Anglais a une survie de deux ans par rapport à l'Américain, en ayant éliminé du calcul la mortalité infantile, et en ne prenant la durée de l'existence que de ceux qui ont commencé la lutte pour la vie.

Aux Etats-Unis les mécaniciens et les forgerons meurent en moyenne à 50 1/4 ans; en Angleterre les membres de l'A. S. E. (Union des mécaniciens) meurent en moyenne à 53 ans. La durée de la vie est donc de 2 3/4 ans plus longue chez les mécaniciens Anglais que chez les Américains. (*b*) Je suis porté à croire que les causes de cette existence plus courte sont : la vie matérielle peu saine et un effort quotidien prolongé. Ainsi que je l'ai déjà dit, l'Américain mange trop, la vie sociale est moins familiale et attrayante qu'ici et il y a moins de distractions saines en plein air les jours de congé. Le temps et les occasions m'ont manqué pour étudier complètement cette question mais il reste un fait certain c'est que l'Américain a une vie plus courte que l'Anglais.

36. Y a-t-il une proportion supérieure ou moindre d'ouvriers à la charge de l'Assistance Publique en Amérique qu'en Angleterre ?

36. Je n'en sais rien.

37. Les enfants et les amis des ouvriers Américains trop âgés pour travailler ou que la maladie et les accidents en rendent incapables leur viennent-ils plus en aide, qu'en Angleterre. Si oui à quoi attribuez-vous la différence.

37. Je dois répondre dans les mêmes termes qu'à la précédente question.

38. Trouvez-vous que les conditions générales de l'existence de l'ouvrier soient meilleures en Amérique qu'en Angleterre ? En quoi pourrions-nous imiter l'exemple des Américains pour améliorer les

38. Sauf au point de vue pécuniaire et des écoles secondaires pour ses enfants, je trouve que les conditions générales d'existence de l'ouvrier Américain sont plus mauvaises qu'en Grande-Bretagne.

conditions de la vie en Angleterre.

D. QUESTIONS D'ORDRE GÉNÉRAL.

39. Approuvez-vous le fonctionne-
' ment de la Fédération Civique?
40. Pourrait-on introduire en Angleterre une organisation établie sur
la même base ou sur une base un
peu différente?
41. Les délégués sont-ils favorables
à une tentative pour établir une
organisation analogue en Angleterre?

39, 40, 41. Je réponds à l'ensemble
des trois questions. La section industrielle de la Fédération Civique
ne remonte qu'à deux ans au plus,
et depuis cette époque il s'est produit deux grands conflits industriels aux Etats-Unis. Elle était à
peine constituée lors de la grève
de l'Acier, mais à peu près bien
organisée lorsqu'a éclaté la grève
des charbonnages. Elle offrit ses
bons offices dans cette dernière
affaire, mais les patrons ou les
ouvriers les refusèrent; cependant elle prétend, avec raison à
mon avis, avoir empêché quelques-uns des mauvais résultats qui
se seraient produits et elle a exercé
pendant ce temps une influence
notable sur l'opinion publique et
le monde officiel en Amérique. Autant que cela est possible en trois
jours, j'ai eu toutes les occasions
d'étudier les hommes qui sont à la
tête de cette organisation pendant
que j'assistais à la *Convention* annuelle. Ce sont les représentants
des ouvriers organisés, des patrons
organisés ou non et les hommes
les plus sérieux qui font l'opinion
publique Américaine. J'ai vu la
plupart d'entre eux, causé avec
eux et j'ai toutes les raisons d'être
convaincu de leurs capacités et de
leur sincérité. Il n'y a qu'un élément qui puisse ne pas constituer
une force : ce sont les politiciens.

Je crois qu'en tous pays, une Fédération Civique est une excellente chose à condition d'être basée sur le principe de conférences et de discussions publiques et ouvertes entre hommes qui cherchent honnêtement à trouver un remède aux maux sociaux et industriels, pourvu qu'une telle Fédération n'affaiblisse pas les organisations ouvrières et patronales existantes. La discussion et la publicité ne peuvent faire aucun mal, et d'autre part elles peuvent beaucoup pour éviter les abus de pouvoir, soit des individus, soit des associations. Une organisation de cette forme établie dans ce pays pourrait en tous cas, en faisant intervenir les meilleurs éléments de l'opinion publique, arriver à établir une entente des parties et à combler cet abîme creusé entre homme et homme qui a été, jusqu'ici, une condition fatale de l'industrie moderne, dûe aux grandes Sociétés et aux grands ateliers. Au sujet des tentatives à faire dans ce pays-ci pour établir une organisation analogue, je dois rappeler que l'ensemble des représentants ouvriers et des Trade-Unions se sont déclarés en faveur du principe, il y a longtemps déjà. De plus M. Ritchie (¹) a préparé un projet identique dans ses grandes lignes; il y a trois ou quatre ans, le Comité

(¹) Ancien Chancelier de l'Echiquier dans le cabinet Balfour et alors Président du *Board of Trade*.

Parlementaire du Congrès des Trades-Union l'a fait sien, mais il a été repoussé par les employeurs, agissant d'un commun accord, parcequ'ils sont opposés aux tierces personnes. Le Travail se trouve par suite dans une situation particulière. Son attitude est favorable au projet, et on la connaît ; il semble par conséquent que si l'on peut tenter de créer une association de ce genre, il faut s'entendre avec les employeurs ; si quelque personne autorisée voulait rapprocher les deux parties, je me déclare en faveur de la proposition et avec l'appui de mes mandants, j'agirais d'accord avec la Fédération si on la constitue.

GEORGES N. BARNES.

RAPPORT

de M. D. C. CUMMINGS de la Société des ouvriers fabricants de Chaudières et Constructeurs de Navires (¹)

—

En fournissant ce rapport sur ma propre profession, je dois nécessairement donner la première place à l'industrie des constructions navales, et m'occuper exclusivement du travail du fer et de l'acier, abandonnant la partie relative au travail du bois à M. A. Wilkie, le représentant des charpentiers ou *Shipwrights* (²) pour me servir d'un terme plus généralement connu pour désigner les ouvriers faisant ce genre de travail. Bien qu'absents pendant sept semaines et demie, le temps nécessaire aux deux voyages, ne nous a permis de consacrer que trois semaines à notre enquête aux État-Unis ; nous aurions certainement pu prolonger notre séjour dans ce pays pendant un temps beaucoup plus long si nous l'avions désiré, mais les secrétaires généraux sont des hommes très occupés et les six semaines prévues, pendant lesquelles nous n'avions pas à remplir nos attributions officielles, étaient déjà dépassées. Il était donc indispensable de rentrer en Angleterre sans retard.

CONSTRUCTION DE NAVIRES ET CHANTIERS POUR LA MARINE. — Je m'occuperai d'abord des chantiers des Grands Lacs. On construit principalement des vapeurs connus sous le nom de transports grossiers, très larges, à fond plat et construits de telle manière que toute la partie médiane et le pont reposent sur des cales. D'une façon générale on ne pourrait pas employer les vapeurs du Lac pour un service sur l'Océan, et ils ne sont construits que pour le trafic des lacs ; il est d'ailleurs impossible de faire passer les vaisseaux ayant un tirant d'eau de plus de 18 pieds, de l'Océan sur es Lacs ou des Lacs à l'Océan. La concurrence des chantiers des bords de l'Océan Atlantique ou des autres pays ne compte pas. Il existait une concurrence entre les divers chantiers des Lacs, mais c'est de l'histoire ancienne, parce que la Compagnie Américaine de Constructions Navales (³) dont M. W. L. Brown est le prési-

(¹) *Iron and Steel Shipbuilders and Boiler Makers' Society.*
(²) Charpentiers de navires
(³) *American Shipbuilding C°.*

dent et M. J. C. Wallace le directeur général, possède maintenant 8 des plus grands chantiers des Lacs et l'on peut dire qu'elle monopolise presque complètement la construction des navires sur les Grands Lacs. Les ateliers de construction de chaudières marines ne nous retiendront pas longtemps parce qu'ils n'ont aucune machinerie nouvelle ou remarquable, tout au contraire. M. Wallace senior, le fondateur de la Compagnie, s'excusa parce qu'ils n'étaient pas aussi modernes qu'un grand nombre des ateliers qu'il a visités en Angleterre il y a deux ans. Une chose à noter c'est que l'on emploie couramment le poinçonnage pour faire les trous et on les élargit après au diamètre voulu. M. Wallace nous déclara encore qu'il ne pourrait pas lutter avec succès, pour les constructions navales, avec la Grande Bretagne s'il voulait se conformer aux conditions et aux méthodes de travail en usage en Angleterre, et cette déclaration nous fut confirmée par tous les surveillants de chantiers avec lesquels nous nous sommes entretenus.

En Grande Bretagne on emploie dans tous les ateliers la méthode connue sous le nom de système des équipes. Aux Etats-Unis le système individuel prévaut et à Lorraine (le plus vaste et le plus moderne des chantiers des Lacs) on nous déclara qu'il était impossible de faire travailler par équipes les ajusteurs, parce qu'une grève éclaterait si les équipes principales gagnaient plus d'argent, en travaillant aux pièces, que celles qui font un autre travail et même un travail peut-être plus facile.

Le travail aux pièces n'est pas aussi répandu qu'il l'est ordinairement en Angleterre. Les riveteurs à la main ont plus l'habitude de travailler aux pièces que les ajusteurs et il est inutile d'établir une comparaison des tarifs des ajusteurs, dans les deux pays, parce que le système individuel et par catégorie est le plus employé ici : par exemple, le traçage se fait aux pièces à certains moments, tandis que le poinçonnage se fait au temps et *vice versa* ; la mise en place et l'ajustage des plaques de tôles étant également divisées de la même manière. Le rivetage à la main se fait par équipes aux pièces, comme ici, ces équipes étant divisées en sections, dont l'une fait le rivetage en dehors et l'autre en dedans. Voici les tarifs payés pour les rivets dormants : rivets de $^3/_4$ de pouce, 12 sh. 6 d. par cent, rivets de $^7/_8$ de pouce, 14 sh. 7 d. par cent.

Ces prix sont beaucoup plus élevés que les nôtres et le sont d'autant plus que l'assemblage est admirablement fait, les pièces étant aux dimensions absolument exactes et qu'il n'y a plus qu'à riveter. Les outils à air comprimé sont beaucoup plus en usage que dans notre pays, et dans les chantiers de Lacs ils sont manœuvrés par des Allemands, des Hongrois, des Polonais et des Slaves, dont la majorité est incapable de parler anglais : la raison de leur emploi est qu'il est impossible d'amener les ouvriers Américains à se

servir de ces outils et les Anglo-Saxons que l'on peut embaucher sont absolument nécessaires pour l'ajustage et le rivetage. On nous apprit que ces
outils ne réduisent pas le prix du rivetage, mais qu'on dut se décider à les
employer pour cause de nécessité absolue, c'est-à-dire par manque d'ouvriers et l'on ajoute une autre raison : les très fortes gelées de l'hiver, dété-
riorent les outils hydrauliques et autres.

On emploie énormément les ponts-roulants dans les parties où se fait la
construction et on les emploie de diverses manières, leur montage étant très
parfait : cela est nécessaire à cause des outils à air comprimé.

Salaires quotidiens :

Les ajusteurs de tôles et les forgerons, payés au temps, gagnent 12 sh. 6 d.;
aux pièces 21 à 25 sh.

Les riveteurs à la main, payés au temps, gagnent 12 sh. 6 d.; aux pièces
21 sh.

Les riveteurs avec outils à air comprimé (étrangers comme déjà dit),
payés au temps, gagnent 2 § 75 ou 11 sh. 6; aux pièces, 14 sh. 7 à 15 sh.

Les ouvriers faisant le poinçonnage des tôles gagnent 11 sh. par jour,
environ, à plein tarif pour la journée entière ; ils sont payés au temps.

La durée hebdomadaire du travail est de 55 heures en été et de 60 en
hiver, mais plusieurs des directeurs ont exprimé des opinions favorables
à une réglementation de l'Etat la fixant à 54 heures.

L'on ne trouve que peu d'Américains de race pure employés dans les
chantiers de constructions navales des Lacs, il y en a moins d'une douzaine
à Lorraine, chantier qui a mis à l'eau au cours de ces deux dernières années
un tonnage supérieur à celui de tout autre chantier des Etats-Unis et l'on
affirme que l'Américain qui a reçu une assez bonne instruction ne tient pas
au travail dur et sale du chantier naval. Les ouvriers ayant une responsabilité sont Anglo-Saxons, les autres étant un « conglomerat » d'étrangers
divers et les chefs et directeurs reconnaissent que dans l'ensemble cette
main-d'œuvre est beaucoup plus coûteuse que la main-d'œuvre Britannique.
Le prix des matériaux est actuellement de 8 £ 5 sh. pour les tôles et de 9 £
pour les fers à angles et à sections diverses. Dans la région des Lacs ce prix
est très inférieur à ce qu'il est dans les autres centres de constructions : il
atteint jusqu'à 11 £ sur la côte Atlantique.

A la compagnie des Constructions Navales de New-York à Camdel, près de
Philadelphie l'on construit des vapeurs destinés au trafic sur l'Océan d'après les
mêmes principes que sur les Lacs. Des ateliers très bien outillés, une machinerie
toute moderne et un montage extrêmement soigné sont à l'ordre du jour. On emploie
presque exclusivement les « cales » mais bien que cette Compagnie prétende les
employer complètement nous avons pu nous rendre compte qu'il n'en était pas

ainsi. Tous les constructeurs pratiques se moquent des méthodes employées à Camden et je suis personnellement convaincu que leurs critiques sont fondées ; les avantages obtenus par ce procédé pour les ponts à côtés plats et les fonds plats sont perdus parce que la Compagnie pousse ce principe à l'extrême contre tout bon sens. Les chantiers de Lorraine produisent un tonnage supérieur avec trois ouvriers « *templaters* » à celui de Camden avec 50 de ces ouvriers et un très grand nombre de dessinateurs. La construction sous forme de squelettes de bois des diverses portions du navire afin de faire un « template » perforé exactement pour chaque plaque, (chacun ne servant que pour deux plaques, babord et tribord), est évidemment un procédé si coûteux qu'il doit paraître à tout homme pratique comme l'application d'une bonne idée jusqu'aux confins de l'absurdité. L'idée dominant le cerveau de la direction semble être de construire des navires d'après le principe de la construction des ponts, en fait l'installation paraît avoir été conçue dans ce but. L'outillage des ateliers a été très coûteux et étant donnés les résultats financiers avec le système en vigueur, il est à craindre que les actionnaires n'aient fait une triste spéculation. On ne peut pas trop se fier à ce qui vous est dit même dans les ateliers parce qu'il y règne plus qu'une tendance à vous donner l'impression qu'on y fait plus qu'on n'en fait en réalité. Nous étions accompagnés par un ingénieur-dessinateur qui n'était pas un constructeur de navires et qui — lorsque nous l'interrogions sur des points saillants -- s'excusait de ne pas pouvoir nous répondre parce que cela n'était pas sa partie ; et lorsque nous cherchions à obtenir des renseignements des ouvriers, on nous répondait qu'il était contraire au règlement de questionner les ouvriers. Dans l'ensemble cette visite nous a déçus et les méthodes de Camden que l'on loue et que l'on vante tellement sont certainement de celles qu'aucun constructeur de navires, Américain ou Anglais, ne songerait à adopter.

Le chantier Cramp de Philadelphie est un chantier modèle où l'on emploie les meilleures méthodes connues pour la construction. Cette compagnie entreprenante construit des navires de guerre, de commerce et pour voyageurs. L'établissement de Messieurs Cramp est non-Trade-Unioniste et l'on ne pourra dire par conséquent qu'aucune des constatations que je pourrai faire à sa louange est due à ce que je suis trade-unioniste. Fondé par William Cramp en 1830, à l'époque des navires en bois, il s'est développé progressivement au point d'être considéré comme l'un des premiers chantiers du monde. Son installation a été copiée sur celles de nos chantiers anglais, l'imitation de nos méthodes étant la forme de la flatterie la plus sincère pour nous, et le M. Cramp actuel trouvait que nous lui adressions le meilleur compliment que nous pouvions lui faire en lui disant que son chantier ressemblait beaucoup plus aux nôtres que tous ceux que nous avions vu jusqu'ici. Ici encore M. Cramp exprima son admiration pour la construction navale Britannique en confirmant l'opinion que la situation de premier constructeur de navires

que s'est acquise la Grande-Bretagne était inattaquable et ne pourrait probablement pas être menacée sérieusement pendant le prochain quart de siècle.
On emploie ici un beaucoup plus grand nombre d'outils à air comprimé que
chez nous, mais le Directeur du chantier ne voulut pas s'engager en disant
que le prix de revient obtenu ici était moindre que celui auquel nous arrivons par nos propres procédés. « Certainement, nous dit-il, la nécessité
« d'employer des outils à air comprimé ne se serait pas manifestée ici de
« façon impérieuse si nos ouvriers avaient pu réussir à faire les gros rive-
« tages actuels, comme les Anglais l'ont fait et s'ils avaient pu vivre avec les
« prix payés pour ce travail. »

En dehors des outils à air comprimé, la machinerie est semblable à la
nôtre, exception faite pour une nouvelle méthode d'adoucir — grâce à une
disposition de tuyère soufflante — l'espace suffisant pour percer les trous
dans les plaques de blindage en acier ou nickel, en concentrant la chaleur en
un point donné ; l'inventeur prétend que par sa méthode on n'adoucit que
l'espace nécessaire, c'est-à-dire la dimension exacte du trou. On emploie le
forgeage à la goutte pour fixer les appuis aux mains-courantes et autres
petits travaux : cette méthode est même très répandue, et comme le chantier
est non-trade-unioniste, on prétend qu'il est toujours avantageux de faire
conduire par des ouvriers habiles et compétents les machines qui ont supprimé leur raison d'être ; en réalité l'on peut dire qu'aux Etats-Unis c'est la
coutume invariable de faire conduire par des ouvriers qualifiés les machines
économisatrices de main-d'œuvre, car l'on évite ainsi certainement les fric-
tions dûes à l'introduction de ces machines et le remplacement des ouvriers
qui ont fait ce travail jusqu'alors par des manœuvres. L'atelier des chaudières est, tout comme le chantier, très Britannique : en fait les chefs et
contremaîtres se montraient très désireux de savoir si l'on emploie une machinerie similaire en Grande-Bretagne et quand nous leur parlions de machines supérieures ils ne se déclaraient satisfaits qu'après avoir obtenu des
détails suffisants pour leur permettre de faire des expériences dans l'ordre
d'idées indiqué. Dans son ensemble le personnel est prêt à aller de l'avant
et nos questions nous apprirent que les ouvriers recueillaient un avantage
personnel pour tous les perfectionnements qu'ils faisaient faire.

En résumé, pour ce qui a trait à la construction navale et aux chaudières,
je dois dire que je ne crois pas que l'Amérique menace sérieusement l'Angleterre, et de plus, au contraire, la concurrence n'est pas autant à redouter que je
le pensais. Il faut mettre à part le tonnage des Grands Lacs parce que c'est
une industrie locale que ne peuvent concurrencer les constructeurs américains des côtes de l'Atlantique et du Pacifique eux-mêmes, d'un autre côté

on construit encore un grand nombre de petits vaisseaux de types divers et quand on déduit les navires de guerre et les bateaux de rivières, le tonnage restant pour la concurrence est inférieur à celui que l'on s'imaginait. Le seul des procédés modernes qui leur convient et pourrait ne pas convenir à nos chantiers Britanniques est celui du rivetage à l'air comprimé, car les armateurs d'un pays comme le nôtre regarderont d'un mauvais œil une méthode de rivetage qui, ne donnant pas une plus grande durée aux rivets, augmente considérablement le coût des réparations, car l'un de nos informateurs nous déclara que l'enlèvement des rivets faits à l'air comprimé coûte autant que l'ensemble des réparations avec l'ancien système. Pour les ateliers de construction de chaudières et les chantiers de constructions navales, notre machinerie lourde est certainement supérieure et d'une façon générale la qualité du travail américain ne vaut pas celle de notre travail. On reconnaît généralement qu'il est impossible de travailler plus que ne le fait l'ouvrier anglais dans les ateliers ou règne le tarif aux pièces.

CHAUDIÈRES DE LOCOMOTIVES ET AUTRES CHAUDIÈRES. -- Dans les ateliers où l'on construit des chaudières de locomotives, tubulées et d'autres types, on emploie ordinairement des outils à air comprimé et ils sont manœuvrés invariablement par des ouvriers constructeurs de chaudières quelle que soit la catégorie de travail entreprise. Peut-être peut-on trouver par ci par là une machine que je n'ai pas vu employer en Grande-Bretagne, telle que celle à laver les tubes, mais par contre je n'ai pu découvrir aux États-Unis nombre d'excellentes machines en usage dans ce pays-ci. La qualité du travail Américain est inférieure à celle du travail Anglais. Un jour, après avoir visité un grand nombre d'ateliers de construction de chaudières à Chicago, j'entrai dans un établissement où l'on construit des chaudières tubulaires Heine : comme l'on me demandait mon opinion, je déclarai que j'y voyais exécuter le meilleur travail que j'avais vu aux États-Unis et l'employeur me répondit que c'était là un très grand compliment, puisque cette constatation émanait d'un représentant de la profession dans le vieux pays où le travail est de qualité supérieure comme chacun sait. On prétend, aux grands ateliers de locomotives Baldwin, à Philadelphie, produire normalement 36 locomotives par semaine. Le type de la locomotive Américaine diffère beaucoup du nôtre bien que ce type varie quelque peu en Amérique et que les locomotives construites chez Baldwin soient d'une catégorie tout à fait différente de celle des locomotives construites dans d'autres grands établissements à Shenectady. Les dimensions des chaudières de locomotives Américaines ont été constamment accrues jusqu'à ce qu'il soit devenu impossible de les augmenter sans avoir à modifier les ponts et toutes les constructions de cet ordre. On ne fait pas toujours assez attention à ce fait, car on a construit récemment aux ateliers de Shenectady une machine si grande que l'on dut en démonter le dôme pour qu'elle pût passer sous les ponts de l'un des Etats de l'Est. Malgré leur équipe de jour de 8.000 ouvriers et leur équipe de nuit de 4.000 il y a bien des points pour lesquels une comparaison faite entre les ateliers de Baldwin et les nôtres est défavorable aux premiers. Ils sont terriblement surpeuplés et il est difficile de s'y frayer un passage sans danger d'accident; la méthode consistant à faire circuler constamment des ponts roulants chargés, tandis que des ouvriers innombrables travaillent en dessous, semble montrer un dédain de la mort des ouvriers ou de leur causer des accidents que nos employeurs ne voudraient pas tolérer un seul instant, j'en suis convaincu. D'autre part, il y règne une coutume excellente : on encourage les ouvriers à faire des améliorations et ils sont incités à le faire parcequ'ils touchent le bénéfice total de leur invention leur vie durant ou plus exactement aussi longtemps qu'ils demeurent employés à l'usine. Il n'y a aucun doute que la production hebdomadaire actuelle soit la cause d'une activité et d'un surpeuplement plus grands qu'en période normale. Cet établissement si occupé aujourd'hui a connu des périodes de dépression, et en 1892, et 1893, au lieu d'avoir une équipe de jour et une de nuit, les ouvriers ne travaillaient en moyenne que quatre heures par semaine. Il y a quelque trois ou quatre ans la Compagnie a construit des locomotives pour nos chemins de fer Anglais, mais l'un des chefs m'a déclaré qu'elle ne recommencerait que dans le cas où elle obtiendrait de les construire à sa façon. Les stipulations du contrat exigées pour répondre aux besoins des Compagnies de Chemins de fer Anglais ont fait que l'opération s'est soldée par une perte pour la Compagnie Baldwin et le résultat fut le suivant : alors que leur prix de revient pour une locomotive Américaine est inférieur à celui d'une locomotive Anglaise mieux faite et mieux finie, elle reconnaît aujourd'hui qu'elle ne peut pas lutter avec nos constructeurs Britanniques pour produire les locomotives Britanniques d'un fini bien supérieur. La durée d'existence d'une locomotive Américaine ne peut pas se comparer à celle d'une locomotive Anglaise ; en fait, le constructeur Américain admet avec candeur que son but n'est pas d'obtenir une longue durée d'existence pour une locomotive et il n'est pas rare que l'on doive remplacer la boîte à feu avant qu'elle n'ait atteint l'âge d'un an et il y a des cas où l'on a dû procéder à cette opération après 9 mois de service. On n'emploie jamais des boîtes à feu en cuivre dans les locomotives Américaines, elles sont toujours en acier, bien que les constructeurs aient été obligés par contrat de se servir de cuivre pour les commandes venues d'Europe et d'Angleterre. L'on pratique beaucoup le poinçonnage et les trous sont augmentés et portés aux dimensions voulues. Le finissage tel que nous l'entendons est pratiquement inconnu même dans les parties mécaniques proprement dites, on ne finit que les portions absolument nécessaires à finir, le reste demeure à l'état brut et laid. En résumé les locomotives Américaines comparées aux nôtres sont extrêmement laides, d'un travail et d'un fini inférieurs, et bien que l'on puisse prétendre qu'elles répondent à leur but, je serais très malheureux de voir s'ouvrir dans ce pays une ère de pure utilité qui sacrifierait toute la beauté et le fini, croyant, comme je le crois, que si une chose vaut la peine d'être faite, elle vaut la peine d'être bien faite. Le salaire moyen des ouvriers constructeurs de chaudières payés au temps est de 3 1/2 dollars par jour, soit 13 sh 6 d : salaire presque double de celui payé en Grande-Bretagne.

CONSTRUCTIONS EN FER. — Les ponts et les constructions en fer se font avec des matériaux de types fixés uniformément pour toutes les parties, car le but cherché est de pouvoir facilement remplacer certaines parties et de pouvoir établir des ponts rapidement ; les consommateurs pressés doivent se contenter de l'architecture que leur fournit le constructeur ! La méthode adoptée réduit le prix de la construction, mais ces constructions ont certainement l'apparence d'être temporaires, leur manque de solidité, donnant l'apparence d'une durée moindre que celle à laquelle nous sommes habitués. Comme pour toutes les autres choses dans ce pays là, l'utilité du moment semble le mot d'ordre et le pays dans son ensemble paraît un pays dans lequel tout a l'air temporaire. Riter, Couley et Cie, Pittsburg, ont un immense état-major de dessinateurs pour préparer la partie architecturale des constructions; 125 dessinateurs réunis à un seul étage sont occupés à ce travail et les détails minutieux sont figurés avec une grande exactitude. On peut se faire une idée de la très grande quantité de travail entreprise par cette Compagnie, par l'emploi d'un état-major aussi nombreux pour un travail dans lequel toutes les portions de la grande construction d'acier, étage par étage, section par section, sont la répétition exacte les unes des autres ; les constructions en acier sont une invention purement Américaine ; toute la construction est en acier — le bois, la brique et la pierre n'ont qu'un rôle secondaire. L'érection de l'ossature d'acier est sans aucun doute quelque peu dangereuse, les accidents mortels étant relativement très nombreux, mais les salaires payés sont élevés : les constructeurs et les riveteurs employés à ce travail gagnent 4 dollars ou 16 sh 8 d par journée de travail. Une équipe de riveteurs se compose de 4 ouvriers. En Grande-Bretagne la construction des ponts est également dangereuse, mais bien souvent les salaires sont inférieurs à la moitié de la somme ci-dessus mentionnée et il est certainement curieux que, malgré que le prix des matériaux et le taux des salaires soient doubles de ce qu'il sont en Angleterre, le constructeur Américain de ponts et de constructions en fer peut fournir des ponts, à l'étranger même, avec l'avantage que leur donne l'uniformité de construction de ces ponts à apparence temporaire.

IMPRESSIONS GÉNÉRALES. — Les caractéristiques de l'existence de l'Américain semblent être le jeu et la recherche du plaisir et, jointes à l'esprit per-
pétuellement inquiet, semblent réduire la durée de la vie, rendre les hommes
vieux avant l'âge et augmenter la folie. Les conditions climatériques peuvent
jusqu'à un certain point être la cause de l'air souffreteux et de maladie des
Américains, mais l'opinion très généralement exprimée qu'il faut jouir de la
vie pendant sa durée y entre aussi pour quelque chose. Quoiqu'il en soit on
se soucie moins de la vie humaine en Amérique que dans notre propre pays.
On attache également moins de prix à la vie : c'est peut-être un héritage des
temps passés où l'on faisait usage des armes à feu à la moindre provocation.

En tous cas, je suis d'avis qu'un temps de repos devra se produire aux
Etats-Unis. La course folle au plaisir, le mépris de la vie humaine, la cor-
ruption politique et d'autres immoralités avec, en plus, tous les vices des di-
manches continentaux auxquels il faut ajouter le dégout de la marche et de
toute fatigue après les heures de travail si on peut les éviter, tout cet ensemble tend vers la détérioration morale et physique de ce peuple et on doit
y mettre un terme si l'on veut éviter un désastre.

Réponse de M. D. C. CUMMINGS au questionnaire

Pour la série des questions auxquelles on me demande de répondre je dois
dire dès maintenant que je n'ai pas pu exprimer une opinion définitive sur
un grand nombre d'entre elles parce qu'il était impossible de faire une enquête approfondie sur tous les points soumis à la Commission. Je dois par
conséquent me borner à parler de ceux sur lesquels j'ai pu faire porter mon
enquête et qui concernent principalement ma profession.

Questions	*Réponses*
A. APPRENTISSAGE DES JEUNES OU- VRIERS. 1. Par l'apprentissage qu'il a fait et l'instruction qu'il a reçue, le jeune ouvrier Américain est-il mieux préparé à son travail que le jeune Anglais ?	1. Les occasions de faire son apprentissage très jeune et de recevoir un enseignement tendant à mieux armer l'ouvrier pour la vie, sont certainement plus grandes qu'en Angleterre, mais le système adopté en Amérique de diviser et

de subdiviser le travail des ouvriers habiles beaucoup plus que dans notre pays, détruit l'avantage acquis par l'apprentissage fait très jeune. Sans doute l'ouvrier-unité a reçu une meilleure instruction, mais en se plaçant à un point de vue industriel général, cet ouvrier-unité est moins capable d'exécuter toute les parties du travail, dans un métier donné, que l'ouvrier Anglais moyen.

2. Si oui quelles modifications avez vous à proposer au système d'enseignement pratiqué en Angleterre ?

2. Si les apprentis pouvaient obtenir en Grande-Bretagne des facilités plus grandes pour acquérir, dans un métier donné, une plus grande connaissance de la technique, notre supériorité incontestée au point de vue de la valeur de l'ouvrier en général, serait beaucoup accrue.

3. Avez-vous quelques indications à fournir relativement aux cours complémentaires du soir et aux cours professionnels du soir pour les ouvriers travaillant toute la journée ?

3. Il faudrait établir dans chaque centre industriel des Instituts techniques dans lesquels ceux qui apprennent un métier pourraient facilement acquérir une connaissance théorique et technique de leur métier ; on n'accepterait comme élèves que ceux qui apprennent actuellement le métier pour lequel ils veulent avoir des connaissances techniques.

B. Rapports entre employeurs et employés.

4. Quelle est la durée du travail dans votre métier en Amérique, comment se compare-t-elle à la durée du travail en Angleterre ?

4. En général la durée hebdomadaire du travail pour mon métier est plus longue en Amérique : elle varie de 48 à 60 heures.

5. L'ouvrier Américain a-t-il par

5. La production par heure est-elle

heure une productivité moyenne supérieure à celle de l'ouvrier Anglais ?

6. Les tarifs aux pièces (travail aux pièces ou aux pièces et au temps) sont-ils très employés en Amérique ?

7. Ce système est-il avantageux (a) à l'ouvrier (b) aux employeurs. Donne-t-il un avantage injustifié à l'une des parties ?

8. Quand des ouvriers qualifiés, travaillant aux pièces, augmentent leur production, par leur propre habileté, les employeurs Américains réduisent-ils les tarifs pour empêcher un ouvrier de gagner plus qu'une certaine somme ?

9. Les systèmes de primes et boni sont-ils plus généralement adoptés en Amérique qu'en Angleterre, dans ce cas quels sont leurs résultats pour les employeurs et les ouvriers.

10. Là où existe le salaire hebdomadaire :

(a) Les ouvriers semblent-ils désireux de faire de leur mieux et de fournir une bonne journée de travail en échange d'un bon salaire ?

plus grande qu'en Angleterre ? Je réponds *non* sans hésitation.

6. La où la construction navale se fait aux pièces on fait moins de travail aux pièces qu'en Angleterre (tout au moins pour la construction en fer). Dans les ateliers de chaudières, bien que ce système ne soit pas poussé aussi loin, on travaille plus aux pièces chez nous qu'aux Etats-Unis.

7. Notre propre système, tout en étant pécuniairement avantageux aux ouvriers, l'est aussi certainement aux employeurs et est à mon avis la cause principale leur permettant de conserver, avec tant de succès, la suprématie de notre pays pour les constructions navales.

8. Quand des ouvriers qualifiés travaillent aux pièces, les employeurs Américains ne réduisent pas les salaires quand les ouvriers gagnent plus qu'un certain total. Au contraire on leur prodigue des encouragements.

9. Ces systèmes ne sont pas employés dans mon métier.

10, 11, 12. Je ne peux pas exprimer une opinion définitive.

(*b*) Avec ce système l'énergie personnelle et l'initiative-sont-elles dûment rémunérées?

11. Les employeurs Américains sont-ils désireux de pousser le personnel payé au temps à augmenter la production par homme et sont-ils prêts à accroître proportionnellement le salaire par ouvrier?

12. Les propositions faites par les employeurs, en vue d'améliorer l'outillage, l'introduction d'applications mécaniques économisant de la main d'œuvre et les machines du dernier modèle sont-elles favorablement accueillies par les ouvriers ou le contraire se produit-il?

13. Les propositions de perfectionnements émanant des ouvriers sont-elles bien accueillies par les employeurs et récompensées par eux?

13. L'introduction d'une application mécanique économisant du travail ou d'un perfectionnement lorsqu'ils sont faits par un ouvrier signifient qu'il en tire un grand avantage personnel. Dans quelques établissements bien connus il en recueille tout le profit aussi longtemps qu'il y est employé, parcequ'il est payé pour son travail autant qu'avant l'introduction, par lui, du perfectionnement, l'employeur s'estimant satisfait par la plus grande production. Dans bien des cas, lorsque c'est l'employeur qui a introduit la machinerie nouvelle, il accorde un délai de 6 mois aux ouvriers pour s'y habituer. Puis on fixe à l'amiable le tarif ou le prix convenable. Un tel système fait moins

craindre l'introduction de la machinerie, d'autant plus que la coutume invariable est de faire conduire par des ouvriers qualifiés les machines supprimant la main-d'œuvre.

14. (*a*) Les ouvriers conduisent-ils un plus grand nombre de machines qu'en Angleterre ?

(*b*) Si oui ce système est-il favorable aux deux parties ou l'une d'elle a-t-elle un avantage injustifié ?

14. Pas dans ma profession. Je ne puis parler pour les autres.

15. L'ouvrier Américain nécessite-t-il une plus grande « surveillance ». Quelle comparaison peut-on établir sous ce rapport entre lui et l'ouvrier Anglais ?

16. L'ouvrier Américain est-il capable d'initiative et de travailler sans ordres fréquents et détaillés? Quelle comparaison peut-on établir à ces divers points de vue entre lui et l'ouvrier Anglais ?

15, 16. A mon avis les ouvriers Anglais ont au moins autant d'initiative que les ouvriers Américains et sont tout aussi capables qu'eux (sinon plus) de travailler sans une surveillance continuelle et des instructions détaillées et fréquentes. En fait, les Anglo-Saxons, font le travail le meilleur dans bien des chantiers et ateliers de constructions navales en Amérique et occupent des situations de confiance.

17. L'ouvrier Américain donne-t-il un fort coup de collier en temps de presse et le fait-il gaiement? Quel rapport y a-t-il entre sa production pendant ces heures supplémentaires et sa production normale? Quelle comparaison peut-on établir à ces divers points de vue entre lui et l'ouvrier Anglais ?

17. Je n'en sais rien.

18. Les employeurs Américains sont-ils plus facilement accessibles à leurs ouvriers que les employeurs Anglais ?

18. Les employeurs Américains sont certainement beaucoup plus accessibles à l'ouvrier ordinaire que ne le sont, en bien des endroits, les employeurs Anglais, le chef de la

Compagnie étant généralement sur place et prêt à écouter n'importe qui.

19. D'une façon générale un ouvrier a-t-il plus de chances de s'élever en Amérique qu'en Angleterre ?

19. Je serais enclin à dire oui.

20. L'usine Américaine répond-elle mieux que l'usine Anglaise aux besoins des ouvriers, relativement à l'hygiène, à la ventilation et au bien-être en général ?

20. L'hygiène, la ventilation et le bien-être en général semblent être pour beaucoup d'employeurs Américains, des choses dignes d'attention et, partout où cela est possible, on travaille dans des ateliers suffisamment chauffés pour permettre aux ouvriers de travailler confortablement, en bras de chemise au cœur de l'hiver.

21. (a) L'outillage des usines Américaines est-il supérieur au point de vue de la production.

   (b) Sont-elles mieux dirigées? La proportion des directeurs sortis des Universités est-elle plus grande qu'en Angleterre?

   (c) La qualité des produits est-elle meilleure ?

21. Sous d'autres rapports, c'est-à-dire pour la machinerie, l'équipement des ateliers et chantiers de constructions navales ne vaut pas mieux qu'en Angleterre, en fait une machinerie meilleure peut se trouver facilement en Angleterre. La qualité du travail ne se compare pas facilement à la nôtre.

22. Pour combien la plus grande production des usines Américaines est-elle dûe :

   (a) A la durée du travail, supérieure à ce qu'elle est ici ?

   (b) A la plus grande rapidité de marche des machines ?

22. Je ne crois pas que la production soit très considérable dans ma ma profession.

23. Y a-t-il des pratiques de l'organisation Américaine qu'il y aurait lieu d'introduire, à votre avis, dans les usines Anglaises?

23. Il y a sans aucun doute des pratiques Américaines que l'on pourrait introduire ici avec avantage pour tous ; en premier lieu avoir de l'eau filtrée et une installation de lavabos permettant de se laver, puis le système des armoires séparées (une par ouvrier) pour mettre

C. Conditions générales de la vie des ouvriers en dehors de l'usine.

24. (a) Les ouvriers sont-ils mieux nourris en Amérique qu'en Angleterre ?

(b) Quel rapport peut-on établir entre le prix de la nourriture en Amérique et en Angleterre ?

25. (u) Les ouvriers sont-ils mieux vêtus en Amérique qu'en Angleterre ?

(b) Quel rapport peut-on établir entre le prix des vêtements en Amérique et en Angleterre ?

26. (a) Les habitations des ouvriers

les vêtements ; et pardessus tout un bon chauffage des ateliers, le désir de rendre claires toutes les parties de l'usine au moyen de toits élevés et de verrières et en peignant en blanc les machines au lieu de les peindre en noir, ce qui est l'habitude générale ici, habitude à laquelle certains employeurs font une notable exception. En hiver les ouvriers peuvent certainement mieux travailler dans un atelier bien chauffé que dans un atelier où leurs doigts sont gelés jusqu'à l'os.

24. (a) Les ouvriers Américains mangent beaucoup plus que les Anglais ; en fait il est absolument surprenant de voir la quantité de fruits et d'aliments qu'ils arrivent à consommer (b). Les aliments se comparent favorablement aux nôtres comme prix : le pain, la viande, l'épicerie, les légumes sont aussi bon marché, sinon plus, qu'à Londres et certainement leurs prix sont inférieurs à ce qu'ils sont dans nos villes du nord. Le charbon est beaucoup plus cher qu'en période normale et leur système de chauffer les maisons nécessite une plus grande consommation de combustible que dans notre pays.

25. (a) Ils ne sont certainement pas mieux vêtus. (b) Le prix du vêtement est de 50 à 100 % plus élevé qu'ici ; les vêtements de dessous et les bottines ne coûtent pas plus cher que dans notre pays.

26. Les loyers sont chers. Les Amé-

Américains sont-elles supérieures à celles des ouvriers
Anglais ?

(*b*) Quel rapport y a-t-il entre les
loyers dans les deux pays ?

(*c*) Y a-t-il une plus grande proportion d'ouvriers propriétaires en Amérique qu'en Angleterre ? Si oui à quoi attribuez-
vous ce fait ?

ricains veulent des habitations
plus spacieuses que la moyenne
des Anglais : l'ouvrier Américain
qualifié occupant ordinairement
une maison de six pièces avec
bain, eau chaude et froide et lumière électrique. Le loyer constitue un gros chapitre des dépenses,
les maisons, semblables à celles décrites, valent de 12 sh 6 d à 25 sh par
semaine dans les diverses villes.
Je crois que la proportion des propriétaires en Amérique n'est pas
plus grande qu'en Angleterre sauf
aux alentours de quelques grands
ateliers ou manufactures, très éloignés des grandes villes.

27. Quel rapport existe-t-il entre les
salaires des ouvriers de votre profession en Amérique et en Angleterre, ces salaires étant *exprimés
en argent* ?

28. Quel rapport existe-t-il entre la
valeur des salaires de l'ouvrier
Américain et de l'ouvrier Anglais
en tenant compte *du coût de l'existence* ?

29. L'ouvrier sobre prévoyant et de
bonne conduite peut-il, tout en
vivant convenablement, épargner
davantage en Amérique qu'en Angleterre ?

30. Si oui son épargne est-elle plus
grande *en fait* ?

31. Les paris aux courses etc. ont-ils
un rôle aussi important dans la vie
de l'ouvrier Américain que dans
celle de l'ouvrier Anglais.

32. L'ouvrier Américain est-il plus
sobre que l'Anglais ?

27, 28, 29. Dans notre profession, les
salaires moyens des ouvriers au
temps sont de 75 à 100 % plus
élevés que chez nous et je suis
porté à croire que malgré le prix
plus élevé des habits, des loyers et
du combustible, un ouvrier sobre
prévoyant et de bonne conduite
pourrait tout en vivant bien et en
se tenant en forme, économiser
plus en Amérique qu'en Angleterre,
car les aliments y sont certainement moins chers.

30. Je ne puis donner une opinion
ferme.

31. Voir mon rapport.

32. Si l'ouvrier Américain est sobre
pendant les heures de travail, il est

cependant tout aussi porté à faire
la bombe que l'ouvrier Anglais. En
comparant les statistiques des boissons en Amérique et en Grande-
Bretagne, je vois que la consommation annuelle en bière de l'Américain est de 16 *gallons* contre
27 *gallons* pour l'Anglais, soit une
diminution de 11 *gallons* par unité
et par an. D'autre part l'Américain
consomme 1 1/10 *gallons* d'alcools
contre 1/10 *gallon* pour l'Anglais,
quantité 11 fois supérieure à la
nôtre. Ces chiffres montrent que
l'Américain est habitué à boire de
grandes quantités de ce qu'il appelle des « boissons dures » (*hard
drinks*). Une excellente coûtume
règne relativement à l'habitude de
boire ; dans aucun des établissements que nous avons visités il
n'est permis de boire des liqueurs
permettant de s'enivrer. Les dé-
jeuners mêmes sont servis sans
bière, vin ou alcool : les boissons
habituelles étant de l'eau glacée,
du lait, du café ou du thé et c'est
un exemple aux ouvriers que pourraient imiter avec avantage quelques-uns de nos employeurs Anglais.

33. Est-il vrai que pendant qu'il est
jeune l'ouvrier Américain fournisse
une plus grande somme de travail que l'ouvrier Anglais mais qu'il
soit usé jeune et que ses années
de travail soient peu nombreuses ?

34. Est-il vrai que l'ouvrier Américain soit renvoyé quand il est
jeune encore ?

33, 34. Je ne puis pas exprimer une
opinion ferme.

35. (a) Est-il vrai que la durée moyenne de la vie soit moindre chez l'ouvrier Américain que chez l'ouvrier Anglais?

(b) Si oui, cela est-il dû à une fatigue excessive à un climat moins sain ou à quelqu'autre cause?

35. Voir mon rapport.

36. Y a-t-il une proportion supérieure ou moindre d'ouvriers à la charge de l'Assistance Publique en Amérique qu'en Angleterre?

36. Je n'en sais rien.

37. Les enfants et les amis des ouvriers Américains qui sont trop âgés pour travailler ou que la maladie et les accidents en rendent incapables leur viennent-ils plus en aide qu'en Angleterre? Si oui à quoi attribuez-vous la différence?

37. Je n'en sais rien.

38. Trouvez-vous que les conditions générales d'existence de l'ouvrier soient meilleures en Amérique qu'en Angleterre? En quoi pourrions-nous imiter l'exemple des Américains pour améliorer les conditions de la vie en Angleterre?

38. Je ne puis exprimer une opinion ferme.

D. Questions d'ordre général.

39. Approuvez-vous le fonctionnement de la Fédération Civique.

40. Pourrait-on introduire en Angleterre une organisation établie sur la même base ou une base un peu différente?

41. Les délégués sont-ils en faveur d'une tentative pour établir une organisation analogue en Angleterre?

39, 40, 41. J'approuve de tout cœur la formation d'organisations telles que la Fédération Civique et je donnerais, en tout temps, mon appui pour la formation chez nous d'une organisation similaire qui aurait pour but d'obtenir la paix industrielle par la raison et le bon sens avec le concours de l'opinion publique intelligente. En Grande-Bretagne il existe déjà la Fédération Industrielle Nationale (*National Industrial Federation*, fondée par M. John Lockie, membre du Parlement, son but étant de faire naître et de maintenir un sentiment d'intérêt commun entre employeur et employé. Il existe des Comités de Conciliation dans bien des métiers avec des conventions pratiques, établies d'accord par les employeurs et les ouvriers. Il y a de nombreuses conventions de cet ordre dans ma propre profession, notre politique étant de régler à l'amiable entre nos patrons et nous mêmes, les relations de travail. Bien que fermement convaincu que nous sommes en Grande-Bretagne bien en avance sur les Américains pour la conciliation et que les grèves et cessations subites de travail soient beaucoup plus fréquentes en Amérique que chez nous, j'accueillerais cependant de tout cœur, ainsi que je l'ai déjà dit, toute méthode qui déterminerait encore des sentiments meilleurs entre patrons et ouvriers; car je suis convaincu que ces bonnes relations sont absolument nécessaires pour assurer la prospérité de notre pays dans l'avenir. La Fédération Civique d'Amérique ou plutôt sa section industrielle est entrée dans une voie qui est certainement nouvelle pour nous. Son Comité est composé d'un nombre égal de chefs Trade-Unionistes et de grands patrons, à ces deux éléments s'en ajoute un troisième égal à chacun d'eux et composé

d'hommes publics bien connus
qui, sans aucun doute, agissent sur
les deux autres éléments pour établir l'équilibre ; bien qu'il soit prêt
à agir comme Comité de Conciliation ou comme arbitre si les deux
parties (patrons et ouvriers) le désirent, ce n'est pas son rôle principal, son but est d'entrer en jeu
avant que ne se produise une grève
ou un lock-out et de chercher à
mettre d'accord les parties en pro-
voquant un arrangement raisonn-
nable. La formation en Grande-
Bretagne d'une organisation similaire à la Fédération Civique vaut
bien qu'on en fasse l'essai et il est
très possible que si des ouvertures
étaient faites à la Fédération Industrielle Nationale (*National Industrial Federation*) on pourrait
constituer une Association dont
l'influence au point de vue de la
paix industrielle serait grande et
qui procurerait un immense avantage au pays dans son ensemble.

D. C. CUMMINGS.

RAPPORT

De M. ALEX WILKIE de l'Union des Charpentiers
de Navires (¹)

—

L'une des nombreuses difficultés auxquelles se heurtent les représentants
du Travail organisé est celle d'obtenir des renseignements complets et au-
thentiques sur les problèmes et questions spéciales qui naissent de façon plus
ou moins continue dans les diverses industries. Il faudrait absolument avoir
une sorte de *modus operandi*, sous forme d'un Office de Renseignements qui
réunirait et classerait les faits et les statistiques, aussi bien des pays les plus
lointains que des villes les plus proches. On arriverait ainsi à un résultat
servant les intérêts des ouvriers et des patrons ainsi que ceux de la nation
dans son ensemble. Il appert que les industries de la houille et du fer ont
adopté une méthode analogue grâce à leurs Conseils de Conciliation et elles
ont ainsi pu établir une base ainsi que le moyen de recueillir les données
d'après lesquelles la rémunération du travail est fixée : c'est à ce système
qu'il faut faire remonter sans aucun doute l'origine et le maintien de la paix
et de l'harmonie qui règnent dans ces industries. On peut espérer que ce
système sera perfectionné et étendu à toutes les industries possibles. Pendant
ces dernières années il y a eu des contacts beaucoup plus intimes entre les
représentants ouvriers de ce pays et ceux des Associations Américaines et du
Continent qui ont fait que nous nous connaissons mieux et que nous avons
des données sur les problèmes industriels mondiaux. Si les envois de délégués de ce pays-ci sur le continent et réciproquement ont, sans aucun doute,
eu un excellent résultat : celui de rapprocher les démocraties des divers pays,
ces échanges de visites de représentants entre des pays de même langue ne
pourront que faire naître un bien durable. C'est particulièrement le cas pour

(¹) *Associated Shipwrights'Society.*

les Etats-Unis et la Grande-Bretagne dont les industries se font concurrence. Mieux nous nous connaîtrons et mieux cela vaudra pour les deux nations et nous sommes convaincus que ces visites fraternelles aideront à dissiper les préventions, à faire disparaître les jalousies et à arrondir les angles, résultant largement de malentendus et de l'ignorance les uns des autres dans laquelle nous vivons ; elles fortifieront et assureront ces grands liens existants entre les deux nations anglo-saxonnes. Par suite, c'est dans cet état d'esprit que j'ai reçu l'invitation faite par M. Alfred Mosely. Peu importait que pour notre industrie nous puissions apprendre quelque chose ou non des constructeurs de navires Américains ; cette visite devait au moins nous aider à étendre le champ de nos renseignements et à nous mettre mieux à même de traiter les questions immenses et complexes qui se posent continuellement par suite des progrès et des changements incessants dans les conditions de l'industrie navale, évoluant, comme elle l'a fait, des vaisseaux de faibles dimensions à ces énormes palais flottants, véritables mammouths, qui sillonnent aujourd'hui les océans, la distance n'existant plus pour eux, et qui enserrent le monde dans une chaîne d'industrie et de commerce, élargissant nos connaissances et développant les sympathies entre les diverses nations ; évolution qui a beaucoup fait pour maintenir la paix mondiale. Mais si grands qu'aient été les progrès de la science des constructions navales, les maîtres de l'architecture navale affirment qu'elle n'est encore que dans l'enfance et que l'avenir verra des progrès aussi merveilleux que ceux dont le passé a été le témoin et qui nécessiteront que nous approfondissions nos fleuves, que nous élargissions nos canaux et que nous allongions, approfondissions et élargissions nos docks infiniment plus que nous ne l'avons jamais fait. Parce que, ainsi que l'a déclaré une personne dont les dires font autorité, l'homme vivra, dans l'avenir, au moins autant sur l'eau qu'il le fait aujourd'hui sur la terre.

Je comptais commencer mon enquête à New-York et j'avais pris mes dispositions en conséquence, me fiant aux déclarations de la lettre d'invitation du 28 août ; cependant ceci fut modifié ultérieurement ainsi que je m'en aperçus en arrivant à Montréal et l'on désirait que tous les membres de la Commission visitassent ensemble, autant que possible, les villes les plus grandes et les plus importantes dans un ordre déterminé d'avance, à ce qu'il semble, on avait d'ailleurs loué pour tous les trajets à l'usage de la Commission, un « *Pullman Car* » nommée la *Castlemain.*

Une partie de la Commission commença en réalité son voyage par Montréal, la ville la plus cosmopolite du Canada, dont les machines hydrauliques et les monuments publics valent bien une visite. Faisant route pour Niagara nous interrompîmes notre voyage à Toronto, la reine du Canada,

qui, je puis le dire incidemment, est la ville la plus propre et la mieux pavée
que nous ayons eu la chance de visiter. Je profitai de l'occasion qui m'était
donnée de visiter pour la seconde fois, en ces quelques dernières années, les
chantiers de Messieurs Bertram : on nous guida aimablement à travers les
chantiers et on nous fit voir en détail les vaisseaux qui sont le long des quais :
ce sont d'excellents spécimens de bateaux construits pour le transport des
voyageurs sur les Lacs, très remarquablement équipés et pourvus de tout le
confort possible pour les passagers. Pendant notre séjour à Niagara nous
avons visité la « *Shredded Wheat Factory* » dans laquelle l'outillage des ateliers et les installations pour la salubrité et l'hygiène des ouvriers sont des
plus complets, mais comme c'est une manufacture de produits alimentaires,
elle se constitue ainsi une splendide réclame, car elle ressemble quelque peu
aux manufactures de produits alimentaires de ce pays-ci, telles que celle de
Cadbury à Bournville etc. Nous avons également visité les stations de force
motrice à Niagara dans lesquelles il n'y a pas moins de 11 turbines d'une
puissance de 5.000 chevaux-vapeurs chacune, représentant une puissance
totale de 55.000 chevaux. La hauteur de chute de l'eau aux turbines est de
135 pieds. La station a un bon outillage, mais je crois qu'il n'est pas meilleur que celui de Glasgow, où, il faut se le rappeler, l'énergie initiale n'est
pas fournie par la nature comme à Niagara. Nous avons également visité les
Usines chimiques de la Compagnie du Carborundun qui fabrique une substance composée de coke, sel et sciure de bois qui peut se substituer à l'émeri
et l'on affirme que les meules faites avec cette substance sont meilleures, et
de beaucoup, que les meules d'émeri.

Les maisons sont pour la plupart en bois; et les loyers, autant que nous
avons pu l'apprendre, sont de 15 à 20 dollars par mois pour une maison de
cinq à six chambres; non seulement le prix des aliments est plus élevé qu'en
Angleterre, mais les prix des vêtements, etc. sont de 15 à 25 % supérieurs.

En arrivant à Buffalo nous parcourûmes le port et fîmes le tour du barrage. Buffalo est le trait d'union entre le commerce de l'est et celui de l'ouest
et le principal port de commerce de l'Est des Grands Lacs : il reçoit une plus
grande quantité de grain que toute autre ville des Etats-Unis et doit faire
travailler au maximum ses 41 élévateurs pour recevoir la totalité du grain
qui arrive dans cette cité. La puissance électrique produite à Niagara est employée maintenant pour éclairer les rues, pour faire la traction des tramways
et comme force motrice des machines, dans les moulins et fabriques. Cette
cité compte un grand nombre de parcs, des *miles* de ses rues sont pavées en
asphalte; elle possède 60 écoles publiques, plus de 200 *miles* de tramways et
trois bibliothèques publiques. A une faible distance de la ville, on construit
les grandes aciéries de Lackawanna qui, lorsqu'elles seront achevées, compte-

ront parmi les plus vastes établissements du monde. C'est fort beau, et beaucoup plus grand que les nécessités de notre pays ne l'exigeraient, mais, il ne
faut pas oublier qu'ils doivent en pratique satisfaire à la demande de tout
un continent pour ce que l'on peut appeler son marché intérieur presqu'à
l'abri de la concurrence étrangère. De plus, en dehors de la demande du
fer et de l'acier pour les constructions navales et les ponts (comme dans ce
pays), ils se sont créé un marché spécial avec leur système de construction de bâtiments et maisons dont la partie architecturale est constituée
presque uniquement, par du fer et de l'acier, ce qui donne à ces usines
un marché presqu'illimité pour leur production.

En continuant notre route nous arrivâmes à Cleveland, ville de 400.000
habitants et grand centre manufacturier. C'est ici que nous avons visité les
premiers chantiers de constructions navales compris dans l'itinéraire de
notre voyage, car c'est dans cette ville que sont situés les bureaux principaux de la « Compagnie Américaine des Constructions navales [1]. » Cette
compagnie a réuni en un trust les Sociétés suivantes : Compagnie des Constructions Navales de Détroit [2], à Détroit, la Compagnie des Constructions
Navales de la ville de West-Bay [3], à West-Bay, les Compagnies des Cales
sèches de Milwaukee [4], à Milwaukee, la Compagnie des Cales-sèches de
Buffalo [5], à Buffalo, la Compagnie Américaine des Constructions Navales [6] à
Cleveland et Lorraine et la Compagnie des Constructions Navales de
Chicago [7], à South-Chicago. Nous avons visité les Chantiers des Constructions Navales à Lorraine, situés à quelque 30 miles de Cleveland, où l'on a
construit des navires de plus de 400 pieds de long et ayant chacun une capacité de plus de 6.500 tonnes. Ces navires sont d'un type spécial, étant destinés au trafic des Lacs, et pour cette catégorie de constructions ces Chantiers
n'ont pas à craindre la concurrence étrangère. Toutes les fois où cela est
possible et pour tous les genres de travaux on se sert d'outils à air comprimé.
C'est l'un des Chantiers les mieux outillés des Lacs. Les salaires sont de
2 3/4 dollars par journée de 10 heures, la durée hebdomadaire du travail
étant de 60 heures. On admet en pratique, cependant, que même avec leurs
outils à air comprimé, qui font une grande partie du travail, ils ne pourraient pas lutter avec la Construction Navale Britannique. Les maisons-
ouvrières sont pour la plupart construites en bois, comme dans beaucoup

[1] *American Shipbuilding Company.*
[2] *Detroit Shipbuilding C°.*
[3] *West-Bay Cite Shipbuilding Company.*
[4] *Milwaukee Dry Docks C°.*
[5] *Buffalo Dry Docks C°.*
[6] *American Shipbuilding C°.*
[7] *Chicago Shipbuilding C°.*

d'autres villes en Amérique, et pour une maison de cinq à six chambres, les loyers mensuels varient de 15 à 20 dollars, tandis que pour un appartement de quatre à cinq pièces un ouvrier paye de 18 à 20 dollars par mois. D'après les résultats de notre enquête, les vêtements, les chaussures et la vie matérielle sont beaucoup plus chers qu'en Angleterre. Nous y avons rencontré le Sénateur Hanna, l'un des premiers hommes politiques des Etats-Unis qui nous fit un discours nous montrant toute sa sympathie : à cette réunion il fut déclaré « que le problème que nous devons étudier était celui-ci : comment les employeurs Américains peuvent-ils payer des salaires 50 à 100 % plus élevés qu'en Angleterre et cependant lutter avec succès contre les employeurs étrangers ? » En nous basant sur les renseignements qui nous ont été donnés, si les ouvriers Américains reçoivent des salaires quelque peu plus élevés, ils en ont absolument besoin parce que l'existence, ce mot étant pris dans son sens le plus large, est certainement beaucoup plus chère qu'en Angleterre. De plus, pour l'industrie des constructions navales, ils n'ont pu nous faire concurrence sur les marchés du monde, et l'on ne peut en donner de preuve plus concluante que la proposition de loi relative aux primes à accorder aux entreprises de constructions navales (¹), proposition déposée au Sénat par le Sénateur Hanna lui-même.

De là nous nous sommes rendus à Chicago, dont la réputation est universelle et nous avons eu l'occasion de visiter l'Institut d'enseignement Armour (²) qui offre aux jeunes gens toutes les facilités pour faire leur apprentissage dans n'importe quels métier ou profession ; d'autre part à Chicago l'enseignement est très large et très étendu et d'accès très facile à chacun. Nous avons aussi visité ici les entrepôts Armour qui sont extrêmement vastes, employant des milliers d'ouvriers, et pourvus de machines de toutes sortes pour satisfaire aux nécessités diverses et nombreuses, des affaires spéciales et considérables de cette maison.

Nous avons également vu la Compagnie des Constructions Navales de South-Chicago : l'outillage y est très analogue à celui de Lorraine. Ici comme dans la plupart des Chantiers des Lacs, si des travaux d'un genre quelconque peuvent être universalisés, on le fait : c'est-à-dire que les fers plats et cornières sont interchangeables, toutes les fois que cela se peut, particulièrement au milieu du vaisseau, et la plus grande partie du perçage, du rivetage et du calfatage est faite par des machines à air comprimé. Les salaires sont analogues à ceux payés à Lorraine, et la durée du travail 10 heures par jour ou 60 heures par semaine. On nous apprit en outre que le

---

(¹) *Shipbuilding subsidy Bill.*
(²) *Armour Educational Institute.*

prix de l'existence était, dans son ensemble, quelque peu plus élevé qu'en Angleterre et qu'il augmentait encore.

La Commission tout entière se rendit alors à Pittsburg pour visiter les aciéries de Homestead ([1]) dont Carnegie a fait la réputation. Ce sont de grands établissements, avec un outillage considérable, et partout où cela se peut le travail se fait à la machine. Certains environs immédiats sont sordides et sales, et leur fondateur aurait une excellente occasion, avec les moyens qu'il possède de créer une cité-jardin pour les ouvriers des aciéries. Nous rencontrâmes ici un grand nombre de représentants ouvriers Américains, dont plusieurs sont d'origine Britannique, et ils nous déclarèrent de façon très claire et explicite que l'ouvrier Américain ne travaillait pas plus que l'artisan Anglais. Si sa production est plus grande dans des cas nombreux, cela est dû à l'organisation des usines, à la catégorie de travail et à la supériorité des outils et de la machinerie mis à sa disposition. Bien entendu, et c'est probablement la vérité, dans certaines professions en Amérique il peut y avoir une plus grande intensité de travail qu'en Angleterre, mais je n'ai pas pu m'en rendre compte personnellement.

Un trajet sur la ligne de Pensylvanie par la célèbre courbe du fer à cheval nous amena dans la grande cité *Quaker* de Philadelphie, et nous avons visité dans cette ville l'un des plus grands, sinon le plus grand, des chantiers de constructions navales Américaines sur la côte Atlantique : celui de Mess. Cramps de Philadelphie. Ce chantier est l'un de ceux qui ont le mieux réussi sur le continent Américain, il a fait d'excellent travail ainsi que le montrent ses records dans le volume publié par cette Compagnie. Ce chantier est copié sur ceux de ce pays ci, on y travaille d'après les mêmes principes et c'est sans aucun doute l'une des raisons de son succès : On y a construit plus de 300 navires depuis l'origine, et le chantier y compris les cales sèches et le chantier de réparations, couvre une superficie de plus de 80 acres. Son front d'eau couvre plus de 2.000 pieds dans son ensemble. Ses cales de construction en pente douce sont au nombre de 8, quatre ont une longueur utile de 480 pieds chacune, deux de 800 pieds chacune et deux de 600 pieds chacune. Tout le chantier y compris les cales en pente douce, les ateliers de machines, les fonderies, etc., est éclairé partout à la lumière électrique. Il est bien équipé avec toutes les machines économisant de la main-d'œuvre et hâtant la rapidité du travail. On y occupe 8.000 ouvriers. Les salaires des ouvriers de notre métier sont de 2 à 3 dollars par journée de 10 heures ou 12 à 18 par semaine de 60. Ce chantier a construit un ou deux cuirassés pour les Gouvernements Russe et Japonais et, d'après nos renseignements, est à peu près le seul

---

([1]) *Homestead Steel Works.*

chantier qui ait construit des navires en fer et en acier pour le commerce de l'Océan.

Nous avons également visité le chantier de la Compagnie des Constructions navales de New-York, dans la petite ville de Camden, dans l'État de New-Jersey, où l'on nous fit visiter l'établissement. Ayant beaucoup entendu parlé des méthodes nouvelles adoptées par cette entreprise, nous nous rendîmes à l'étage des moules et après avoir regardé les plans et la galerie, nous fûmes amener à nous rappeler, par le nombre de moules mis en réserve sur les planches, les galeries des moules de l'ancien temps, époque où l'on faisait des moules pour presque toutes les parties des navires. Mais malgré les soi-disantes méthodes nouvelles, il est encore nécessaire de consolider par des cornières certaines des plaques déjà placées dans le navire. Il semble cependant que nous nous renseignions avec trop de soin sur le système en vigueur ici, car on nous informa que nous n'avions pas le droit de questionner les ouvriers. Après un coup d'œil rapide donné au chantier et à un ou deux des vaisseaux qui y étaient, nous partîmes. Le chantier contient trois cales en pente douce et une cale sèche, et on nous fit comprendre qu'on y avait construit complètement une dizaine de navires. Par une enquête soigneuse nous avons appris qu'on reconnaît généralement que le système est beaucoup trop coûteux, et beaucoup de nos chantiers bien équipés en Angleterre, par leur méthode et leur système, sont égaux sinon supérieurs à celui-ci. Les salaires d'après ce que nous avons pu apprendre sont de 2,25 à 2,75 dollars par journée de 10 heures.

De Philadelphie nous avons été visiter Washington, capitale des États-Unis et siège du Gouvernement des États-Unis, et nous pouvons déclarer, chemin faisant, que la Bibliothèque du Congrès, que l'on nous a fait visiter, est l'une des bibliothèques les plus magnifiques et des mieux pourvues que nous ayons vues. Les membres de la Commission ont été individuellement présentés au Président Roosevelt et cordialement reçus par lui : il nous adressa un discours plein de sympathie et dit le grand intérêt qu'il prenait aux grands problèmes sociaux dont l'un est le problème du Travail, montrant qu'au fur et à mesure des progrès de l'industrie, la tendance était de travailler en fédérations ou *combinations*, aussi bien pour les patrons que pour les ouvriers et se référant à leurs qualités inhérentes et à leur pouvoir de faire le bien ou le mal : « C'est pire que de la folie, dit-il, de s'opposer aux Trusts ou aux Unions comme telles, c'est leur attitude qui doit établir la ligne de conduite à leur endroit. » La visite faite dans la même ville à M. Carroll. D. Wright, Commissaire du Travail des États-Unis, vaut bien une mention à cause du discours très franc qu'il adressa aux membres de la Commission. Nous fûmes aussi courtoisement reçus à l'Ambassade Britannique par notre propre Ambassadeur, sir Michaël Herbert qui nous adressa quelques paroles d'encouragement.

De Washington nous nous sommes rendus à New-York et nous avons fait le tour des côtes et admiré les proportions immenses de ses hâvres naturels splendides. Étant données les modifications apportées à l'itinéraire de notre voyage, les dispositions que j'avais prises et le temps convenu pendant lequel la Commission devait nous occuper, il me fut impossible de visiter les autres chantiers de constructions navales, exception faite pour le Chantier Naval de Brooklyn. Lors de ma précédente visite il y a deux ou trois ans, j'avais fait une enquête sur les conditions dominant dans divers chantiers des autres villes. D'après les renseignements que j'ai pu recueillir il y a trois Chantiers Navals appartenant à l'Etat savoir, le Chantier Naval de Norfolk ; celui de League Island à Philadelphie et celui de Brooklyn situé sur l'East River, New-York. Le Chantier Naval de Norfolk, situé sur l'Elisabeth-River occupe une superficie de 80 acres et s'étend sur trois quarts de *mile* ; il y a un grand nombre d'ouvriers employés à ce chantier, mais on nous apprit qu'on y avait construit presque aucun vaisseau depuis 1892 pour le Gouver_ nement Américain qui y fait exécuter des réparations. Le chantier est bien outillé pour ce genre de travail et l'on emploie beaucoup les machines à air comprimé. A l'autre chantier naval, celui de League Island, il y a une très grande cale sèche, qui, d'après ce que j'ai compris, peut recevoir les navires de très grandes dimensions. Le Chantier Naval de Brooklyn, que j'ai visité, a un outillage analogue à celui des autres et a trois cales sèches. Depuis un assez grand nombre d'années on n'a construit dans aucun de ces trois chantiers de navires pour le Gouvernement, on les utilise principalement pour réparer les vaisseaux de la Marine des Etats-Unis ; mais pendant que nous étions là-bas, on nous rapporta que le Gouvernement devait faire construire un autre navire de guerre et qu'il ferait construire le semblable dans un chantier privé. Il sera intéressant de noter les résultats. La durée quotidienne du travail est de 8 heures, les salaires varient de 3 1/2 à 4 dollars par jour pour les ouvriers dans ces établissements de l'Etat.

Un autre chantier visité est celui de Newport-News. La ville de Newport-News est relativement récente et a surgi depuis 20 ans. Le chantier emploie quelques milliers d'ouvriers et la Compagnie a dépensé une très grosse somme pour l'outillage, l'arrangement et les modifications des dispositions et des plans ; le chantier s'étend le long du fleuve James. Les machines que l'on emploie pour le forage, le rivetage et le calfatage sont mûes par l'électricité et l'air comprimé. Ces établissements ont construit un grand nombre de navires pour l'Etat ainsi que pour la marine marchande et ici, comme dans la plupart des chantiers aux Etats-Unis, la durée quotidienne du travail est fixée à 10 heures et les salaires des ouvriers qualifiés varient de 1,75 à 2,75 dollars par jour. On occupe un grand nombre d'hommes de couleur dans ce chantier. Il y a une cale sèche et on en construit une autre, qui, d'après ce qu'on nous a dit, pourra recevoir les plus grands navires existants. Il y a aussi deux autres chantiers à Baltimore, l'un à Louis-Point et l'autre à Sparrow-Point. Le chantier de Louis-Point fait presque exclusivement des réparations. Celui de Sparrow-Point est comparativement récent. Les salaires varient de 2 à 2,75 dollars par journée de 10 heures.

D'après les renseignements que j'ai eus et les recherches que j'ai faites, je vois que les salaires payés dans notre profession au Nord, de New-York à Boston sont de 2 à 2,50 $ par journée de 10 heures et que le prix de l'existence est quelque peu moins élevé qu'il ne l'est à New-York, bien que l'aspect des maisons soit beaucoup plus pauvre. Aux Forges de Bath, qui ont construit un grand nombre de navires, les salaires varient de 2,25 à 2,50 $; on peut dire la même chose pour Boston, sauf pour les réparations dont le taux est de 3 dollars. A New-London où il y a deux chantiers pour le Pacifique, les salaires sont de 2,25 à 3,25 dollars par journée de 10 heures. Les taux à New-York, pour les nouveaux navires, sont de 2,25 à 3, 25 $ par jour, et pour les vaisseaux anciens ou les réparations de 3,50 dollars par journée de 8 heures. Sur la côte de Jersey les salaires sont de 2,50 à 3 $ par journée de 10 heures. A l'île de Staten et à Elizabeth-Port ils varient de 2,75 à 3 dollars par jour. Au chantier de MM. Harban et Hollingsworth à Wilmington ils sont de 2,75 dollars par journée de 10 heures. A Charleston ils sont de 2,25 à 2,50 $ par journée de 10 heures et à la Nouvelle-Orléans de 3,25 à 3,50 dollars par journée de 10 heures. Autant que notre enquête à New-York nous permet de l'affirmer, un célibataire paye 5 dollars par semaine pour sa pension ; le loyer d'une maison ouvrière est de 12 dollars par mois, au moins, et le prix de l'existence quelque peu plus élevé qu'en Angleterre.

A New-York, la tâche de la Commission était pratiquement achevée et étant donnés les milliers de *miles* que nous avions parcourus dans un temps si limité, il s'en suit nécessairement que nos recherches n'ont pu être ni aussi minutieuses, ni aussi étendues que l'on pourrait le désirer ; mais il semble, d'après les renseignements obtenus et l'enquête faite pendant cette visite et la précédente que les salaires dans notre profession sont de 1,75 dollars au minimum tandis, que sauf dans les chantiers de l'Etat où elle est de 8 heures et dans quelques autres où elle est de neuf, la durée normale quotidienne du travail est de 10 heures par jour, de telle sorte que les salaires payés dans notre industrie sont quelque peu plus élevés, par heure de travail, que ceux du Royaume-Uni.

Autant que l'on peut s'en assurer par des interviews avec des représentants ouvriers et d'autres personnes aux dires desquelles on peut se fier, le travail exécuté n'est pas aussi important que chez nous, et il ne semble pas que l'on fasse aussi attention à ce que l'ouvrage soit aussi complètement fini qu'ici. La différence vitale, dirai-je, entre les chantiers de ce pays et ceux des Etats-Unis, semble être que le travail exécuté dans les chantiers Britanniques est non seulement d'un fini bien supérieur, mais qu'il est plus durable et plus résistant. Chez les Américains on construit davantage pour le moment, mais on ne se soucie pas de la solidité permanente qui est la caractéristique du constructeur de navires Britannique. Malgré les grandes ressources naturelles de l'Amérique en minerai de fer et en charbon : éléments principaux de la production de l'acier, et en supposant même que l'on fasse un plus grand usage de la machinerie pour une proportion plus considérable du travail exécuté dans les chantiers, il faudra des années avant que l'Amérique puisse atteindre, sans pouvoir la dépasser, la nation Britannique pour les constructions navales ; non-seulement par ce que les grands chantiers de constructions navales de ce pays-ci sont aussi bien outillés et dirigés, mais encore parce que les ouvriers par leurs connaissances techniques, acquises grâce au système d'apprentissage, sont mieux en mesure de construire des navires que leurs confrères Américains. Si la profession de constructeurs de navires est, comme l'affirment certaines personnes autorisées, plus ou moins une profession héréditaire, je suis certain que la situation prépondérante actuelle de ce pays-ci dans l'industrie des constructions navales a été acquise, assurée et conservée par le système d'apprentissage, grâce auquel les artisans de ce pays ont fait dans cette industrie un apprentissage pratique, qui il leur a donné cette habileté dans leur métier que reconnaît le monde entier. Il est quelque peu regrettable que dans le « rush » pour ce que l'on appelle le « travail à bon marché » l'on ait en partie cessé de pratiquer ce système, car nous avons vu, au cours de notre voyage, que là où il y avait un ouvrier Britannique d'une bonne capacité normale, il occupait en général une situation plus ou moins de confiance, dans laquelle il avait des responsabilités. Ceci montre l'importance qu'il y a à maintenir un système d'apprentissage comme dans ce pays-ci, avec un enseignement élémentaire solide et un enseignement secondaire et technique au courant des nécessités du jour. Pour les Etats-Unis — ce fait nous a été affirmé par les autorités les plus compétentes — par suite des extrêmes division, spécialisation et classification du travail, l'étude d'une profession est presque devenue une chose du passé et, comme conséquence il est nécessaire de se procurer des ouvriers qualifiés dans le vieux monde.

En ce qui touche à la disposition générale et à l'outillage des chantiers, et à la machinerie des ateliers (emporte-pièces, laminoirs, machines à pla-

ner, etc.), un grand nombre de nos chantiers de première catégorie ont un
outillage égal sinon supérieur à celui des chantiers d'Amérique, mais ce que
l'on semble employer bien plus dans les chantiers Américains qu'ici ce sont les
petites machines-outils, pour le perçage, le rivetage et le calfatage, etc. Mais
pour le travail de construction et le travail particulier du charpentier de
navire qui ne peut pas s'exécuter à la machine, les méthodes adoptées par
notre profession sont à mon avis, beaucoup plus efficaces dans ce pays-ci
qu'aux États-Unis. Une très grande proportion des constructions navales des
États-Unis, a été due à ce qu'on pourrait appeler la navigation intérieure sur
les Lacs et le trafic important qui s'exécute le long de l'étendue considérable
des côtes en Amérique : les navires construits pour l'Océan ne représentant
qu'une faible partie du trafic. Il n'y a eu absolument aucune espèce de concurrence faite par ce pays-ci pour ce genre de travail parce que le cabotage
le long des côtes aux États-Unis est, de par les lois et statuts de la marine
marchande, entièrement réservé aux navires construits dans le pays et possédés par des nationaux. Ce cabotage côtier protégé soigneusement par l'État
en faveur des navires construits en Amérique et possédés par des nationaux
a continué à se développer non seulement à cause de l'énorme quantité de
charbon transportée ainsi, mais encore grâce au nombre croissant de passagers qui voyagent sur ces vapeurs ; par suite les installations plus grandes
qu'il a fallu faire, pour les voyageurs, et le tonnage croissant, nécessitées pour
répondre au trafic ont sans aucun doute contribué à maintenir beaucoup des
chantiers Américains dans un état d'activité fébrile pendant la plus grande
partie des dernières années. Comme le constructeur Britannique de navires
s'est vu interdire par la loi, ainsi qu'il a été déjà dit, de faire une libre concurrence pour ce genre de travail, il est impossible d'établir une comparaison entre les industries des deux pays au moins sur ce chapitre. Ces mêmes
remarques s'appliquent complètement aux chantiers de constructions navales
des Grands Lacs aux États-Unis. Un fait certain est que ce travail coûte beaucoup plus d'argent aux États-Unis et que malgré la durée plus grande du
travail en Amérique, il faut plus de temps pour construire un véritable vaisseau de première classe que dans nos chantiers Anglais.

Dans quelques cas, pour les constructions navales, l'employeur Américain
paye des salaires plus élevés que ceux que l'on donne ici mais il le peut,
jusqu'à un certain point, grâce aux tarifs protecteurs et à la protection que
lui accorde la loi qui lui permet de vendre ses navires à un prix compensant
pour lui les salaires plus élevés. Un autre facteur qui lui vient en aide, dans
l'espèce, est le bon marché des matières premières à sa disposition. Pour
établir des comparaisons avec ce pays-ci et tous les autres, et pour arriver à
une conclusion juste et convenable, il est essentiel que les conditions soient

les mêmes, et il n'est pas possible d'établir une comparaison équitable entre
ce pays-ci et les Etats-Unis, parce que notre nation est plus ancienne au
point de vue de son développement industriel et commercial. Nous n'avons
pas les mêmes ressources naturelles et nous ne disposons pas encore d'un
territoire presque sans limites et avant que nous ayions pu développer com-
mercialement nos ressources nous avons eu à surmonter des difficultés qui
ne sont pas présentées en Amérique.

Nous n'avons pas ces grands lacs où ces hâvres splendides que la nature
a octroyés aux Etats-Unis, nous ne possédons que des cours d'eau comme la
Clyde et la Tyne transformés artificiellement en voies navigables, capables
de porter les plus grands vaisseaux qu'ait vus le monde, tandis que la nature
a donné aux Etats-Unis des dépôts presque illimités de charbon, de fer, de
cuivre, de plomb et de toutes les espèces de matières premières, que l'on
puisse concevoir, nécessaires à l'industrie. Les fleuves longs et merveilleux,
les chemins de fer nombreux et de longueur énorme couvrant presque toutes
les parties de leur territoire et permettant d'amener les produits du pays sur
les marchés sont des facteurs importants des progrès et du développement
des Etats-Unis. Peut-être un autre des éléments qui y a aidé est la faculté
d'invention développée par les facilités que la Loi des Brevets accorde en
Amérique ; l'inventeur n'étant pas empêché de persévérer dans ses inventions à cause de lois coûteuses et compliquées comme dans ce pays-ci.

Les trois facteurs dominants de l'Industrie Américaine me semblent être la
tendance vers une centralisation plus grande, ainsi que le démontrent les
grands trusts et corporations (¹) surgissant partout, la spécialisation de l'industrie et la division du travail qui sont poussées beaucoup plus loin qu'ici
et avec une minutie qui n'a pas encore été atteinte ici ; et enfin la machinerie
économisatrice de main-d'œuvre qui, pour les manufactures et usines, est,
on peut le dire, beaucoup plus employée que dans ce pays-ci. D'autre part
tandis que certains ateliers présentent d'excellentes dispositions d'hygiène,
sont propres et bien éclairés, il y en a d'autres, comme dans ce pays, qui
sont malsains, sales et surpeuplés. Il ne me semble pas que l'on fasse autant
attention à la vie et aux membres de l'ouvrier en Amérique que dans ce
pays-ci, ce que l'on peut, peut-être, attribuer à l'inexistence des lois que nous
avons sur les manufactures et ateliers. Par suite, d'une façon générale, je
ne crois pas, pour l'industrie des constructions navales, sauf dans certains
cas, que les chantiers Américains sont mieux outillés que ceux de ce pays.
Pour résumer ce que j'ai vu au cours de mon voyage, je crois que l'on

(¹) Au sens anglais du mot c'est-à-dire associations ou sociétés de capitaux constituées
conformément à la Loi dans des cas nettement délimités.

emploie la machine plus que nous le faisons, mais, d'autre part, la durée hebdomadaire du travail est plus longue, tandis que la nature du travail, son fini,
sa résistance et sa durée ne sont pas meilleurs que chez nous. Les salaires par
heure sont plus élevés, même en considérant la plus grande durée du travail,
et quant au prix de l'existence, je ne crois pas, parlant en général, que
l'avantage soit pour les Américains, et pour l'industrie des constructions
navales, au moins, je suis convaincu que nous pourrons conserver notre
place et notre supériorité pendant des années encore.

Je ne puis pas conclure avant de dire de tout cœur la courtoisie et l'accueil
aimable qui nous ont été réservés aux Etats-Unis. Ayant été le réprésentant
fraternel du Congrès des Trades-Union Britannique à la Fédération Américaine du Travail en 1899, j'ai eu le plus grand plaisir à rencontrer encore
un grand nombre des représentants que j'avais vus à la Convention de Détroit
et à renouer connaissance avec eux. Je dois aussi exprimer mes remerciements pour les bons sentiments et la camaraderie que nous ont témoignés les
représentants des ouvriers, des patrons et les membres de la Fédération
Civique en Amérique.

Comme en commençant, qu'il me soit permis de dire combien nous avons
apprécié l'invitation de M. Mosely, qui a fourni à tant de représentants du
travail organisé de ce pays-ci, l'occasion d'augmenter leurs connaissances.
Mais ces questions et les conditions existant non seulement en Amérique
mais dans d'autres pays d'Europe, me rappellent forcément qu'il était impossible de les étudier à fond pendant le temps dont je disposais. Je suis
d'avis que de telles enquêtes doivent se poursuivre des deux côtés, mais
qu'elles doivent être entreprises par des Commissions mixtes émanant des
organisations ouvrières et patronales du même métier ou de la même industrie, avec l'aide et l'assistance d'un représentant des deux Gouvernements.
L'échange de représentants des deux côtés qui se produirait comme conséquence ferait beaucoup pour constituer un tout des races de langue anglaise,
pour leur plus grand profit commun, et il fortifierait et consoliderait la situation des Anglo-Saxons dans le monde entier.

Réponses de M. Alex WILKIE au questionnaire

Pour donner des réponses satisfaisantes et concluantes à beaucoup des
questions qui suivent il aurait fallu faire des recherches pendant autant de
mois que notre voyage a duré de semaines.

T. S. V. P.

Questions   *Réponses*

A. APPRENTISSAGE DES JEUNES OU-
VRIERS.

1. Par l'apprentissage qu'il a fait et
l'instruction qu'il a reçue le jeune
ouvrier Américain est-il mieux préparé à son travail que le jeune
Anglais?

2. Si oui, quelles modifications avez-
vous à proposer au système d'enseignement pratiqué en Angleterre?

1 et 2. Les écoles que nous avons pu
voir, ont certainement confirmé
mon opinion, que l'enseignement
élémentaire donné sous l'autorité
du Conseil de l'Enseignement d'Angleterre et surtout de celui d'Ecosse,
est égal sinon supérieur à l'enseignement donné dans la majorité
des Etats de la République Américaine. Mais en Amérique l'enseignement secondaire et supérieur
est plus à portée des jeunes gens.
Je suis fermement d'avis que le
système d'apprentissage doit être
continué ici et perfectionné par
nos constructeurs Britanniques de
navires, de telle sorte que l'apprenti ait toutes les occasions
d'apprendre, de façon pratique,
toutes les parties compliquées de
sa profession, et que l'enseignement supérieur et secondaire soit
mis plus facilement à sa disposition afin qu'il puisse acquérir la
connaissance théorique et scientifique de son métier. A mon avis,
le grand avantage du système d'enseignement Américain est le moyen
qu'il donne aux jeunes gens de
demeurer plus longtemps à l'école
et pour ceux qui le désirant, montrent des capacités et de l'intelligence, de suivre l'enseignement le
plus élevé qui se donne. Aux Etats-
Unis l'instruction publique est plus
développée dans son ensemble et

3. Avec-vous quelque proposition à formuler relativement aux cours complémentaires du soir, aux cours professionnels du soir pour les ouvriers travaillant toute la journée ?

de beaucoup ; de plus presque toutes les villes peuvent montrer leurs Ecoles primaires, secondaires et supérieures.

3. On ne devrait empêcher en aucune façon les étudiants de suivre les cours du soir et l'on devrait accorder des facilités et des encouragements aux jeunes gens et aux hommes faits pour suivre ces cours après l'achèvement de leur journée de travail, et pour apprendre à fond la partie théorique et scientifique de leur profession, de telle sorte qu'ils puissent avoir une connaissance des parties complétant celles qu'ils produisent et tout au moins pour l'industrie des constructions navales, qu'ils puissent obtenir des renseignements exacts et précis sur l'allongement, le rétrécissement et la résistance des matières qu'ils emploient et qu'ils puissent comprendre clairement comment l'on obtient et conserve la forme d'un navire.

B. RAPPORTS ENTRE EMPLOYEURS ET EMPLOYÉS.

4. Quelle est la durée du travail dans votre métier en Amérique ; comment se compare-t-elle à la durée du travail en Angleterre ?

4. La moyenne des heures de travail des constructeurs de navires en Amérique est presque partout de 10 heures par jour, mais dans les chantiers de l'Etat, comme en Grande-Bretagne, elle est de 48 heures par semaine. D'une façon générale elle dépasse de 6 à 7 heures par semaine la durée du travail en Angleterre.

5. L'ouvrier Américain a-t-il par heure une production moyenne supérieure à celle de l'ouvrier Anglais ?

5. Il est difficile de répondre de façon concluante à cette question, mais les ouvriers que nous avons interrogés et qui pour la plupart

ont travaillé dans ce pays-ci et en Amérique, nous ont affirmé qu'ils ne travaillaient pas plus dur sur les chantiers de constructions navales Américains, qu'en Angleterre.

6. Les tarifs aux pièces (travail aux pièces ou aux pièces et au temps) sont-ils très en vigueur en Amérique ?

6. D'une façon générale les tarifs aux pièces ne sont pas aussi employés aux Etats-Unis qu'en Angleterre pour l'ensemble des constructions navales.

7. Ce système est-il avantageux (a) pour l'ouvrier (b) pour les employeurs ? Donne-t-il un avantage injustifié à l'une des deux parties ?

7. Là où les tarifs du travail aux pièces ont été fixés d'accord par les ouvriers et l'établissement, ils sont équitables pour les deux parties ; mais là où ils ont été fixés arbitrairement par la direction sans en référer aucunement aux ouvriers, ceux-ci affirment que ce système n'est avantageux que pour l'établissement.

8. Quand des ouvriers qualifiés, travaillant aux pièces, augmentent la production par leur propre habileté, les employeurs Américains réduisent-ils les tarifs pour empêcher un ouvrier de gagner plus qu'une certaine somme ?

8, 9, 10, 11. Avec les renseignements que j'ai pu glaner, il m'est impossible de fournir sur ces points aucune déclaration qui constituerait une réponse satisfaisante et concluante.

9. Les systèmes de primes et boni sont-ils plus généralement adoptés en Amérique qu'en Angleterre ; dans ce cas quels sont les résultats pour l'employeur et les employés ?

10. Là, où existe le salaire hebdomadaire :

(a) Les ouvriers semblent-ils désireux de faire de leur mieux et de fournir une bonne journée de travail en échange d'un bon salaire ?

(b) Avec ce système l'énergie personnelle et l'initiative sont-elles dûment rémunérées ?

11. Les employeurs Américains sont-ils désireux de pousser le personnel, payé au temps, à augmenter sa production par homme et sont-ils prêts à accroître proportionnellement le salaire par ouvrier ?

12. Les propositions d'amélioration d'outillage, faites par les employeurs, l'introduction de procédés mécaniques économisateurs de main-d'œuvre et les machines du dernier modèle sont-elles favorablement accueillies par les ouvriers ou le contraire se produit-il ?

12. Les recherches que nous avons faites nous ont prouvé que les ouvriers ne font aucune objection à l'introduction de ces procédés mécaniques économisant la main-d'œuvre là où ils reçoivent une part équitable de la valeur de l'accroissement de production due à leur introduction. Là où la même base a été adoptée dans ce pays-ci, il n'y a aucune opposition de l'ouvrier.

13. Les propositions de perfectionnements émanant des ouvriers sont-elles bien accueillies par les employeurs et récompensées par eux ?

13. L'on m'a appris que, dans certains établissements en Amérique, l'on donne aux ouvriers l'occasion de proposer des améliorations pour la conduite générale de l'entreprise qui les emploie, et il y a une beaucoup plus grande tendance qu'ici à encourager ces propositions. Une méthode analogue établie sur une base équitable et raisonnable ne ferait aucun mal aux ateliers et usines de ce pays ; en fait une ou deux entreprises ici savent reconnaître les propositions d'amélioration et accordent une récompense variant avec la valeur des améliorations.

14. (a) Les ouvriers conduisent-ils un plus grand nombre de machines qu'en Angleterre ?

14. Cette question ne s'applique pas à notre profession.

(*b*) Si oui, ce système est-il favorable aux deux parties, ou
l'une d'elle a-t-elle un avantage injustifié ?

15. L'ouvrier Américain nécessite-t-
il une plus grande « surveillance »
que l'ouvrier Anglais. Quelle comparaison peut-on établir entre eux
sous ce rapport ?

16. L'ouvrier Américain est-il capable
d'initiative et de travailler sans
ordres fréquents et détaillés? Quelle
comparaison peut-on établir sous
ce rapport entre les ouvriers Anglais et Américains ?

17. L'ouvrier Américain donne-t-il
un fort coup de collier en temps de
presse et le fait-il gaiement? Quel
rapport y a-t-il entre sa production pendant ces heures supplémentaires et sa production normale? Quelles comparaisons peut-
on établir à ces divers points de
vue entre lui et l'ouvrier Anglais ?

18. Les employeurs Américains sont-
ils plus facilement accessibles à
leurs ouvriers que les employeurs
Anglais ?

19. D'une façon générale un ouvrier
a-t-il plus de chances de s'élever
en Amérique qu'en Angleterre ?

20. L'usine Américaine répond-elle
mieux que l'usine Anglaise aux
besoins des ouvriers, relativement
à l'hygiène, à la ventilation et au
bien être général ?

15, 16, 17. Les bases me manquent
pour formuler des réponses à ces
questions.

18. On me l'a souvent affirmé.

19. Pour l'industrie des constructions
navales, son expansion fournit naturellement plus d'occasions d'a-
vancement qu'il n'y en a dans une
industrie plus régulière et qui a
déjà atteint un plus grand développement.

20. Il y a des usines en Amérique,
bien outillées comme lavabos, etc.,
et où l'on s'est même préoccupé
d'assurer des distractions aux ouvriers au moyen de bibliothè-

ques, etc.; si dans certaines usines les mesures d'hygiène sont satisfaisantes, il y en a beaucoup d'autres inférieures aux usines de même ordre en Angleterre, au double point de vue de l'hygiène et de la ventilation. Il y a en Amérique des ateliers où le *sweating* se pratique tout autant qu'en Angleterre.

21. (*a*) L'outillage des usines Américaines est-il supérieur au point de vue de la production ?

(*b*) Sont-elles mieux dirigées. La proportion des directeurs sortis des Universités est-elle plus grande qu'en Angleterre ?

(*c*) La qualité des produits est-elle meilleure ?

22. Pour combien la plus grande production des usines américaines est-elle due :

(*a*) A la durée du travail, supérieure à ce qu'elle est ici ?

(*b*) A la plus grande rapidité de marche des machines ?

23. Y a-t-il des pratiques de l'organisation Américaine qu'il y aurait lieu d'introduire à votre avis, dans les usines anglaises ?

C. CONDITIONS GÉNÉRALES DE L'EXISTENCE DES OUVRIERS EN DEHORS DE L'USINE.

24. (*a*) Les ouvriers sont-ils mieux nourris en Amérique qu'en Angleterre ?

(*b*) Quel rapport peut-on établir entre le prix de la nourriture en Amérique et en Angleterre ?

21 (*a*) D'une façon générale, pour les chantiers de constructions navales, je ne le crois pas (*b*) Dans les chantiers la direction nécessaire exige un apprentissage spécial et les directeurs devraient avoir une connaissance pratique du travail qu'ils ont à diriger.

24-38. Il m'est impossible de fournir aux questions 24 à 38 des réponses décisives qui puissent avoir une valeur réelle pour mes collègues ouvriers et sur lesquelles ils puissent se baser, car il y a bien des côtés et des conséquences qu'il

25. (*a*) Les ouvriers sont-ils mieux vêtus en Amérique qu'en Angleterre?

(*b*) Quel rapport peut-on établir entre le prix des vêtements en Amérique et en Angleterre?

26. (*a*) Les habitations des ouvriers Américains sont-elles supérieures à celles des ouvriers Anglais.

(*b*) Quel rapport y a-t-il entre les loyers dans les deux pays?

(*c*) Y a-t-il une plus grande proportion d'ouvriers-propriétaires en Amériques qu'en Angleterre? Si oui à quoi attribuez-vous ce fait?

27. Quel rapport existe-t-il entre les salaires des ouvriers de votre profession en Amérique et en Angleterre, ces salaires étant *exprimés en argent*?

28. Quel rapport existe-t-il entre *la valeur* des salaires de l'ouvrier Américain et de l'ouvrier Anglais en tenant compte *du coût de l'existence*?

29. L'ouvrier sobre, prévoyant et de bonne conduite peut-il tout en vivant convenablement épargner davantage en Amérique qu'en Angleterre?

30. Si oui, son épargne est-elle plus grande *en fait*?

31. Les paris aux courses etc. ont-ils un rôle aussi important dans la vie de l'ouvrier Américain que dans celle de l'ouvrier Anglais?

32. L'ouvrier Américain est-il plus sobre que l'ouvrier Anglais?

faut considérer, et on ne nous a fourni aucune base sérieuse pour nous former une opinion concluante et raisonnée. Pour le prix de l'existence j'ai cependant donné dans mon rapport, en parlant des villes que j'ai visitées, tous les renseignements que j'ai pu avoir sur les loyers, les prix des vêtements, des aliments, etc.; et si dans certains cas le prix de ce que l'on peut appeler les nécessités indispensables de la vie, est quelque peu inférieur à ce qu'il est ici, cela est compensé par le coût plus élevé des plaisirs, des distractions et des objets de luxe. La question de la sobriété est très vaste et je ne suis pas disposé à donner une opinion définitive. Si l'affirmation, que l'ouvrier Américain est plus sobre que l'ouvrier Anglais, est exacte, il est cependant quelque peu étrange que l'on affirme que, sur les 16 États de l'Amérique, dont chacun avait à l'origine des lois prohibitives, tous à l'exception de cinq y ont renoncé et ont adopté d'autres systèmes, notamment l'État du Maine avec l' « Option locale » à Bangor.

33. Est-il vrai que pendant qu'il est jeune l'ouvrier Américain fournisse une plus grande somme de travail que l'ouvrier Anglais, mais qu'il soit usé jeune et que ses années de travail soient peu nombreuses ?

34. Est-il vrai que l'ouvrier Américain soit renvoyé quand il est jeune encore ?

35. (a) Est-il vrai que la durée moyenne de la vie soit moindre chez l'ouvrier Américain que chez l'ouvrier Anglais ?

(b) Si oui, cela est-il dû à une fatigue excessive, à un climat moins sain ou à quelque autre cause ?

36. Y a-t-il une proportion supérieure ou moindre d'ouvriers à la charge de l'Assistance publique en Amérique qu'en Angleterre ?

37. Les enfants et les amis des ouvriers Américains trop âgés pour travailler, ou que la maladie ou les accidents en rendent incapables, leur viennent-ils plus en aide qu'en Angleterre ? Si oui à quoi attribuez-vous la différence ?

38. Trouvez-vous que les conditions générales d'existence de l'ouvrier soient meilleures en Amérique qu'en Angleterre ? En quoi pourrions-nous imiter l'exemple des Américains pour améliorer les conditions d'existence de l'ouvrier ?

D. QUESTIONS D'ORDRE GÉNÉRAL.

39. Approuvez-vous le fonctionnement de la Fédération Civique ?

39. D'après les informations que j'ai pu obtenir sur le fonctionnement

40. Pourrait-on introduire en Angleterre une organisation établie sur la même base, ou sur une base un peu différente ?

41. Les délégués sont-ils en faveur d'une tentative pour établir une organisation analogue en Angleterre ?

de la Fédération Civique j'approuve entièrement son but et son objectif qui sont, si je le comprends bien, de s'entremettre, lorsqu'un conflit est sur le point d'éclater entre patrons et ouvriers, afin de les mettre d'accord avant que la cessation de travail ne se produise, ou qu'un dissentiment sérieux soit né ; et au cas où le conflit aboutit à la cessation du travail, d'aider, par tous les moyens de conciliation et de la technique, à arriver à une entente amiable.

40-41. En ce qui touche à la formation d'une organisation de ce genre en Grande-Bretagne, tout le monde sait bien qu'il y en existe déjà plusieurs qui poursuivent le même but. Je suis favorable à tous les moyens qui tendent à rapprocher les deux grandes forces qui font notre activité commerciale et industrielle et qui tendent à assurer des relations plus harmonieuses entre patrons et ouvriers, mais je suis fermement convaincu que si l'on veut éviter un échec, dû quelques fois à la multiplicité des organisations il faut tout d'abord faire un effort pour réunir en une seule les forces et les organisations qui poursuivent ce but, ce qui améliorerait le bien-être général du pays. Je serais heureux d'aider dans le sens que j'indique, à réunir ces forces et à assurer ainsi la cohésion de toutes les organisations existant actuellement dans le but d'assurer la paix industrielle.

Alex WILKIE.

RAPPORT

de M. Robert HOLMSHAW
du Conseil de la Coutellerie de Sheffield [1]

—

En établissant une comparaison entre les méthodes de fabrications américaines et de Sheffield, on ne doit pas oublier que les intérêts industriels de
l'Amérique se sont développés beaucoup plus récemment qu'en Angleterre ;
car ce fait a permis à l'Amérique de s'outiller avec ce que Sheffield avait de
meilleur en laissant de côté ce que cette ville avait de pire. Il faut aussi se
souvenir que le travail de recherches est rendu très difficile par la vaste
étendue de territoire sur laquelle sont établies les diverses industries. On peut
trouver deux usines dans un village, puis avoir à parcourir de grandes distances, avant d'en trouver d'autres. Cette circonstance et le temps limité
dont je disposais m'ont empêché de faire une étude aussi détaillée que je le
désirais, des conditions de nos industries. De plus il était difficile et parfois
impossible de se faire recevoir dans certaines usines, auxquelles on n'avait
pas demandé une autorisation par avance. La faible importance relative de
ces industries, leur dispersion et leur caractère d'isolement en sont, sans aucun doute, la cause.

A très peu d'exceptions près les ateliers que j'ai vus sont très bien : ils sont
grands, bien éclairés et chauffés à la vapeur. Ce n'est pas le cas à Sheffield
où il faut compter comme chauffage sur les fours à foyer ouvert, qui ne
parviennent à chauffer que la partie de l'atelier la plus proche. Un point qui
m'a frappé dans l'industrie de la coutellerie en Amérique et qui, à mon sens,
contraste favorablement avec notre système de Sheffield, est que l'on ne
donne pas du travail au dehors. Toutes les parties du travail sont faites dans
l'usine et on économise la grande perte de temps fatale avec le travail au
dehors. La direction et l'administration des usines sont bien meilleures en
Amérique qu'à Sheffield. On prend toutes les mesures pour assurer le bien-

[1] *Sheffield Cutlery Council.*

être des ouvriers et leur fournir des installations commodes. La grande
perte de temps si commune dans notre ville est inconnue là-bas. Dans une
usine américaine on a toujours un grand stock de matières premières prêtes
à employer ; telles que : lames, manches, ressorts et toutes autres parties
nécessaires pour faire un couteau. Cela signifie qu'il n'y a aucune perte de
temps inutile, comme dans le cas où un ouvrier, en recevant un ordre, doit
se rendre dans les différentes parties de l'usine et peut-être dans une usine
éloignée pour réunir les éléments nécessaires à son travail. Cette façon d'é-
conomiser le temps de l'ouvrier se remarque dans toute l'usine. Le but de
l'employeur est de produire la plus grande quantité possible de travail et il
sait que le meilleur moyen d'obtenir ce résultat et d'assurer le maximum de
confort possible à ses ouvriers est de placer à leur portée tous les moyens
d'exécuter un travail rapide, avec ce résultat que les ouvriers travaillant dans
de bonnes conditions peuvent gagner un salaire élevé et que l'employeur est
assuré d'avoir un accroissement de production. Il y a certainement en Amérique des ateliers, parmi ceux que j'ai visités, où les conditions générales sont
inférieures à ce niveau, mais même dans ceux-là le même système de prépa-
rations se remarque. A ma connaissance, il n'y a qu'une usine à Sheffield
qui emploie le même système d'économie méthodique de temps.

Il est incontestablement vrai que les ouvriers Américains s'adonnent moins
à la boisson que les nôtres. Ceci s'applique non seulement aux indigènes
mais aux Anglais fixés en Amérique qui prennent très rapidement les habitudes implantées dans le pays. Aux Etats-Unis l'ouvrier commence son ouvrage le matin à l'heure et travaille régulièrement toute la journée. L'ouvrier
de Sheffield travaille plus dur que l'Américain et sans aucun doute est aussi
sobre que lui dans bien des cas ; mais on ne peut pas nier qu'il y a bien des
cas où les funestes habitudes d'intempérance aboutissent à une grande perte
de temps et conséquemment à des ennuis pour l'employeur. La cause et le
remède sont peut-être les deux problèmes les plus importants qui nécessitent
l'attention des industriels de Sheffield. Personnellement je crois, surtout
après ce coup d'œil rapide jeté sur les ateliers américains, que quelques-unes
des coutumes archaïques conservées dans la direction des ateliers sont la
base de ce déplorable état de choses. Une perte de temps forcée pour un
motif vulgaire qui n'est pas imputable à l'ouvrier, lui donne trop souvent
une occasion de quitter le travail, occasion qu'il n'aurait pas cherchée autrement.

On emploie beaucoup plus de machines pour l'industrie de la coutellerie
aux Etats-Unis qu'à Sheffield. Toutes les lames des couteaux de table sont
forgées au marteau-pilon ou découpées dans une feuille d'acier. Tout le
perçage se fait à la machine et les trous nécessaires sont faits en une opération.

Les lames des couteaux pliants sont forgées, dans quelques usines, mais tou-jours par des ouvriers de Sheffield ; cependant la plus grande partie en est faite à la machine. On emploie des machines à rémouler dans quelques usines, mais en très petit nombre et elles ne font que le travail grossier. Les couteaux pliants se font d'après le même principe qu'à Sheffield sauf que tout le perçage est fait à l'avance. L'affûtage des couteaux pliants est générale-ment confié à des ouvriers de Sheffield et fait d'après les méthodes de Shef-field. L'Amérique ne fabrique pas des ciseaux fins, mais des cisailles en fer malléable ou à lames recouvertes d'acier.

On fait le rémoulage pour les articles ordinaires sur des meules en émeri et pour le travail soigné on emploie généralement la méthode allemande : c'est-à-dire que l'ouvrier assis devant la pierre appuie avec le genou la lame sur la pierre par l'intermédiaire d'un grand morceau de bois plat. Le travail est divisé : une équipe fait l'affûtage et une autre le finissage. On emploie beaucoup l'acier de Sheffield dans la fabrication de la coutellerie la meilleure : la raison que l'on m'a donnée du non-emploi de l'acier américain est que sa trempe varie beaucoup trop tandis que celle de l'acier anglais est plus uniforme.

On fournit les outils et les établis à toutes les catégories d'ouvriers, excep-tion faite pour certains cas où les couteliers doivent fournir leurs limes. Ceci est en opposition frappante avec la coûtume de Sheffield, où le rémouleur et le coutelier ont non seulement à fournir leurs outils mais payent encore un loyer, pour l'établi et la force motrice dans l'atelier même de leur em-ployeur. Le résultat du système américain est clair. L'intérêt du patron est de fournir du travail en quantité largement suffisante à ses ouvriers, faute de quoi ses machines marchent à perte. A Sheffield que l'ouvrier ait assez de travail ou non, il doit payer son loyer et le patron n'a pas par suite le même intérêt à trouver une occupation régulière et continue pour les ouvriers. On verra facilement qu'il y a des moments où ce système cause de grandes pertes aux ouvriers. En Amérique, la règle est la journée de 10 heures avec une demi-journée de repos le samedi d'Avril à Septembre. Les salaires sont plus élevés qu'à Sheffield généralement de 100 %. Dans les industries de l'argent et des alliages il y a une grande division du travail. Un ouvrier ne commence pas et ne finit pas entièrement un article comme chez nous ; il est embauché pour une opération spéciale et c'est l'article lui-même qui passe par plusieurs mains. On emploie beaucoup la machinerie dans cette branche d'industrie. La plus grande nouveauté que j'ai vue est une machine-filière qui ne semble demander que peu d'attention. On emploie une autre petite machine très intéressante pour redresser les fils de fer. Le brunissage est fait par des hommes avec les mêmes outils qu'emploient ici les femmes.

Les systèmes d'apprentissage américains et anglais sont très différents et sans aucun doute la raison principale en est la facilité exceptionnelle qu'ont les employeurs Américains à remplir leurs ateliers d'ouvriers forts, venus d'Angleterre ou du Continent. On n'a pas le même désir que chez nous de faire des apprentis. Dans une grande usine d'articles d'argent, que j'ai visitée, il n'y a pas de jeunes hommes au-dessous de 18 ans et le directeur m'a dit qu'ils donnaient beaucoup plus de mal qu'ils ne valaient comme producteurs. Dans une fabrique de rasoirs employant 300 ouvriers, il n'y avait que deux apprentis. J'ai été frappé partout par cette même « rareté » d'apprentis. Le long apprentissage anglais est inconnu. Le jeune Américain, en quittant l'école, veut gagner de l'argent et en gagner beaucoup et il choisit rarement une profession qui demande un long stage avant de pouvoir obtenir un bon salaire. Pour plaire au jeune Américain, la coutellerie demande trop d'années d'études. A la Compagnie des Caisses-Enregistreuses de Dayton, on n'embauche aucun ouvrier au-dessous de 18 ans, et il faut qu'il ait passé par une Ecole de Technologie. La durée de son apprentissage est alors de quatre années de 18 à 22 ans. La grande spécialisation, dans beaucoup d'industries, permet un apprentissage plus court, mais j'ai entendu dire de toutes parts que l'ouvrier fait, Anglais, est le meilleur ouvrier aux Etats-Unis, même quand il travaille d'après la méthode américaine.

Peuple et Éducation. — Il est impossible de ne pas reconnaître le véritable Américain : quand on voit son port indépendant, son air fin et alerte, on est préparé au développement intéressant de toutes les phases de la vie nationale américaine. Peut-être la caractéristique la plus frappante de ce peuple est-elle son admiration intense pour tout ce qui est américain, admiration naturelle, bien qu'elle soit accentuée parfois jusqu'à devenir agressive. « Le plus beau du monde » est une phrase souvent sur les lèvres des indigènes ; mais l'on éprouve si rapidement la fascination étonnante d'un pays qui a des avantages naturels tellement merveilleux que l'on entend avec indifférence cette vantardise innocente. Une autre caractéristique que l'on ne peut s'empêcher de remarquer est le désir dominant de « faire de l'argent ». Les enfants eux-mêmes en sont possédés et peut-être l'un des résultats de cette ambition nationale nous frappe-t-il d'abord comme une nouveauté, mais à la réflexion il semble assez naturel : c'est cette absence de faux orgueil due, pour parler en général, à ce que l'on reconnaît inconsciemment la dignité du travail. Quel que soit le moyen par lequel un homme peut gagner de l'argent honnêtement et quelle que soit sa position sociale, il n'a aucune honte à le faire.

Les Américains ont vu clairement que la plus grande force qui leur permettrait de se créer une place sur le marché mondial est l'éducation et ils ont fait des efforts étonnants depuis quelques années pour l'améliorer. Autant que je puis en juger il n'y a que peu de différence dans la vie d'école élémentaire en Amérique et en Angleterre, sauf que ce premier pays n'a pas à lutter avec les difficultés d'ordre religieux. En fait il n'y a pas d'éducation congréganiste en Amérique, au sens que nous attachons à ce terme, cependant l'enseignement séculier y donne des résultats qui peuvent, en apparence tout au moins, se comparer aux nôtres. On ne fait pas usage de paroles grossières dans les rues, ce qui est très remarquable ; ceci se remarque particulièrement dans la foule le samedi soir. Dans l'une des écoles, on m'a dit que l'habitude était de réunir tous les élèves deux fois par semaine pour entendre un discours du principal, discours dont le caractère est, à ce qu'il m'a semblé, d'une saine moralité. Il m'a paru que le sentiment de la dignité personnelle était développé à un très haut point chez les élèves et j'aurais aimé à pousser plus loin l'étude de l'enseignement moral dans les diverses écoles. Aux Etats-Unis comme chez nous l'enseignement est gratuit et les plus belles écoles primaires d'Angleterre peuvent se comparer aux plus belles que j'aie vues en Amérique. Les classes américaines sont moins nombreuses et l'enseignement se donne en commun aux garçons et aux filles. Dans les Etats de la Nouvelle Angleterre, un enfant peut quitter l'école à l'âge de 14 ans, tout comme ici, mais c'est à ce point que se montre la suprématie de l'Amérique avec son système merveilleusement organisé et adapté d'écoles secondaires. J'ai été très frappé par le désir très apparent de nombreuses familles de permettre à leurs enfants de continuer leurs études après l'âge auquel on quitte ordinairement l'école et tous ceux qui connaissent les milieux ouvriers reconnaîtront et apprécieront le sacrifice des parents qui permettent à leurs enfants de suivre le cycle de quatre années d'une école commerciale à la sortie d'une école primaire. Dans l'une de ces écoles, à Philadelphie, sur 177 élèves garçons il y en a 55 qui sont fils d'ouvriers. Les écoles de technologie sont l'un des grands traits de l'enseignement supérieur américain. Les Arts Mécaniques sont une des formes de l'école de technologie. Elles sont merveilleusement montées, les outils et les machines sont des plus perfectionnés et l'enseignement y est gratuit. Dans une belle école de Boston, l'Ecole Supérieure des Arts Mécaniques (Mechanics Arts High School) le principal me montra, avec ostentation, un élève fils du plus riche directeur de chemins de fer des Etats-Unis : à l'un de ses côtés était le fils d'un grand entrepreneur de constructions et de l'autre un gamin qui vend le soir des journaux dans les rues. On reconnaît que l'enseignement technique est l'un des facteurs nécessaires pour développer et assurer la prospérité nationale et, sans aucun doute, ce niveau supérieur d'instruction qui doit apparaître lorsque ces jeunes gens ayant fait un apprentissage technique, entrent dans la vie commerciale

de la nation, ne peut manquer d'avoir d'importants résultats. Nous entendons parler d'employeurs qui offrent des récompenses pour les propositions
de leurs employés, en vue d'améliorations que l'on peut introduire dans les
usines. Ces suggestions viennent plus naturellement à l'esprit de ceux qui
ont fait ce genre d'apprentissage qu'à l'esprit des ignorants. Dans bien des
cas, l'on ne peut s'empêcher de remarquer que la distance entre patrons et
ouvriers est bien moins grande que d'habitude, et il est équitable de supposer
qu'au fur et à mesure du développement de l'enseignement supérieur, cette
caractéristique deviendra encore bien plus universelle et donnera les meilleurs résultats pour les deux parties. Les écoles supérieures et techniques sont
aussi bien organisées pour les filles que pour les garçons, et il suffit de considérer les cycles bien choisis pour se rendre compte que l'Amérique établit
les fondations de succès futurs. A la Société Nationale des Caisses-Enregistreuses (*National Cash Register Society*) de Dayton, on emploie 300 jeunes
filles dont un grand nombre sont diplômées des écoles supérieures, et à en
juger par les choses auxquelles elles s'intéressent, ainsi qu'en fait foi un *ma-
gazine* qu'elles publient elles-mêmes, ce sont des jeunes filles qui peuvent
viser à des situations élevées. Les conditions dans lesquelles travaillent ces
jeunes filles sont idéales et leurs salaires s'élèvent, à ce que l'on nous a dit,
à 10 dollars par semaine. Partout, aux États-Unis, les salaires des femmes
sont beaucoup plus élevés qu'en Angleterre et c'est sans doute dans ce fait
qu'il faut chercher la cause de l'indépendance proverbiale de la femme Américaine.

CONDITIONS INDUSTRIELLES. — On peut demander : Comment se fait-il que
les manufacturiers Américains, tout en payant des salaires si élevés, puissent
lutter avec succès sur les marchés du monde. J'ai déjà mentionné en parlant
des Industries, dites de Sheffield, que l'on emploie la machine toutes les fois
où cela est possible et il faut bien avoir présent à l'esprit que c'est encore
bien davantage le cas dans d'autres industries : « Économie de main
d'œuvre », « réduction du coût de production » et « accroissement de la
production » tel est le mot d'ordre des Industriels Américains et ils tendent
tous les ressorts de leur énergie pour arriver à ce résultat. On n'emploie pas
la machine économisatrice de main d'œuvre dans le but de réduire les
salaires. Actuellement il y a du travail pour tout le monde ; mais l'Amérique
est dans une période de grande prospérité et ses forces productrices sont développées au maximum pour exécuter le travail qui lui est demandé : quand
le moment inévitable de réaction se produira, l'épreuve se fera de savoir
quel est le salaire vrai du Travail. En même temps, l'on accroît de toutes les
façons possibles les forces productrices. On affirme que les aciéries de Lackawanna (*Lackawanna Steel Works*) que l'on construit actuellement à Buffalo

fourniront 1/10 de la production totale des Etats-Unis. Ces usines ont un
capital de 8.000.000 livres sterling, on a acheté 1.500 acres de terrains et les
ateliers construits ou un cours en couvrent 40.

Les avantages naturels de l'Amérique, et l'emploi qu'on en a fait, ont joué
un rôle considérable dans le développement industriel de ce pays. Le pétrole
et le gaz naturel que l'on peut tirer si facilement et à si bas prix de la terre
ont donné nécessairement une grande impétuosité à certaines industries.
Aux aciéries de Homestead tout le réchauffage des lingots pour les laminoirs se fait au gaz naturel et l'on n'emploie pas une once de houille à cet
usage. Les voies habituelles toutes chargées de wagons de charbon que l'on
est accoutumé à voir dans les usines de cette catégorie n'existent pas. Rien
que par la suppression du piquage du feu on doit réaliser une énorme économie de main d'œuvre. Les merveilleuses voies navigables sont très utilisées
et assurent des moyens de transit, toujours prêts, à très bon marché aussi
bien pour le trafic intérieur que pour celui de l'Océan. Par exemple le
minerai de fer du Lac Supérieur vient par les grands vapeurs des Lacs qui, à
leur retour, emportent une cargaison de charbon. A Buffalo l'on fait usage de
ces voies navigables pour amener et remmener le charbon d'un lac à l'autre.
Tous les appareils que l'ingéniosité de l'homme a pu créer sont en usage
dans les ports pour faciliter le chargement et le déchargement des bateaux.
Les élévateurs enlèvent le blé tandis que des machines chargent le charbon.
On affirme que l'on peut décharger en 2 1/2 minutes un wagon de charbon de
40 tonnes.

Cout de la vie. — A l'exception du loyer et des vêtements il diffère peu de
ce qu'il est en Angleterre. Les loyers sont beaucoup plus élevés : ils varient
de 10 à 16 sh. par semaine pour un appartement de 4 à 6 pièces A qualité
égale le vêtement est beaucoup plus cher, au moins 50 %. Les bottines sont
moins chères — des bottines d'hommes de bonne apparence coûtent de 12 à
14 sh. la paire. Les fruits sont meilleur marché, de grosses bananes : un
halfpenny et les pommes 1 sh. par *peck*. La liste suivante montre le coût de
la vie pour un ouvrier à Newark, New Jersey (1 *cent* = 1/2 d.).

Bœuf.	16 à 18	*cents*	la livre
Pommes de terre	25	»	le *peck*
Sucre.	10	»	la livre
Thé	50	»	»
Café	30 à 35	»	»
Beurre	31	»	»
Œufs frais.	30 à 35	»	la douzaine (au commenc. de déc.)
Lait	7	»	le *quart*
Lait écrémé	6	»	»
Savon	5	»	la livre
Gaz	1 dol. 10	»	par 100 pieds cubes

Riz	6	»	la livre
Paraffine	10	»	le *gallon*
Oranges.	30	»	la douzaine
Pêches	8	»	le *quart*
Fraises	5	»	le *quart* (1 livre et demie)

Réponses de M. ROBERT HOLMSHAW au questionnaire

Questions | *Réponses*

A. APPRENTISSAGE DE JEUNES OUVRIERS.

1. Par l'apprentissage qu'il a fait et l'instruction qu'il a reçue le jeune ouvrier Américain est-il mieux préparé à son travail que le jeune Anglais?

1. Pendant les premières années d'école, les occasions semblent à peu près identiques dans les deux pays; mais on fournit au jeune Américain toutes les occasions possibles pour continuer ses études après l'école primaire et il en profite largement. La nécessité reconnue et l'établissement d'écoles commerciales, d'écoles d'apprentissage manuel ou d'écoles d'arts mécaniques ont eu, sans aucun doute, pour résultat aux Etat-Unis d'inciter les parents à faire des sacrifices pour faire profiter leurs enfants de l'avantage que ces cours ont pour eux puisqu'ils leur permettent de commencer à travailler après, dans les meilleures conditions possibles.

2. Si oui quelles modifications avez-vous à proposer au système d'enseignement pratiqué en Angleterre?

2. Des écoles secondaires, principalement techniques, où l'enfant peut être préparé à la vie industrielle, devraient exister dans toutes les agglomérations. Elles devraient être bien outillées et l'enseignement gratuit pour tous.

3. Avez-vous quelques indications à fournir relativement aux cours

3. On devrait autant que possible organiser les écoles du soir de la

complémentaires du soir, aux cours professionnels du soir à l'usage des ouvriers travaillant toute la journée?

B. RAPPORTS ENTRE EMPLOYEURS ET EMPLOYÉS.

4. Quelle est la durée du travail dans votre métier en Amérique? Comment se compare-t-elle à la durée du travail en Angleterre?

5. L'ouvrier Américain a-t-il par heure une production moyenne supérieure à celle de l'ouvrier Anglais?

6. Les tarifs aux pièces (travail aux pièces ou aux pièces et au temps) sont-ils très en faveur en Amérique?

7. Ce système est-il avantageux (a) pour l'ouvrier (b) pour les employeurs? Donne-t-il un avantage injustifié à l'une des deux parties?

8. Quand des ouvriers qualifiés travaillant aux pièces augmentent la production par leur propre habi-

même manière que les écoles supérieures de jour et encourager les jeunes gens à profiter des avantages qu'elles leurs fournissent. L'enseignement technique des classes du soir devrait être gratuit comme les autres et conçu de telle sorte que n'importe quel ouvrier, à quelque degré qu'il fût comme capacité, pût acquérir les connaissances scientifiques spéciales qui lui sont utiles dans son travail journalier.

4. En Amérique on travaille dix heures par jour dans l'industrie de la coutellerie; à Sheffield neuf heures.

5. L'ouvrier Américain ne travaille pas plus dur, actuellement, que l'ouvrier Anglais; cependant la production de l'ouvrier Américain est plus grande par heure dans certaines branches de l'industrie de la coutellerie, à cause des améliorations introduites dans les conditions de travail.

6. Le tarif aux pièces est général dans l'industrie de la coutellerie.

7. Des observations que j'ai faites dans l'industrie de la coutellerie, et dans celle de l'orfèvrerie d'argent, ce système de travail fonctionne à l'avantage des deux parties et ni l'une ni l'autre n'en tire un bénéfice injustifié.

8. Je n'ai entendu aucune plainte de cet ordre dans les industries de la coutellerie, mais on me déclara

lcté, les employeurs Américains réduisent-ils les tarifs pour empêcher un ouvrier de gagner plus qu'une certaine somme ?

9. Les systèmes de primes et bonis sont-ils plus généralement adoptés en Amérique qu'en Angleterre; dans ce cas quels sont les résultats pour l'Employeur et l'Employé ?

10. Là où existe un salaire hebdomadaire :

(a) Les ouvriers semblent-ils désireux de faire de leur mieux et de fournir une bonne journée de travail en échange d'un bon salaire ?

(b) Avec ce système l'énergie personnelle et l'initiative sont-elles dûment rénumérées ?

11. Les employeurs Américains sont-ils désireux de pousser le personnel payé au temps à augmenter sa production par homme et sont-ils prêts à accroître proportionnellement le salaire par ouvrier ?

dans une usine de « métal Anglais » que l'employeur avait coûtume ou de réduire les prix ou de mettre l'ouvrier travaillant à la journée à un taux inférieur à celui qu'il gagnait en travaillant aux pièces.

9. Les primes et bonis n'existent pas dans les industries de la coutellerie à Sheffield et je n'en ai pas entendu parler en Amérique.

10 (a). Nous avons visité un grand nombre de manufactures où le salaire hebdomadaire existe et autant que j'ai pu en juger dans chaque cas les ouvriers travaillaient régulièrement et il n'y avait pas la moindre apparence qu'ils désirassent faire autre chose qu'une bonne journée de travail (b). Il ne semble pas que l'on récompense l'énergie personnelle et l'initiative par un accroissement de salaire, mais les ouvriers qui font preuve de capacités exceptionnelles sont souvent appelés à des positions supérieures comme dans les Usines des Caisses-Enregistreuses à Dayton où tous les directeurs d'ateliers ont été choisis parmi des ouvriers ayant fait preuve de quelque supériorité ou d'intelligence.

11. L'un des principaux buts que poursuivent les industriels Américains est d'accroître la production et ils y réussissent grâce à une machinerie perfectionnée et non grâce à une plus grande dépense d'énergie des ouvriers. Quand la

12. Les propositions faites par les Employeurs, en vue d'améliorer l'outillage, l'introduction de procédés mécaniques économisant de la main-d'œuvre et les machines du dernier modèle sont-elles favorablement accueillies par les ouvriers ou le contraire se produit-il ?

13. Les propositions de perfectionnements émanant des ouvriers sont-elles bien accueillies par les Employeurs et récompensées par eux ?

14. (a) Les ouvriers conduisent-ils un plus grand nombre de machines qu'en Angleterre ?
(b) Si oui ce système est-il favorable aux deux parties, ou l'une d'elle a-t-elle un avantage injustifié ?

15. L'ouvrier Américain nécessite-t-il beaucoup de « surveillance » ? Quelle comparaison peut-on établir sous ce rapport entre lui et l'ouvrier Anglais ?

16. L'ouvrier Américain est-il capable d'initiative et de travailler sans ordres fréquents et détaillés ? Quelles comparaisons peut-on établir sous ces divers rapports entre lui et l'ouvrier Anglais ?

17. L'ouvrier Américain donne-t-il un fort coup de collier en temps de presse et le fait-il gaiement ? Quel rapport y a-t-il entre sa pro-

production est accrue grâce à la machine, les salaires ne sont pas augmentés.

12. Les applications mécaniques économisant la main d'œuvre et la machinerie du dernier type sont favorablement accueillies par les ouvriers parce que leur emploi ne signifie pas une réduction de salaires.

13. Oui ; dans certains des cas que nous avons observés, ce système de récompenser les ouvriers pour leurs propositions d'améliorations est très en vigueur.

14. Cet question est du domaine des mécaniciens, et comme je n'ai rien observé de ce genre, ma réponse serait sans intérêt.

15. Dans l'industrie de la coutellerie où dominent les tarifs aux pièces, il n'y a pas de surveillance de l'ouvrier, mais on examine le travail fini dans le magasin. Le même système règne dans les 2 pays.

16. Cette question ne s'applique pas à l'industrie de la coutellerie ainsi que le montre la réponse précédente.

17. En Amérique dans les industries de l'argent et des alliages on fait pas mal d'heures supplémentaires, en général un peu avant Noël où

duction pendant ces heures supplémentaires et sa production normale ? Quelles comparaisons peut-
on établir à ces divers points de
vue entre lui et l'ouvrier Anglais ?

l'on a besoin de beaucoup de ces
sortes d'objet pour les cadeaux.
Avec le système actuel, les ouvriers
doivent travailler s'il en est besoin
et l'élément « gatté » n'entre pas
en jeu. Au mois de Novembre à
Nuriden les heures supplémentaires
étaient de trois par jour dans les
métiers sus-indiqués. Dans ces
métiers la production par heure
supplémentaire est la même que
la production normale. A Sheffield
il n'y a guère d'heures supplémentaires ni dans la coutellerie, ni dans
l'orfèvrerie d'argent : quand il y en
a, c'est pendant une courte période
précédant la Noël — pour la même
raison qu'en Amérique, mais pas
au même point — et la production
par heure est la même que pendant la journée normale. Cependant comme ces périodes sont
relativement d'une courte durée
dans les 2 pays l'effort imposé aux
ouvriers n'est pas prolongé, sans
quoi la réponse concernant la production pourrait être différente.

18. Les employeurs Américains sont-
ils plus facilement accessibles à
leurs ouvriers que les employeurs
Anglais ?

18. Les ouvriers et les employeurs
semblent généralement plus en
contact aux Etats-Unis qu'en Angleterre. L'employeur parle du
travail et suscite l'opinion des
ouvriers sur tout projet nouveau
et ceux-ci sont encouragés à faire
des propositions pour le bien de
l'entreprise. Si un ouvrier a quelque plainte à formuler il peut
aller trouver directement son employeur, ce qui serait un procédé
assez peu usité ici.

19. D'une façon générale un ouvrier a-t-il plus de chances de s'élever en Amérique qu'en Angleterre ?

19. Oui. Cela peut être dû au développement plus récent des manufactures. Il est évident que des capacités exceptionnelles auront plus de chances de se manifester ou de donner leur mesure dans un pays neuf où l'on saisit avec empressement les idées nouvelles et où, comme dans certains cas que nous avons pu observer, l'on donne des encouragements spéciaux à l'ouvrier pour songer à améliorer les méthodes de travail. Il n'est pas inhabituel de voir dans bien des entreprises de tels hommes désignés pour occuper des situations de confiance ou entraînant des responsabilités. Mes observations m'ont amené à conclure que ces faits sont beaucoup plus fréquents en Amérique qu'en Angleterre.

20. L'usine Américaine répond-elle mieux que l'usine Anglaise aux besoins des ouvriers relativement à l'hygiène, à la ventilation et au confort, en général ?

20. En règle générale, dans l'industrie de la coutellerie les ateliers sont mieux pourvus qu'à Sheffield bien qu'il y ait les deux extrêmes, les bons et les mauvais, en Amérique comme ici, et en fait leurs plus mauvais sont pires que les nôtres. Quelques-uns de nos établissements les plus récents sont égaux aux meilleures installations Américaines, mais, parlant de façon générale, on attache, là-bas, plus d'importance qu'ici au confort des ouvriers. Les conditions idéales de confort des ouvriers existant à la Compagnie Nationale des Caisses-Enregistreuses à Dayton, à la Compagnie du grain criblé à Niagara ne peuvent pas être prises

21. (a) L'outillage des usines amériricaines est-il supérieur au point de vue de la production ?

(b) Sont-elles mieux dirigées ? La proportion des directeurs sortis des Universités est-elle plus grande qu'en Angleterre ?

(c) La qualité des produits est-elle meilleure ?

pour bases du niveau actuel de l'excellence des ateliers Américains : elles sont tout aussi exceptionnelles qu'à Bourneville et Port-Sunlight en Angleterre.

21. (a) Oui. La machinerie est bien employée et l'on ne recule devant aucune dépense pour s'assurer une nouvelle machine augmentant la production.

(b) Oui, dans l'industrie de la coutellerie. Le travail est donné avec méthode et les ouvriers aux pièces n'ont pas è perdre leur temps en voyage dans les diverses parties de l'usine pour réunir leurs matériaux, comme c'est très souvent le cas à Sheffield. Dans les usines américaines le temps des ouvriers habiles a trop de valeur pour l'employeur, pour qu'il leur soit permis de le gâcher en allées et venus ; d'où le système méthodique qui fait que des manœuvres pourvoient aux besoins de chaque ouvrier qualifié. D'une façon générale il semble que l'on emploie pour la direction une plus grande proportion qu'en Angleterre d'hommes ayant fait un apprentissage spécial et cela est dû aux facilités sans cesse accrues que l'Amérique offre pour ce genre d'apprentissage.

(c) Non, d'une façon générale les établissements anglais fournissent un meilleur travail

22. Pour combien la plus grande
production des usines américaines
est-elle due.
  (a) A la durée du travail supérieure à ce qu'elle est ici ?
  (b) A la plus grande rapidité de
  marche des machines ?

23. Y a-t-il des pratiques de l'organisation américaine qu'il y
aurait lieu d'introduire, à
votre avis, dans les usines anglaises ?

C. CONDITIONS GÉNÉRALES DE LA VIE
DES OUVRIERS EN DEHORS DE L'USINE.

24. (a) Les ouvriers sont-ils mieux
nourris en Amérique qu'en
Angleterre.
  (b) Quel rapport peut-on établir
  entre le prix de la nourriture
  en Amérique et en Angleterre ?

que ceux d'Amérique.

22. A mon sens l'accroissement de
production n'est réellement dû ni à
l'une ni à l'autre de ces causes, mais
principalement à l'emploi d'une
machinerie meilleure, aux applications mécaniques économisatrices de main d'œuvre et à la
meilleure direction des ateliers.

23. (a) Une meilleure direction des
ateliers qui éviterait beaucoup
de perte de temps.
  (b) Des réunions plus fréquentes
  entre patrons et ouvriers dans
  lesquelles se discuteraient les
  intérêts de chacune des deux
  parties et où l'on expliquerait
  et comprendrait les desiderata
  individuels.

24. (a) Mon expérience est insuffi-
sante pour pouvoir parler convenablement de cette question.
Dans les quelques maisons
d'ouvriers où je suis entré, la
nourriture était bonne et abondante mais il en serait de
même chez nous dans des cas
semblables. Il semble que la
coutume dominante soit de
faire 3 bons repas par jour et
d'après ce que j'ai vu la viande joue, peut-être, un rôle plus
important dans l'alimentation
américaine que dans la nôtre.
  (b) Le prix des aliments est sensiblement le même dans les
  deux pays; tandis que certains articles sont plus chers,
  d'autres sont par contre meilleur marché.

25. (a) Les ouvriers sont-ils mieux vêtus en Amérique qu'en Angleterre ?

(b) Quel rapport peut-on établir entre le prix des vêtements en Amérique et en Angleterre ?

25. (a) Quand ils sont en congé, les ouvriers Américains ne sont pas mieux vêtus que les Anglais, mais j'ai été frappé par le fait que les hommes en allant à l'atelier et en en venant, sont mieux habillés que les Anglais dans ces mêmes circonstances. On porte beaucoup de surtouts en travaillant et cette habitude permet aux ouvriers de préserver leurs vêtements.

(b) Les habits sont plus chers en Amérique, il y a près de 50 % de différence dans le prix d'achat.

26. (a) Les habitations des ouvriers Américains sont-elles supérieures à celles des ouvriers Anglais ?

(b) Quel rapport y a-t-il entre les loyers dans les 2 pays ?

(c) Y a-t-il une plus grande proportion d'ouvriers propriétaires en Amérique qu'en Angleterre ? Si oui, à quoi attribuez-vous ce fait ?

26. (a) Non. Dans les grandes villes les ouvriers habitent des appartements, beaucoup plus grands que chez nous, mais d'une façon générale et avec le penchant reconnu de l'Anglais pour un « toit » séparé, l'ouvrier moyen en Amérique n'est pas mieux logé que l'ouvrier moyen en Angleterre.

(b) Les loyers payés par les ouvriers sont beaucoup plus élevés qu'à Sheffield et que dans le Nord de l'Angleterre en général, je ne puis parler du Sud car je ne connais pas la question dans cette région. D'après les renseignements que j'ai recueillis, les loyers varient de 10 à 16 shillings par semaine. Ici les mêmes logements coûtent de 6 à 8 sh.

(c) Oui, et la principale raison

27. Quel rapport existe-t-il entre les salaires des ouvriers de votre profession en Amérique et en Angleterre, ces salaires étant *exprimés en argent* ?

28. Quel rapport y a-t-il entre *la valeur* des salaires de l'ouvrier Américain et de l'ouvrier Anglais en tenant compte du *coût de l'existence* ?

29. L'ouvrier sobre, prévoyant et de bonne conduite peut-il, tout en vivant convenablement, épargner davantage en Amérique qu'en Angleterre?

30. Si oui son épargne est-elle plus grande *en fait*?

31. Les paris aux courses, etc., ont-ils un rôle aussi important dans la vie de l'ouvrier Américain que dans celle de l'ouvrier Anglais ?

32. L'ouvrier Américain est-il plus sobre que l'ouvrier Anglais ?

33. Est-il vrai que pendant qu'il est jeune, l'ouvrier Américain fournisse

est le désir naturel de ne pas payer des loyers élevés. On a de grandes facilités pour acheter des maisons à tempérament et on en profite beaucoup.

27. Le salaire est généralement de 100 % plus élevé en Amérique qu'à Sheffield.

28. La vie coûte 50 % de plus au salarié en Amérique qu'en Angleterre, étant donnés les prix élevés des loyers et des vêtements.

29. Oui.

30. Je n'ai pas de données assez certaines pour répondre à cette question de façon générale, mais divers Anglais, fixés en Amérique, m'ont assuré qu'ils ont épargné plus qu'ils n'auraient pu le faire en Angleterre pendant le même temps.

31. Non.

32. Oui. D'après les statistiques, la consommation par tête est moindre. La bière est plus légère et partout moins nocive. Il est rare de voir des gens ivres dans la rue.

33. Je n'ai vu aucun cas où de jeunes ouvriers Américains fournissaient

une plus grande somme de travail que l'ouvrier Anglais, mais qu'il soit usé jeune et que ses années de travail soient moins nombreuses ?

31. Est-il vrai que l'ouvrier Américain soit renvoyé quand il est jeune encore ?

35. (a) Est-il vrai que la durée moyenne de la vie soit moindre chez l'ouvrier Américain que chez l'ouvrier Anglais ?

(b) Si oui cela est-il dû à une fatigue excessive, à un climat moins sain ou à quelqu'autre cause ?

36. Y a-t-il une proportion supérieure ou moindre d'ouvriers à la charge de l'Assistance publique en Amérique qu'en Angleterre ?

37. Les enfants et les amis des ouvriers Américains qui sont trop âgés pour travailler ou que la maladie et les accidents en rendent incapables, leur viennent-ils plus en aide qu'en Angleterre ? Si oui à quoi attribuez-vous ce fait ?

38. Trouvez-vous que les conditions générales d'existence de l'ouvrier soient meilleures en Amérique qu'en Angleterre ? En quoi pourrions-nous imiter l'exemple des Américains pour améliorer les conditions de vie en Angleterre ?

une plus grande quantité de travail que de jeunes ouvriers Anglais du même âge. J'ai vu autant d'ouvriers âgés dans les usines qu'en Angleterre. Des Anglais vivant depuis 40 ans aux Etats-Unis et âgés de 65 ans travaillaient encore.

34. Je ne puis que me rapporter aux cas cités ci-dessus. Je n'ai pas eu assez d'occasions d'observations pour faire une déclaration d'ordre général et à laquelle on pût se fier.

35. Je n'ai pas de chiffres et je ne puis que dire que dans des industries similaires, existant dans les deux pays, je n'ai pas trouvé de différence très marquée dans l'âge des ouvriers.

36. Je n'ai pas eu l'occasion de me procurer les statistiques nécessaires pour répondre à cette question.

37. Je n'en sais rien ; mon séjour a été trop court pour me permettre d'étudier cette question.

38. Non. L'ouvrier Anglais a plus de loisirs et partant plus d'occasions de s'amuser et de se récréer que l'ouvrier Américain.

D. Questions d'ordre général.

39. Approuvez-vous le fonctionnement de la Fédération Civique?

40. Pourrait-on introduire en Angleterre une organisation établie sur
la même base ou sur une base un
peu différente?

41. Les délégués sont-ils en faveur
d'une tentative pour établir une
organisation analogue en Angleterre ?

39, 40, 41. Je n'ai pas eu occasion
de juger le fonctionnement de la
Fédération Civique, mais d'après
ce que j'en ai entendu dire, je crois
que c'est un très grand pouvoir
pour le bien par la prévention des
conflits industriels : et tout ce qui
pourrait aider à ce résultat doit
être bien accueilli et aurait mon
appui.

Robert HOLMSHAW.

RAPPORT

de M. T. JONES, représentant la Fédération des Métiers des Comtés du Midland (¹)

—

Les rapports des membres de la Commission Mosely, qui ont été en Amérique enquêter sur les conditions du travail des ouvriers, et sur les conditions sociales (parlant pour moi-même) ne peuvent pas être considérés comme étant complets, mais plutôt comme des rapports préliminaires devant être suivis, il faut l'espérer, par d'autres pour lesquels on pourra disposer de plus de temps que nous n'en avons eu, et pour lesquels on aura de meilleures occasions de voir les usines. Il aurait été bon qu'il y eût une réunion des délégués avant notre départ pour que nous sachions par quelle route nous devions voyager et quelles villes nous devions visiter. Nous aurions pu écrire et apprendre ainsi dans quelles villes étaient situées les industries nous intéressant spécialement ; si cela avait été fait, on aurait évité bien des mécontentements. Il aurait également mieux valu qu'on nous prévint des modifications apportées de temps en temps au programme. Les circulaires nous invitant disaient que l'on prendrait les mesures pour nous faire visiter les usines que nous désirions voir, mais il n'y a que deux villes où j'ai pu trouver quelqu'un pour me faire voir les usines et m'accompagner dans mes visites, bien que je représentasse environ dix industries, et je ne pouvais savoir s'il y en avait dans les villes que nous parcourions, que lorsque nous en étions éloignés de centaines de *miles* et alors j'apprenais que nous les avions passées. J'espère que cela sera évité pour toute autre mission. Nous avons contracté une dette de reconnaissance envers M. Mosely pour nous avoir fourni l'occasion de voir l'Amérique, mes seuls regrets et déceptions sont que nous n'ayons pas pu étudier plus à fond les choses sur lesquelles devait porter notre enquête.

(¹) *Midland Counties Trades' Federation.*

Je dois protester contre l'époque fixée pour la remise de nos rapports (12 janvier). C'est le moment de l'année où les secrétaires d'Unions sont le plus occupés, étant forcés de faire certains travaux pendant les deux premières semaines de janvier ; il semble qu'il y ait une hâte injustifiée de les avoir à cette date et je crains que cela n'amène à abréger considérablement les rapports.

Les diverses industries inscrites au programme officiel, telles que : constructions navales, ateliers de construction mécanique, forges, aciéries, nous ont intéressés et instruits. Mais nous aurions obtenu des résultats infiniment meilleurs si nous avions visité nos industries particulières.

Écrous et Boulons. — Le premier établissement que j'ai eu l'occasion de voir était une usine d'écrous et de boulons. On n'en faisait point des plus grandes tailles. L'atelier était rempli de machines et il y avait à peine de main-d'œuvre. La machine à forger marchait très vite et produisait de grosses quantités. Il y avait 100 grandes machines dans un atelier et au second étage tout près de 200, conduites principalement par des jeunes gens qui surveillent deux à trois machines. Un grand nombre d'entre elles fixent les têtes, font les pas et coupent les boulons automatiquement, en produisant une très grande quantité. Toutes les machines munies des derniers perfectionnements avaient été introduites par le contremaître qui tire un profit personnel de son ingéniosité. Elles marchent 10 heures par jour. Les gamins gagnent de 5 d. à 1 sh. par heure ; il n'y a pas beaucoup de travail aux pièces. Les forgerons gagnent de 12 à 13 sh. par jour. Les mêmes remarques s'appliquent à un atelier semblable que j'ai visité dans la même ville, sauf qu'un nombre important de filles conduisent certaines machines. Il y en a beaucoup d'automatiques qui ne demandent qu'une simple surveillance. Ces filles gagnent 3 sh. 4 d. par jour, le travail semble leur convenir car elles paraissent robustes et pleines de santé.

Les établissements que j'ai visités dans une autre ville sont les plus vastes de cette nature qui existent en Amérique. Ils emploient 2.400 ouvriers. Leurs entrepôts ont un demi-*mile* de long et plus de 30 *yards* de large. Ils laminent la presque totalité du fer qu'ils emploient pour leurs boulons et leurs écrous. On emploie de grandes quantités de ferraille que l'on met en piles fixées sur des pièces de bois qui conservent la forme de ces piles que l'on met dans les fours. Ils ont des milliers de tonnes de ferraille et n'ont aucune difficulté à se procurer toutes quantités dont ils ont besoin. On lamine des fers ronds ou des fers plats d'une longueur extraordinaire. Tous les fours sont chauffés au pétrole ou avec du charbon réduit en poussière à cet effet. Tout le forgeage se fait à la machine ; il y en a un grand nombre et de types très variés. Les ouvriers travaillent 10 heures par jour et gagnent de 12 sh. 6 d. à 24 sh. par jour. La fabrication des écrous s'opère de la même façon qu'ici, mais les machines fonctionnent plus vite. Un gamin fabriquera de toutes pièces 5.000 boulons de 1/2 pouce par jour. Ils ont des machines à fraiser qui font les pas de 8 à 9 boulons à la fois et qu'alimentent des gamins. Beaucoup de ces machines sont automatiques.

Tubes. — L'on dit que la plus grande fabrique de tubes est celle de la
Compagnie Nationale des Ateliers de Tubes ([1]), dont les établissements principaux sont à Mc. Kees Port, à quelques *miles* de Pittsburg. M. Jarret, de
l'Union des ouvriers du fer et de l'acier ([2]), demanda une autorisation pour
que nous visitions les ateliers ; il reçut la réponse suivante : les fabricants
anglais de tubes ayant refusé l'entrée de leurs ateliers à des membres de
cette Compagnie, elle avait décidé d'user de réciprocité envers les Anglais.
Une demande faite par moi à Philadelphie n'obtint pas un plus grand succès :
les ateliers de cette ville et ceux de Reading faisant partie des établissements
de la Compagnie Nationale. C'était plutôt dur de nous faire supporter le
poids des fautes de ceux de nos employeurs auxquels on était venu rendre
visite ici, pour des actes faits par eux et que nous ne pouvions pas empêcher.
Mais malgré cette prohibition, j'ai pu visiter quelques ateliers montés sur un
grand pied, grâce à l'obligeance de M. Gray, vice-président du Cercle des
Manufacturiers de Philadelphie ([3]), qui eut la bonté de me donner des lettres
d'introduction pour divers employeurs.

Dans les ateliers que j'ai vus, les ouvriers travaillent 60 heures par semaine
et les fours sont chauffés jour et nuit. Ici, comme dans d'autres industries,
la machinerie a un rôle plus important dans la fabrication que dans ce pays-
ci. Le résultat en est (non que les ouvriers travaillent plus dur) que les tubes
sont plus longs et qu'ils en font plus que nous dans un temps donné et avec
un nombre de bras moindre. On fait des tubes jusqu'à 16 pouces et du commencement à la fin de la fabrication les tubes sont transportés par des machines que manœuvrent des gamins. Grâce à un dispositif ingénieux, les
tubes finis sont maintenus parfaitement droits et n'ont pas besoin d'être
redressés comme on le fait ici. Les tubes s'enregistrent automatiquement de
sorte qu'il ne peut y avoir d'erreur en les comptant et que le soudeur peut
savoir à n'importe quel moment combien de tubes il a faits dans un temps
donné.

On emploie beaucoup, en Amérique, pour les tubes, du fer malléable ou
fondu et rarement des barres. Les douilles et les collets sont en fer forgé.
Tous les hôtels, bureaux, gares de chemins de fer, voitures de tramway,
trains de chemins de fer et presque tous les ateliers sont chauffés en hiver,
de sorte qu'il y a une très grande demande pour le marché intérieur. Ils
met   t de côté de très gros stocks. Le commerce est très mou en ce moment.

Les douilles et collets sont faits autrement qu'ici ; le travail est divisé.
Par exemple l'ouvrier qui les fabrique ne les tourne pas ; d'autres le font

[1] *National Tube Works Cº.*
[2] *Iron and Steel Works Union.*
[3] *Manufacturers' Club Philadelphia.*

pour lui. Il se borne à les braser et à les finir. Il travaillo dur et est bien
payé, gagnant 14 sh. 6 d. par jour. Les braseurs gagnent autant ou plus ;
les autres ouvriers ont un salaire de 9 sh. 6 d. à 11 sh. par jour. Ils ont des
machines spéciales pour augmenter ou réduire le diamètre des extrémités
des tubes de 7 à 8 pouces. Lorsqu'on transporte de grands tubes sans le
secours de machines, on emploie des trucks en fer placés aux deux extrémités des tubes sans en mettre au milieu comme on le fait ici ; le transport
se fait plus facilement. Il n'y a pas de fours chauffés à la houille ; on se sert
de gaz à l'eau même pour les fours à braser ou à souder. Il n'y a pas de
fumée dans les fours et les tubes peuvent se voir tout le temps. Le braseur
peut voir de loin quand l'opération est achevée et n'a qu'à mettre sa machine en mouvement. Les ateliers fabriquent leur gaz eux-mêmes et ont
18 convertisseurs pour cet usage. Il y a un grand nombre de soupapes sur
les côtés du four, ce qui permet de régulariser la température instantanément.
Ces fabriques ont (par rapport aux nôtres) d'énormes stocks en grand tas, tout
à côté du quai du chemin de fer, de telle sorte qu'on peut les charger sur les
trucks quand il en est besoin. Ces trucks ont plus de 30 pieds de long ; les
voies et quais de chemins de fer pénètrent dans la plupart des ateliers. Les
trucks montent le long d'un plan incliné et déversent tout leur contenu, ce
qui économise les frais de déchargement.

Les ateliers ne sont pas aussi encombrés qu'ils le sont ici. Il y a beaucoup
plus d'espace par homme et le résultat en est que les tubes peuvent être
transportés par des machines sans que personne y touche. Il n'y avait pas
moins de trois contremaîtres originaires du Staffordshire, dans un des ateliers
que j'ai visité, qui avaient quitté le vieux pays dans le but d'améliorer leur
position. Ils n'avaient pas été déçus.

OUTILS TRANCHANTS. — Les Américains ont accaparé 30 % du commerce
avec nos colonies et à juste titre pour les outils tranchants. Ils déclarent qu'il
est un fait certain : ils fabriquent ce dont leurs consommateurs ont besoin
suivant les pays et ils ne font pas un article d'emploi universel et ne refusent
pas de le modifier pour l'adapter aux méthodes diverses de travail des pays
différents. Ils sont le monopole des marteaux-tenailles dans le Sud de l'Afrique.
Leur allure et leur fini diffèrent de ceux des nôtres. Par rapport à notre
exportation de haches (grandes et petites), celle des Etats-Unis est infiniment
plus grande. D'autre part on admet que la plupart des tenailles employées
sont de fabrication anglaise. Le 1er novembre, j'allais chez MM. Plumb à
Newton, quand je fus rencontré par des grévistes qui m'amenèrent à leur
quartier général. Ils m'expliquèrent qu'on avait reçu un ordre pour 200 paires
de pinces spéciales ; on les faisait autrefois à la journée ; les employeurs voulaient qu'elles fussent fabriquées aux pièces, offrant un prix basé sur les ré-

sultats obtenus dans le travail à la journée. Un ouvrier en confectionna pendant une demi-journée et se plaignit de ne pas pouvoir gagner sa vie au prix offert ; il ne put obtenir davantage ; il fit un autre essai d'une demi-journée qui aboutit au même résultat, se refusa à continuer dans ces conditions et fut renvoyé. MM. Plumb firent chercher un autre ouvrier et lui demandèrent de les faire à la journée (c'était un agent de l'Union) ; il déclina l'offre et fut renvoyé, et les autres ouvriers quittèrent le travail au nombre de 150. Je leur dis qui j'étais et leur montrai ma carte en leur disant que je les reverrais ; ils me montrèrent le travail, me dirent qu'ils avaient des fonds et qu'ils étaient en grève depuis cinq semaines : résultat, il n'y a que peu de travail qui se fait. M. Plumb junior me demanda de rester à déjeuner, je le remerciai et j'allai au restaurant. Il était midi quand M. Plumb junior y vint et m'invita à passer dans l'arrière-salle où était le déjeuner ; nous déjeunâmes ensemble. Quand nous sortîmes, les ouvriers qui m'avaient amené étaient dehors. Il me dit que c'étaient des grévistes et me montra un prospectus qu'ils avaient fait imprimer, demandant aux ouvriers de ne pas aller à l'atelier, et il reconnut qu'ils avaient en partie réussi ; les ouvriers nouveaux ne pouvant pas se loger, il avait loué des maisons pour eux ; mais ils ne voulaient pas rester.

On fait fort peu de travail au marteau. On transforme le fer en articles divers, marteaux, hachettes, haches, tenailles, piques et autres outils tranchants au moyen de machines, semblables à des presses, qui font 4 à 5 opérations sur un article. On chauffe les objets dans des fours au moyen de gaz, de coke ou de pétrole. Les ouvriers faisant les plaques ne sont pas assis comme ils le sont ici. Les marteaux sont fixés à l'extrémité de longs manches et fonctionnent comme des marteaux à pied. Il y a beaucoup de meules d'émeri et de très grosses pierres ; les ouvriers ne sont pas assis mais debout devant la pierre ; d'autres sont sur une plate-forme presque sur la pierre. Ils ont un appareil qu'ils manœuvrent avec le pied, faisant pression sur l'outil qu'ils affûtent et qui ne nécessite pas grand effort de leur part. Les ateliers sont spacieux : ils sont chauffés à la vapeur quand il fait froid et ventilés quand il fait chaud et les ouvriers ont assez d'espace. Les ouvriers principaux gagnent 12 sh. 6 d. par jour, c'est un maximum. Les outils sont bien finis au moyen d'un procédé chimique qu'on ne tient pas à révéler. MM. Plumb ont une grande réputation de fabricants et s'excusèrent de ne me montrer les ateliers qu'en fonctionnement partiel ; ils auraient préféré me les faire voir en pleine marche. L'employeur ne s'opposait pas autrefois à l'union, mais les ouvriers se mirent en tête l'idée qu'ils pourraient contrôler le travail et il ne voulut pas le tolérer. Il n'avait pas eu de conflit pendant 19 ans et reconnut que cela le dérangeait fort. M. Plumb junior me demanda si je pouvais rester.

Je lui répondis que j'étais désireux de voir un atelier de tubes. Il me dit que le train m'y conduirait en 20 minutes et le tramway en une heure. Le train partait 5 minutes plus tard, je remerciai M. Plumb et me rendis des ateliers à la gare, de sorte que je ne revis pas les ouvriers ; j'aurais voulu le faire, mais ne le pus pas, vu les circonstances.

CHAINES. — Je me renseignai sur l'existence d'une fabrique de chaînes à Lebanon, j'y allai et la trouvai : je connaissais l'un des ouvriers. Plusieurs Anglais y travaillent. Deux ouvriers de Cradley Heath fabriquaient une chaîne par soudure de côté et il n'y avait que ces deux-là dans l'atelier qui voulaient faire ce travail. L'atelier est bien ventilé et ouvert en été. On y fait des chaînes depuis les tailles les plus petites jusqu'à 3 5/16 pouces. On emploie les mêmes méthodes qu'ici ; il n'y a pas de machinerie pour faire les chaînes. On les essaye dans l'usine.

Leurs prix sont considérablement plus élevés qu'ici. J'en comparai plusieurs aux nôtres et trouvai une grande différence en leur faveur ; rien ne pourrait décider ces deux Anglais à revenir ici et à travailler au prix que nous payons, bien qu'ils parlent de faire un voyage d'agrément en Angleterre auquel ils consacreront 200 dollars. Le directeur-surveillant, M. Attwood, né à Cradly Heath, qui a apporté à cette industrie sa grande expérience si variée, dirige une entreprise qui a réussi. Ce n'est pas, de beaucoup, le seul cas où j'aie rencontré des hommes habiles, ayant des capacités, qui avaient quitté le vieux pays parce qu'ils pouvaient obtenir, par leur travail, une meilleure rémunération que chez nous et qui sont ainsi devenus nos concurrents. J'ai rencontré des ouvriers appartenant à d'autres usines de chaînes et leurs conditions étaient les mêmes que celles décrites ci-dessus. Je voudrais remercier M. Attwood pour son amabilité exceptionnelle à mon égard et pour l'aide qu'il m'a prêtée pour visiter d'autres ateliers.

LIMES. — Les limes américaines se vendent beaucoup dans nos colonies parce qu'elles sont fabriquées de façon à répondre aux besoins des consommateurs ; on les emploie beaucoup dans certaines colonies, spécialement les limes à scie. Les limes américaines sont plus légères que les limes anglaises, elles ne sont que rarement concurrencées par celles de fabrication coloniale. On exporte beaucoup de râpes pour les sabots des chevaux ; ils envoient des cartes d'échantillons qui les présentent d'une façon très attrayante, procédé auquel les manufacturiers Anglais n'ont pas encore songé. Les limes sont pour la plupart faites à la machine et les ouvriers gagnent pas mal d'argent.

VOIES NAVIGABLES. — On entend beaucoup parler actuellement des trusts et de leur influence néfaste sur le commerce du pays. En dépit de cela, on ne peut s'empêcher de désirer, après avoir vu les voies navigables américaines, que quelque trust ou association soit fondé pour améliorer celles de ce pays-ci. Quand on voit à quel point elles sont utilisées en Amérique et quelle est leur grande part contributive à la prospérité générale du pays, on se désespère presque de l'absence d'esprit d'entreprise des capitalistes de ce pays-ci. Supposez des chalands de 300 tonnes de charbon chacun, remontant le cours des fleuves avec un petit remorqueur sur des distances arrivant à 3.000 *miles* et alimentant usines et villes sur leur route. Le grain de l'intérieur arrive dans les villes par les Grands Lacs, d'énormes quantités vont aux élévateurs construits sur les rives et d'où ils sont transportés au chemin de fer ou au bord de la mer. Les minerais de fer du Lac Supérieur arrivent également par les Lacs. La plus grande partie en est fondue dans l'Illinois, l'Ohio ou en Pensylvanie. Il est transporté, dans des navires construits exprès, à Cleveland, le plus grand centre de répartition, et de là envoyé par voie ferrée dans les districts métallurgistes. Nous avons vu charger directement des trucks dans les bateaux du charbon aux docks. Après avoir gravi un plan incliné ayant une hauteur considérable au-dessus du vaisseau, les trucks sont vidés automatiquement dans le navire. L'on affirme que dans certaines stations de chargement, plus de 3.000 tonnes sont chargées par heure. A Cleveland le déchargement se fait très rapidement. On emploie de grands récipients chargés à la main. Ces récipients montés sur roues sont élevés jusqu'à la voie qu'ils parcourent automatiquement sur un long trajet et arrêtés là où cela est nécessaire, puis ils retournent au lieu de chargement. Une machine déchargeant 3 de ces récipients décharge 2.000 tonnes en 8 heures.

CHEMINS DE FER. — L'un des facteurs les plus importants de la prospérité des États-Unis est le système des chemins de fer. Les trains de voyageurs sont beaucoup plus confortables que les trains anglais : ils sont tous composés de voitures à couloir avec fumoir, lavatories pour les deux sexes et ont des plates-formes aux deux extrémités où l'on peut se tenir et voir le paysage, et l'on peut se promener d'un bout à l'autre du train. Le corridor est au centre de la voiture et non latéral comme dans les quelques-unes que nous avons; elles sont plus larges et plus hautes. Elles ont des couchettes pour les longs trajets ; on les aime beaucoup et elles sont très confortables. Nous avons fait tout notre voyage dans ces voitures car nous avons toujours roulé de nuit. Jusqu'à 150 livres le transport des bagages est gratuit; s'ils sont enregistrés, on n'a pas besoin de s'en préoccuper. Mais la supériorité des chemins de fer américains est surtout marquée pour le transport des minerais et autres produits. On a mis de côté les vieux wagons modernes portant 16 tonnes avec une tare de 16 tonnes et on les a remplacés par des wagons d'acier qui, n'étant pas plus lourds, portent 50 tonnes. Les locomotives ont également subi une révolution et au lieu de la vieille

locomotive de 30 tonnes capables de remorquer 4 à 500 tonnes, on en
a de bien plus puissantes (bien que leur aspect ne puisse se comparer
à celui des nôtres). Elles peuvent remorquer 60 wagons (pesant 2.500 tonnes. Les tarifs ont été réduits, au cours des quelques dernières années,
de 22 à 4 sh. par tonne ; cette réduction a contribué, et non à un faible
degré, au succès de leur commerce d'exportation.

Les Etats-Unis ont une population de	76 303 000 habitants
La Grande-Bretagne en a.	41 454 526 »
Ils ont comme *miles* de chemins de fer	202 000
La Grande-Bretagne en a.	21 855
Par 1 000 hab. ils ont comme *miles* de chemins de fer.	26,47
La Grande-Bretagne en a	5,27

Ainsi les Etats-Unis ont le plus grand *miléage* par rapport à leur population, le plus bas prix de transport et en même temps ils payent les plus
hauts salaires moyens du monde entier. Ils jouent un rôle important pour
une chose dont nous nous préoccupons beaucoup : à savoir le grain que
nous leur achetons. Le *New-York Central* a quatre voies entre Buffalo et
Albany, soit une distance de 363 milles, et ce n'est pas une chose peu habituelle que de voir une locomotive remorquer 9.000 boisseaux de grains par
convoi ou 125 wagons vides. On dit que dans la saison la plus occupée
il circule 75 à 100 de ces trains sur le *Central* seul. Ces faits sont l'équivalent
de volumes sur la question des transports.

ATTELAGE AUTOMATIQUE. — Nous avons eu une commission d'enquête pour
savoir s'il était souhaitable d'avoir l'attelage automatique et de réduire ainsi
la perte de vies humaines dans cette opération. Aux Etats-Unis l'emploi de ce
système est général ; tous les chemins de fer doivent l'adopter dans une période donnée. Il n'y a ni chaîne ni vis ; c'est la simplicité elle-même. Le système est constitué par une barre [« puissante » (*sic*) à chaque extrémité du
truck ou de la voiture : à l'une des extrémités elle est concave, à l'autre con-
vexe. Quand deux *cars* viennent au contact, ils s'attachent et la fermeture
est faite comme avec une serrure ; on les sépare en manœuvrant un levier
placé à l'extrémité du *car*. Les hommes n'ont pas besoin de se mettre
entre les *cars* pour faire l'attelage, c'est inutile. On ne peut s'empêcher de
s'étonner que ce système n'ait pas été adopté ici depuis longtemps déjà.

TRAMS. — Les lignes de tramways sont beaucoup plus employées aux
Etat-Unis qu'en Angleterre. Il y a une grande variété de systèmes aériens,
câbles, trolleys. Mais aucun ne vaut le système par contact de Lorrain, employé à Wolverhampton pour marcher régulièrement et sans beaucoup de
bruit. Les voitures sont bien éclairées et chauffées en hiver. Les trams parcourent des distances beaucoup plus considérables que dans ce pays-ci ; quel-

ques-uns ont un trajet de 100 *miles*. C'est presqu' l'unique moyen de locomo-
tion pour les gens des villes, car on ne voit que fort peu de fiacres et d'omnibus. Toutes les classes de la population paraissent les employer. Il n'y a rien
d'analogue à la foule qui les emploie, vous pouvez vous suspendre n'importe
où sans autorisation ou défense. Les watmen et les conducteurs gagnent 1 sh
par heure.

ÉLECTRICITÉ. — L'électricité est très employée, non seulement pour l'éclairage — toutes les villes semblent l'employer à cet usage — mais aussi au
point de vue industriel. Toutes les usines que nous avons visitées l'emploient
plus ou moins. Cela se voit principalement dans la partie machine et il y a
partout des indications de développement futur. Elle jouera certainement
un rôle très important comme force motrice dans un avenir prochain, et
surtout parce qu'elle permet de ne mettre en marche qu'une ou plusieurs machines quand on n'en a besoin que de quelques-unes sans faire fonctionner
toutes celles de l'usine.

Les visites faites aux chantiers de constructions navales, aciéries, usines
électriques et autres furent intéressantes à tous les points de vue, mais ceux
qui ont des intérêts dans ces diverses professions en parleront.

DIFFÉRENCES. — Il y a bien des différences entre nous et les Américains.
L'une de celles qui nous frappe avec le plus de force est l'absence des distinctions de classes existant dans ce pays ; elle se fait surtout sentir dans les
relations entre employeurs et employés. On ne considère pas l'ouvrier comme
une partie du machinisme de l'entreprise ou comme quelqu'un qui doit être
reconnaissant de ce qu'on lui fournit un emploi. Mais au contraire, on le
considère comme un membre de l'entreprise, on lui montre souvent de la
confiance et on le récompense pour toute amélioration des méthodes de travail qu'il a suggérée et si on l'adopte, son salaire n'est pas réduit parce que
cette amélioration lui permet de faire plus de travail ; résultat auquel on arrive invariablement dans ce pays. Il gagne un salaire plus élevé, mais la
durée hebdomadaire du travail est supérieure : 60 heures. Il n'a qu'un jour
de congé, n'importe lequel. On ne lui permet pas de perdre de temps, ou il
est frappé d'une lourde amende. Il n'y a pas autant de courses de chevaux
qu'ici, et autant qu'on peut le voir, on joue peu, sauf dans quelques clubs
dont on pourrait parfois entendre parler.

On ne joue que peu au football et on ne perd pas de temps pour aller y
voir jouer, chose que nous ferions bien de copier. Les loyers sont beaucoup
plus chers qu'ici, mais les salaires plus élevés font plus que de contreba-
lancer cette différence. Le vêtement est quelque peu plus cher. Les fruits
meilleur marché. Les bières et liqueurs sont plus chères mais mes observations m'ont montré qu'ils n'en consomment pas autant et surtout qu'ils n'en

prennent pas trop. Il y a absence complète de bruit et de tapage le samedi soir.

La législation sur les brevets d'invention est beaucoup plus avantageuse qu'ici pour l'ouvrier ingénieux, il peut faire enregistrer ses dessins pour 3 £ 1 sh 6 d et obtenir un brevet complet pour 7 £ 4 sh. Le directeur de l'Office des brevets nous apprit qu'ils en reçoivent 1000 par semaine, principalement des ouvriers, qui peuvent ainsi prendre le brevet pour eux-mêmes au lieu de porter leur invention à quelqu'un qui a de l'argent et de la lui donner pour « une vieille chanson » (sic) comme nous le faisons ici. C'est un encouragement direct à l'ouvrier de donner une forme définitive, à toute idée nouvelle qu'il peut avoir, car il sait qu'il bénéficiera lui-même de son ingéniosité. Nous avons rencontré plusieurs ouvriers dans diverses usines qui touchaient des bénéfices pour des modifications qu'ils avaient apportées dans la méthode de travail et certains avaient vu leur situation s'améliorer parallèlement. Je suis convaincu qu'une législation accordant les brevets à peu de frais a de grands avantages pour la communauté tout entière, car elle aide à l'éclosion d'idées nouvelles.

L'État a de grandes imprimeries à Washington. Elles exécutent tous les documents et livres que le Congrès donne ordre d'imprimer. Aucun ouvrage ne doit être vendu, on les distribue tous gratuitement. Ils traitent de tout ce qui est relatif à l'agriculture et de bien des choses concernant le Travail ; toute découverte nouvelle est bientôt connue et dévoilée au public. Il y a également des livres pour tous ceux que le sujet intéresse. Tout membre du Congrès peut les obtenir pour les distribuer. C'est un exemple que nous pouvons bien suivre ; ses résultats sont féconds et profonds. Ceci n'est que l'un des nombreux exemples de la considération que les autorités montrent au Travail dans la Communauté.

Le mouvement mutualiste est très fort, mais il y a surtout un grand nombre d'organisations locales et non de puissantes fédérations. Cependant cela est une indication de l'esprit d'épargne, que l'on ne saurait trop signaler. Un grand nombre de ces sociétés ont leur propre lieu de réunion, d'autres se réunissent dans des locaux différents. La franc-maçonnerie est très développée. Ici encore on ignore les distinctions sociales. L'Ordre n'est pas aussi exclusif qu'ici.

INSTRUCTION. — Les écoles sont bien organisées et très suivies et bien qu'il n'y ait pas de conseils de l'enseignement (*School boards*) ni de contrôle exercé sur les écoles par des corps élus localement, elles sont efficaces grâce à l'action de ceux que désigne le Conseil de l'Enseignement à Washington. Ils ont des pouvoirs coercitifs et des enfants qui s'absentent de l'école d'une façon continue sont retirés à leur patron, car on ne considère guère moins qu'un crime le fait d'élever un enfant dans l'ignorance. L'âge auquel les enfants quittent l'école est de 14 ans, mais beaucoup continuent à la fréquenter plus longtemps. On n'entend aucune de ces stupides exclamations si fréquentes ici : à savoir que plus ils suivront l'école moins ils seront disposés au travail. Ils emploieront leur intelligence à faciliter le travail probablement par quelque moyen mécanique et se pousseront ainsi dans la vie. On les encourage à suivre les cours du soir après avoir commencé à travailler et ils profitent largement des occasions qui leur sont offertes. Ils rient de notre « Education Bill » et nous reprochent de nous préoccuper davantage de l'enseignement dogmatique que de l'intelligence de l'enfant. On ignore les difficultés religieuses relativement à l'instruction des enfants et il reste encore à démontrer qu'ils sont moins chrétiens que nous.

Comment l'Amérique peut-elle payer des salaires plus élevés et cependant lutter contre nous avec succès, sur les marchés du monde ? Je crois que ce fait est dû aux immenses ressources naturelles qu'elle a en charbon et minerai, à ses méthodes perfectionnées d'exploitation, à l'utilisation de ses voies navigables, et aux chemins de fer supérieurs qu'elle possède ainsi qu'à ses bas tarifs pour le transport de toutes les sortes de produits. Les industriels sont aidés par ces moyens auxquels il faut ajouter la machinerie la plus moderne et constamment transformée, l'adoption de tous perfectionnements nouveaux, si fréquents qu'ils soient, et leur mise à l'abri de la concurrence étrangère grâce à leurs tarifs protecteurs. Le fait que l'ouvrier Américain a de meilleures occasions de faire son éducation élémentaire et secondaire lui donne un avantage, les relations entre employeurs et employés qui sont excellentes, les récompenses sérieuses qu'ils obtiennent pour toute amélioration suggérée (sans subir de rebuffades comme cela aurait probablement lieu ici) la plus grande régularité d'emploi pour les ouvriers, les ateliers plus sains et les installations de propreté faites pour les ouvriers : toutes ces considérations influent sur l'ouvrier et le portent à persévérer et à être attentif dans son travail et presque jamais absent quand il a de l'ouvrage à faire. A mon avis ce sont là les motifs de la supériorité des Américains sur nous. Il serait bon que les Anglais, employeurs, ouvriers, fissent une enquête sur ces choses, en disposant de plus de temps que nous n'en avons eu, et qu'ils lisent, qu'ils notent et qu'ils s'assimilent les faits tels qu'ils les trouvent.

Réponses de M. T. JONES au questionnaire.

Questions	*Réponses*
A. APPRENTISSAGE DES JEUNES OU- VRIERS.	
1. Par l'apprentissage qu'il a fait	1. Oui.

et l'instruction qu'il a reçue, le jeune ouvrier 'Américain est-il mieux préparé à son travail que le jeune Anglais ?

2. Si oui quelles modifications avez-vous à proposer au système d'enseignement pratiqué en Angleterre ?

3. Avez-vous quelques indications à fournir relativement aux cours complémentaires du soir et aux cours professionnels du soir pour les ouvriers travaillant toute la journée ?

B. RAPPORTS ENTRE EMPLOYEURS ET EMPLOYÉS.

4. Quelle est la durée du travail dans votre métier en Amérique ? Comment se compare-t-elle à la durée du travail en Angleterre ?

5. L'ouvrier Américain a-t-il, par heure, une production moyenne supérieure à celle de l'ouvrier Anglais ?

6. Les tarifs aux pièces (travail aux pièces ou aux pièces et au temps) sont-ils très répandus en Amérique ?

7. Ce système est-il avantageux.
  (a) A l'ouvrier.
  (b) Aux employeurs. Donne-t-il un avantage injustifié à l'une des parties ?

8. Quand des ouvriers qualifiés travaillant aux pièces augmentent la production par leur propre habileté, les employeurs Américains réduisent-ils les tarifs pour empêcher un ouvrier de gagner plus qu'une certaine somme.

2. Obligation d'assister aux cours et accroissement des moyens de contrainte pour y parvenir.

3. Que l'on en montre les grands avantages soit par des conférences, soit par des publications.

4. Dix heures en Amérique, neuf ici.

5. Il n'y a aucune comparaison, ils ont d'autres méthodes de travail.

6. Pas au même degré qu'en Angleterre.

7. Ni l'une, ni l'autre n'ont d'avantage injustifié.

8. Non.

9. Les systèmes de primes et boni sont-ils plus généralement adoptés en Amérique qu'en Angleterre ? dans ce cas quels sont leurs résultats pour l'employeur et les employés.

9. Je n'ai pas de renseignements suffisants pour formuler une opinion.

10. Là où existe le salaire hebdomadaire :

   (a) Les ouvriers semblent-ils désireux de faire de leur mieux et de fournir une bonne journée de travail en échange d'un bon salaire.

   (b) Avec ce système l'énergie personnelle et l'initiative sont-elles dûment rémunérées ?

10. Je n'ai pas eu occasion de me renseigner.

11. Les employeurs Américains sont-ils désireux de voir le personnel payé au temps augmenter sa production par homme et sont-ils prêts à accroître proportionnellement le salaire par ouvrier ?

11. Ils ne réduisent pas les salaires quand la production croît.

12. Les propositions, en vue d'améliorer l'outillage, faites par les employeurs, l'introduction de procédés mécaniques économisant de la main d'œuvre et les machines du dernier modèle sont-elles favorablement accueillies par les ouvriers ? ou le contraire se produit-il ?

12. Je le crois.

13. Les propositions de perfectionnements émanant des ouvriers, sont-elles bien accueillies par les employeurs et récompensées par eux ?

13. Oui.

14. (a) Les ouvriers conduisent-ils un plus grand nombre de machines qu'en Angleterre ?

   (b) Si oui, ce système est-il favo-

14. (a) Oui dans certaines usines.

   (b) L'employeur y trouve avantage.

rable aux deux parties ou l'une d'elles a-t-elle un avantage injustifié ?

15. L'ouvrier Américain nécessite-t-il une plus grande « surveillance » ? Quelle comparaison peut-on établir sous ce rapport entre lui et l'ouvrier Anglais ?

15. Les contremaîtres semblent aussi nombreux qu'ici.

16. L'ouvrier Américain est-il capable d'initiative et de travailler sans ordres fréquents et détaillés ? Quelles comparaisons peut-on établir sous ces divers rapports entre lui et l'ouvrier Anglais ?

16 et 17. Pour répondre à ces questions il faut avoir autre chose que des rapports superficiels avec les gens et faire des observations plus longues.

17. L'ouvrier Américain donne-t-il un fort coup de collier en temps de presse et le fait-il gaiement ? Quel rapport y a-t-il entre sa production pendant ces heures supplémentaires et sa production normale ? Quelles comparaisons peut-on établir à ces divers points de vue entre lui et l'ouvrier Anglais ?

18. Les employeurs Américains sont-ils plus facilement accessibles à leurs ouvriers que les employeurs Anglais ?

18. Oui.

19. D'une façon générale un ouvrier a-t-il plus de chances de s'élever en Amérique qu'en Angleterre ?

19. Oui.

20. L'usine américaine répond-elle mieux que l'usine anglaise aux besoins des ouvriers relativement à l'hygiène, à la ventilation et au bien-être en général ?

21. (a) L'outillage des usines américaines est-il supérieur au point de vue de la production ?

  (b) Sont-elles mieux dirigées. La proportion des directeurs sor-

21. (a) Oui.

  (b) On emploie plus d'hommes ayant fait un apprentissage spécial.

  (c) Non.

tis des Universités est-elle plus grande qu'en Angleterre ?

(c) La qualité des produits est-elle meilleure ?

22. Pour combien la plus grande production des usines américaines est-elle due?

(a) A la durée du travail supérieure à ce qu'elle est ici ?

(b) A la plus grande rapidité de marche des machines ?

22. (a) et (b). Elle est due aux deux causes mais principalement à la machinerie perfectionnée.

23. Y a-t-il des pratiques de l'organisation américaine qu'il y aurait lieu à votre avis d'introduire dans les usines anglaises ?

23. Un très grand nombre.

C. CONDITIONS GÉNÉRALES DE LA VIE DES OUVRIERS EN DEHORS DE L'USINE.

24 (a) Les ouvriers sont-ils mieux nourris en Amérique qu'en Angleterre ?

(b) Quel rapport peut-on établir entre le prix de la nourriture en Amérique et en Angleterre?

24. (a) Non.

(b) Il n'y a pas de différence appréciable.

25 (a) Les ouvriers sont-ils mieux vétus en Amérique qu'en Angleterre.

(b) Quel rapport peut-on établir entre le prix des vêtements en Amérique et en Angleterre ?

25. (a) Oui.

(b) Plus chers à qualité égale.

26 (a) Les habitations des ouvriers Américains sont-elles supérieures à celles des ouvriers Anglais ?

(b) Quel rapport y a-t-il entre les loyers dans les deux pays ?

(c) Y a-t-il une plus grande proportion d'ouvriers propriétaires en Amérique qu'en An-

26. (a) Je n'ai pu juger que par l'extérieur.

(b) Beaucoup plus chers.

(c) Je le crois, on leur donne de plus grandes facilités d'acquisition.

gleterre? Si oui, à quoi attribuez-vous ce fait ?

27. Quel rapport existe-t-il entre le salaire moyen des ouvriers de votre profes'ion en Amérique et en Angleterre, ces salaires étant *exprimés en argent* ?

27. Ils sont plus élevés.

28. Quel rapport existe-t-il entre *la valeur* des salaires de l'ouvrier Américain et de l'ouvrier Anglais en *tenant compte du coût de l'existence ?*

28. L'Américain a l'avantage.

29. L'ouvrier sobre, prévoyant et de bonne conduite peut-il', tout en vivant convenablement, épargner davantage en Amérique qu'en Angleterre ?

29. Oui.

30. Si oui, son épargne est-elle plus grande *en fait ?*

30. Je le crois.

31. Les paris aux courses etc., ont-ils un rôle aussi important dans la vie de l'ouvrier Américain que dans celle de l'ouvrier Anglais ?

31. Non.

32. L'ouvrier Américain est-il plus sobre que l'ouvrier Anglais ?

32. Oui.

33. Est-il vrai que pendant qu'il est jeune, l'ouvrier Américain fournisse une plus grande somme de travail que l'ouvrier Anglais, mais qu'il soit usé jeune et que ses années de travail soient peu nombreuses ?

33. Je n'ai aucun renseignement sur ces points.

34. Est-il vrai que l'ouvrier Américain soit renvoyé quand il est jeune encore ?

34. Je n'ai aucune donnée sûre.

35. (a) Est-il vrai que la durée moyenne de la vie soit moindre chez l'ouvrier Américain que chez l'ouvrier Anglais.

(b) Si oui, cela est-il dû à une fatigue excessive, à un climat moins sain ou à une autre cause ?

35. Je n'ai pas eu occasion de me renseigner.

36. Y a-t-il une proportion supérieure ou moindre d'ouvriers à la charge de l'Assistance publique en Amérique qu'en Angleterre ?

36. Moindre.

37. Les enfants et les amis des ouvriers Américains qui sont trop âgés pour travailler ou que la maladie et les accidents en rendent incapables, leur viennent-ils plus en aide qu'en Angleterre ? Si oui, à quoi attribuez-vous la différence ?

37. Ils leur viennent en aide ; je ne puis dire jusqu'à quel point. On ne publie rien sur ce sujet et on n'en parle pas.

38. Trouvez-vous que les conditions générales d'existence soient meilleures en Amérique qu'en Angleterre pour l'ouvrier ? En quoi pourrions-nous imiter l'exemple des Americains pour améliorer les conditions de la vie en Angleterre ?

38. Oui, à bien des points de vue.

D. QUESTIONS D'ORDRE GÉNÉRAL.

39. Approuvez-vous le fonctionnement de la Fédération Civique ?

39. Je n'en connais rien que par ouï dire.

40. Pourrait-on introduire en Angleterre une organisation établie sur la même base ou sur une base un peu différente ?

40, 41. Je ne pourrais rien signer en faveur de ce projet avant d'en savoir plus long à ce sujet.

41. Les délégués sont-ils en faveur d'une tentative pour établir une organisation analogue en Angleterre ?

T. JONES.

RAPPORT

de M. THOMAS ASHTON de l'Union des Ouvriers Filateurs [1]

—

En remettant ce bref rapport de la visite que j'ai faite, dans une partie des États-Unis, dans le but d'enquêter sur les méthodes employées dans les centres industriels que j'ai vus, aussi bien que pour répondre aux diverses questions sur lesquelles on désirait que j'obtienne des renseignements, je dois en premier lieu dire combien je suis profondément reconnaissant à M. Mosely pour l'occasion qu'il m'a donnée de visiter l'Amérique, ainsi qu'à tous les amis que j'ai rencontrés aux États-Unis, qui ont aimablement transformé ce séjour en un voyage d'agrément et qui se sont infiniment dérangés et gênés pour m'aider dans mon enquête faite dans les districts industriels des États de la Nouvelle Angleterre.

Pendant mon court séjour en Amérique j'ai interviervé de nombreux agents [2] de Trade-Unions et j'ai parlé dans beaucoup de réunions de membres et de délégués de Trade-Unions. J'ai pu par ce moyen donner et recevoir une masse d'informations relatives aux questions du Travail et à leur répercussion sur les ouvriers des deux pays. On dit que 80 % des ouvriers Américains ne sont pas syndiqués, mais les membres des Trade-Unions et leurs leaders se montrent très passionnément désireux d'apprendre tout ce qu'ils peuvent savoir des méthodes employées par les Trade-Unions Anglaises. Personne ne peut douter que l'esprit trade-unioniste ne soit en train de se répandre très rapidement parmi les ouvriers Américains, car ils voient clairement que c'est la seule manière, pour eux, de montrer leur puissance dans les conflits industriels et de déterminer les conditions qui devraient régner entre eux et leurs employeurs dans toutes les questions relatives au Travail et aux salaires. Tandis que j'assistais à la *Convention* [3], dans la ville de

(1) *Amalgamated Society of Operative Spinners.*
(2) *Officials.*
(3) Congrès ouvrier.

Boston, composée de délégués Trade-Unionistes, on me remit la liste des salaires payés aux ouvriers employés dans les industries suivantes :

Les plombiers sont payés. . .	4 d. 00	cents p. journ. de 8 h. soit 5 t 00 sh 0 d.	p. sem. de 48 h.	
Les menuisiers-charpentiers.	2, 80	»	3, 10, 0	»
Les tourneurs.	3, 00	»	4, 10, 0	»
Les maçons en briques (¹) .	4, 50	»	5, 12, 6	»
Les scieurs de pierres. . .	3, 50	»	4, 7, 6	»
Les plâtriers	4, 00	»	5, 00, 0	»
Les aides-plâtriers	2, 75	»	3, 8, 9	»
Les ajusteurs (mach. à vap.).	3, 75	»	4, 13, 9	»
Les électriciens	3, 00	»	3, 15, 0	»
Les couvreurs.	3, 00	»	3, 15, 0	»
Les fabricants de chaudières.	3, 25	»	4, 1, 3	»
Les peintres-décorateurs . .	3, 00	»	3, 15, 0	»
Les manœuvres-maçons . .	2, 75	»	3, 8, 9	»
Les tailleurs de marbre . .	3, 50	»	4, 7, 6	»
Les poseurs de tuyaux . .	3, 00	»	3, 15, 0	»
Les ouvriers tôliers. . . .	2, 75	»	3, 8, 9	»
Les finisseurs en bois durs.	2, 75	»	3, 8, 9	»
Les constr. d'escaliers. . .	3, 25	»	4, 1, 3	»
Les ouvriers en tuiles. . .	3, 25	»	4, 1, 3	»
Les forgerons.	2, 75	»	3, 8, 9	»
Les peintres (travail intér.) .	2, 75 (ouvriers de 1ʳᵉ classe)		3, 8, 9	»
» (travail extér.) .	2, 50 (ouvriers de 2ᵉ classe)		3, 2, 6	»

Les mécaniciens, les ajusteurs et les tourneurs reçoivent 14 dollars par semaine dans la ville et 12 dollars en dehors de la ville soit 58 sh. 4 d. et 50 sh. pour une semaine de 56 à 57 heures. Les ouvriers du bâtiment sont payés 14 dollars soit 58 sh. 4 d. pour une semaine de 48 heures. Les tourneurs sont payés 4 sh. 2 d. par heure, pour les heures supplémentaires. L'on m'a dit que les ouvriers non qualifiés, mais bien organisés, sont mieux payés que les ouvriers qualifiés mal organisés. Dans tous les principaux centres industriels que j'ai visités, les ouvriers non qualifiés étaient assez bien organisés ; en fait ils semblent être plus considérés par leurs employeurs qu'ils ne le sont en Angleterre, c'est-à-dire que leur travail est mieux rémunéré, toutes les autres conditions étant égales a'ailleurs. Dans la ville de New-York les salaires, dans diverses professions, sont généralement plus élevés que dans d'autres parties du pays et les heures de travail hebdomadaires sont de 44 et plus, mais le premier chiffre est dominant.

M. Wilkinson et moi arrivâmes à Fall-River le 17 novembre 1902 et nous ne perdîmes pas de temps pour nous mettre en rapport avec les agents des diverses Trade-Unions se rattachant à l'industrie du coton. J'obtins les renseignements suivants. Il y a 550 membres de l'association des filateurs avec

(¹) *Bricklayers.*

Muljerry soit 100 % des ouvriers employés. Aucun ouvrier de ce métier ne peut obtenir de travail sans être membre de cette association. Il y a 3.500 tisseurs ou 40 % du nombre total de ceux employés qui sont membres de l'Union des tisseurs (*Weaver's Trade-Union*) et la raison que l'on donne pour expliquer que tant de tisseurs ne sont pas membres de l'Union est la grande difficulté que l'on rencontre dans les rapports avec tant de races différentes : les tisseurs comprennent en effet des Polonais, des Allemands, des Italiens, des Portugais, des Hébreux, des Canadiens-Français, des Anglais, des Irlandais, des Suédois, des Russes, des Arméniens et des Américains indigènes. L'union des Cardeurs ([1]) rencontre les mêmes difficultés que les tisseurs pour l'organisation des ouvriers de cette profession, son personnel actuel est de 1250 membres soit 40 % du nombre total employé dans les filatures de Fall-River, 150 ouvriers des loups soit 98 % du nombre total sont membres de l'Union et 600 rattacheurs de fils ou 80 % du total employé sont membres de leur Trade-Union. L'union des retordeurs ([2]) a été créée récemment : il n'y en a pas plus de 40 dans la ville et 30 sont membres de l'Union et tous employés au travail fin. Pour le bobinage on n'emploie que de jeunes femmes de nationalités différentes et non organisées par suite. Les diverses associations des filatures et industries manufacturières du coton sont constituées en une association connue sous le nom d' « Association des Ouvriers textiles Unis d'Amérique » ([3]) et cette organisation est affiliée à la Fédération Américaine du Travail ([4]) et malgré les impédimenta précédemment mentionnés les Trade-Unions susnommés exercent une très grande influence pour les intérêts du travail ainsi que dans les conseils gouvernant les Etats-Unis et dans la direction des affaires locales. Pendant mon séjour à New-York j'ai visité les bureaux de la Fédération Civique et on m'y a montré un livre contenant les dépositions faites devant la Commission Industrielle de 1901 par un comité composé de représentants des diverses sections des ouvriers des industries cotonnières de Fall-River. Ce Comité remit la liste suivante des salaires représentant la normale de ce que gagnaient les ouvriers du coton désignés dans cette liste. J'ai ajouté une somme de 10 % à cette liste de salaires du comité pour montrer le niveau actuel.

Ouvriers déchargeant le coton des navires.	0 sh 11 d.	par heure
Contremaîtres surveillant le déchargement du coton . .	41, 3	par semaine
Sous-contremaîtres	31, 6	»
Tenseurs de câbles à la machine (hommes)	31, 4	»
Cardeurs (hommes)	31, 4	»
Rémouleurs des cardes.	49, 1	»

([1]) *Cardroom Association.*
([2]) *Twisters' Society.*
([3]) *United textile Workers' Association of America.*
([4]) *American Federation of Labour.*

Etendeurs de coton (hommes et femmes) . . . . . . 41 sh 3 d. par semaine
Fileurs pour filage de coton grossier (femmes) 36,   8   »
Filage en gros sur cadres (femmes) 36,   8   »
Etireuses (femmes) 36,   8   »
Nettoyeuses (femmes) 36,   8   »
Surveillants des cardes. 82,   6   »
Secondes mains des cardes 50,   5   »
Rattacheurs de fils (surveillants) (mét. à tisser à la main). 55,   0   »
Filateurs (cadres circulaires) (hommes et femmes) . . . 36,   8   »
Filateurs au muljerry (hommes). 61,   6   »
Gamins à l'arrière des métiers 23,   0   »
Bobineuses 25,   6   »
Chaînières (femmes) 39,   0   »
Ouvrières des loups 48,   0   »
Calibreuses (femmes). 31,   6   »
Femmes rattachant les fils. 31,   0   »
Tisseurs (hommes) 30,   9   »
Hommes roulant les wagonnets. 30,   6   »
Graisseurs, ouvriers chargés du gros nettoyage et divers . 25,   0   »

Les ouvriers des filatures de coton en Angleterre, chacun dans leur catégorie, peuvent comparer les salaires donnés ici à ceux qu'ils gagnent dans les filatures où ils sont actuellement employés et tireront leur propre conclusion d'après cette comparaison. Les filatures modernes de Fall-River et de New-Bedfort sont appropriées fort bien pour l'hygiène et la ventilation et l'on améliore peu à peu les anciennes dans ce sens. Pour les grandes constructions il y a un inspecteur d'Etat auquel doivent être soumis tous les plans de constructions nouvelles et l'on m'a assuré qu'il s'occupe avec vigilance afin que toutes les mesures nécessaires à la sortie des ouvriers soient prises, ainsi que des voies et moyens destinés à assurer leur sortie en cas d'incendie ou d'autre nécessité. La machinerie des filatures de coton est de fabrication anglaise : pour la majeure partie elle sort des usines de Messieurs Parr, Curtis, Threllfall, Dobson et Barlow, Asa Lees et Cie Limited, Platt frères et Cie Limited et J. Hetherington et fils Limited. On emploie également des machines construites en Amérique (y compris les Muljerry Mason) et elles donnent de bons résultats; les surveillants s'en montrent satisfaits. A Fall-River il n'y a pas de muljerrys modernes Platt, l'on dit que celles de Threllfall sont les meilleures pour le coton fin. La méthode de travail pour le cardage et le filage diffère beaucoup, dans les usines américaines, de celle des filatures anglaises et à mon avis l'avantage appartient au système anglais tant pour le prix que pour la qualité de la production — toutes choses étant égales d'ailleurs. Il y a généralement un fileur pour deux muljerrys et un gamin d'arrière pour 2 à 5 muljerrys suivant leur longueur et le nombre d'écheveaux qu'elles filent. Ils aident au bobinage, et au nettoyage des appareils. C'est le fileur qui paye leur salaire. On emploie également des étireuses ainsi que des metteurs en marche, dans certaines usines, pour aider le fileur à remettre son muljerry en bon ordre de marche après l'étirage. Il y a deux étireurs et un metteur en marche employés pour 7 à 10 paires de muljerrys suivant leur longueur et les écheveaux qu'elles produisent. On emploie également deux tubeurs, enroulant sur le tube à main, et ils suivent les étireurs. On file tout le coton brut sur des tubes et l'employeur paye les salaires de tous ceux qui aident, exception faite des gamins d'arrière. Dans tous les cas le filage du gros passe par le mulljerry et c'est un homme spécialement chargé de ce travail qui le met sur les bobines. L'ouvrier chargé de la manœuvre du monte-charge, transporte de la carderie le fil gros à tous les ateliers, et deux mêmes ouvriers transportent les bobines vides des ateliers de filage à la carderie. Les étireurs transportent le tissu de l'atelier de filage dans une salle où on le pèse et l'homme chargé de la manœuvre du monte-charge le descend ensuite. Le surveillant de la filature surveille la charge des bobines la pesée du filé et a la direction absolue des ateliers avec pouvoir de renvoyer toute personne y employée. Il y a également des aides-surveillants, dénommés secondes et troisièmes mains, qui doivent surveiller l'outillage et les métiers et faire toutes les modifications nécessaires pour les diverses grosseurs de filés produits.

Les fileurs américains sont principalement payés aux pièces et les tarifs constituent une liste de prix connue sous le nom de « Liste normale des prix de Fall River pour le filage aux métiers » (*Fall-River, Standard List of Prices for Mule Spinning*); ceux de New-Bedford sont, jusqu'à un certain point, régis par une liste établie de façon analogue. Dans bien des cas j'ai trouvé que les fileurs recevaient un salaire fixe et quand je m'enquis des raisons, l'on me dit que les listes normales ne tenaient pas compte de la grosseur du filé. La liste de prix de Fall-River n'envisage pas les grosseurs de 18 à 25, et pour les fils tordus celles de 22 à 37, de telle sorte que pour tout nombre de fils de filé supérieur à ceux qui viennent d'être cités on doit arriver à une entente particulière aboutissant généralement au salaire normal. La liste des prix de New Bedford prévoit les grosseurs de 6 à 120 et pour tout nombre de fils supérieur à 120 il faut un arrangement spécial conclu à peu près de la même manière qu'à Fall River. D'après les renseignements que j'ai pu obtenir tant du personnel directeur des Trade-Unions que des surveillants de filatures, personne parmi ceux qui sont intéressés à un titre quelconque à cette industrie, ne sait rien du principe sur lequel ces listes de prix ont été basées. De là la difficulté que l'on rencontre pour étendre l'échelle aux filés les plus fins que l'on produit maintenant dans les Etats de la Nouvelle-Angleterre. On paye le même taux de salaire aux pièces, que les métiers soient nouveaux ou anciens, qu'ils marchent vite ou lentement : en fait les surveillants de filature peuvent fixer à leur gré la torsion du filé sans modifier les salaires. Il y a quelques années on essaya de décider les corporations à payer d'après le nombre de tours par pouce ; mais elles s'y refusèrent. On paye les fileurs d'après le poids du filé obtenu ; ils ont le privilège de le faire mesurer ou peser toutes les fois qu'ils le désirent et l'on m'a affirmé qu'il n'y avait que peu de difficultés pour garnir les bobines étant donné que les surveillants ont une forte tendance à faire justice aux deux parties. En cas de conflit pour une augmentation ou une réduction générale des salaires, les diverses catégories d'ouvriers de cette industrie marchent d'accord, mais tel n'est pas le cas pour les conflits d'ordre individuel, car les ouvriers sont mal organisés sauf dans la filature. Les salaires sont actuellement de 10 % plus élevés qu'il y a vingt ans. Il y a un grand nombre d'Inspecteurs pour l'Etat du Massachusetts et deux Inspectrices et je fus informé par les représentants des ouvriers que les Lois industrielles (*Factory Laws*) sont bien appliquées sauf dans le cas des « Clauses Particulières » ; en ce qui touche à cette matière on formule des plaintes, car on ne leur a pas donné les sanctions qu'elles devraient avoir pour sauvegarder les intérêts des ouvrières des industries cotonnières et un grand mécontentement règne parmi les tisseurs parce que l'on accorde une marge de 5 °/₀ aux manufacturiers quant à la longueur des pièces ; ils prétendent qu'ils doivent être payés pour le nombre de mètres d'étoffe qu'ils ont tissés. On fera, sans aucun. doute, quelque chose pour donner satisfaction à ce grief. L'Etat de Massachusetts a aussi un Inspecteur des Chaudières à vapeur qui doit en outre examiner les mécaniciens et les chauffeurs ; il n'est pas permis de les employer à moins qu'ils ne produisent un certificat de capacité et l'on m'a assuré que l'examen qu'ils ont à passer est très dur. On n'emploie plus, autant qu'il y a quelques années, les mulljerrys à Fall-River, mais il y a eu une grande augmentation du nombre des métiers à la main et des métiers à broches et l'on produit actuellement du fil plus fin qu'il y a quelques années. La population actuelle de la ville de Fall-River est de 110.000 habitants ; celle des Etats-Unis de 77 à 78.000.000 ; les 48 °/₀ de la population sont nés dans d'autres pays que l'Amérique. Comme ce grand nombre de personnes doit être pour la majorité vêtu des produits des bobines et des métiers à main fonctionnant en Amérique, le marché intérieur offre de grands avantages à l'industriel Américain qui lui permettent de payer de hauts salaires à ses ouvriers. J'ai questionné ces derniers sur la qualité des matières premières fournies pour faire le fil ou les étoffes et je leur ai demandé si on leur reprochait fréquemment la mauvaise qualité de leur travail, comme c'est le cas dans le Lancashire ; l'on me répondit que ces cas étaient loin d'être fréquents et que la qualité du travail n'était jamais telle qu'il fallût arrêter les métiers pour rattacher les fils cassés. Pendant les mois de Juillet et d'Août, alors que le vent souffle principalement du sud, le filage est très troublé et s'en ressent en mal ; les ouvriers appellent cette période le « temps de chien » parce que le vent détourne le filé et qu'ils souffrent plus ou moins de l'atmosphère poissée (sic) qui rend humides les rouleaux de crin et nécessite des tours supplémentaires pour obtenir la même longueur de sorte que les fileurs gagnent moins et doivent travailler davantage pendant cette période désagréable. Les surveillants déclarent qu'ils emploient une meilleure qualité de fil quand les vents secs arrivent, mais les ouvriers prétendent que cela n'est pas vrai et en règle générale on réduit la vitesse des machines ; ils parviennent ainsi à vaincre les difficultés dûes au vent sec. Les ouvriers ainsi que le personnel dirigeant des Unions affirment que les influences climatériques ainsi que l'effort très dur auquel ils sont astreints dans les usines, sont beaucoup plus nuisibles à la santé que ce n'est le cas pour les ouvriers du Lancastre. Chaque usine a une certaine « armée de réserve » cherchant du travail et prête à prendre la place de ceux qui obtiennent l'autorisation de s'absenter parce qu'ils ne se sentent pas assez bien pour continuer leur travail et ce système s'applique à toutes les catégories de travail dans l'industrie du coton. Dans une usine occupant 30 fileurs il y aura une moyenne de 5 à 6 fileurs venant le matin demander du travail et on les emploie pour remplacer les malades ; il y a des semaines où ils sont tous employés comme *fileurs malades* ([1]). Du moment où un ouvrier obtient la permission de s'absenter, il ou elle peut demeurer absent jusqu'au moment où il ou elle juge bon de revenir et les ouvriers quittant leur travail dans ces conditions ne risquent pas de perdre leur place ; on ne leur refuse jamais cette autorisation lorsqu'ils la demandent de telle sorte que ceux des ouvriers qui ont assez d'argent peuvent prendre des congés suffisants quand ils sentent qu'ils en ont besoin. On me déclara que la mortalité parmi les ouvriers du coton est plus grande en Amérique que dans le Lancastre et les observations que j'ai faites dans les usines que j'ai visitées m'ont amené à conclure qu'il y a beaucoup de vérité dans cette déclaration. Les ouvriers sont pâles et terreux et la fatigue à laquelle ils sont soumis dans les ateliers surchauffés est plus nuisible à l'endurance et à la santé humaine que la plupart des gens ne s'en rendent compte. Le personnel commence à travailler le matin à 6 heures 30 et continue jusqu'à midi, on lui accorde 60 minutes pour le repas et il reprend jusqu'à 6 heures du soir ; le dimanche il travaille jusqu'à midi et quitte l'usine jusqu'à la même heure le lendemain matin.

Comme résultat de mon enquête sur le système de *chiper* (sic) du temps dans les usines Américaines, on m'apprit que dans l'ensemble on n'exige en réalité que la semaine de 58 heures. Les fileurs au métier sont tout à fait opposés à travailler davantage que les 58 heures demandées (limite maximum) et l'on dit que l'un d'entre eux dans chaque atelier a les yeux fixés sur la pendule et qu'il met en marche et arrête son métier à l'heure juste et ses mouvements sont un signal pour les autres ; on ne prend aucun avantage sur les fileurs qui arrêtent leurs mules pendant qu'on tâche de *chiper* (sic) du temps. Dans de nombreuses parties du pays où existent des filatures et des usines de coton l'on m'a affirmé que ce système de *chiper* (sic) le temps était très en vigueur, spécialement dans les districts extrêmes où les visites d'inspecteurs sont rares à ce que l'on dit. Il y a 6 congés par an à Fall-River et à New-Bedfort et chacun d'eux n'a qu'un jour de durée, mais il y a un grand mouvement en faveur d'une semaine fériée vers le milieu de l'année et si cela est accordé les ouvriers Américains seront un peu plus favorisés que les ouvriers du Lancastre au point de vue des congés.

En réponse à une question on me dit que le graissage et le nettoyage des machines dans les ateliers des filatures se font toutes les fois qu'une occasion s'en présente. Les fileurs avec métiers mécaniques sont obligés de graisser

---

([1]) *Sick spinners.*

leurs broches et les têtes de mull-jerrys le matin avant le moment de la mise
en marche ainsi qu'à l'heure du dîner et ils sont obligés de graisser l'axe des
broches (à sa partie inférieure) tous les matins. On ne fait que peu de graissage et de nettoyage pendant que les moteurs marchent, et durant la semaine il n'y a pas de moment désigné pour le nettoyage. Les fileurs doivent
nettoyer à fond une moitié d'un mull-jerry par semaine, ils sont aidés dans
cette tâche par les gamins d'arrière, les étireurs et les metteurs en marche
quand on en emploie : ce nettoyage à fond demande 20 minutes. On ne
retire jamais les rouleaux d'acier pendant cette opération. Les ouvriers employés à porter le filé gros aux mull-jerrys et à le mettre sur les porte-
bobines reçoivent respectivement un salaire moyen de 31 sh. et de 25 sh. par
semaine. On emploie généralement les fileurs-rattacheurs (*joiners spinners*)
pour ce que l'on appelle les grands mull-jerrys, car la tendance de ceux qui
dirigent ces usines est de dire qu'il y a beaucoup trop de différence de salaires
entre les fileurs et les ouvriers aux pièces pour les grandes pièces. On ne
paye pas un prix supérieur aux fileurs employant des tubes. On n'occupe pas
de sous contractants dans les filatures Américaines ; là où il y en a dans le
Lancastre cette pratique est très impopulaire parmi les fileurs qui disent que
ce n'est rien moins que du sweating parce que le prix du travail et les salaires sont inférieurs à la normale.

A New-Bedfort il y a 440 métiers à tisser et l'on doit sous peu en ajouter 40
nouveaux. Il y a 60 fileurs qui sont, ainsi que les fileurs-rattacheurs, membres
de l'Association, le personnel de l'Union est de 500 membres et 200 à 300 étireurs
et gamins d'arrière en font également partie. Il y a environ 5000 tisseurs occupés
dans les diverses usines de la ville, mais il n'y en a que 1350 qui soient membres
de l'Association soit 27 °/₀ du personnel employé. Les ouvriers des cardes affirment
que 80 °/₀ des régleurs de vitesse et seulement 5 °/₀ des autres sont membres de
la société dont le personnel est de 400 adhérents sur un total de 2000 employés
dans les usines.

Il y a 450 rattacheurs de fils dont 250 sont membres de l'Union ; on occupe
dans la ville 100 régleurs de loups dont 80 sont membres de l'Union. Les retordeurs et les tireurs de fils ne sont nullement organisés. Je me suis renseigné sur
le mode de travail dans les ateliers de préparation des filatures de coton Américaines qui diffère quelque peu du système Anglais, mais en comparant les salaires
aux résultats obtenus, j'ai reçu l'assurance de représentants des Associations
d'ouvriers des cardes du Lancashire auxquels j'ai lu les renseignements que j'avais
sur ces branches de l'industrie cotonnière que les méthodes Américaines de travail ne présentent pas d'avantages par rapport à celles employées dans les établissements du Lancastre. Il y a une bonne pratique dans la méthode de travail
des filatures Américaines ; c'est celle-ci : les surveillants sont convaincus qu'il
faut employer du coton de bonne qualité et par ce moyen la machinerie marche
plus vite et les résultats obtenus sont très bons.

Ils suivent également le principe de faire bien carder et nettoyer la matière première, ont les machines nécessaires pour obtenir ce résultat et en adoptant

cette méthode ils obtiennent de bons filés et évitent ainsi le gâchage des matières. L'un des surveillants de la principale filature de New-Bedfort me dit qu'il avait l'habitude d'employer, en Amérique, du coton de 3 degrés supérieur en qualité à celui dont on se sert dans le Lancastre pour obtenir du filé contenant le même nombre de fils, et cette déclaration me fut confirmée par un commissionnaire d'achat et de vente de coton, homme de grande expérience, avec lequel j'eus une longue conversation sur l'industrie Américaine du coton, en général. En parcourant les usines que j'ai eu la chance de visiter, je n'ai pas eu la moindre difficulté à me convaincre que l'on faisait fournir leur maximum à toutes les machines employées et que, étant donnée la qualité du coton employé, les ouvriers n'étaient pas plus bousculés dans leur travail, s'ils l'étaient autant, que ceux des filatures du Lancashire où l'on emploie généralement des matières premières de qualité inférieure. J'ai fréquemment vu des ouvriers de filatures assis et surveillant leurs machines en plein fonctionnement, tout marchant parfaitement bien; et n'était la chaleur trop considérable des ateliers, la situation de ces ouvriers serait très satisfaisante. Dans l'une des filatures que j'ai visitée, les métiers à filer contenaient chacun 736 broches, produisant diverses grosseurs de filé et les chiffres suivants indiquent le poids en *pounds* du filé fait par semaine ainsi que la moyenne des écheveaux employés par fuseau.

Désignation	Nombre d'écheveaux par fuseau, par semaine	Variétés de coton
Trame de 63 fils == 516 *pounds*	23,8	Coton américain cardé.
» 58 » == 780 »	30,7	» blanc d'Egypte peigné.
» 48 » == 946 »	30,8	» américain cardé.
» 92 » == 375 »	23,1	» blanc d'Egypte cardé.
» 75 » == 515 »	26,2	» américain cardé.
» 100 » == 318 »	21,6	» blanc d'Egypte peigné.
» 110 » == 289 »	22,3	Cotons égypt. et de Sea-Island
» 120 » == 262 »	21,3	mélés.
» 150 » == 165 »	16,8	Coton de Sea-Island peigné.

Pour 37 métiers dans cette usine, il y a un surveillant supérieur de filature et quatre seconde-mains et le total de leurs salaires atteint à 17 £. 19 sh. 3 d. par semaine, ce qui montre que les fileurs ont une aide suffisante à leur disposition en cas d'avaries ou d'autres travaux qui doivent être faits par les aides ci-dessus mentionnés. Les fileurs gagnent 3 £. 15 sh. par semaine contre 1 £. 12 sh. à Oldham pour la conduite des métiers de même longueur. Le salaire total que l'on payerait à Oldham à un surveillant et son aide pour le même nombre de métiers serait inférieur à 6 livres sterling par semaine. Dans une autre usine les métiers contenaient chacun 1120 broches, soit 93 1/3 douzaines et des cannettes de 93 avec un tirage de 60 pouces et un rouleau à plaques de 5 pouces, ils faisaient 4 tirages en 55 secondes et produisaient chacun par semaine 600 livres ou 25, 4 écheveaux par broche. Les salaires payés par métier sont de 6 livres sterling 10 sh. par semaine contre 3 livres sterling 7 sh. à Oldham dans les mêmes conditions. Avec des métiers de même longueur en filant des trames de 150 fils en coton de Sea-Island peigné, les métiers faisaient 3 tirages en 50 secondes et filant en écheveaux de 22 gros, produisaient 340 *pounds* par semaine ou 228 écheveaux par broche. Le fileur gagnait 4 livres sterlings 7 sh. 6 d. par semaine contre 1 livre sterling 17 sh. à Oldham s'il avait travaillé dans les mêmes conditions d'après les tarifs et conditions d'Oldham.

Dans une autre usine que j'ai visitée les métiers contenaient 816 broches soit 68 douzaines chacun et filaient à 135 fils avec un tirage de 57 1/2 pouces, un mouvement de 3 pouces du rouleau à plaques et faisaient 3 tirages en 63 secondes produisant 238 *pounds* de filé par semaine ou 197 écheveaux par bobine. Le filé gros était en écheveaux de 22 faits en coton de graine d'Allau (*sic*) avec des soies de 17 pouces de longueur. Les fileurs reçoivent un salaire fixe de 4 livres sterlings 0 sh. 8 d. par semaine et le total par métier : 5 livres sterlings 5 sh. 10 d. ; dans les mêmes conditions, il serait à Oldham de 2 livres sterlings 17 sh. 10 d.

		Pounds	Écheveaux par fuseau
La production hebdomadaire par métier filant à 60 fils était. .		880 ou	32,4
»	» 95 » . .	440	23,0
»	» 100 » . .	420	25,7

Cette dernière grosseur de fil s'obtient avec des matières premières de meilleure qualité que celles employées pour les 95 fils, les métiers fonctionnent plus vite et le poids produit est plus grand. Dans une autre usine, l'on me dit que les broches tournaient à 9000 tours par minute sur les métiers à filer, ce qui n'est pas égal à la vitesse obtenue à Oldham dans les filatures les plus modernes. Les métiers contenaient 840 broches chacun soit 70 douzaines et les chiffres suivant indiquent les résultats hebdomadaires en *pounds* et écheveaux par fuseau.

55 fils, production.	880 *pounds* ou	30,4	écheveaux par broche
70 »	680 »	28,3	»
78 »	690 »	27,9	»
100 »	420 »	25,0	»
90 »	480 »	25,7	»
95 »	450 »	25,4	»
110 »	380 »	25,0	»
84 »	520 »	26,0	»

On emploie des cotons d'Egypte, du peigné d'Amérique et du cardé d'Amérique tous à longues soies. Le total des salaires par métier est de 5 livres sterlings 1 sh. 10 d. au lieu de 2 livres sterlings 18 sh. à Oldham.

J'ai visité une filature, dont les métiers à filer ont été fabriqués par Messieurs Asa Lees and Cº Limited de Oldham et j'ai pris les caractéristiques d'un métier contenant 1044 broches ou 87 douzaines. Les métiers filent avec des cannettes de 50 avec un tirage de 60 pouces, un mouvement de 3 pouces du rouleau à plaques, et faisaient 3 tirages en 43 secondes, le filé gros était en coton d'Egypte et le filé double avec des écheveaux de 10. La production hebdomadaire est de 1070 *pounds* par semaine ou de 256 écheveaux par broche. Le surveillant me dit qu'il allait augmenter leur vitesse de marche de 10 º/º. Les métiers sont conduits par des fileurs-rattacheurs recevant chacun 50 sh. par semaine et avec les salaires payés aux gamins d'arrière et aux étireurs on dépense 6 livres sterlings 16 sh. 10 d. pour la production hebdomadaire d'un métier. Les salaires que l'on payerait à

Oldham pour les métiers, d'après le tarif de Oldham, sont de 3 livres sterlings 8 sh. par semaine. Dans une usine que j'ai visitée à Pawtucket j'ai trouvé un service de métiers de fabrication Américaine, contenant chacun 744 broches soit 62 douzaines avec des cannettes de 75 et un tirage de 60 pouces et faisant 3 tirages en 40 secondes. On fait la trame avec du filé gros doublé, fait de coton Egyptien et d'écheveaux de 14 de filé gros, le poids produit par semaine est de 520 *pounds* ou 26,2 écheveaux par broche. Avec ces métiers courts le fileur gagne 3 livres sterlings 8 sh. par semaine et y compris le salaire payé aux gamins d'arrière et aux étireurs la dépense totale est de 4 livres sterlings 10 sh. 10 d. alors qu'à Oldham dans les mêmes conditions elle n'attendrait que 2 livres sterlings 13 sh. 10 d. soit une différence de 37 sh. par semaine. Dans le même établissement un métier double contenant par métier 824 broches soit 68 ²/₃ douzaines, filant avec des cannettes de 80 avec un tirage de 60 pouces et un mouvement du rouleau à plaques de 3 pouces, le métier faisant 3 tirages en 40 secondes, produit 590 *pounds* par semaine soit 286 écheveaux par broche, la matière première employée étant du coton brun d'Egypte avec filé gros double et le salaire moyen hebdomadaire 4 livres sterlings 3 sh. 4 d. au lieu de 1 livre sterling 13 sh. 4 d. qui seraient payés dans le district de Oldham. L'on m'a fait visiter une filature bien connue en Amérique dans laquelle les métiers en service avaient été fabriqués par une maison Américaine (Mason). Ils portaient 66 ²/₃ douzaines soient 800 broches par métier, on filait des trames à 45 fils et l'étirage était de 64 pouces avec un mouvement de 3 ¹/₄ pouces de rouleau à plaques, donnant 67 ¹/₂ pouces de filé par tirage. Les métiers font 3 tirages en 45 secondes, produisant 1100 *pounds* par semaine ou 31 écheveaux par broche. Le fileur gagnait 3 livres sterlings 17 sh. par semaine et l'on payait 33 sh. par semaine au gamin d'arrière et aux étireurs, soit un total de salaires de 5 livres sterlings 10 sh. tandis que ceux payés par un employeur d'Oldham pour des métiers identiques seraient de 3 livres sterlings 0 sh. 5 d. par semaine, soit une différence de 2 livres sterlings 9 sh. 7 d. Avec le même nombre de broches, en filant à 75 fils le *minder* produisait 6,10 *pounds* de filé par semaine ou 286 écheveaux par broche. Les matières premières étaient du coton Américain, filé gros double et des écheveaux de 13 en filé gros. Le surveillant me déclara que les broches faisaient 10100 révolutions-indiquées par minute et que le fileur gagnait 4 livres sterlings 3 sh. 4 d. par semaine ou 2 livres sterlings 9 sh. 1 d. de plus qu'il ne gagnerait en travaillant à Oldham d'après *la liste de prix et les conditions d'Oldham*. Dans cette usine il y a 155 moteurs de cardes, produisant par machine et par semaine 800 *pounds* pour celles de 80 à 120 fils, on verra que pour une durée hebdomadaire de travail de 58 heures, on ne pousse pas ces cardes ; de sorte que l'on n'obtient que du bon cardage.

Les salaires moyens des rémouleurs de cardes sont de . . .	2£,	01 sh,	8 d.	par sem.
»	»	cardeurs.	1,	11,	3	»
»	»	tendeurs pour le retordage (moyen et gros)	2,	10,	0	»
»	»	fileuses en gros	1,	13,	4	»
»	»	tendeurs intermédiaires	2,	03,	0	»
»	»	tendeurs des cadres d'étirage . . .	1,	55,	0	»

Dans les nombreuses filatures que j'ai visitées dans les divers Etats, j'ai constaté que les coûtumes ou méthodes de travail varient dans des limites considérables ; la direction de chaque établissement organisant le système de travail dans les divers ateliers d'après les données que l'expérience a démontré être les plus favorables, permettant d'obtenir les résultats les meilleurs, étant données les conditions environnantes.

Depuis un certain nombre d'années l'emploi des broches circulaires s'est beaucoup développé en Amérique et c'est grâce au cadre circulaire que l'industrie Américaine s'est acquis sa situation prépondérante pour la production du drap sur le marché intérieur et qu'elle est actuellement un concurrent sérieux sur les marchés étrangers. Un surveillant de cadres circulaires me dit que l'on a l'habitude en Amérique de mettre un plus grand nombre de tours dans le filage de la chaîne que dans les filatures du Lancastre et que ceci, joint à un bon filé de remplissage, permet de faire marcher les métiers dans les meilleures conditions possibles. Dans un des établissements que j'ai visités, j'appris qu'il y avait près de 7600 broches circulaires en service ; les cadres contiennent de 80 à 120 broches par côté et une fille peut surveiller neuf côtés sur les cadres longs et 12 sur les courts, le salaire hebdomadaire normal étant de 1 livre sterling 13 sh. 4 d. Les étireurs, gagnent sur ces cadres circulaires 1 livre sterling 5 sh. par semaine en moyenne. La production hebdomadaire normale est de 0,42 *pound* par broche à 60 fils. Le salaire hebdomadaire payé au surveillant et à ses trois aides pour s'occuper de ces cadres circulaires est de 16 livres sterlings 11 sh. 3 d.

Dans une autre filature il y avait 36500 broches circulaires en fonctionnement produisant de la chaîne et du filé de remplissage. Quelques-unes des fileurs avec cadres circulaires s'occupent chacun de 1010 broches, d'autres de 832, d'autres de 1200, et quelques unes des filles de 1248 broches, chacune. Les cadres produisent de la chaîne filée et les tendeurs sont payés aux pièces à raison de 11 *cents* 43 par fuseau. Aux cadres produisant le filé de remplissage quelques unes des filles surveillent 6 côtés de 144 broches chacun, d'autres 7 côtés de 128 et d'autres 8 côtés de 120 chacun. Le tarif aux pièces pour le filé de remplissage est de 14 *cents* 28 par broche. Par suite le nombre de broches dont s'occupe chaque fileur multiplié par le prix déjà indiqué montre le salaire hebdomadaire des fileurs circulaires : quelques uns gagnent 2 livres sterlings 17 sh. par semaine. Il y a 4 étireurs par 40 cadres pour le filé de la trame gagnant chacun 30 sh. 1 d. par semaine et il y en a 6 par 130 cadres de filé à chaîne. Deux d'entre eux gagnent chacun 31 sh. et les 4 autres 30 sh. 1 d. par semaine. Il y a aussi 4 balayeurs de bouts de coton recevant chacun 15 sh. 2 d. par semaine. Il y a 4 personnes employées pour travaux divers, deux d'entre elles sont payées chacune 37 sh. 4 d. et les deux autres 30 sh. 10 d. Il y a aussi deux gamins fileurs à raison de 20 sh. 4 d. par semaine chacun. On emploie comme matière première du coton d'Amérique à soies de 1 1/8 pouces. La vitesse des broches pour les cadres à chaîne est de 9000 révolutions par minute et pour les cadres de remplissage de 7300 à 8000 par minute. Le nombre de révolutions varie proportionnellement à la variation de vitesse des rouleaux d'avant. Dans une autre filature à 53,504 broches circulaires il y avait 209 cadres contenant 256 broches chacun et les filles surveillaient 8 à 10 côtés suivant leurs capacités. Leur salaire hebdomadaire était de 25 sh. et au-dessus. Pour le filé à 40 fils la production normale était de 1 *pound* par broche et le surveillant disait qu'elle était supérieure à la production moyenne du district. L'ensemble des salaires payés au surveillant, aux deux secondes-mains et aux trois autres aides montait 18 livres sterlings 2 sh. 6 d. par semaine. Dans une filature ayant 21,600 broches, ce nombre devant être doublé à bref délai, les cadres contiennent 112 broches par côté et les filles s'occupent de 12 à 13 côtés. Elles sont payées aux pièces, le tarif étant 72, 60 cents par côté, et, pour les 12, le salaire hebdomadaire normal est de 35 sh. 7 d. Il y a 3 étireurs pour 10 cadres, ayant chacun un salaire de 33 sh. 4 d. par semaine. Ce sont tous de jeunes-hommes.

La production hebdomadaire par broche est de . . . . 389 *pounds* pour 70 fils
» » » . . . 408 » 60 »
» » » . . . 259 » 80 »
» » » . . . 199 » 100 »

Dans une filature contenant 135.432 broches circulaires, on me dit que les filles surveillaient 10 côtés de 128 broches chacun ou un total de 1280 pour chaque cercle. On les paye aux pièces à raison de 0,0065 *cent.* par broche, de sorte que 1280 broches multipliés par 0,0065 donnent 8 dollars 32 *cents* soit 34 sh. 8 d. à chacune. Dans une filature de Rhode Island où les broches circulaires font 9100 révolutions par minute, les fileurs gagnent en moyenne 30 sh. par semaine et la production hebdomadaire est comme suit :

Pour 50 fils la production égale . . . . 58 *pounds* par broche
» 45 » » . . . . 70 »
» 36 » » . . . . 90 »
» 60 » » . . . . 50 »

Il y a 8 étireurs pour 78 cadres, dont le salaire est de 22 sh. 1 d. chacun.

Dans un établissement ayant 44.000 broches circulaires, les cadres contenaient 152 broches par côté et les tendeurs des cadres circulaires, s'occupant de 8 côtés, étaient payés un dollar par côté, par suite leur salaire était de 33 sh. 4 d. chacun par semaine. Les broches faisaient 10000 révolutions par minute. Les étireurs recevaient chacun 21 sh. 8 d. par semaine. La production hebdomadaire telle que que me l'ont indiqué les surveillants est comme ci-dessous.

135 pounds par broche pour . . . . 30 fils
112 » » . . . . 36 »
96 » » . . . . 40 »
80 » » . . . . 46 »
67 » » . . . . 50 »
59 » » . . . . 55 »
51 » » . . . . 60 »
52 » » . . . . 70 »
34 » » . . . . 80 »

Les détails que j'ai donnés relativement aux mulljerrys et au filage circulaire sont à l'effet de permettre aux employeurs directeurs et ouvriers de faire leur éducation par eux-mêmes. On trouve dans les filatures de coton des États du Nord un grand nombre d'ouvriers qui travaillaient autrefois dans le Lancastre : et, qu'ils soient surveillants d'ateliers différents ou ouvriers filateurs, leur expérience et leur habileté technique au point de vue du coton sont employées avec succès tant dans leur propre intérêt que dans celui des industriels qui les emploient. A mon avis il n'y a qu'un empêchement à ce que l'Amérique devienne un concurrent redoutable pour le Lancastre relativement à l'exportation du filé : c'est le coût de production ; les salaires et le prix des articles divers nécessaires à la filature de coton sont si élevés qu'ils agissent comme un frein sur le commerce d'exportation des filés Américains. A de rares exceptions près, la filature et la manufacture de tissus sont simultanément faites par des « *corporations* » (Sociétés) et la machinerie est disposée de telle façon que les métiers à tisser consomment tout le filé produit par les mulljerrys ou les cadres circulaires, de telle sorte que la concurrence rencontrée par les employeurs et ouvriers du Lancastre est celle des tissus dont les établissements Américains produisent des quantités si considérables. Quant au métier Northrop, une personne digne de bonne foi m'a déclaré que ce type de métier n'était pas employé à Fall-River et que dans un autre établissement la direction avait fait remplacer les métiers Northrop par des métiers d'un autre type. La *Southworks Corporation* porte actuellement à 10.000 le nombre de ses métiers et la direction se refuse à prendre des métiers Northrop. Des rapports des Etats du Sud déclarent que l'affaire des métiers Northrop n'a pas de succès au point de vue financier et que la raison pour laquelle ces métiers vont dans des usines du Sud en si grande quantité est que leurs fabricants sont payés en actions au lieu d'être payés en argent et dès que l'occasion s'en présente, ils jettent leurs actions sur les marchés des diverses parties du pays. Il y a une sorte de folie de construction d'usines de coton dans les Etats du Sud de l'Amérique et il est difficile d'exprimer une opinion sur sa durée probable, mais je crois que les promoteurs de ces entreprises ne pourront pas compter longtemps encore sur le travail des enfants car il y a un très violent mouvement contre le système permettant à des enfants de 6, 7 et 8 ans de travailler dans les ateliers surchauffés des usines de coton, du matin de bonne heure, au soir tard et cela pour la somme de 2 sh. 6 d. par semaine. Les « Ouvriers textiles Unis d'Amérique » (*United textile Workers of America*) s'occupèrent de la question du travail des enfants dans leur dernier Congrès (*Convention*) tenu à Washington en octobre 1902 et plus récemment encore la Fédération Américaine du travail (*American Federation of Labour*) s'est préoccupée des moyens de faire aboutir une législation en faveur des jeunes enfants employés dans l'industrie, d'autant plus que les ouvriers organisés sont opposés à ce que l'on emploie des enfants de moins de 14 ans dans n'importe quelle industrie manufacturière et elle a résolu de donner son appui moral et financier à

toute tentative de suppression du travail des enfants. Cette décision est très
à l'honneur des ouvriers organisés et il faut espérer qu'ils réussiront à tous
les points de vue dans leurs louables efforts pour faire disparaître la honte
qui s'attache actuellement au système du travail des enfants telle qu'il est
pratiqué dans les établissements du Sud.

Me référant aux questions relatives à l'industrie et au commerce Américains j'ai été surpris par la façon dont on se sert de la Presse pour faire
mousser les informations favorables aux industriels Américains et à leurs
ouvriers. Les journalistes ont pris l'habitude de parler dans un esprit opti-
miste de tout ce qui est Américain et conséquemment encouragent les employeurs et leurs ouvriers dans leurs efforts pour prendre la tête dans la lutte
pour la suprématie industrielle. En règle générale, les écrivains commerciaux et autres prennent le contre-pied dans ce pays-ci et ceci tend à diminuer
l'ardeur de tous ceux qui ont des intérêts commerciaux ou dans le Travail.
Je suis d'avis qu'il vaudrait mieux pour les employeurs et les ouvriers en
Angleterre que l'on adoptât dans ce pays-ci la tactique de la Presse Américaine telle qu'elle vient d'être rapportée.

Réponses de M. THOMAS ASTHON au Questionnaire

Questions	*Réponses*
A. APPRENTISSAGE DES JEUNES OU- VRIERS.	
1. Par l'apprentissage qu'il a fait et l'instruction qu'il a reçue, le jeune ouvrier Américain est-il mieux pré-paré à son travail que le jeune ouvrier Anglais?	1, 2, 3. Je suis d'avis que le jeune Américain est mieux armé que le jeune Anglais par son apprentis-sage fait de bonne heure et par son instruction pour la lutte pour l'existence. Le système d'instruc-tion pour les classes ouvrières en Angleterre devrait avoir un carac-tère plus pratique; les écoles devraient être gratuites et l'on devrait enseigner aux garçons comme aux filles les connaissances qui leur seront d'un grand secours dans la carrière qu'ils veulent em-brasser après avoir quitté l'école
2. Si oui, quelles modifications avez-vous à proposer au système d'en-seignement pratiqué en Angle-terre?	
3. Avez-vous quelques indications à fournir relativement aux cours complémentaires du soir, aux cours professionnels du soir pour les ouvriers travaillant toute la journée?	

Cette méthode suivie dans les écoles Américaines, donne les meilleurs résultats pour les élèves. Comme membres de la Commission nous avons visité un grand nombre d'écoles Américaines, et nous avons été très frappés par tout ce que nous avons vu, parce que les méthodes d'enseignement adoptées sont bien calculées pour faire entrer dans l'esprit des élèves le genre de connaissances qu'on désire leur inculquer. Les enfants des ouvriers Américains fréquentent l'école jusqu'à 14, 15 ou 16 ans et à ce moment leurs connaissances sont telles qu'ils sont prêts à entrer utilement dans la vie, tant pour leur propre profit que pour celui de leur pays. On retire les enfants des ouvriers Anglais de l'école quand ils sont encore beaucoup trop jeunes. Pour pallier aux lacunes de l'enseignement je considère que l'on ferait un pas dans la bonne voie en rendant obligatoire l'assistance aux cours complémentaires du soir et que si l'on pouvait exercer une pression raisonnable sur les gens de 18 à 20 ans dans le but de leur faire suivre les cours des écoles professionnelles du soir ; il en résulterait un grand bien.

B. RAPPORTS ENTRE EMPLOYEURS ET EMPLOYÉS.

Je ne puis pas dire grand chose des relations entre les employeurs Américains et leur personnel. Les premiers ne sont pas organisés, comme c'est le plus souvent le cas en Angleterre, cependant ils semblent avoir conscience de leurs responsabilités à l'endroit de leurs ouvriers et sont énergiquement opposés aux pratiques de tyrannie et de despotisme de leurs contre-maîtres ou d'autres personnes ayant une autorité dans leurs établissements. Les employeurs se montrent généralement disposés à donner des encouragements à ceux qui font preuve de capacités spéciales dans l'atelier où ils sont employés en augmentant leurs salaires et en les élevant à des situations supérieures. Ce système est un aiguillon pour les jeunes gens qui aspirent à faire leur chemin dans le monde du travail.

4. Quelle est la durée du travail dans votre profession en Amérique, comment se compare-t-elle à la durée du travail en Angleterre?

4. La durée hebdomadaire du travail dans l'industrie cotonnière Américaine (filature et tissage) est de 55 heures dans l'Etat de New-Jersey, de 58 dans celui de Rhode-Island et le Massachusetts et de 60 heures dans les autres Etats du Nord non précédemment nommés. Dans les Etats du Sud, elle varie de 66 à 72 heures. En Angleterre, au point de vue de la production, elle est de 55 heures. On m'a dit qu'il n'y avait pas de probabilités de voir réduire la durée du travail dans les Etats de Massachusetts et de Rhode-Island jusqu'à ce que l'on soit arrivé à la même durée du travail dans les autres Etats et qu'il n'y avait absolument aucune chance que ce résultat fut atteint.

5. L'ouvrier Américain a-t-il, par heure, une production moyenne supérieure à celle de l'ouvrier Anglais?

5. Sur le point de savoir si l'ouvrier Américain fait plus ou moins de travail par heure que l'ouvrier Anglais, mon impression est qu'il n'y

a qu'une très faible différence entre
eux quand ils travaillent dans les
mêmes conditions, mais en général
l'esprit d'aventure des Américains
leur permet de profiter entièrement
des occasions de se faire un bon salaire, surtout quand ils travaillent
aux pièces.

6. Les tarifs aux pièces (travail aux
pièces, ou aux pièces et au temps)
sont-ils très employés en Amérique ?

7. Ce système est-il avantageux (*a*)
à l'ouvrier (*b*) aux employeurs ?
Donne-t-il un avantage injustifié à
l'un d'eux ?

8. Quand des ouvriers qualifiés travaillant aux pièces augmentent la
production par leur propre habileté les employeurs Américains
réduisent-ils les tarifs pour empêcher un ouvrier de gagner plus
qu'une certaine somme ?

6, 7, 8. Le système du travail aux
pièces est généralement en vigueur
dans les industries textiles mais
j'ai visité des établissements dans
lesquels les ouvriers étaient payés
à la semaine. Dans d'autres industries où l'on fait grand usage de
la machinerie, les employeurs
payent leurs ouvriers aux pièces
toutes les fois qu'ils le peuvent
mais il y a parmi les ouvriers une
très forte opposition, et qui se développe, à ce système du travail aux
pièces parce qu'ils prétendent qu'il
conduit à un état d'emploi qui,
très rapidement, devient intolé-
rable. Dans une très grande usine
de locomotives et d'appareils électriques qui occupe tout près de
15.000 ouvriers, le contremaître
principal me dit que 85 % du personnel sont payés aux pièces : de
plus que la production de l'usine
a augmenté de 25 % depuis qu'on
a remplacé le salaire à la journée
par celui aux pièces et cela avec
les mêmes ouvriers, les mêmes
outils, les mêmes machines; dans
un cas l'accroissement de production a atteint 40 %. Il déclara
qu'en voyant ces résultats les employeurs se montraient on ne peut

plus désireux d'établir le système du travail aux pièces dans leurs établissements puisqu'il signifie profit pour les deux parties : les ouvriers obtenant un salaire plus élevé et les employeurs une plus grande production. Il reste à savoir comment ce système fonctionnera en temps de dépression ; mais il me semble qu'il donnera lieu à un problème du travail dont la solution future sera des plus difficiles. Quand des ouvriers qualifiés travaillant aux pièces augmentent la production par homme, par leurs propres efforts, les employeurs n'ont pas l'habitude de réduire leur salaire ou les tarifs de travail aux pièces et cette considération est favorable à leur projet de travail aux pièces.

9. Les systèmes de primes et boni sont-ils plus généralement adoptés en Amérique qu'en Angleterre ; dans ces cas quels sont leurs résultats pour les employeurs et les employés ?

9. Je n'ai pas pu obtenir de renseignements, auxquels on puisse se fier, sur les systèmes de primes et boni des ouvriers Américains et je ne crois pas que cette pratique soit plus répandue dans les industries Américaines qu'elle ne l'est en Angleterre.

10. Là où existe le salaire hebdomadaire :

(a) Les ouvriers semblent-ils désireux de faire de leur mieux et de fournir une bonne journée de travail en échange d'un bon salaire ?

(b) Avec ce système l'énergie personnelle et l'initiative sont-elles dûment récompensées ?

10. Dans les cas où les ouvriers Américains reçoivent un salaire hebdomadaire, ils semblent agir conformément au principe de fournir une bonne journée de travail pour un bon salaire et à mon avis l'énergie personnelle et l'initiative sont bien rémunérées par les employeurs.

11. Les employeurs Américains sont-

11. Des ouvriers Américains travail-

ils désireux de pousser le personnel payé au temps à augmenter sa production par homme et sont-ils prêts à accroître proportionnellement le salaire par ouvrier ?

lant au temps, m'ont dit que leurs employeurs sont généralement très désireux de leur voir accroître la production par homme mais ils m'ont également déclaré, qu'ils ne l'étaient pas autant pour accroître proportionnellement le salaire. Ils disent qu'ils font de leur mieux pour donner satisfaction par la quantité de travail qu'ils produisent.

12. Les suggestions faites par les employeurs pour l'amélioration de l'outillage, l'introduction de procédés économisant de la main d'œuvre et les machines du dernier modèle sont-elles favorablement accueillies par les ouvriers ou le contraire se produit-il ?

12. En règle générale les ouvriers ne s'opposent pas à l'introduction de procédés mécaniques économisant la main d'œuvre et des machines du dernier modèle dans les manufactures et ateliers, parcequ'ils savent par expérience que ces changements tendent à augmenter leurs gains et qu'ils reconnaissent que ce serait une politique de suicide de la part des salariés que de s'opposer à l'amélioration des méthodes industrielles.

13. Les propositions de perfectionnements émanant des ouvriers sont-elles bien accueillies par les employeurs et récompensées par eux ?

13. Les propositions faites par les ouvriers en vue d'augmenter la production sont bien accueillies par les employeurs et, si elles sont mises en pratique, les ouvriers sont généralement récompensés pour les améliorations qui leur sont dûes.

14. (a) Les ouvriers conduisent-ils un plus grand nombre de machines qu'en Angleterre ?
(b) Si oui, ce système est-il favorable aux deux parties ou l'une d'elle en recueille-t-elle un avantage injustifié ?

14. D'une façon générale les ouvriers Américains s'occupent d'un plus grand nombre de machines qu'en Angleterre mais, si l'on fait entrer en ligne de compte la quantité et la qualité, je ne crois pas qu'ils se donnent plus de mal que l'ouvrier Anglais.

15. L'ouvrier Américain nécessite-t-il une grande « surveillance »? Quelle comparaison peut-on établir sous ce rapport entre lui et l'ouvrier Anglais?

16. L'ouvrier Américain est-il capable d'initiative et de travailler sans ordres fréquents et détaillés ? Quelles comparaisons peut-on établir sous ces divers rapports entre lui et l'ouvrier Anglais?

17. L'ouvrier Américain donne-t-il un fort coup de collier en temps de presse et le fait-il gaiement ? Quel rapport y a-t-il entre sa production pendant ces heures supplémentaires et sa production normale ? Quelles comparaisons peut-on établir à ces divers points de vue entre lui et l'ouvrier Anglais ?

18. Les employeurs Américains sont-ils plus facilement accessibles à leurs ouvriers que les employeurs Anglais ?

15. Je ne crois pas qu'il y ait grande différence entre les ouvriers Américains et Anglais, quant à la somme de « surveillance » nécessaire pour l'ensemble de l'industrie ; mais dans l'industrie cotonnière il y a plus de surveillance en Amérique qu'en Angleterre.

16. Sur le point de savoir si les ouvriers Américains sont plus capables d'initiative que les ouvriers Anglais et de travailler sans ordres fréquents et détaillés, je ne crois pas qu'il y ait grande différence entre eux surtout lorsqu'ils ont fait un bon apprentissage de leur branche.

17. Je ne crois pas que les ouvriers Américains soient plus disposés à s'épuiser, en temps de presse, que les ouvriers Anglais et à faire gaiement des heures supplémentaires à ce moment. Pour l'ensemble des industries dans les deux pays on fait les heures supplémentaires d'après les nécessités industrielles variables ; sauf dans les industries où la durée du travail est fixée par la loi.

18. Depuis quelques années les employeurs Américains se sont montrés plus disposés à se rencontrer avec leurs ouvriers, dans le but de régler avec eux les griefs résultant du travail, qu'ils ne l'étaient autrefois et l'on dit que cette modification de l'attitude patronale est due à ce que le Trade-Unionisme est devenu un puissant levier pour faire aboutir les réformes ou-

19. D'une façon générale un ouvrier a-t-il plus de chances de s'élever en Amérique qu'en Angleterre ?

20. L'usine américaine répond-elle mieux que l'usine anglaise aux besoins des ouvriers relativement à l'hygiène, à la ventilation et au confort en général ?

21. (a) L'outillage des usines américaines est-il supérieur au point de vue de la production.

(b) Sont-elles mieux dirigées. La proportion des directeurs sortis des Universités est-elle plus grande qu'en Angleterre ?

(c) La qualité des produits est-elle meilleure ?

vrières. Dans les deux pays les employeurs trouvent qu'ils ont avantage à traiter avec les agents des Trade-Unions, en cas de conflits avec leurs ouvriers.

19. Mon opinion est qu'il y a de beaucoup plus grandes occasions pour la classe ouvrière de s'élever sur l'échelle sociale en Amérique qu'en Angleterre et l'une des raisons en est que les ouvriers Américains ont la chance de manier considérablement plus d'argent.

20. Satisfait-on mieux aux besoins des ouvriers relativement à l'hygiène, à la ventilation et au bien-être en général, dans l'usine américaine que dans l'usine anglaise ? D'après ce que j'ai vu, je dirai non.

21. Comparant les usines américaines et anglaises et leurs outillages au point de vue de la production, je ne puis que dire, pour l'industrie cotonnière, que le seul avantage des entreprises américaines est qu'on se sert de matières premières meilleures que celles employées en Angleterre pour des tissus ayant le même nombre de fils. Je ne crois pas que les usines d'Amérique soient mieux dirigées que celles d'Angleterre et l'on n'emploie comme directeurs, dans l'un et l'autre pays, qu'un très petit nombre d'hommes ayant fait leurs études dans les Universités. En Amérique les ouvriers qui ont suivi les cours des Écoles professionnelles et qui ont passé des examens sur les divers sujets relatifs à leur

emploi reçoivent la préférence quand il y a lieu de faire des promotions. Je ne crois pas que les usines américaines produisent des articles de meilleure qualité que celles d'Angleterre, les matières premières employées étant sim - laires.

22. Pour combien la plus grande production des usines américaines est-elle due :

(a) A la durée du travail, supérieure à ce qu'elle est ici ?

(b) A la plus grande rapidité de marche des machines ?

22. Dans les Etats du Nord de l'Amérique la durée du travail dépasse de trois à cinq heures par semaine, la durée de travail en Angleterre et par conséquent on produit plus dans la semaine mais seulement jusqu'à concurrence de la production de ces trois à cinq heures supplémentaires : je ne crois pas que la rapidité de marche des machines soit supérieure à ce qu'elle est ici.

23. Y a-t-il des pratiques de l'organisation américaine qu'il y aurait lieu d'introduire, à votre avis, dans les usines anglaises ?

23. D'après ce que j'ai vu dans les installations américaines je ne suis disposé à recommander l'introduction d'aucune de leurs méthodes dans nos usines anglaises, sauf en ce qui touche à l'emploi de matières premières de meilleure qualité, et à ce qu'elles soient très bien cardées et convenablement nettoyées, conditions qui tendent à augmenter la production et à en améliorer la qualité.

C. CONDITIONS GÉNÉRALES DE LA VIE DES OUVRIERS EN DEHORS DE L'USINE.

24. (a) Les ouvriers sont-ils mieux nourris en Amérique qu'en Angleterre ?

(b) Quel rapport peut-on établir entre le prix de la nourriture en Amérique et en Angleterre ?

24. (a) J'ai eu l'impression que les ouvriers Américains sont mieux nourris que les ouvriers Anglais et c'est également l'avis d'ouvriers qui travaillaient autrefois en Angleterre et qui travaillent actuellement en Amérique.

25. (a) Les ouvriers sont-ils mieux
vêtus en Amérique qu'en Angleterre?

(b) Quel rapport peut-on établir
entre le prix des vêtements en
Amérique et en Angleterre?

26. (a) Les habitations des ouvriers
Américains sont-elles supé-
rieures à celles des ouvriers
Anglais.

(b) Quel rapport y a-t-il entre les
loyers dans les deux pays?

(c) Y a-t-il une plus grande proportion d'ouvriers propriétaires
en Amérique qu'en Angleterre?
Si oui, à quoi attribuez-vous ce
fait?

27. Quel rapport existe-t-il entre le salaire des ouvriers de votre profession en Amérique et en Angleterre,
ces salaires étant *exprimés en argent*?

(b) Au point de vue ouvrier, il
n'y a que très peu de différence entre le prix des aliments en Angleterre et en
Amérique ainsi que le re-
connaissent un grand nombre
d'ouvriers qui ont une longue
expérience des deux pays.

25. (a) Les ouvriers Américains ne
sont pas mieux habillés que
les ouvriers Anglais, mais leurs
vêtements sont de bonne qualité.

(b) Les vêtements tout faits sont
presqu'aussi bon marché qu'en
Angleterre, mais les personnes
qui les veulent de bonne qualité ou faits sur mesures doivent les payer de 50 à 80 %
de plus qu'ils ne leur coûte-
raient en Angleterre.

26. Je ne crois pas que les ouvriers
Américains soient mieux logés
que les Anglais. Les loyers en
Amérique sont de 50 à 100 % plus
élevés qu'en Angleterre. Je ne
puis pas dire s'il y a en Amérique
plus d'ouvriers possédant les maisons qu'ils habitent qu'en Angleterre, mais je suis d'avis qu'ils ont
de meilleures occasions de les acquérir pourvu que ce soit leur idée,
étant donné qu'ils occupent une
situation supérieure, grâce à leurs
salaires plus élevés.

27, 28. Le salaire moyen des ouvriers
des métiers à filer est, dans les
Etats de la Nouvelle Angleterre, de
16 dollars ou 3 £ 6 sh 8 d par semaine contre 1 £ 18 sh à Oldham

28. Quel rapport existe-t-il entre la *valeur* des salaires de l'ouvrier Américain et de l'ouvrier Anglais en tenant compte *du coût de l'existence* ?

et dans les districts voisins, soit une différence de 75 %. En tenant compte du coût de l'existence, je suis convaincu que le fileur américain a, en valeur absolue, un salaire de 40 % supérieur à celui de l'ouvrier Anglais.

29. L'ouvrier sobre, prévoyant et de bonne conduite peut-il, tout en vivant convenablement, épargner davantage en Amérique qu'en Angleterre ?

29. Je crois qu'un ouvrier sobre, prévoyant et de bonne conduite, en vivant convenablement, et en se maintenant en état d'accomplir efficacement son travail, peut épargner davantage en Amérique qu'en Angleterre et mon opinion se trouve confirmée par les témoignages d'ouvriers résidant actuellement en Amérique et qui vivaient et travaillaient autrefois dans le Lancastre.

30. Si oui, son épargne est-elle plus grande *en fait* ?

30. Les ouvriers qui sont portés à épargner peuvent le faire plus rapidement en Amérique qu'en Angleterre.

31. Les paris aux courses etc. ont-ils un rôle aussi important dans la vie de l'ouvrier Américain que dans celle de l'ouvrier Anglais ?

31. Relativement aux paris aux courses, etc., mes renseignements me permettent de dire qu'ils ne jouent pas un rôle aussi important dans la vie de l'ouvrier Américain que dans celle de l'ouvrier Anglais ?

32. L'ouvrier Américain est-il plus sobre que l'ouvrier Anglais ?

32. Je suis convaincu que l'ouvrier Américain est plus sobre que l'ouvrier Anglais et cela est évident dans tous les centres industriels où un voyageur séjourne quelque temps.

33. Est-il vrai que, pendant qu'il est jeune, l'ouvrier Américain fournisse une plus grande quantité de travail que l'ouvrier Anglais, mais

33. Je ne crois pas que les ouvriers Américains en fassent plus que les ouvriers Anglais pendant leur première jeunesse, mais ils se préoc-

qu'il soit usé jeune et que ses années de travail soient peu nombreuses ?

cupent plus de ce qu'ils ont à faire
et ceci joint au système de précipitation qu'ils apportent dans leur
travail peut avoir pour effet de détériorer leurs forces physiques et
de réduire le nombre de leurs années de travail.

34. Est-il vrai que l'ouvrier Américain soit renvoyé quand il est jeune
encore ?

34. Les ouvriers Américains sont renvoyés plus jeunes que les ouvriers
Anglais, et c'est l'opinion de tous
les ouvriers avec lesquels j'ai causé
de cette question.

35. (a) Est-il vrai que la durée
moyenne de la vie soit moindre chez l'ouvrier Américain
que chez l'ouvrier Anglais ?

(b) Si oui, cela est-il dû à une
fatigue excessive, à un climat
moins sain ou à toute autre
cause ?

35. Je ne puis pas dire avec certitude
si la vie de l'ouvrier Américain est
plus courte que celle de l'ouvrier
Anglais, mais j'en ai vu beaucoup
qui continuaient à travailler à un
âge avancé.

36. Y a-t-il une proportion supérieure ou moindre d'ouvriers à la
charge de l'Assistance publique en
Amérique qu'en Angleterre ?

36. Par rapport à leur nombre total
il y a moins d'ouvriers Américains
à la charge de l'Assistance publique : ils considèrent presque
comme un délit, d'être obligés
d'aller à la « poor house » pour
cause de pauvreté.

37. Les enfants et les amis des ouvriers Américains trop âgés pour
travailler ou que la maladie et les
accidents en rendent incapables
leur viennent-ils plus en aide
qu'en Angleterre ? Si oui, à quoi
attribuez-vous la différence ?

37. Les ouvriers Américains avec lesquels j'ai causé de cette question
reconnaissent généralement que
lorsqu'ils ne peuvent plus travailler parce qu'ils sont trop âgés ou
que la maladie et les accidents les
en rendent incapables, leurs enfants
et leurs amis sont toujours prêts à
les aider de leur mieux et je suis
certain que ce sentiment de sympathie est plus développé parmi les
classes ouvrières en Amérique
qu'en Angleterre. Il n'y a aucun

doute que les raisons en soient
le meilleur système d'instruction
qui règne en Amérique par rapport
à l'Angleterre ainsi que les meilleures occasions qu'a la classe ouvrière de gagner de plus hauts
salaires et ces deux influences tendent au résultat dont il est parlé
dans cette question.

38. Trouvez-vous que les conditions
générales d'existence de l'ouvrier
soient meilleures en Amérique
qu'en Angleterre ? En quoi pourrions-nous imiter l'exemple des
Américains pour améliorer les conditions de la vie en Angleterre ?

38. Je crois que les conditions générales de la vie de l'ouvrier Américain sont meilleures que celles de
l'ouvrier Anglais. Il lui passe
considérablement plus d'argent
par les mains et la grande masse
en dépense moins pour boire et
jouer et comme résultat les Américains sont mieux en situation
de profiter des avantages découlant
des meilleures conditions sociales.

D. QUESTIONS D'ORDRE GÉNÉRAL.

39. Approuvez-vous le fonctionnement de la Fédération Civique ?

39. Quant au fonctionnement de la
Fédération Civique dont le bureau
principal est à New-York, je ne
puis actuellement dire grand chose
à son sujet mais autant que je
comprends son rôle dans les questions du travail, j'approuve complètement son but qui est d'essayer
de terminer les grèves et lockouts
par la conciliation ou les autres
méthodes qu'il peut convenir aux
patrons et aux ouvriers d'adopter.

40. Pourrait-on introduire en Angleterre une organisation établie sur
la même base ou une base un peu
différente ?

41. Les délégués sont-ils en faveur
d'une tentative pour établir une
organisation analogue en Angleterre ?

40-41. Je ne suis pas en mesure de
dire si l'on pourrait introduire en
Angleterre une organisation analogue à la Fédération Civique d'A-
mérique, parce que les employeurs
et les ouvriers d'Angleterre, dans
les principales industries, ont des
organisations qui s'occupent des

questions du Travail et sauf si la
loi rend l'arbitrage obligatoire —
et des ouvriers Anglais y sont opposés — je ne crois pas que l'on puisse
améliorer beaucoup en Angleterre
les méthodes de régler les questions
du Travail. La conciliation et les
dispositions raisonnables des deux
parties pour solutionner les conflits
au fur et à mesure qu'ils se produisent sont suffisantes pour empêcher grèves et lockouts.

Thomas Ashton.

RAPPORT

de M. W. H. WILKINSON de l'Union des Tisseurs des Comtes du Nord (¹)

Ayant profité de l'aimable invitation de M. Mosely d'être l'un des membres de la « Commission Industrielle » aux Etats-Unis, j'ai maintenant le devoir de fournir mon rapport.

J'ai quitté Liverpool à bord du vapeur « Umbria » de la Compagnie Cunard le 1er Novembre 1902 et je suis arrivé le 8 à New-York après une traversée assez agréable. J'ai passé le lendemain de mon arrivée à New-York à visiter ce que l'on dit être le quartier le plus pauvre de la ville. Comme dans toutes les autres grandes cités, on s'aperçoit rapidement qu'il y existe beaucoup de misères, mais les autorités, m'a-t-on dit, font de leur mieux pour les supprimer. Je n'ai pas à étudier les causes de cette pauvreté, mais il faut dire, en parlant des Etats-Unis, que si un homme veut travailler il y a de l'ouvrage pour lui. Les ressources merveilleuses de ce pays comme minéraux, voies navigables, etc., sont si grandes qu'un ouvrier, capable de travailler, ne risque pas de mourir de faim.

INSTRUCTION. — J'ai consacré deux jours à visiter les écoles, publiques et privées, de la ville de New-York, et par de minutieuses observations que j'ai faites, je me suis convaincu de façon absolue que le jeune Américain a beaucoup plus d'occasions d'acquérir une instruction technique que le jeune Anglais. J'ai visité un institut où l'on enseigne l'électricité, la chimie et la construction mécanique, dans lequel il y avait 3.000 élèves inscrits sur les registres, payant chacun 15 dollars pour une période de scolarité de 6 mois. L'enseignement de ces divers sujets est poussé à un point tel que l'on a vu des élèves commencer à travailler comme ouvriers, en quittant l'école, sans

(¹) *Northern Counties Amalgamated Associations of Weavers.*

avoir fait d'apprentissage. Pour montrer combien l'instruction est hautement
appréciée, je puis aussi citer les chiffres suivants, montrant le nombre des
élèves d'un autre institut d'enseignement que j'ai visité.

Ecole des Sciences { Cours du soir.		825
» diurnes.		52
Section des Arts Cours du soir		1150
Ecole des Arts de la femme.		311
» de sténographie et de machine à écrire		39
de télégraphie		22
Nombre total d'élèves		2399

Il semble que l'on n'ait épargné aucune dépense pour développer et instruire
les jeunes gens aux Etats-Unis dans toutes les branches des enseignements
technique, scientifique et commerc' l, et c'est un plaisir de voir la bonne
volonté que les élèves mettent pour apprendre. Les dépenses de premier
établissement doivent *in fine* donner un grand revenu au peuple Américain,
et cet exemple pourrait être avantageusement suivi par les autorités de
notre pays, car, quoi que l'on puisse dire, on ne peut nier que nous man-
quons de connaissances techniques. Si nous voulons vaincre dans la lutte
pour la suprématie, nous devons nous tenir éveillés et agir, et nos jeunes
gens devront déployer plus d'énergie sur les points mentionnés, ou nous ne
tarderons pas à être à l'arrière-plan. Je dois dire que ce qui existe pour l'instruction dans la ville de New-York existe aussi dans les autres villes du Nord
ainsi que dans celles des Etats du Sud.

HEURES DE TRAVAIL.— Après avoir visité une grande usine de machines électriques occupant 9.700 ouvriers et également une grande usine de construction mécanique employant 4.500 ouvriers, toutes deux situées à Schenectady,
j'ai été à Niagara pour voir les chutes ainsi que la station de puissance électrique. De là je me suis rendu dans les Etats de la Nouvelle-Angleterre dans
le but de faire une enquête complète et approfondie sur les heures de
travail, etc., des ouvriers du coton dans les divers Etats. D'après les enquêtes faites, j'ai constaté que la durée du travail variait dans les divers
Etats, fait qui est dû à ce que chacun d'eux fait ses propres lois fixant le nombre
d'heures de travail. Dans l'Etat de New-York les ouvriers du coton font 60
heures par semaine, dans celui du Massachusetts 58 et dans les Etats du Sud
de 62 à 72. Je puis aussi dire ici qu'à Fall-River et New-Bedfort ainsi que
dans un grand nombre d'autres districts filateurs et tisseurs de coton, on
commence à travailler à 6 h. 30 du matin et il n'y a pas d'arrêt avant midi,
moment où il y a un repos d'une heure, et le travail reprend alors jusqu'à 6
heures trente du soir. Le samedi le travail cesse à midi, ce qui donne aux ouvriers le repos de tout l'après-midi du samedi. L'on m'a cependant donné à

entendre qu'il n'y a aucune difficulté pour obtenir des ouvriers des heures supplémentaires quand il en est besoin. Dans les Etats du Sud la situation est aussi mauvaise que possible. De jeunes enfants âgés de moins de six ans travaillent dans certains cas pendant le nombre d'heures sus-indiquées. J'ai cependant été heureux d'apprendre qu'il y avait une forte tendance en faveur d'une modification de l'état des choses relativement à cette question et si possible pour que la durée du travail ne soit pas supérieure à celle des Etats du Nord ; à mon avis cette question intéresse autant les Etats du Nord que ceux du Sud. Dans l'Etat de Massachusetts les enfants ne peuvent commencer à travailler dans les manufactures que lorsqu'ils ont atteint l'âge de 14 ans, et ils doivent alors produire un certificat montrant qu'ils savent lire et écrire. Une autre stipulation de la loi de cet Etat est que les personnes des deux sexes âgées de 14 à 21 ans qui ne peuvent lire la langue Anglaise ni l'écrire peuvent être occupées pourvu qu'elles suivent les cours du soir et que leur assiduité soit au moins de 70 %.

Aussi loin qu'a pu porter mon enquête, je n'ai pas vu employer de main-d'œuvre de couleur à l'intérieur des usines textiles. Dans bien des cas, cependant, on emploie la main-d'œuvre de couleur pour certains travaux extérieurs, mais l'on m'a dit qu'il n'avait pas été possible de décider, jusqu'à présent, les ouvriers de couleur à travailler à l'intérieur comme fileurs et tisseurs.

PRIX ET CONDITIONS GÉNÉRALES D'EMPLOI DES OUVRIERS DE MANUFACTURES. — Je n'ai trouvé dans aucun Etat de liste-type de prix, convenue entre employeurs et ouvriers, pour le tissage. Le chef de l'établissement fixe dans tous les cas les prix qui doivent être payés, et bien souvent si une pièce d'étoffe est défectueuse, on ne paye que la moitié de ces prix. Dans tous les cas sur lesquels j'ai enquêté, j'ai trouvé que les tisseurs de drap uni étaient payés aussi chers que ceux de drap satin, jacquard, etc. Ce système cause un grand mécontentement chez les tisseurs, puisqu'on ne tient pas compte de l'habileté. On a fait différentes tentatives pour amener les employeurs à modifier ce système et à payer le travail fait d'après une liste-type de prix, ainsi que cela a lieu dans le Lancastre, mais toutes ces tentatives ont été inutiles jusqu'à présent. Il n'y a aucun doute que l'échec ne soit dû au manque d'organisation des ouvriers intéressés. Le manque d'organisation résulte en grande partie de ce que les ouvriers appartiennent à tant de nationalités différentes. Lors de ma visite, les membres d'une association de tisseurs appartenaient à sept nationalités différentes et l'on m'apprit qu'il existait entre eux de profondes jalousies de races. Un grand nombre ne sait absolument rien des principes de l'organisation professionnelle. Il n'y a aucun doute qu'au fur et à mesure que le temps s'écoule, tout ceci disparaîtra ;

mais jusqu'au jour où l'on arrivera à une organisation meilleure, les ouvriers sont, dans une certaine mesure, sans défense et doivent se soumettre
aux volontés de l'employeur. Au cours des dernières années, l'industrie du
coton s'est développée à une allure très remarquable dans tout le pays. Rien
qu'à New-Bedfort (dans le Nord) le nombre des métiers à filer et à tisser s'est
accrû de 58 % depuis 10 ans et les progrès faits dans les Etats du Sud ont été
encore plus remarquables. Mais tandis que dans le Nord l'accroissement est dû
surtout aux tarifs protecteurs qui, excluant les cotons étrangers, ont donné
une grande impétuosité à l'industrie locale, celui du Sud est plus particulièrement dû à des considérations économiques, telles que : la proximité des
plantations de coton, le travail à bon marché, etc. Il est également surprenant de voir la diversité des tissus produits dans les usines Américaines,
mais en pratique, la totalité, exception faite des tissus unis, est fabriquée
pour le marché intérieur. Une des usines visitées avait 2.000 métiers ne
tissant que des étoffes chinées et 2.000 ne tissant que des étoffes pelu-
cheuses et jacquard.

Pour montrer l'importance considérable et l'énorme production de quelques-unes des usines cotonnières Américaines, je puis citer les chiffres suivants
portant sur le travail de l'année dernière et qui m'ont été communiqués dans
une des usines visitées :

Jours ouvrables	305
Matières premières employées.	3 502 337 pounds
Charbon employé	8 258 tonnes
Huile.	10 529 gallons
Amidon.	71 250 pounds
Etoffes fabriquées	21 310 775 yards
Salaires payés.	477 000 dollars
Nombre de métiers à tisser.	3 078
Broches : 75 000 cadres circulaires, 55 000 mulljerrys	130 000
Nombre d'ouvriers	1 200

Cette usine n'est pas exceptionnelle; il y en a beaucoup d'autres comparables.

Tous les établissements modernes de Fall-River et de New-Bedford sont
assez bien disposés au point de vue de l'hygiène ; on améliore les autres. Une
chose dont un Anglais se plaindrait est la grande chaleur régnant dans certains ateliers de tissage — un grand nombre sont chauffés à 80 et 90°
Fahrenheit. Et quand on a recours à l'humidification artificielle, ainsi que
cela a lieu dans bien des cas, le résultat est très nuisible à la santé des
tisseurs. On m'apprit qu'il n'y a pas de règlement relatif au cube d'air à
avoir dans les hangars ou ateliers de tissage. Il y a cependant un « Inspecteur d'Etat pour les constructions » et la question de l'hygiène rentre sans
doute dans ses attributions. Dans quelques-uns des ateliers de tissage la

ventilation est satisfaisante, mais dans quelques-unes des usines anciennes, à plafond bas, il y a place pour de grandes améliorations.

Ainsi qu'il a été dit précédemment, le personnel des unions de tisseurs n'est pas ce qu'il pourrait être, mais d'autres branches des industries textiles, à l'exception des cardeurs, sont bien organisées. Les organisations de surveillants de métiers à tisser ou rattacheurs et des ouvriers choisissant les grosseurs de fils comprennent 90 et 98 % du personnel total. Toutes les diverses associations professionnelles des ouvriers spécialisés des industries cotonnières sont constituées en une Association des Ouvriers Unis du Coton (*United Coton Workers' Association*) qui est affiliée à la Fédération Américaine du Travail (*American Federation of Labour*). Dans presque tous les cas, le filage et le tissage se font dans les mêmes établissements, dans le but de réaliser une économie de fabrication. Sans doute ce système amène à une grande économie dans le coût du transport et évite le gâchage, puisque le filé n'est pas endommagé comme c'est le cas lorsqu'on l'expédie par chemin de fer. Je puis également dire que certains des hangars de tissage contiennent jusqu'à 4.000 métiers.

MACHINERIE. — Aux Etats-Unis le tissage se fait dans des hangars et aussi dans des bâtiments à trois étages dont les parquets sont en bois. La plus grande partie des métiers employés est de fabrication Américaine et connue sous le nom de « métiers à tisser à point en dessous. » Un grand nombre de ces métiers Américains reçoivent la transmission par en dessous. Dans ce système la force motrice est fournie par une transmission par arbres, reliée au métier, par une courroie courte. On affirme qu'il y a moins de vibrations qu'avec le système des transmissions supérieures. Dans un grand nombre d'établissements l'électricité a supplanté la vapeur comme force motrice ; on dit que cela est beaucoup plus économique. Les métiers sont généralement de construction plus légère qu'en Angleterre. Leur rapidité de marche est aussi considérablement moindre que dans ce pays-ci. Le métier dont on parle le plus actuellement est connu sous le nom de « Northrop » et construit par MM. Draper Frères à Hopedale (Massachusetts). C'est, sans aucun doute, un chef-d'œuvre de mécanique, et d'après les renseignements que j'ai obtenus dans cette usine, on en fabrique 90 par semaine. Cependant à mon avis il est loin d'être parfait, et son mécanisme est trop compliqué. Sans doute le temps apportera remède à ses imperfections dans une très large mesure. Même aux Etats-Unis l'opinion n'est pas unanime sur sa valeur. Divers établissements qui se sont considérablement agrandis récemment, ont acheté des métiers Américains ordinaires, bien que les « Northrop » soient fabriqués dans le voisinage. Une chose qui m'a frappée dans le métier Northrop est sa faible vitesse : il ne fait que 165 points par minute au lieu de 200 ou

210 comme les métiers Anglais. Pour établir la valeur du « Northrop » il faut faire entrer en ligne de compte le nombre supplémentaire de main-d'œuvre nécessaire, sous forme de porteurs de trames, porteurs des étoffes, nettoyeurs, graisseurs, etc. Dans son état actuel ce métier exécute sans doute le travail qu'on lui demande pour le tissage d'étoffes unies quand on lui fournit des matières premières de qualité extra ; mais avec celles que l'on emploie dans ce pays-ci, je ne crois pas qu'il aurait grand succès.

Un autre métier sur lequel mon attention a été attirée avait un arrêt automatique électrique. C'est, à mon avis, ce que j'ai vu de plus parfait, mais comme avec tous les métiers à arrêts automatiques il est indispensable d'employer d'excellentes matières premières. On commence à se servir d'une machine à tirer les fils de la chaîne à travers les mailles, avant de la livrer au tisseur. A l'époque de ma visite on n'employait que 8 de ces machines. On disait également que l'on en verrait bientôt sur le marché un perfectionnement. La finesse d'appréciation des Américains pour les machines les plus modernes et la facilité avec laquelle ils adoptent les machines économisatrices de main-d'œuvre sont remarquables. Mais, quelle que soit la part de la machine dans l'industrie cotonnière en Amérique, il ne peut y avoir aucun doute que le grand accroissement des dernières années, surtout pour les étoffes de fantaisie, doit être attribué aux tarifs protecteurs Américains.

SALAIRES. — Les salaires des tisseurs varient avec la qualité du travail produit et le nombre de métiers, dont chacun peut avoir à s'occuper. Le nombre de métiers ordinaires dont un seul tisseur a la charge varie de quatre à dix. Le plus grand nombre de métiers Northrop que j'ai vu diriger par un seul tisseur est de 21 et le plus petit de 12. Le salaire hebdomadaire le plus élevé gagné, à ma connaissance, par un tisseur avec métiers ordinaires est de 13 dollars et de 14 à 15 avec les « Northrops ». Ces salaires, cependant, ne sont payés qu'à de bons tisseurs et ne peuvent pas être pris comme moyenne. Pour les raisons ci-dessus mentionnées, il est difficile de savoir le véritable salaire moyen, mais d'après ce que j'ai pu apprendre le salaire hebdomadaire des adultes est d'environ 10 dollars à Fall-River et New-Bedford. Les dévideurs gagnent en moyenne de 6 à 6 1/2 dollars par semaine pour 60 à 65 broches. La moyenne des salaires hebdomadaires des chaîniers est d'environ 8 dollars, mais dans une usine que j'ai visitée, où ils avaient chacun quatre cadres à chaînes, on m'a dit que leurs salaires étaient de près de 10 dollars. Il faut cependant ajouter qu'ils devaient aider un cannelier. Les ouvriers choisissant les grosseurs des fils sont payés sur le pied de 23 *cents* l'heure pour le filé gros et de 23 1/2 *cents* pour le fin, la durée hebdomadaire du travail étant de 51 heures. Les salaires des surveillants varient avec le nombre de métiers dont ils ont la charge, ainsi qu'avec la qualité du travail produit. On m'a dit que le salaire hebdomadaire normal est d'environ 13 1/2 dollars dans les principaux centres du Nord. Ce salaire est cependant augmenté si le nombre des métiers est supérieur à la moyenne. Dans aucun cas le surveillant n'embauche les tisseurs. Ce soin est laissé au chef surveillant ou surintendant du tissage. C'est un trait satisfaisant de voir les salaires hebdomadaires dans l'industrie cotonnière.

Dans les usines des États du Sud, j'ai trouvé les salaires de tous les ouvriers de manufactures considérablement moindres que dans le Nord. Il n'y a pas de tarif ou de convention fixe pour les prix, et les ouvriers doivent accepter ceux décidés par les diverses compagnies. Quoi qu'il en soit j'ai trouvé que l'on faisait une tentative pour essayer d'organiser les ouvriers, car ils commencent à être d'avis qu'ils doivent avoir une voix pour dire ce que vaut le travail.

GÉNÉRALITÉS. — Dans toutes les usines que j'ai visitées la qualité des filés est bien supérieure à celle que l'on emploie dans ce pays-ci, d'où la capacité des tisseurs de s'occuper d'un plus grand nombre de métiers. Donnez au tisseur du Lancastre les mêmes éléments et, à mon avis, il égalera, s'il ne le surpasse, son cousin Américain. Sans aucun doute on gagne de plus hauts salaires en Amérique qu'en Angleterre, mais quand on fait entrer en ligne de compte les loyers, les vêtements et divers autres objets de première nécessité, je ne crois pas que le bénéfice réel soit aussi grand qu'il le semble à un observateur superficiel. La proportion entre le travail féminin et le travail masculin me semble être très sensiblement la même dans les usines Anglaises.

Dans les remarques précédentes je me suis limité à l'industrie textile sachant que les représentants des autres industries à la Commission parleraient de celles qui leur sont propres. Je ne puis conclure sans remercier M. Mosely de l'honneur qu'il m'a fait en m'appelant à faire partie de la Commission. Mes remerciements sont également dûs à notre Comité Central et à notre Conseil Général pour m'avoir permis d'accepter cette invitation. Je dois également remercier le capitaine, les officiers et l'équipage de l' « Umbria » pour leur réception si aimable et courtoise, ainsi que pour leur attitude pendant le voyage de Liverpool à New-York et retour : depuis le capitaine jusqu'au dernier mousse, chacun a fait de son mieux pour que la traversée fût aussi agréable que possible.

Réponses de M. W. H. WILKINSON au questionnaire

Questions	*Réponses*

A. APPRENTISSAGE DES JEUNES OU-
VRIERS.

1. Par l'apprentissage qu'il a fait et l'instruction qu'il a reçue, le jeune ouvrier Américain est-il mieux préparé à son travail que le jeune Anglais ?

1. Oui. A mon avis le jeune ouvrier Américain, par l'apprentissage qu'il a fait et l'instruction qu'il a reçue est mieux préparé à son travail que le jeune Anglais.

2. Si oui, quelles modifications avez-vous à proposer au système d'enseignement pratiqué en Angleterre ?

2. Je ne puis que proposer quelque système rendant obligatoire de suivre les cours d'une école de technologie et plus particulièrement que l'on oblige à suivre les cours complémentaires du soir.

3. Avez-vous quelques indications à fournir relativement aux cours complémentaires du soir, aux cours professionnels du soir pour les ouvriers travaillant toute la journée ?

B. RAPPORTS ENTRE EMPLOYEURS ET EMPLOYÉS.

4. Quelle est la durée du travail dans votre métier en Amérique ; comment se compare-t-elle à la durée du travail en Angleterre ?

4. La durée hebdomadaire du travail pour l'industrie cotonnière est de 58 à 60 heures dans les Etats du Nord de l'Amérique, elle n'est pas fixée dans ceux du Sud et atteint 72 heures dans certaines usines ; elle est de 55 heures et demie en Angleterre dont une demi-heure pour le nettoyage.

5. L'ouvrier Américain a-t-il, par heure, une production moyenne supérieure à celle de l'ouvrier

5. Les avis sont partagés sur cette question ; mais personnellement je ne crois pas qu'il y ait une grande

Anglais ?

6. Les tarifs aux pièces (travail aux pièces ou aux pièces et au temps) sont-ils très en vigueur en Amérique ?

7. Ce système est-il avantageux :
   (a) à l'ouvrier.
   (b) aux employeurs. Donne-t-il un avantage injustifié à l'une des deux parties ?

8. Quand des ouvriers qualifiés travaillant aux pièces augmentent la production par leur propre habileté, les employeurs Américains réduisent-ils les tarifs pour empêcher les ouvriers de gagner plus qu'une certaine somme ?

9. Les systèmes de primes et boni sont-ils plus généralement employés en Amérique qu'en Angleterre et dans ce cas quels sont leurs résultats pour l'employeur et les employés ?

10. Là où existe le salaire hebdomadaire :
   (a) Les ouvriers semblent-ils désireux de faire de leur mieux et de fournir une bonne journée de travail en échange d'un bon salaire ?
   (b) Avec ce système l'énergie personnelle et l'initiative sont-elles dûment rémunérées ?

11. Les employeurs Américains sont-ils désireux de pousser le personnel payé au temps à augmenter sa production par homme et sont-ils

différence entre l'ouvrier Américain et l'ouvrier Anglais.

6. Dans l'industrie cotonnière, filateurs et tisseurs en Amérique comme en Angleterre sont aux pièces. Les employeurs et les ouvriers semblent croire que c'est le meilleur système.

8. D'après ce que je sais, on ne réduit pas les salaires pour empêcher un homme de gagner plus qu'une certaine somme.

9. Je ne sache pas que l'on donne des primes ou boni dans l'industrie cotonnière soit en Amérique soit en Angleterre.

10. (a) Je répondrai « oui » à cette question, bien qu'il puisse y avoir des exceptions.
    (b) Je crois qu'il y a des cas ou l'énergie personnelle et l'initiative n'ont pas reçu la rémunération à laquelle elles avaient droit.

11. Je ne puis pas répondre ; c'est une question à poser aux employeurs.

prêts à accroître proportionnellement le salaire par ouvrier ?

12. Les suggestions faites par les employeurs, en vue d'améliorer l'outillage, l'introduction de procédés
mécaniques, économisant la main-
d'œuvre et les machines du dernier
modèle sont-elles favorablement
accueillies par les ouvriers, ou le
contraire se produit-il ?

12. Je répondrai « oui » à cette question ; et d'après ce que j'ai vu je
crois que les procédés mécaniques
économisant de la main d'œuvre
sont bien accueillis par les ouvriers.

13. Les propositions de perfectionnements émanant des ouvriers
sont-elles favorablement accueillies par les employeurs et récompensées par eux ?

13. Oui, je le crois.

14. (a) Les ouvriers conduisent-ils un
plus grand nombre de machi-
nes qu'en Angleterre ?
(b) Si oui, ce système est-il favorable aux deux parties ou
l'une des deux a-t-elle un
avantage injustifié ?

14. Oui ; en règle générale l'ouvrier
conduit plus de machines ; quelques ouvriers déclarent que les
ouvriers et les employeurs réalisent
un profit, ce faisant, tandis que
d'autres ont une opinion contraire :
in fine il n'y a pas d'avantage pour
l'ouvrier.

15. L'ouvrier Américain nécessite-t-il
une plus grande « surveillance ».
Quelle comparaison peut-on établir sous ce rapport entre lui et
l'ouvrier Anglais ?

15. Autant que j'ai pu m'en rendre
compte il n'y a que peu de différence entre les ouvriers Anglais et
Américains au point de vue de la
« surveillance » : la majorité des
ouvriers étant, dans les deux pays,
désireuse de faire de son mieux.

16. L'ouvrier Américain est-il capable d'initiative et de travailler
sans ordres fréquents et détaillés ?
Quelles comparaisons peut-on établir sous ces divers rapports entre
lui et l'ouvrier Anglais ?

16. Je ne puis voir aucune différence
entre eux à ce point de vue.

17. L'ouvrier Américain donne-t-il
un fort coup de collier en temps
de presse et le fait-il galement ?
Quel rapport y a-t-il entre sa

17. Il y a des opinions contradic-
toires sur ces points.

production pendant ces heures supplémentaires et sa production normale ? Quelles comparaisons peut-on établir à ces divers points de vue entre lui et l'ouvrier Anglais ?

18. Les employeurs Américains sont-ils plus facilement accessibles à leurs ouvriers que les employeurs Anglais ?

18. L'on m'a dit que dans l'industrie cotonnière en Amérique, les employeurs sont accessibles à leurs ouvriers, à peu près de la même manière qu'en Angleterre; il n'y a aucune difficulté à les voir.

19. D'une façon générale un ouvrier a-t-il plus de chances de s'élever en Amérique qu'en Angleterre ?

19. Il est très difficile de répondre à cette question, cela dépend beaucoup de l'ouvrier et de la façon dont il cherche à améliorer sa position.

20. L'usine américaine répond-elle mieux que l'usine anglaise aux besoins des ouvriers relativement à l'hygiène, à la ventilation et au confort en général ?

20. Les mesures d'hygiène et la ventilation des établissements d'industrie cotonnière en Amérique ne valent pas celles des installations anglaises.

21. (a) L'outillage des usines américaines est-il supérieur au point de vue de la production ?

(b) Sont-elles mieux dirigées ? La proportion des Directeurs sortis des Universités est-elle plus grande qu'en Angleterre ?

(c) La qualité des produits est-elle meilleure ?

21. (a) Les usines de l'industrie cotonnière sont bien outillées, les employeurs, autant que j'ai pu le voir, introduisant la machinerie la plus perfectionnée.

(b) Les opinions sont variables sur le point de savoir si ces usines sont mieux dirigées que les usines anglaises.

(c) Je ne puis pas dire que la qualité des produits soit meilleure en Amérique qu'ici.

22. Pour combien la plus grande production des usines américaines est-elle due.

(a) A la durée du travail supérieure à ce qu'elle est ici ?

22. Dans les usines américaines de l'industrie cotonnière la production hebdomadaire par métier est moindre qu'en Angleterre, bien que la durée du travail soit moindre

(*b*) A la plus grande rapidité de marche des machines ?

23. Y a-t-il des pratiques de l'organisation Américaine qu'il y aurait lieu à votre avis, d'introduire, dans les usines Anglaises ?

C. CONDITIONS GÉNÉRALES DE VIE DES OUVRIERS EN DEHORS DE L'USINE.

24. (*a*) Les ouvriers sont-ils mieux nourris en Amérique qu'en Angleterre ?

(*b*) Quel rapport peut-on établir entre le prix de la nourriture en Amérique et en Angleterre ?

25. (*a*) Les ouvriers sont-ils mieux vêtus en Amérique qu'en Angleterre ?

(*b*) Quel rapport peut-on établir entre le prix des vêtements en Amérique et en Angleterre ?

26. (*a*) Les habitations des ouvriers Américains sont-elles supérieures à celles des ouvriers Anglais?

(*b*) Quel rapport existe-t-il entre les loyers dans ces deux pays ?

(*c*) Y a-t-il une plus grande proportion d'ouvriers propriétaires en Amérique qu'en Angleterre ? Si oui, à quelles causes attribuez-vous ce fait ?

27. Quel rapport existe-t-il entre les salaires des ouvriers de votre profession en Amérique et en Angleterre, ces salaires étant *exprimés en argent* ?

dans notre pays.

24. Je crois, en règle générale, que l'ouvrier Anglais s'alimente aussi bien que l'Américain ; diverses denrées nécessaires sont plus chères en Amérique, d'autres moins.

25. Je trouve que l'ouvrier Anglais est mieux habillé que l'Américain, le prix des vêtements étant considérablement plus élevé aux États-Unis qu'en Grande-Bretagne.

26. (*a*) Je trouve que l'ouvrier Anglais est mieux logé que l'Américain.

(*b*) Les loyers sont presque les mêmes en Amérique et en Angleterre.

(*c*) Je ne puis répondre.

27. Dans l'industrie textile en Amérique, les tisseurs gagnent plus d'argent par semaine qu'en Angleterre parce qu'ils s'occupent de plus de métiers et ont un meilleur travail, mais quand on tient compte du coût de l'existence, je dirai que

28. Quel rapport existe-t-il entre la *valeur* des salaires de l'ouvrier Américain et de l'ouvrier Anglais, *en tenant compte du coût de l'existence ?*

20. L'ouvrier sobre, prévoyant et de bonne conduite peut-il, tout en vivant convenablement, épargner davantage en Amérique qu'en Angleterre ?

30. Si oui son épargne est-elle plus grande *en fait ?*

31. Les paris aux courses, etc, jouent-ils un rôle aussi important dans la vie de l'ouvrier Américain que dans celle de l'ouvrier Anglais ?

32. L'ouvrier Américain est-il plus sobre que l'ouvrier Anglais ?

33. Est-il vrai que, pendant qu'il est jeune, l'ouvrier Américain fournisse une plus grande somme de travail que l'ouvrier Anglais mais qu'il soit usé jeune et que ses années de travail soit peu nombreuses ?

34. Est-il vrai que l'ouvrier Américain soit renvoyé quand il est jeune encore ?

35. (a) Est-il vrai que la durée moyenne de la vie soit moindre chez l'ouvrier Américain que chez l'ouvrier Anglais ?
(b) Si oui cela est-il dû à une fatigue excessive, à un climat moins sain ou à quelque autre cause ?

le tisseur Américain a gagné à la fin de la semaine de 10 à 15 % de plus que l'ouvrier Anglais.

28. J'ai répondu (n° 27) à cette question.

29. Je répondrai « oui » à cette question.

30. Je n'en sais rien.

31. Je ne crois pas que les paris aux courses soient aussi répandus en Amérique qu'en Angleterre ?

32. Je n'en sais rien.

33. D'après toutes les apparences je dois répondre « oui ».

34. L'on m'a dit, il est vrai, que l'ouvrier Américain est renvoyé quand il est jeune encore, surtout s'il montre des signes de faiblesse physique.

35. Je réponds « oui » ; les causes en sont multiples.

36. Y a-t-il une proportion supérieure ou moindre d'ouvriers à la charge de l'Assistance publique en Amérique qu'en Angleterre ?

36. Je crois qu'il y a une proportion moindre d'ouvriers à la charge de l'Assistance publique en Amérique qu'en Angleterre.

37. Les enfants et les amis des ouvriers Américains trop âgés pour travailler ou que la maladie et les accidents en rendent incapables, leur viennent-ils plus en aide qu'en Angleterre ? Si oui à quoi attribuez-vous ce fait ?

37. Je ne veux pas exprimer une opinion sur ce sujet, le temps dont nous disposions ne nous ayant pas permis de faire une enquête approfondie.

38. Trouvez-vous que les conditions générales d'existence de l'ouvrier soient meilleures en Amérique qu'en Angleterre ? En quoi pourrions-nous imiter l'exemple des américains pour améliorer les conditions de la vie en Angleterre ?

38. Même parmi ceux qui ont vécu pendant des années en Amérique et en Angleterre, on rencontre des opinions divergentes.

D. QUESTIONS D'ORDRE GÉNÉRAL.

39. Approuvez-vous le fonctionnement de la Fédération Civique ?

39. Personnellement j'approuve complètement le fonctionnement de la Fédération Civique.

40. Pourrait-on introduire en Angleterre une organisation établie sur la même base ou sur une base un peu différente ?

40. Je ne vois pas pour quelle raison, si une organisation semblable n'existe pas encore, on n'en établirait pas une en Angleterre sur la même base que celle d'Amérique.

41. Les délégués sont-ils en faveur d'une tentative pour établir une organisation analogue en Angleterre ?

41. Je suis personnellement favorable à une tentative pour établir une telle organisation.

W. H. WILKINSON.

RAPPORT

de M. T. A. F' YNN de l'Union des Tailleurs (¹)

C'est un fait humiliant de voir que les enfants de notre population industrielle reçoivent une instruction si inférieure à celle donnée aux enfants aux
Etat-Unis d'Amérique. Non seulement l'enseignement est gratuit dans ce
pays mais il se continue jusqu'à l'âge de 18 ans et, dans certains des Etats,
même celui des Universités est gratuit. D'après la loi Américaine, tous,
garçons et filles, entrent dans la vie avec au moins l'instruction de l'école supérieure. Les traditions et considérations qui maintiennent Eton, Harrow et
autres institutions similaires, sont méprisées au plus haut point par tout
citoyen Américain. Il pense que son pays vaut mieux sans elles.

Chez nous, pauvreté des parents signifie ignorance obligatoire des enfants.
En Amérique la pauvreté du père est une raison supplémentaire pour que
ses enfants reçoivent la meilleure instruction que peut donner la nation. Cette
conviction est tellement ancrée dans la vie Américaine que j'ai entendu des
employeurs exprimer leur extrême répugnance à employer quiconque, à
moins de 18 ans, dans leurs établissements.

Si cela est ainsi dans un pays, dont les richesses naturelles et les ressources
dépassent presque les limites des conceptions humaines, combien est-il plus
nécessaire pour la population de ces petites îles que leurs enfants, sur les
épaules desquels pèse le futur, soient au moins les égaux, par l'instruction
et le développement de leurs intelligences, de ceux de la nation qui promet
d'être leur plus redoutable concurrent aussi bien chez eux que sur les marchés du monde.

Il est vrai que nous paraissons montrer un plus vif intérêt pour l'enseignement professionnel, mais il faut bien se rappeler, pour citer un exemple, qu'à
l'Institut Armour de Chicago pour l'apprentissage des jeunes mécaniciens-
ingénieurs, on considère que deux années passées à l'Ecole supérieure sout

(¹) *Amalgamated Society of Tailors.*

l'équivalent de deux années d'enseignement de l'Institut et tandis qu'un jeune homme de 16 ans entrant à l'Institut Armour est obligé (de suivre sept ans de cours, un garçon de 18 ans venant de l'Ecole supérieure, n'en suit que pendant cinq ans, fait qui démontre que l'enseignement de l'Ecole supérieure présente un caractère de pratique et de haute technique. Il faut aussi dire que les cours du soir en Amérique sont de tous points excellents et peuvent être suivis par tous ceux qui désirent augmenter leur instruction.

Chez nous l'enseignement est devenu un sport de politiciens, et l'enfant mis en dehors, c'est un champ excellent de discussions théoriques. il est sans doute vrai que l'homme ne vit pas uniquement de pain, et que certains des aspects du système d'enseignement Américain vont à l'encontre de certain idéal reçu, mais il faut cependant reconnaître que, par ce système; hommes et femmes sont mieux armés pour la lutte pour la vie, tant à leur propre profit que pour celui de la nation, que par tout autre système préconisé jusqu'ici dans ce pays-ci. L'enseignement devrait être gratuit et national, de l'Ecole primaire à l'Université. Un surplus d'intelligence est une fortune nationale meilleure que la sombre ignorance. Les procédés industriels, sont mieux compris, mieux appliqués et mieux développés par des ouvriers intelligents, instruits et ayant fait un bon apprentissage, que par des ouvriers grossiers et sans apprentissage. En cela l'Amérique est d'au moins un quart de siècle en avance sur nous et à moins que nous ne préparions les épaules de nos enfants à supporter le fardeau qui leur incombera inévitablement, en un mot, à moins que nous ne nous éveillions, le jour de la décrépitude sénile luira sûrement pour nous. La jeune Amérique est 'éveillée et pense en millions.

La durée du travail en Amérique pour les ouvriers tailleurs, très analogue à celle reconnue en Angleterre pour la même profession, varie de 8 à 10 ou 12 heures par jour ; il en est de même pour les autres professions. Il faut cependant noter que la demi-journée de repos du samedi à laquelle les ouvriers Anglais attachent tant de prix n'a pas encore été reconnue de façon générale. Le mouvement en faveur de son obtention devient populaire et est surtout dû au désir d'assister aux réunions sportives du samedi après-midi, ce qui en somme, est une autre indication que l'Amérique devient de plus en plus une nation industrielle.

En ce qui touche au total du travail produit pendant ces heures on peut formuler bien des opinions. A mon avis, là où en Amérique la production est plus grande qu'en Angleterre, il faut en chercher la cause dans le machinisme perfectionné. En tous cas je n'ai pas vu d'exemple où les ouvriers étaient indûment poussés ; au contraire les ouvriers jouissent d'une liberté inconnue dans nos ateliers. Dans un grand pourcentage de métiers et industries, le salaire à la journée est la règle générale, mais même dans les professions où l'on travaille aux pièces, on calcule plutôt les salaires d'après le total gagné en une semaine ; il semble y avoir pour convention tacite que quel que soit le prix payé par article fini, la valeur du travail de toute une semaine ne sera pas inférieure à un certain nombre de dollars. Ceci me semble être un système éclairé, honnête et facile à comprendre, car d'une part l'ouvrier est assuré d'un salaire minimum indispensable à l'existence et d'autre part l'employeur peut introduire toutes espèces de machinerie économisatrice de de main-d'œuvre et le fait, en étant assuré de la bonne volonté et du concours de tous ceux qu'il emploie. Mais quoi qu'il en soit, le fait suivant est hors de doute : après avoir satisfait aux dépenses d'alimentation et de ménage, l'ouvrier et l'ouvrière Américains ont comme surplus un pourcentage beaucoup plus grand de leurs salaires que l'ouvrier et l'ouvrière Anglais.

La controverse du « Ca'Canny » nous avait précédé en Amérique et ce sujet avait évidemment attiré une attention considérable. En ce qui concerne les employeurs Américains, et, autant que nous avons pu le voir, les meilleures relations règnent entre eux et ceux qu'ils emploient. Que ce soit dans les établissements à travail à la journée ou dans ceux employant exclusivement le salaire aux pièces, on incite de toutes les manières possibles, les employés à combiner leurs intérêts à ceux des gens qui les occupent. Il y a des deux côtés une cordialité et une camaraderie indiscutables qui ne peuvent exister que lorsque la production, les salaires et les conditions générales de travail sont satisfaisants.

Les employeurs Américains croient que c'est la machine qui doit être conduite plutôt que les hommes et les femmes ; et l'ouvrier habile qui, par l'invention ou la suggestion d'une idée, permet à l'employeur de réaliser son idéal est encouragé d'une manière délicieusement réelle et sincère. Donnons un exemple. Un établissement donne un dollar (quatre shillings et deux pence) pour toute proposition faite par un employé et acceptée par l'établissement. Nous pouvons ajouter qu'il a établi un gymnase pour ses employés hommes et femmes, et aussi pour ces dernières une salle de musique et une salle de repos. Un autre abolissant les récompenses en argent, donne une semaine ou quinze jours de congé payés. Un autre, système d'encouragement est celui des établissements donnant à un ouvrier, qui a une idée devant améliorer le système ou la méthode de production, une semaine ou un mois pour creuser cette idée, le payant son salaire ordinaire et désignent un ouvrier ou une équipe pour travailler sous ses ordres. Une autre caractéristique de la vie des manufactures et des usines en Amérique est la manière dont sont effectués, sans souci de la dépense, tous les travaux pour l'air, la lumière, l'hygiène, les bains et lavatories. « C'est mieux que ce que nous donnent nos

meilleurs hôtels à Londres » ; telle est la remarque faite par des délégués
ayant compétence pour juger. Bien que tout n'atteigne pas à ce niveau élevé
en Amérique, il est sans aucun doute, vrai que l'ouvrier rentrant sale de son
travail chez lui est un *rara avis* dans ce pays. Les opinions que l'on se forme
sur les questions de l'outillage, de la production et de la direction des usines,
dépendent beaucoup des articles produits.

En Amérique la tendance universelle est de spécialiser et de monopoliser
et là où cela peut s'accomplir avec succès, l'énergie, l'instruction supérieure
et l'apprentissage des affaires Américains peuvent capturer sûrement tous les
marchés existants pour l'article produit. La Compagnie des Caisses-Enregistreuses (¹) à Dayton (Ohio) est peut-être le plus bel exemple existant
des traitements intelligents du personnel combinés à la production intense.
On peut la définir, en termes modérés, l'Arcadie des ouvriers. Des ateliers
grands, spacieux, parfaitement éclairés et ventilés, chauffés en hiver, rafraîchis en été, l'atmosphère constamment débarrassée de l'odeur inévitable et
de la poussière des machines ; des ascenseurs à tous les étages, d'excellents
salaires, — bref chaque détail de la vie dans la fabrique donne l'impression
d'un désir, autant que l'argent et l'ingéniosité peuvent le réaliser, de faire de
la vie des ouvriers une « chose de beauté et de joie éternelles » (*sic* !) Il n'y
a pas le moindre prétexte de philanthropie. Tout cela est fait pour des raisons
commerciales, l'entreprise croit que le moyen le plus sûr et le plus réel pour
gagner des dollars est d'y arriver grâce aux efforts d'ouvriers sains, heureux
et contents. Il n'est pas utile de dire que toute la machinerie est du type le
plus moderne. Un ouvrier s'occupait de huit machines, un autre de cinq,
toutes automatiques, qui n'avaient besoin que d'être alimentées de matières
premières lorsqu'elles le demandaient en s'arrêtant. De travail pénible il n'y
a point. Un terrassier fait en un jour plus de travail pénible que ceux là
pendant toute une existence. Un autre ouvrier surveillait une machine qui
enlevait un demi pouce à une barre d'acier mince et ainsi de suite, de merveille en merveille, pour les cent une opérations qui aboutissent à une
Caisse-Enregistreuse.

Un autre exemple d'efforts organisés, de nature très différente, se rencontre
dans l'entreprise de charcuterie de la compagnie Armstrong de Chicago.
Depuis le moment où la chaîne passée à l'une de ses jambes d'arrière, on le
fait tourner autour du grand disque vertical d'acier, la tête en bas, prêt pour
l'ouvrier maniant le couteau, le porc passe par les mains de 700 ouvriers
qui le débitent en quartiers pour la réfrigération qui fait perdre ce qui
reste de la chaleur de l'animal ; toutes ces opérations : tuerie, enlèvement

(¹) *National Cash Register C⁰*.

des soies et autres détails ne demandent que quelques minutes ; en fait la
procession des porcs est aussi rapide et continue que celle d'un régiment
marchant lentement sur une file unique.

Un autre groupe de manufactures Américaines présentant des caractéristiques dignes de remarque est celui des manufactures de vêtements. Ici,
encore, nous avons de nombreux exemples de cette politique qui confirme
la règle : mieux vous traiterez votre personnel, mieux il soignera et étudiera
vos intérêts.

Le total des capitaux placés dans les manufactures Américaines de vêtements doit être énorme et à première vue l'on est porté à mettre en doute
la possibilité d'un rendement satisfaisant. On ne peut prétendre qu'une invention nouvelle ait supplanté le principe essentiel de la vieille machine
à coudre, c'est-à-dire qu'il n'y a rien de similaire à ces machines automatiques que l'on voit dans les ateliers de mécanique, où l'ouvrier donne à la
machine sa pitance journalière et se repose à côté tandis que s'accomplit le
travail de digestion. On est loin, cependant, de cet idéal poursuivi, mais tous
les détails de la vieille machine ont été soumis aux perfectionnements dûs à
l'ingéniosité humaine et bien des parties ont été modifiées au point qu'elles
sont méconnaissables. Dans tous les établissements de quelque importance,
que j'ai visités, on faisait des expériences avec des machines, perfectionnées
d'une façon ou d'une autre, témoignant jusqu'à l'évidence du besoin universel
de mouvement des Américains et de leur amour ardent et exultant du changement, qui signifie : progrès. Un facteur industriel, général et important, à
travers toute l'Amérique est l'emploi de l'électricité comme éclairage et force
motrice. On en emploie tellement et avec tant de prodigalité que certaines
villes, Chicago, par exemple, semblent le soir, être illuminées en l'honneur
du retour de quelque héros ou potentat.

Il est inutile de dire que toutes les manufactures modernes de vêtements
ont leur installation pour l'éclairage et la conduite des machines. En donnant
quelques détails sur les machines que l'on voit fonctionner, il faut noter
qu'en ce qui concerne les machines à coudre ordinaires, leur marché est
aussi grand en Angleterre qu'en Amérique. Quoi qu'il en soit, il semble y avoir
en Amérique un marché meilleur, ou peut-être devrait-on dire, une demande
plus considérable et constante pour la machinerie spécialisée qu'en Angleterre et il faut noter de plus, que le manufacturier Américain établit son
installation dans le but de fabriquer un vêtement bien supérieur à celui que
jettent sur le marché les 9/10, des manufacturiers Anglais sinon tous. L'évidence de ce dire est démontrée par le simple fait que les vêtements tout faits
sont très facilement demandés sur le marché intérieur au prix de 4 à 12 livres
sterling, ce qui montre de suite que le marché Américain, pour cette catégo-

rie de vêtements, est très supérieur à notre marché Anglais ; en fait on ne peut pas dire qu'un tel marché existe chez nous.

C'est peut-être dans l'atelier des coupeurs d'une manufacture Américaine que l'on remarque la différence la plus frappante. Les grands ciseaux ordinaires ont été bannis et leur place prise par des machines électriques à tailler, établies spécialement. Certaines de ces machines sont attachées à des fils et reçoivent leur électricité du moteur principal, d'autres portent leur propre moteur et sont des merveilles d'ingéniosité. Dans certaines le « couteau » est circulaire et a environ deux pouces de diamètre, dans d'autres on emploie une petite lame de rasoir. La vitesse de coupe à la commande, est de 1 400 (quatorze cents) tours par minute. Elles reposent sur la table qu'elles dépassent de 9 pouces. En marche, une main guide et la machine glisse à travers le drap avec facilité, rapidité et exactitude. Dans quelques-unes des installations plus anciennes et pour les grosses coupes, on se sert du long couteau ordinaire ; mais dans tous les établissements modernes on emploie uniquement la machine électrique à couper. Les avantages que l'on attribue à ces machines sont une coupe plus exacte et de plus près et un travail plus facile pour le coupeur, lui permettant de consacrer toute son intelligence à sa besogne, une production plus grande et une plus grande économie de matière première. Quelques-unes de ces machines portent une lampe électrique sur ce que l'on peut appeler leur nez. Le coût de ces machines, y inclus les frais des brevets, est de 40 à 50 livres sterling, et en me rappelant certains des ciseaux antédiluviens, et donnant des ampoules, que l'on emploie chez nous, j'ai peur qu'on ne les trouve trop chères. Les employeurs Américains ne jugent pas ainsi et d'après ce que nous avons pu voir, elles justifient pleinement tous les avantages qu'on leur attribue. Comme chez nous le système de chauffer les fers est très controversable. L'électricité et le gaz, sous une forme quelconque sont les deux procédés d'un emploi quasi-universel.

Celui qui rencontre le plus de faveur est un mélange d'air comprimé et de gaz. L'air comprimé est fourni par une machine spécial et on l'admet et l'arrête comme le gaz. Des tuyaux séparés amènent l'air et le gaz à un tuyau unique fixé au fer. Ce tuyau peut avoir toute longueur désirée, il a ordinairement quatre pieds. On obtient les proportions désirées du mélange, en réglant les robinets à air et à gaz — procédé très simple. On prétend¹ que c'est le système le moins coûteux et le meilleur, son réglage est si facile qu'il est également impossible d'avoir un fer trop ou pas assez chaud. Nous avons obtenu divers chiffres pour la dépense, mais le plus sérieux est 1 1/2 dollar par jour et par fer supposé, bien entendu, en usage constant. Cette méthode m'a semblé être la plus sûre, étant également sans odeur et donnant à l'ouvrier un contrôle absolu sur son fer qui manque dans certaines des machines à presser d'autrefois que l'on utilise encore.

Pour parler des autres espèces de machines plus directement employées à la production des vêtements il est nécessaire de mentionner la question de la division du travail. Il faut dire de suite que les employeurs Américains ne sont pas entichés de parti-pris, d'un système déterminé de division du travail. Chaque manufacturier suit sa propre idée et adopte le système qu'il croit convenir le mieux à la nature du travail qu'il fait. Conséquemment on ne trouve pas deux établissements ayant identiquement le même système de production. Dans l'un, un vêtement passe par les mains de vingt personnes différentes dont chacune exécute une partie infinitésimale. Dans un autre, nu ouvrier fait tout le vêtement à l'exception des boutonnières, de la pose des boutons et repassage. Dans tous les autres établissements la méthode de production oscille entre ces deux extrêmes. Par suite, il est clair que les employeurs Américains sont dans la même situation que nous par rapport à un système défini et général de division du travail. Quoi qu'il en soit il semblerait que l'emploi de machines spéciales est plus répandu dans les manufactures Américaines que dans les nôtres. Qu'on accepte entièrement ou non ces dires, les machines suivantes sont parmi les plus récentes et les plus spécialisées.

La machine la plus remarquable est la machine à boutonnière Reece. Cette machine à aiguilles supérieure et inférieure, à plateau tournant exécute entièrement une boutonnière de un pouce un quart de longueur en moins de 40 secondes. Cette machine est très supérieure à toutes autres sur le marché tant par son mécanisme que par la qualité du travail produit. D'autres machines, moins remarquables au point de vue de la construction peut-être, sont aussi bonnes pour l'exécution de leur tâche. Il y a une machine pour faire les coutures rabattues ; une autre véritable merveille, coud une poche plus rapidement qu'on ne peut enfiler une aiguille et faire un point ; une machine à double but fait les coutures extérieures et pare tout à la fois. Une machine brevetée fait les coutures des manches ; une machine molletonne les revers, tandis qu'une autre fixe à points arrière le crin sur la mousseline raide, et une autre fait à double point une piqûre sur le bord et ainsi de suite pour toute la série des opérations nécessaires pour faire un vêtement ; on n'épargne ni l'argent ni les efforts pour faire des machines exécutant avec perfection jusqu'aux parties les plus simples du travail.

On peut esquisser d'un trait les autres aspects de la vie manufacturière. Partout l'on voit jusqu'à l'évidence, le désir des employeurs d'assurer les plus grandes facilités de travail à ceux qu'ils emploient. Peut-être les trois manufactures américaines types, et nous ne les citons que comme types, sont-

elles celles de Stern frères à New-York, Kirchbaum et C° à Philadelphie et
Hart, Shafner et Marks, à Chicago.

La première est ce que nous appelons en Angleterre : tailleurs sur commandes spéciales. Elle exécute les ordres des maisons qui ne veulent pas employer leurs propres ouvriers. On peut juger du développement de cette
entreprise par le fait que ce seul établissement occupe plus de 600 ouvriers
et paye un loyer supérieur à 700 £ (sept cents livres sterling) par an. Le
travail exécuté est tout à fait supérieur, et en fait, j'ai été présenté, pendant
ma visite à une personne attachée à la direction et qui, revenant d'Europe
en rapportant les modèles les plus récents, montrait une connaissance
intime et exacte des divers types créés par nos meilleures maisons anglaises.

Au point de vue des procédés mécaniques et de l'organisation, cet établissement a été — et c'est encore son trait principal — un modèle même en
Amérique. Kirchbaum et C¹ᵉ travaillent dans toutes les qualités et quand leur
manufacture sera complètement outillée, ils produiront 10.000 (dix mille)
complets par semaine. Ses étages (j'en ai visité six) ont 400 pieds de longueur.
Tout y est des plus modernes et des meilleurs. On pose une espèce de lino-
leum spécial sur les tables à couper pour faciliter les mouvements des machines électriques à tailler. Il y a des paniers pour recevoir les rognures. La
ventilation et le chauffage ont été établis d'après les plans les plus récents.
Des ascenseurs desservent tous les étages. En cas d'incendie des escaliers de
pierre que l'on peut complètement isoler du bâtiment principal, descendent
directement dans la rue. Une machine mesure chaque *yard* d'étoffe tandis
qu'on l'examine au point de vue des défauts de fabrication. Pour la plupart
ce ne sont que de petits détails que nous avons relatés mais nous les avons
donnés pour montrer le soin minutieux apporté pour avoir ce qu'il y a de
meilleur et de plus récent à tous les points de vue. On n'emploie que des étoffes
de fabrication américaine et celles que nous avons examinées ne sont que
de très peu inférieures à la meilleure qualité anglaise. Dans l'ensemble nous
avons examiné là une des plus merveilleuses installations qu'il soit donné de
voir et nous avons rapporté une très vive impression ainsi que du capital « à
la manière d'Aladin » (*sic*) que les Américains placent dans les entreprises
industrielles. Hart Shafner et Mark, ont un établissement solidement établi
donnant un profit annuel de 1.000.000 livres sterlings. Cette manufacture est
réputée partout en Amérique comme animée d'un esprit de progrès. D'autres
établissements peuvent être aussi bons, mais leurs produits ne peuvent sur-
passer la qualité et le fini de ceux de Hart, Shafner et Marks. Dans le passé
on a employé tous les perfectionnements de machinerie pour réduire la durée
du travail qui est actuellement de huit heures par jour. Bref ces trois établis-

sements reflètent très exactement la nature, la grande.r et la capacité de
production de l'industrie américaine des vêtements tout faits.

Pour beaucoup de raisons, une comparaison entre leur système et le nôtre
pourrait être considérée comme malveillante et même comme injuste. En
même temps, il ne faut pas perdre de vue que, si d'autres industries
ont une production dépassant de beaucoup la demande sur ce que l'on
appelle en Amérique le marché domestique, la même situation peut se produire dans l'industrie des vêtements confectionnés et nos employeurs peuvent
être amenés à lutter contre une concurrence qui détruira l'équilibre de nos
établissements les moins bien outillés. Eveillons-nous pendant qu'il est temps
encore, tel est mon avis.

La situation qu'occupe le tailleur à façon, en Amérique (c'est-à-dire le
marchand et l'ouvrier tailleur employé pour la vente et la confection des
vêtements les plus soignés) est unique à certains points de vue. En Angleterre
nous mettons toute notre foi dans la coûture à la main et considérons la machine comme un outil pour un ouvrier inférieur. En Amérique la situation
est inverse, à un point tel qu'il est très difficile à un ouvrier tailleur Anglais
ou Britannique de trouver un emploi, car on les considère un peu comme des
reliques du temps de la féodalité. La situation ne manque pas de comique
par certains côtés. Les ouvriers du Continent et les Scandinaves constituent
la majorité des tailleurs à façon d'Amérique et ils ont importés leurs modes
et méthodes de travail, la machine étant le premier objet nécessaire. Le système de s'asseoir « à la tailleur » les jambes croisées, n'est pas de mode chez
eux. Ce sont là quelques points de divergence qui, ayant pris racine et fleu-
rissant dans les ateliers américains, tendent à isoler le tailleur Britannique et
à rendre sa méthode risible et sans valeur pour la confection des vêtements
les plus soignés. On a fait une concession aux préjugés anglais : on n'a pas
encore complètement renoncé à l'aiguille et au dé.

Les ouvriers Américains fournissent des raisons à peu près irréfutables en faveur de leur système qui donne à ce qu'ils affirment, un vêtement mieux fait et
moulé sur le consommateur, vêtement qui conserve ou plutôt ne perd jamais
sa forme primitive. Le travail donne plus de plaisir et plus de loisir et surtout
les salaires sont considérablement plus élevés. Je suis complètement d'accord
avec eux sur les deux derniers points et les employeurs américains sont convaincus qu'il y a lieu d'envier les deux premières.

On ne peut douter que le tailleur en Amérique obtient un prix beaucoup
plus élevé pour les vêtements qu'il vend, que le tailleur en Angleterre. On
paye vingt livres sterlings pour un complet habit-noir, mais il faut se souvenir que là où l'on emploie du drap anglais — et l'on vend beaucoup de
draps anglais aux premières maisons — les droits de douane sur le drap en

augmentent le prix de 100 °/₀ par *yard*. On se préoccupe également plus des
modes : des voyages en Angleterre et sur le Continent se font annuellement et
d'aucuns font la traversée plus fréquemment. Les maisons de moindre importance envoient leurs coupeurs à New-York pour qu'ils y voient les modes
pendant huit ou quinze jours. Partout et en toute chose il semble qu'il y ait
un effort constant des gens de commerce pour vendre les marchandises les
plus nouvelles du marché.

Il peut y avoir des points de l'organisation américaine qui pourraient être
adoptés en Angleterre pour les tailleurs à façon. Le système américain est vi-
siblement établi sur la même base qu'il y a un siècle. S'ils étaient payés par
vêtement comme en Angleterre le salaire des tailleurs américains ne leur permettrait pas de vivre. Tel qu'il est leur salaire est princier en comparaison du
nôtre. En outre la conception de la valeur de la machine est aux antipodes
dans les deux pays : en Angleterre elle permet aux employeurs une réduction
de salaires, en Amérique aux ouvriers de tripler eux-mêmes leur salaire. Ces
différences sont des différences radicales. A Chicago le taux est de deux shillings par heure ; à Londres il est de sept pence : cependant l'habit ou la redingote faits à Londres sont d'après toutes les théories de l'art, les vêtements
supérieurs et les plus humains (*sic*). Que la redingote ou l'habit faits par un certain nombre de tailleurs choisis de Londres soient ce que l'on peut produire
de mieux, avec les conditions dominantes de couture à la main, je suis prêt à
le reconnaître, mais qu'ils soient ce que l'on peut produire de plus parfait
dans tous les cas me semble être une chose extrêmement discutable. Sans
aucun doute les meilleurs tailleurs à façon d'Angleterre conserveront leur
place — la première — dans l'avenir comme ils l'ont fait dans le passé. Cependant, le prestige même de l'art anglais du vêtement peut singulièrement
s'amoindrir.

Les conditions générales d'existence de l'ouvrier en dehors de la manufacture, comprennent en gros : l'alimentation, le vêtement, le logement et
enfin l'élément le plus important : le salaire. Sans aucun doute les ouvriers
Américains — et sous cette rubrique rentrent les femmes — ont un niveau
d'existence supérieur à celui de leurs cousins d'Angleterre. Le prix des aliments est très sensiblement le même, mais les Américains en consomment davantage et de meilleure qualité. Les vêtements sont aussi bon marché en
Amérique que chez nous, c'est-à-dire pour ceux qui achètent des articles de
qualité inférieure. Cependant toute l'opinion américaine est opposée aux
vêtements bon marché et grossiers. On paye ordinairement de trois à six
livres sterlings pour un complet. Lorsque l'on considère le fini et l'indéfor-
mabilité de ces vêtements, ainsi que le prix plus élevé de la main d'œuvre,
on ne peut équitablement dire qu'ils soient trop cher. En tous cas l'ouvrier

Américain, et peut-être dans une large mesure à cause de la coutume de
mettre une marque spéciale (*label*) sur tous les articles confectionnés par des
Trade-Unionistes, est absolument opposé au sweating car il croit que si on
le tolère dans une industrie il ne tardera pas à atteindre son propre salaire,
dans sa racine. L'habitation en Amérique souffre de la trop rapide expansion .
de l'industrie.

Il y a d'autres raisons sérieuses, mais, à notre avis, c'est la principale dans la plupart des centres industriels. Les ouvriers raisonnables
considèrent que le loyer représente les 25 % de leur revenu, il varie de trois
à cinq £ par mois. Même pour cette dernière somme, le confortable n'est pas
ce qu'il pourrait être. D'une façon générale, et mettant à part certains districts qui sont la proie des gros propriétaires, on peut dire que le loyer en
Amérique est considérablement plus élevé que chez nous. Le mouvement,
représenté par nos *building-societies*, d'ouvriers possédant leur maison est
assez vif dans les districts et centres où existent des industries stables ; en
dehors de ces districts la migration est contraire à ce mouvement. Les facilités grandissantes des transports rapides et leur extension continue y sont
également opposées. On peut dire une chose en toute certitude : il serait plus
aisé à un ouvrier Américain d'acheter sa maison et cela lui demanderait
moins d'efforts qu'à un Anglais.

Les salaires dans l'industrie du vêtement sont réglés par les conditions du
travail. Les tailleurs à façon, c'est-à-dire ceux qui font les vêtements de qualité supérieure, gagnent de très hauts salaires. Si l'on compare les meilleures
maisons de Londres à celles de New-York et Chicago, l'on voit que le salaire
des tailleurs Américains est de 200 % plus élevé. En dehors de ces grands
centres, les salaires varient dans les maisons de premier ordre, mais même
dans ce cas ils sont de 100 à 150 % supérieurs à ceux payés dans une ville
anglaise ordinaire. Dans la manufacture ou l'atelier de vêtements tout faits,
36 shillings par semaine et au-dessus représentent le salaire des ouvrières. La
comparaison est ici très difficile. La situation des femmes dans les installations
américaines est très supérieure, on les conduit moins, on les traite mieux et
à tel point que des ouvrières habiles gagnent de 3 à 5 £ par semaine. Si l'on
compare ce qu'il y a de mieux en Amérique et en Angleterre, les salaires des
ouvrières sont de 100 % plus élevés en Amérique et c'est une moyenne inférieure choisie à dessein. Les salaires des hommes travaillant dans les manufactures sont aussi beaucoup plus élevés que chez nous. A New-York, le
salaire minimum reconnu des coupeurs en gros est de 4 £ par semaine. En
dehors de New-York il est inférieur de 8 sh. soit 3 £ 12 sh. Les tailleurs,
mécaniciens et repasseurs gagnent en moyenne 3 £ par semaine. On encourage de toutes les manières possibles les ouvriers habiles qui gagnent de très

hauts salaires. Dans ce cas on peut fixer à 100 % le supplément de salaires des ouvriers moyens.

Jusqu'à quel point ces salaires permettent-ils à l'ouvrier Américain d'épargner ? C'est une question qui regarde surtout les statisticiens et qui dépend entièrement de l'individu ou de l'importance de sa famille. Autant que l'on peut se fier aux enquêtes, les classes ouvrières en Amérique épargnent plus d'argent (cela ne fait aucun doute) et le font plus facilement que celles d'Angleterre. L'absence de paris aux courses et de beuveries y contribue pour une grande part. L'ouvrier ne prend pas le moindre intérêt aux premiers et est absolument opposé aux secondes : vertus que l'Atlantique ne conservera pas éternellement sur son autre rivage, nous l'espérons. En revanche, d'autres déclarent que la vie de l'ouvrier est beaucoup plus courte en Amérique que chez nous. Sur quelles bases cette déclaration est-elle établie ? Je dois confesser mon absolue ignorance sur ce point. J'ai été frappé, comme d'une chose évidente, de voir que l'ouvrier Américain vivait le plus longtemps et à moins qu'il n'y ait quelque preuve tangible sur laquelle se baser je conserverai ma croyance. Le travail intensif tel qu'on le comprend en Angleterre ne peut que se cacher dans l'Amérique industrielle et dès qu'on l'y découvre, on brevète une machine qui le chasse. Les capitalistes Américains ne veulent pas de travail intensif et s'ils en veulent ils savent qu'une machine travaille plus intensivement et plus longtemps qu'un homme et qu'elle coûte moins. Conséquemment il me semble que ce racontar de la mort prématurée mérite une sérieuse confirmation. Je ne crois pas non plus à la déclaration que l'on renvoie en Amérique les ouvriers à un âge moins avancé que chez nous ; les probabilités sont toutes en faveur de l'Amérique. Si cette déclaration est vraie, il ne peut manquer d'y avoir des chiffres qui la prouvent. Elle peut être vraie pour des hommes d'affaires ; pour les ouvriers j'en doute sérieusement.

Les relations qui entourent et constituent la vie familiale d'une nation sont un sujet difficile à discuter et on ne peut le faire que dans ses plus grandes lignes. Mon impression est que la vie d'intérieur, telle qu'on la comprend chez nous, n'est que relativement peu représentée chez les Américains. Dans la seule ville de New-York, pendant un après-midi, j'ai compté vingt-cinq nationalités différentes et il est par suite évident que chacune et toutes ont un idéal différent. La loi des probabilités ne fonctionne plus dans ces conditions et les cas isolés ne sont pas d'un grand secours.

D'une façon générale, des habitudes de sobriété, un salaire dépassant le salaire indispensable à l'existence, de bons emplois et le niveau supérieur qui en résulte, permettent aux enfants, en Amérique, de s'occuper de leurs parents, quand la vieillesse les atteint, d'une manière beaucoup plus efficace que

chez nous. Je dois dire, autant que j'ai pu en juger, que les enfants remplissent leur rôle noblement et bien.

Réponses de M. A. T. FLYNN au questionnaire.

Questions.

Réponses.

A. APPRENTISSAGE DES JEUNES OU-
VRIERS.

1. Par l'apprentissage qu'il a fait et
l'instruction qu'il a reçue, le jeune
ouvrier Américain est-il mieux
préparé à son travail que le jeune
Anglais ?

1. Le système d'instruction américain est très supérieur au nôtre.
Dans certains Etats, garçons et
filles peuvent aller de l'école primaire jusqu'à la sortie de l'école
supérieure sans coûter un dollar à
leurs parents. Les Universités elles-
mêmes sont gratuites dans certains
Etats. L'Angleterre est en retard
d'un quart de siècle au moins et
chaque année approfondit le fossé.

2. Si oui, quelles modifications
avez-vous à proposer au système
d'enseignement pratiqué en Angleterre ?

2. Dans l'intérêt de la race Britannique future, on devrait abolir, au
moins jusqu'aux Universités, les
distinctions de classes pour l'instruction. Elle devrait être gratuite
dans toutes ses branches. Pour moi,
c'est une bêtise que de parler d'une
instruction spéciale pour les classes
ouvrières. Ayez toujours présents
à la mémoire les écrivains les plus
honorés et mettez en dehors la
question de l'enseignement technique. Même ici l'argent ne devrait pas primer l'intelligence.

3. Avez-vous quelques indications à
fournir relativement aux cours
complémentaires du soir, aux cours
professionnels du soir pour les ou-

3. Les écoles du soir gratuites sont
une nécessité parce que personne
ne peut être trop instruit. Bien des
gens n'acquièrent l'amour de l'é-

vriers travaillant toute la journée ?

B. RAPPORTS ENTRE EMPLOYEURS ET EMPLOYÉS.

4. Quelle est la durée du travail dans votre métier en Amérique ; comment [se compare-t-elle à la durée du travail en Angleterre ?

5. L'ouvrier Américain a-t-il, par heure, une production moyenne supérieure à celle de l'ouvrier Anglais ?

6. Les tarifs aux pièces (travail aux pièces ou aux pièces et au temps) sont-ils très répandus en Amérique ?

7. Ce système est-il avantageux ?
   (a) A l'ouvrier.
   (b) Aux employeurs. Donne-t-il un avantage injustifié à l'une des deux parties ?

8. Quand des ouvriers qualifiés travaillant aux pièces, augmentent la production par leur propre habileté, les employeurs Américains réduisent-ils les tarifs pour qu'un homme ne puisse gagner plus qu'une certaine somme ?

9. Les systèmes de primes et boni sont-ils plus généralement employés en Amérique qu'en Angleterre ; dans ce cas quels sont leurs

tude qu'après être devenus des hommes, et surtout l'amour de l'enseignement professionnel.

4. Dans l'industrie du vêtement en Amérique la durée du travail varie de 8 à 12 heures par jour. En Angleterre c'est sensiblement la même chose, mais en tenant compte du demi-après-midi de repos du samedi, notre durée du travail est moindre.

5. Le travail fait par l'Américain est moindre qu'en Angleterre, comme conséquence d'une machinerie perfectionnée et choisie. La machine est l'ouvrier reconnu en Amérique.

6. On emploie beaucoup les tarifs aux pièces dans certaines professions ou subdivisions de professions.

7. En théorie le travail aux pièces est le système idéal. Son principal défaut est sa tendance indiscutable d'introduire quelque forme de *sweating*.

8. Autant que j'ai pu me renseigner, le désir évident des employeurs Américains est d'augmenter les salaires, comme étant le meilleur moyen de développer l'efficacité. Les employeurs Américains auxquels nous avons parlé se déclaraient ouvertement ravis des ouvriers gagnant de hauts salaires.

9. L'habitude d'encourager les ouvriers par l'allocation de primes est plus répandue en Amérique qu'ici ; ce système fonctionne de

résultats pour l'employeur et les employés ?

10. Là où existe le salaire hebdomadaire.

(a) Les ouvriers semblent-ils désireux de faire de leur mieux et de fournir une bonne journée de travail en échange d'un bon salaire ?

(b) Avec ce système l'énergie personnelle et l'initiative sont-elles dûment rémunérées ?

11. Les employeurs Américains sont-ils désireux de pousser le personnel payé au temps à augmenter sa production par homme et sont-ils prêts à accroître proportionnellement le salaire par ouvrier ?

12. Les suggestions des employeurs en vue d'améliorer l'outillage, l'introduction de procédés mécaniques économisant de la main-d'œuvre et les machines du dernier modèle sont-elles favorablement accueillies par les ouvriers ou le contraire se produit-il ?

13. Les propositions de perfectionnements émanant des ouvriers sont-elles bien accueillies par les employeurs et récompensées par eux.

14. (a) Les ouvriers conduisent-ils

façon satisfaisante.

10. (a) Les ouvriers Américains payés à la journée ou à la semaine travaillent avec calme et capacité et leur travail est remarquable par l'absence d'embarras et de bousculade.

(b) On attache beaucoup de prix aux capacités de l'ouvrier et on l'honore d'une manière tout à fait étrangère à nos ateliers anglais. Rien que la façon dont on se fie aux ouvriers capables et dont on les traite valait le voyage.

11. Les employeurs Américains sont très désireux de voir leurs ouvriers payés au temps augmenter la production et dans ce but ils améliorent l'outillage-machine et accroissent les salaires.

12. Les ouvriers Américains accueillent favorablement les améliorations de la machinerie parce qu'ils reconnaissent pleinement l'utilité et la valeur de ces perfectionnements pour améliorer les conditions de l'existence.

13. On encourage les ouvriers en Amérique à s'intéresser aux affaires de leurs employeurs. Des compagnies offrent des cadeaux spéciaux aux ouvriers faisant les suggestions les plus utiles. D'autres encore permettent à l'ouvrier de faire des essais et lui donnent plein salaire pendant ce temps.

14. (a) Il est incontestablement vrai

un plus grand nombre de machines qu'en Angleterre ?

(*b*) Si oui ce système est-il favorable aux deux parties ou
l'une d'elles a-t-elle un avantage injustifié ?

que les ouvriers s'occupent
d'un plus grand nombre de
machines et qu'on en emploie
moins à cet usage en Amérique
que chez nous.

(*b*) Autant qu'on en peut juger,
l'ouvrier en profite par une
augmentation de salaire et
moins de travail et l'em-
ployeur par une plus grande
production et un article plus
parfaitement fini.

15. L'ouvrier Américain nécessite-t-il
une plus grande « surveillance » ?
Quelle comparaison peut-on établir
sous ce rapport entre lui et l'ouvrier Anglais ?

15. L'ouvrier Américain est beaucoup
son propre surveillant, la théorie
ayant cours étant évidemment que
si un homme ne veut pas faire de
son mieux parce que tel est son
désir, aucune surveillance ne le lui
fera faire. Ceci peut sembler
étrange à des oreilles anglaises,
mais les employeurs Américains
sont des hommes d'affaires très fins.

16. L'ouvrier Américain est-il capable
d'initiative et de travailler sans
ordres fréquents et détaillés ?
Quelle comparaison peut-on établir
sous ces divers rapports entre lui
et l'ouvrier Anglais ?

16. On demande également aux ouvriers Américains de travailler
aussi avec leur cerveau. Les
ouvriers Anglais, quelle que soit
l'ignorance de l'employeur des
choses de son métier, (et il y en a
beaucoup dans ces conditions), doivent faire ce qu'on leur dit ou
risquer d'être renvoyés. Un ouvrier Américain risque d'être renvoyé s'il ne fait pas montre de
quelque initiative.

17. L'ouvrier Américain donne-t-il un
fort coup de collier en temps de
presse et le fait-il galement ? Quel
rapport y a-t-il entre sa production pendant ces heures supplémentaires et sa production nor-

17. Les ouvriers Américains et Anglais ont très sensiblement la même
opinion sur les heures supplémentaires et la fatigue en découlant,
mais les premiers sont mieux
payés, mieux nourris et mieux

male ? Quelles comparaisons peut-on établir à ces divers points de vue entre lui et l'ouvrier Anglais ?

18. Les employeurs Américains sont-ils plus facilement accessibles à leurs ouvriers que les employeurs Anglais ?

19. D'une façon générale un ouvrier a-t-il plus de chances de s'élever en Amérique qu'en Angleterre ?

20. L'usine américaine répond-elle mieux que l'usine anglaise aux besoins des ouvriers relativement à l'hygiène, à la ventilation et au bien-être, en général ?

21. (a) L'outillage des usines américaines est-il supérieur au point de vue de la production ?

(b) Les usines américaines sont-elles mieux dirigées ? La proportion des directeurs sortis des Universités est-elle plus grande qu'en Angleterre ?

traités dans leurs relations avec leurs employeurs, toutes choses qui poussent l'ouvrier Américain à faire « un peu d'extra-travail » en temps de presse avec un moindre effort physique que dans ce pays.

18. Il n'y a rien à quoi un employeur Américain attache plus de prix qu'aux suggestions formulées par son personnel et les ouvriers Américains parlent facilement et librement à leurs employeurs, qui n'ont aucun désir de devenir pour eux un épouvantail.

19. Les occasions de s'élever qu'a l'ouvrier Américain sont bien supérieures à celles de l'ouvrier Anglais ; il lui est plus facile de trouver la route conduisant à l'aisance relative et elle ouvre des perspectives absolument illimités.

20. Nous n'avons rien en Angleterre qui puisse égaler ce qu'il y a de mieux en Amérique pour l'aération, la lumière, l'hygiène et le bien-être en général. Le fondeur de fer et l'employé de bureau quittent leur travail tout « *flambants neufs* » (sic). Un ouvrier non rasé de frais est un spectacle étrange dans les villes américaines.

21. (a) On n'épargne pas l'argent pour outiller les usines américaines : le meilleur est tout juste assez bon. La production est conséquemment accrue et assurée.

(b) Les employeurs Américains s'occupent personnellement de

(c) La qualité des produits finis est-elle meilleure ?

la direction de leurs entreprises et de façon plus immédiate que l'on ne le fait en Angleterre. Jusqu'à quel point emploie-t-on des hommes sortis des Universités dans les usines ? Je suis incapable de le dire n'ayant pas obtenu assez de renseignements sur ce point.

22. Pour combien la plus grande production des usines américaines est-elle dûe :
(a) A la durée du travail supérieure à ce qu'elle est ici ?
(b) A la plus grande rapidité de marche des machines ?

22. La plus grande production des usines Américaines est dûe, non à une durée plus grande du travail, mais à l'organisation supérieure pour les moindres détails, à une machinerie meilleure, à la finesse des employeurs Américains et à la manière très sûre, dont ils ont en main leur industrie.

23. Y a-t-il des pratiques de l'organisation américaine qu'il y aurait lieu d'introduire, à votre avis, dans les usines anglaises ?

23. Il y aurait de trop grandes difficultés à faire adopter par les employeurs Anglais, même dans leur propre intérêt, les pratiques les meilleures de l'organisation américaine. Les précédents et la prévention les arrêtent à chaque pas. La conception du travail diffère totalement en Angleterre et en Amérique. Là-bas le travail est la chose la plus honorable que puisse faire un homme. Ici on respecte guère plus l'ouvrier qu'un voleur. Certainement dans les cercles de la société on le considère comme un paria. Même là où on lui tend la main (bonne phrase creuse) la manière dont on le fait, agit comme un émétique (sic).

C. CONDITIONS GÉNÉRALES DE LA VIE DES OUVRIERS EN DEHORS DE L'USINE.

24. (a) Les ouvriers sont-ils mieux

24. (a) Les ouvriers Américains sont

nourris en Amérique qu'en Angleterre ?

(*b*) Quel rapport peut-on établir entre le prix de la nourriture en Amérique et eu Angleterre ?

25. (*a*) Les ouvriers sont-ils mieux vêtus en Amérique qu'en Angleterre ?

(*b*) Quel rapport peut-on établir entre le prix des vêtements en Amérique et en Angleterre ?

26. (*a*) Les habitations des ouvriers Américains sont-elles supérieures à celles des ouvriers Anglais ?

(*b*) Quel rapport y a-t-il entre les loyers dans les deux pays ?

(*c*) Y a-t-il une plus grande proportion d'ouvriers propriétaires en Amérique qu'en Angleterre. Si oui, à quoi attribuez-vous ce fait ?

27. Quel rapport existe-t-il entre les

mieux nourris que les Anglais.

(*b*) Le prix des aliments est très sensiblement le même en Amérique que chez nous, la différence étant cependant en notre faveur.

25. (*a*) Les ouvriers Américains portent des vêtements de meilleure qualité.

(*b*) Les ouvriers Américains les payent davantage : le prix des complets variant de trois à six £. Pour les bottines ils ont l'avantage, tant au point de vue du prix et de la forme, que de la qualité.

26. (*a*) La classe supérieure des ouvriers Anglais est mieux logée que la moyenne des ouvriers Américains. Une maison bien bâtie n'est pas chose commune ; cela est dû sans doute au très rapide développement de l'Amérique industrielle :

(*b*) Les loyers sont plus élevés en Amérique qu'ici. Les ouvriers Américains comptent qu'ils représentent un quart du salaire gagné, allant de 15 sh à 1 £ par semaine.

(*c*) Le désir de posséder sa propre maison n'est pas très développé chez les Américains. Cependant dans certaines industries spécialisées et localisées, dans lesquelles l'on a pratiquement un emploi pour la vie, unnombre considérable d'ouvriers sont propriétaires.

27. Les tailleurs gagnent d'excellents

salaires des ouvriers de votre profession en Amérique et en Angleterre, ces salaires étant *exprimés en argent ?*

salaires. Dans les meilleures maisons de New-York et Chicago ils gagnent trois £ pour chaque livre sterling gagnée dans les meilleures maisons de Londres. Dans les manufactures de vêtements les salaires sont au moins de 100 °/₀ plus élevés.

28. Quel rapport existe-t-il entre *la valeur* des salaires de l'ouvrier Américain et de l'ouvrier Anglais en tenant compte du *coût de l'existence ?*

28. La valeur des salaires est en Angleterre de 50 °/₀ moindre qu'en Amérique.

29. L'ouvrier sobre, prévoyant et de bonne conduite peut-il, tout en vivant convenablement, épargner davantage en Amérique qu'en Angleterre?

29. Les ouvriers sobres, prévoyants et de bonne conduite peuvent épargner davantage qu'en Angleterre et peuvent le faire sans se priver et rogner sur tout, comme cela est nécessaire ici.

30. Si oui, son épargne est-elle plus grande *en fait ?*

30. Je n'ai pas les chiffres actuels, mais, de mémoire, les bilans des caisses d'épargne montrent que les classes ouvrières épargnent beaucoup plus en Amérique que chez nous.

31. Les paris aux courses etc., ont-ils un rôle aussi important dans la vie de l'ouvrier Américain que dans celle de l'ouvrier Anglais?

31. Les paris aux courses n'existent pas chez les ouvriers Américains.

32. L'ouvrier Américain est-il plus sobre que l'ouvrier Anglais ?

32. Les ouvriers Américains sont très sobres ; la bière allemande glacée est la principale boisson et elle ne monte pas à la tête comme notre bière anglaise.

33. Est-il vrai que, pendant qu'il est jeune, l'ouvrier Américain fournisse une plus grande somme de travail que l'ouvrier Anglais, mais qu'il soit usé jeune et que ses années de travail soient peu nombreuses?

33. D'après mes renseignements la durée de la vie des ouvriers Américains est supérieure à celle des nôtres et je ne crois pas non plus que le travail dûr raccourcisse sa vie de même degré qu'il le fait en Angleterre.

34. Est-il vrai que l'ouvrier Américain soit renvoyé quand il est jeune encore ?

34. Je ne suis pas d'avis qu'en Amérique l'ouvrier est renvoyé quand il est jeune encore.

35. (a) Est-il vrai que la durée moyenne de la vie soit moindre chez l'ouvrier Américain que chez l'ouvrier Anglais?

 (b) Si oui, cela est-il dû à une fatigue excessive, à un climat moins sain ou à quelqu'autre cause ?

35. (a) Il ne semble pas que les conditions de l'industrie en Amérique tendent à raccourcir la vie.

 (b) Il n'y a pas de fatigue excessive apparente, tout au moins, pas plus que dans nos centres industriels. Je suis également d'avis que le climat est plus favorable à un homme sain que celui de l'Angleterre. Je suis absolument certain que les conditions actuelles du travail, telles que je les ai observées en Amérique, rendent la vie plus facile plutôt que plus dure.

36. Y a-t-il une proportion supérieure ou moindre d'ouvriers à la charge de l'Assistance publique en Amérique qu'en Angleterre?

36. Il y a moins de pauvreté en Amérique qu'en Angleterre, même en morte saison le pourcentage des pauvres est moindre que chez nous.

37. Les enfants et les amis des ouvriers Américains trop âgés pour travailler ou que la maladie et les accidents en rendent incapables leur viennent-ils plus en aide qu'en Angleterre ? Si oui, à quoi attribuez-vous la différence ?

37. Il est difficile de répondre à cette question. Dans la seule ville de New-York j'ai compté des ouvriers de 35 nationalités différentes. Chacune a ses propres habitudes. D'après ce que j'ai pu juger et d'après mes renseignements je suis d'avis que les plus hauts salaires payés permettent aux enfants de s'occuper de leurs parents au cours de leur vieillesse de façon plus complète, parce que plus facile qu'ici.

38. Trouvez-vous que les conditions générales d'existence de l'ouvrier soient meilleures en Amérique

38. Jusqu'à quel point est-il possible d'introduire les meilleurs côtés de la vie de l'ouvrier Américain en

qu'en Angleterre ? En quoi pourrions-nous imiter l'exemple des Américains pour améliorer les conditions de la vie en Angleterre ?

D. QUESTIONS D'ORDRE GÉNÉRAL.

39. Approuvez-vous le fonctionnement de la Fédération Civique ?

40. Pourrait-on introduire en Angleterre une organisation établie sur la même base ou sur une base un peu différente ?

Angleterre est une question qui fait envisager à la fois le vieu système vermoulu des classes du vieux monde et la fraîcheur irréfrénée, la largeur et la liberté du Nouveau Continent. L'ouvrier y est le seul aristocrate. Des progrès dans cette voie me semblent douteux.

39. A mon avis il semble que les actes du caractère de ceux que fait la Fédération Civique confèrent des avantages durables à toutes les classes de la communauté. En continuant de la même façon, la Fédération Civique a un champ d'action illimité. La confiance des classes ouvrières ne se donne, ni ne se retire facilement et tandis que le salarié doit forger le métal de sa propre existence, il est agréable et réconfortant de savoir qu'en dehors de la lutte industrielle, il y a le poids de l'opinion publique qui peut servir à amener et à maintenir des arrangements équitables et honorables sur des points qui deviendraient autrement des conflits amers et désastreux. Ma voix est acquise à la Fédération Civique.

40. Jusqu'à quel point la Fédération Civique serait-elle utile en Angleterre? C'est une question à laquelle il est difficile de répondre. Les conditions sont différentes. Le mouvement industriel de ce pays-ci est lié   conseils de conciliation et d'ar......age. De plus les points de contact que ni employeurs, ni ou-

vriers ne peuvent franchir sans
conflit sont clairement reconnus.
En Amérique ces points de contact
ne sont pas visibles. On dirait que
le système industriel est en cours
d'apprentissage. En Angleterre richesse signifie : aisance avec loisirs, nombreux hectares et un titre
de lord. L'Américain qui « fait »
ses millions n'est qu'à l'aurore de
la vie ; son véritable avenir s'ouvre
devant lui. Ralentir ou se retirer,
c'est tenter la Providence. Je suis
personnellement fasciné par l'idée
de réunir les esprits les plus no-
bles, les intelligences industrielles
les plus élevées pour aplanir la
voie du développement de la nation. Mais cet idéal n'est pas un
idéal anglais. En fait rien n'est
plus étranger à la conception normale de l'Anglais. Un bien-être
étudié, des bals, des fêtes, la
chasse au renard et un goût malsain pour la politique, limitent ce
que l'on appelle la véritable vie
Anglaise. Tout ce qui est en dehors
est banal. Il ne semble pas non
plus qu'un changement soit prêt de
s'opérer. En même temps je crois
que l'on devrait faire quelque tentative, et autant que le permettent
les limites naturelles, je suis prêt à
supporter cette tentative.

41. Les délégués sont-ils en faveur
d'une tentative pour établir une
organisation analogue en Angleterre ?

41. Je suis en faveur de toute et de
chaque espèce d'organisation qui
tendra à retirer aux grèves leur
caractère de brutalité et qui intro-
duira la raison et l'équité dans les
conflits industriels.

Térence A. FLYNN.

RAPPORT

de M. W. B. HORNIDGE de l'Union des Ouvriers Cordonniers (¹)

—

Il ne me sera pas possible, dans ce rapport, d'entrer aussi complètement dans le détail de l'industrie me concernant le plus directement, que je l'aurais voulu, et cela pour quelques raisons. Le temps dont nous disposions était insuffisant pour permettre d'embrasser à fond toutes les circonstances entourant une industrie comme celle des bottines et souliers. Quoi qu'il en soit, j'ai fait le meilleur usage du temps dont je disposais, mais je trouve quand j'ai tout dit que, ainsi que les autres qui ont été en Amérique avant moi, j'ai été incapable d'obtenir toutes les informations nécessaires. Je tâcherai de donner les faits se rapportant au travail des ouvriers, et les conditions de ce travail, telles qu'ils m'ont frappés dans les centres par moi visités.

A Montréal j'ai pu, grâce à la courtoisie de M. Noris, le Directeur, visiter la manufacture de MM. J. Holden et Cie, où j'ai pu noter quelques-unes des difficultés s'attachant à la fabrication des bottines au Canada. L'on me dit que dans son ensemble cette entreprise n'était pas un type d'autres entreprises, car elle fabrique des articles de meilleure qualité que certaines et de qualité inférieure à celle d'autres ; en fait c'est ce qui se rapproche le plus, de tout ce que j'ai vu pendant mes voyages, de ce que j'appellerais une fabrique à la mode Anglaise. Les articles pour dames et jeunes gens varient des articles légers aux articles lourds et ceux pour homme des tiges vernies, bottines entièrement imperméables, brevetées, aux bottes montant jusqu'aux cuisses. Les salaires varient de 12 à 15 dollars par semaine. L'entreprise a une production moyenne journalière de 2.000 paires. Le système de direction est très semblable à celui que l'on trouverait ici dans une manufacture bien

(¹) *National Union of Boot and Shoe Operatives.*

organisée. On n'y voit rien de très frappant comme machinerie, exception faite d'une machine à river. Elle creuse un canal dans lequel on insère le rivet que l'on fixe et l'on referme le canal. L'ensemble de cette opération est exécuté par un seul mouvement de la machine qui fonctionne très rapidement. L'on m'apprit que c'était la seule machine de ce genre en usage, mais que nous en entendrions sans doute parler davantage, ici, sous peu. Les salaires peuvent paraître élevés en se plaçant au point de vue Anglais, mais les machines marchent plus vite que chez nous, et les ouvriers travaillent infiniment plus dur. Bien entendu, je parle de ceux qui travaillent avec les machines. Le coût de l'existence dans ce centre est à peu près le même qu'en Angleterre, excepté pour les loyers qui varient de 9 à 10 $ par mois pour une maison d'ouvrier, en tous points semblable à celles que l'on trouve à Leicester et Northampton pour un loyer de 6 à 7 sh. par semaine.

De Montréal j'ai été visiter Toronto où je n'ai pas eu le temps de m'occuper de l'industrie de la Chaussure, parce qu'il avait été convenu que toute la Commission devait se trouver réunie dans la ville de Niagara.

J'allai ensuite à Buffalo, où après une conversation avec des Messieurs en rapport avec la Chambre de Commerce et membres des Conseils de Métiers (*Trades-Councils*), il fut convenu que je visiterais le lendemain trois ou quatre usines, mais les projets de la Commission m'empêchèrent malheureusement de le faire et nous partîmes le même soir pour Cleveland (Ohio). Il me fut impossible d'y glaner quoi que ce soit se rapportant à l'Industrie de la Chaussure parce qu'il n'y a pas d'usines dans cette ville. Cependant je recueillis une ou deux informations qui peuvent être intéressantes au sujet des salaires. J'ai trouvé que, dans la plupart des villes ultérieurement visitées, le salaire le plus bas payé pour le travail le plus inférieur est de 1 1/2 $ par jour pour les adultes, ou en argent anglais 6 sh. 3 d. par jour. C'est le salaire minimum dans la grande majorité des villes que j'ai visitées. Les menuisiers reçoivent 50 *cents* par heure, dont l'équivalent en argent Anglais est de 2 sh. 1 d. Le salaire des manœuvres ordinaires est de 25 cents ou 1 *sh.* 1/2 *d.* par heure. Bien entendu les loyers sont plus élevés qu'ici, et aussi proportionnellement le coût de l'existence, mais, dans l'ensemble, les conditions du travail sont bien supérieures à celles que nous voyons communément ici. La durée moyenne du travail est de 60 heures par semaine. Cleveland compte parmi les villes les plus avancées que j'ai visitées, et certes elle m'a semblé telle au point de vue de la finesse et de l'élégance de ses manufacturiers et de ses ouvriers.

De Cleveland nous avons été à Chicago, où j'ai eu le plaisir d'être accompagné dans mes pérégrinations par M. Dilnhard, du Conseil des Métiers et du Travail de Chicago. J'y ai vu une installation dont j'ai trouvé l'organisation merveilleuse, mais comme on la considère virtuellement (sic) comme la première de la ville, on ne peut la prendre pour type. L'ouvrier fixant la tige à la claque gagne normalement ici de 15 à 18 $ par semaine, soit 3 £ à 3 £ 12 sh. Il y en a 60 employés dans la manufacture. Les formiers et finisseurs, qui travaillent tous aux pièces gagnent de 15 à 21 $ par semaine. Le salaire du finisseur normal à Chicago varie de 12 à 15 $, et l'on suppose qu'il achève 2.000 paires par jour. Les ouvriers cousant la claque aux semelles gagnent hebdomadairement en moyenne de 18 à 24 $; les piqueurs aussi. Dans un établissement de la ville, ils ont gagné pendant 8 mois une moyenne de 38 $ 91 cents. Les arrondisseurs de semelles sur les bottines préparées gagnent de 18 à 25 $. Dans cette usine particulière, il n'y a pas de quantités fixées, mais les ouvriers touchent leur plein salaire, et, quand le temps de presse arrive, ils font tout ce qui leur est possible pour rattraper le temps perdu. Dans l'atelier de préparation le salaire moyen des assortisseurs est de 16 $ par semaine, celui des coupeurs de semelles extérieures 10 $, celui des arrondisseurs de semelles intérieures 12 $, et quant aux ajusteurs, l'ouvrier gagne 12 $ et son aide 9 $. Les compteurs ou, commé nous les appelons, lès assortisseurs gagnent 12 $ par semaine ainsi que les coupeurs d'empeignes. Les ajusteurs de semelles extérieures 13 $. Le salaire normal des ouvriers faisant les talons est fixé à 30 cents, mais varie de 25 à 40 cents pour cent talons.

Après avoir parcouru bien d'autres centres où il ne me fut pas possible d'obtenir de renseignements sur notre industrie, par suite du temps trop court dont nous disposions, j'arrivai inopinément à Boston et je visitai Lynn Brockton et Haverhill. Dans la première de ces villes, je fus frappé, dans une manufacture, par deux choses sortant de l'ordinaire : 1°) le bonheur apparent et le contentement des ouvriers, et la familiarité existant entre eux et leur employeur, 2°) le fait que 40 % d'entre eux étaient âgés de 30 à 63 et 64 ans. Une femme qui avait travaillé pendant 29 ans, était évidemment aussi heureuse que possible, et comme je félicitais l'employeur sur ce que ses ouvriers les plus âgés n'avaient pas été jetés à la rue, il me dit : « Pourquoi l'auraient-ils été ? » et il continua en disant que lui-même grisonnait quelque peu, devenait âgé et qu'il ne désirait ni se voir « fendre l'oreille », ni mourir de faim, et qu'aussi longtemps que ses ouvriers pourraient travailler il préférait être entouré de gens âgés en qui il pouvait avoir confiance, que de gens plus jeunes en qui il ne pourrait la placer. Je pris la liberté de demander à la dame, dont j'ai parlé ci-dessus, quel était son âge, comme je la voyais se maintenir, en travaillant à la machine, sensiblement au même niveau qu'une jeune femme de 28 à 29 ans, assise à côté d'elle. Je fus abasourdi en apprenant qu'elle avait 63 ans. Cet établissement paye par

semaine 6.000 $ de salaires, soit une moyenne de 12 $ par tête pour les
hommes, femmes et enfants, mais il faut se souvenir qu'elle n'accepte pas
d'ouvriers au-dessous de 15 ans. Il y a ici une nouvelle machine à coudre les
boutons, qui m'a frappé comme étant extrêmement rapide, bien que je ne
l'aie pas vue fonctionner, car son conducteur venait d'achever son travail.
D'après mon enquête je suis arrivé à la conclusion qu'elle fixe 15.120 boutons en dix heures, soit 14 à la paire. Après m'être renseigné autant que
possible dans tous les ateliers, je suis arrivé à la conclusion qu'il était
regrettable que, non seulement dans les autres établissements des Etats-Unis,
mais encore dans le cas de nos propres manufactures, les ouvriers n'aient
pas le bonheur apparent et le contentement qu'ils ont dans cette maison.

Je visitai deux autres établissements à Lynn, mais je ne puis dire que les
conditions du travail dans l'un m'aient frappé comme étant meilleures que
celles des usines de quatrième ordre en Angleterre, surtout dans les ateliers
de mise en forme et de finissage. Les plafonds étaient bas, l'éclairage mauvais, les ouvriers étaient parqués, et l'atmosphère était assez épaisse pour
être coupée au couteau du proverbe. Les salaires des ouvriers sont assez
bons, mais d'autres personnes qui étaient avec moi arrivèrent à la même
conclusion, à savoir : que dans de telles conditions c'est à peine la peine de
vivre. Pour employer une phrase sportive (ce que je n'ai pas beaucoup
l'habitude de faire), « l'allure était celle d'un craqueur » (sic) et je ne puis
m'imaginer qu'aucun de ceux que j'ai vus travailler là dans ces conditions en
avait pour longtemps à vivre ; en fait, après avoir vu travailler un ouvrier
sur une machine lente, un monsieur fit la remarque suivante : « la figure de
cet homme et ses mouvements me hanteront jusqu'au jour de ma mort. » Je
serais très malheureux de voir introduire des conditions de ce genre dans
l'industrie en Angleterre.

Ce fut un agréable changement que d'aller le lendemain à Brockton et de
voir deux établissements considérés tous deux comme bien dirigés, produisant des marchandises de bonne qualité et dont les ouvriers sont bien payés
et contents. Je veux parler des usines W. L. Douglas et « Emerson». Quelques
chiffres sur les salaires payés dans la première peuvent être intéressants. En
moyenne elle paye 27.000 $ de salaires par semaine. Le salaire normal des ou-
vriers fixant la tige à l'empeigne est d'environ 14 $ 55 c par semaine. Les ba-
layeurs (gamins) 1 $ par jour, mais les balayeurs et nettoyeurs adultes se font
1 1/2 $ par jour ou 9 $ par semaine. Le salaire moyen pour tout l'établissement ressort à 15 $ 50 c. On me dit que la moyenne pour ouvriers en talons
était de 18 $ par semaine, cependant à un moment, en période de presse, les
plus habiles et les plus capables avaient gagné jusqu'à 32 $ en une semaine ;
mais les salaires varient de 18 $ pour les ouvriers les plus médiocres à 32 $

pour les plus capables. Cette usine a quintuplé ses affaires depuis trois ans et
les étend encore pour pouvoir employer 3.000 mains. Elle en occupe actuellement 2.700. Pendant les 12 derniers mois, sa production a été de 8.000
paires par jour, mais avec l'extension nouvelle et « l'aide » additionnelle
pour prendre le terme employé de l'autre côté de l'Atlantique, elle pense
produire 10.000 paires par jour. C'est ce que la direction s'est proposé
d'accomplir. Le système d'organisation de cette manufacture m'a semblé
être certainement aussi bon que le meilleur que j'aie vu. Le travail est divisé
et subdivisé à un tel point qu'il me faudrait faire un séjour d'au moins quinze
jours dans cet établissement pour en fournir le détail. Voici un exemple
entre autres : je vis quatre ouvriers assis devant quatre machines, chacun
rabattant les coutures d'un seul côté de la tige de bottines de bal pour
homme. Deux choses y relatives m'ont frappé comme très particulières : l'une
que dans la généralité des usines Anglaises, ce sont des femmes qui font ce
travail et l'autre qu'ordinairement le même opérateur rabat les coutures des
quatre côtés. Je demandai à mon guide s'il y avait quelque économie de
temps résultant de cette méthode. Sa réponse fut : « Cela a dû être indubitablement démontré, sans quoi cette usine ne serait pas assez bête pour agir
ainsi. » Il ajouta : « même si l'on n'économise qu'une fraction de seconde à
chaque opération, cela compte à la fin de l'année. » A côté de ces ouvriers il
y avait une jeune femme écrivant sur des étiquettes ou « tags » comme on les
appelle de l'autre côté de l'Océan. Elles sont très différentes de celles que
l'on emploie ici, ce sont de longues bandes de carton. Je demandai à mon
guide quel salaire gagnait cette jeune femme pour ce travail. Il le lui demanda à elle-même : elle répondit qu'elle gagnait 3 $ 33 c. par jour. En
réponse à une question : celle de savoir si ce salaire n'était pas très élevé,
elle dit « je le gagne ». Dans une usine organisée comme l'est celle-ci, quiconque écrit ces « tags » porte bien entendu, une responsabilité considérable
sur ses épaules, car il y en a des portions préparées pour chaque atelier, que
retire chaque opérateur lorsque l'étiquette lui arrive, et la plus petite erreur
en les préparant jetterait toute l'organisation en désarroi. On m'apprit qu'il
y avait 32 opérations d'ajustage et de machines. Ceux qui connaissent mieux
cette nature de travail que moi diront si la subdivision du travail est plus
grande que dans nos usines. Les rabatteuses de coutures gagnent de 1,75 $ à
2,25 $ par jour, soit de 3 à 9 sh. On n'occupe dans cette usine aucune espèce
d'ouvriers de moins de 16 ans. On la considère comme l'entreprise idéale, de
l'autre côté de l'Atlantique, et il est possible que les conditions du travail y
soient meilleures que dans les autres usines, vu qu'elle a 64 magasins d
détail. On doit noter que tous ceux qui travaillent avec des machines, travaillent aussi dur que possible, non dans le sens qu'on peut les voir trans-

pirer et peiner, mais la machinerie marche à l'allure la plus rapide et les
ouvriers — pour employer un *yankeeisme* — doivent avoir leurs yeux grands
ouverts et leurs doigts au travail.

J'ai trouvé, qu'en général, les conditions du travail aux Etats-Unis étaient
très sensiblement les mêmes que dans ce pays-ci, pour l'industrie de la chaussure tout au moins. Dans tous les ateliers, le salaire aux pièces règne en règle
générale, et les ouvriers travaillent extrêmement dur ordinairement ; en particulier les metteurs en forme et les finisseurs. Peut-être que l'atmosphère
très claire et beaucoup plus brillante que chez nous entre pour quelque
chose dans ce que je considère comme leur « *rush* » national. Le niveau de
l'existence est plus élevé qu'en Angleterre, ainsi que le niveau des salaires,
mais en prenant l'ensemble de l'existence des ouvriers, je dirai qu'ils sont
plus à leur aise que les nôtres. J'ai remarqué que là-bas comme ici les salaires varient avec les établissements. Certains prix sont fixés comme bases,
et les ouvriers travaillent en conséquence, mais j'ai appris que l'uniformité
n'existe pas pour les salaires et que les prix et conditions varient avec les
divers ateliers. Bien que l'on paye partout aux pièces, les mêmes tarifs ne
sont pas acceptés par toutes les maisons.

J'ai été heureux de constater qu'il est très rare, dans les Etats de l'Est et
du Centre tout au moins, de voir employer les jeunes gens, filles et garçons,
au-dessous de 16 ans. Il semble que le désir des parents Américains soit de
donner à leurs enfants une instruction aussi complète que possible afin de
mieux les armer pour la vie. L'impression que j'ai eue est que le natif Américain a reçu une bonne éducation par rapport à son *confrère* (*sic*) Européen.
Son apparence générale est celle d'un homme robuste, bien charpenté et
alerte ; on pourrait dire la même chose des femmes. Leur système de culture
physique, dans les écoles, tend à développer le corps, autant que leur système d'instruction, l'intelligence et l'esprit. Dans des conversations, des ouvriers m'exprimaient leur surprise sur l'enseignement existant chez nous
et déclaraient qu'ils considéraient comme absolument nécessaire dans l'intérêt de la nation que l'enseignement fût laïque, gratuit, et qu'il ne fût troublé
par rien qui ressemblât à des controverses religieuses.

En conclusion et considérant l'ensemble des conditions du travail dans
notre industrie en Angleterre et aux Etats-Unis, la situation des ouvriers est
plus favorable en Amérique que chez nous. Bien entendu leur existence est
toute différente de la nôtre. Au point de vue du bien-être domestique, mon
avis est que nous leur rendrions des points.

Les meilleurs « homes » m'a dit mon informateur Américain, en dehors de
ceux des natifs des Etats-Unis sont ceux des Anglais et des Allemands, qui sont
les meilleurs citoyens, et cela est une considération pour un peuple qui reçoit

année après année des masses de milliers d'immigrants dont beaucoup sont peu désirables.

Réponses de M. W. B. HORNIDGE au questionnaire

Questions	*Réponses*
A. APPRENTISSAGE DES JEUNES OUVRIERS.	
1. Par l'apprentissage qu'il a fait et l'instruction qu'il a reçue, le jeune ouvrier Américain est-il mieux préparé à son travail que le jeune Anglais ?	1. Oui, de façon générale. Ordinairement les jeunes gens ne commencent pas à travailler avant 16 ans.
2. Si oui, quelles modifications avez-vous à proposer au système d'enseignement tel qu'il est pratiqué en Angleterre ?	2. Un enseignement laïque gratuit jusqu'à l'âge de 16 ans pour les enfants des deux sexes.
3. Avez-vous quelques indications à fournir relativement aux cours complémentaires du soir, aux cours professionnels du soir pour les ouvriers travaillant toute la journée ?	3. Non, sauf qu'il est indispensable de faire entrer dans la tête des enfants, tandis qu'ils reçoivent une instruction primaire que, pour être bien armés dans la vie, il est nécessaire qu'ils reçoivent une instruction technique. Je suis en faveur des cours professionnels du soir pour les adultes.
B. RELATIONS ENTRE EMPLOYEURS ET EMPLOYÉS.	
4. Quelle est la durée du travail dans votre métier en Amérique, comment se compare-t-elle à la durée du travail en Angleterre ?	4. Cinquante quatre heures par semaine dans certaines villes, 56 à 60 dans d'autres ; à peine plus qu'en Angleterre où elles sont de 52 1/2 à 54.
5. L'ouvrier Américain a-t-il, par heure, une production supérieure à celle de l'ouvrier Anglais ?	5. Je n'ai pas eu occasion de faire une comparaison assez complète, mais d'après mes observations dans les usines que j'ai visitées, je dirai oui.
6. Les tarifs aux pièces (travail aux pièces, ou aux pièces et au temps)	6. Oui, dans la plupart des ateliers ; en fait dans presque tous.

sont-ils très en vigueur en Amérique ?

7. Ce système est-il avantageux (*a*) à l'ouvrier (*b*) aux Employeurs ? Donne-t-il un avantage injustifié à l'une des deux parties ?

8. Quand des ouvriers qualifiés augmentent la production par leur propre habileté, les employeurs Américains réduisent-ils les tarifs pour empêcher un ouvrier de gagner plus qu'une certaine somme ?

9. Les systèmes de primes et bonis sont-ils plus généralement adoptés en Amérique qu'en Angleterre ; dans ce cas quelles sont leurs résultats pour l'employeur et les employés ?

10. Là où existe le salaire hebdomadaire.

(*a*) Les ouvriers semblent-ils désireux de faire de leur mieux et de donner une bonne journée de travail en échange d'un bon salaire ?

(*b*) Avec ce système l'énergie personnelle et l'initiative sont-elles dûment rémunérées.

11. Les Employeurs Américains sont-ils désireux de pousser le personnel payé au temps à augmenter sa production par homme et sont-ils prêts à accroître proportionnellement le salaire par ouvrier ?

12. Les suggestions faites par les Employeurs en vue d'améliorer

7. Il est difficile de répondre à cette question. Par ce système, telle personne obtient sans doute le résultat entier du prix convenu par quantité.

8. J'ai fait une enquête et l'on m'a répondu non. En règle générale les employeurs et les directeurs ne réduisent pas les tarifs, si certains ouvriers se montrent plus capables que d'autres, car on sait que tous n'ont pas le même degré d'habileté.

9. Oui, et ils semblent donner satisfaction. Mais pas le système des bonis comme on l'entend en Angleterre, où si un ouvrier remarquable gagne de 10 à 15 sh. de plus que les autres, au lieu de recevoir le total gagné, on lui donne de 2 à 5 sh. de plus qu'à eux.

10. Autant qu'il m'a été possible d'en juger dans les diverses usines et professions, il ne semble pas y avoir de différence avec ce que j'ai remarqué chez nous ; à quelques exceptions près il y a absence de bousculade et de hâte.

11. La réponse que m'ont fait à cette question des ouvriers d'industries différentes a été « oui. »

12. Oui. Les Employeurs sont sans cesse à l'affût des perfectionne-

l'outillage, l'introduction de procédés mécaniques économisant de la main-d'œuvre et les machines du dernier modèle sont-elles favorablement accueillies par les ouvriers, ou le contraire se produit-il ?

13. Les propositions de perfectionnements, émanant des ouvriers, sont-elles bien accueillies par les Employeurs et récompensées par eux ?

14. (a) Les ouvriers conduisent-ils un plus grand nombre de machines qu'en Angleterre ?

(b) Si oui, ce système est-il favorable aux deux parties, ou l'une d'elles a-t-elle un avantage injustifié ?

15. L'ouvrier Américain nécessite-t-il une plus grande « surveillance » ? Quelle comparaison peut-on établir sous ce rapport entre lui et l'ouvrier Anglais ?

16. L'ouvrier Américain est-il capable d'initiative et de travailler sans ordres fréquents et détaillés ? Quelles comparaisons peut-on établir sous ces divers rapports entre lui et l'ouvrier Anglais ?

17. L'ouvrier Américain donne-t-il un fort coup de collier en temps de presse et le fait-il gaiement ? Quel rapport y a-t-il entre sa production pendant ces heures supplémentaires et sa production normale? Quelles comparaisons peut-on établir à ces divers points de vue entre lui et l'ouvrier Anglais?

18. Les Employeurs Américains sont-

---

ments, et les ouvriers ne s'y opposent évidemment pas.

13. Oui.

14. Pas dans notre métier.

15. Il ne m'a pas semblé qu'il y eut de différence dans le nombre des surveillants et contremaîtres.

16, 17. Je n'ai pu étudier ces questions à fond, mais d'après ce que j'ai vu et entendu, l'initiative semble être bien accueillie par les employeurs et les contremaîtres.

18. Oui.

Ils plus facilement accessibles à
leurs ouvriers que les Employeurs
Anglais?

19. D'une façon générale un ouvrier
a-t-il plus de chances de s'élever
en Amérique qu'en Angleterre?

19. Oui.

20. L'usine Américaine répond-elle
mieux que l'usine Anglaise aux
besoins des ouvriers, relativement
à l'hygiène, à la ventilation et au
bien-être en général?

20. Dans quelques cas peu nombreux,
les conditions relativement aux
salles de bains, etc. sont supérieures à toutes celles que j'ai vues
en Angleterre, d'autre part il y a
des usines et des conditions d'installations que l'on ne tolérerait
dans aucun centre industriel d'Angleterre.

21. (a) L'outillage des usines Américaines est-il supérieur au point
de vue de la production?

(b) Sont-elles mieux dirigées. La
proportion des Directeurs sortis des Universités est-elle plus
grande qu'en Angleterre?

(c) La qualité des produits est-
elle meilleure?

21. (a) Quelques-unes sont mieux outillées, et d'autre part beaucoup ne le sont pas. Les Employeurs Américains n'hésitent pas à placer leurs capitaux en machines nouvelles et
si elles ne répondent pas à
l'attente on les met de côté.
Toute idée nouvelle est creu-
sée pour en tirer toute sa valeur.

(b) Ils est discutable qu'elles
soient mieux dirigées, dans
notre industrie, que nos meilleures usines. Les employeurs
Anglais ont, en général, fait
depuis quelques années de
très grands progrès au point
de vue de la direction.

(c) Non pas supérieure à celle des
produits les meilleurs, fabriqués dans le Royaume-Uni qui
sont au moins égaux à ceux
de n'importe quel pays.

22. Pour combien la plus grande

22. (a) Toutes choses étant égales

production des usines Américaines
est-elle dûe :

    (a) A la durée du travail supé-
      rieure à ce qu'elle est-ici ?

    (b) A la plus grande rapidité de
      marche des machines ?

d'ailleurs, la plus grande durée du travail donne incontestablement un avantage au
point de vue de la production,
de plus la division du travail
est plus développée.

    (b) Dans l'industrie de la chaus-
      sure, les machines marchent
      plus vite, ce qui est avanta-
      geux au point de vue de la
      quantité produite, mais désa-
      vantageux pour la qualité.

23. Y a-t-il des pratiques de l'organisation Américaine qu'il y aurait
lieu, à votre avis, d'introduire
dans les usines Anglaises ?

23. Je n'ai aucune opinion arrêtée
sur ce point, mais considérant la
situation, les matières premières,
la division du travail et le climat,
je ne crois pas qu'il y ait grand
chose de commun dans les deux
pays pour l'industrie de la chaussure.

C. Conditions générales de la vie
des ouvriers en dehors de l'usine.

24. (a) Les ouvriers sont-ils mieux
      nourris en Amérique qu'en
      Angleterre ?

    (b) Quel rapport peut-on établir
      entre le prix de la nourriture
      en Amérique et en Angle-
      terre ?

24. (a) Certainement dans l'ensemble.

    (b) L'avantage semble appartenir
      aux Américains à tous points
      de vue, les céréales poussent
      et le bétail est élevé à leur
      porte.

25. (a) Les ouvriers sont-ils mieux
      vêtus en Amérique qu'en An-
      gleterre ?

    (b) Quel rapport y a-t-il entre le
      prix des vêtements en Amé-
      rique et en Angleterre ?

25. (a) Oui.

    (b) Qualités ordinaires, prix sen-
      siblement égaux, qualités su-
      périeures, prix bien plus éle-
      vés dans la plupart des villes
      Américaines où j'ai été — de
      50 à 100 % plus élevés.

26. (a) Les habitations des ouvriers
      Américains sont-elles supé-
      rieures à celles des ouvriers
      Anglais ?

    (b) Quel rapport y a-t-il entre les
      loyers dans les deux pays ?

26. (a) Je dirai, classe pour classe,
      non. Bien que dans la plus
      grande partie des cas, dans
      les meilleures maisons, les
      chambres soient plus vastes,
      ce sont d'aussi ignobles tau-

(c) Y a-t-il une plus grande proportion d'ouvriers propriétaires en Amérique qu'en Angleterre? Si oui, à quoi attribuez-vous ce fait?

27. Quel rapport existe-t-il entre les salaires des ouvriers de votre profession en Amérique et en Angleterre, ces salaires étant *exprimés en argent*?

28. Quel rapport existe-t-il entre *la valeur* des salaires de l'ouvrier Américain et de l'ouvrier Anglais en tenant compte du *coût de l'existence*?

29. L'ouvrier sobre, prévoyant et de bonne conduite, peut-il, tout en vivant convenablement, épargner davantage en Amérique qu'en Angleterre?

30. Si oui, son épargne est-elle plus grande *en fait*?

31. Les paris aux courses, etc., jouent-ils un rôle aussi important dans la vie de l'ouvrier Américain que dans celle de l'ouvrier Anglais?

32. L'ouvrier Américain est-il plus sobre que l'ouvrier Anglais?

33. Est-il vrai que pendant qu'il est jeune, l'ouvrier Américain fournisse une plus grande somme de travail que l'ouvrier Anglais, mais qu'il soit usé jeune et que ses an-

dis qu'ici.

(*b*) Je ne puis répondre à cette question, ne m'étant renseigné que dans des cas trop peu nombreux pour me former une opinion.

27. En comparaison, de 30 à 70 % plus élevés en Amérique, là où j'ai enquêté.

28. Plus élevé à mon avis. Un homme ou une famille peut avoir un niveau supérieur de vie : c'est-à-dire meilleurs vêtements, meilleure alimentation, etc.

29. Il peut économiser 2 dollars en Amérique contre 2 sh. ici.

30. Je ne puis répondre à cette question, ne l'ayant pas étudiée à fond, mais, en général, je crois que non.

31. D'après mes observations et mes conversations avec des hommes occupant des situations diverses, je dirai non.

32. Le natif l'est certainement. Ici encore, à mon avis, le climat joue un rôle ; les gens ne sont pas aussi déprimés qu'ici, et l'air étant tellement plus vivifiant, il n'y a pas le même désir pour des boissons fortes.

33. Je suis obligé de dire que la vérité de cette affirmation ne m'a pas frappée dans notre industrie ; dans toutes les usines où je suis entré, il m'a semblé qu'on em-

nées de travail soient peu nombreuses ?

34. Est-il vrai que l'ouvrier Américain soit renvoyé quand il est jeune encore ?

35. (a) Est-il vrai que la durée moyenne de la vie soit moindre chez l'ouvrier Américain que chez l'ouvrier Anglais ?

(b) Si oui, cela est-il dû à une fatigue excessive, à un climat moins sain ou à quelqu'autre cause ?

36. Y a-t-il une proportion supérieure ou moindre d'ouvriers à la charge de l'assistance publique en Amérique qu'en Angleterre ?

37. Les enfants et les amis des ouvriers Américains trop âgés pour travailler ou que la maladie et les accidents en rendent incapables leur viennent-ils plus en aide qu'en Angleterre. Si oui, à quoi attribuez-vous ce fait ?

38. Trouvez-vous que les conditions générales d'existence de l'ouvrier soient meilleures en Amérique qu'en Angleterre ? En quoi pourrions-nous imiter l'exemple des

ployait autant de personnes âgées et d'âge moyen.

34. Répondu au nº 33.

35. Je n'ai pas étudié cette question.

36. D'après mes renseignements, je dois dire qu'il y en a proportionnellement moins.

37. Je dois dire oui, et j'arrive à la conclusion que les gens ont eu des occasions tellement meilleures de gagner leur vie, qu'il leur est plus facile de venir en aide à leurs parents que cela ne l'est pour la moyenne des ouvriers Anglais. Les ressources naturelles du pays, à peine exploitées aujourd'hui, ses immenses charbonnages, ses métaux, et le fait qu'il n'est pas surpeuplé comme le Royaume-Uni donnent de grands avantages aux habitants et plus d'occasions de gagner largement leur vie et par suite de pouvoir satisfaire aux besoins de ceux qui sont à leur charge.

38. D'une façon générale mon avis est que l'ouvrier Américain jouit d'un niveau plus élevé d'existence. La seconde partie de la question demande avant qu'on y réponde, à

Américains pour améliorer les conditions de vie en Angleterre?

D. QUESTIONS D'ORDRE GÉNÉRAL.

39. Approuvez-vous le fonctionnement de la Fédération Civique?

40. Pourrait-on introduire en Angleterre une organisation établie sur
la même base ou sur un base un
peu différente?

41. Les délégués sont-ils en faveur
d'une tentative pour établir une
organisation analogue en Angleterre?

être étudiée pendant plus de temps
que je n'ai pu lui en consacrer pendant mon séjour aux Etats-Unis.

39. Autant que j'ai pu juger des
résultats de son action pour prévenir les conflits et de ses tentatives pour amener les parties à
composition avant une rupture,
oui.

40. Un projet analogue a été soumis
aux Unions depuis quelques années par M. Lockie et est favorablement accueilli par certains.

41. Personnellement oui; je suis favorable à un tel projet.

W. B. HORNIDGE.

RAPPORT

de M. G. J. LAPPING de l'Union des Ouvriers du Cuir (¹)

—

En remettant mon rapport sur ma visite aux Etats-Unis, j'ai le regret de ne pouvoir prendre à mon compte les réflexions faites de temps en temps par certains de mes collègues : c'est-à-dire qu'ils ont été reçus avec une très grande courtoisie par les employeurs aux Etats-Unis et qu'on leur a montré tout ce qu'ils désiraient voir. L'expérience que j'ai faite chez divers employeurs a été que, bien que très courtoisement reçu, on ne m'a permis de voir les usines que par faveur spéciale et d'une manière très superficielle. Au point de vue des visiteurs, les industriels en cuir des Etats-Unis marchent de pair avec ceux d'Angleterre. Il ne semble pas y avoir la même franchise ou la même liberté que dans d'autres industries visitées. Quoiqu'il en soit, voici mes impressions aussi clairement données que possible.

Les industriels en cuir des Etats-Unis produisent certainement des articles convenant à notre époque, surtout pour le cuir supérieur. Pour cette catégorie ils sont en avance. Je suis d'avis que pour l'ensemble des marchandises nous produisons une qualité meilleure qu'aux Etats-Unis. Cependant je ne pense pas que nous puissions jamais lutter avec quelques chances de succès contre l'industrie du cuir des Etat-Unis. Ils possèdent de grands avantages naturels que nous n'avons pas ici. Ils ont en grandes quantités les matières premières nécessaires à la production du cuir, ce qui leur donne un immense avantage sur ce pays-ci ou sur tout autre. Ils achètent sur leur propre marché des peaux de bœufs et autres déjà préparées pour les diverses espèces de cuir qu'ils veulent fabriquer. L'un des grands facteurs de leur succès est, je le crois, la quantité énorme de bétail que l'on tue aux Etats-Unis. Les autres raisons qui tendent à leur faire tenir la tête sont le nombre total de machines employées dans toutes les parties de cette indus-

(¹) *Amalgamated Society of Leather Workers.*

trie, la spécialisation ou sectionnement (*sic*) du travail et l'organisation très développée dans tous leurs ateliers. Le nombre total de machines dont on se sert, tant pour préparer les peaux que pour finir le cuir, est tout à fait remarquable. On se sert maintenant dans notre pays d'un grand nombre de machines du même type, mais pas au point où on les emploie aux Etats-Unis. Quoi qu'il en soit, il faut dire que dans la préparation des peaux pour le tannage il y a un nombre beaucoup plus considérable d'espèces de peaux que l'on peut travailler à la machine aux Etats-Unis qu'en Angleterre. Lorsqu'un employeur Américain trouve sur le marché une machine constituant un progrès sur celle qu'il a déjà, il se débarrasse de celle qu'il a pour la remplacer par la nouvelle. Il ne permet pas à son amour des vieilles idées de nuire à son bon sens. Il se fie aux qualités de la nouvelle machine pour le rembourser de ses frais de premier établissement. Dans les tanneries ou établissements de préparation des peaux vous trouvez à peine un ouvrier connaissant bien le métier, à l'exception du contremaître ou surveillant-chef et dans bien des cas j'ai remarqué qu'ils viennent de quelque contrée du Royaume-Uni. La règle semble être : un ouvrier pour une catégorie de travail ; par suite, cette division du travail permet à un ouvrier de devenir maître de sa partie et il peut ainsi, dans un temps donné, produire une plus grande quantité de travail, à moins de frais, et, à ce qu'il semble, sans plus d'efforts physiques que l'ouvrier de la même profession en Angleterre.

L'organisation des usines vaut véritablement qu'on s'y arrête. On emploie dans les manufactures de cuir aux Etats-Unis tout ce qui tend à supprimer du travail manuel non nécessaire. La disposition des installations semble avoir été toujours bien étudiée à l'avance. Dans la plupart, les peaux brutes sont emmagasinées tout à côté des ateliers de séchage, des fosses, de la chaux, etc., tandis que l'atelier de tannage se trouve tout près et tout est si bien arrangé qu'il n'y a, en pratique, ni perte de temps, ni main-d'œuvre inutile, pour faire avancer les produits d'une opération à la suivante. Des monte-charges et transporteurs de toutes espèces sont en usage entre le tannage, le séchage et les ateliers de finissage : tout cet ensemble permettant d'augmenter la production tout en en réduisant le coût. Dans les divers ateliers, les ouvriers employés à des besognes spéciales, tels que : machinistes, ouvriers enlevant les fragments de chair encore adhérents à la peau, tondeurs, nettoyeurs, etc., ainsi que ceux qui travaillent les articles à la main sont constamment en train de faire leur travail par suite de l'existence d' « aides » suivant le terme dont on les désigne, qui leur fournissent de façon incessante les matières premières en abondance. Les usines que j'ai visitées étaient, pour la plus grande partie, bien bâties, bien éclairées et bien outillées pour la production des cuirs et généralement toutes proches du chemin de fer ou de voies navi-

gables. Le plus grand nombre est pourvu des perfectionnements modernes
pour préparer l'écorce, pour conduire les liqueurs aux cuves ; les divers ateliers étant également pourvus des plus récents systèmes pour les chauffer et
les rafraichir. En règle générale les ateliers sont spacieux et commodes, ont
de grandes fenêtres qui sont utilisées suivant les besoins pour le confort de
ceux qui y travaillent.

A mon avis la seule raison de leur succès est qu'ils peuvent produire et
par conséquent vendre à meilleur marché que chez nous ; aussi produisent-
ils, en plus grande quantité, des marchandises de qualité uniforme, ce qui,
je le crois, convient très bien aux acheteurs de cuir pour l'industrie de la
chaussure. J'affirme que cette production à plus bas prix est due aux causes
que j'ai déjà mentionnées : les avantages naturels, l'énorme quantité de
machines économisatrices de main-d'œuvre, la division du travail et l'organisation des ateliers. Pour permettre à l'employeur de « marcher avec son
temps » (sic), on a l'habitude, dans certains établissements, d'offrir des récompenses aux ouvriers pour leurs suggestions pratiques en vue d'économiser de la main-d'œuvre, d'améliorer l'installation ou la direction de l'usine.
Ceci pousse les ouvriers à être toujours sur le qui vive et à s'intéresser au
travail qui se fait et, à mon avis, rien ne peut autant servir à obtenir du bon
travail que d'éveiller l'intérêt de l'ouvrier en l'y faisant participer. C'est une
chose que l'on ne tolèrerait pas aujourd'hui dans la plupart des usines anglaises ; la direction trouverait que l'ouvrier se donne trop d'importance, vu
sa situation, s'il suggérait quelque amélioration à la méthode de direction de
l'établissement et selon toutes les probabilités il serait renvoyé.

La machinerie marche plus vite aux Etats-Unis que chez nous. Les employeurs n'ont pas aussi peur de la pousser que nous, et ils considèrent une
rupture de machine comme de peu d'importance. « Qu'est-que cela fait, disent-
ils. Si une machine ne peut résister à l'effort qu'on lui demande, elle ne vaut
rien pour nous et le plus tôt elle montre sa faiblesse, le mieux. Nous la rem-
placerons par une autre qui fera le travail nécessaire. » Je pense qu'il en est
également ainsi pour l'ouvrier. S'il ne peut résister à l'effort, s'il se « casse »
ou s'il devient plutôt plus lent que ses compagnons, on ne tarde pas à le
mettre de côté. « L'ouvrier lent ne me sert absolument à rien ici » me disait
un grand manufacturier « nous avons besoin de jeunes gens intelligents et
vifs. » Il me dit aussi qu'on embauche également des jeunes gens, quelle qu'ait
été leur occupation auparavant et qu'on leur enseigne un certain travail, probablement à conduire une machine. Si un jeune homme vaut quelque chose,
il devient rapidement aussi habile que son voisin ; on le met aux pièces et en
peu de temps il gagne un salaire convenable en donnant une grande production. Voici les qualités requises : Des jeunes gens intelligents et vifs qui exé-

cutent année après année un certain travail et qui s'ils ne peuvent suivre les autres sont renvoyés. Dans certains établissements on a l'habitude de produire quotidiennement un total donné de travail, chaque ouvrier en faisant une partie. Le manque d'un seul interrompt la marche régulière du système et il suffit d'un surveillant fin et bien à son affaire pour voir où la faute s'est produite et prendre des mesures pour y remédier. Là où l'on emploie ce système, les ouvriers semblent assez satisfaits des conditions du travail. La durée hebdomadaire du travail dans l'industrie du cuir aux Etats-Unis est généralement de 60 heures ; dans quelques cas de 59. Dans une usine où plus des 75 0/0 du personnel étaient aux pièces, je crois qu'elle était de 54 heures, mais c'est une exception. Dans ce pays-ci la durée hebdomadaire du travail varie de 54 à 57 heures et est quelquefois de 58 1/2. Le salaire moyen aux Etat-Unis est d'environ 45 shillings tandis qu'il est inférieur de 14 à 15 shillings dans ce pays-ci. La comparaison des salaires est difficile. Il y a en Angleterre un fossé profond entre les salaires des « manœuvres » et des ouvriers « qualifiés » qui n'existe pas autant aux Etats-Unis. Les « aides » qui font les courses et les gros travaux de force, et que nous appelons manœuvres, reçoivent aux Etats-Unis de 33 à 37 shillings par semaine. En Angleterre on les paye, n'importe où, de 15 à 25 shillings. Bien entendu aux Etats-Unis les « aides » font plus de travail pour cette somme puisqu'ils doivent maintenir l'approvisionnement, en matières premières, des ouvriers qualifiés et emporter les produits finis. Je suis d'avis que dans les industries du cuir les ouvriers Anglais seraient heureux qu'on leur fournit l'occasion de faire plus de travail pourvu qu'ils reçussent un accroissement de salaire correspondant. Je crois que la situation de nos ouvriers qualifiés est aussi bonne que celle des Américains, en faisant entrer en ligne de compte la durée du travail et sa rapidité aux Etats-Unis. Le coût de l'existence pour l'ouvrier est de 10 0/0 plus élevé qu'en Angleterre, en considérant que son niveau est plus élevé que chez nous, ce qui est incontestable. Les vêtements sont en général plus chers que chez nous, sauf certaines catégories de vêtements tout faits. Le loyer est également plus élevé qu'ici, je crois, et toutes ces choses réunies réduisent la valeur des salaires payés aux Etats-Unis. Au début j'ai déclaré qu'on m'avait fait visiter les usines de manière superficielle. Mon rapport s'en ressent, j'ai cherché à le rendre aussi clair et aussi simple que possible.

Pour conclure, je dois encore une fois déclarer, qu'à mon avis, nous ne pouvons lutter contre les Etats-Unis avec aucune certitude de succès, pour la suprématie des marchés du monde, car avec leurs grands avantages naturels ils peuvent vendre au-dessous de notre prix de revient ; mais, à cette époque de produits tannés chimiquement, et d'emploi d'extraits, je ne vois pas pourquoi nous ne pouvons pas leur faire concurrence avec succès sur

notre propre marché. A mon humble avis, dans l'industrie du cuir, la faute
n'incombe pas à l'ouvrier Anglais, mais plutôt à l'employeur. Il s'attache
trop aux idées anciennes. Il ne marche pas avec son époque. Il produit un
bon article, mais cela ne suffit pas. Qu'il remodèle et qu'il réinstalle l'usine
d'une façon moderne, qu'il entre plus directement en contact avec ses ouvriers, qu'il leur fournisse un atelier où il y ait quelque confort, qu'il leur
donne un salaire leur permettant de vivre à un niveau un peu plus élevé
qu'aujourd'hui, même s'il leur demande plus de travail en échange; alors il
pourra arriver que nous puissions prétendre à la suprématie vis-à-vis de nos
cousins d'outre-mer. Si quelques uns des employeurs de ce pays allaient
visiter certaines des usines les plus modernes des Etats-unis, je suis certain
qu'ils apprendraient des choses qui compenseraient pour eux la dépense
qu'ils auraient faite.

Réponses de M. G. J. LAPPING au questionnaire.

Questions.	Réponses.
A. APPRENTISSAGE DES JEUNES OUVRIERS.	
1. Par l'apprentissage qu'il a fait et l'instruction qu'il a reçue, le jeune ouvrier Américain est-il mieux préparé à son travail que le jeune Anglais ?	1. Oui et je crois que l'instruction prépare mieux le jeune homme à son travail futur.
2. Si oui, quelles modifications avez vous à proposer au système d'enseignement pratiqué en Angleterre?	2. Je ne tiens pas à suggérer quoi que ce soit.
3. Avez-vous quelques indications à fournir relativement aux cours complémentaires du soir, aux cours professionnels du soir pour les ouvriers travaillant toute la journée ?	3. Aucune, sauf que ceux qui en ont le pouvoir assurent aux ouvriers une instruction professionnelle gratuite.
B. RAPPORTS ENTRE EMPLOYEURS ET EMPLOYÉS.	
4. Quelle est la durée du travail dans votre métier en Amérique; comment se compare-t-elle à la durée du travail en Angleterre ?	4. Le plus souvent, 60 heures par semaine — soit environ 4 heures de plus qu'en Angleterre?

5. L'ouvrier Américain a-t-il par heure une production moyenne supérieure à celle de l'ouvrier Anglais?

5. L'ouvrier Américain produit plus par heure, en moyenne.

6. Les tarifs aux pièces (travail aux pièces, ou aux pièces et au temps) sont-ils très en vigueur en Amérique?

6. Oui.

7. Ce système est-il avantageux : a) à l'ouvrier ; b) aux employeurs? Donne-t-il un avantage injustifié à l'une des deux parties?

7. Il est avantageux pour les deux, mais plus pour l'employeur, je crois.

8. Quand des ouvriers qualifiés travaillant aux pièces augmentent la production par leur propre habileté, les employeurs Américains réduisent-ils les tarifs pour empêcher un ouvrier de gagner plus qu'une certaine somme?

8. Non, je ne le crois pas.

9. Les systèmes de primes et boni sont-ils plus généralement employés en Amérique qu'en Angleterre ; dans ce cas quels sont leurs résultats pour l'employeur et les employés?

9. Je n'ai aucune donnée sérieuse sur ce sujet.

10. Là où existe le salaire hebdomadaire:
   a) Les ouvriers semblent-il désireux de faire de leur mieux et de fournir une bonne journée de travail en échange d'un bon salaire ?
   (b) Avec ce système l'énergie personnelle et l'initiative sont-elles dûment rémunérées ?

10. (a) Je crois que les ouvriers font une bonne journée de travail.
   (b) En règle générale je crois que oui.

11. Les employeurs Américains sont-ils désireux de pousser le personnel payé au temps à augmenter sa production par homme et sont-ils prêts à accroître proportionnellement le salaire par ouvrier ?

11. Je ne puis fournir d'opinion sur ce point.

12. Les suggestions faites par les employeurs en vue d'améliorer l'outillage, les procédés mécaniques économisant de la main-d'œuvre et les machines du dernier modèle sont-elles favorablement accueillies par les ouvriers, ou le contraire se produit-il ?

12. On les accepte comme des nécessités.

13. Les propositions de perfectionnements émanant des ouvriers, sont-elles bien accueillies par les employeurs et récompensées par eux ?

13. Oui ; les employeurs encouragent les ouvriers dans cette voie.

14. (a) Les ouvriers conduisent-ils un plus grand nombre de machines qu'en Angleterre ?

(b) Si oui ce système est-il favorable aux deux parties ou l'une d'elle en tire-t-elle un avantage injustifié ?

14. (a) Je crois que c'est le cas, mais principalement à cause de la perfection des machines.

(b) Je ne crois. pas qu'il y ait d'avantage injustifié.

15. L'ouvrier Américain nécessite-t-il une plus grande « surveillance » ; quelle comparaison peut-on établir sous ce rapport entre lui et l'ouvrier Anglais ?

15. Non. Le système d'organisation ne le permet pas et je ne puis par suite faire de comparaison.

16. L'ouvrier Américain est-il capable d'initiative et de travailler sans ordres fréquents et détaillés ? Quelles comparaisons peut-on établir sous ces divers rapports entre lui et l'ouvrier Anglais ?

16. Oui, je le crois. Je le crois en avance sur l'ouvrier Anglais à ce point de vue, à cause de son instruction et principalement parce que l'on a jamais permis à l'ouvrier Anglais de prendre de l'initiative et de travailler sous sa propre responsabilité.

17. L'ouvrier Américain donne-t-il un fort coup de collier en temps de presse et le fait-il gaiement ? Quel rapport y a-t-il entre sa production pendant ces heures supplémentaires et sa production normale ? Quelles comparaisons peut-on éta-

17. Je n'ai aucune donnée sur la question.

blir à ces divers points de vue
entre lui et l'ouvrier Anglais.

18. Les employeurs Américains sont-
ils plus facilement accessibles à
leurs ouvriers que les employeurs
Anglais?

18. Oui. Infiniment plus.

19. D'une façon générale un ouvrier
a-t-il plus de chances de s'élever
en Amérique qu'en Angleterre?

19. Oui, je le crois.

20. L'usine Américaine répond-elle
mieux que l'usine Anglaise aux
besoins des ouvriers relativement
à l'hygiène, à la ventilation et au
bien-être en général?

20. Non, pas en règle générale.

21. (a) L'outillage des usines Américaines est-il supérieur au
point de vue de la production.
   (b) Sont-elles mieux dirigées? La
proportion des directeurs
sortis des Universités est-elle
plus grande qu'en Angleterre?
   (c) La qualité des produits est-
elle meilleure?

21. (a) Oui.
    (b) Oui.
    (c) Non.

22. Pour combien la plus grande production des usines Américaines
est-elle dûe:
   (a) A la durée du travail supérieure à ce qu'elle est ici?
   (b) A la plus grande rapidité de
marche des machines?

22. Je ne puis pas donner de chiffres,
mais je suis d'avis qu'elle est dûe
pour beaucoup aux deux causes.

23. Y a-t-il des pratiques de l'organisation américaine qu'il y aurait
lieu d'introduire, à votre avis, dans
les usines Anglaises?

23. Je crois que là où l'on emploie
des machines économisatrices de
main-d'œuvre, les employeurs Anglais devraient copier l'Amérique
et se procurer les modèles les plus
récents, et les plus perfectionnés.

C. Conditions générales de la vie
des ouvriers en dehors de l'usine.

24. (a) Les ouvriers sont-ils mieux
nourris en Amérique qu'en Angleterre?

24. (a) Oui.
    (b) Il est d'environ 10 0/0 plus
élevé en Amérique.

(*b*) Quel rapport peut-on établir
entre le prix de la nourriture
en Amérique et en Angleterre ?

25. (*a*) Les ouvriers sont-ils mieux
vêtus en Amérique qu'en Angleterre ?

(*b*) Quel rapport peut-on établir
entre le prix des vêtements en
Amérique et en Angleterre ?

25. (*a*) Oui, ils portent des vêtements
de meilleure qualité beaucoup
plus souvent que l'ouvrier
Anglais.

(*b*) A l'exception de certaines
catégories de vêtements tout
faits, je crois que, en Amérique, le prix est de 10 à 15 0/0
plus élevé qu'en Angleterre.

26. *a*) Les habitations des ouvriers
Américains sont-elles supé-
rieures à celles des ouvriers
Anglais ?

(*b*) Quel rapport y a-t-il entre
les loyers dans les deux
pays ?

(*c*) Y a-t-il une plus grande proportion d'ouvriers propriétaires en Amérique qu'en Angleterre ? Si oui à quoi attribuez-vous ce fait ?

26. (*a*) Je ne le crois pas.

(*b*) Les loyers sont plus élevés
qu'en Angleterre.

(*c*) Je n'ai aucune connaissance
de ce sujet.

27. Quel rapport existe-t-il entre les
salaires des ouvriers de votre profession en Amérique et en Angleterre, ces salaires étant *exprimés
en argent* ?

28. Quel rapport existe-t-il en *la valeur* des salaires de l'ouvrier Américain et de l'ouvrier Anglais en
tenant compte du *coût de l'existence*?

27. Le salaire moyen est de 45 shillings par semaine. Je dirai qu'il
dépasse de 15 shillings la moyenne
des salaires en Angleterre.

28. En tenant compte de tout, la valeur du salaire en Amérique est de
très peu supérieure à ce qu'elle est
en Angleterre. Je parle pour l'industrie du cuir, ne pouvant parler
pour les autres.

29. L'ouvrier sobre prévoyant et de
bonne conduite peut-il, tout en
vivant convenablement épargner
davantage en Amérique qu'en Angleterre?

29. Je ne le crois pas.

30. Si oui, son épargne est-elle plus grande *en fait* ?

31. Les paris aux courses, etc, jouent-ils un rôle aussi important dans la vie de l'ouvrier Américain que dans celle de l'ouvrier Anglais.

31. Pas autant qu'en Angleterre.

32. L'ouvrier Américain est-il plus sobre que l'ouvrier Anglais?

32. Je crois qu'il l'est en général, et que le climat y est pour quelque chose.

33. Est-il vrai que pendant sa jeunesse l'ouvrier Américain fournisse une plus grande somme de travail que l'ouvrier Anglais, mais qu'il soit usé jeune et que ses années de travail soient peu nombreuses?

33. Je crois qu'il en est ainsi.

34. Est-il vrai que l'ouvrier Américain soit renvoyé quand il est jeune encore.

34. Oui dans beaucoup d'industries.

35. (*a*) Est-il vrai que la durée moyenne de la vie soit moindre chez l'ouvrier Américain que chez l'ouvrier Anglais?

   (*b*) Si oui, cela est-il dû à une fatigue excessive, à un climat moins sain où à quelqu'autre cause ?

35. (*a*) Oui.
   (*b*) Je crois que cela est dû à la fois à la fatigue excessive et au climat moins sain.

36. Y a-t-il une proportion supérieure ou moindre d'ouvriers à la charge de l'Assistance publique en Amérique qu'en Angleterre?

37. Les enfants et les amis des ouvriers Américains trop âgés pour travailler ou que l'âge et la maladie en rendent incapables, leur viennent-ils plus en aide qu'en Angleterre ? Si oui, à quoi attribuez-vous la différence?

36, 37. Je ne suis pas en mesure de répondre à ces questions.

38. Trouvez-vous que les conditions générales d'existence de l'ouvrier soit meilleures en Amérique qu'en

38. Je ne trouve pas que les conditions d'existence de l'ouvrier soient meilleures en Amérique qu'en Angle-

Angleterre ? En quoi pourrions-nous imiter l'exemple des Américains pour améliorer les conditions de la vie en Angleterre ?

D. Questions d'ordre général

39. Approuvez-vous le fonctionnement de la Fédération Civique ?

40. Pourrait-on introduire en Angleterre une organisation établie sur la même base ou sur une base un peu différente ?

41. Les délégués sont-ils en faveur d'une tentative pour établir une organisation analogue en Angleterre ?

terre.

9. Oui, en ce qu'elle tâche d'établir une entente entre les employeurs et les ouvriers quand il y a menace de conflit.

40. Oui, sur une base différente.

41. Ma réponse, étant donné ce que j'en sais actuellement, a été ma signature apposée à New-York sur le document de M. Mosely.

G. J. LAPPING.

RAPPORT

de M. H. R. TAYLOR, L. C. C. [1] de l'Union des Briqueteurs [2]

—

Le style, la méthode et la nature des constructions, les matières premières employées et la qualité du travail produit diffèrent à un point tel de ce qui existe généralement dans ce pays-ci que ceux-là seulement qui connaissent à fond l'industrie du bâtiment, et principalement la construction en briques, pourront se rendre compte des difficultés que j'ai eues à établir ce rapport sans courir le risque d'être mal compris. Dans le but de réduire ce risque au minimum possible, j'ai évité de me servir de termes techniques, sauf lorsque leur emploi était absolument indispensable pour rendre les exemples clairs et si je n'ai pu espérer rendre mon rapport suffisamment explicite pour satisfaire tous mes lecteurs, j'ai néanmoins l'espoir de leur donner une idée nette des résultats de mon enquête sur l'industrie dont j'ai eu l'honneur d'être le représentant à la Commission Industrielle Mosely.

Etant de ceux qui se sont rendus aux Etats-Unis viâ Montréal et Toronto, j'ai eu occasion de voir ces deux villes. A Montreal la plupart des grands bâtiments : hôtels, églises, usines, bureaux ont leur façade en granit ou en pierres du pays, mais appuyée sur des briques brutes. Les plus petites constructions de la ville qui ont été bâties presque entièrement en bois disparaissent peu à peu et sont remplacées par d'autres en matériaux plus durables, bien que dans les faubourgs on construise encore des maisons en bois et des villas d'une architecture nettement française, dont un grand nombre sont extrêmement jolies. A Toronto on a abattu presque tous les anciens hangars, magasins et usines et on rebâtit la ville ; on a dessiné de belles voies, larges et droites, avec des tramways électriques dans un grand nombre d'entre elles et l'on a construit encore de tous côtés de superbes bâtiments à allure de palais, en briques et pierres du pays, qui sont d'une qualité supérieure à ceux de Mon-

[1] *London County Council* ou membre du Conseil de Comté de Londres.
[2] *Operative Bricklayers' Society.*

tréal et mieux achevés. Dans les faubourgs, la construction marche parallèlement et on élève, outre les écoles, collèges et autres bâtiments semi-publics,
un très grand nombre de villas et de maisons ouvrières, ce qui est évidemment
un signe de développement rapide et de prospérité croissante et, bien qu'une
grande proportion de ce travail présente un caractère de spéculation plus ou
moins prononcé, le travail est néanmoins bien fait : les Edifices Municipaux
constituent un morceau superbe et font grand honneur à la ville ; la plus
grande partie de la construction : maçonnerie, mosaïque, marbre, briques et
joints est très remarquable. Les bâtiments, à mon avis, sont plus imposants,
plus commodes et plus beaux que les Edifices Municipaux de Glasgow ;
d'après les renseignements que nous a donnés l'ingénieur de la ville, le coût
en a été de deux millions et demi de dollars et la construction a duré huit
ans.

Tous les bâtiments en cours de construction que j'ai vus aux États-Unis
peuvent fort bien se ranger dans l'une des trois catégories suivantes :

CATÉGORIE I. Bâtiments dont le squelette d'acier ou carcasse est construit
d'abord ;

CATÉGORIE II. Type plus petit et moins prétentieux se rapprochant presque
des bâtiments de ce pays-ci.

CATÉGORIE III. Type encore plus petit, principalement suburbain, et constitué principalement de maisons particulières et de villas.

Dans la catégorie I, après que l'on a fait les excavations nécessaires et les fondations on élève le squelette d'acier ou carcasse, souvent à une hauteur de 20 ou
30 étages, les poutres et poutrelles des planchers, paliers, escaliers, ascenseurs
et toit étant assemblées d'abord puis montées et fixées ensuite. Les briqueteurs et
maçons entrent alors en scène et construisent les façades et les murs intérieurs
et extérieurs en granit, pierres, marbre, terre cuite ou briques, suivant les cas : la
carcasse déjà construite servant d'échaffaudage et aussi pour l'élévation des matériaux. Presque toute cette catégorie de bâtiments est construite de l'intérieur vers
l'extérieur et le travail fait avec avantage que ce soit pour la pose des pierres et du
granit ou pour celle des briques et il n'est pas rare de voir des équipes de maçons et de briqueteurs travaillant simultanément à chacun des étages: en fait
il est très possible dans cette catégorie de constructions de commencer en même
temps tous les étages et de terminer au même moment le premier étage et le toit.
Quoi qu'il en soit, le seul avantage de l'entrepreneur ou du client, ou des deux à
la fois est de gagner du temps. Les ouvriers sont d'ailleurs soumis à beaucoup
plus de risques et de dangers quand il y en a d'autres travaillant au-dessus de
leur tête, surtout quand on se rappelle que ce système amène à plus de hâte et de
précipitation que tout autre, parce qu'il y a souvent une grande rivalité entre
les divers groupes d'ouvriers, ou leurs contremaîtres, ou tous deux à la fois, qui
sont occupés aux différents étages. Il faut aussi se souvenir qu'il n'est nécessaire
de faire que peu de plomberie, de travaux de nivellement, etc. parce que la plus
grande partie du briquetage consiste à remplir les intervalles entre des étançons,

des poutrelles, des fers en angle etc., et il s'en suit que moins on emploie de temps
à ces trois opérations plus on en a pour la pose des briques ; en d'autres termes la
production dépend dans une très large mesure du nombre d'endroits où des
travaux de plomberies et des angles sont nécessaires — plus il y en aura, moins
on pourra poser des briques et inversement.

La seconde catégorie de constructions, celle ou la carcasse d'acier n'est pas élevée
en premier, ressemble davantage à nos constructions, bien que la plus grande
partie du travail se fasse plus aisément. Les cloisons sont élevées en premier lieu et
réunies entre elles, quand il y en a déjà quatre ou cinq étages de faits ; au lieu de le
faire à chaque étage, pratique usitée ici dans le but d'assurer une réunion plus
parfaite avec les autres portions du bâtiment qui doivent être construites après ; on
implante les poutrelles et traverses à l'intérieur ; dans quelques cas, on pose à
chaque étage un échaffaudage indépendant, généralement très léger et précaire
pour élever et quelques fois seulement et uniquement dans le but de finir et de nettoyer la façade ; mais comme on considère cette opération comme étant plus ou
moins du superflu, on ne la fait pas toujours. J'ai remarqué dans le district de Cleveland plusieurs maisons dont les étages étaient élevés par la méthode ordinaire,
mais cette méthode n'avait pas donné les résultats qu'en attendaient ceux qui ten-
taient l'expérience.

Le troisième mode de construction est celui qui est principalement employé
pour les maisons et villas des districts sub-urbains, bien qu'un grand nombre
des bâtiments que l'on construit encore, le soient presque totalement en bois. Là
où l'on emploie la brique, la pierre ou la terre cuite pour faire les façades, on a
très généralement l'habitude d'élever une carcasse de bois dont l'équarrissage
dépend des dimensions de la maison, du poids du toit, etc. On la planchéie ordinairement vers l'extérieur et le maçon ou le briqueteur y appuie le mur extérieur constituant presque un simple placage qui n'a quelquefois que quatre
pouces et demi d'épaisseur ; celle-ci dépendant uniquement de la hauteur qu'il
doit atteindre. Là où se présentent des baies-fenêtres, l'habitude commune semble
être de construire la baie et les pieds-droits sans se servir de bandeaux moulés
ou taillés ; on joint les briques par l'extérieur en les rapprochant, formant ainsi
des naissances en « dent de chien » (sic) de chaque côté de la baie, chose que
je n'ai jamais vu faire dans ce pays-ci, même dans la construction des maisons
ordinaires les plus mauvaises et qui démontre la nature négligée de cette sorte de
travail. Les échaffaudages dont on se sert ordinairement pour ce genre de constructions se composent de chevalets et de planches et sont élevés les uns au-dessus
des autres à la hauteur voulue.

Aucun architecte ou ingénieur digne de ce nom ne voudrait autoriser l'emploi
d'aucune de ces méthodes dans ce pays-ci, car il n'y a ni prétention, ni tentative
de fixer solidement entre elles les parties en briques. Presque toutes les façades se
composent uniquement d'assises en panneresse (presque un placage) bien que
pour les gros murs et les murs intérieurs de quelque épaisseur il y ait ordinairement une assise en demi-boutisse pour cinq à six assises en panneresse, tandis que
la liaison anglaise est constituée par des assises en boutisse et en panneresse
alternées et que la liaison flamande est constituée par des boutisses et panne-
resses alternant dans la même assise : l'un ou l'autre de ces systèmes (l'Anglais
de préférence) assurant une liaison convenable de la maçonnerie en briques tant

longitudinalement que transversalement. Le noyage dans le mortier ou le jointoyage, c'est-à-dire le remplissage des interstices avec du mortier plus ou moins liquide, pour obtenir une solidité plus grande, se pratique très rarement.

Bien que j'aie vu plusieurs spécimens excellents de façades, leur travail est très simple et sans ornementation parce que les dessins pour l'enrichissement ou l'embellissement sont presqu'invariablement exécutés en granit, marbre, pierre ou terre cuite, cette dernière unie ou vernissée étant de plus en plus employée chaque année. Le stucage se fait remarquer par son absence, à cause, m'a-t-on dit, de son prix élevé. Mais néanmoins je suis convaincu qu'en donnant à l'ouvrier Américain le temps, les matières premières et l'occasion il ferait un travail, aussi bon, aussi durable et aussi bien soigné que la moyenne des ouvriers Anglais.

Les cloisons qui n'ont à supporter d'autre poids que le leur propre, sont presque invariablement construites en pièces de terre cuite brute, partiellement creuses d'une section d'environ 12 pouces carrés et de 4 à 6 pouces d'épaisseur ; les planchers incombustibles sont généralement en même matière, faits sur le même principe et construits par les briqueteurs.

Les briques que l'on emploie habituellement sont quelque peu plus petites que les nôtres, bien que quelques façades soient construites en briques fabriquées spécialement dont certaines ont 12 et d'autres 14 pouces de long, quatre pouces et demi de large et dont les unes ont un et demi et les autres deux pouces d'épaisseur : elles sont toutes très bien cuites, très dures, très sonores et donnent d'excellents résultats quand le travail est soigneusement fait.

A l'Hôtel des Postes de Buffalo il y a un bon spécimen de travail en briques vernissées de cinq assises au pied et dans l'usine de la Compagnie d'Alimentation Naturelle (*Natural Food Co*) à Niagara il y en a un bon spécimen à l'intérieur et un autre excellent, en façade, composé de briques comprimées bien cuites de couleur crème, de nuance tout à fait uniforme, de bonne forme, d'excellentes dimensions mais toutes en panneresse. En fait je n'ai vu que deux bâtiments à liaisons Anglaise ou Flamande et tous deux à New-York.

Le système de la sous-entreprise, au sens que nous attachons à ce terme, est beaucoup plus répandu aux Etats-Unis qu'ici, bien qu'il en diffère quelque peu en ce sens que les sous-entrepreneurs (tout au moins pour la maçonnerie et le briquetage) fournissent les matériaux en sus de la main-d'œuvre tandis qu'ici ce terme peut s'appliquer et s'applique fréquemment à ceux qui fournissent la main-d'œuvre seulement. La coutume dominante aux Etats-Unis est que l'entrepreneur général cède la presque totalité du travail à ce que l'on appelle des maîtres-maçons, briqueteurs, plâtriers etc., suivant les cas, qui fournissent les matériaux et la main-d'œuvre nécessaires à l'exécution.

Lorsqu'on mesure la maçonnerie en briques, on a l'habitude de calculer ici par *rod* ou pieds cubes, aux Etats-Unis on calcule par 1.000 briques en tenant bien compte des diverses proportions faites en façades, en travail grossier ou autre. On y a introduit il y a quelques années, pour les façades, le système de n'avoir de sous-contractants que pour la main-d'œuvre nécessaire à la confection des frontons, mais ce système nuisit tellement à l'industrie et la démoralisa à un tel point, déterminant une si grande tension des rapports et des conflits si nombreux que, par suite de l'opposition de l'organisation ouvrière, on renonça à cette pratique pernicieuse. La principale raison de cette opposition était qu'il y avait un très grand nombre de ceux employés dans cette profession et surtout de ceux qui en faisaient l'apprentissage, qui n'avaient jamais eu la possibilité de devenir des ouvriers parfaitement qualifiés parce qu'ils avaient été confinés dans le travail grossier. De plus, dans l'industrie du bâtiment, l'expérience a appris aux ouvriers que moins il y a de division du travail, plus l'emploi est continu; et ceci, tout ouvrier intelligent désire l'obtenir et y emploie tous ses efforts, parce que l'intermittence dans le travail est l'une des plus grandes malédictions (*sic*) pesant sur l'ensemble du système industriel.

La proportion des façades au travail grossier est extrêmement petite. Mais j'espère qu'avec le temps la demande des façades ornementées augmentera et que le dessin d'architecture deviendra plus artistique qu'il ne l'a été jusqu'ici pour la maçonnerie en briques et que l'on attachera plus d'importance à la qualité du travail donnant ainsi occasion à l'ouvrier d'avoir quelque fierté de sa profession, et de la bonne qualité et du fini du travail. A mon avis il n'y a aucun doute que jusqu'à présent il n'y a eu de demandes que pour « du travail à bon marché et vilain », bien que je trouve qu'au moins une partie du travail exécuté actuellement vaut mieux que celui d'il y a quelques années. Par exemple j'ai vu le mur mitoyen d'une construction relativement récente, mis à jour par suite de démolition de la maison voisine et c'est certainement l'un des plus mauvais spécimens de travail que j'aie jamais vu : joints sur joints bien souvent superposés dans huit ou neuf assises successives, fort peu de liaisons croisées et dans plusieurs endroits on n'avait fait nul usage du mortier entre les briques, on les avait posées à sec. On m'apprit que ce genre de travail était en vogue, il y a peu d'années et lorsque je suggérai qu'à cette époque on employait les briqueteurs pour *mettre des briques* et *non du mortier* mon informateur en convient parfaitement.

Si l'on a beaucoup employé cette méthode dans la construction des « Décrottoirs ou racloirs du ciel » (« *Sky Scrapers* »), à New-York, Chicago et autres grandes villes, il ne s'écoulera pas un grand nombre d'années avant qu'il faille les reconstruire. Je ne suis pas seul à formuler ces amères critiques ; cela est prouvé par l'extrait suivant du rapport pour 1902 de la Commission des Maisons à Appartements de New-York : « La Commission voudrait aussi appeler l'attention sur le mal qui résulte de l'emploi d'ouvriers inférieurs pour la construction des maisons à appartements. La Commission a trouvé que la qualité du travail était ordinairement mauvaise et que ces propriétés se détérioreront au bout d'un temps très court. Le résultat en est non seu-

lement une perte pour ceux y ayant placé leur argent, mais encore aux
locataires. Il y a manque de confort pour lui et il doit de plus payer un
loyer plus élevé à cause des frais croissants de réparations plus considérables chaque année. » Cela s'applique bien entendu à toutes les catégories
de l'industrie du bâtiment et d'après ce que j'ai vu, je suis complètement
d'accord avec la Commission ; mais le temps et les ouvriers eux-mêmes rec-
tifieront cet état de chose, car ils commencent déjà à se rendre compte des
maux en résultant. Si sévère que soit mon verdict, je désire qu'il soit clairement compris qu'il faut moins blâmer les employeurs et les ouvriers que la
coûtume et le système rendant ces choses possibles.

En tentant d'établir des comparaisons relativement à la production, il
faut bien se souvenir qu'on ne peut équitablement le faire qu'en tenant
compte de l'ensemble des facteurs dont dépend la totalité de la production,
et dont les plus importants sont la nature des matériaux employés, les conditions d'exécution et la catégorie ainsi que la résistance de ce travail. En
d'autres termes si l'on compare le total des briques posées en moyenne, par
jour, par les ouvriers Américains à celui que posent les ouvriers Anglais, la
comparaison ne sera pas équitable, parce que les conditions diffèrent, et que
la nature du travail produit dans chacun des deux pays est tout à fait dis-
tincte, car, ainsi que je l'ai montré précédemment, la proportion d'ornementation des façades en Amérique est infinitésimale par rapport à ce qu'elle
est ici : je suis absolument certain que si l'on demandait à l'ouvrier Américain de faire la même catégorie de travail qu'ici et dans les mêmes conditions, quant au nombre d'angles, aux liaisons, au noyage dans du mortier,
au jointoyage, au choix des matériaux et au fini, il ne pourrait pas produire
plus que l'ouvrier Britannique, si tant est qu'il put en produire autant. Il
est exact qu'au total, la production moyenne du briqueteur soit plus considérable en Amérique qu'ici ; mais comparer deux espèces de travail si
totalement différentes serait d'une iniquité évidente et conduirait à des
résultats complètement trompeurs, bien que je n'aie pas le moindre doute qu'il
y ait des critiques tendancieux, incapables de reconnaître ces faits ou ne
le voulant pas, qui se borneront uniquement à comparer les productions respectives sans souci de la nature et de la qualité du travail : qu'il soit en stuc
ou en poterie vernissée, en façades ornementées ou brutes, qu'il y ait deux
coins nécessitant des soudures, ou qu'il y en ait vingt, et sans, non plus, se
préoccuper de savoir si les joints sont bons et le travail durable, ou s'il est
négligé, si la construction a été faite pour durer un jour ou indéfiniment.
Mais, même en refusant de considérer aucun de ces points, il y a au moins
un fait qu'ils ne peuvent ignorer en établissant leurs comparaisons : en comparant les productions il faut aussi comparer nécessairement les salaires et

l'on découvrira que le briqueteur reçoit en Amérique un salaire de deux un quart à trois fois plus élevé que le salaire le plus haut payé ici à un briqueteur : le taux le plus élevé en Angleterre est de 10 ¹/₂ d. ou 21 *cents* par heure et le plus bas, dans toutes les villes que j'ai visitées, était de 45 *cents* ou 1 sh. 10 ¹/₂ d. par heure à Niagara, atteignant jusqu'à 75 *cents* ou 3 sh. 1 ¹/₂ d. par heure à New-York ; tandis que pour le travail dans les tunnels le taux reconnu est de 75 *cents* par heure ou 25 sh. par jour dans les districts de Niagara et de Cleveland, atteignant jusqu'à 9 dollars ou 1 £ 17 sh. 6 d. par journée de huit heures à New-York.

Après avoir considéré l'ensemble des faits et des circonstances relatifs à la question, je suis convaincu que le briqueteur en fait proportionnellement plus ici pour le bas salaire qu'il touche que le briqueteur Américain pour un salaire beaucoup plus élevé. L'un donne une quantité plus petite mais de qualité supérieure pour un bas salaire, l'autre une quantité plus grande mais de qualité inférieure pour un salaire beaucoup plus considérable.

En ce qui touche à l'instruction professionnelle, j'ai le regret de dire qu'en Amérique on ne s'est que peu préoccupé, pour ne pas dire pas du tout, de l'apprentissage utile des ouvriers, bien que dans l'article relatif aux apprentis du règlement de l'Union des Briqueteurs et Maçons (*Bricklayers and Masons' Union*), il soit édicté que l'apprenti doit fréquenter une école publique pendant les mois de janvier, février, mars des premières années, et une école professionnelle pendant les mêmes mois de la dernière année d'apprentissage. Cet article démontre par lui-même qu'employeurs et ouvriers commencent à en sentir la nécessité.

Actuellement ni l'État, ni la Municipalité n'ont accordé de dons ou pris de mesure pour cela ; par suite, les quelques écoles techniques existantes sont entretenues par l'initiative privée, et sont presque toutes hors de l'atteinte de l'ouvrier. Les seules écoles que j'aie pu découvrir, où sont enseignés les industries du bâtiment et sujets connexes ont été organisées et sont entretenues par l'Association Chrétienne de Jeunes gens (*Young Mens' Christian Association*) dans plusieurs des villes que j'ai visitées ; en fait, les seules institutions dans lesquelles l'on peut acquérir une bonne instruction professionnelle sont l'Institut Armour de Chicago où l'on n'enseigne que la Chimie et la Mécanique et l'Union des Tonneliers (*Cooper Union*) à New-York, dont les programmes sont très semblables à ceux de nos *Polytechnics*. Les ateliers d'apprentissage manuel ne sont que d'une faible utilité parce que la tendance est de produire des amateurs (*sic*) et non des ouvriers ; mais comme beaucoup d'unions s'occupent actuellement de la question, je ne doute pas que de grands progrès soient réalisés dans cette voie dans un avenir très prochain. Le « *Briqueteur et Maçon* », le très excellent organe officiel de l'Union ci-dessus mentionnée, fait une très bonne besogne dans ce sens, en consacrant une grande partie de son numéro à des sujets techniques de ce métier et en publiant des diagrammes explicatifs, ainsi qu'une mine de renseignements utiles, dans presque tous ses numéros mensuels.

Le système d'apprentissage est beaucoup plus répandu aux Etats-Unis qu'ici. Les apprentis sont surveillés par un comité mixte d'employeurs, d'ouvriers et de représentants de l'Union; ils sont liés pour trois ou quatre ans suivant les cas, et enregistrés comme jeunes membres (*juvenile members*) de l'Union. A l'expiration de leur contrat (s'ils sont devenus ouvriers compétents) ils sont inscrits comme membres actifs, mais s'ils ne sont pas jugés bons ouvriers, ils doivent refaire une nouvelle année d'apprentissage et si à la fin de cette période on ne les juge pas suffisants ils doivent quitter la profession et essayer d'autre chose. Il faut également noter que l'Union ne soutiendra en aucune façon un apprenti qui aura rompu le contrat le liant à un employeur jusqu'à ce que toute l'affaire ait été examinée et jugée par le Comité mixte; et si un apprenti ne peut pas terminer son apprentissage chez son maître par suite de mort ou de faillite de celui-ci, l'Union s'entend avec un autre employeur pour que le jeune homme achève son apprentissage.

Il existe un Comité mixte d'employeurs et d'ouvriers dans presque tous les districts et il détermine les conditions de travail de temps à autres, et ni grèves ni lockouts ne peuvent se produire avant que le motif du conflit n'ait été soumis à ce Comité et qu'il ait formulé son avis; on peut le réunir d'office dans le délai le plus court possible, de plus la plupart de ces Comités ont des séances régulières dans lesquelles ils examinent et discutent toutes les questions intéressant la profession. Ces réunions amènent certainement à une meilleure entente et à un état d'esprit ainsi qu'à des sentiments beaucoup plus amicaux entre patrons et ouvriers; et des conflits qui pourraient se résoudre, autrement, en ruptures sérieuses, sont généralement, et en fait presqu'invariablement, évités, ce qui est évidemment à l'avantage des deux parties.

Parmi les maçons et les briqueteurs les hommes âgés se font remarquer par leur absence. Voici l'un des articles du règlement de la Trade-Union : « Tout membre de cette union qui est frappé d'incapacité par accident ou autrement, ou qui ayant atteint l'âge de 55 ans sent qu'il ne peut plus arriver à gagner le taux normal des salaires devra demander une carte de retraite »; permettre ainsi à ces membres de travailler pour n'importe quel salaire, implique apparemment que les hommes sont usés plus vite aux Etats-Unis qu'ici : en fait et autant que j'ai pu en juger, cela s'applique non seulement à l'industrie du bâtiment mais à toutes les autres. Que deviennent-ils quand ils sont frappés d'incapacité permanente ? je suis absolument incapable de le dire, je ne puis que présumer qu'ils sont soit à la charge de leur famille ou de leurs amis, soit réduits à la *Workhouse*, à l'hôpital ou à mourir.

La plus grande partie de ce que nous appelons la main-d'œuvre non qualifiée est constituée par des étrangers et des nègres : ceci se remarquant surtout dans la construction des Forges et Aciéries de Lackawanna sur le Lac Erié où il y en avait plusieurs centaines employés aux excavations, pilonnages, battage des pieux etc. ; dans la construction du nouveau chemin de fer souterrain sous les principales artères de New-York où presque chaque pied d'excavation est dans la roche dure, et que, par suite, on doit faire sauter.

Beaucoup de contre-maîtres (*bosses*), sur les diverses constructions à Chicago, Pittsburg, Philadelphie et New-York et autres grandes villes en général sont Anglais, de telle sorte que l'Américain profite évidemment de l'enseignement technique que nous donnons à nos jeunes ouvriers. Mais ce qui m'a causé une impression plus profonde c'est que dans toutes les grandes manufactures, usines et autres établissements, la grande majorité des directeurs, chefs d'atelier et contre-maîtres était constituée par de très jeunes gens en vérité, étant donnée la responsabilité attachée aux situations qu'ils occupent ; mais ceci me fut expliqué par un directeur qui, en réponse à la question de savoir où et quand ces jeunes gens acquéraient l'expérience nécessaire, me dit : « Eh bien, voyez-vous, ce n'est pas de l'expérience qu'il nous faut mais de l'initiative. »

La suppression de l'entrepreneur de façades aux pièces et le système d'avoir des manœuvres pour préparer le mortier sur place, l'introduction du système d'apprentissage et l'insistance mise à leur faire donner une bonne instruction professionnelle et à obtenir un traitement équitable pour eux de leurs employeurs, d'une part, et à ce qu'ils travaillent et se conduisent bien d'autre part; la constitution de comités de conciliation composés d'un nombre égal de patrons et d'ouvriers, les termes du préambule de la Constitution de l'Union des Maçons et Briqueteurs, tout cela prouve de façon concluante, au moins à mon avis, que nos confrères-ouvriers de l'autre côté de l'Atlantique ont reconnu leurs responsabilités et leurs devoirs vis à vis de leurs employeurs, ainsi qu'envers eux-mêmes, leur classe et leur profession et il y a toutes les raisons de croire que dans un avenir très prochain, ils amélioreront encore le statut des ouvriers en même temps qu'ils élèveront le niveau de la qualité de leur travail.

Autant, j'admire nos confrères les Américains, autant je serais désolé de voir adopter dans ce pays-ci les méthodes Américaines de construction surtout pour la maçonnerie en briques, parce que si elles l'étaient, l'ouvrier aurait des risques d'accidents beaucoup plus grands avec de très faibles chances, s'il en avait même du tout, de réparation. La science technique, l'apprentissage et l'habileté ne seraient plus estimés à leur valeur. Tout l'orgueil naturel que le véritable ouvrier professionnel met dans la résistance, la durée et le fini de son œuvre serait anéanti et détruit ; toutes les années de lutte et d'efforts que nous avons employées pour élever le niveau de l'ouvrier au niveau actuel si élevé l'auraient été en pure perte et tout serait sacrifié aux intérêts de l'utilité seule du jour présent. En même temps je suis d'avis que les employeurs de ce pays feraient bien de suivre l'exemple que leur donnent ceux des Etats-Unis, en ayant des rapports plus directs avec leur personnel, en ayant avec lui des entrevues sur un pied d'égalité, en constituant des conseils de conciliation ou des sections de la Fédération Civique, en adoptant le système d'apprentissage et celui de la journée de huit heures et enfin, mais ce n'est pas le point le moins important, en payant le même taux de salaires qu'à New-York.

Réponses de M. H. R. TAYLOR au questionnaire

Questions	*Réponses*
A. APPRENTISSAGE DES JEUNES OUVRIERS.	
1. Par l'apprentissage qu'il a fait et l'instruction qu'il a reçue, le jeune ouvrier Américain est-il mieux préparé à son travail que le jeune Anglais ?	1, 2. Non. Le jeune Américain n'a pas les mêmes facilités que nos jeunes gens ici pour acquérir une instruction professionnelle bonne et saine.
2. Si oui quelles modifications avez-vous à proposer au système d'enseignement pratiqué en Angleterre ?	
3. Avez-vous quelques indications à fournir relativement aux cours complémentaires et professionnels du soir pour les ouvriers travaillant toute la journée ?	3. Oui. Les Employeurs devraient donner des facilités à leurs ouvriers pour les suivre et insister pour que leurs apprentis fréquentent l'école professionnelle.
B. RAPPORTS ENTRE EMPLOYEURS ET EMPLOYÉS.	
4. Quelle est la durée du travail	4. La durée maxima du travail est

dans votre métier en Amérique ; comment se compare-t-elle à la durée du travail en Angleterre ?

5. L'ouvrier Américain a-t-il, par heure, une production moyenne supérieure à celle de l'ouvrier Anglais ?

6. Les tarifs aux pièces (travail aux pièces, ou aux pièces et au temps) sont-ils très en vigueur en Amérique ?

7. Si oui, ce système est-il favorable (a) à l'ouvrier (b) aux employeurs. Donne-t-il un avantage injustifié à l'un des deux ?

8. Quand des ouvriers qualifiés, travaillant aux pièces, augmentent la production par leur propre habileté, les employeurs Américains réduisent-ils les tarifs pour empêcher un ouvrier de gagner plus qu'une certaine somme ?

9. Les systèmes de primes et bonis sont-ils plus généralement adoptés en Amérique qu'en Angleterre; dans ce cas quels sont leurs résultats pour l'Employeur et les Employés ?

10. Là où existe le salaire hebdomadaire :

(a) Les ouvriers semblent-ils désireux de faire de leur mieux et de fournir une bonne journée de travail en échange d'un bon salaire ?

(b) Avec ce système, l'énergie personnelle et l'initiative sont-elles dûment rémunérées ?

11. Les Employeurs Américains sont-ils désireux de pousser le personnel

en Amérique de 48 heures par semaine et la durée minima de 44.

5. Elle est plus grande, mais le travail présente un caractère tout différent, beaucoup plus grossier en général.

6, 7, 8, 9, 10. Ces questions ne s'appliquent pas à ma profession.

11. Je n'en sais rien.

payé au temps à augmenter sa production par homme et sont-ils
prêts à accroître proportionnellement le salaire par ouvrier ?

12. Les suggestions faites par les Employeurs, en vue d'améliorer l'outillage, l'introduction de procédés
mécaniques, économisant de la
main-d'œuvre, et les machines du
dernier modèle sont-elles favorablement accueillies par les ouvriers
ou le contraire se produit-il ?

13. Les propositions de perfectionnements émanant des ouvriers
sont-elles bien accueillies par les
Employeurs et récompensées par
eux ?

14. (a) Les ouvriers conduisent-ils
un plus grand nombre de
machines qu'en Angleterre?

(b) Si oui, ce système est-il favorable aux deux parties ou
l'une d'elles a-t-elle un avantage injustifié ?

15. L'ouvrier Américain nécessite-t-il
une plus grande « surveillance »
que l'ouvrier Anglais ? Quelle comparaison peut-on établir entre eux
sous ce rapport ?

16. L'ouvrier Américain est-il capable
d'initiative et de travailler sans
ordres fréquents et détaillés? Quelles
comparaisons peut-on établir sous
ces divers rapports entre lui et l'ouvrier Anglais ?

17. L'ouvrier Américain donne-t-il
un fort coup de collier en temps
de presse et le fait-il gaiement ?
Quel rapport y a-t-il entre sa production pendant ces heures sup-

12, 13, 14. Ces questions ne s'appliquent pas à ma profession.

15, 16. En règle générale, les ouvriers Anglais sont beaucoup plus
surveillés qu'il n'est nécessaire;
par suite le coût de production est
plus élevé, ce qu'on leur impute à
crime.

17. Je n'en sais absolument rien.

plémentaires et sa production normale? Quelles comparaisons peut-
on établir à ces divers points de vue
entre lui et l'ouvrier Anglais ?

18. Les employeurs Américains sont-
ils plus facilement accessibles à
leurs ouvriers que les employeurs
Anglais ?

18. Oui, infiniment plus.

19. D'une façon générale un ouvrier
a-t-il plus de chances de s'élever
en Amérique qu'en Angleterre ?

19. Ils ont certes un champ plus
vaste.

20. L'usine Américaine répond-elle
mieux que l'usine Anglaise aux besoins des ouvriers, relativement à
l'hygiène, à la ventilation et au
bien-être en général ?

20. Dans certains cas oui, dans d'autres non.

21. (a) L'outillage des usines Américaines est-il supérieur au point
de vue de la production.

   (b) Sont-elles mieux dirigées? La
proportion des directeurs sortis des Universités est-elle
plus grande qu'en Angleterre?

   (c) La qualité des produits est-
elle meilleure ?

21. (a) Oui, dans celles que j'ai vues.
   (b) Elles sont mieux dirigées.
   (c) Autant que j'ai pu en juger,
non.

22. Pour combien la plus grande
production des usines Américaines
est-elle dûe :

   (a) A la durée du travail, supérieure à ce qu'elle est ici ?

   (b) A la plus grande rapidité de
marche des machines ?

22. Là où la production est plus
grande, cela est dû à mon avis
à la meilleure organisation de
l'usine, au meilleur traitement des
ouvriers, mais certainement pas
à la durée plus grande du travail.

23. Y a-t-il des pratiques de l'organisation Américaine qu'il y aurait
lieu, à votre avis, d'introduire dans
les usines Anglaises ?

23. Plus de lumière, plus de superficie, un plus grand cube d'air, des
bains, des salles à manger, des
garages de bicyclettes, etc.

C. CONDITIONS GÉNÉRALES DE LA VIE
DES OUVRIÈRS EN DEHORS DE L'USINE.

24. (a) Les ouvriers sont-ils mieux

24. (a) Je n'en sais rien.

nourris en Amérique qu'en Angleterre?

(b) Quel rapport peut-on établir entre les prix de la nourriture en Amérique et en Angleterre?

25 (a) Les ouvriers sont-ils mieux vêtus en Amérique qu'en Angleterre?

(b) Quel rapport y a-t-il entre les prix des vêtements en Amérique et en Angleterre?

26. (a) Les habitations des ouvriers Américains sont-elles supérieures à celles des ouvriers Anglais?

(b) Quel rapport y a-t-il entre les loyers dans les deux pays?

(c) Y a-t-il une plus grande proportion d'ouvriers propriétaires en Amérique qu'en Angleterre? Si oui, à quoi attribuez-vous ce fait?

27. Quel rapport existe-t-il entre les salaires des ouvriers de votre profession en Amérique et en Angleterre, ces salaires étant *exprimés en argent*?

28. Quel rapport existe-t-il entre *la valeur* des salaires de l'ouvrier Américain et de l'ouvrier Anglais en tenant compte du *coût de l'existence* ?

(b) Quelque peu plus élevé en Amérique.

25. (a) Oui, dans l'ensemble.
(b) Plus élevés en Amérique.

26. (a) Non.
(b) Plus élevés en Amérique.
(c) Je n'ai pas les moyens de juger.

27. Beaucoup plus élevés. En Angleterre le salaire minimum est de 13 *cents* et le salaire maximum 21 *cents* par heure, tandis que le salaire minimum dans toutes les villes d'Amérique que j'ai visitées est de 45 *cents* et le maximum de 75 *cents* par heure.

28. Ma profession, en plus que l'emploi n'y est pas permanent, est presque exclusivement en plein air, et par suite le revenu moyen dépend largement du temps perdu par suite du mauvais temps, mais je crois que je suis bien dans la vérité en disant que l'ouvrier Américain a un salaire valant pleine-

29. L'ouvrier sobre, prévoyant et de bonne conduite peut-il, tout en vivant convenablement, épargner davantage en Amérique qu'en Angleterre ?

29. Oui.

ment 50 % de plus que celui du briqueteur Anglais.

30. Si oui, son épargne est-elle plus grande *en fait* ?

30. Je n'en sais rien.

31. Les paris aux courses, etc., jouent-ils un rôle aussi important dans la vie de l'ouvrier Américain que dans celle de l'Anglais ?

31. Non.

32. L'ouvrier Américain est-il plus sobre que l'ouvrier Anglais ?

32. Je n'ai pas vu de cas d'ivresse dans les rues.

33. Est-il vrai que pendant sa jeunesse l'ouvrier Américain fournisse une plus grande somme de travail que l'ouvrier Anglais mais qu'il soit usé jeune et que ses années de travail soient peu nombreuses ?

33. Je n'ai aucun moyen de le savoir.

34. Est-il vrai que l'ouvrier Américain soit renvoyé quand il est jeune encore ?

34. Jugeant d'après les apparences, oui.

35. (*a*) Est-il vrai que la durée moyenne de la vie soit moindre chez l'ouvrier Américain que chez l'ouvrier Anglais ?

(*b*) Si oui, cela est-il dû à une fatigue excessive, à un climat moins sain ou à quelqu'autre cause ?

35. (*a*) Jugeant d'après les apparences, oui.

(*b*) Je n'en sais rien.

36. Y a-t-il une proportion supérieure ou moindre d'ouvriers à la charge de l'Assistance Publique en Amérique qu'en Angleterre ?

37. Les enfants et les amis des ouvriers Américains trop âgés pour travailler ou que la maladie et

36, 37. Je n'en sais rien.

les accidents en rendent incapables leur viennent-ils plus en
aide qu'en Angleterre? Si oui, à
quoi attribuez-vous ce fait?

38. Trouvez-vous que les conditions
générales d'existence de l'ouvrier
soient meilleures en Amérique
qu'en Angleterre? En quoi pourrions-nous imiter l'exemple des
Américains pour améliorer les
conditions de la vie en Angleterre?

38. Je ne suis pas assez familiarisé
avec l'ensemble des conditions de
la vie en Amérique pour risquer
une opinion.

D. QUESTIONS D'ORDRE GÉNÉRAL.

39. Approuvez-vous le fonctionnement de la Fédération Civique.

39. Oui.

40. Pourrait-on introduire en Angleterre une organisation établie sur
la même base ou une base un peu
différente?

40, 41. Oui. Une organisation analogue existe ici sur une petite
échelle, on devrait l'étendre.

41. Les délégués sont-ils en faveur
d'une tentative pour établir une
organisation analogue en Angleterre?

H. R. TAYLOR.

RAPPORT

de M. M. DELLER de l'Union des ouvriers plâtriers (¹)

—

Ayant entendu dire, à diverses reprises, par ceux des membres de notre profession qui avaient travaillé en Amérique, que les plâtriers Américains faisaient beaucoup plus d'ouvrage que nous n'avons l'habitude d'en faire de ce côté de l'Océan et ne pouvant arriver à apprendre d'eux comment cela se faisait, il n'était que trop naturel, que je fusse heureux de me trouver parmi ceux choisis par M. Alfred Mosely pour visiter le continent Américain ; et la promptitude avec laquelle (en recevant le consentement des membres de mon association) j'ai accepté son invitation d'être l'un des commissaires, doit m'être pardonnée pour ce motif. Mon désir d'apprendre était encore aiguisé parce que je savais que beaucoup de nos compatriotes qui ne peuvent se tenir à hauteur ici, avaient été capables de réussir en Amérique, et que, en même temps, un autre fait certain est que ceux qui ont déclaré pouvoir faire tant d'ouvrage de l'autre côté de l'Océan sont dans l'impossibilité de le faire quand ils sont de retour dans le vieux pays. Je dois confesser que j'étais quelque peu sceptique, mais cependant tout prêt à accepter ces déclarations et de me porter garant de leur véracité si, au cours de mes recherches, j'en trouvais la moindre preuve.

Ayant cet objectif en vue, je descendis à terre quand nous touchâmes Québec et consacrai quelque trois ou quatre heures à examiner les plus grands hôtels de cette ville. Je subis ici ma première désillusion en constatant que les ornementations et ouvrages en plâtre étaient seulement de seconde qualité. Les salaires des plâtriers de Québec sont probablement les mêmes que ceux payés à Montréal, notre port de débarquement. Dans cette ville, les plâtriers reçoivent 2 dollars 52 *cents* par journée de neuf heures (soit

(¹) *National Association of Operative Plasterers.*

10 schilings 6 d. d'argent Anglais ou 1 schiling 2 d. par heure). Ici encore la nature du travail ne peut supporter une comparaison avec celui que l'on fait sur des bâtiments de mêmes dimmensions en Angleterre. A Toronto où nous passâmes la nuit et une partie du lendemain, la qualité du travail était un peu meilleure, d'après ce que nous avons vu à l'Hôtel de Ville (*City Hall*) et dans les autres édifices publics que nous avons visités pendant notre court séjour. Les salaires payés étaient plus élevés qu'à Montréal : savoir 3 dollars 4 *cents* par journée de 8 heures. Nous avons constaté que les loyers varient de 16 à 30 dollars par mois. Le prix de la nourriture est tout aussi raisonnable que chez nous.

Aux Chutes du Niagara nous avons eu plus de temps pour notre enquête, ainsi que pour voir les merveilleux ouvrages de la nature. Nous avons fait la connaissance de membres des industries du bâtiment et en assistant aux séances du Conseil Local des Industries du Bâtiment (*Local-Building Trades Council*) et du Conseil des Métiers et du Travail (*Trades and Labour Council*) nous avons pu nous renseigner sur beaucoup des points que nous voulions étudier. J'ai également eu le plaisir d'assister à la réunion de section des « ouvriers plâtriers » où j'ai acquis mes premières notions sur leurs méthodes de travail. On me demanda entre autres questions si je pourrais couvrir dix *yards* de lattes avec une auge de plâtre. On peut imaginer de grandes choses en Amérique, cependant je n'hésitai pas à confesser mon incapacité de faire le travail proposé, quand ils se vantèrent que l'un deux avait accompli cette prouesse et l'ouvrier dont on avait parlé s'avança à la fin de la réunion et dit modestement qu'il l'avait fait ; ajoutant en réponse à une question que son contre-maître lui avait dit qu'il ne lui donnerait pas plus de plâtre pour faire ce travail. Voici la déclaration telle qu'elle m'a été faite, vous pouvez la digérer (*sic*) si vous voulez : cependant, quand je vous aurai dit que j'ai vu peindre sur des portions dont les angles n'avaient pas été grattés et dont l'extérieur n'était pas plus uni que nos enduits ordinaires, cela vous aidera peut-être à l'avaler. C'est ce qu'ils appellent le moulage et cela m'avait préparé à la déclaration qu'un plâtrier était supposé couvrir quelque 150 *yards* par journée de huit heures, ce pourquoi il gagne 3 dollars 20 c. Il n'y a aucune limite au nombre des apprentis, que l'on embauche jusqu'à 18 ans. Les habitations ouvrières contenant de six à sept chambres, avec eau froide et eau chaude, valent de 12 à 13 dollars par mois.

A Buffalo la qualité du travail exécuté était de très peu supérieure à ce qu'elle est à Niagara et on demande une quantité à peine moindre. Un des fonctionnaires ouvriers déclara que l'on employait rarement, si on le faisait jamais, un fil à plomb et que les employeurs insistaient invariablement pour sophistiquer la qualité des matériaux supérieurs ou pour substituer complète-

ment des matériaux inférieurs à ceux prévus au contrat. L'hôtel des postes
est un bel édifice, avec de nombreux ornements en plâtre d'un joli dessin,
mais exécutés de telle manière qu'ils sont une honte permanente pour la profession ; et j'affirme, sans crainte, qu'aucun architecte ou commis d'architecte
n'accepterait en Angleterre une telle exécution. Dans des conversations mes
collègues avaient accueilli mes affirmations en sceptiques, aussi je profitai
de l'occasion pour leur montrer les défauts, de telle sorte qu'ils pussent, si
cela est nécessaire, corroborer mes dires sur ce point. Ce travail a été fait
par un sous-entrepreneur, ce qui explique jusqu'à un certain point sa qualité
inférieure. Cette théorie se trouve confirmée par le fait que l'Hôtel de Ville est
d'une exécution bien meilleure et qu'il a été construit sans recourir au système de sous-entreprise. A travers la ville, le système à deux enduits domine.
A Buffalo les salaires des plâtriers sont de 4 dollars par journée de 8 heures,
ou de 50 *cents* (2 schilings) par heure. Les heures supplémentaires sont in-
terdites sauf en cas de nécessité impérieuse et dans ce cas le salaire est double.
Les heures supplémentaires commencent une heure et demie après la fin de
la journée et l'on ne fait aucun travail pendant cet intervalle. Le système d'apprentissage est plus rigoureux ici, on autorise seulement deux apprentis
par établissement, quel que soit le nombre d'ouvriers employés, mais ils peuvent commencer à apprendre leur métier jusqu'à l'âge de 21 ans et doivent servir pendant trois ans, période durant laquelle ils sont légalement liés. Il n'y a
pas lieu de s'étonner en voyant la qualité du travail résultant de ce système.

Nous visitâmes ensuite Cleveland. Nous y avons vu la même nature de travail
qu'ailleurs, la plus grande partie étant constituée par façades moulées. Une
déclaration intéressante nous y a été faite par le maître-plâtrier : à savoir que
le plâtrier Anglais, après un séjour d'un mois dans la ville était le meilleur ouvrier ; par *meilleur* il voulait dire qu'il pouvait produire plus que les naturels
du pays. On nous déclara encore que les architectes préfèrent la rapidité à la
qualité ; partout ils ne pensent qu'au moment présent. L'on me dit que l'on dé-
molissait après quelques années de beaux bâtiments pour en construire
d'autres plus grands ou « décrottoirs de ciel ([1]) ». Les prix payés pour ce travail (2 enduits) sont à peu près les mêmes que ceux ordinairement payés ici
pour un travail similaire ; cependant on peut payer et on paye les ouvriers
4 dollars par jour ou 30 *cents* par heure : 100 *yards* d'enduit sont considérés,
disent les employeurs, comme une bonne journée. On travaille huit heures
par jour. Les apprentis peuvent entrer dans la profession jusqu'à 18 ans et sont
liés par contrat pour trois années. On n'autorise aucun employeur à prendre
un apprenti avant d'avoir été pendant un an dans les affaires et un second
seulement après trois années d'exercice de sa profession. A aucun moment

([1]) Par ce terme il faut entendre des maisons à 25 ou 30 étages. (Note du traducteur.)

un employeur ne peut avoir plus de deux apprentis quel que soit le nombre de ses ouvriers. Les loyers varient de 10 dollars par mois, pour une maison de 4 pièces, à 18 dollars, pour une de neuf, impôts compris. J'ai été très amusé de voir que les décrotteurs et les petits marchands de journaux faisaient partie d'une union ; j'ai eu le plaisir de voir la carte d'un gamin en culottes courtes. Le *label*(¹) des trade-unions est appliqué ici sur presque tous les articles produits.

Chicago, notre arrêt suivant, montre une légère amélioration au point de vue du travail fini, mais laisse encore beaucoup à désirer pour toute personne ayant un intérêt dans la profession, étant donnée l'importance de la ville, les salaires payés étant de 4 dollars par journée de huit heures et devant être portés à 4 dollars et demi en 1903. Ici encore nous avons trouvé une restriction de l'apprentissage au point de limiter à deux le nombre des apprentis par employeur, quel que soit le nombre de ses ouvriers ; il doit avoir exercé sa profession pendant un an avant d'en prendre un : celui-ci peut avoir jusqu'à 18 ans et doit servir quatre ans. Le travail à deux enduits domine et l'on demande très sensiblement la même quantité qu'à Cleveland. Les loyers varient de 15 à 25 dollars par mois pour une maison de 6 pièces avec salle de bain ; ils sont de 16 dollars en moyenne. Un trait caractéristique de cette ville est que le propriétaire ne peut pas renvoyer ses locataires pendant les mois de janvier, février et mars. Des amis que j'ai rencontrés estiment que la moyenne du coût de l'existence pour une famille composée du père, de la mère et de cinq enfants est de 20 dollars par mois. Le logement et la table reviennent à 10 dollars par semaine pour le mari et la femme. Les pommes de terre valent 10 *cents* le *peck*, le beurre 30 *cents* par *pound* et la farine 3 1/2 dollars par baril de 196 *pounds*.

Nous avons été à Dayton visiter les usines de la Compagnie des Caisses-Enregistreuses (*National Cash Register Works*) mais nous n'y avons eu que peu ou point d'occasions de nous renseigner sur l'industrie du bâtiment. Nous avons pu apprendre cependant que les salaires des plâtriers sont de 3 dollars 20 c. par journée de 8 heures, dans cette ville ; la nature du travail étant, d'après ce que nous avons pu voir, antique, à deux enduits et brute. Les loyers varient de 12 1/2 à 15 dollars par mois pour des maisons de cinq chambres environ.

A Pittsburg, le « *home* » des usines Carnegie, règne le même état de choses que dans les autres villes visitées. L'un des édifices que l'on vous montre le plus volontiers est le *Frick's Buildings*, bâtiment de 18 étages que l'on dit

(¹) *Label* ou certificat-marque de fabrique, constatant que les objets ont été fabriqués par des ouvriers Trade-Unionistes dans des conditions de salaires et d'heures de travail acceptées par les Trade-Unions. Un très grand nombre de consommateurs n'achètent que des objets munis du *label*. (Note du traducteur).

avoir été construit et élevé dans les 6 mois suivant le jour de la pose de la première pierre. C'est certainement un travail important, mais j'ose croire que même parmi les constructeurs anglais les plus lents, on en trouverait pour le faire dans le même temps, surtout quand on sait que ce bâtiment appartient à la catégorie de ceux à ossatures d'acier dans lesquels tout est préparé à l'avance et où la construction proprement dite peut commencer simultanément à tous les étages, dès que l'ossature est en place. Bien qu'il faille admettre que ce système ait pour résultat un nombre ignoré d'accidents, cela ne semble pas toucher le Nouveau-Monde car il n'y existe pas de lois sur la responsabilité ou la réparation des accidents. En parcourant la ville j'ai eu la malchance de voir d'horribles masures qui feraient ressembler les nôtres, en comparaison, à des palais. Imaginez une cour, dont l'entrée n'est accessible qu'en marchant de côté : c'est ce que nous avons dû faire mes compagnons et moi. Il n'y a pas lieu de s'étonner que l'on gagne des millions de dollars avec ces bâtisses quand l'on apprend que les maisons dans le voisinage de celle dont je parle sont louées de 30 à 40 dollars par mois. Cependant on peut louer dans les faubourgs pour 14 à 15 dollars par mois des maisons décentes de 4 à 5 pièces. A Dayton le plâtrier reçoit 4 dollars par journée de huit heures. Les apprentis peuvent débuter dans le métier à n'importe quel âge, mais aucun employeur ne peut en avoir plus de 3 à la fois. Un trait caractéristique des relations entre employeur et ouvrier dans l'industrie des travaux en plâtre à Pittsburg est que l'employeur est responsable de toute amende que l'Union peut infliger à l'un de ses ouvriers, l'employeur retenant tant par semaine sur le salaire de ceux qu'il emploie, somme qu'il remet à l'agent d'affaires des plâtriers. Dans certains cas la somme réunie pour faire face à ces amendes monte à 50 dollars. Ici encore, il n'y a pas place pour les vieillards, un fonctionnaire responsable de l'Union m'apprit qu'à 52 ans un plâtrier n'était plus capable de travailler.

A Philadelphie nous avons trouvé certains travaux à 3 enduits, mais ceux à deux dominent cependant. Le salaire payé par journée de 8 heures est de 3 dollars 60 *cents* soit 45 *cents* par heure ; la production et le nombre des apprentis ne sont pas limités. Le loyer d'une maison de 4 pièces avec salle de bains, eau chaude et froide est de 10 dollars au moins par mois et pour une maison de 6 pièces avec salle de bains, etc. de 12 dollars au moins. Pour un célibataire le logement et la nourriture reviennent à 4 1/2 dollars par semaine. On peut aussi trouver des maisons à deux étages disposées pour deux familles à raison de 10 ou 12 dollars par mois. Les vêtements tout faits coûtent 15 dollars ; sur mesure, dans la même étoffe, 20 dollars.

Nous ne fîmes que passer à Washington pour être reçus en audience par M. Roosevelt, président des Etats-Unis d'Amérique. Même dans la salle où il nous a accueillis, les ornements en plâtre des murs étaient très mal finis, mais il n'est que juste de dire que du travail convenable se voit dans la salle du Congrès et dans la Bibliothèque. Ayant quelques heures disponibles le soir, j'allai au théâtre et j'eus la mortification d'être assis sous un plafond dont le lattis n'était recouvert que d'une couche d'enduit. Pour parer à cette défectuosité, le blanchiment à la chaux était abondant. Les salaires des plâtriers sont de 3 dollars 60 *cents* par journée de 9 heures.

Notre dernière visite fut pour New-York. J'y retrouvai de vieux amis qui, sur l'ordre de la section New-Yorkaise de l'Union des plâtriers, me firent visiter la ville et quelques-uns des bâtiments en cours de construction où se faisait le travail de plâtrerie. Le travail était à la fois bon et mauvais ; le mauvais n'aurait pu l'être davantage, mais il faut dire ici que le bon allait de pair avec notre meilleur. Je me réjouis de trouver enfin du travail de plâtrerie bien fait : c'était le premier exemple que je voyais de tout mon séjour au Canada et aux Etats-Unis. Quand j'aurai dit que l'on employait beaucoup le *Keen*, on concevra facilement que la hâte ne pouvait être à l'ordre du jour ; cependant les conditions du travail, l'atmosphère surchauffée rendait la tâche des ouvriers rien moins qu'agréable. Les corniches très ornées abondent dans des constructions telles que le *Majestic Theatre*, la Banque de Hanôvre, les bureaux de la *Mutual Life Insurance Co* et la Bourse : il y a dans celle-ci une salle de 112 pieds sur 140 dont le plancher est supporté par des poutres transversales de fer pesant chacune 220 tonnes et le plafond a demandé 350 tonnes de plâtre. J'ai vu ici un échaffaudage couvrant tout l'espace et suspendu à 10 pieds au-dessus du sol, je n'en avais jamais vu de semblable avant et réellement il fait grand honneur à l'architecte qui en a fait les plans et à ceux qui l'ont posé. En dehors même de la nouveauté de la chose, c'est en réalité le plus bel échaffaudage que j'aie vu au cours de mon voyage.

Ici malgré le « lockout » pour briser les réglements imposés par l'Union afin d'empêcher la bousculade pour laquelle l'Américain est réputée (de ce côté de l'Océan), on m'assura que les ouvriers étaient retournés au travail après 15 jours de résistance à des conditions plus avantageuses que celles antérieures au lockout, ayant obtenu une augmentation de 1/2 dollar par jour sur le taux antérieur, augmentation qui devait commencer à courir à partir du 1ᵉʳ juillet. Toutefois je fus tout à fait surpris d'apprendre que d'après ces conditions nouvelles les plâtriers doivent être prêts à commencer à travailler et rendus à n'importe quel étage, le douzième inclus, au moment du sifflet. Vous imaginez-vous avoir à grimper douze étages pendant votre temps de repos. C'est une chose un employeur Anglais lui-même oserait à peine demander à ses ouvriers de faire. Les plâtriers se plaignent que la « bousculade », au

moins à New-York est presque exclusivement le fait de « nouveaux cama-
rades » de ce pays-ci ; les Ecossais sont les plus grands délinquants à ce sujet. Je n'ai pas observé la bousculade et l'activité fébrile de travail que je m'attendais à voir. Ayant demandé le temps nécessaire pour achever un certain
travail, et en comparant le chiffre indiqué à celui qui nous est nécessaire dans
ce pays, j'ai trouvé que dans plusieurs des cas que j'ai pu observer personnellement — pendant la durée du travail — nous en faisons tout autant. Cependant il y a un fait qu'on ne saurait nier, c'est que dans l'ensemble les plâtriers
Américains couvrent plus de superficie que chez nous, mais je ne sais si la
quantité de travail nécessaire à la production est plus grande que chez nous.

Pour employer un Irlandisme, la raison pour laquelle ils en font tellement
plus qu'ici est qu'ils ne le font qu'à moitié.

Les salaires payés aux plâtriers à New-York sont actuellement de 5 dollars
par jour ; à Brooklyn et New-Jersey de 4 1/2 dollars par jour. Les apprentis
peuvent entrer dans la profession jusqu'à l'âge de 18 ans et doivent servir
pendant quatre ans. Leurs salaires sont fixés aux taux suivants : — pour la
1re année 6 dollars par semaines, pour la 2e : 9 dollars, pour la 3e : 12 dollar
par semaine et pour la 4e : 14 dollars par semaine. Aucun employeur ne peut
prendre d'apprenti avant d'avoir exercé sa profession pendant un an ; quand
il l'a exercée pendant deux ans, il peut prendre deux apprentis, et après trois
ans, il peut en avoir trois. Aucun employeur ne peut en avoir plus de trois à
la fois, sauf pendant la dernière année d'apprentissage du plus âgé où il peut
prendre un quatrième pourvu qu'il soit fils de plâtrier.

Les heures supplémentaires sont prohibées sauf en cas d'urgence où l'on
paye double salaire ; et quand on envoie des ouvriers travailler à la campagne, on paye toutes leurs dépenses y compris la table et le logement. On
paye également le temps passé en allées et venues. On n'accepte ni plafonds
ni corniches en bois ; et on n'autorise pas à appliquer ces pièces toutes préparées quand le travail peut se faire sur place.

Les ateliers de Klee frères, modeleurs, me furent aimablement ouverts aux
fins de visite, l'employeur me servant de guide ; l'organisation et le travail
produits sont à bien des points de vue supérieurs à ceux que l'on trouve en
Angleterre.

Je n'aime pas les maisons de cette ville, quelques-unes de celles que j'ai
vues sont des appartements de cinq pièces se commandant, supprimant ainsi
le chez soi personnel que les ménages Anglais ont tant à cœur. Voici les loyers
pour ce genre de maisons.

1er étage : 17 sh par mois	3e étage : 15 sh par mois.
2e étage : 16 » »	4e étage : 14 » »

Dimensions des pièces : 12 pieds sur 14.

Les rez-de-chaussées sont invariablement occupés par des boutiques. Il n'y a pas d'arrière-cour : on élève d'immenses poteaux aussi hauts que les maisons pour y tendre des cordes pour sécher le linge ou les vêtements les jours de lessive lorsqu'on la fait chez soi.

Parlant d'une façon générale du travail et des ouvriers de notre profession, je dois dire que le travail est bien en arrière de celui exécuté en Angleterre et que les conditions de travail sont rien moins qu'agréables. Si j'étais employeur, je les rendrais meilleures, étant convaincu qu'on obtiendrait plus de travail.

Les échaffaudages sont les plus rudimentaires que j'aie vus ou que j'avais imaginés. On ignore les perches et les cordes ; les montants sont des chevrons (que l'on dénomme voliges dans certains endroits). S'ils ne sont pas assez longs, on en fixe un autre à l'extrémité et les deux sont réunis uniquement par une petite planche clouée d'un seul côté. Sur ceux où je me suis aventuré, les planches horizontales n'étaient pas de niveau et il fallait faire grande attention en marchant pour éviter de buter. Quelques personnes me répondirent, quand je fis observer ces défauts, qu'il ne se produisait que très peu d'accidents, d'autres dirent qu'il y en avait beaucoup, mais que la presse n'en parlant pas, seuls les gens connaissant la victime ou en dépendant pour leur subsistance, les connaissaient. Je suis enclin à croire ces derniers de préférence aux premiers. Qu'il me suffise de dire qu'il faudrait un cas d'impérieuse nécessité pour me décider à risquer ma vie sur des échaffaudages aussi précaires que ceux que j'ai vus : les montants, ainsi que je l'ai montré plus haut, étant étayés par des jambettes qui ne sont pas plus résistantes en apparence qu'une bonne plaque d'ardoise.

Dans le travail de construction (maçonnerie et briques, etc.), on fait le travail à hauteur d'homme là où cela est possible ; quand cela ne l'est pas, on enfonce des barres pointues dans la muraille et on pose les planches dessus, ou on les renforce par des jambes de force et quand il est nécessaire d'aller plus haut, on place des tréteaux sur cette préparation. J'ai vu dans la cité de New-York un échaffaudage, construit ainsi, n'ayant pas moins de quatre étages l'un au-dessus de l'autre. Si le travail doit se faire au-dessous des barres pointues, on se borne à clouer des planches verticales contre le mur et aux points extrêmes, avec des pièces horizontales formant étriers et on y pose des planches. Sans aucun doute les ouvriers du bâtiment au Canada et aux États-Unis, travaillent dans des conditions très inférieures à celles de nos ouvriers ou même à celles du reste des ouvriers Américains.

Avant notre départ des États-Unis un incendie survint à un Hôtel de Chicago dans lequel plus de vingt-trois personnes périrent et au cours de l'enquête, à ce que l'on rapporte, le Coroner Traeger aurait dit : « Sans aucun doute, le feu fut causé par l'explosion d'un fourneau à pétrole placé au troisième étage sur le derrière. Le bâtiment a été construit très négligemment, les sorties de secours en cas d'incendie ne valent rien, les pièces sont honteusement petites et ce n'est rien moins qu'un crime qu'un tel bâtiment ait servi comme habitation, pour des êtres humains. » Je ne rapporte ces remarques que pour donner plus de poids à mes précédentes réflexions sur le mépris total que l'on a de la vie humaine et de la durée des constructions.

C'est avec plaisir que j'arrive au terme de mes observations sur la partie des industries du bâtiment que je représente pour dire qu'il y a incontestablement des employeurs, des usines et aussi des magasins modèles. Je citerai entre autres les Moulins à grains de Niagara (*Shredded Wheat Factory*), les usines de la Compagnie Nationale des Caisses-Enregistreuses de Dayton (*National Cash Register C°*) et les établissements de MM. Marshall Field et Cie à Chicago. Le premier de ces établissements a une superficie de quelque dix acres, les ateliers étant aérés et clairs : on n'y emploie pas d'ouvriers au-dessous de 16 ans, et alors seulement avec un certificat ; la loi étant très strictement appliquée. Les filles et les femmes (non mariées) gagnent en moyenne 5 dollars par semaine de 60 heures. On a établi des garages pour les bicyclettes de tout le personnel, les pneumatiques des machines des femmes sont regonflés ; on les leur amène à la porte et elles s'en vont dix minutes avant les employés hommes. On a installé des lavabos et des salles de bains pour tout le personnel ; chaque employé a droit de prendre un bain par semaine sur les heures payées ; il peut en prendre davantage mais pendant ses heures de repos. La compagnie a dépensé 100.000 $ pour cette installation, tout l'établissement ayant coûté deux millions de dollars. La salle à manger des femmes est une pièce mesurant 16 *yards* sur 33, dont le plafond est supporté par huit colonnes et elle contient un piano. On a également construit un grand *hall* mis gratuitement à la disposition des ouvriers pour toutes leurs réunions, et offert, gratuitement aussi, pour tous les Congrès qui se tiennent dans la ville. Le très affable directeur dit que tout cela rapporte. Voici une leçon que nous a enseignée notre visite.

On a fait des installations similaires pour le bien-être des ouvriers à la Compagnie Nationale des Caisses-Enregistreuses (*National Cash Register C°*); on accorde un bain gratuit en été et deux en hiver. Quand je dis gratuit, j'entends pris sur les heures payées. Personne ne commence à travailler pour cette compagnie au-dessous de 17 ans. On exclut les femmes mariées ici, tout comme aux Moulins à grains (*Shredded Wheat Factory*). Les salaires sont de 5 à 8 dollars par semaine ; les vêtements de travail sont fournis par la compagnie. Les salaires les plus bas payés aux hommes sont de 1 dollar 1/2 par jour et ils peuvent, par leurs mérites, s'élever aux postes de directeurs. Des comités formés d'ouvriers s'occupent des plaintes, mais un ouvrier, mécontent de leurs décisions, peut en appeler au Directeur s'occupant spécialement des ouvriers. On accorde des congés et on paye aux ouvriers certaines de leurs dépenses pourvu qu'ils s'en aillent au loin, le directeur estimant qu'ils complètent ainsi leur instruction. Ici encore on encourage les ouvriers à suggérer des perfectionnements pour lesquels on donne des prix jusqu'à concurrence de 600 sh par an. On a trois inventeurs dans l'usine pour mettre en pratique ces propositions des ouvriers, dont chacun a ainsi un intérêt dans l'établissement. On ne fait d'heures supplémentaires que dans les cas d'urgence ; dans ce cas on donne des soupers gratuits mais on n'arrête pas pendant ce temps-là et l'on nous a dit qu'on n'avait pas fourni moins de 1300 soupers. On a aussi embauché un jardinier pour enseigner le jardinage aux gamins de la cité, et, d'après les dires du directeur, tout cela rapporte.

Un système analogue règne dans les magasins de MM. Marshall, Field. C'est une leçon pour nos employeurs Britanniques. Je ne prétends pas que tout ceci soit fait par amour des ouvriers et les établissements mentionnés ne le prétendent pas non plus. Ils reconnaissent librement et ouvertement que cela leur rapporte de faire ainsi. Comparez ce système au nôtre ? Qu'arriverait-il si un ouvrier suggérait une idée à un employeur Britannique ou lui proposait un perfectionnement dont bénéficierait son établissement ou même s'il s'adressait à son directeur ou au contremaître ? L'ouvrier serait renvoyé à moins qu'on ne lui dit brusquement qu'il n'est pas payé pour penser, mais pour travailler. Quel contraste présentent avec ceci les établissements Carnegie. Le Monsieur (*sic*) qui nous faisait visiter ces usines, nous dit que personne ne pouvait résister au travail de haut-fourneau pendant plus de 15 ans, après quoi on *console* (*sic*) chaque ouvrier par l'allocation d'une pension de 1 % de son salaire moyen. En parcourant les habitations entourant Homestead on ressent très fortement l'impression que le principal actionnaire pourrait trouver ici l'occasion de bien dépenser le surplus de ses millions en améliorant les conditions de logements de ses ouvriers et locataires dans le voisinage immédiat de ses usines. En ce qui me concerne, je me passerais pour cela de recevoir ses dons pour créer des bibliothèques en Grande-Bretagne.

L'ouvrier Américain est-il supérieur à son frère Anglais ? Ma réponse est, sans hésitation, non. En fait, ceux qui occupent les plus importantes situations aux Etats-Unis sont Anglais de naissance ou par leurs parents : tel était certainement le cas pour la majorité des plâtriers les plus capables que j'ai rencontrés. En conclusion je n'hésite pas à dire que ce n'est pas l'ouvrier Anglais qui est fautif, mais l'employeur Britannique. Tandis que l'employeur Américain adopte les machines les plus nouvelles, son concurrent Anglais utilise son outillage archaïque jusqu'à ce que la production soit presque nulle et alors il en accuse l'ouvrier et encore le premier assure un cube d'air suffisant à ses ouvriers, étudie leur bien-être et, s'il survient quelque désagrément, il traite avec les fonctionnaires reconnus des unions ouvrières, tandis que le dernier ignore tout cela. Je ne prétends pas que l'employeur Américain aime davantage ses ouvriers que l'employeur Anglais, mais il reconnaît que cela rapporte de faire les choses ci-dessus mentionnées, tandis que l'autre ne le reconnaît pas. C'est pour le premier une question de livres sterling, shillings et pence ; pour le second une question de dignité ; ce que nous avons vu en Amérique ne nous permettra même pas de conserver la situation que nous occupons actuellement. La seule chose étonnante est que nous l'ayions occupée si longtemps.

Qu'il me soit permis d'adresser mes remerciements aux employeurs que nous avons rencontrés au cours de notre voyage pour les services qu'ils nous ont rendus, pour la bonne volonté qu'ils ont mise à nous ouvrir leurs usines pour notre enquête et aussi à leurs ouvriers toujours prêts à répondre volontiers à nos questions sur leur situation.

Réponses de M. M. DELLER au questionnaire.

Questions	*Réponses*
A. APPRENTISSAGE DES JEUNES OUVRIERS.	
1. Par l'apprentissage qu'il a fait et l'instruction qu'il a reçue le jeune ouvrier Américain est-il mieux préparé à son travail que le jeune Anglais ?	1. D'après les résultats de mon enquête sur ma profession, ils ne le sont certainement pas, car il n'existe pas d'écoles professionnelles pour cette industrie aux Etats-Unis.
2. Si oui, avez-vous quelques modifications à proposer au système d'enseignement tel qu'il est pratiqué en Angleterre ?	2. J'ai répondu plus haut.
3. Avez-vous quelques indications à fournir relativement aux cours complémentaires et aux cours professionnels du soir pour les ouvriers occupés toute la journée ?	3. Aucune, car actuellement en Angleterre nous sommes assez bien outillés pour cela.

B. RELATIONS ENTRE EMPLOYEURS ET
EMPLOYÉS.

4. Quelle est la durée du travail
dans votre métier en Amérique,
comment se compare-t-elle à la
durée du travail en Angleterre ?

5. L'ouvrier Américain a-t-il, par
heure, une production moyenne
supérieure à celle de l'ouvrier Anglais ?

6. Les tarifs aux pièces (travail aux
pièces ou aux pièces et au temps)
sont-ils très en vigueur en Amérique ?

7. Ce système est-il avantageux.

   (a) A l'ouvrier ?

   (b) Aux employeurs ? Donne-t-il
     un avantage injustifié à l'une
     des parties ?

8. Quand des ouvriers qualifiés, travaillant aux pièces, augmentent
leur production, par leur propre
habileté, les employeurs Américains réduisent-ils les tarifs pour
empêcher un ouvrier de gagner
plus qu'une certaine somme ?

9. Les systèmes de primes et boni
sont-ils plus généralement adoptés
en Amérique qu'en Angleterre; dans
ce cas quels sont leurs résultats
pour les employeurs et les employés ?

10. Là où existe le salaire hebdomadaire :

4. La durée du travail en Amérique
est inférieure de deux heures environ à ce qu'elle est en Angleterre.

5. Dans ma profession, l'ouvrier
Américain en fait incontestablement plus que l'ouvrier Anglais,
mais la qualité est très inférieure.

6. Le système de travail aux pièces
est pratiquement inconnu chez les
plâtriers, ils sont payés à l'heure
ou à la journée.

7. J'ai acquis la conviction que, dans
ce pays-ci ce système, s'exerce au
détriment de l'ouvrier parce que
les employeurs réduisent les tarifs
si un ouvrier gagne plus que le salaire moyen stipulé par les Trade-
Unions ayant accepté ce système.

8. On nous a dit que les employeurs
Américains ne réduisent pas les
tarifs. Ils expriment leur satisfaction d'avoir à payer de plus hauts
salaires quand, par son habileté et
sa capacité, l'ouvrier arrive à un
niveau plus élevé entraînant un
salaire supérieur à celui que l'U-
nion considère comme salaire
équitable.

9. Nous n'avons entendu parler de
primes et boni que pour payer les
propositions d'amélioration de machinerie etc., ce qui, autant que
j'en sais, est inexistant en Angleterre.

10. Je n'ai vu à ce point de vue aucune différence entre les ouvriers

(*a*) Les ouvriers semblent-ils désireux de faire de leur mieux et de fournir une bonne journée de travail en échange d'un bon salaire ?

(*b*) Avec ce système l'énergie personnelle et l'initiative sont-elles dûment rémunérées ?

11. Les employeurs Américains sont-ils désireux de pousser le personnel payé au temps, à augmenter sa production par homme et sont-ils prêts à accroître proportionnellement le salaire par homme ?

12. Les suggestions faites par les employeurs, en vue d'améliorer l'outillage, l'introduction de procédés mécaniques économisant de la main d'œuvre et les machines du dernier modèle sont-elles favorablement accueillies par les ouvriers ou le contraire se produit-il ?

13. Les propositions de perfectionnements émanant des ouvriers sont-elles bien accueillies par les employeurs et récompensées par eux ?

14. (*a*) Les ouvriers conduisent-ils un plus grand nombre de machines qu'en Angleterre ?

(*b*) Si oui, ce système est-il favorable aux deux parties ou l'une d'elles a-t-elle un avantage injustifié ?

Américains et les ouvriers Anglais.

11. Je n'ai aucun renseignement sur ce sujet.

12. Dans aucun des deux pays, rien, à ma connaissance, n'a transpiré qui pût m'amener à croire ou à penser que les ouvriers sont les adversaires de la machinerie perfectionnée. Cependant je crois ceci : tandis qu'en Angleterre on se sert de la machinerie perfectionnée pour réduire les salaires des ouvriers, aux Etats-Unis on l'emploie pour les accroître et pour économiser du travail aux ouvriers.

13. Oui, tel que cela existe en Amérique.

14. (*a*) Oui.

(*b*) Ce système, autant que j'en puis juger, est avantageux aux deux, mais n'étant pas conducteur de machine moi-même, je ne puis donner une opinion certaine.

15. L'ouvrier Américain nécessite-t-il une plus grande « surveillance » ? Quelle comparaison peut-on établir sous ce rapport entre lui et l'ouvrier Anglais ?

15. Je n'ai jamais vu, dans aucun des deux pays, d'ouvrier qui, traité équitablement par son employeur, eût besoin de surveillance ; je parle d'ouvriers compétents.

16. L'ouvrier Américain est-il capable d'initiative et de travailler sans ordres fréquents et détaillés. Quelles comparaisons peut-on établir sous ces divers rapports entre lui et l'ouvrier Anglais ?

16. Comme je ne le connais que superficiellement je ne suis pas capable de me former une opinion sur ce point, mais les facilités que l'ouvrier Américain a pour le faire sont beaucoup plus grandes que celles offertes à son frère Britannique.

17. L'ouvrier Américain donne-t-il un fort coup de collier en temps de presse et le fait-il gaiement ? Quel rapport y a-t-il entre sa production pendant ces heures supplémentaires et sa production normale ? Quelles comparaisons peut-on établir à ces divers points de vue entre lui et l'ouvrier Anglais ?

17. Je suis incapable de formuler une opinion relativement à l'ouvrier Américain, mais j'affirme qu'aucun employeur se conduisant équitablement vis-à-vis de ses ouvriers, dans les deux pays, ne leur fera appel en vain, en temps de presse.

18. Les employeurs Américains sont-ils plus accessibles à leurs ouvriers que les employeurs Anglais ?

18. Incontestablement oui.

19. D'une façon générale un ouvrier a-t-il plus de chances de s'élever en Amérique qu'en Angleterre ?

19. Sans aucun doute.

20. L'usine américaine répond-elle mieux que l'usine anglaise aux besoins des ouvriers relativement à l'hygiène, à la ventilation et au bien-être en général ?

20. Oui, dans celles que j'ai vues.

21. (a) L'outillage des usines américaines est-il supérieur au point de vue de la production.
    (b) Sont-elles mieux dirigées ? La proportion des directeurs sortant des Universités est-elle plus grande qu'en Angle-

21. (a) Oui et l'on accorde aussi plus d'espace aux ouvriers pour travailler.
    (b) Je dirai que l'organisation de l'usine américaine est supérieure à celle des nôtres. Je ne puis rien dire quant au

terre ?

(c) La qualité des produits est-elle meilleure ?

22. Pour combien la plus grande proportion des usines américaines est-elle dûe :

    (a) A la durée du travail supérieure à ce qu'elle est ici ?

    (b) A la plus grande rapidité de marche des machines ?

23. Y a-t-il des pratiques de l'organisation américaine qu'il y aurait lieu à votre avis, d'introduire dans les usines anglaises ?

C. Conditions générales de la vie des ouvriers en dehors de l'usine.

24. (a) Les ouvriers sont-ils mieux nourris en Amérique qu'en Angleterre ?

    (b) Quel rapport peut-on établir entre le prix de la nourriture en Amérique et en Angleterre ?

25. (a) Les ouvriers sont-ils mieux vêtus en Amérique qu'en Angleterre ?

    (b) Quel rapport peut-on établir entre le prix des vêtements en Amérique et en Angleterre ?

26. (a) Les habitations des ouvriers

---

nombre des directeurs sortis des Universités.

(c) Je dirai *non*.

22. Je suis incapable de formuler une opinion n'ayant pas en l'occasion de m'en former une à ce sujet pendant mon séjour aux Etats-Unis.

23. Oui, savoir : plus d'air et plus d'espace dans les ateliers et manufactures ; plus d'installations pour la commodité des ouvriers telles que : armoires, salles de bains, garages de bicyclettes ; la reconnaissance des représentants des Unions pour tous les points en litige, l'adoption de la méthode de permettre aux ouvriers de faire des propositions d'amélioration, etc.

24. (a) Etant donnés les salaires tellement plus élevés en Amérique qu'en Angleterre, il s'en suit naturellement que les ouvriers Américains qui désirent bien vivre, peuvent le faire beaucoup plus aisément que leurs confrères anglais.

    (b) Un rapport favorable aux Etats-Unis.

25. (a) Je ne le crois pas, si l'on considère la qualité des étoffes.

    (b) Les prix sont différents dans chaque Etat, mais je crois que dans la majorité des grandes villes leur coût est double environ de ce qu'il est ici.

26. (a) Je ne le crois pas.

Américains sont-elles supérieures à celles des ouvriers
Anglais ?

(b) Quel rapport y a-t-il entre les
loyers dans les deux pays ?

(c) Y a-t-il une plus grande proportion d'ouvriers propriétaires en Amérique qu'en Angleterre ? Si oui à quoi attribuez-
vous ce fait ?

27. Quel rapport existe-t-il entre les
salaires des ouvriers de votre profession en Amérique et en Angleterre, ces salaires étant *exprimés
en argent* ?

28. Quel rapport existe-t-il entre les
valeurs des salaires des ouvriers
Américains et Anglais, en tenant
compte *du coût de l'existence* ?

29. L'ouvrier sobre, prévoyant et de
bonne conduite peut-il, tout en
vivant convenablement, épargner
davantage en Amérique qu'en Angleterre ?

30. Si oui son épargne est-elle plus
grande *en fait* ?

31. Les paris aux courses etc. jouent-
ils un rôle aussi important dans la
vie de l'ouvrier Américain que
dans celle de l'ouvrier Anglais.

32. L'ouvrier Américain est-il plus
sobre que l'ouvrier Anglais ?

33. Est-il vrai que pendant qu'il est
jeune, l'ouvrier Américain fournisse une plus grande somme de
travail que l'ouvrier Anglais, mais
qu'il soit usé jeune et que ses années de travail soient peu nombreuses ?

(b) Normalement les loyers sont
deux fois plus élevés en Amérique qu'en Angleterre.

(c) N'ayant aucune statistique
portant sur ce point je suis incapable de rien dire.

27. Ils sont plus du double en Amérique.

28. Le salaire de l'ouvrier Américain
est de 25 % supérieur.

29. Oui.

30. Je n'en sais rien.

31. Oui, les paris et le jeu sont généraux.

32. Je ne le crois pas.

33. Je ne puis pas voir comment il
fait plus de travail dans sa prime
jeunesse puisque la majorité ne
commence à travailler qu'à 18 ans,
mais il est un fait certain, c'est que
par rapport à l'ouvrier Britannique
il se détériore (*sic*) plus vite et ses
années de travail sont moindres ;

en fait la durée de sa vie est beaucoup plus courte que celle de la
moyenne des ouvriers Anglais. Les
plâtriers de New-York pensent que
la moyenne actuelle de la vie d'un
plâtrier travaillant au métier est
de 40 à 50 ans.

34. Est-il vrai que l'ouvrier Américain soit renvoyé quand il est jeune
encore.

34. Oui. Ceci découle nécessairement
des circonstances relatées dans la
réponse à la question précédente.

35. (a) Est-il vrai que la durée
moyenne de la vie soit moindre chez l'ouvrier Américain
que chez l'ouvrier Anglais ?

(b) Si oui, cela est-il dû à une
fatigue excessive, à un climat
moins sain ou à quelque autre
cause ?

35. (a) Oui.

(b) A une fatigue excessive. Je
ne puis pas dire que le climat
est malsain ; d'après ce que
j'ai éprouvé, je dois dire non.
Il faut chercher ailleurs les
raisons autres que celle donnée
plus haut. Demander à quelqu'un qui n'a jamais eu occasion de travailler avec ces
ouvriers et de vivre avec eux,
de répondre à une semblable
question me semble déplacé.

36. Y a-t-il une proportion supérieure
ou moindre d'ouvriers à la charge
de l'Assistance publique en Amérique qu'en Angleterre ?

36. Je suis incapable de répondre à
cette question.

37. Les enfants et les amis des ouvriers Américains trop âgés pour
travailler ou que l'âge ou les accidents en rendent incapables, leur
viennent-ils plus en aide qu'en Angleterre ? Si oui, à quoi attribuez-
vous ce fait ?

37. Je suis incapable de répondre à
cette question.

38. Trouvez-vous que les conditions
générales d'existence de l'ouvrier
soient meilleures en Amérique
qu'en Angleterre ? En quoi pourrions-nous imiter l'exemple des
Américains pour améliorer les con-

38. Non.

ditions de la vie en Angleterre ?

D. QUESTIONS D'ORDRE GÉNÉRAL.

30. Approuvez-vous le fonctionnement de la Fédération Civique ?

40. Pourrait-on introduire en Angleterre une organisation établie sur
la même base ou sur une base un
peu différente ?

41. Les délégués sont-ils en faveur
d'une tentative pour établir une
organisation analogue en Angleterre ?

39. J'approuve toutes les méthodes
d'éviter les grèves et les lockouts,
pourvu qu'elles ne touchent pas au
contact collectif.

40. Je trouve qu'il y a bien assez
d'associations de ce genre actuellement en Angleterre qui pourraient faire la besogne que la
Fédération Civique se propose
d'accomplir.

41. Je ne puis répondre que pour
moi et mes remarques précédentes
(39 et 40) expriment mon opinion
sur ce point.

M. DELLER.

RAPPORT

de M. H. CRAWFORD de l'Union Générale des ouvriers Charpentiers-Menuisiers (¹)

—

[*Le rapport de M. Crawford se présente sous forme d'un journal dans lequel il rend compte avec force détails de tout ce qu'il a vu et fait pendant le temps qu'il a passé aux Etats-Unis. Les pages suivantes sont la partie du rapport qui se réfère spécialement à la profession représentée par M. Crawford.*]

∴

Nous fûmes accompagnés dans nos visites aux diverses usines où se travaille le bois, à Cleveland, par Fr. Sykes de la Société des ouvriers charpentiers et menuisiers associés et par un délégué par la Chambre de Commerce. Nous allâmes en premier lieu chez Messieurs Gray et Carlton, qui travaillent le bois et font tous les ouvrages de menuiserie nécessaires dans notre profession. J'ai constaté que leurs machines font tout le travail que nous faisons à la main ici. Les ouvriers se bornent à assembler grossièrement, le nettoyage étant fait par une machine dite machine à papier de verre. Elle a des cylindres d'environ 4 pieds de diamètre, entourés chacun d'un tapis recouvert de papier de verre. Comme les cylindres tournent en sens opposé, les deux faces d'une porte ou d'une fenêtre sont nettoyées à la fois. Les poulies des cadres de fenêtres sont arrondies à leurs extrémités au lieu d'être carrées comme chez nous. La machine fait complètement toutes les rainures, les ouvriers n'ayant qu'à mettre les objets en place. Quelques-unes ne sont même pas vissées, mais on enfonce des pointes à coups de marteau dans les stiles aux extrémités de la poulie. Le finissage des linteaux et des segments se fait par de petits cylindres cintrés à papier de verre, au lieu de se faire comme chez nous au rabot cintré. Les biseaux ou les moulures se font à l'aide d'une roue à papier de verre qui, si les objets sont arrondis aux angles, les finit complètement. Les stiles des portes sont collés en épaisseur d'un pouce environ, on emploie toutes les longueurs et se sert des rognures et coupes. On les plane

(¹) *General Union of Operative Carpenters et Joiners.*

alors et on les recouvre d'un placage. On place des « pièces d'un pouce » ayant l'épaisseur et la hauteur de la porte, sur la partie extérieure de telle sorte que lorsqu'on a appliqué le placage toutes les rognures et coupes sont cachées. Ils affirment qu'une porte ainsi construite se conservera indemne sans jouer et sans se gondoler. Ils ont toutes les commodités pour coller y compris des presses avec un grand nombre de forts écrous de fer ; chez nous nous aurions à [nous servir d'é-crous ordinaires. Il n'y a pas de travail aux pièces. Ils ont une pièce chauffée pour le chauffage des cales de zinc quand ils font le placage ; cette chambre est maintenue à une haute température par des tuyaux de vapeur ou d'air chaud. La colle est appliquée à l'aide d'un cylindre tournant dans un pot de colle chauffée. Deux ouvriers collent et deux autres mettent les objets à la presse avec des cales de zinc chaudes entre toutes les pièces plaquées. Les ouvriers travaillent dix heures pendant les cinq premiers jours de la semaine et neuf le samedi. En été, pendant 6 mois, ils ont une demi-journée de repos le samedi après-midi. Les salaires sont de 2 1/4 à 2 3/4 $ par journée de 10 heures.

* *

Nous visitâmes ensuite l'établissement George Faulhaber qui fait surtout la menuiserie soignée pour églises. Il y en avait de richement sculptée. La pre-mière machine que j'ai regardée se nomme une « jointoyeuse » elle fabrique deux joints à la fois prêts à être collés. Les planches ont un pouce d'épaisseur. Les joints que j'ai examinés étaient splendides. Chez nous il ne nous est pas possible de coller les pièces sortant de la machine, il faut les achever avec une varlope à repasser. Nous vîmes ensuite les machines à découper le bois, faisant à la fois quatre linteaux ou fermes, et conduites par un gamin de 18 ans environ ; ces ob-jets n'ont jamais besoin d'être repris par des ouvriers découpeurs, sauf dans des cas exceptionnels. Je remarquai ensuite une machine à assembler par embrève-ment, pour mortaiser les montants et parties horizontales des chassis de fenêtre à coulisses. La barre se place au bord et les rabots coupent des deux côtés : les mor-taises et tenons étant entièrement finis dans la même opération. Ces machines coupent franchement sans bavures à la dimension exacte. Dans ce pays-ci nous devons faire ces pièces à la main, les usines n'ayant pas de machines. J'ai vu en-suite une machine à rainures qui peut en faire de toutes tailles en largeur, avec un outil spécial pour les rainures carrées. Le travail est très net, et il faudrait beaucoup de temps pour faire un travail aussi net à la main. |Les chassis ne sont ni collés ni assemblés par coins, mais vissés sur une ferrure spéciale ; on ne se sert de vis que pour les coins ; pour le reste on se borne à enfoncer des pointes par l'extérieur du chassis mais sans le traverser. Dans cette usine les ouvriers travaillent 10 heures par jour toute l'année ; on n'y travaille pas aux pièces, les salaires sont de 2 1/4 à 2 3/4 dollars par jour.

*
* *

Notre première visite à Chicago fut pour l'usine d'ébénisterie de Théodore King où l'on emploie douze cents ouvriers. Les ébénistes touchent 25 *cents* par heure, mais ne travaillent pas aux pièces. Les vernisseurs aux pièces reçoivent en moyenne, 2 dollars 40 par journée de neuf heures.

La première chose à noter est une machine à jointoyer à long coutelas pour le jointoyage des placages. Ce coutelas a quatre ou cinq pieds de long avec cadre vertical et une presse à vis réunit deux douzaines de placage ensemble. Il y a aussi une machine à coutelas plus court fondée sur le même principe, pour jointoyer les extrémités ; elle fournit un travail supérieur : j'ai essayé plusieurs de ces assemblages ; on les colle de la même manière qu'à Cleveland. Nous avons vu ensuite couper les arbres à une certaine longueur, en dehors de l'usine et nous les avons suivis pour les voir débiter en plaques : on les met sur une sorte de tour et on les mandrine comme pour les tourner. On retire l'écorce d'abord, puis on ajuste le couteau et en très peu de temps l'arbre est découpé en plaques de $^3/_{16}$ de pouce d'épaisseur. Il y avait toute une rangée de ces machines en service, je les crois très semblables à celles que nous employons.

Le lendemain on me conduisit d'abord à l'usine de M. Edmond. C'est un Gallois qui a travaillé bien des années à Londres avant son arrivée en Amérique. Il raconte qu'il n'avait aucun capital à cette époque, il dût travailler comme ouvrier pendant très longtemps pour acquérir, à la fois l'expérience des méthodes Américaines et l'argent nécessaire pour s'établir. Il s'associa à un Ecossais et ils débutèrent tout d'abord de fort modeste façon, mais ils persévérèrent et réussirent au-delà de leurs espérances ; ils ne font maintenant que des objets de qualité supérieure. Je pensai que j'avais maintenant ou jamais l'occasion de demander à un homme qui a travaillé sur les deux rives de l'Océan, si les ouvriers travaillaient plus dur en Amérique que dans le vieux pays. Sa réponse fût très catégorique. « La machinerie fait tout le travail ici. Je n'ai jamais travaillé aussi dur, de ma vie, qu'à Londres. En pratique là-bas tout le travail se fait à la main, et tout ce qui se fait à la machine est très imparfait. Ce n'est pas la faute de ceux qui les conduisent, mais cela est dû à une machinerie ancienne qui n'est pas à la hauteur. Dès que nous entendons parler de l'apparition d'une machine nouvelle, et que nous trouvons qu'elle vaut mieux que celle que nous avons, nous déboulonnons l'ancienne et montons de suite la nouvelle. Voici une machine à mortaiser, c'était la meilleure quand je l'ai achetée. Maintenant il y a une nouvelle invention brevetée par M. Black, de Milwaukee, j'en ai immédiatement commandé une, mais je ne puis encore l'avoir, si nombreuses sont les commandes. Voilà comment nous travaillons si vite ici ; dans le vieux pays, on se traîne péniblement avec la vieille machine, jusqu'à ce qu'elle soit complètement usée, et ce n'est qu'alors qu'on songe à la remplacer ». Les ouvriers travaillent dans cette usine aussi confortablement que j'ai jamais vu, au cours de ma carrière, d'ouvriers travailler ; tout le travail dur est fait pour eux. Presque tous sont originaires du vieux pays ; le contremaître est d'Edimbourg N. B., et je me sentis tout à fait chez moi. Les salaires sont de 45 *cents* l'heure et la journée est de huit heures.

Nous allâmes ensuite chez Blake, Collender et Ci°, à Brunswick. Ils ont des maisons à New-York, Saint-Louis, Cincinnati, et fabriquent des billards et tables de jeu, des barres d'appui et des bordures d'allées. C'est une très grande installation à sept étages, avec une superficie de 10.000 pieds carrés. On y emploie quatorze cents bras avec un salaire hebdomadaire de 76.000 dollars. Pas de travail aux pièces. Les menuisiers reçoivent 45 *cents* par heure, les ébénistes 25 *cents* par heure, pour neuf heures par jour, mais les menuisiers n'en travaillent que huit. L'établissement expédie 400 billards par mois, 125 garnitures d'allées complètes pendant la même période et une grande quantité de barres et articles de restaurant, en acajou, tous de première qualité, comme fabrication. Le directeur nous reçut de la façon la plus courtoise, nous promenant dans tous les ateliers et nous montrant la précision avec laquelle le travail est fait par la machinerie. Les pieds des tables de billards sont tous plaqués, et le placage est apposé en venant de la scie à ruban ; il est passé à la vapeur et estampé à la machine, exactement à l'inverse du pied (?) J'ai placé un de ces placages sur le pied et il y allait à merveille, tout prêt à coller et à passer à la presse avec une cale inverse au-dessus de lui. Il n'y avait rien de particulier au point de vue de la machinerie en dehors de ce que j'ai précédemment décrit, mais je ne pus m'empêcher d'admirer le travail des ornements de salons qui étaient en main. On se sert beaucoup pour ces ornements de moulures sculptées, d'une composition spéciale.

Le lendemain nous allâmes voir de grands bâtiments en construction. La méthode Américaine est totalement différente de la nôtre. On élève une carcasse métallique de la hauteur du bâtiment, montants et traverses étant solidement boulonnés les uns sur les autres. La pierre, le marbre ou la brique sont ancrés, nous dirions attachés, dans le cadre de fer, permettant d'élever le bâtiment avec une grande rapidité, jusqu'à des hauteurs considérables, en quelques mois. Il n'y a pas de craintes de tassements, à moins que la carcasse en fer ne s'écrase. Le remplissage, entre les poutrelles des planchers se fait très sensiblement comme chez nous, de manière à rendre la construction relativement incombustible. Les briques sont plus petites que celles dont nous nous servons: huit pouces sur quatre de large et deux un quart d'épaisseur ; par suite, elles sont beaucoup plus légères à manier. Certains ouvriers disent qu'ils en posent deux mille par jour. J'ai questionné un inspecteur ou surveillant des travaux de la construction d'une école, et j'ai trouvé que dans ce cas, ou dans ceux où les ouvriers sont convenablement surveillés, 1.400 est plus proche de la vérité. Le planchéiage est assemblé à languettes sur le solide et embouffeté, boulonné et cloué sur les languettes, aucun trou de clou n'apparaissant en surface.

Nous allâmes ensuite à Grand-Rapids, le plus grand centre manufacturier
du monde pour l'ébénisterie, où il y a 31 usines — dont 13 employant chacune de 5 à 600 ouvriers. Il y a aussi une usine de grandes dimensions pour
a fabrication des maisons, chassis de fenêtres et portes ; vous y envoyez vos
plans, votre maison est construite et vous est expédiée démontée dans n'importe quelle partie du pays. Tout ce qui concerne le travail du bois est fait
dans les usines, et il y en a de très grandes pour la préparation des placages.
La ville elle-même ressemble beaucoup à une de nos villes très prospères, en
voie de développement, parce qu'elle n'est pas grande, bien qu'elle soit universellement réputée pour ses travaux gigantesques en ébénisterie. Nous
n'avions pas de délégués unionistes ici, le Trade-Unionisme était inconnu dans
la région. Pourquoi ? Parce que les patrons ont pris ici le taureau par les
cornes et se sont trouvés dans la posture la plus favorable, grâce à leur plan,
pour supplanter l'unionisme, en prêtant une somme d'argent à leurs employés pour leur permettre d'acquérir leur maison. Par contre les employés
s'engagent par contrat à laisser retenir une certaine somme sur leurs salaires.
Les patrons disent que c'est un paradis pour les ouvriers qui, sans eux, n'auraient jamais possédé leur foyer.

Les salaires se comparent à ceux payés là où l'Unionisme est puissant. Nous
trouvâmes au début des gens très hésitants à nous accueillir, mais nous leur
remîmes nos cartes, et comme la plupart d'entre eux savaient et avaient lu
dans les journaux qu'une Commission Industrielle devait venir du vieux pays,
et après qu'ils se fussent convaincus que nous en faisions réellement partie,
ils se montrèrent pleins de courtoisie et d'obligeance dans tous les établissements visités.

L'usine de la Compagnie de fabrication des chaises à Grand-Rapids (*Grand-
Rapids Chair C°*) a une superficie de 15 acres et a quatre étages. On dirait
une ville. Elle a un port sur le fleuve de Grand-Rapids, et une voie de
raccordement avec le chemin de fer pénètre dans les magasins, où après
emballage les meubles attendent le départ. L'usine emploie environ 5.000
ouvriers-ébénistes, gagnant en moyenne 12 à 13 1/2 $ par semaine de 60
heures. Il y a deux associés, l'un s'occupant de l'administration et des bureaux, l'autre de la fabrication.

Après une causerie amicale dans les bureaux, l'associé-fabricant nous fit visiter
étage par étage les ateliers encombrés de machinerie. On n'y fait plus actuellement
de spécialités, mais il y a des séries complètes de chaises de tous les modèles.
Les différents niveaux d'un même étage de l'usine montrent son développement
depuis qu'elle se fonda modestement. Il n'y a rien de neuf à raconter sur les machines ; chacune fonctionnait, accomplissant son travail spécial, les ouvriers n'intervenant que pour l'assemblage.

Nous fûmes alors conduits à l'atelier de vernissage. Ils préparent leurs vernis de façon toute différente que nous. Ils pilent de la pierre de Silésie aussi fine que de la farine, la mêlent à de l'huile de lin et à du vernis du Japon jusqu'à consistance de plomb blanc, puis l'amènent, par addition d'huile jusqu'à la consistance de peinture ordinaire. Ils étendent cette composition à l'aide de pinceaux sur de grandes surfaces de 4 pouces de long environ, l'essuient et mettent à sécher dans une salle spéciale pendant 24 jours pour un vernis gros et 30 jours pour un vernis fin. Nous fûmes très surpris de voir le temps de séchage si long. « Ah, nous dirent-ils nous voulons que notre travail résiste. »

A l'usine d'ébénisterie Widdicomb, nous eûmes à vaincre les mêmes difficultés, quant à l'entrée, parce que l'on nous prit pour des espions venus du Canada. Je suppose qu'il y a des manufacturiers très entreprenants dans ce pays, sans quoi le propriétaire n'eût pas été aussi méfiant. Une conversation bien calme éclaircit la situation, et nous trouvâmes en lui l'un des employeurs les plus agréables de Grand-Rapids. Il nous déclara qu'il n'était jamais survenu de grève dans son usine. Elle est bâtie sur un terrain de onze acres de contenance, ses étages au nombre de quatre ont une superficie de 212.000 pieds carrés! L'évaluation du terrain, de l'outillage et du stock est de 600.000 $. On emploie 2.000 pieds de copeaux par jour pour l'emballage des caisses. L'usine a un port sur le fleuve et une voie de raccordement pénètre dans le magasin d'emballage. On emploie quatre cent quatre-vingts bras, au salaire moyen de l'usine précédemment citée. Il y a un contremaître, payé 3 dollars et demi, par 6 ouvriers.

Il y a une machine nouvelle appelée « grattoir » (scraper) qui a coûté 1800 dollars ; elle échoua lamentablement jusqu'au jour où son inventeur trouva un appareil pour l'aiguiser automatiquement, parce que personne ne pouvait tenir ce « grattoir » en bon état de marche. Il a trois pieds de long et, ainsi que le savent tous ceux qui connaissent les machines, il n'est nécessaire que d'en avoir six pouces en bon état de marche. Maintenant la machine avec son « associé », l'appareil automatique à aiguiser, travaille merveilleusement ; après un planage transversal de toute pièce allant jusqu'à trois pieds, l'acajou le plus compact est prêt pour les machines à papier de verre. L'une d'elle, à deux frottoirs permet à l'ouvrier qui la conduit de les faire porter doucement ou fortement à sa volonté, grâce à un long levier. Son chariot est mobile et elle polit la surface exactement de la même manière qu'on le ferait à la main. On ne se sert de cette machine que lorsqu'on veut avoir un poli supérieur ; dans tous les autres cas, on se sert du cylindre ordinaire à papier de verre. La suivante est une machine automatique à couper transversalement, coupant à la fois les deux extrémités à une longueur donnée ; on peut par exemple fixer tout nombre de côtés de tiroirs à la profondeur à couper. Il y a deux crampons à vis pour les fixer contre la butée, on touche le levier de commande avec le pied et les pièces sont coupées à longueur comme par magie. La machine suivante servant pour les assemblages à queue d'aronde est universellement employée. On ne fait rien à la main, sauf dans les ateliers où l'on exécute les nou-

veaux dessins ou les modèles. Cet établissement fait une exposition de meubles
tous les six mois pour soumettre ses nouveaux modèles aux clients. S'il y en a
qui prennent, on fait un modèle exact de chaque pièce et on l'envoie à l'usine
après l'avoir numéroté. Les machines font tout le reste sauf le collage. Il y a
quatre machines à découper-sculpter ayant coûté chacune 750 dollars et un grand
nombre de sculpteurs-découpeurs. Les salaires sont de 31 à 35 *cents* par heure.
Tous les objets sont de première qualité. Le vernis ressemble à du verre et ils
tiennent à le conserver ainsi en maintenant les meubles à une température toujours égale : on fait du feu en hiver pour maintenir la pièce à la température de
l'été ou au moins à 70° Fahrenheit. Le propriétaire nous offrit de nous mener en
voiture visiter les jolies habitations et beaux jardins de son personnel, mais nous
déclinâmes l'offre n'ayant vu jusqu'alors que deux usines et le lendemain étant
dimanche.

Le lundi matin, à notre arrivée à l'Usine d'Ébénisterie Phœnix, M. Kendall
l'associé-directeur nous reçut assez sèchement d'abord. Il occupe 590 ouvriers. L'usine est la plus grande de Grand-Rapids, ayant 4 étages de hauteur ; elle est établie depuis 30 ans et est la plus ancienne de la ville. Il nous
fit visiter l'établissement, mais nous ne vîmes rien de nouveau à citer comme
machinerie. Mais au cours de la conversation il nous dit qu'il connaissait
bien les ateliers de Londres, ayant souvent à faire la traversée. « Retirez,
dit-il, le tarif de 35 *cents* (c'est le droit perçu sur les meubles Anglais) et je
pourrais faire les meubles beaucoup meilleur marché que dans le vieux
pays. Mon cœur saignait en voyant travailler les bons ouvriers, vêtus de leur
seul pantalon, pour un salaire qui n'est même pas la moitié de celui que
nous payons ici. Tout mon meilleur acajou vient de Liverpool, et mon placage de Londres. Nous le faisons tous ; nous ne pouvons pas l'avoir ailleurs.
Le meilleur acajou vient d'Afrique. Vos meubles ne se vendraient pas ici, à
cause de leur style, ni les nôtres chez vous. Nous exportons un peu en Au-
triche, mais la plus grande partie de notre production est consommée sur le
marché intérieur. » De telle sorte que s'il écourta notre visite, dans l'usine il
nous donna des renseignements bien faits pour nous égayer : c'est que l'Amérique ne peut pas encore se passer de nous.

Au cours de l'après-midi nous allâmes voir l'usine de chassis de fenêtres et de
portes de Fuller et Ryce. Elle occupe cinquante acres de terrain. Ils ont de grandes
quantités de toutes espèces de bois secs. Ils fabriquent un grand nombre de portes
en bois blanc à cinq panneaux, avec une petite moulure prise en plein bois. Je demandai combien l'on pouvait en faire par journée de dix heures et l'on me répondit que quatre hommes avec les machines en fabriquaient 150. L'ouvrier, qui
fait les tenons a une machine qui taille les deux tenons à la fois ; les outils cou-
pants de l'une des extrémités peuvent être déplacés en avant et en arrière pour
travailler sur des pièces de n'importe quelle longueur, mais on reconnait qu'à
moins d'en avoir de grandes quantités de même longueur, il vaut mieux ne faire,

en une opération, que le tenon d'un seul coté. Mais il faut tenir compte des quantités considérables de mêmes dimensions qu'on a à faire à la fois. Un ouvrier mor-
taisait, un autre réunissait ; les traverses étaient ajustées à la machine, un ouvrier
assujettissait avec une machine automatique ; le cadre de fer plané était rainuré
et il y avait de chaque côté autant de crampons qu'on en pouvait désirer. L'ouvrier
met son pied sur la pédale et la porte se trouve prise entre des crampons des
deux côtés à la fois. Puis on la fait passer par la machine à papier de verre et
elle se trouve nettoyée sur ses deux faces. Dans cette usine les portes sont bien
mortaisées et assujetties par coins, mais le plus souvent on n'enfonce le tenon
que de trois pouces. Les salaires des menuisiers et travailleurs du bois sont de
2 $1/2$ dollars par journée de dix heures.

La machine à mortaiser (à chaîne) que nous vîmes employer était tout à fait
nouvelle pour nous, et me frappa comme étant incomparable dans les cas où la
mortaise ne traverse pas complètement. La chaîne passe sur deux petites poulies
comme une scie à ruban, creusant le bois et remontant les débris de la même
manière qu'agit un élévateur à grains et les enlevant de façon tout à fait nette :
en fait je n'ai jamais vu une mortaise si proprement faite.

A New-York on m'amena visiter une manufacture de portes et chassis de
fenêtres dans la vieille ville de Mont-Vernon. Je n'y vis rien que je n'aie déjà
décrit.

Elle a cependant acheté le brevet et la machinerie nécessaires pour
jointoyer les grosses colonnes de bois de très ingénieuse façon, pour les
tourner et les chanfreiner (arrondir les angles) sans intervention de main-
d'œuvre. On faisait de grandes colonnes de 20 pieds environ de long et de
2 pieds 6 pouces de diamètre à la base. Nous visitâmes également l'usine de
M. Mallogan qui fait la meilleure menuiserie de New-York. Il nous la fit visiter, mais elle nous parut très petite à côté de celles de Cleveland, Chicago
et Grand-Rapids. La qualité des objets fabriqués est tout à fait supérieure,
il emploie les matériaux les meilleurs qu'il peut trouver. [Il travaillait pour
un riche Trust d'Assurance, situé dans le voisinage immédiat de Wall-Strett.
M. Mollogan me donna sa carte afin que je pusse aller voir la menuiserie
une fois mise en place. Nous vîmes qu'on construisait d'immenses annexes
au bâtiment. Le contremaître nous fit visiter toute la construction du haut
en bas. J'ai admiré le plus bel acajou à grains fins que j'aie jamais vu, étant
donnée la quantité employée pour ce travail ; à la partie supérieure du bâtiment il y avait des ornements de plâtres très sculptés et finis avec du ciment Keen. On n'a pas épargné l'argent et tout y est de qualité supérieure.
M. Mallogan emploie environ 250 ouvriers. On nous a fait visiter d'autres
établissements de moindre importance, [mais ils n'avaient rien de comparable à ce que nous avions vu comme machinerie.

Le tableau suivant montre la situation d'un menuisier-charpentier de New-
York comparée à celle d'un membre de la même profession à Londres. Dans

ces deux villes les salaires sont plus élevés que partout ailleurs dans les deux pays.

A Londres

Salaire hebdomad. moyen (48 heures par sem.) pendant les 12 mois.	2£, 2sh,6
Célibataire, pension et logement.	0, 15, 0
Solde créditeur.	1£, 7sh,6

A New-York

Salaire hebdomad. moyen (44 heures par sem.) pendant toute l'année.	5£, 3sh,2
Pension, etc. (supérieurs à ce qu'ils sont à Londres)	1, 9, 2
Solde créditeur.	3£,14sh,0

Par suite l'Américain peut épargner près de deux fois plus que l'Anglais, bien qu'il travaille quatre heures de moins par semaine.

Réponses de M. H. CRAWFORD au questionnaire,

Questions	Réponses
A. APPRENTISSAGE DES JEUNES OU-VRIERS.	

Questions

1. Par l'apprentissage qu'il a fait et l'instruction qu'il a reçue, le jeune ouvrier Américain est-il mieux préparé à son travail que le jeune Anglais?
2. Si oui quelles modifications avez-vous à proposer au système d'enseignement suivi en Angleterre.
3. Avez-vous quelques indications à fournir relativement aux cours complémentaires du soir, aux cours professionnels du soir pour les ouvriers occupés toute la journée?

Réponses

1, 2, 3. Etant données les facilités actuelles que les jeunes gens ont en Grande-Bretagne pour suivre les cours du soir et les cours professionnels, ils ont les mêmes facilités de s'instruire dans les deux pays s'ils veulent en profiter. En Amérique les fils d'ouvriers ont la possibilité de recevoir gratuitement l'enseignement donné au collège, si leurs parents peuvent subvenir à leur entretien; cela, nous ne pouvons pas l'avoir dans ce pays-ci, sauf par voie de concours excluant tous ceux qui n'ont pas de capacités exceptionnelles. Les relations entre employeurs et employés sont beaucoup meilleures en Amérique; les premiers se mêlent davantage à leurs ouvriers, leurs rapports sont beaucoup plus sociaux et sur un beaucoup plus grand pied d'égalité ; les employeurs sont ainsi bien plus aisément accessibles à leurs ouvriers et, un sentiment créé que l'entreprise est conduite à l'avantage mutuel des deux parties.

B. RELATIONS ENTRE EMPLOYEURS ET EMPLOYÉS.

4. Quelle est en Amérique la durée du travail dans votre métier, comment se compare-t-elle à la durée du travail en Angleterre ?

4. La durée du travail est variable. Dans les grandes villes ou cités dans lesquelles les ouvriers sont le plus fortement organisés, ils travaillent 44 heures par semaine ; mais dans celles où ils ne sont pas organisés, la durée du travail atteint 60 heures. Dans les premières de ces villes, les salaires des charpentiers-menuisiers varient de quatre dollars à quatre dollars et demi par journée de huit heures ; dans les autres de deux dollars un quart à deux dollars trois-quarts par journée de 10 heures.

5. L'ouvrier Américain a-t-il, par heure, une production moyenne supérieure à celle de l'ouvrier Anglais ?

5. Dans tous les ateliers que j'ai visités, la très grande majorité des ouvriers avait travaillé dans le vieux pays et l'opinion était que l'ouvrier ne travaillait pas aussi dur en Amérique qu'en Angleterre. Le secret des Américains est une bonne machinerie, convenablement maniée, non par des novices, mais par des ouvriers expérimentés.

6. Les tarifs aux pièces (travail aux pièces ou aux pièces et au temps) sont-ils très en vigueur en Amérique ?

6. Je n'ai jamais vu de travail aux pièces dans ma profession, soit à l'atelier, soit pour un objet déterminé.

7. Le système est-il avantageux

7. (a) A mon avis ce système est ex-

(*a*) pour l'ouvrier (*b*) pour l'employeur ; donne-t-il un avantage injustifié à l'une des deux parties ?

trêmement nuisible à la santé des ouvriers qui travaillent au-delà de leurs forces, il raccourcit considérablement leur existence et laisse leurs femmes et leurs enfants aux soins des autorités paroissiales ou comme une charge pour leurs amis. (*b*) Je pourrais citer plusieurs exemples d'employeurs maudissant le travail aux pièces, parce qu'ils avaient trop d'objets inutilisables en magasin et que le secrétaire de l'administration ne voulait pas les accepter : par exemple des portes qui jouaient, et des styles non verticales quand on les suspendait ; les portes ne voulaient jamais se fermer convenablement, alors on les condamnait et on donnait l'ordre de les enlever.

8. Quand des ouvriers qualifiés, travaillant aux pièces, augmentent la production par leur propre habileté, les employeurs Américains réduisent-ils les tarifs pour empêcher un ouvrier de gagner plus qu'une certaine somme ?

8. Comme il n'y a pas de travail aux pièces dans ma profession en Amérique, je n'en sais rien.

9. Les systèmes de primes et boni sont-ils plus généralement adoptés en Amérique qu'en Angleterre ; dans ce cas quels sont leurs résultats pour les employeurs et les employés ?

9. Je n'ai vu payer ni primes, ni boni en Amérique.

10. Là, où existe le salaire hebdomadaire.

    (*a*) Les ouvriers semblent-ils désireux de faire de leur mieux et de fournir une bonne journée de travail en échange d'un bon salaire.

10. (*a*) On ne pourrait répondre pour l'Amérique qu'après avoir travaillé dans les ateliers. (*b*) J'ai trouvé qu'en Amérique on donne une très grande rémunération à l'énergie personnelle ; elle atteint jusqu'à 1 dollar de plus que le sa-

(b) Avec ce système l'énergie personnelle et l'initiative sont-elles dûment rémunérées ?

11. Les employeurs Américains sont-ils désireux de voir le personnel payé au temps augmenter sa production par homme et sont-ils prêts à accroître proportionnellement le salaire par ouvrier ?

laire, par jour.

11. Oui certainement ; j'ai trouvé qu'ils placent un ouvrier bien payé ou contremaître à la tête de six ouvriers recevant un bas salaire, pour rétablir l'équilibre ; mais cela ne se produit que dans les districts ou les ouvriers ne sont pas organisés. Cependant avant d'augmenter les salaires, les employeurs de là-bas, attendront, je le crains beaucoup, qu'on le leur demande, comme cela se passe dans le vieux pays.

12. Les suggestions faites par les employeurs en vue d'améliorer l'outillage, l'introduction des procédés mécaniques économisant de la main-d'œuvre et les machines du dernier modèle sont-elles favorablement accueillies par les ouvriers ou le contraire se produit-il ?

12. Sur questions posées aux ouvriers, j'ai trouvé qu'ils ont toujours accueilli favorablement la machinerie parce qu'elle réduit l'effort qui leur est demandé et qu'il y a toujours largement assez d'ouvrage pour ceux qui veulent travailler.

13. Les propositions de perfectionnements émanant des ouvriers sont-elles bien accueillies par les employeurs et récompensées par eux ?

13. Elles sont bien accueillies par les employeurs qui m'ont dit qu'ils étaient toujours très heureux des propositions de leurs ouvriers. Mais ils ne m'ont pas dit qu'ils accordaient de rémunération spéciale, bien que ces ouvriers soient probablement gardés plus longtemps, tout comme dans ce pays-ci.

14. (a) Les ouvriers conduisent-ils un plus grand nombre de machines qu'en Angleterre ?

(b) Si oui, ce système est-il favorable aux deux parties ou l'une d'elle a-t-elle un avantage injustifié ?

14. (a) Non, chaque ouvrier a sa propre machine et fait simplement un genre de travail.

15. L'ouvrier Américain nécessite-t-il une plus grande « surveillance » ? Quelle comparaison peut-on établir sous ce rapport entre lui, et l'ouvrier Anglais ?

15. Il me semble que oui. J'ai vu un homme fumer dehors, ce qui ne serait pas toléré ici un seul instant. Dans un atelier à New-York j'ai vu un ouvrier aiguisant sa plane si lentement qu'il ne serait pas resté une demi-heure dans n'importe quel atelier à Londres. Dans ces deux pays les ouvriers ont besoin d'être surveillés.

16. L'ouvrier Américain est-il capable d'initiative et de travailler sans ordres fréquents et détaillés ? Quelles comparaisons peut-on établir sous ces divers rapports entre lui et l'ouvrier Anglais ?

16. L'ouvrier Anglais est infiniment supérieur à l'Américain, à ce point de vue, parce que la majorité des ouvriers des Etats-Unis n'ont pas fait d'apprentissage et n'ont appris que la partie qu'ils exercent dans une profession. Si on leur donnait les plans et le bois brut, ils seraient complètement perdus et ne pourraient pas faire l'objet, mais dans leur propre partie ils sont très experts.

17. L'ouvrier Américain donne-t-il un fort coup de collier en temps de presse et le fait-il gaiement ? Quel rapport y a-t-il entre sa production pendant ces heures supplémentaires et sa production normale ? Quelles comparaisons peut-on établir à ces divers points de vue entre lui et l'ouvrier Anglais ?

17. Je n'ai pu observer les ouvriers pendant assez longtemps pour répondre à cette question et il faut avoir travaillé avec eux pour le faire.

18. Les employeurs Américains sont-ils plus facilement accessibles à leurs ouvriers que les employeurs Anglais ?

18. Oui. Ils parcourent constamment l'usine pour voir les progrès du travail.

19. D'une façon générale un ouvrier a-t-il plus de chances de s'élever en Amérique qu'en Angleterre ?

19. Oui, mais il doit aller dans les villes nouvelles et non dans des endroits comme New-York ou autres villes déjà anciennes, où il y a des industriels de toutes professions

20. L'usine Américaine répond-elle mieux que l'usine Anglaise aux besoins des ouvriers relativement à l'hygiène, à la ventilation et au bien-être en général?

21. (a) L'outillâge des usines Américaines est-il supérieur au point de vue de la production?

(b) Sont-elles mieux dirigées? La proportion des directeurs sortant des Universités est-elle plus grande qu'en Angleterre?

(c) La qualité des produits est-elle meilleure?

22. Pour combien la plus grande production des usines Américaines est-elle dûe :

(a) A la durée du travail supérieure à ce qu'elle est ici?

(b) A la plus grande rapidité de marche des machines?

établis depuis longtemps, tout comme en Angleterre?

20. Généralement on tient les ateliers beaucoup plus propres, et les installations pour les chauffer en hiver les rendent beaucoup meilleurs pour les ouvriers et le travail que les ateliers en Angleterre.

21. (a) Leurs applications mécaniques sont très supérieures aux nôtres.

(b) Je ne pourrais répondre que si j'avais travaillé dans les ateliers, mais on a adopté les meilleures méthodes, selon moi : la production rapide. Je sais que souvent chez nous ce n'est pas la faute de la direction, mais que la nigauderie des employeurs qui ne veulent pas fournir la machinerie la plus perfectionnée pour faire le travail en est la cause. En Amérique les employeurs luttent entre eux à qui aura les machines les plus modernes.

(c) Nous avons d'aussi bons ouvrages et il y a plus de travail dans nos chefs-d'œuvres, tels que le Parlement ou les demeures seigneuriales.

22. (a) Les Américains travaillent pendant à peu près le même nombre d'heures que nous, dans plusieurs de leurs grandes villes et dans quelques cas moins, 44 heures au lieu de 48 chez nous et reçoivent

un salaire hebdomadaire double du nôtre. L'explication
est l'excellence de leur machinerie et la meilleure manière dont on la conduit.

(*b*) Ils ont une puissance motrice
leur permettant de faire tourner leurs machines plus de
deux fois plus vite que nous
ne le pouvons.

23. Y a-t-il des pratiques de l'organisation Américaine qu'il y aurait
lieu, à votre avis, d'introduire
dans les usines Anglaises ?

23. Ayez de bons ateliers avec des
machines modernes. Tenez les
propres et assurez les moyens de
les chauffer en hiver pour que les
ouvriers n'y gèlent pas.

C. CONDITIONS GÉNÉRALES D'EXISTENCE
DES OUVRIERS EN DEHORS DE L'USINE.

24. (*a*) Les ouvriers sont-ils mieux
nourris en Amérique qu'en
Angleterre ?

(*b*) Quel rapport peut-on établir
entre les prix de la nourriture
en Amérique et en Angle-
terre ?

24. (*a*) Je dirai oui, parce qu'ils sont
mieux payés.

(*b*) A peu près la même chose.

25. (*a*) Les ouvriers sont-ils mieux
vêtus en Amérique qu'en Angleterre ?

(*b*) Quel rapport y a-t-il entre le
prix des vêtements en Amérique et en Angleterre ?

25. (*a*) A peu près la même chose.

(*b*) Les vêtements tout faits en
Amérique coûtent à peu près
le même prix que chez nous,
ceux plus soignés, en drap de
première qualité, sensiblement le double.

26. (*a*) Les habitations des ouvriers
Américains sont-elles supé-
rieures à celles des ouvriers
Anglais ?

(*b*) Quel rapport y a-t-il entre les
loyers dans les deux pays ?

(*c*) Y a-t-il une plus grande proportion d'ouvriers propriétaires en Amérique qu'en An-

26. (*a*) Oui, car ils ont les moyens de
payer des loyers plus élevés.

(*b*) Beaucoup plus élevés en Amérique.

(*c*) Oui ; dans bien des cas les employeurs avancent l'argent et
déduisent régulièrement une
certaine somme du montant
du salaire ; c'est surtout ainsi

gleterre ? Si oui à quoi attri-
buez vous ce fait ?

que cela se passe dans les
grandes usines d'ébénisterie
de Grand-Rapids. Un des employeurs, y occupant 500 ouvriers, disait que tous habi-
taient dans leur propre maison et qu'il n'avait jamais eu
une grève chez lui.

27. Quel rapport existe-t-il entre les
salaires des ouvriers de votre profession en Amérique et en Angleterre, ces salaires étant *exprimés
en argent?*

27. Ils sont beaucoup plus élevés en
Amérique.

28. Quel rapport existe-t-il entre la
valeur des salaires de l'ouvrier
Américain et de l'ouvrier Anglais
en *tenant compte du coût de l'existence?*

28. A l'exception des loyers et des
vêtements tous les autres prix sont,
en moyenne, identiques.

29. L'ouvrier sobre prévoyant et de
bonne conduite peut-il, tout en vivant convenablement, épargner
davantage en Amérique qu'en Angleterre ?

20. Oui, s'il le veut.

30. Si oui, son épargne est-elle plus
grande *en fait ?*

30. Oui, car j'en ai trouvé qui
avaient 1.800 dollars déposés à la
Banque et qui à plusieurs reprises
avaient été chez eux passer des
congés de un ou deux mois. D'autres avaient envoyé leur femme et
leur famille dans leur pays en vacances. D'aucuns, qui ont commencé comme ouvriers, ont maintenant des établissements très prospères, ce à quoi ils ne pourraient
jamais parvenir dans ce pays-ci.
J'en puis parler avec certitude car
ce sont des amis personnels dont
il s'agit.

31. Les paris aux courses, etc.,
jouent-ils un rôle aussi important

31. Non. Nos renseignements, nous
ont montré que nos amis d'Amé-

dans la vie de l'ouvrier Américain que dans celle de l'ouvrier Anglais?

32. L'ouvrier Américain est-il plus sobre que l'ouvrier Anglais?

33. Est-il vrai que, pendant qu'il est jeune, l'ouvrier Américain fournisse plus de travail que l'ouvrier Anglais, mais qu'il soit usé jeune et que ses années de travail soient peu nombreuses?

34. Est-il vrai que l'ouvrier Américain soit renvoyé quand il est jeune encore?

35. (a) Est-il vrai que la durée moyenne de la vie soit moin-moindre chez l'ouvrier Amé-

rique jouent très peu par rapport aux ouvriers Anglais.

32. Je crois qu'il boit autant que l'Anglais, et cela lui coûte bien davantage, car vous ne pouvez rien boire à moins de cinq *cents* (2 ¹/₂ d) mais c'est de la bière légère dont il faudrait boire un tonneau avant de s'intoxiquer. Un verre de whisky coûte 15 *cents* et j'en ai vu boire très peu. Pendant le cours du mois que j'ai passé en Amérique, je n'y ai rencontré que deux ivrognes.

33. Je ne crois pas qu'il fournisse plus de travail, mais avec les étés torrides et les hivers glacials, l'atelier doit être maintenu aussi chaud en hiver qu'en été pour permettre aux ouvriers de faire le collage et empêcher les pièces de se gondoler ainsi qu'elles le feraient surement dans un atelier froid. Sortir de ces ateliers chauds pour passer à une température inférieure à zéro Fahrenheit comme cela arrive quelquefois, doit occasionner des pleurésies et des pneumonies; celles-ci répétées chaque année deviennent aiguës et raccourcissent la durée d'existence.

34. Après enquête j'ai trouvé qu'on n'avait pas d'emploi pour des hommes âgés, sauf dans les ateliers de réparation où l'employeur peut les payer à la journée.

35. (a) D'après ce que j'ai entendu dire, cela est vrai.

(b) Je l'attribue au climat et à ce

ricain que chez l'ouvrier Anglais ?

(*b*) Si oui, cela est-il dû à une fatigue excessive, à un climat moins sain ou à quelqu'autre cause ?

36. Y a-t-il une proportion supérieure ou moindre d'ouvriers à la charge de l'Assistance Publique en Amérique qu'en Angleterre ?

37. Les enfants et les amis des ouvriers Américains qui sont trop âgés pour travailler ou que l'âge et les accidents en rendent incapables leur viennent-ils plus en aide qu'en Angleterre ? Si oui, à quoi attribuez-vous la différence ?

38. Trouvez-vous que les conditions générales d'existence de l'ouvrier soient meilleures en Amérique qu'en Angleterre ? En quoi pourrions-nous imiter l'exemple des Américains pour améliorer les conditions de la vie en Angleterre ?

D. QUESTIONS D'ORDRE GÉNÉRAL.

39. Approuvez-vous le fonctionnement de la Fédération Civique ?

40. Pourrait-on introduire en Angleterre une organisation établie sur

que l'on vit plus vite que nous ne le faisons généralement ici, j'ai vu les ouvriers Américains dépenser beaucoup plus largement que nous.

36. Après enquête j'ai constaté qu'il n'y a que peu de travail pour les ouvriers d'âge moyen. J'ai trouvé dans les *Workhouses* des hommes capables physiquement de travailler mais qui ne pouvaient trouver d'emploi. On les soigne bien, on les tient propres et on assure leur bien-être.

37. Oui. Les classes ouvrières ont plus d'argent à dépenser que nous n'en avons ici : un bon ouvrier gagnant en moyenne, par semaine, 5 dollars à New-York et 2 à Londres, cela lui permet d'être généreux et la très grande richesse du pays leur permet d'accueillir à bras ouverts et de traiter de façon généreuse les moins fortunés d'entre eux.

38. Oui, j'ai trouvé qu'il y a bien assez à travailler et que la rétribution est bien meilleure. Donnez-nous les mêmes conditions que là-bas, car j'y ai trouvé toutes les classes tendant à élever les classes ouvrières en leur faisant sentir que les ouvriers étaient des citoyens ayant des devoirs à remplir envers l'Etat.

39, 40, 41. Toute réunion indépendante de personnes instruites qui s'associeraient dans le but de réunir les parties en conflit pour disla même base ou sur une base un peu différente ?

41. Les délégués sont-ils en faveur d'une tentative pour établir une organisation analogue en Angleterre ?

cuter amicalement leurs griefs ainsi que la Fédération Civique d'Amérique l'a fait lors de la grève du charbon, aurait mon approbation en principe. En discutant les mérites de la Fédération Civique, le sentiment général fut qu'il fallait attendre et voir plus longtemps sa façon d'agir et les résultats en découlant avant de prôner une organisation analogue dans ce pays-ci.

H. CRAWFORD.

RAPPORT

de M. HARRY-HAM de l'Union des industries
de l'ameublement (¹)

Ayant quitté Liverpool le mercredi 29 octobre 1902 en compagnie du délégué de l'Union Générale des ouvriers Menuisiers-Charpentiers, nous arrivâmes après un bon et agréable voyage de 10 jours, à Philadelphie le 8 novembre et moins d'une heure après être débarqué, j'avais réussi à mettre la main sur un vieux camarade d'atelier, avec lequel j'avais travaillé à Londres il y a plus de vingt ans, dans le but d'obtenir une aide de lui pour m'aider dans la besogne que j'avais à faire et dont les résultats seront donnés plus loin. Je partis pour New-York le même soir et j'arrivai à notre quartier général, Ashland House, vers dix heures. Le lendemain (dimanche), en compagnie des autres délégués déjà arrivés, nous assistâmes à la réunion hebdomadaire des Métiers Organisés de New-York (*Organised Trades of New-York*) qui nous reçurent de façon enthousiaste. J'appris du président, qui est un sculpteur sur bois, que le salaire actuel de la profession est de 44 *cents* par heure (1 sh. 10 d.), une augmentation de 25 *cents* ayant été obtenue au cours de l'année. On travaille 44 heures par semaine. La durée du travail est la même pour les ébénistes et leur salaire, de 3 dollars 78 *cents* (15 sh. 9 d.) pour une journée de 8 heures. On ne fabrique actuellement à New-York qu'un faible pourcentage des meubles, la plus grande partie venant de l'Ouest.

Mon enquête sur la section des tapissiers (dans notre profession) à New-York m'a montré qu'elle est actuellement inorganisée. A l'origine ils étaient membres d'une association connue sous le nom de « Tapissiers unis de New-York » (*United Upholsterer of New-York*) forte d'environ 600 adhérents, ayant reçu sa Charte de l'Union Internationale des Tapissiers) (*International Upholsterers' Union*) qui était affiliée à la Fédération Américaine du Travail (*Ameri-*

(¹) *National Amalgamated Furnishing Trades' Association.*

can *Federation of Labour*) laquelle englobe le Canada. L'Association des Tapissiers de New-York s'est cependant séparée de l'Association parente en manquant de payer sa cotisation, mais elle est sur le point de s'y réaffilier : une résolution à cet effet ayant été votée par la dernière *Convention* [1] du Travail (*Labour Convention*) de la Nouvelle Orléans. La durée quotidienne du travail est de 8 heures pour les tapissiers et les salaires payés par les premières maisons de 3 1/2 dollars par jour, une augmentation journalière de 1/2 dollar ayant été obtenue pendant l'année. Les coupeurs de tapis et les ouvriers en draperies gagnent le salaire le plus élevé, savoir : 4 dollars par jour. Les poseurs de tapis gagnent de 3 à 3 1/2 dollars par jour. Pendant la bonne saison (qui s'étend du milieu de septembre au commencement de décembre) les ouvriers obtiennent très facilement ces salaires, mais, comme ces ouvriers ne sont pas bien organisés, ils ne peuvent arriver à se faire payer ces salaires pendant le reste de l'année. Les deux principales maisons, comme tapissiers, sont la maison W. et T. Sloan, 10th Street et Broadway et la maison Arnold et Constable, Broadway. On commence à travailler à New-York à 8 heures du matin, le *lunch* dure de midi à une heure et on cesse à 5 heures. On paye un salaire double pour les heures supplémentaires, de telle sorte que si on demande à un ouvrier de travailler jusqu'à 9 heures, ces 4 heures constituent, au point de vue du salaire une autre journée.

Pendant mon séjour à New-York j'ai visité — en compagnie du délégué des menuisiers — un ou deux ateliers de menuiserie, mais comme il est entendu que chaque délégué limitera son rapport aux établissements concernant sa propre industrie, mon rapport sera muet sur ces ateliers. Les magasins de meubles m'ont semblé en nombre très restreint à New-York. J'ai passé une heure ou deux à examiner le rayon de meubles des grands magasins Macy, mais je n'y ai trouvé (à une exception près) rien qui fut à moitié aussi parfait, tant au point de vue du dessin que de l'exécution, que ce que l'on trouve dans un magasin de second ordre de Tottenham Court-Road à Londres. Je fais cette déclaration malgré les paroles récentes du vice-roi des Indes relativement aux marchandises vendues sur ce marché bien connu. L'exception dont j'ai parlé était une garniture Sheraton en bois d'aigle satiné et incrusté. Le chef de l'atelier n'était pas présent mais d'après la construction ainsi que d'après le dessin, je l'ai noté comme un article importé d'Angleterre.

Le 13 novembre nous quittions New-York pour commencer notre enquête, nous rendant d'abord à Buffalo et à Niagara où nous retrouvâmes le reste des délégués venus via le Canada. La « grandeur » (*sic*) du Niagara a été décrite par nos écri-

[1] *Congrès.*

vains les plus capables, mais nulle plume ne peut exagérer ses merveilles, et pour ceux qui en ont les moyens ce spectacle vaut le voyage, car sans aucun doute c'est le chef d'œuvre de la nature. Partis de Niagara le 11 novembre au soir, nous arrivons à Cleveland le lendemain matin (samedi) de bonne heure, etc. nous y sommes restés jusqu'au lundi. Les Trade-Unionistes de cette ville nous firent une très cordiale réception et firent tout ce qui était en leur pouvoir pour rendre notre visite aussi agréable que possible, en se préoccupant comme il convenait de son objet principal. Le dimanche matin les leaders ouvriers nous firent faire une longue course en tramway dans les faubourgs et une longue promenade en break l'après-midi jusqu'à la tombe de Garfield. De ce point élevé on a une vue superbe sur les pays d'alentour et si nous avions été au printemps au lieu d'être en hiver le spectacle eût été grandiose.

Le lundi matin, accompagné du délégué de l'Union Générale des Charpentiers et Menuisiers avec un agent d'affaires ou organisateur et un employé du Board of Trade (1) nous visitâmes d'abord la manufacture de portes et chassis de fenêtres de Mill, Gray et Crabtree. Pour les raisons déjà citées, je laisse au délégué susmentionné le soin de rapporter les renseignements particuliers que nous y avons eus. L'usine suivante était celle de Faulhaber. C'est une usine mixte employant à la fois des menuisiers et des ébénistes, chacun d'eux gagnant 15 dollars par semaine (3 £. 2 sh. 6 d.). Soixante heures constituent la semaine ici et l'on ne donne qu'une demi-heure pour déjeuner. Les sculpteurs à la machine reçoivent 29 *cents* par heure et la machine découpe à la fois trois panneaux sur le même modèle. Tout le vernis, sauf s'il s'agit de quelque chose de très spécial, est fait à la brosse. Les salaires varient de 1,75 à 2 $ par jour. Les tourneurs en bois gagnent à Cleveland 2 1/4 dollars par jour et travaillent 60 heures par semaine. Une visite à l'usine Cunz termina notre enquête sur Cleveland car nous devions partir pour Chicago le même soir. Le travail de cette usine est presque exclusivement limité à la fabrication de tables et couvercles de machines à coudre. Il n'y a pas ici de salaire journalier reconnu ; la compagnie paye les ouvriers d'après ce qu'elle considère être leur valeur : le travail-masse prédominant. Il n'y a qu'un très petit nombre d'ouvriers parlant anglais, aussi eûmes-nous beaucoup de mal à obtenir des renseignements sérieux. Comme l'employeur a besoin d'ouvriers, il les importe d'Autriche, de Hongrie, de Bohême et des autres Etats du Sud de l'Europe. Hommes, jeunes gens et gamins, au nombre de 1.200, ont eu à se transporter pour gagner leur vie ; d'après ce que j'ai pu savoir il n'y a pas un Trade-Unioniste dans l'usine et personne ne peut nier que là où les principes des Trade-Unions sont ignorés, les mauvaises conditions et les bas salaires dominent, et que c'est l'inverse là où l'organisation est parfaite. Les vernisseurs travaillent aux pièces, mais je n'ai vu personne

(1) *Equivalent du Ministère du Commerce.*

employer le chiffon ; on ne se sert que de la brosse. Le prix payé pour bou-
cher les trous d'un couvercle de machine à coudre et le verni est de deux
cents (un penny) chaque opération et quelqu'un de l'usine nous a dit qu'un
ouvrier devait en faire 180 par jour, mais je recommande de n'accueillir
cette déclaration, que sous bénéfice d'inventaire. A Cleveland le maximum
de salaire d'un excellent ébéniste est de 11 dollars pour une semaine de
54 heures. C'est également celui d'un ouvrier machiniste supérieur.

   Nous arrivâmes à Chicago le 11 novembre. Nous visitâmes d'abord l'usine
de la Compagnie Brunswick, Blake, Collender. Cette compagnie se limite aux
bordures d'allées, barres d'appuis, installations de restaurant et à la fabrication des billards. Le directeur nous reçut avec la plus grande courtoisie,
répondit à toutes les questions et nous donna tous les renseignements sans
la moindre réserve. L'usine se compose de sept étages ayant une superficie
totale de 60.000 pieds carrés. Mille deux cents ouvriers sont employés et le
salaire hebdomadaire total est de 16.000 dollars. L'usine produit par mois
400 billards et 15 installations complètes de restaurant. Le travail est de
bonne qualité, mais c'est l'énorme quantité de machines qui permet une si
grande production. Voici un exemple. On nous montra la carcasse d'un
billard, la sculpture en coutait 30 dollars à l'origine, on la fait aujourd'hui
pour 3 dollars. Les ouvriers de cet atelier, bien qu'ils fussent constamment
en mouvement, ne semblaient pas se fatiguer.

   Le lendemain matin accompagné d'un agent d'affaires de l'Union des Ouvriers du Bois (*Woodworkers' Union*) je visitai la fabrique E.-J. Davis, 23ᵈ
Street. On avait en mains les ordres pour toute l'installation intérieure
de la *First National Bank*. C'est un travail qui durera deux ans, mais on
n'attendra pas les boiseries et autres objets, car les ouvriers étaient occupés
à finir 3.000 portes de deux pouces, et les fondations du bâtiment viennent
seulement d'être achevées. J'ai vu ici plus d'ouvriers travaillant à l'établi
que je n'en avais encore vu dans aucun atelier en Amérique, montrant qu'on
faisait ici plus de travail à la main que je n'en avais encore vu faire dans
aucun autre atelier aux Etats-Unis. C'est un atelier, relativement petit, employant 60 ouvriers environ, tous Trade-Unionistes et pour la plupart Membres
de l'Union Internationale des Ouvriers du Bois (*International Wood Workers'
Union*). Les salaires varient de 2 1/4 à 2 3/4 dollars par journée de 9 heures,
aussi bien pour les ébénistes que pour les ouvriers conducteurs de machines.
Les vernisseurs reçoivent ici la plus forte rénumération dont j'ai entendu
parler aux Etats-Unis, soit 40 *cents* par heure ; la raison en étant que ce
sont des Trade-Unionistes très rigides, membres de la Fraternité des Peintres
et Décorateurs (*Brotherhood of Painters and Decorators*).

   Nous visitâmes ensuite les ateliers et magasins C. Petterson, 40, Fourth

Wentworth Avenue et constatâmes que l'on fabriquait spécialement des buffets et dessus de cheminée : la moyenne des salaires ainsi que le nombre d'heures de travail sont sensiblement les mêmes que dans l'atelier précédent. Il y a 120 ouvriers occupés et le fait qu'ils emploient un wagon de bois par jour prouvent que la machinerie fait, de beaucoup, la plus grande partie du travail.

Nous terminâmes notre journée par la maison Berg, qui travaille exclusivement le sapin, et nous vîmes que les objets fabriqués étaient ceux de consommation domestique ordinaire, tels que sièges, planches à repasser, porte-serviettes, marche-pieds, etc. Il n'y a dans cette usine qu'un Unioniste auquel on paye 3 dollars par jour, les salaires des autres varient de 1 1/2 à 2 dollars par jour. Dans cet établissement la semaine est de 60 heures. Les objets sont très ordinaires de qualité, mais c'est tout ce à quoi l'on pouvait s'attendre pour le prix. Un article suffira. Le prix au détail d'une chaise-escabeau à quatre marches avec deux barres de fer au bas pour l'assujettir est de 1 sh. 8 d. Nous pensions avoir fait comprendre bien clairement l'objet de notre visite à l'employeur, avant de parcourir les ateliers, mais en partant, il nous fit savoir, sans que l'on pût s'y tromper, qu'il s'était attendu à une commande importante.

La durée reconnue du travail pour l'ébéniste à Chicago est de neuf heures par jour (les non-Unionistes travaillent 10 heures) et les salaires varient de 25 à 32 *cents* par heure ; les mêmes chiffres s'appliquent aux ouvriers conduisant les machines. Les réglements professionnels sont imposés grâce à un conseil composé de délégués élus pour 10 Trade-Unions différentes. L'article principal de ce réglement pour les ouvriers du bois est que le chef d'atelier aura le devoir de voir que seuls les Trade-Unionistes de bonne conduite et possédant la carte trimestrielle, d'ouvrier, délivrée par le Conseil, soient employés dans l'usine sur laquelle s'étend la juridiction, à moins qu'il en soit autrement ordonné par le Conseil ; de plus aucun membre ne pourra travailler dans un atelier non Unioniste sans permis spécial, faute de quoi il encourt une amende. Les chefs d'ateliers et les ouvriers dans leurs divers ateliers doivent soigneusement veiller à ce que tout le travail soit « *labelled* » (muni d'une étiquette garantissant la production faite par les Trade-Unionistes) et veiller à ce qu'on n'applique pas le « *label* » sur d'autres produits que ceux faits conformément aux conditions acceptées par les Trade-Unionistes. Les employeurs Britanniques affirment constamment que les « Trade-Unions restreignent systématiquement la production ». S'il en est ainsi, comment se fait-il que, bien que les Trade-Unions Américaines imposent des conditions beaucoup plus rigoureuses que celles imposées par nos propres organisations en Grande Bretagne, l'Amérique soit en train de prendre sur les marchés mondiaux la place que

nous y occupions comme nation commerçante ? La cotisation hebdomadaire
à l'Union Internationale des Ouvriers du Bois est de 6 d. et le droit d'entrée
de 10 dollars (2 livres sterling 1 sh. 8 d.) ce que je considère (c'est mon avis
personnel) comme excessif. Il est parfaitement juste à mon sens d'infliger
une telle amende à un ouvrier qui a passé les meilleures années de sa vie en
dehors d'une organisation, mais l'appliquer à un jeune homme qui remplit
seulement à ce moment les conditions exigées pour être membre, et qui est très
désireux de s'affilier à l'Union sans qu'une pression ait été exercée sur lui, ne
doit pas se faire, à mon avis. Cependant je suis certain que l'Union susmen-
tionnée a une série de fonctionnaires des plus capables à Chicago et qu'ils
connaissent mieux que personne les besoins de leur Union et les conditions
nécessaires à la sauvegarde des intérêts de la profession.

Comme la Commission avait décidé de ne séjourner que deux jours à Chicago, je dis aux organisateurs que Grand Rapids étant l'un des plus grands
centres de l'ébénisterie, il vaudrait mieux que je restasse en arrière et que je
renonçasse au plaisir de me rencontrer avec le Président Roosevelt à Washington, encore que j'eusse eu le plus grand plaisir à faire sa connaissance et
à voir cette ville. Ayant quitté Chicago le 20 novembre à 11 heures du soir,
nous étions à Grand Rapids le lendemain matin à six heures et nous nous
trouvions avant neuf heures dans le bureau du propriétaire de la Cie de
Fabrication de chaises (*Chair Making C°*). C'est une manufacture de toutes
espèces d'ébénisterie et après une conversation sur des sujets professionnels,
nous fûmes présentés au directeur (M. G. Mowell) qui nous prit de suite en
charge (*sic*) et nous fit visiter cette usine immense, commençant par le dépôt
des bois pour finir par l'atelier d'emballage. On nous fournit ici toutes les
occasions d'examiner l'ensemble de la machinerie et quand une certaine
machine ne fonctionnait pas, on la mettait en marche pour nous en expliquer
le mécanisme. Ceci s'applique principalement à une machine à gratter dont
on se sert principalement pour le placage. Cette machine à coûté 1.800 $.
elle a économisé, en deux ans, plus que cette somme à la direction. Mon attention fut également appelée sur une machine à découper qui coupe à la fois les
deux extrémités d'une pièce et qui est manœuvrée en pressant simplement avec
le pied sur un levier. Un grand nombre de machines à sculpter à quatre outils
étaient en fonctionnement, conduites chacune, par un seul ouvrier, ce qui montre
que le nombre des ouvriers sculptant à la main est limité. Ces ouvriers sont
payés de 30 à 35 *cents* par heure. Le prix de la machine en question est de 750 $.
En examinant les objets fabriqués, nous appelâmes l'attention du directeur
sur les objets merveilleux exécutés en placage. « Oui, nous répondit-il, nous
ne regardons pas au prix pour notre bois de placage de qualité supérieure
et nous achetons ce que nous trouvons de meilleur, sur le marché anglais ».

Quatre cent cinquante ouvriers sont occupés ici et les salaires des ébénistes et ouvriers conducteurs de machines sont de 12 à 13 1/2 dollars par semaine (ces chiffres s'appliquent également aux autres ateliers de la ville). La situation de cette usine est des plus commodes ; elle a une rivière derrière et un chemin de fer passe devant elle, de telle sorte que le bois brut entre d'un côté et sort de l'autre côté sous forme de produits manufacturés. Y compris l'entrepôt des bois, elle a 15 acres de superficie. Elle a quatre étages, chacun mesurant 700 pieds sur 60 et elle est établie depuis 35 ans.

Notre après-midi fut consacré à visiter l'établissement de Me^g s. Widdicomb. Au début il sembla douteux que le propriétaire accédât à notre requête car il n'avait pas compris en lisant notre lettre d'introduction qui nous étions et quel était l'objet de notre visite. Il nous prenait pour des voyageurs venant du Canada et comme il en avait déjà reçu qui avaient tiré un avantage injustifié de leur visite pour copier ses modèles, il refusa de nous autoriser à parcourir les ateliers. Cependant lorsqu'on lui eut fait comprendre que nous venions du vieux pays, ainsi que l'objet de notre mission, ses objections disparurent et il nous servit lui même de guide. Avant de pénétrer dans les ateliers il me dit que son père et sa mère étaient tous deux nés en Angleterre, et natifs ce la ville d'Exeter et quand je luis eus fait savoir que j'habitais seulement à quelques *miles* de là, sa réplique fut : « Vraiment ! Alors donnons-nous la main » et il n'était pas possible de douter de la franchise avec laquelle il me la serra. Cette manufacture s'étend sur 11 acres de terrain, emploie 485 ouvriers et consomme 2.000 pieds de bois par jour, rien que pour l'emballage. Le propriétaire se fait gloire de la façon supérieure dont ses produits sont vernis. On bouche d'abord les trous avec une mixture de pierre meulière, réduite en poudre, d'huile de lin et de japon, puis on vernit. On laisse sécher les articles ordinaires pendant 24 jours et les articles supérieurs pendant 36. On les frotte après, et on les finit au chiffon, il n'est par suite pas étonnant qu'ils résistent bien. Ceci diffère quelque peu de ce qui se passe en Angleterre où l'on envoie en hâte le vendredi une armoire à l'atelier de polissage dont elle doit sortir le lendemain. Au point de vue du vernissage, ceux qui, dans la plus grande partie des ateliers font le bouchage des trous et le vernis sont payés un tout petit peu plus cher que ceux qui se servent du chiffon (finisseurs). Ici, comme précédemment, on nous donna toutes les facilités pour examiner minutieusement la machinerie et le chef de l'établissement était toujours prêt à nous donner les renseignements les plus complets. La maison remonte à tout près de 30 ans et il n'est jamais survenu de conflit avec le personnel. Voici une chose particulière que j'ai remarquée dans cet établissement : tandis que les autres ateliers sont en pleine marche le samedi après midi, les sculpteurs à la main ont nettoyé leurs établis et mis leurs outils en ordre,

ceux-ci étant recouverts de leurs tabliers. Ayant demandé qu'elle en était
la raison, on me répondit qu'ils quittent le travail le samedi à midi, au lieu
de faire 60 heures par semaine, ce qui est la règle générale pour notre profession à Grand Rapids. Avant de partir nous eûmes une agréable conversation sur des questions professionnelles avec le propriétaire, dans son bureau,
et il nous offrit un exemplaire de son dernier catalogue illustré. Ceci marqua
la fin d'un après-midi des plus agréables, le propriétaire nous assurant que
notre visite avait été un honneur pour lui et qu'elle lui avait causé un aussi
vif plaisir qu'à nous même.

Nous visitâmes ensuite les usines Phœnix, les plus vastes de la ville, qui
occupent 590 ouvriers. Avant de faire le tour de l'établissement sous la conduite du directeur lui-même (M. Kendall), nous causâmes, dans son bureau,
pendant deux heures, des méthodes différentes employées en Amérique et en
Angleterre pour la conduite des entreprises, et des différences dans les systèmes de fabrication des deux pays. Nous apprimes qu'il y avait à Grand Rapids
13 usines de la même importance que celles déjà visitées et 18 plus petites
auxquelles s'en ajoutent encore de nouvelles, ce qui montre que cette ville
est une serre chaude parfaite pour les manufactures de meubles. Pendant
cette interview le directeur nous dit qu'il avait été à Londres il y a six ou
sept ans et qu'en parcourant Curtain Road il avait été très étonné de voir
les bas prix auxquels pouvaient s'acheter des meubles d'apparences artis-
tiques, tels que petits meubles de fantaisie, dessus de cheminées, Davenport.
Il nous affirma que si l'on supprimait le droit de 35 0/0 dont l'Amérique
frappe les articles d'importation, il pourrait faire venir cette catégorie d'objets à meilleur compte qu'il ne pourrait les fabriquer ; et ceci, malgré que ces
objets soient presqu'entièrement faits à la main. Il exprima aussi son étonnement de voir le très petit nombre d'ébénistes Anglais émigrant aux Etats-
Unis, tandis que les ouvriers des autres pays d'Europe demandent et obtiennent le passage gratuit. Ma réponse fût que la situation des ouvriers en
Angleterre, si elle était loin d'être parfaite, était meilleure que celle des
ouvriers dans les pays dont il a été fait mention. « Il n'y aurait aucune
difficulté à trouver du travail, reprit-il, car si cent ouvriers débarquaient ici
le matin, ils seraient tous embauchés avant le soir ». Nous commençâmes
alors le tour des ateliers et nous trouvâmes, comme ailleurs, que la machinerie était bien près de la perfection et que tous les détails de la fabrication,
exception faite de la réunion des parties, s'accomplissaient avec son aide.
Pendant que nous examinions les objets finis dans les immenses entrepôts,
j'attirai l'attention du directeur sur la qualité tout-à-fait supérieure du bois
de certaines pièces en acajou massif et j'exprimai mon étonnement qu'on
n'eût pas employé un bois de si excellente qualité pour faire des placages.

« Oui il est excellent, nous dit-il, nous nous procurons tout notre meilleur acajou à Liverpool ». A l'exception de l'usine Phœnix, je ne pus trouver aucune maison ayant fourni des articles en Angleterre ; encore ne le fit-elle qu'une fois et le contrat ne lui fut pas profitable. Les établissements des Etats-Unis ont bien assez à faire, disent-ils, pour satisfaire aux commandes de l'Amérique et ils ne cherchent pas d'ordres ailleurs. Les deux tiers des meubles produits à la manufacture Widdicomb vont directement à New-York.

On m'avait dit, avant mon départ de Londres, que si j'arrivais dans l'Ouest jusqu'à Grand Rapids, il n'était pas nécessaire de pousser plus loin, parce que la machinerie qu'on y emploie est, à tous les points de vue, la plus parfaite. Cette déclaration me fut confirmée par des ouvriers qui avaient travaillé dans d'autres parties des Etats-Unis. Ayant achevé mon enquête à Grand Rapids, ma tâche en temps que membre de la Commission représentant les industries de l'Ameublement, était pratiquement remplie, aussi je partis pour New-York *vid* Chicago et Pittsburg, trajet de quelque 1,200 *miles*. Je passai un jour dans la dernière de ces deux villes, mais comme c'était le *Thanksgwing Day* tous les ateliers étaient fermés ; cependant j'appris, des ouvriers que je rencontrai, que le salaire des menuisiers était de 3 dollars et demi par journée de huit heures et que celui des ébénistes était de 4 dollars pour la même journée de travail ; la journée de huit heures est adoptée dans tous les établissements de Pittsburg. Etant partis de cette ville le soir à sept heures, nous arrivions à notre quartier général vers huit heures le lendemain matin.

Le jeudi 4 décembre j'entrepris mon voyage de retour, devant m'embarquer à Philadelphie. Il y a un quart de siècle cette ville était réputée pour l'industrie des objets en bois, mais j'appris, en visitant les magasins de MM. Potter et Wolff, *Chesnut street*, que la plupart des articles d'ébénisterie et des meubles de bureaux venait de l'Ouest, cette maison n'employant que quelques ébénistes pour les réparations. Le plus grosse partie des objets en bois fabriqués à Philadelphie se compose de portes et de châssis de fenêtres en sapin. Il y a trois ans encore les ébénistes devaient fournir leur propre établi dans cette ville, taxe aujourd'hui abolie, je suis heureux de le dire.

Parti de Philadelphie le 7 décembre, j'arrivai, après une traversée dure et fatigante de 12 jours, le 19 décembre à Liverpool et à Londres le même soir.

L'impression principale que je rapporte de ce que j'ai vu en Amérique est que tant au point de vue de la qualité qu'à celui de la quantité, la Grande-Bretagne peut encore conserver sa prédominance dans l'industrie de l'ébénisterie. Si ceux des employeurs qui en ont les moyens voulaient établir des installations aussi parfaites que celles que j'ai vues à Grand Rapids (et ce serait une excellente affaire) nous entendrions moins parler de la concurrence Américaine. Je puis aussi indiquer que l'on suit dans quelques grandes maisons écossaises certaines les méthodes de production qui caractérisent les usines américaines et à mon avis le fait que la division du travail n'est pas poussée aux mêmes extrêmes que de l'autre côté de l'Océan, nous donne un avantage que l'on considère avec trop de légèreté. Dans les ateliers américains l'atroce monotonie de fabriquer constamment une partie d'un meuble, disons des portes, ne se limite pas à faire disparaître l'habileté de l'ouvrier, mais elle conduit à un manque d'intérêt dans le travail et à une détérioration (sic) mentale et physique.

Si un grand hôtel demande deux cents ameublements de chambres faits à la machine et tous sur le même modèle il est plus que probable que nous serions battus par les Américains, mais si, d'autre part, on demande pour un château des ameublements de style et de formes différentes pour chaque appartement, je suis certain que nous pourrions produire mieux et à meilleur compte que l'Amérique. Aux États-Unis, pour l'ameublement tout est sacrifié à une très forte production, il n'est pas probable que l'on permette à chacun d'exécuter des objets d'un style personnel, comme en Angleterre. L'on voit fréquemment dans les meubles de fabrication américaine un mélange de styles Louis XV, Chippendale (marquetterie) et Sheraton ; ceci explique probablement dans une très large mesure l'absence d'affaires des manufacturiers Américains sur le marché Anglais.

La déclaration habituelle que l'ouvrier Américain travaille plus dur que l'ouvrier Anglais n'est pas fondée, autant que j'ai pu m'en rendre compte. On ne perdait certes pas de temps, mais le terme « attention suivie pendant le travail » conviendrait mieux que « travailler dur ». Les employeurs à Grand Rapids reconnaissaient qu'on ne demande pas aux ouvriers de se fatiguer exagérément, et ils ne semblaient pas le faire.

Le cri d'alarme souvent répété que l'Amérique accapare lentement mais sûrement la plus grande portion de notre commerce, d'après les dernières statistiques, n'est pas fondé. Pendant les vingt-cinq dernières années nous avons doublé notre tonnage, celui des Américains a notablement diminué ; les statistiques prouvent que notre commerce général a, l'année dernière, été plus considérable qu'il ne l'avait jamais été, les exportations des États-Unis ont matériellement cessé et en même temps ils ont acheté plus de marchandises chez nous qu'ils ne l'avaient jamais fait. On dit que l'industrie de l'ébénisterie disparaît chez nous, comment cela peut-il être, puisque, pendant les huit premiers mois de l'année passée, on a acheté pour la fabrication de meubles plus de deux fois le total de bois acheté pendant la période correspondante de 1887.

En conclusion je puis dire que j'ai constaté que l'on montre beaucoup plus de considération pour l'ouvrier que dans le vieux pays, car s'il a quelque grief à formuler ou quelques propositions d'amélioration pour l'entreprise de son employeur, il est reçu de suite par le chef de la maison sans l'intervention des intermédiaires. Il y a également des facilités, beaucoup plus grandes qu'en Angleterre, données à l'ouvrier afin qu'il épargne pour sa vieillesse et quant à ceux de mes confrères qui désirent acquérir des connaissances plus étendues de l'expérience, et avoir de plus grandes chances d'améliorer leur situation en traversant l'Atlantique, je suis d'avis qu'ils ne doivent pas laisser s'écouler leur jeunesse avant d'entreprendre le voyage.

Réponses de M. HARRY HAM au questionnaire

Questions	*Réponses*
A. APPRENTISSAGE DES JEUNES OUVRIERS.	
1. Par l'apprentissage qu'il a fait et l'instruction qu'il a reçue, le jeune ouvrier Américain est-il mieux préparé à son travail que le jeune Anglais.	1. Oui sans aucun doute.
2. Si oui quelles modifications avez vous à proposer au système d'enseignement suivi en Angleterre ?	2. Que l'on adopte autant que possible la méthode Américaine.
3. Avez-vous quelques indications à fournir relativement aux cours complémentaires du soir et aux cours professionnels du soir pour les ouvriers occupés toute la journée ?	3. Je considère qu'ils sont tous deux essentiels.
B. RAPPORTS ENTRE EMPLOYEURS ET EMPLOYÉS.	
4. Quelle est la durée du travail dans votre métier en Amérique, comment se compare-t-elle à la durée du travail en Angleterre ?	4. D'après ce que j'ai pu apprendre au cours de mon enquête, elle est en Amérique de 54 à 60 heures par semaine contre une moyenne de 52 en Angleterre. New-York et Pittsburg sont les seules villes où

5. L'ouvrier Américain a-t-il, par heure, une production moyenne supérieure à celle de l'ouvrier Anglais ?

6. Les tarifs aux pièces (travail aux pièces ou aux pièces et au temps) sont-ils très en vigueur en Amérique ?

7. Ce système est-il avantageux (a) à l'ouvrier (b) aux employeurs. Donne-t-il un avantage injustifié à l'une des deux parties ?

8. Quand des ouvriers qualifiés travaillant aux pièces augmentent la production, par leur propre habileté, les employeurs Américains réduisent-ils les tarifs pour empêcher un ouvrier de gagner plus qu'une certaine somme ?

9. Les systèmes de primes et boni sont-ils plus généralement adoptés en Amérique qu'en Angleterre ? Dans ce cas quels sont leurs résultats pour l'employeur et les employés ?

10. Là où existe le salaire hebdomadaire :

   (a) Les ouvriers semblent-ils désireux de faire de leur mieux et de fournir une bonne journée de travail en échange d'un bon salaire ?

   (b) Avec ce système l'énergie personnelle et l'initiative sont-elles dûment rémunérées ?

11. Les employeurs américains sont-ils désireux de pousser le personnel payé au temps à augmenter sa

---

la durée du travail est moindre, 44 à 48 heures par semaine.

5. Elle est plus grande, mais on estime que l'accroissement est dû à l'aide que donne la machinerie.

6. Non. Dans notre profession le travail à l'heure ou à la journée est presque universel.

7. Il est sans avantage pour l'un comme pour les autres.

8. Je n'en sais rien.

9. Je n'ai entendu parler d'aucune maison ayant adopté, dans notre métier, le système des boni.

10. (a) Oui ; s'il n'en était pas ainsi on se passerait de leurs services.

   (b) Oui.

11. Non.

production par homme et sont-ils prêts à accroître proportionnellement le salaire par ouvrier?

12. Les suggestions faites par les employeurs en vue d'améliorer l'outillage, les applications mécaniques économisatrices de main-d'œuvre et les machines du dernier modèle sont-elles favorablement accueillies par les ouvriers ou le contraire se produit-il?

12. Bien accueillies.

13. Les propositions de perfectionnements émanant des ouvriers sont-elles bien accueillies par les employeurs et récompensées par eux?

13. Oui.

14. (a) Les ouvriers conduisent-ils un plus grand nombre de machines qu'en Angleterre?
(b) Si oui ce système est-il favorable aux deux parties ou l'une d'elle a-t-elle un avantage injustifié?

14. (a) Oui.
(b) Ce système profite plus à l'employeur qu'à l'ouvrier.

15. L'ouvrier Américain nécessite-t-il une plus grande « surveillance »? Quelle comparaison peut-on établir sous ce rapport entre lui et l'ouvrier Anglais?

15. Non. Les messieurs à vêtements noirs (sic) se font remarquer par leur absence.

16. L'ouvrier Américain est-il capable d'initiative et de travailler sans ordres fréquents et détaillés? Quelles comparaisons peut-on établir sous ces divers rapports entre lui et l'ouvrier Anglais?

16. Oui, mais pas plus que l'ouvrier Anglais.

17. L'ouvrier Américain donne-t-il un fort coup de collier en temps de presse et le fait-il gaiement? Quel rapport y a-t-il entre sa production pendant ces heures supplémentaires et sa production nor

17. Je n'ai rien vu en Amérique qui pût me guider pour répondre à cette question.

male ? Quelle comparaison peut-on
établir à ces divers points de vue
entre lui et l'ouvrier Anglais ?

18. Les employeurs Américains sont-
ils plus facilement accessibles à
leurs ouvriers que les employeurs
Anglais ?

18. Oui ; les ouvriers sont traités,
bien plus qu'ici, comme des égaux.

19. D'une façon générale un ouvrier
a-t-il plus de chances de s'élever en
Amérique qu'en Angleterre ?

19. Incontestablement.

20. L'usine Américaine répond-elle
mieux que l'usine Anglaise aux
besoins des ouvriers, relativement
à l'hygiène, à la ventilation et au
bien-être en général ?

20. Oui.

21. (a) L'outillage des usines Américaines est-il supérieur au
point de vue de la production.

(b) Sont-elles mieux dirigées, la
proportion des directeurs sortis des Universités est-elle plus
grande qu'en Angleterre ?

(c) La qualité des produits est-
elle meilleure ?

21. (a) Oui.
(b) Je n'en sais rien.
(c) Non ; ils manquent de fini.

22. Pour combien la plus grande
proportion des usines Américaines
est-elle due ?

(a) A la durée du travail supérieure à ce qu'elle est ici ?

(b) A la plus grande rapidité de
marche des machines ?

22. (a) Non.
(b) Ceci ne concerne pas notre
profession ; car les machines
à travailler le bois ont partout la même vitesse de marche.

23. Y a-t-il des pratiques de l'organisation Américaine qu'il y aurait
lieu, à votre avis, d'introduire
dans les usines Anglaises ?

23. Oui un meilleur outillage-machines.

C. Conditions générales de la vie
des ouvriers en dehors de l'usine.

24. (a) Les ouvriers sont-ils mieux
nourris en Amérique qu'en

24. (a) Oui.
(b) Un peu plus élevés en Amé-

Angleterre ?

(b) Quel rapport peut-on établir entre les prix de la nourriture en Amérique et en Angleterre ?

25. (a) Les ouvriers sont-ils mieux vêtus en Amérique qu'en Angleterre ?

(b) Quel rapport peut-on établir entre les prix des vêtements en Amérique et en Angleterre ?

26. (a) Les habitations des ouvriers Américains sont-elles supérieures à celles des ouvriers Anglais ?

(b) Quel rapport y a-t-il entre les loyers dans les deux pays ?

(c) Y a-t-il une plus grande proportion d'ouvriers propriétaires en Amérique qu'en Angleterre ? Si oui à quoi attribuez-vous ce fait ?

27. Quel rapport existe-t-il entre les salaires des ouvriers de votre profession en Amérique et en Angleterre, ces salaires étant *exprimés en argent* ?

28. Quel rapport existe-t-il entre *la valeur* des salaires de l'ouvrier Américain et de l'ouvrier Anglais en tenant compte du *coût de l'existence* ?

29. L'ouvrier sobre, prévoyant et de bonne conduite peut-il, tout en vivant convenablement, épargner davantage en Amérique qu'en Angleterre ?

rique, mais la différence est faible.

25. (a) Non.

(b) Au moins 30 0/0 plus élevés en Amérique.

26. (a) Oui ; elles sont plus commodes.

(b) Environ 20 0/0 de plus en Amérique.

(c) Oui, parce qu'ils touchent de plus hauts salaires et que les emplois sont plus permanents.

27. Il est difficile de répondre. La durée hebdomadaire varie en Amérique de 44 à 60 heures et les salaires de 2 1/4 à 3 3/4 dollars par jour ; en Angleterre la durée hebdomadaire du travail varie de 48 à 55 heures et les salaires de 7 1/2 à 10 1/4 pence par heure.

28. La valeur du salaire Américain est plus considérable.

29. Sans aucun doute.

30. Si oui son épargne est-elle plus grande *en fait*?

30. Je le crois.

31. Les paris aux courses, etc. jouent-ils un rôle aussi important dans la vie de l'ouvrir Américain que dans celle de l'ouvrier Anglais?

31. Je devrais dire non, mais les paris sont loin d'avoir, en argent, l'importance que certains ont en Angleterre. D'après mes constatations il n'y a pas plus de 5 0/0 des ouvriers qui parient jamais 1 sh. dans une course.

32. L'ouvrier Américain est-il plus sobre que l'ouvrier Anglais?

32. Oui.

33. Est-il vrai que pendant sa jeunesse l'ouvrier Américain fournisse une plus grande somme de travail que l'ouvrier Anglais, mais qu'il soit usé jeune et que ses années de travail soient peu nombreuses?

33. Je ne le crois pas, mais l'être humain est comme une machine, plus l'effort dépensé est grand, plus l'usure est rapide.

34. Est-il vrai que l'ouvrier Américain soit renvoyé quand il est jeune encore?

34. Pas plus qu'en Angleterre.

35. (*a*) Est-il vrai que la durée moyenne de la vie soit moindre chez l'ouvrier Américain que chez l'ouvrier Anglais?

(*b*) Si oui, cela est-il dû à une fatigue excessive, à un climat moins sain ou à quelqu'autre cause?

35. Les statistiques seules peuvent le prouver.

36. Y a-t-il une proportion supérieure ou moindre d'ouvriers à la charge de l'Assistance publique en Amérique qu'en Angleterre?

36. Voir la réponse précédente.

37. Les enfants et les amis des ouvriers Américains trop âgés pour travailler ou que la maladie et les accidents en rendent incapables, leur viennent-ils plus en aide qu'en Angleterre? Si oui à quoi attribuez-vous la différence?

37. Je crois qu'il en est ainsi et parlant en général ils sont en meilleure posture pour pouvoir le faire.

38. Trouvez-vous que les conditions générales d'existence de l'ouvrier soient meilleures en Amérique qu'en Angleterre ? En quoi pourrions-nous imiter l'exemple des Américains pour améliorer les conditions de la vie en Angleterre ?

38. Oui ; si l'ouvrier Britannique disposait de la même somme d'argent que l'Américain, les conditions d'existence deviendraient meilleures.

D. QUESTIONS D'ORDRE GÉNÉRAL.

39. Approuvez-vous le fonctionnement de la Fédération Civique ?

40. Pourrait-on introduire en Angleterre une organisation établie sur la même base ou sur une base un peu différente ?

41. Les délégués sont-ils en faveur d'une tentative pour établir une organisation analogue en Angleterre ?

39, 40, 41. Je ne puis pas formuler d'opinion.

HARRY HAM.

RAPPORT

de M. W. DYSON de l'Union des fabricants de papier (1)

—

En ordonnant mon rapport, je traiterai d'abord de la question de l'enseignement. Il n'y a pas de doute que sous ce rapport les Américains nous ont de beaucoup dépassés, non seulement parce que l'enseignement est gratuit, mais parce qu'il est poussé beaucoup plus loin, dans les écoles de jour ou de l'État, que dans ce pays-ci, avec ce résultat qu'il éveille l'intérêt des écoliers et qu'il fait naître en eux le désir et la détermination de poursuivre leur instruction en suivant les cours professionnels du soir, après avoir quitté l'école et commencé à travailler.

Abandonnant la question de l'enseignement pour celle de l'atelier, nous trouvons que l'Amérique est à la tête du mouvement à tous les points de vue, que ce soit pour la machinerie où pour les conditions de travail des ouvriers ; on leur prodigue tous les encouragements sous forme de récompenses pour avoir eu l'initiative ou proposé des perfectionnements relatifs à la conduite de la machinerie et dans le cas où la production s'en trouve accrue, l'ouvrier peut être sûr d'obtenir un tant pour cent équitable sur le profit en découlant, qu'il soit aux pièces ou à la journée.

On emploie beaucoup plus de procédés mécaniques qu'en Angleterre, et ils facilitent beaucoup, en général, la tâche de l'ouvrier.

En comparant, au point de vue du pouvoir d'achat ou de la valeur, les salaires des ouvriers Américains et Anglais, je parlerai d'abord des loyers qui sont certainement très élevés, variant de 8 et 12 dollars par mois à la campagne à 14 et 18 dollars par mois dans les villes, ceci pour une maison ordinaire de six pièces.

Les vêtements sont aussi beaucoup plus coûteux. Un complet valant 3 £ en-

(1) *Amalgamated Society of Paper Makers.*

viron en Angleterre en vaut 4 ou 4 £ 10 sh. en Amérique. Je n'ai pas trouvé que
les aliments fussent plus chers ; et en certains points ils le sont moins, surtout dans les régions agricoles. Mais les objets de consommation somptuaire
sont d'un prix élevé, ainsi : la bière coûte 5 *cents* le verre ; le whisky 10 à
15 *cents* (et encore n'a-t-il pas un goût très agréable) ; les cigares 10 *cents*
(dans bien des cas ils ne valent pas ceux que l'on a en Angleterre pour 3
d.) ; un verre de whisky écossais ou irlandais vaut 25 *cents* et une petite
bouteille de bière Bass le même prix. Un nettoyage de bottines vous coûtera
de 5 à 10 *cents* ; une barbe 10 *cents* et une coupe de cheveux 15 *cents* ; de
telle sorte que, bien que les objets nécessaires à l'existence ne soient pas sensiblement plus chers qu'en Angleterre, les objets somptuaires sont d'un prix
beaucoup plus élevé et, par conséquent, à moins qu'un ouvrier ne soit très
ménager de ses deniers, etc., il ne tardera pas à avoir dépensé la différence
entre les salaires Américains et Anglais.

Comme ce rapport s'occupe principalement des manufactures et ateliers les
meilleurs, je voudrais faire remarquer que les conditions du personnel ne
sont pas aussi bonnes dans les autres tant au point de vue hygiénique qu'au
point de vue financier, le résultat étant que les ouvriers sont forcés de vivre
dans des maisons à appartements surpeuplées et dans des conditions qui sont
loin d'être satisfaisantes.

Pendant mon voyage d'enquête sur l'industrie du papier en Amérique, j'ai
parcouru environ 4000 *miles* et j'ai visité des usines à Niagara, Chicago, Ap-
pleton, Menasheh, Nienah, Glens Falls, Fort Edward, Sandy Hill, Warrens-
burg, Holyoke, Portland, Millinocket et aussi plusieurs usines de constructions
mécaniques, dont la spécialité est la machinerie à fabriquer le papier. La
première chose qui frappe un fabricant de papier du vieux pays, est la quantité prodigieuse de richesses naturelles de l'Amérique, qui ont tant de valeur
pour le manufacturier de papier et qui sont de première nécessité pour lui :
telles que de l'eau en abondance, tant pour la fabrication que pour la puissance motrice, et du bois en quantité presqu'illimitée pour la pâte à papier. Ces
ressources donnent au manufacturier Américain un grand avantage sur le
producteur Anglais et sont un facteur formidable quand les produits des
deux pays se trouvent sur le même marché. Ces richesses naturelles donnent
à l'Amérique des avantages contre lesquels nous ne pouvons pas lutter, mais
si nous cessons de nous occuper de ces richesses naturelles pour entrer dans
les usines, nous voyons que là aussi nous restons très en arrière des Américains : l'outillage-machines de leurs usines étant supérieur à celui de la très
grande majorité des usines de ce pays-ci, non seulement au point de vue de
la machinerie actuelle, nécessaire à la fabrication, mais encore pour les machines économisatrices de main-d'œuvre. Le but des Américains est celui-ci :

transformer les matières premières en articles finis dans le moins de temps
possible depuis le moment de leur entrée dans l'usine ; tout ce qui est nécessaire à la production étant établi en conformité de ce désir. Les cylindres à
broyer sont tenus dans le meilleur état de marche possible pour préparer la
matière nécessaire à l'alimentation des machines ; ils tournent aussi très
vite (et dans bien des cas la puissance hydraulique y joue un grand rôle) et
la musique de « l'acier » que le batteur aime tellement entendre, vous ac-
cueille joyeusement (*sic*) dès que vous pénétrez dans ces ateliers.

Quittant les cylindres à broyer pour les machines, on est frappé de suite
par la manière pratique dont elles sont construites pour « faire » du papier,
ayant dans bien des cas des vergeures de 60 à 70 pieds de long, des presses
premières, deuxièmes et troisièmes de 20 à 30 cylindres suivant les dia-
mètres. La majorité des machines ont de 100 à 130 pouces de largeur ; il y
en a un assez grand nombre ayant de 130 à 150 pouces et dans un ou deux
cas, elles dépassent cette largeur de plusieurs pouces, la plus large ayant 163
pouces. Quant à leur vitesse de marche nous trouvons une controverse (tout
comme en Angleterre) sur le point de savoir s'il y a économie à les faire travailler au maximum de résistance de la matière employée ; et à ma question
« à quelle vitesse marchez-vous ? » on me répondait souvent : « 420 à 440
pieds par minute ; nous avons marché plus vite mais nous avons trouvé que
nous n'obtenions pas des résultats aussi satisfaisants. » Si l'on prend ce
chiffre comme moyenne pour les machines à marche rapide on n'est pas loin
de la vérité, bien qu'il y ait des machines marchant à 500 pieds et dans un
cas, à ce que l'on m'a dit, à 520 pieds par minute.

J'ai parlé surtout des fabriques de papier pour journaux, parce que c'est
contre l'importation de papier de cette qualité, que le fabricant Anglais a à
lutter, mais même pour les papiers de qualité supérieure, tels que papiers
pour livres, pour actions, pour grands livres, les machines sont construites
de manière aussi pratique que celles pour le papier pour journaux et marchent plus vite que les machines de ce pays-ci faisant la même qualité de papier. Quant au travail des ouvriers qui les manœuvrent, il n'est pas plus dur
que dans ce pays-ci, car on a installé tout ce que l'on peut imaginer pour
économiser le travail manuel ; ceci se remarque surtout quand on y met les
vergeures et les feutres ou fôtres, car toutes les parties lourdes des machines
sont soulevées mécaniquement et il en est de même, dans bien des cas, pour
retirer les rouleaux de papier.

Réponses de M. W. DYSON au questionnaire

Questions   *Réponses*

APPRENTISSAGE DES JEUNES OU-
VRS.

1. Par l'apprentissage qu'il a fait et
l'instruction qu'il a reçue, le jeune
ouvrier Américain est-il mieux
préparé à son travail que le jeune
Anglais ?

2. Si oui, avez-vous quelques modifications à proposer au système
d'enseignement suivi en Angleterre ?

3. Avez-vous quelques indications à
fournir relativement aux cours
complémentaires du soir, aux cours
professionnels du soir pour les
ouvriers occupés toute la journée ?

B. RELATIONS ENTRE EMPLOYEURS ET
EMPLOYÉS.

4. Quelle est la durée du travail
dans votre métier en Amérique,
comment se compare-t-elle à la
durée du travail en Angleterre ?

1. Oui, l'instruction du jeune Amé-
cain est plus sérieuse et elle atteint
à un niveau plus élevé qu'en Angleterre, dans les écoles de jour
(écoles élémentaires).

2. Il faudrait rendre l'enseignement
aussi sérieux pour tous et le donner gratuitement : chaque enfant
devrait avoir les mêmes occasions
de s'instruire, de telle sorte qu'en
quittant l'école pour prendre une
profession, tous puissent le faire
sur un pied d'égalité.

3. Je proposerais que les cours complémentaires et professionnels du
soir fussent créés en plus grand
nombre qu'ils ne le sont actuellement, car dans bien des cas il est
impossible à ceux habitant dans les
environs des villes de suivre ces
cours, soit qu'ils ne puissent pas
arriver à l'heure, soit à cause des
frais de transport qu'ils n'ont pas
les moyens de faire.

4. Dans la plupart des cas la durée
du travail dans les papeteries américaines est de 7 heures du matin
en semaine à 6 heures du soir. Le
samedi après-midi, d'autres travaillent plus tard et certains jusqu'à
6 ou 8 heures le dimanche matin.
En comparant les papeteries améri-

caines et anglaises, on voit qu'on
travaille certainement plus longtemps en Amérique, car la majorité
des usines anglaises s'arrête à 2 heures après-midi, bien que le reste
continue jusqu'à 6, 8, ou 10 heures
le samedi soir et d'autres, jusqu'au
dimanche matin tout comme en
Amérique.

5. L'ouvrier Américain a-t-il, par
heure, une production moyenne supérieure à celle de l'ouvrier Anglais ?

5. Il n'y a que fort peu de différence
s'il y en a entre les deux pays. Le
travail à haute tension et la bousculade perpétuelle que l'on donne
comme attributs aux ateliers Américains sont un mythe et n'existent
que dans l'imagination de certains.

6. Les tarifs aux pièces (travail aux
pièces ou aux pièces et au temps)
sont-ils très en vigueur en Amérique :

6. Ils ne sont pas très employés
dans l'industrie du papier car on
trouve, dans la majorité des cas,
qu'un salaire à la journée, équitable,
donne satisfaction à l'employeur et
à son personnel.

7. Ce système est-il avantageux :
   (a) A l'ouvrier.
   (b) Aux employeurs. Donne-t-il
   un avantage injustifié à l'une
   des deux parties ?
8. Quand des ouvriers qualifiés travaillant aux pièces, augmentent la
production par leur propre habileté, les employeurs Américains
réduisent-ils les tarifs pour empêcher un ouvrier de gagner plus
qu'une certaine somme ?

7. Dans la grande majorité des cas
on l'a trouvé avantageux ; dans
d'autres ce fut contraire ; les résultats dépendent surtout de la façon dont l'employeur l'applique. .
8. Non ; on prodigue aux ouvriers
les plus habiles qui travaillent aux
pièces tous les encouragements
leur permettant de gagner autant
qu'ils le peuvent.

9. Les systèmes de primes et boni
sont-ils plus généralement adoptés
en Amérique qu'en Angleterre ;
dans ce cas quels sont leurs résultats pour l'employeur et les em-

9. Le système de payer des primes
et boni pour les améliorations et
les suggestions faites par les ouvriers est très employé en Amérique et les résultats en sont fré-

ployés ?

10. Là, où existe le salaire hebdomadaire :

    (a) Les ouvriers semblent-ils dé-
sireux de faire de leur mieux
et de fournir une bonne journée de travail en échange d'un
bon salaire ?

    (b) Avec ce système l'énergie
personnelle et l'initiative sont-
elles dûment rémunérées ?

11. Les employeurs Américains sont-
ils désireux de pousser le personnel
payé au temps à augmenter sa production par homme et sont-ils
prêts à accroître proportionnellement le salaire par ouvrier ?

12. Les suggestions faites par les employeurs en vue d'améliorer l'outillage, l'introduction de procédés
mécaniques économisant la main-
d'œuvre et les machines du dernier
modèle sont-elles favorablement
accueillies par les ouvriers ou le
contraire se produit-il ?

13. Les propositions de perfectionnements émanant des ouvriers sont-
elles bien accueillies par les employeurs et récompensées par eux ?

14. (a) Les ouvriers conduisent-ils
un plus grand nombre de machines qu'en Angleterre ?

    (b) Si oui ce système est-il favo-
rable aux deux parties ou
l'une d'elles a-t-elle un avantage injustifié ?

15. L'ouvrier Américain nécessite-t-il
une plus grande « surveillance » ?

quemment profitables aux deux
parties.

10. (a) La majorité le fait, mais il y
a des brebis galeuses, comme
dans tous les pays.

    (b) Oui, en ce sens que le meil-
leur ouvrier a la meilleure
tâche, ce qui signifie souvent
un salaire plus élevé.

11. Oui, les salaires payés pour le
travail au temps sont tels qu'ils
poussent l'ouvrier à faire tout son
possible.

12. Oui ; elles sont appréciées par les
ouvriers, car une machinerie meilleure signifie moins de tracas et
des résultats plus profitables pour
les deux.

13. Oui et on les encourage par des
offres de primes et bonis ; et si
cela est nécessaire on accorde une
aide financière pour les mettre en
pratique.

14. (a) Non, pas dans l'industrie du
papier.

15. Il y a pratiquement le même
nombre de surveillants et contre-

Quelle comparaison peut-on établir sous ce rapport entre lui et l'ouvrier Américain ?

16. L'ouvrier Américain est-il capable d'initiative et de travailler sans ordres fréquents et détaillés ? Quelles comparaisons peut-on établir sous ces divers rapports entre lui et l'ouvrier Anglais ?

17. L'ouvrier Américain donne-t-il un fort coup de collier en temps de presse et le fait-il gaiement ? Quel rapport existe-t-il entre sa production pendant ces heures supplémentaires et sa production normale ? Quelle comparaison peut-on établir à ces divers points de vue entre lui et l'ouvrier Anglais ?

18. Les employeurs Américains sont-ils plus facilement accessibles à leurs ouvriers que les employeurs Anglais ?

19. D'une façon générale un ouvrier a-t-il plus de chances de s'élever en Amérique qu'en Angleterre ?

20. L'usine Américaine répond-t-elle mieux que l'usine Anglaise aux besoins des ouvriers, relativement à la ventilation, à l'hygiène et au bien-être en général.

21. (a) L'outillage des usines américaines est-il supérieur au point de vue de la production ?
(b) Sont-elles mieux dirigées ?

maîtres qu'en Angleterre pour les divers ateliers (tout au moins dans l'industrie du papier).

16. Ils se valent à ces deux points de vue.

17. Le bon ouvrier qu'il soit Anglais ou Américain donnera tout l'effort dont il est capable, en temps de presse, mais il y en a de bons et de mauvais dans les deux pays et, en Amérique comme en Angleterre, il y a une forte opposition pour les heures supplémentaires, l'adoption de la journée de huit heures (dans bien des cas) étant une preuve de ce fait.

18. J'ai fait une enquête sur ce point et je considère qu'il y a une très faible différence, s'il en existe une, entre les deux pays.

19. Oui, il y a naturellement plus d'occasions offertes à l'ouvrier de s'élever en Amérique qu'en Angleterre, parce que l'on construit sans cesse des usines nouvelles et que par suite la demande de main-d'œuvre est bien plus grande.

20. Oui, beaucoup mieux en général.

21. (a) Oui.
(b) Non, je ne le crois pas. La majorité des directeurs que j'ai rencontrés dans les pape-

La proportion des directeurs sortis des Universités est-elle plus grande qu'en Angleterre ?

(c) La qualité des produits est-elle meilleure ?

teries était formée d'hommes sortis du rang et bien qu'ils n'eussent pas passé par l'Université, le niveau de leur instruction était beaucoup plus élevé qu'en Angleterre.

(c) Non, la qualité de la production est la même, mais la quantité est beaucoup plus considérable.

22. Pour combien la plus grande production des usines américaines est-elle due

(a) A la durée de travail supérieure à ce qu'elle est ici ?

(b) A la plus grande rapidité de marche des machines ?

22. (a) Aux deux causes, mais la plus grosse partie de cette plus grande production est due à la rapidité de marche plus considérable des machines.

23. Y a-t-il des pratiques de l'organisation Américaine qu'il y aurait lieu d'introduire, à votre avis, dans les usines anglaises ?

23. Oui, une machinerie perfectionnée, marchant plus vite, des récompenses pour les propositions d'amélioration et des mesures efficaces d'aération et d'hygiène.

C. Conditions générales de la vie des ouvriers en dehors de l'usine.

24. (a) Les ouvriers sont-ils mieux nourris en Amérique qu'en Angleterre ?

(b) Quel rapport peut-on établir entre les prix de la nourriture en Amérique et en Angleterre ?

24. (a) Oui ; ils sont mieux payés et vivent mieux que les ouvriers Anglais.

(b) S'il y a une différence, elle est bien minime.

25. (a) Les ouvriers sont-ils mieux vêtus en Amérique qu'en Angleterre ?

(b) Quel rapport peut-on établir entre le prix des vêtements en Amérique et en Angleterre ?

25. (a) Non.

(b) La comparaison est très désavantageuse pour les Etats-Unis ; un vêment valant 3 £ en Angleterre en vaut 4 et dans quelques cas 4 £ 1/2 en Amérique.

26. (a) Les habitations des ouvriers Américains sont-elles supé-

26. (a) Non.

(b) Ce rapport est très défavo-

ﬁeures à celles des ouvriers Anglais ?

(b) Quel rapport y a-t-il entre les loyers dans les deux pays ?

(c) Y a-t-il une plus grande proportion d'ouvriers propriétaires en Amérique qu'en Angleterre ; si oui, à quoi attribuez-vous ce fait ?

27. Quel rapport existe-t-il entre les salaires des ouvriers de votre profession en Amérique et en Angleterre, ces salaires étant *exprimés en argent* ?

28. Quel rapport existe-t-il entre *la valeur* des salaires de l'ouvrier Américain et de l'ouvrier Anglais en *tenant compte du coût de l'existence*?

29. L'ouvrier sobre, prévoyant et de bonne conduite peut-il, tout en vivant convenablement, épargner davantage en Amérique qu'en Angleterre ?

30. Si oui, son épargne est-elle plus grande *en fait* ?

31. Les paris aux courses, etc., jouent-ils un rôle aussi important dans la vie de l'ouvrier Américain que dans celle de l'ouvrier Anglais ?

32. L'ouvrier Américain est-il plus sobre que l'ouvrier Anglais ?

rable à l'Amérique, les loyers y sont de 75 à 100 % plus élevés qu'en Angleterre.

(c) Oui, dans les environs des villes et j'attribue ce fait aux plus hauts salaires et au prix modéré du sol.

27. J'estime que dans les papeteries Américaines les salaires moyens hebdomadaires des ouvriers qualifiés sont de 25 sh par semaine et ceux des non qualifiés de 10 sh supérieurs à ce qu'ils sont en Angleterre ?

28. Voici mon estimation de la valeur des salaires : 16 sh en Angleterre équivalent à 20 sh en Amérique.

29. Oui.

30. Oui, s'il est tel que le dépeint la question 29 ; sinon, comme les objets de consommations somptuaires sont très coûteux, il peut dépenser bien facilement la différence existant entre les salaires.

31. Non, on ne parie pas aux courses en Amérique sauf lorsqu'on se trouve sur le champ de course.

32. Oui et il y a deux raisons très fortes pour ce fait ; d'abord que la boisson est beaucoup plus chère et que sa force en alcool est bien moindre qu'en Angleterre.

33. Est-il vrai que pendant qu'il est jeune l'ouvrier Américain fournisse une plus grande somme de travail que l'ouvrier Anglais, mais qu'il soit usé jeune et que ses années de travail soient peu nombreuses ?

33. Non.

34. Est-il vrai que l'ouvrier Américain soit renvoyé quand il est jeune encore ?

34. Non.

35. (a) Est-il vrai que la durée moyenne de la vie soit moindre chez l'ouvrier Américain que chez l'ouvrier Anglais?

(b) Si oui, cela est-il dû à une fatigue excessive, à un climat moins sain ou a quelque autre cause ?

35. Non.

36. Y a-t-il une proportion supérieure ou moindre d'ouvriers à la charge de l'Assistance publique en Amérique qu'en Angleterre ?

36. La proportion est bien moindre.

37. Les enfants et les amis des ouvriers qui sont trop âgés pour travailler ou que la maladie et les accidents en rendent incapables leur viennent-ils plus en aide qu'en Angleterre ? Si oui, à quoi attribuez-vous ce fait ?

37. Oui. J'attribue la différence aux plus hauts salaires qui leur permettent d'agir ainsi.

38. Trouvez-vous que les conditions générales d'existence de l'ouvrier soient meilleures en Amérique qu'en Angleterre ? En quoi pourrions-nous imiter l'exemple des Américains pour améliorer les conditions de la vie en Angleterre ?

38. Oui, La grande majorité des ouvriers Américains accomplissent leur travail dans des conditions beaucoup plus favorables que les ouvriers Anglais ; on prend avec grand soin les mesures nécessaires pour l'aération et l'hygiène etc., ce qui, bien entendu, tend à rendre l'ouvrier dispos et plus actif et vraisemblablement il fournit une meilleure journée de travail que s'il travaillait dans d'autres condi-

D. QUESTIONS D'ORDRE GÉNÉRAL.

39. Approuvez-vous le fonctionnement de la Fédération Civique ?

40. Pourrait-on introduire en Angleterre une organisation établie
sur la même base ou sur une base
un peu différente ?

41. Les délégués sont-ils en faveur
d'une tentative pour établir une
organisation analogue en Angleterre ?

tions. Aux points de vues sus indiqués, ainsi que pour les encouragements donnés aux propositions
de perfectionnements, je crois que
nous pourrions copier avec avantage les Américains.

39. Oui.

40. Oui.

41. Oui ; je suis personnellement
fermement favorable à l'établissement d'une organisation similaire
en Angleterre parce que tout ce
qui tend à solutionner les conflits
sans recourir aux grèves doit s'imposer à tous ceux qui y sont intéressés.

Wm. DYSON.

RAPPORT

de M. C. W. BOWERMAN de l'Union des Compositeurs de Londres (¹)

[M. BOWERMAN *fut l'un des membres qui voyagèrent via Canada, par Québec, Montréal et Toronto, et son rapport commence par le compte-rendu des impressions que lui produisirent ces villes. Il se rendit ensuite à Niagara où il visita quelques-unes des manufactures tributaires des Usines de Force Motrice, et à Buffalo où il visita le port, etc.*]

Nous arrivâmes à Niagara le 12 novembre 1902 et nous y demeurâmes jusqu'à ce que nos collègues venant de New-York nous y eussent rejoints. Chercher à décrire la « grandeur » (*sic*) des Chutes du Niagara ou tenter d'une manière quelconque d'en donner l'impression, serait entreprendre une tâche impossible, et je ne puis que dire qu'elles m'apparurent comme l'emblème de toute l'éternité, dont l'impression ne pourra pas s'effacer de ma mémoire.

Pendant notre séjour à Niagara, nous avons visité la Manufacture de blé moulu (*Shredded Wheat Factory*), décrite comme le Grenier d'abondance de l'Alimentation naturelle (*Natural Food Conservatory*) « la plus vaste et la plus belle construction du monde entier, consacrée à la préparation et à la distribution des objets d'alimentation. » Construit comme il l'est, dans un site imposant dominant le lac Erié, entouré d'arbres et de pelouses, le bâtiment, haut de six étages, a une apparence méritant bien la description faite par ceux qui sont directement intéressés dans l'affaire. Le terrain a coûté 50.000 \$ et la construction 2.000.000 \$. Chacun des étages de cette usine modèle est élevé de plafond et spacieux, et, comme le bâtiment est isolé,

(¹) *London Society of Compositors.*

l'éclairage de toutes ses parties est admirable. Nous avons assisté à tout le
cycle des opérations, depuis le moment où l'on déverse le grain dans le mou-
lin, et que la poussière en étant dirigée par un courant d'air dans des ra-
fraîchissoirs scellés, le blé est trié automatiquement et transporté aux fours
sans intervention de la main de l'homme : les opérations sont entièrement
faites à la machine. Les ouvriers et ouvrières (tous Unionistes) reçoivent un
salaire excellent, mais travaillent 10 heures par jour, coupées par deux demi-
heures pour les repas. Une salle de concerts, spendide, a été installée pour
eux, on leur y fait de temps à autre des conférences; de plus, chacun
d'eux dispose d'une armoire spéciale, en fer treillagé, et il y a en outre une
installation pour le garage des bicyclettes. On a de même installé des
salles de douches, avec appareils nickelés, aux murs recouverts de marbre,
à l'usage des ouvriers, dont le bien-être et les convenances ont été, de
façon très évidente, étudiées de toutes les manières possibles. Le directeur
et tous ceux qui font partie de cette usine furent extrêmement courtois ; et
ils ont donné aux délégués les informations les plus complètes et l'occasion
de visiter à fond cet établissement, dont tous ceux, qui en font partie, peuvent
être fiers, à juste titre.

Nous avons vu également les stations de la Compagnie de la Force motrice des Chutes du Niagara (*Niagara Falls Power C°*) qui fournit la lumière
et la puissance électriques à Niagara et aux diverses industries du district,
ainsi qu'à Buffalo et districts intermédiaires, sur une étendue de 24 *miles*
Dix turbines (de 9 pieds de diamètre chacune) sont en service, représentant
chacune 5.000 chevaux de puissance ; l'eau est prise dans le fleuve à 1 1/4
miles au-dessus des chutes, au moyen d'un canal d'amenée, la hauteur de
chute étant de 150 pieds, l'eau traversant un tunnel de 29 pieds sur 18 de
section et 7.000 pieds de long, taillé dans le rocher, à 200 pieds sous la ville,
formant canal de fuite et se déversant dans la gorge qui est au-dessous des
Chutes. On construit une seconde usine qui, lorsqu'elle sera achevée, portera à
21 le nombre total des turbines, soit un peu plus de 100.000 chevaux de puissance. Le samedi précédant notre visite, un groupe d'étudiants Canadiens avait
visité la rive canadienne des Chutes, le grand désir de ce pays étant actuellement de construire des usines de force motrice sur cette rive, de sorte que
si ce projet se réalise, la puissance totale que l'on empruntera aux Chutes
du Niagara atteindra tout près de 400.000 chevaux. Les visiteurs peuvent
pénétrer à toute heure dans ces usines, moyennant payement d'une taxe
nominale, qui est destinée à la création de lits dans le *Niagara Falls Memorial Hospital* et au fonctionnement des associations charitables de la Compagnie.

Notre séjour à Niagara se termina par une visite aux usines de la C^io du

Carborandum, où, à la suite d'une récente découverte, on fabrique un produit qui remplace l'émeri, produit employé pour polir ; les ouvriers (étrangers pour la plupart) travaillent 58 heures par semaine avec un minimum de rémunération de 1 1/2 $ par jour. Dans ce cas également la visite était très intéressante.

Nous vîmes également à Niagara une grande manufacture, qui fabrique du papier avec du bois, dont de grands tas sont empilés en dehors de l'usine ; des seaux en papier et carton sont aussi une spécialité de cet établissement particulier.

Bien que ma visite à Buffalo (comme beaucoup d'autres) fût quelque peu précipitée, j'ai eu la possibilité de parcourir rapidement deux imprimeries — celle d'un journal quotidien et une imprimerie, la plus grande de la ville, où l'on ne travaille que sur commande, grâce à la courtoisie de M. F. Howard Mason, secrétaire de la Bourse de Commerce de Buffalo. Le propriétaire du journal quotidien, tout com   beaucoup d'autres employeurs, avec lesquels je me suis trouvé en contact pendant mon voyage, était parfaitement disposé à me permettre d'examiner en détail son imprimerie. Les ouvriers composent 7 heures par nuit ; le journal était presque totalement fait avec une machine linotype. Ils travaillaient très confortablement et dans certains cas fumaient tout en travaillant, ce qui semble être une pratique très courante aux Etats-Unis.

Nous avons visité ensuite la ville de Cleveland, et je suis forcé de reconnaître qu'elle possède par son Euclid Avenue, l' « une des plus belles voies du monde » — ou tout au moins la plus belle qu'il m'ait été donné de voir. Notre séjour à Cleveland a été rendu mémorable par le banquet qu'offrit à la Commission, à l'*Union Club-House*, M. le Sénateur Hanna, qui fut également présent, ainsi que M. le Maire de Cleveland, à une réception et au concert-fumerie (*smoking-concert*) donnés le Dimanche soir, aux Délégués, par le Conseil des Métiers et du Travail ; ce fut lui qui organisa une promenade en bateau sur le fleuve Cuyahaga et dans les ports, le Samedi, ainsi que les promenades en voiture, le Dimanche, à Rocky River, au Park et au Garfield Memorial. J'eus une longue conversation avec le propriétaire du *Cleveland Leader* (fondé en 1848) qui me dit qu'il était sur le point d'introduire dans ses ateliers une machine qui ferait passer automatiquement les barres de la linotype, du petit parangon à l'impression perlée. Ce journal publie deux éditions, l'une le matin, l'autre le soir, le salaire minimum est de 24 $ pour 54 heures, bien que la durée moyenne du travail soit moindre et se rapproche bien plutôt de sept heures par jour. J'ai aussi visité les établissements de la Compagnie d'Impression et d'Edition de Cleveland (*Cleveland Printing-and Publishing C°*) (*Imperial Press*) dont les ateliers sont grands et bien

organisés. On n'y voit nulle part des transmissions, les machines à composer
et à imprimer sont mûes par l'électricité ; on a appliqué des moteurs électriques à la machine ancienne aussi bien qu'à la nouvelle.

Voici les tarifs régnant à Cleveland :

Composition soignée — à la main — : A partir du 1er Novembre 1902
16 $ 50 (auparavant 15 $) portés à 17 $ au cours de l'année actuelle (1903),
et à 18 $ l'année suivante, quand la semaine de 48 heures sera adoptée.

Ouvriers des linotypes, 21 $ pour une semaine 48 heures et 24 dollars pour
le travail de nuit.

Ouvriers égaliseurs des pages, 13 dollars par semaine.

Ouvriers tenseurs, 17 dollars par semaine.

J'ai visité également l'imprimerie d'un grand journal du soir qui tire quotidiennement à 11 éditions, la première le matin à 9 heures, la dernière à
5 heures 1/2. Il y avait 10 linotypeurs et 13 compositeurs à la main, recevant
chacun 21 dollars pour une semaine de 48 heures. L'une des linotypes (petit
parangon) a été pourvue d'un alimentateur automatique de métal, seul appareil de cette espèce que j'aie vu ; depuis l'introduction de la machine, on a
augmenté les dimensions du journal de 50 %, soit de 8 à 12 pages. L'une
des choses les plus remarquables de cet atelier est une presse automatique à
galée, qui ne demande ni barres de côté, ni coins : les réglets sont placés
sur la galée, encrés et l'épreuve tirée, le tout en quelques secondes. L'une
des machines à composer était mûe par l'électricité. Dans la salle des machines on venait de monter trois machines Goss, nouvellement brevetées et
donnant 370 exemplaires par minute.

Dans les ateliers que j'ai visités, les ouvriers semblaient travailler confortablement et il y avait une absence certaine de la bousculade que l'on s'attendait à trouver sans avoir besoin de la chercher. Les patrons imprimeurs de
Cleveland — particulièrement ceux qui travaillent à l'entreprise — se plaignent que, contrairement à ce qui se passe pour d'autres industries, leur
profession semble incapable de produire des millionnaires : les éditeurs,
à ce qu'ils prétendent, écrémant (sic) les profits.

Après avoir visité l'une des principales entreprises de lithographie — celle
de M. J. Morgan et Cie — qui s'occupe de beaux travaux pour les théâtres et
autres lieux de plaisirs, tant au point de vue du dessin que de la couleur et
de l'exécution, le chef de cet établissement nous obtint aimablement un
rendez-vous avec la direction d'un établissement de constructions mécaniques qui, entre autres choses, s'était occupée pendant quelques années à
chercher à perfectionner un procédé pour imprimer entièrement sans caractères et en partie au moyen de l'électricité. A ce rendez-vous en question —
qui offrait pour moi nécessairement un caractère particulièrement intéres-

sant, malgré que la machine la plus avancée comme construction fût encore en état d'expériences — on nous apprit qu'on avait dépensé quelques milliers de dollars pour chacune d'elle, mais que la machine n'était pas encore sur le marché, certaines difficultés d'ordre mécanique restant à vaincre.

J'ai été très frappé par la propreté des imprimeries que j'ai visitées ainsi que par la clarté régnant dans ces bâtiments d'apparence massive. Le système de construire par blocs ou par carrés qui domine dans tous les Etats-Unis, permet d'assurer les deux choses essentielles, mais qui en général manquent dans les imprimeries : l'air et la lumière. D'après mon enquête sur les conditions des ouvriers imprimeurs, il apparaît que la moyenne de leurs salaires dépasse de un dollar celle payée ici, et bien que les loyers soient quelque peu plus élevés, le prix de la nourriture n'empêche pas les ouvriers de manger de la viande trois fois par jour.

De Cleveland nous allâmes à Chicago, et l'une des visites les plus intéressantes que nous ayons faites, fut celle de l'Institut de Technologie Armour, fondé par Philippe D. Armour en 1892, bâtiment magnifique, ou plus exactement bâtiments. Les sujets enseignés au Collège Technique sont relatifs à l'art de l'ingénieur pour la mécanique, l'électricité, la chimie et l'architecture, et on y fait aussi des ingénieurs civils ; l'Académie des Sciences Armour (*Scientific Academy*) prépare les étudiants à entrer au Collège Technique de l'Institut ou aux principales Universités et aux Collèges des Etats de l'Est et de l'Ouest. Il semble que l'on n'ait épargné aucune dépense pour tenir parfaitement à jour, au point de vue de l'outillage, les ateliers et laboratoires de mécanique, d'électricité et autres ; et l'on nous dit que le budget de l'Institut se solde chaque année par un déficit de 75 à 80.000 dollars que comble le fondateur. On est admis à l'Institut, après examen, moyennant un droit de scolarité de 75 dollars par an, pour les étudiants reçus en 1901-02, et de 60 dollars pour ceux de l'Académie des Sciences, mais pour les nouveaux étudiants entrant en 1902-03 ces droits ont été portés à 125 dollars, par an, pour le Collège Technique, et à 90 dollars pour l'Académie.

De même qu'à Cleveland je fus très frappé par l'apparence exceptionnellement claire et propre des imprimeries situées à Chicago, particulièrement pour celles travaillant à l'entreprise. Dans ces dernières, les Compositeurs touchent 17 dollars 1/2, par semaine de 54 heures, les Linotypeurs 21 dollars (et dans bien des cas 24 dollars) pour le travail de jour ; et pour les journaux quotidiens 6 dollars par nuit de 7 heures. Conformément à une convention, l'on peut occuper un apprenti par quatre ouvriers, dans l'atelier des machines, et un par sept ouvriers à la composition (autrefois c'était un pour quatre). La journée de neuf heures est générale dans l'imprimerie ; en été l'équipe de jour quitte à une heure le samedi, et dans quelques cas toute l'année. Dans un des ateliers visités l'on emploie des compositeurs femmes, elles sont payées au même taux que les hommes, et font également partie de l'Union. Dans un autre (imprimerie de journal quotidien) dans lequel 43 linotypes étaient en service, je n'ai pu trouver trace de cette « *activité* » fiévreuse, à laquelle j'avais été inconsciemment amené à m'attendre — en fait j'ai vu des hommes travailler bien plus fiévreusement chez nous, pour une catégorie analogue de travail, tout aussi exigeante par la nécessité d'économiser du temps. Mais l'outillage de l'atelier me parût être tout ce qu'il y a de plus remarquable — de la machinerie toute moderne et bien entretenue, des matières premières en quantité suffisante ; l'atelier bien horizontal et bien monté, avec le seul but d'économiser du temps et de la main-d'œuvre. Le résultat est que le travail avance aisément et régulièrement, et qu'il y a apparence qu'il exerce un moindre effort sur les forces physiques du compositeur. Dans l'imprimerie d'un autre journal quotidien, publiant chaque jour neuf éditions qui se succèdent naturellement assez rapidement, il y a un fait intéressant à signaler ; on a établi au centre de l'atelier de composition un distributeur automatique de cigares, duquel les compositeurs peuvent, en glissant le « nickel universel « (5 *cents*) dans la fente, tirer à tout moment de la journée un cigare excellent, de fabrication Unioniste, « à consommer à l'intérieur de l'établissement ».

En causant avec des membres et des fonctionnaires de l'Union Typographique de Chicago (*Chicago Typographical Union*) de la question de la machinerie, et des résultats de son introduction pour la profession, ils reconnurent qu'elle avait produit d'abord l'effet le plus désastreux, tout au moins au point de vue du déplacement de la main-d'œuvre, mais que depuis son introduction les salaires s'étaient accrus et les heures de travail réduites, et que, comme conséquence des livres à meilleur marché et de la publication de journaux considérablement plus grands, on emploie aujourd'hui autant d'ouvriers qu'autrefois — appréciation de la situation que l'on ne partageait pas, cependant, entièrement à d'autres points de vue.

Les patrons imprimeurs de Chicago, ainsi que ceux des autres villes, d'ailleurs, paraissent sentir ardemment — sinon fiévreusement — la désirabilité d'introduire la machinerie la plus nouvelle et la plus moderne dans tous leurs ateliers. Ceci se remarque surtout dans les imprimeries de livres et de travail à l'entreprise pour les presses ordinaires et les machines à imprimer en couleur, où se fait voir un désir général de chaque employeur de « faire mieux » « *go one better* » que son voisin. Dans un cas, l'employeur déclara qu'il avait dû, contraint par la concurrence, rejeter une machinerie presque neuve pour faire place à un outillage plus nouveau et plus « à jour » par ses perfectionnements. A titre d'illustration de ce qu'il appelle la « poussée » des méthodes d'affaires de l'Amérique par rapport à celles d'Angleterre, il nous cita les résultats de sa propre expérience au cours d'un voyage fait dans ce pays-ci, pendant lequel s'enquérant, en visitant l'atelier des machines d'une certaine imprimerie, de l'emploi et des qualités d'une machine alors en service, il apprit de l'employeur, qu'elle était dans l'atelier depuis plus de trente ans et qu'elle avait été achetée d'occasion.

Avant de quitter Chicago, j'étudiai de très près le coût des loyers, de l'alimentation et du vêtement, et je m'informai auprès de gens qui, ayant travaillé pendant de longues années en Angleterre, étaient par conséquent à même d'établir la comparaison entre les deux pays. Bien que les loyers (ou plutôt les loyers des appartements) soient beaucoup plus élevés, l'on m'affirma que, dans quelques cas, la nourriture était considérablement moins chère et que la viande était de meilleure qualité. Le bœuf vaut de 4 à 5 d le *pound*, le mouton 5 1/2 *d*, les côtes premières 9 d, le pain 2 1/2 d par pain de deux *pounds*, l'épicerie est plus chère qu'à Londres, les vêtements d'hommes sensiblement au même prix, les bottines moins coûteuses, le linge plus cher et le charbon vaut 18 sh. par tonne.

De Chicago nous allâmes à Dayton pour visiter les usines de la Cⁱᵉ Nationale des Caisses-Enregistreuses (*National Cash Register Works*) en traversant le district pétrolifère qui, avec ses centaines d'immenses réservoirs à pétrole, en fer, présente un aspect très bizarre. Cette grande usine a un aspect des plus imposants, et dans tous les ateliers on avait apposé, de façon visible, l'avis imprimé suivant :

« BULLETIN « sic »

« Les drapeaux flottent en l'honneur d'un groupe important d'ouvriers
« qualifiés Anglais, qui font un voyage dans ce pays, pour enquêter sur les
« méthodes industrielles Américaines : ce groupe visitera notre usine aujour-
« d'hui. C'est la délégation de visiteurs la plus importante que nous ayons
« jamais reçue, et nous devons faire tous nos plus sincères efforts pour leur
« donner toutes les occasions de se renseigner sur chacune des choses, quelle
« qu'elle soit, qui peut les intéresser. »

Accompagnés des directeurs des divers services qui avaient reçu des instructions spéciales du chef de l'établissement de s'écarter, dans le cas
où les visiteurs désireraient interroger les employés sur leurs salaires, leurs
heures de travail et les conditions générales d'emploi, nous inspectâmes
à fond l'usine, étonnamment intéressante et véritablement un établissement parfait, car les conditions dans lesquelles travaillaient les 3.000

employés, sont de tous points admirables. Toutes les filles avaient passé par l'école supérieure et recevaient (comme les hommes) de bons salaires. A titre d'indication relative à l'importance de l'entreprise, qu'il suffise de savoir que 30 compositeurs (Unionistes) sont employés sur place, faisant un travail relatif à ses affaires, et travaillant dans des conditions qu'il serait très difficile sinon impossible d'améliorer. Juste à l'intérieur de l'usine, une affiche bien en évidence disait, en trois lignes en lettres capitales : « LA MACHINERIE PERFECTIONNÉE REND LES OUVRIERS PLUS COUTEUX ET LEURS PRODUITS MOINS CHERS », et le Directeur, en souhaitant la bienvenue aux visiteurs, déclarait que les Américains ne voulaient jamais exécuter à la main un travail qui peut se faire à la machine. Comme dans le cas des établissements de Chicago, les propositions de perfectionnements émanant des ouvriers sont les bienvenues et récompensées par des prix en argent. Les commençants reçoivent un salaire minimum de cinq dollars par semaine, et le directeur (âgé de moins de 30 ans) a débuté dans l'usine comme gamin attaché au bureau. On avait accordé récemment, au surveillant de l'atelier de composition, un congé de trois semaines pour visiter Boston, New-York et Washington, dans le but de voir les derniers perfectionnements, apportés dans la profession, qui pourraient avantageusement être introduits dans l'usine. La première machine fut montée dans un hangar à charbon, point de départ de cet établissement qui, à l'époque de notre visite, produisait 200 machines par jour.

De Dayton nous nous rendîmes à Pittsburg, dont le qualificatif pourrait être : ville à la fumée éternelle ; elle possède quelques belles constructions, mais des voies très étroites. De la rive sud du fleuve, la ville avec son épais « drap mortuaire » (sic) de fumée blanche et noire, suspendu au-dessus d'elle, présentait un aspect magique. Ici comme ailleurs les salaires des imprimeurs sont considérablement plus élevés qu'en Angleterre, les compositeurs recevant un salaire hebdomadaire minimum de 16 dollars pour le travail à la journée (8 heures). Dans toutes les branches de la profession, les salaires sont beaucoup plus considérables que dans le vieux pays, nous a-t-il été dit, la nourriture coûtant sensiblement le même prix, mais les loyers étant beaucoup plus élevés. Nous rencontrâmes plusieurs Anglais qui étaient aux Etats-Unis depuis bien des années : ils nous déclarèrent que les conditions du travail leur donnaient beaucoup plus de liberté qu'en Angleterre, qu'ils jouissaient d'une égalité beaucoup plus grande entre employeurs et employés, et que leur situation était meilleure à tous les points de vue : la machinerie étant la cause primordiale du succès des méthodes employées en Amérique.

Notre voyage suivant avait Philadelphie pour but, le trajet depuis Pittsburg étant des plus intéressants à travers les Monts Alleghany, Tuscorora et

Blue Ridge, le sol (surtout depuis Altoona à et au-delà de Harrisburg) étant bien cultivé, ayant de l'eau en abondance et présentant tout à fait l'aspect des paysages Anglais. A Philadelphie comme ailleurs les salaires payés sont beaucoup plus élevés qu'en Angleterre, le salaire minimum pour le travail de nuit (huit heures) étant de 25 dollars par semaine ; les ouvriers de l'atelier que j'ai visité étaient payés 27 dollars. L'outillage se composant de la machinerie la plus récente et la plus rapide, je n'ai noté que bien peu de différence avec les divers ateliers que j'avais vus à Londres ou dans les Comtés. Ayant à quitter Philadelphie le même soir pour aller à Washington, je fus incapable de visiter dans cette ville, aucun des ateliers travaillant à l'entreprise.

Pendant mon séjour à Washington il me fut possible de visiter les Imprimeries de l'Etat et divers autres ateliers. Dans l'Imprimerie de l'Etat, 1.300 compositeurs étaient occupés, recevant chacun 4 dollars par jour, la semaine étant de 48 heures ; ils quittent tous les jours l'atelier à 4 heures 1/2 ; dans l'atelier de reliure il y a 565 hommes à 4 dollars par jour et 1.000 femmes à 2 dollars par jour ; on emploie aussi des femmes dans l'atelier des machines pour l'assemblage, à raison de 2 dollars par jour. Toutes les machines (au nombre de 63) sont mûes par l'électricité. Une construction nouvelle (et réunie à celle en usage) doit-être mise en service au mois de mars prochain, la production ayant dépassé de beaucoup la capacité des anciens bâtiments. Dans cet atelier, comme dans les autres, la machinerie à imprimer, relier et imager est du type le plus récent, et l'établissement, ainsi qu'on pouvait s'y attendre, pour un établissement de l'Etat, est un établissement modèle à tous points de vues. On nous dit que dans les temps passés les ouvriers et chefs d'ateliers étaient renvoyés quand tombait le Gouvernement ; cette pratique ayant cessé d'exister aujourd'hui, leur situation est plus sûre et plus stable. A l'époque de ma visite on imprimait 10.000 exemplaires du « Manuel du Fermier » pour les distribuer gratuitement, ainsi que 50.000 exemplaires du « Rapport sur l'Agriculture », volume de 1.000 pages, distribué également gratuitement, l'Etat prodiguant tous les encouragements à tous ceux qui font de la culture.

Nous visitâmes aussi l'Office des Brevets, et le Commissaire Allen nous exposa très en détail les lois régissant la matière. Il est évident, à cause des droits si faibles, que l'on donne aux ouvriers tous les encouragements leur permettant de breveter leurs inventions : on paye 15 dollars lorsque le brevet est enregistré et 20 dollars quand on l'accorde. L'Etat nomme des experts qui doivent étudier à fond les mérites de toutes les inventions, aidant ainsi matériellement les inventeurs en leur évitant par ce moyen les cas litigieux ; la durée du brevet, s'il est accordé, est de 17 ans.

Des visites faites au Président à la Maison Blanche, à l'Ambassadeur
d'Angleterre à l'Ambassade, ainsi qu'au Capitole et à la Bibliothèque du
Congrès, ont rendu notre séjour à Washington inoubliable et nous eûmes
une entrevue des plus intéressantes avec le Commissaire C. D. Wright, chef
du *Labour Bureau*, qui, dans un discours aux délégués s'étendit longuement
sur les avantages de la machinerie et les améliorations des conditions du
travail qui, il l'affirme, résultent de son introduction. De Washington nous
nous rendîmes à New-York où nous arrivâmes la veille du « Thanksgiving
day ». Nous visitâmes dans cette ville les imprimeries de journaux et autres.
Dans les premières, les ouvriers reçoivent de 27 à 30 dollars par semaine de
8 heures par nuit; dans les dernières 19 $^1/_2$ dollars par journée de neuf heures
pour les compositeurs à la main (autrefois 18 dollars pour des journées de
10 heures), et 21 dollars pour les linotypeurs, la journée étant de neuf
heures; les surveillants des machines à imprimer, gagnent de 19 à 30 dollars
par semaine d'après le nombre de machines dont ils ont la charge. En ce qui
concerne les imprimeries de journaux quotidiens l'outillage est, d'une façon
générale, similaire à celui des journaux similaires de Londres, avec cette
différence que presque tous les journaux Américains donnent régulièrement
dans le texte, des gravures, dont les pierres sont faites et électrotypées sur
place, et les journaux hebdomadaires (publications des plus volumineuses),
contiennent des dessins en couleurs et des croquis soi-disants humoristiques,
dont l'équivalent est heureusement inconnu dans les quotidiens Anglais. Il
n'est pas inhabituel que le numéro hebdomadaire — celui paraissant le
dimanche — d'un journal quotidien se compose de 64 pages ou même d'un
nombre supérieur, qui sont divisées en sections, l'une consacrée aux questions
financières, une autre aux nouvelles d'ordre général et sportives, une troisième aux femmes et enfants, une quatrième appelée partie comique, etc...
Pour obtenir le grand nombre de planches stéréotypées nécessaire à une
telle édition, on a introduit une nouvelle machine (l'Autoplanche) qui, d'après
ce que l'on affirme, fond, ajuste et découpe les planches à raison de 3 $^1/_2$ par
minutes. Je vis la machine en service dans l'atelier et l'on me dit qu'elle fon-
dait ordinairement le samedi entre 4 heures du soir et trois heures du matin
de 16 à 1.000 planches pour le numéro du dimanche.

Dans l'une des plus grandes imprimeries à l'entreprise publiant un journal
hebdomadaire, tiré à plus de 400.000 exemplaires ,tout était des plus modernes
et des plus recommandables, l'atelier d'impression et celui de brochage (surtout le premier) étant exceptionnellement grands et spacieux et tenus avec
une propreté scrupuleuse. L'outillage comprenait six machines à imprimer
en couleur des feuilles de 46 pouces sur 60, une autre machine imprimait
144 pages par tour en colonnes de 24. A l'époque de ma visite la maison

publiait une édition de trente deux volumes de « Classique anglais » à raison
de 18 dollars, imprimés à la presse rotative, reliés, tranches dorées, et produisait de 1000 à 1.200 volumes par jour, son outillage lui permettant d'en
fournir 1.300 s'il en était besoin. On les emballait dans des caisses au même
étage et les transportait sur des trucks jusqu'au chemin de fer, assez distant,
qui les emmenait à San-Francisco, qui est éloignée de plus de 3.000 *miles*.

Nous fîmes une visite intéressante aux établissements de la Compagnie du
Planographe Américain (*American Planograph Cⁱᵉ*) fondé, dans le but de produire
une machine imprimant sans caractères, très semblable à celle que j'avais vue en
expériences, à Cleveland. Dans ce cas, cependant, la machine fonctionnait. L'inventeur est on ne peut plus enthousiaste dans son estimation des capacités et des
résultats de son invention ; elle viendra en aide à l'art de la lithographie qu'elle
relèvera et elle « abattra » complètement celui de la typographie. Cette machine
qui ne pèse que 50 *pounds*, occupe une superficie de 3 pieds sur 2, elle a
40 touches sur le clavier, chaque touche ayant cinq caractères ou impressions et
commandant 5 roues à 195 caractères. Les caractères sont imprimés sur un papier calque et l'impression transportée sur une plaque de métal que l'on place
sur le cylindre et le tirage se fait sur cette surface unie. L'inventeur prétend que
par ce moyen l'on peut obtenir des impressions plus nettes et d'un ton plus uniforme, que par ce nouveau procédé on n'a plus besoin de métal ou de gaz, la
machine se manœuvrant par l'air comprimé, que par la zincographie on peut dé-
calquer la composition en une demi-minute et que la machine est prête pour
imprimer en moins de trois minutes, que l'on peut faire par journée de 6 heures
50.000 unités de types espacés suivant les mots, et qu'en se plaçant dans les conditions les plus favorables à la linotypie ou à la monotypie il y aurait par comparaison une économie d'au moins 50 %. En faisant la part de l'enthousiasme de
l'inventeur de la machine nouvelle qui, au cours de ses explications, définissait les
imprimeurs : des tapis-brosses sur lesquels les éditeurs essuient leurs pieds, le fait
que la possibilité d'imprimer sans caractères d'imprimerie et de tirer sur une
surface parfaitement unie soit démontré, arrête nécessairement l'attention et de
plus il n'est pas moins surprenant que l'on puisse obtenir des impressions également bonnes sur des papiers de trois épaisseurs différentes introduits successivement dans la machine : du papier à journaux, du papier fibreux à base de
soude et du papier pelure transparent. On imprime également des planches par
le même procédé — tirage sur une surface unie — et l'impression est extrêmement bonne. Il semble tout-à-fait improbable qu'un tel système — si remarquables qu'aient été les résultats initiaux — devienne jamais pratique, mais le fait
demeure néanmoins que l'on a imprimé sans que des caractères d'imprimerie
aient été placés ou fondus, la machine à composer imprimant directement les caractères sur du papier calque, la justification de la production étant faite automatiquement et sans calcul de la part de l'opérateur, et aussi le fait que l'impression est transférée sur une plaque de métal unie et imprimée sur un
cylindre ou une presse rotative absolument sans apprêts.

Dans les différentes villes que j'ai visitées j'ai fait des enquêtes approfondies
sur la rapidité de marche des différentes catégories de machines à imprimer

car l'on a fréquemment déclaré dans ce pays-ci que la production de machines identiques n'est pas aussi grande ici qu'en Amérique. Le résultat de mes enquêtes fut d'établir — à ma satisfaction tout au moins — que la différence en question était plus imaginaire que réelle. Que la machine imprimât en couleur ou des planches de qualité soignée ou des lettres ordinaires pour des volumes ou des journaux, je n'ai absolument pas pu trouver rien d'analogue à la différence, que les employeurs Anglais prétendent exister entre les deux pays ; en fait la production semble être aussi sensiblement la même que possible. Dans le cas des machines à imprimer — lesquelles, ainsi qu'il a déjà été dit sont dans presque tous les cas du dernier modèle — de même que dans celui des divers ateliers de composition, il est évident que l'on fait la plus grande attention non seulement à la propreté des machines mais encore à celle des ateliers où elles sont placées — deux facteurs qui sont une grande source de profits à tous ceux qui s'en occupent.

Relativement aux conditions dans lesquelles vivent les ouvriers et leurs familles nous obtînmes une entrevue du Sécrétaire de la Commission des Maisons à appartements (*Tenement House Commission*), nouveau département institué en 1900, et il nous déclara qu'à Brooklyn et New-York il y avait 80.000 maisons à appartements, c'est-à-dire occupées par plus de trois familles et que depuis la création de la Commission elle avait reçue jusqu'à 150 plaintes par jour touchant à l'insalubrité et au manque d'air et de lumière. Dans certaines maisons à quatre étages, 14 familles sont logées et dans certaines à six étages — et à double dizaines ainsi qu'on les appelle — il y a 22 familles qui ont à payer pour quatre pièces de 12 à 18 dollars par mois et pour trois chambres de 10 à 15 dollars par mois. Il y a des milliers de personnes qui habitent dans une seule grande caserne. Le Sécrétaire déclara que l'on avait nommé après la nouvelle loi 100 inspecteurs (le nombre total étant de 200) placés sous les ordres du chef du service de santé (*Medical Officer of Health*) et que les propriétaires de maisons, les constructeurs et gérants de propriétés, avaient dépensé une grande somme d'argent à Albany dans le but de faire échouer la loi.

Nous fîmes également une visite du Département de l'Enseignement de la Ville de New-York, autorité suprême de l'Enseignement, l'État n'intervenant qu'au cas où le département n'accomplirait pas son devoir. L'accroissement annuel moyen du nombre des élèves est de 25.000 et cette année l'on a accordé 80.000.000 dollars pour achat de terrains et constructions. L'enseignement est absolument gratuit jusqu'aux Universités — à New-York ; mais dans la plupart des États l'Enseignement des Universités est également gratuit. Il n'y a pas de limite d'âge pour les cours du soir, les adultes y étant les bienvenus et ces cours sont suivis par un grand nombre d'Étrangers.

Avant de quitter New-York nous allâmes voir le pénitencier et la *Work-house*.

Réponses de M. C. W. BOWERMANN au questionnaire

Questions	*Réponses*
A. APPRENTISSAGE DES JEUNES OU-VRIERS.	

1. Par l'apprentissage qu'il a fait et l'instruction qu'il a reçue, le jeune ouvrier Américain est-il mieux préparé à son travail que le jeune Anglais ?

2. Si oui, quelles modifications avez-vous à proposer au système d'enseignement suivi en Angleterre ?

3. Avez-vous quelques indications à fournir relativement aux cours complémentaires du soir, et aux cours professionnels du soir pour les ouvriers occupés toute la journée ?

1, 2, 3. Le temps ne m'a pas permis de faire une enquête approfondie sur ces points, par conséquent, je ne puis, en équité, formuler d'opinion ; mais j'ai été très agréablement impressionné par la mâle allure et la liberté de mouvement caractérisant les écoliers garçons et filles, et qui sont dûes à l'entraînement physique qui règne dans les écoles Américaines.

B. RELATIONS ENTRE EMPLOYEURS ET EMPLOYÉS.

4. Quelle est la durée du travail dans votre métier en Amérique ; comment se compare-t-elle à la durée du travail en Angleterre ?

4. Les ouvriers Américains de la profession dont je fais partie, reçoivent, j'en suis certain, des salaires considérablement plus élevés que ceux payés dans ce pays.

5. L'ouvrier Américain a-t-il par heure une production moyenne supérieure à celle de l'ouvrier Anglais ?

5. En règle générale ils ne semblent pas travailler plus dur, ni même aussi dur, bien que la durée du travail soit quelque peu plus longue que dans ce pays-ci.

6. Les tarifs aux pièces (travail aux pièces ou aux pièces et au temps)

6, 7. Il semble qu'il y ait beaucoup plus de travail au temps qu'aux

sont-ils très en vigueur en Amérique.

7. Si oui, ce système est-il à l'avantage (a) de l'ouvrier (b) des employeurs? donne-t-il un avantage injustifié à l'une des deux parties?

8. Quand des ouvriers qualifiés travaillant aux pièces augmentent la production par leur propre habileté, les employeurs Américains réduisent-ils les tarifs pour empêcher un ouvrier de gagner plus qu'une certaine somme?

9. Les systèmes de primes et bonis sont-ils plus employés en Amérique qu'en Angleterre; dans ce cas quels sont leurs résultats pour les employés et l'employeur?

10. Là où existe le salaire hebdomadaire :

(a) Les ouvriers semblent-ils désireux de faire de leur mieux et de fournir une bonne journée de travail en échange d'un bon salaire.

(b) Avec ce système l'énergie personnelle et l'initiative sont-elles dûment rémunérées?

11. Les employeurs Américains sont-ils désireux de pousser le personnel payé au temps à augmenter sa production par homme et sont-ils prêts à accroître proportionnellement le salaire par ouvrier?

12. Les suggestions faites par les employeurs en vue d'améliorer l'outillage, l'introduction de procédés mécaniques économisant de la main-d'œuvre et les machines du dernier modèle sont-elles favo-

pièces, ce qui, cela est présumable, donne satisfaction tant aux employeurs qu'aux employés.

8. Je n'ai pas eu l'occasion d'enquêter à fond sur ce point, et je me borne à répondre que, par comparaison avec les ouvriers Anglais, les ouvriers Américains sont bien payés.

9. Oui, il semble qu'il en soit ainsi.

10. Incontestablement, tout comme en Angleterre.

11. Oui, cela semble être le système régnant dans certaines professions.

12. Oui, il semble qu'il en soit ainsi.

rablement accueillies par les ouvriers ou le contraire se produit-
il ?

13. Les propositions de perfectionnements émanant des ouvriers sont-
elles bien accueillies par les employeurs et récompensées par eux ?

14. (a) Les ouvriers conduisent-ils un
plus grand nombre de ma-
chines qu'en Angleterre ?

(b) Si oui ce système est-il favorable aux deux parties ou
l'une d'elle a-t-elle un avantage injustifié ?

15. L'ouvrier Américain nécessite-t-
il une plus grande « surveillance » ? Quelle comparaison peut-
on établir sous ce rapport entre
lui et l'ouvrier Anglais ?

16. L'ouvrier Américain est-il capable d'initiative et de travailler
sans ordres fréquents et détaillés ?
Quelles comparaisons peut-on établir sous divers rapports entre lui
et l'ouvrier Anglais ?

17. L'ouvrier Américain donne-t-il
un fort coup de collier en temps
de presse et le fait-il gaiement ?
Quel rapport y a-t-il entre sa production pendant ces heures supplémentaires et sa production normale ? Quelles comparaisons peut-
on établir à ces divers points de
vue entre lui et l'ouvrier Anglais ?

18. Les employeurs Américains sont-
ils plus facilement accessibles à

13. On m'a fait connaître plusieurs
cas où de telles propositions ont
été récompensées.

15. Je n'ai pas remarqué qu'il y eut
une grande différence entre les
systèmes de surveillance Anglais
et Américains mais s'il y a une
différence, elle est en faveur de
l'ouvrier Américain qui semble
être certainement délivré de ce que
l'on peut appeler la surveillance
vexatoire.

16. Je n'ai pas eu occasion de me
faire une opinion.

17. Oui, comme nous le faisons dans
ce pays-ci.

18. D'après l'expérience que j'ai eue
comme membre de la Commission

leurs ouvriers que les employeurs Anglais ?

et me souvenant de l'accueil que m'ont fait et de la courtoisie que m'ont témoignée les employeurs dans les villes que j'ai visitées, je suis arrivé à la conclusion qu'ils sont très facilement accessibles à leurs ouvriers.

19. D'une façon générale un ouvrier a-t-il plus de chances de s'élever en Amérique qu'en Angleterre ?

19. Relativement à la question de savoir si un ouvrier a de plus grandes chances de s'élever en Amérique qu'en Angleterre, je ne puis que citer. les exemples de beaucoup d'Anglais qui occupent des situations prépondérantes, avec responsabilités, dans quelques-unes des imprimeries que j'ai visitées, ainsi que dans beaucoup de grandes manufactures dont les chefs de services sont partis du dernier échelon.

20. L'usine Américaine répond-elle mieux que l'usine Anglaise aux besoins des ouvriers relativement à l'hygiène, à la ventilation et au bien-être en général ?

20. Dans le cas des usines les plus grandes et que l'on peut appeler usines spéciales — telles que celle de Dayton — l'hygiène, la ventilation et le bien-être en général dépassent de beaucoup tout ce que j'ai vu dans ce pays-ci et dans la majorité des imprimeries que j'ai vues les conditions générales sont satisfaisantes en définitive, la méthode de construction et l'architecture aux Etats-Unis y aidant beaucoup au point de vue de l'air et la lumière : deux facteurs des plus importants et qui sont essentiels tout au moins pour l'imprimerie.

21. (a) L'outillage des usines Américaines est-il supérieur au point de vue de la production.

(b) Sont-elles mieux dirigées ? La

21. (a) A certains points de vue je suis porté à croire que les imprimeries Américaines sont mieux outillées pour la pro-

proportion des directeurs sortis des Universités est-elle plus grande qu'en Angleterre ?

(c) La qualité des produits est-elle meilleure ?

22. Pour combien la plus grande production des usines Américaines est-elle dûe :

(a) A la durée du travail supérieure à ce qu'elle est-ici ?

(b) A la plus grande rapidité de marche des machines ?

23. Y a-t-il des pratiques de l'organisation Américaine qu'il y aurait lieu, à votre avis, d'introduire dans les usines Anglaises ?

C. CONDITIONS GÉNÉRALES DE LA VIE DES OUVRIERS EN DEHORS DE L'USINE.

24. (a) Les ouvriers sont-ils mieux nourris en Amérique qu'en Angleterre ?

(b) Quel rapport peut-on établir

duction en machines économisatrices de main-d'œuvre qu'on ne l'est en général ailleurs.

(b) En ce qui touche à la question de savoir si les usines sont mieux dirigées ou si la proportion des directeurs sortis des Universités est plus grande qu'en Angleterre, le système semble être de ne désigner que des praticiens ce qui naturellement doit être un avantage au point de vue professionnel.

(c) Mais je ne crois pas un seul instant que les usines Américaines produisent de meilleurs articles que nous (comme qualité) ; en fait, c'est tout le contraire.

22. Je n'ai pas demeuré assez longtemps aux Etats-Unis pour me former une opinion assez fondée, mais en général les ouvriers travaillent un plus grand nombre d'heures.

23. Il y a bien des pratiques de l'organisation Américaine que je n'aimerais pas voir introduire dans les usines Anglaises.

24. Les ouvriers Américains sont à même d'avoir une meilleure table, les aliments : la viande etc., sont à des prix beaucoup plus raison-

entre le prix de la nourriture en Amérique et en Angleterre ?

25. (a) Les ouvriers sont-ils mieux vêtus en Amérique qu'en Angleterre ?

(b) Quel rapport peut-on établir entre le prix des vêtements en Amérique et en Angleterre?

26. (a) Les habitations des ouvriers Américains sont-elles supérieures à celles des ouvriers Anglais ?

(b) Quel rapport y a-t-il entre les prix des loyers dans les deux pays ?

(c) Y a-t-il une plus grande proportion d'ouvriers propriétaires en Amérique qu'en Angleterre. Si oui à quoi attribuez-vous ce fait ?

27. Quel rapport y a-t-il entre les salaires des ouvriers de votre profession en Amérique et en Angleterre, ces salaires étant *exprimés en argent* ?

28. Quel rapport y a-t-il entre la *valeur* des salaires de l'ouvrier Américain et de l'ouvrier Anglais en *tenant compte du coût de l'existence* ?

29. L'ouvrier sobre prévoyant et de bonne conduite peut-il tout en vivant convenablement épargner davantage en Amérique qu'en Angleterre ?

30. Si oui son épargne est-elle plus grande *en fait* ?

nables que dans ce pays ; les fruits sont également très abondants et extrêmement bon marché.

25. Ils sont aussi bien habillés et sensiblement au même prix qu'ici.

26. Dans les grandes villes, ils ne sont pas logés si bien ni si confortablement et ils payent des loyers plus élevés qu'en Angleterre. Je ne puis dire s'il y a plus ou moins d'ouvriers propriétaires de la maison qu'ils habitent.

27. La moyenne est de un dollar de plus par jour en Amérique qu'en Angleterre ?

28. A l'exception des loyers, elle est la même qu'ici.

29, 30. Les salaires étant généralement beaucoup plus élevés, en tenant compte de la différence des loyers, je suis convaincu qu'un ouvrier sobre, prévoyant et de bonne conduite est mieux à même d'épargner en Amérique qu'en Angleterre, mais je ne puis dire s'il le fait ou non.

31. Les paris aux courses etc., jouent-ils un rôle aussi important dans la vie de l'ouvrier Américain que dans celle de l'ouvrier Anglais ?

32. L'ouvrier Américain est-il plus sobre que l'ouvrier Anglais ?

33. Est-il vrai que pendant qu'il est jeune l'ouvrier Américain fournisse une plus grande somme de travail que l'ouvrier Anglais, mais qu'il soit usé jeune et que ses années de travail soient peu nombreuses ?

34. Est-il vrai que l'ouvrier Américain soit renvoyé quand il est jeune encore ?

35. (a) Est-il vrai que la durée moyenne de la vie soit moindre chez l'ouvrier Américain que chez l'ouvrier Anglais ?

(b) Si oui, celà est-il dû à une fatigue excessive, à un climat moins sain ou à quelqu'autre cause ?

36. Y a-t-il une proportion supérieure ou moindre d'ouvriers à la charge de l'Assistance Publique en Amérique qu'en Angleterre ?

37. Les enfants et les amis des ouvriers Américains qui sont trop âgés pour travailler ou que la maladie et les accidents en rendent incapables leur viennent-ils plus en aide qu'en Angleterre ? Si oui, à quoi attribuez-vous la différence ?

38. Trouvez-vous que les conditions générales d'existence de l'ouvrier

31. Je n'ai pas eu l'occasion de savoir quel rôle les paris aux courses ou autres jouaient dans la vie de l'ouvrier Américain.

32. Je me suis formé l'opinion que l'ouvrier Américain est en règle générale presque totalement anti-alcoolique.

33. Je n'ai pas eu occasion de me former une opinion.

34. Je n'ai pas eu occasion de me former une opinion.

35. En réponse à cette question : la vie de l'ouvrier Américain est-elle plus courte que celle de l'ouvrier Anglais je n'ai pas pu obtenir les renseignements précis qui m'auraient permis, et avec grand intérêt, d'établir une comparaison avec nos propres statistiques.

36. Je n'ai pas eu la possibilité de me documenter sur ce point.

37. Je n'ai pas eu la possibilité de me documenter sur ce point.

38. Je considère que la situation de l'ouvrier Américain prise dans son

soient meilleures en Amérique qu'en Angleterre ? En quoi pourrions-nous imiter l'exemple des Américains pour améliorer les conditions de la vie en Angleterre ?

ensemble et ses chances de succès sont quelque peu meilleures qu'elles ne le sont actuellement ici.

D. Questions d'ordre général.

39. Approuvez-vous le fonctionnement de la Fédération Civique ?

40. Pourrait-on introduire en Angleterre une organisation établie sur la même base ou sur une base un peu différente ?

39, 40. Voici ma réponse aux questions de savoir si j'approuve le fonctionnement de la Fédération Civique et si je crois que l'on pourrait introduire en Angleterre une organisation établie sur la même base ou sur une base quelque peu différente : je ferai un accueil chaleureux à tout mouvement dont le but serait de rapprocher les employeurs et les employés pour régler les termes et les conditions d'emploi ou pour arranger à l'amiable les points donnant naissance à des conflits.

41. Les délégués sont-ils en faveur d'une tentative pour établir une organisation similaire en Angleterre ?

41. A mon avis ils sont favorables à l'établissement de toute organisation ayant pour but les objets ci-dessus mentionnés.

En ce qui touche à beaucoup des questions ci-dessus posées, si intéressantes qu'elles puissent être au point de vue général je suis d'avis que, dans le cas actuel, la supériorité des ouvriers d'un pays par rapport à ceux d'un autre, est sans intérêt pour la solution du problème. Tout d'abord je ne reconnais pas que cette supériorité existe et en second lieu, si je le reconnaissais, cela n'expliquerait pas les bonds prodigieux que l'Amérique a faits au cours de ces dernières années au point de vue commercial. Pour moi, après le voyage si intéressant et si instructif que j'ai eu le privilège de faire comme membre de la Commission, il me semble que l'on en trouvera plus probablement la raison dans le développement rapide des industries Américaines, lequel paraît s'être produit et se produit actuellement, dans les ressources naturelles pratiquement illimitées qui se trouvent à la disposition de ses habitants et dans le fait qu'à Pittsburg, Lackawanna et dans nombre d'autres districts des Etats-Unis, il y a eu une concentration d'efforts dont on sent maintenant la totalité des effets dans le monde commercial. J'ai éprouvé surprise et plaisir à constater que notre pays, avec ses ressources naturelles limitées, en comparaison, ait été capable de se trouver à la tête du monde, au point de vue commercial comme à tant d'autres, et encore que ce soit le devoir de ce pays-ci, comme de tous les autres, de ne négliger aucune occasion de maintenir et de développer sa propre prospérité ainsi que nous continuerons à le faire, je suis plus que persuadé, après mes observations et mon enquête personnelles, que dans le problème actuel, la question de la supériorité ou de la plus grande finesse des ouvriers n'a qu'une influence négligeable sur la solution.

C. W. BOWERMAN.

RAPPORT

de M. Geo. D. KELLEY J. P. de l'Union des Imprimeurs-Lithographes de la Grande-Bretagne et d'Irlande (¹)

—

En essayant de rédiger un rapport sur la visite que j'ai faite aux Etats-Unis d'Amérique, comme membre de la Commission Mosely, je me propose de me limiter presque exclusivement à mon propre métier, celui de la lithographie ; il sera du devoir des autres membres de la Commission de traiter de leurs industries particulières, encore qu'il me soit nécessaire de traiter de certaines questions intéressant au même degré toute la communauté ouvrière. La question la plus importante à mon avis, était celle des hauts salaires payés, en Amérique, aux ouvriers lithographes ordinaires, et qui cependant laissent les employeurs en situation de concurrencer avec succès les employeurs de Grande-Bretagne et des autres pays pour obtenir des commandes. La question de savoir si on employait aux Etats-Unis une machinerie perfectionnée, dont nous n'aurions pas les avantages, constituait un autre sujet important d'enquête, ainsi que celle de l'instruction donnée à la classe industrielle de la communauté, pour savoir si elle est supérieure ou plus complète que celle donnée à nos enfants dans ce pays- ci. Je puis dire ici que la question de l'enseignement en Amérique retint considérablement l'attention de tous les membres de la Commission ; mais je n'en parlerai, moi, que très brièvement, non que la question ne vaille pas la peine d'être traitée longuement, mais parce que les gens compétents ont tant écrit sur ce sujet que je ne me crois pas désigné pour formuler autre chose que mon opinion ou pour donner une forme concrète à certaines impressions que j'ai eues au cours de mon voyage.

(¹) *Amalgamated Society of Litographic Printers of Great Britain and Ireland.*

L'Amérique a déjà reconnu que l'instruction est un facteur important de
succès, de prospérité et de bien-être pour une nation et a agi en conformité
de cette conception. L'on fait dans tous les pays de grands efforts pour améliorer le système d'enseignement et surtout dans ceux qui nous font la plus
grande concurrence commerciale. Notre propre pays a commencé à reconnaître la nécessité de donner une instruction meilleure mais le Gouvernement de ce pays et les Municipalités de nos diverses villes et cités ne sont
pas encore convaincus de cette absolue nécessité, encore que la construction
superbe et imposante élevée récemment à Manchester tende à prouver que la
Municipalité de cette ville n'est pas formée de retardataires de la pensée et
de l'action municipales qui viennent en aide, par leur apathie, aux autres
nations dans la grande lutte industrielle qui est plus grande aujourd'hui qu'à
aucune époque antérieure de notre histoire.

Nous avons eu l'occasion de voir appliquer une méthode d'enseignement,
nouvelle pour moi, par laquelle on peut apprendre à lire aux enfants avant
qu'ils connaissent l'alphabet, à écrire sans cahier, et à leur faire acquérir
quelques notions d'arithmétique sans avoir recours à la table de multiplica-
tion. On n'a pas encore actuellement donné de nom particulier à ce système,
mais ses partisans croient qu'il a emprunté quelques unes des théories les
meilleures et les plus pratiques qui aient été formulées par ceux qui étudient
les divers moyens de donner une instruction scolastique aux enfants. L'opinion que je me suis formée pendant cette visite est que la méthode en question tend à développer l'intelligence et à rendre plus rapides les perceptions
que les enfants ont des choses, plus vite qu'on ne peut prétendre y réussir
avec notre système actuel. L'idée avant le mot, telle est l'importante méthode que l'on a adoptée et reconnaître les mots tel est le premier enseignement donné à un enfant qui entre dans une école à New-York. Le tableau noir
y joue nécessairement un rôle important puisque l'enseignement est entièrement objectif. L'on enseigne l'arithmétique par le même système; et on
emploie également ce même système de leçons de choses pour tous les éléments et l'on peut dire qu'il s'applique également à l'enseignement de la
grammaire. En fait la vieille méthode d'enseignement disparaît et l'on prétend
que les enfants apprennent plus vite et mieux la lecture, l'écriture et l'arithmétique avec ce système et que les résultats obtenus sont meilleurs qu'avec
l'ancien. La brièveté de ce rapport empêche qu'il serve à donner des
exemples du système en question mais j'ose dire, que s'il n'est pas appliqué
dans ce pays (et ma connaissance quelque peu limitée des méthodes d'enseignement de nos écoles publiques ne me permet pas de dire s'il l'est ou
non), nous pourrions avantageusement le prendre en considération et voir
si son introduction ne serait pas recommandable et profitable dans l'intérêt

des générations prochaines qui, dans l'avenir, doivent, de toute nécessité exercer une action considérable sur les destinées commerciales et autres de la nation. Nous avons eu toutes les occasions d'acquérir des données sérieuses sur l'apprentissage technique de la jeunesse Américaine pour la préparer à la vie industrielle. L'enseignement donné par les maîtres, qui connaissent à fond la pratique de leur partie, est très complet et ne laisse presque rien à désirer. Les écoles techniques de notre pays sont d'excellentes institutions, et ont été fondées dans le but de donner exactement les mêmes résultats que ceux que nous avons pu observer en Amérique ; néanmoins en parcourant ces établissements les impressions semblent se coordonner et amènent à penser que les idées pratiques que l'on enseigne et que l'on met en œuvre sont plus propres à armer la jeunesse pour maintenir et développer la situation industrielle actuelle de l'Amérique, que les idées qui sont enseignées chez nous.

La théorie est très nécessaire, mais la pratique a un plus grand avantage et l'instruction pratique que reçoit la jeunesse Américaine dans les ateliers adjoints aux divers collèges est un grand avantage et tend à développer sa puissance innée et, à un point de vue scientifique, c'est presque tout ce que l'on peut désirer. Nous avons des témoignages nombreux de la valeur de l'enseignement pratique dans ce pays-ci et l'excellent collège de technologie récemment ouvert à Manchester donnera dans ce pays, à la génération prochaine, qui pourra en profiter, un bagage scientifique et intellectuel tout à fait égal à celui qui est donné dans des institutions similaires sur le continent Américain.

Nous avons débarqué à New-York et visité successivement Schenectady, Albany, Niagara Buffalo, Cleveland, Chicago, Dayton, Cincinnati, Pittsburg, Washington, Philadelphie, Boston, Newark, puis de nouveau New-York. Je n'ai pas l'intention de parler d'aucun des immenses ateliers de constructions mécaniques, ou des manufactures que j'ai visités avec la Commission à l'exception de celui de la Compagnie Nationale des Caisses Enregistreuses (National Cash Register Co) à Dayton (Ohio), établissement immense, tout à fait unique, employant plus de 3.000 bras, où tout est tenu avec une propreté scrupuleuse, et tous les procédés connus employés pour hâter le travail, tandis qu'en même temps on s'occupe beaucoup du bonheur et du bien-être des ouvriers. Dans le département de l'impression et du brochage, le plus vaste, aux Etats-Unis, des ateliers d'une Compagnie privée exécutant uniquement son travail personnel, la machinerie employée, y compris celle en usage pour l'impression en trois couleurs, est de fabrication la plus moderne et la plus perfectionnée. Autant que nous avons pu le voir, tout ce qui a pour but la santé du personnel a été introduit dans l'établissement. Les ou-

vriers reçoivent de bons salaires, sont bien habillés et ont grand souci de la
considération qui leur est dûe.

Relativement à ma propre profession, dont je me suis plus particulièrement
occupé, je puis dire que j'ai eu toutes les occasions possibles d'avoir tous
les renseignements que je désirais grâce aux directeurs des établissements des
divers centres, qui me les donnaient ou les obtenaient pour moi, non seulement des employeurs et chefs de services, mais aussi des ouvriers avec lesquels
j'ai eu de nombreuses occasions de causer et pu poser des questions. Mon
unique regret est de ne pas avoir pu obtenir l'autorisation d'examiner la
machine polychrome, fonctionnant à New-York, qui imprime à la fois en
cinq ou six couleurs.

Les conditions de la profession ne varient pas notablement dans toute l'é-
tendue du pays visité pendant notre séjour. Le salaire payé partout aux
États-Unis, à un très petit nombre d'exceptions près, n'est pas inférieur à
20 dollars par semaine, mais la majorité des ouvriers reçoit comme salaire
une somme notablement supérieure à celle sus-mentionnée. Plusieurs conducteurs de machines et transporteurs, que j'ai connus dans ce pays-ci,
reçoivent de 20 à 36 dollars par semaine. Le nombre reconnu d'heures de
travail est, en Amérique, de 53 par semaine. Un établissement que j'ai visité
emploie en bloc 1.700 ouvriers et les conditions du personnel peuvent être
prises, assez justement, comme conditions types dans la ville de New-York et
même en dehors. Elle occupe plus de 60 conducteurs de machines, 40 transféreurs, 30 tireurs d'épreuves ; les salaires des transféreurs et tireurs d'é-
preuves varient de 25 à 35 dollars par semaine et ceux des conducteurs de machines opérant avec des machines de 36 pouces sur 52, sont de 22 dollars et
avec des machines de 62 pouces sur 42, de 25 dollars. La maison emploie 100
artistes recevant des salaires divers. Un petit nombre, employé pour une catégorie de travail commun ou inférieur, reçoit de 14 à 20 dollars par semaine,
mais les artistes recevant une si faible somme d'argent ne peuvent être considérés que comme représentant la classe, de beaucoup la moins capable, employée dans ce département, parce que les autres reçoivent de 20 à 80 dollars
par semaine suivant leurs capacités. Le travail aux pièces est très employé
parmi les artistes et ce système, dit-on, est assez satisfaisant pour les deux parties, car, contrairement à la coutume existant dans ce pays-ci, les employeurs
ne réduisent pas les tarifs lorsqu'ils ont calculé combien il faut de temps à un
ouvrier pour exécuter un travail. On peut ici faire remarquer que la situation
des artistes-lithographes est on ne peut moins satisfaisante au point de vue
Trade-Unioniste, et cela est dû, à mon avis, au fait qu'ils ne sont pas bien
organisés au point de vue professionnel ; comme conséquence, les salaires
varient dans une très large mesure qui n'est justifiée, dans son ensemble, par

aucune différence pouvant exister dans les mérite sou capacités des différents ouvriers.

Les ouvriers alimentant les machines lithographiques reçoivent de 12 à 13 dollars par semaine, la plus grande partie d'entre eux étant constituée par des hommes qui ont un grand nombre d'années d'expérience professionnelle et qui peuvent alimenter les machines à toute vitesse à laquelle on juge que le travail puisse être exécuté de façon satisfaisante. On peut noter que dans chacun des établissements que j'ai visités tout l' « enlèvement » se fait automatiquement, les employeurs déclarant qu'ils trouvent cette méthode très supérieure à l'emploi de main d'œuvre ouvrière pour ce travail. Les polisseurs de pierre et préparateurs de dalles reçoivent de 14 à 17 dollars par semaine, ils ont une Union d'une puissance considérable qui les aide à maintenir le niveau de leurs salaires.

On prend la même proportion d'apprentis par rapport au nombre d'ouvriers que dans ce pays-ci, mais pendant leur période d'apprentissage ils reçoivent des salaires beaucoup plus élevés que les apprentis du Royaume-Uni.

La lithographie sur dalles de fer blanc ou de fer est également très employée, et le système est le même que celui appliqué dans ce pays-ci. On exécute d'excellent travail, mais à mon avis nous n'avons pas grand chose ou rien à apprendre dans cette branche d'industrie. Mais la promptitude avec laquelle les employeurs acceptent les idées nouvelles et la machinerie nouvelle fait qu'il est on ne peut plus nécessaire que nous ne perdions aucune occasion de nous tenir parfaitement à jour dans tout ce qui touche à cette industrie. On emploie une très bonne machine pour mettre la couleur fondamentale que l'on met dans ce pays-ci ordinairement comme première impression. La machine teinte environ 10.000 feuilles par jour et ne nécessite l'attention que de deux jeunes hommes ou filles, l'un pour l'alimenter et l'autre pour retirer les feuilles teintées. On affirme qu'avec ce procédé le teintage est supérieur à l'impression sur blanc.

L'emploi d'aluminium pour les dalles des machines se développe rapidement, ainsi que l'usage de machines rotatives. Ce fait, accompagné comme il l'est de l'usage des machines à deux couleurs ou polychrômes, a causé une grande modification et à moins que ces machines ne soient adoptées par les usines de Grande-Bretagne il doit donner aux employeurs des Etats-Unis un avantage marqué dans la production de certaines, sinon de toutes les catégories de travail produites au moyen des procédés lithographiques.

Le système de transfert des dessins diffère si faiblement de celui dont on se sert dans notre propre pays, qu'on pourrait le passer sous silence si ce n'était qu'on n'y emploie aucun papier transparent, mais exclusivement du papier opaque et que tout le travail sur les lignes est repiqué exactement sur des lignes, au lieu d'être fait sur du verre ou avec du papier transparent. L'ouvrage transféré avec ce papier donne des résultats supérieurs à ceux donnés par aucun des autres papiers-transféreurs auxquels nous sommes habitués. On le recouvre d'une composition qui, avec la moindre trace d'humidité, adhère à la pierre avec une grande ténacité. En fait, on applique dans une très large mesure les transferts sur des pierres qui ont été humidifiées par les procédés ordinaires et séchées en apparence par des ventilateurs, et la faible quantité de liquide restant dans les pores de la pierre semble être tout à fait suffisante pour assurer l'adhérence entre le transfert et la pierre. Dans les transferts que j'ai vu faire, les méthodes semblent être extrêmement simples et en même temps l'on obtient des résultats prouvant qu'elles sont tout à fait satisfaisantes. Les méthodes pour rouler et nettoyer une composition sont aussi très expéditives et l'asphalte joue un rôle important dans le procédé de préparation de la pierre pour la gravure, assurant ainsi une condition telle de l'ouvrage qui doit être imprimé, que l'opérateur peut ainsi tirer un nombre presqu'illimité d'épreuves sans détériorer sensiblement la composition.

Mes observations, au cours de la visite, ont été telles qu'elles m'ont convaincu que, en accordant les hauts salaires payés (relativement à ceux payés en Grande-Bretagne) aux États-Unis, et supposant que nos employeurs nous assurent une machinerie et les autres moyens nécessaires de production équivalents à ceux en usage en Amérique, ce pays-ci n'a pas besoin de s'alarmer relativement à un transport de cette industrie aux États-Unis, tout au moins en ce qui touche à la lithographie.

Les employeurs Américains établissent leurs calculs sur le fait qu'au bout de peu de temps la machine donne des bénéfices. On monte les meilleures machines qui soient sur le marché et on leur fait fournir leur maximum de production et après qu'elles ont payé leur prix d'acquisition les employeurs sont prêts, lorsqu'une machine perfectionnée est produite, à déplacer l'ancienne et à la remplacer par la nouvelle. Un type de machine dont il a déjà parlé, fonctionne actuellement et imprime en deux couleurs à chaque passage de la planche. Cette machine a été adoptée avec succès par plusieurs maisons. J'ai visité les établissements de constructeurs de machines d'imprimerie et j'ai constaté la promptitude avec laquelle ils peuvent, grâce à leur outillage, satisfaire aux demandes de l'industrie.

Considérant les méthodes générales de direction et d'organisation des maisons Américaines et les moyens adoptés pour maintenir la rapidité de production existante, j'attirerais l'attention sur le fait que l'on a des appareils d'alimentation auxquels on peut se fier, élément nécessaire et de la plus haute importance pour fournir du bon travail et éviter les retards. En outre on retire aux ouvriers tout le travail possible afin de le confier à la machine. On a des manœuvres toujours en permanence pour retirer les feuilles sortant de la machine, pour alimenter les appareils d'alimentation et pour servir toujours, à sa convenance, l'ouvrier en charge de la machine, le laissant libre de satisfaire seul à l'accomplissement du travail.

Une machine à laver les cylindres lithographiques, en usage aux États-Unis, attira mon attention, comme fournissant un procédé mécanique par lequel on peut économiser beaucoup de temps et de travail dans le procédé du lavage des cylindres nécessitant, comme cela arrive souvent, l'immobilisation de la machine pendant fort longtemps c'est-à-dire tout le temps que l'on lave et nettoie convenablement les cylindres. La machine dont il s'agit a environ onze pieds de long et quatorze de largeur, elle est placée tout contre le mur et n'occupe par suite, pas grand place. Elle nettoie à fond et graisse les plus grands cylindres dont on se sert dans notre profession, en trois ou quatre minutes. Voici un très grand avantage que possède cette machine : un cylindre de surface présentant des aspérités ou creux peut être amené de bout en bout à un calibrage parfait. En fait j'ai vu faire cette opération avec les résultats les plus satisfaisants. L'on a établi des applications de cette machine, grâce auxquelles se produit la plus petite perte possible de térébenthine ; en fait cette perte est réduite au minimum. Dans les grands établissements, où fonctionnent beaucoup de machines d'impression lithographique on comprend facilement quelle grande économie de temps et de matières l'on peut réaliser par l'emploi de cette machine.

J'ai eu le privilège d'être autorisé à examiner et à voir le fonctionnement d'une machine nouvelle qui, à mon avis, est destinée à exercer un effet important sur l'imprimerie, tant par caractères que lithographique. Cette machine est connue sous le non de « Planographe » et les caractères ou lettres en usage ne sont ni fixés ni fondus, car on n'emploie pas dans ce procédé de séries de caractères. La machine à composer imprime les caractères sur du papier calque (transfer paper) que l'on transfère sur une dalle unie de zinc ou d'aluminium et le texte est ensuite imprimé sur une machine rotative, sans aucune perte de temps, quelle qu'elle soit, en dehors du temps nécessaire (très court) pour fixer la dalle sur la machine. La justification du nombre de lignes se fait automatiquement et s'effectue entièrement sans aide de l'opérateur après que la machine est mise en mouvement. On prétend que les caractères ou lettres peuvent être imprimés sur le papier calque au nombre de 30 à 40.000 unités par jour. Le coût de la machine n'est pas grand, mais son influence sur l'industrie de l'impression sera considérable et sans aucun doute elle permettra d'exécuter une énorme quantité de travail sur la machine rotative en partant de dalles de zinc ou d'aluminium alors que jusqu'ici on était obligé de la faire avec des caractères de plomb et une presse ordinaire. Ce sera le moyen d'augmenter la production de vues, portraits, etc. au moyen de transferts photographiques. En fait il n'est pas possible d'estimer à vue de nez ce qu'une telle machine peut produire.

On peut attribuer la prospérité des États-Unis à diverses causes. Celles qui à mon avis, y contribuent le plus fortement, sont en premier lieu les res-

sources naturelles si merveilleuses de ce pays, riche en minéraux et de
grande productivité agricole naturelle ; en second lieu, l'instruction supérieure donnée à la jeunesse Américaine, la préparant mieux à la lutte industrielle dans laquelle elle doit entrer et en troisième lieu l'avantage d'une
machinerie meilleure du type le plus moderne et le plus recommandable.
Le nombre des procédés mécaniques économisateurs de main-d'œuvre dont
on se sert pour presque tous les travaux est parfaitement ahurissant, les
employeurs reconnaissant que, en dehors du temps économisé par leur adoption, l'ouvrier lui-même est mieux à même de remplir son rôle, quant à la
productivité et à la production, qu'il ne le serait s'il était obligé de faire les
manipulations que lui épargnent ces procédés mécaniques économisateurs de
main-d'œuvre ou l'aide de manœuvres. Pour ce qui a trait à la rapidité
de marche de la machinerie et à l'activité des ouvriers employés, en général,
il n'y a absolument aucune différence qui vaille d'être notée, car dans les
deux pays les ouvriers remplissent intégralement leur devoir à ces points de
vue. C'est-à-dire tout au moins dans l'industrie lithographique. La prospérité de l'Amérique doit, de l'avis de ceux qui sont le mieux à même d'émettre
un jugement, être attribuée aux tarifs protectionnistes en vigueur dans ce
pays. Jusqu'à quel point cette affirmation est-elle exacte, je ne puis le dire.
Les ouvriers de ce pays-ci ont en grand nombre été élevés dans la foi absolue
du libre-échange et de ses principes et je suis compris dans ce nombre ; mais
que le libre-échange tel qu'il est pratiqué dans ce pays qui, il faut bien l'admettre, se trouve dans des conditions spéciales de non-réciprocité, soit avantageux à ceux qui sont intéressés à l'industrie — employeurs ou ouvriers —
c'est tout au moins douteux, parce que les produits manufacturés entrent en
Grande-Bretagne sans acquitter de droits, tandis que les produits manufacturés dans ce pays-ci, lorsqu'ils sont exportés dans d'autres pays, sont
soumis à des tarifs pratiquement prohibitifs, ce qui rend impossible de
continuer leur fabrication parce qu'elle cesse d'être rémunératrice. Personne,
ayant à cœur le bien-être des classes industrielles, ne prônerait un seul instant la taxation des produits alimentaires ou des matières premières, mais
je suis porté à croire que si l'on pouvait assurer seulement à ce pays-ci une
partie de la prospérité commerciale des États-Unis comme conséquence de
droits d'importation des articles manufacturés qui y sont envoyés, il y aurait
un grand nombre d'ouvriers heureux de voter ces droits. L'on admet généralement que le coût de l'existence est très élevé en Amérique et que les
salaires élevés dont jouissent les ouvriers sont engloutis par les hauts prix
des objets de première nécessité. Ce n'est pas exact. Cette fois-ci, de même
que les fois précédentes, aux cours de mes voyages aux États-Unis, j'ai fait
une attention particulière aux prix des articles de première nécessité, en

m'adressant dans divers magasins, dans le but d'obtenir ces renseignements. Quelle qu'ait pu être la différence au cours des années précédentes, les informations que j'ai obtenues pendant mes deux derniers voyages m'ont convaincu que les prix des mêmes articles de première nécessité sont presque identiques en Amérique et en Angleterre. Aux Etats-Unis le pain coûte 2 1/2 *cents* par pound ou 5 *d.* pour un pain de 4 *pounds*, le gigot 12 *cents* ou 6 *d.* par *pound*, la côte de bœuf de 12 à 14 *cents* soit 6 à 7 d. par *pound*, du bon lard maigre ou du jambon de 14 à 16 *cents* soit 7 à 8 *d.* par *pound*. Je me suis enquis des prix d'un très grand nombre d'articles mais on peut considérer que ceux ci-dessus donnent une idée exacte de ceux des articles non cités. Les légumes sont très abondants et très nombreux comme espèces, et à des prix correspondants et proportionnels aux précédents.

Les prix des vêtements aux Etats-Unis sont très élevés, presque doubles, à qualité égale de ceux d'ici. Les prix des bottines sont sensiblement les mêmes, mais, s'il y a une différence, les chaussures Américaines sont une idée plus chères. Les loyers et le charbon sont plus chers qu'en Grande-Bretagne et la distribution des habitations et le genre de vie ne valent pas ceux des ouvriers de ce pays.

En comparant la condition de l'imprimeur-lithographe en Amérique et en Angleterre, on trouvera une grande différence. Aux Etats-Unis un ouvrier lithographe moyen reçoit au moins 4 £ par semaine et il y en a beaucoup qui sont payés 5 à 6 £ par semaine pour sensiblement le même travail que l'on fait ici pour 36 à 45 sh. En prenant en considération tous les frais, on verra que nos frères lithographes d'Amérique ont un avantage très sérieux sur nous. La preuve en est fournie par le fait qu'ils s'habillent mieux que nos ouvriers, qu'ils ont un niveau d'existence plus élevé et qu'ils dépensent plus d'argent en même temps qu'un grand nombre de ceux avec qui je suis entré en rapport, ont économisé plus d'argent en quelques années que les membres de notre Union ne pourraient possiblement le faire pendant toute leur existence. Il est également en dehors de la question qu'un grand nombre d'Américains possèdent la maison qu'ils habitent. En bonne justice il faut dire que les ouvriers sont sobres. Il est rare de rencontrer un homme ivre, en fait un homme d'habitudes irrégulières se voit beaucoup moins et est beaucoup moins commun dans ce pays qu'ici, parce qu'on le regarde avec mépris et qu'on le frappe d'ostracisme à cause de ses habitudes.

J'ai tenté dans ce rapport d'indiquer aussi brièvement que possible les impressions que m'ont faites mes voyages successifs en Amérique, et en concluant je suis heureux de pouvoir dire que rien de ce que j'ai vu n'a pu me convaincre, en dehors de ce que j'ai déjà dit, que les employeurs Américains l'emportent sur ceux de notre pays. Il ne faut pas que l'on néglige

de donner à notre peuple une instruction plus complète, surtout au point
de vue technique et ceci accompagné de la bonne volonté de la part de nos
employeurs de profiter de la machinerie nouvelle et perfectionnée créée
chaque jour, permettra à l'industrie de la lithographie de continuer à s'exercer
avec succès dans ce pays sans crainte de la voir émigrer aux États-Unis
parce que le travail y est mieux exécuté ou exécuté à plus bas prix.

Réponses de M. GEO. D. KELLEY. J. P. (¹) au questionnaire

Questions.	*Réponses.*
A. APPRENTISSAGE DES JEUNES OUVRIERS.	
1. Par l'apprentissage qu'il a fait et l'instruction qu'il a reçue, le jeune ouvrier Américain est-il mieux préparé à son travail que le jeune Anglais ?	1. Nous le croyons.
2. Si oui quelles modifications avez-vous à proposer au système d'enseignement suivi en Angleterre ?	2. Je ne suis pas préparé à faire des propositions à ce sujet.
3. Avez-vous quelques indications à fournir relativement aux cours complémentaires et aux cours professionnels du soir pour les ouvriers travaillant toute la journée ?	3. On devrait donner toutes les occasions possibles de suivre ces cours et prodiguer des encouragements à ceux qui y vont.
B. RELATIONS ENTRE EMPLOYEURS ET EMPLOYÉS.	
4. Quelle est la durée du travail dans votre métier en Amérique ? Comment se compare-t-elle à la durée du travail en Angleterre ?	4. Cinquante trois heures par semaine ; pratiquement la même chose qu'en Grande-Bretagne où nous travaillons de 50 à 53 heures.
5. L'ouvrier Américain a-t-il par heure une production moyenne supérieure à celle de l'ouvrier Anglais ?	5. S'il en fait plus, c'est bien peu ; mais il a plus de facilités que l'on n'en accorde généralement dans ce pays-ci.
6. Les tarifs aux pièces (travail aux pièces ou aux pièces et au temps)	6. Il n'y a pas de travail aux pièces dans la lithographie sauf pour les

(¹) *Justice of Peace.*

sont-ils très en vigueur en Amérique ?

7. Ce système est-il à l'avantage (*a*) de l'ouvrier (*b*) de l'employeur ? Donne-t-il un avantage injustifié à l'une des deux parties ?

8. Quand des ouvriers qualifiés, travaillant aux pièces, augmentent la production par leur propre habileté, les employeurs Américains réduisent-ils les tarifs pour empêcher un ouvrier de gagner plus qu'une certaine somme ?

9. Les systèmes de primes ou boni sont-ils plus généralement adoptés en Amérique qu'en Angleterre ; dans ce cas quels sont leurs résultats pour l'employeur et les employés ?

10. Là où existe le salaire hebdomadaire :
   (*a*) Les ouvriers semblent-ils désireux de faire de leur mieux et de fournir une bonne journée de travail en échange d'un bon salaire ?
   (*b*) Avec ce système l'énergie personnelle et l'initiative sont-elles dûment rémunérées ?

11. Les employeurs Américains sont-ils désireux de pousser le personnel payé au temps à augmenter sa production par homme et sont-ils prêts à accroître proportionnellement le salaire ?

12. Les suggestions faites par les employeurs en vue d'améliorer l'outillage, l'introduction de procédés mécaniques économisateurs de main d'œuvre et les machines du

artistes et les dessinateurs.

7. Généralement il est avantageux pour les deux là où il est observé équitablement.

8. Non, mais on le fait fréquemment dans ce pays-ci.

9. Il n'y a pas de boni dans notre profession.

10. (*a*) Oui (*b*) Oui.

11. Oui.

12. Oui, quand on leur montre qu'elles ouvrent de nouveaux débouchés.

dernier modèle sont-elles favorablement accueillies par les ouvriers ou le contraire se produit-il?

13. Les propositions de perfectionnements émanant des ouvriers
sont-elles bien accueillies par les
employeurs et récompensées par
eux ?

13. Oui.

14. (a) Les ouvriers conduisent-ils
un plus grand nombre de machines qu'en Angleterre ?

(b) Si oui ce système est-il favorable aux deux parties ou
l'une d'elles a-t-elle un avantage injustifié ?

14. (a) Un homme par machine.

15. L'ouvrier Américain nécessite-t-il
une plus grande « surveillance » ?
Quelle comparaison peut-on établir sous ce rapport entre lui et
l'ouvrier Anglais ?

15. Aucune différence.

16. L'ouvrier Américain est-il capable d'initiative et de travailler
sans ordres fréquents et détaillés ?
Quelle comparaison peut-on établir
sous ces divers rapports entre lui
et l'ouvrier Anglais ?

16. Oui, tout comme l'ouvrier Anglais.

17. L'ouvrier Américain donne-t-il
un fort coup de collier en temps
de presse et le fait-il gaiement ?
Quel rapport y a-t-il entre sa production pendant ces heures supplémentaires et sa production normale ? Quelles comparaisons peut-
on établir à ces divers points de
vue entre lui et l'ouvrier Anglais ?

17. Oui, ils agissent à peu près de
même.

18. Les employeurs Américains sont-
ils plus facilement accessibles à
leurs ouvriers que les employeurs
Anglais ?

18. Oui, beaucoup plus.

19. D'une façon générale un ouvrier

19. Oui, elles sont beaucoup plus

a-t-il plus de chances de s'élever en Amérique qu'en Angleterre ?

20. L'usine Américaine répond-elle mieux que l'usine Anglaise aux besoins des ouvriers relativement à l'hygiène, à la ventilation et au bien-être en général ?

21. (a) L'outillage des usines Américaine est-il supérieur au point de vue de la production.

    (b) Sont-elles mieux dirigées ? La proportion des directeurs sortis des Universités est-elle plus grande qu'en Angleterre ?

    (c) La qualité des produits est-elle meilleure ?

22. Pour combien la plus grande productivité des usines Américaines est-elle due :

    (a) A la durée du travail supérieure à ce qu'elle est ici ?

    (b) A la plus grande rapidité de marche des machines ?

23. Y a-t-il des pratiques de l'organisation Américaine qu'il y aurait lieu d'introduire, à votre avis, dans les usines Anglaises ?

C. CONDITIONS GÉNÉRALES DE LA VIE DES OUVRIERS EN DEHORS DE L'USINE.

24. (a) Les ouvriers sont-ils mieux nourris en Amérique qu'en Angleterre ?

    (b) Quel rapport peut-on établir entre les prix de la nourriture en Amérique et en Angleterre ?

25. (a) Les ouvriers sont-ils mieux vêtus en Amérique qu'en Angleterre ?

---

grandes.

20. Oui.

21. (a) Oui.

    (b) Pas dans ma profession.

    (c) A peu près la même.

22. Il n'y a de différence ni dans la durée du travail, ni dans la rapidité de marche.

23. Non, pas dans ma profession.

24. (a) Le niveau de la vie est plus élevé.

    (b) Sensiblement égaux.

25. (a) Oui.

    (b) A mon avis, 60 0/0 au moins pour les vêtements sur me-

(*b*) Quel rapport peut-on établir entre les prix des vêtements en Amérique et en Angleterre?

26. (*a*) Les habitations des ouvriers Américains sont-elles supérieures à celles des ouvriers Anglais?

(*b*) Quel rapport y a-t-il entre les loyers dans les deux pays?

(*c*) Y a-t-il une plus grande proportion d'ouvriers propriétaires en Amérique qu'en Angleterre? Si oui à quoi attribuez-vous ce fait?

27. Quel rapport existe-t-il entre les salaires des ouvriers de votre profession en Amérique et en Angleterre, ces salaires *étant exprimés en argent.*

28. Quel rapport existe-t-il entre *la valeur* des salaires de l'ouvrier Américain et de l'ouvrier Anglais en *tenant compte du coût de l'existence?*

29. L'ouvrier sobre, prévoyant et de bonne conduite peut-il, tout en vivant convenablement, épargner davantage en Amérique qu'en Angleterre?

30. Si oui son épargne est-elle plus grande *en fait?*

31. Les paris aux courses, etc. jouent-ils un rôle aussi important dans la vie de l'ouvrier Américain que dans celle de l'ouvrier Anglais?

32. L'ouvrier Américain est-il plus sobre que l'ouvrier Anglais?

33. Est-il vrai que pendant qu'il est jeune l'ouvrier Américain four-

sures; il n'y a pas une différence aussi élevée pour les vêtements tout faits.

26. (*a*) Pas mieux logés.
(*b*) Loyers plus élevés.
(*c*) Oui; grâce à un plus haut salaire.

27. Double au moins en Amérique.

28. La différence est de plus de 60 0/0.

29. Oui.

30. Oui.

31. Ce n'est pas comparable.

32. Oui.

33. Il n'y en a pas d'exemple dans ma profession.

nisse une plus grande somme de
travail que l'ouvrier Anglais, mais
qu'il soit usé jeune et que ses années de travail soient peu nombreuses ?

34. Est-il vrai que l'ouvrier Américain soit renvoyé quand il est jeune
encore ?

34. Cela n'est pas prouvé.

35. (a) Est-il vrai que la durée
moyenne de la vie soit moindre chez l'ouvrier Américain
que chez l'ouvrier Anglais ?
(b) Si oui cela est-il dû à une
fatigue excessive, à un climat
moins sain ou à quelqu'autre
cause ?

35. Je n'en ai pas vu d'exemple dans
ma profession.

36. Y a-t-il une proportion supérieure ou moindre d'ouvriers à la
charge de l'Assistance publique en
Amérique qu'en Angleterre ?

36. La proportion est plus petite.

37. Les parents et les amis des ouvriers Américains trop âgés pour
travailler ou que la maladie et les
accidents en rendent incapables
leur viennent-ils plus en aide qu'en
Angleterre. Si oui à quoi attribuez-
vous la différence ?

37. Je n'en sais rien.

38. Trouvez-vous que les conditions
générales d'existence de l'ouvrier
soient meilleures en Amérique
qu'en Angleterre ? En quoi pourrions-nous imiter l'exemple des
Américains pour améliorer les
conditions de la vie en Angleterre ?

38. Uniquement par de plus hauts
salaires pour nous lithographes.

D. QUESTIONS D'ORDRE GÉNÉRAL.

39. Approuvez-vous le fonctionnement de la Fédération Civique ?

39. D'après ce que j'en ai vu, oui.

40. Pourrait-on introduire en Angleterre une organisation établie sur

40. Oui, mais nous avons déjà quelque chose du même genre.

la même base ou sur une base un
peu différente?

41. Les délégués sont-ils en faveur
d'une tentative pour établir une
organisation analogue en Angleterre?

41. Personnellement, oui.

GEO. D. KELLEY.

RAPPORT

de M. W. COFFEY de l'union des Ouvriers-Relieurs de Londres (¹)

—

En arrivant à Boston le 9 novembre, mon compagnon de voyage M. Geo.
J. Lapping, de Leeds, secrétaire de l'Union des Ouvriers du Cuir (*Amalgamated
Society of Leather Workers*) et moi trouvâmes, nous attendant, des instructions qui nous enjoignaient de nous rendre à Niagara, mais avant de quitter
Boston, nous allâmes chez M. Adams le directeur (*Editor*), du *Boston Herald*
pour lequel j'avais une lettre d'introduction de M. R. Cremer, Esq. M P ; il
nous reçut très cordialement. On nous invita à assister à la séance du *Trades-
Council* et de là nous allâmes aux bureaux du *Globe* où Major Kenny, l'un des
rédacteurs, nous fit parcourir toute l'installation et nous expliqua le mode
d'organisation adopté.

Le lundi 10 novembre nous prîmes le train pour Niagara où nous arrivâmes
le lendemain matin. Nous constatâmes que nous étions en avance sur les
autres membres de notre groupe, et après nous être reposés un peu, nous
allâmes contempler le merveilleux spectacle qui a rendu ce point célèbre
dans le monde entier. Le mercredi, le plus grand nombre des retardataires
étant arrivé, on décida les visites à faire aux lieux intéressants du voisinage.
L'une d'elles avait pour but les « moulins à grains ». C'est un établissement
remarquable à tous les points de vue. C'est une belle construction située à
faible distance des rapides. Toute la fabrication se fait à l'aide d'une machinerie des plus compliquées, de telle sorte que, depuis l'arrivée du grain jusqu'à l'emballage du biscuit fini, on évite tout recours à un contact immédiat
de la main de l'ouvrier ! Les installations intérieures sont parmi les plus
remarquables et les plus complètes que l'on puisse trouver dans n'importe

(¹) *London Consolidated Society of Journeymen Bookbinders.*

quelle usine du monde. On a établi des armoires séparées pour chaque
ouvrier, des bains chauds et froids, des salles à manger et une belle salle
de concert où le personnel peut se distraire agréablement pendant le temps
accordé pour le repas. En fait on a étudié de façon surprenante le confort et
le bien-être des ouvriers. Le taux des salaires payés est également très satisfaisant. Le lendemain fut occupé par notre voyage à Buffalo où nous fûmes
reçus au *Board of Trade* par la Chambre de Commerce. Nous visitâmes également la nouvelle installation des Aciéries Unies, actuellement en cours de
construction à Lackawanna et qui couvre une superficie immense. En rentrant à Buffalo nous fûmes accompagnés par plusieurs membres du *Trades-
Council* qui nous firent voir les principaux monuments : Hôtel des Postes,
Hôtel de Ville et autres édifices intéressants. Le soir, à notre retour à Niagara,
plusieurs d'entre nous assistèrent à une séance du *Trades-Council*.

Le vendredi nous visitâmes la station de puissance motrice, où une machinerie capable de produire 55.000 *chevaux* de force est mûe par la puissance
hydraulique des chutes. On construit une seconde usine de plus grande puissance encore. Ce centre distribue la lumière et la puissance motrice à Niagara
et dans le district environnant dans un rayon de 30 *miles*. Nous fîmes également
une autre visite très intéressante aux usines de la Cⁱᵉ du Carborandum. Le
carborandum est une substance dont on fait des meules très semblables
aux meules d'émeri, auxquelles nous sommes accoutumés. Le vendred
14 novembre nous quittâmes Niagara à destination de Cleveland où nous arrivâmes de bonne heure le samedi matin. Dans l'après-midi nous fûmes invités
par le surveillant des docks à faire une excursion sur le fleuve où l'on nous
montra les ponts tournants, les barrages et autres grandes entreprises. Le
soir un dîner nous était offert à l'Union-Club. Le sénateur Hanna présidait
et beaucoup des hommes les plus marquants du monde commercial y assistaient.

Le dimanche fut occupé par des promenades en voiture dans Cleveland et
ses faubourgs, on avait loué pour nous des breaks spéciaux et le soir une
réception eut lieu à notre hôtel, M. Stonheimer, président de l'Union des
Cigariers (*Cigar Makers-Union*), M. Goldsmith et beaucoup d'autres person-
nages du pays ayant pris part à l'organisation. Le lundi 17 novembre nous
visitâmes les *Caxton Buildings* dont MM. Bowerman, Kelley et moi parcourûmes les ateliers d'impression. La reliure ne comprenait guère que des
cahiers et registres. Les ouvriers étaient presque tous au temps, encore qu'il
y ait du travail aux pièces, en temps de presse à l'imprimerie.

Nous arrivâmes à Chicago le mardi 18 novembre. Après le déjeuner nous
visitâmes l'Institut Technologique Armour (*Armour Technical Institute*).
Un grand nombre d'élèves suivaient les cours de cet établissement si bien

outillé. Plus tard nous visitâmes l'usine de conserves Armour. Les mesures prises ici pour le confort des ouvriers sont bien inférieures à celles des moulins de Niagara, encore que l'on observe une propreté scrupuleuse dans les ateliers de préparation et de mise en boite. Le lendemain matin j'allai voir M. Tatum, le président de la Fraternité Internationale des Relieurs (*International Brotherhood Bookbinders*). Il était très occupé, mais quitta son travail pour causer pendant un certain temps de l'état de l'industrie, de ses règlements, de sa législation, de son avenir. Je visitai ensuite les ateliers de MM. Donnelly, et aussi l'établissement de MM. Hennebery. Nous allâmes ensuite, sur invitation, aux grands magasins de MM. Marshall, Field et Cⁱᵉ. où plus de 7.000 personnes sont employées. Le directeur nous reçut avec la plus grande urbanité et nous expliqua le mode de contrôle adopté par lui. Il attachait une importance spéciale à la reconnaissance du mérite même des employés de la catégorie la plus inférieure et insistait tout particulièrement sur les encouragements donnés par un système de récompenses pour les perfectionnements suggérés par le personnel et que chacun est poussé à faire. Un grand nombre avait procuré un grand avantage à la maison : les employés qui les font en étant récompensés par une petite somme d'argent et dans bien des cas d'une façon plus substantielle : par une promotion. Le soir toute la Commission assistait à un banquet offert par l'*Union Club* de Chicago. M. Londonn, président de la Chambre de Commerce le présidait.

Nous visitâmes ensuite les grandes usines de la Compagnie des Caisses Enregistreuses (*Cash Register Cᵒ*) à Dayton (Ohio). Notre attention fut attirée spécialement par la grande expérience tentée pour répondre équitablement aux réclamations et aux aspirations du travail. La direction semble tout à fait imbue du désir de cultiver les relations les plus amicales avec l'ensemble des ouvriers. Excluant toute démonstration de philantropie et tentant lors de chaque proposition de placer toutes les questions sur une base d'affaires, la direction a réussi à faire de cette usine la plus parfaite que l'on trouve dans son genre aux États-Unis. Les ateliers sont des modèles d'ordre et de propreté et les mesures prises en vue des distractions, en dehors des heures de travail, sont des plus complètes. Ici des salles spacieuses pour les repas des jeunes femmes, au nombre de quelques centaines, employées dans les bureaux ou les ateliers d'imprimerie et de reliure. Ce fut une révélation pour nous de voir ce que peuvent réaliser des organisations parfaites et la bonne volonté de tous ceux qui y sont intéressés. Comme j'étais dans ces ateliers spacieux, parfaitement éclairés et ventilés, je ne pus que remarquer le contraste existant dans l'apparence de ces centaines de filles heureuses, bien habillées et bien nourries avec les conditions négligées, à la « va comme je te pousse » (*sic*) dans lesquelles travaillent ordinairement nos filles. Si c'était le seul

avantage du système établi ici il mériterait encore toutes les louanges.
Mais il y a beaucoup plus que cela. Des cours de musique, des clubs de bicy_
clette, des leçons d'histoire et de sciences et bien d'autres sortes de modes
d'instruction et de récréation sont organisés gratuitement pour le bien-être
des ouvriers. La direction de ces *clubs* etc. se trouve entre les mains des membres qui élisent leurs propres fonctionnaires et font les frais d'entretien. Tout
l'ensemble est un bel exemple de coopération de la tête de l'entreprise et de
ses ouvriers dans le but d'obtenir des résultats commerciaux satisfaisants.
Nous avons l'assurance du directeur général M. J. H. Patterson que tout cela
donne des bénéfices en le considérant au point de vue commercial.

Au départ de Dayton nous prîmes le train pour Pittsburg où nous arrivâmes le vendredi matin. Beaucoup de sujets devaient nous occuper ici, bien
que les principaux dont on parla fussent relatifs au charbon, au fer et à l'acier.
Toutes les industries montraient des signes de la plus grande intensité de
travail et toutes les usines semblaient donner leur production maxima.
Ici les *Trades-Councils* locaux organisèrent une réunion pour le soir. On y
fit de nombreux discours suivis d'une échange de vues sur bien des points intéressants. Plusieurs des orateurs locaux parlèrent des causes du succès de l'Amérique. Ils ne nous accordent pas que les ouvriers travaillent tellement
plus dur qu'en Angleterre. Ils ajoutent une grande importance au fait que
les ouvriers, même les manœuvres les moins payés, sont encouragés par les
employeurs à exercer leurs facultés mentales; si un ouvrier a l'idée d'un perfectionnement, il peut faire ses expériences dans les ateliers de l'employeur,
sur le temps qu'il lui doit et sans qu'on réduise son salaire. Si un homme
arrive en retard, un matin, pour une cause fortuite, ayant manqué son tramway ou son omnibus, on lui permet de commencer à travailler lorsqu'il arrive : il ne trouve pas la porte fermée, et ne perd pas une journée de salaire.
On nous déclara que bien qu'il y eut eu pas]mal de travail du dimanche autrefois, il y en avait beaucoup moins à présent, les Unions faisant en général tous
leurs efforts pour le supprimer, mais qu'elles ne recevaient souvent qu'un appui très parcimonieux des ministres de la religion auxquels elles avaient quelques fois fait appel pour les aider à émouvoir l'opinion publique sur ce point.
Le samedi matin nous visitâmes les Aciéries de Homestead (*Homestead Steel
Works*). L'après midi j'accompagnai M. Bowerman dans sa visite au secrétaire de l'Association Typographique (*Typographical Association*) locale. Je
n'ai pas trouvé d'organisation locale de relieurs ; il y en a beaucoup affiliés
à l'association Typographique mais leur intention est de former une section
spéciale dès que les circonstances rendront cette séparation désirable et per-
mettront de la faire avec succès.

Nous quittâmes Pittsburg le dimanche matin à 8 heures. C'était la pre-

mière fois que nous avions l'occasion de faire un long trajet de jour. Le
temps était beau, nous pûmes voir de façon satisfaisante le pays étendu et
varié que nous traversions rapidement : des bandes de terres vierges couvertes
de taillis et de végétation sauvage, auxquelles succédait une série de fermes
bien soignées, puis une vallée industrielle qui se développe, qui fait place à
une vaste étendue de pays monotone dans lequel s'élèvent çà et là une ou
deux habitations. Nous voici de nouveaux emportés le long de petites villes,
de villages et de fleuves et nous nous trouvons au milieu des monts Alleghany,
nous parcourons et nous descendons la fameuse courbe du Fer à Cheval, avec
les montagnes dressant leurs cimes à des centaines de pieds au dessus de
nous, jusqu'à ce que, les laissant loin derrière nous, nous arrivions enfin, bien
longtemps après que la nuit nous ait dérobé leur spectacle, à la fameuse
ville de Philadelphie. Le lendemain matin j'étais allé chez M. Cogau, secrétaire de l'Union locale des Relieurs. Il m'apprit que les conditions s'étaient
beaucoup améliorées depuis peu. Il était très occupé parce qu'il y avait réunion le même soir du Fonds de secours professionnel bénévole (*Benevolent
Trade Fund*) et qu'il avait à prendre les dernières mesures pour cette
séance. Je visitai ensuite avec M. Kelley un grande maison d'imprimerie, où
fonctionnaient des machines lithographiques pourvues de perfectionnements
récents. Dans l'après-midi je parcourus les établissements de MM. A. Reed et
Cie dont les très vastes ateliers de reliure sont remarquables à cause de la
grande quantité de machinerie nouvelle se trouvant dans toutes les sections.
On fait ici grande attention à conserver de bonnes conditions hygiéniques. On
balaye les planchers plusieurs fois par jour, il y a une belle installation de
lavatory et l'on emploie des appareils mécaniques spéciaux pour l'évacuation
des fumées émises par la colle qui bout ; on maintient ainsi l'atmosphère
aussi débarrassée que possible des odeurs nuisibles ou désagréables. Ayant
reçu de M. Cogau une invitation pressante pour assister à la réunion du soir,
j'arrivai au hall un peu avant neuf heures et m'aperçus qu'on allait servir le
dîner. Il y avait environ 300 membres qui y assistaient. Après ce dîner il y
avait une soirée-concert. Avant qu'elle ne commençât il y eut quelques discours. Le secrétaire rendit compte de la situation de la Société, au point de
vue financier, et montra qu'elle avait progressé de façon satisfaisante et que
ses affaires étaient dans une très bonne situation financière. On me demanda
de dire quelques mots : je les remerciai brièvement de l'honneur qu'ils
m'avaient fait en m'invitant, je les félicitai sur la réussite si heureuse de leur
association et leur souhaitai tous les succès possibles dans l'avenir.

De Philadelphie nous allâmes à Washington. Nous visitâmes ce jour là la
superbe Bibliothèque que nous montra le bibliothécaire, qui nous expliqua
le fonctionnement de la salle de lecture et le système adopté pour la commo-

dité des lecteurs. Le mécanisme ingénieux servant à la transmission des
livres du pupitre du lecteur sur la planche où ils sont rangés fut fort admiré. Nous traversâmes l'imprimerie et beaucoup d'autres départements
intéressants y compris les ateliers d'imprimerie et de reliure. On nous conduisit alors au Capitole pour nous faire voir la salle du Sénat et la Chambre
des Représentants. Nous allâmes ensuite à l'Office des Brevets où nous fûmes
reçus avec une extrême amabilité par le Commissaire en Chef. Il nous invita à nous rendre dans ses appartements privés et nous fit, là, un discours
très intéressant sur les lois régissant les brevets d'invention. Dans la soirée,
plusieurs d'entre nous allèrent voir M. John Mitchell, le Président des Mineurs, qui se trouvait à Washington pour les travaux de la Commission de
la Houille (*Coal Commission*). Le mercredi matin nous visitâmes l'Imprimerie
et les Ateliers de reliure de l'Etat. Un outillage des plus modernes y est en
service pour l'impression des documents officiels, rapports des Commissions
du Gouvernement, la papeterie et les documents nécessaires à la Poste et
autres départements publics. Bien que le bâtiment soit à quatre étages, avec
une superficie de 242.500 pieds carrés, on trouve qu'il ne peut satisfaire aux
demandes du public. Un nouveau bâtiment beaucoup plus vaste est presque
achevé. Il sera prêt à être occupé dans trois mois environ et les ateliers y
seront transférés. Dans cet établissement et dans tous ceux placés sous le
contrôle direct de l'Etat on observe, je le crois, scrupuleusement la journée
de 8 heures. L'atelier de reliure est bien outillé au point de vue machinerie.
Hommes et femmes parlent avec satisfaction des conditions de leur emploi.
Les salaires des ouvriers varient de 20 à 24 $ par semaine. Ceux des femmes
de 12 à 15 $. On se préoccupe beaucoup de la propreté et de la ventilation.
Nous partîmes en regrettant qu'il nous fût impossible de prolonger notre
séjour. Les principaux fonctionnaires, les imprimeurs publics, les directeurs
des départements de l'imprimerie et de la reliure étaient infatigables dans
leurs attentions pour nous, ils nous consacraient leur temps, fort galement,
pour nous guider dans cet établissement admirablement dirigé et nous en
faire voir le fonctionnement. De l'Imprimerie nous nous hâtâmes d'aller à
la Maison Blanche où le Président nous avait accordé une audience à midi.
Après une courte attente, nous fûmes conduits dans le bureau du Président
qui, après les présentations habituelles, nous parla très cordialement,
serra la main à chacun de nous, nous souhaita la bienvenue à Washington et dit espérer que notre séjour serait agréable et profitable. De la
Maison Blanche nous nous rendîmes directement au bureau de la *Labour
Commission* ou M. Carol Wright, le Commissaire en Chef nous accorda une
entrevue, tout à la fois intéressante et de grande valeur, nous adressant un
discours des plus remarquables et des plus complets sur les relations du

Capital et du Travail aux Etats-Unis et en Grande-Bretagn . De là nous
retournâmes voir l'Imprimeur principal pour le remercier de la courtoisie
qu'il nous avait montrée au cours de notre visite du matin. Nous nous hâtâmes
ensuite d'aller présenter nos respects à Sir Michaël Herbert, l'Ambassadeur
d'Angleterre, qui nous reçut avec la plus grande amabilité.

Nous repartîmes le même soir pour New-York où nous arrivâmes
un peu avant minuit. Le lendemain jeudi étant le *Thanksgiving Day*,
il y avait interruption totale des affaires. Le lendemain (vendredi 27 novembre) nous visitames les Chantiers de Constructions Navales et le Samedi
j'accompagnai M. Bowerman dans sa visite au journal hebdomadaire des
Mineurs (*Colliers Weekly*). Cette grande entreprise est connue aux Etats-Unis
comme éditant l'un des périodiques les plus populaires et les plus répandus.
L'imprimerie contient un outillage merveilleux des machines des plus modernes, et les machines économisatrices de main-d'œuvre frappent l'œil à
chaque pas. Une machine très remarquable est celle servant pour l'impression en couleur. Dans le département de reliure il y a un outillage similaire
merveilleusement étudié. Là, dans un étage spacieux de 150 pieds de long
sur 50 de large, se font toutes les opérations de la reliure. A un bout de cet
atelier bien éclairé et vaste, le pliage, l'assemblage, le collationnement, les
cousages, en fait toutes les opérations confiées à des femmes sont exécutées.
On fait grande attention à la propreté et on ne laisse pas les poussières
s'accumuler dans les coins ou sur les tables de travail. Des machines à
coudre on passe les livres aux pressiers et aux coupeurs. Le coupage se fait
entièrement à la machine « duplex », la guillotine ne servant que pour
couper les feuilles à longueur et les pages qui ne forment pas une feuille. Les
machines à arrondir et à faire les dos sont placées commodément dans le
voisinage des machines à couper de telle sorte que l'on évite entièrement la
nécessité de courir d'un bout à l'autre de l'atelier. L'alignement, les titres, la
dorure, tout se fait au même étage et chaque machine est si commodément
placée qu'elle permet à une opération de succéder à la précédente, à son
rang, tout cela doit aboutir à une grande économie. Cette disposition générale, à de très faibles exceptions près, existait dans tous les établissements
que j'ai visités. Chez MM. Collier il y a environ 70 ouvriers employés à la
reliure, à des taux de salaires variant de 15 à 20 $. Pour le travail supplé-
mentaire et le finissage, ces salaires sont considérablement plus élevés.
Parmi les établissements que j'ai visités, se trouve celui de MM. Trow bien
connus comme les plus grands éditeurs d'almanachs d'adresses aux Etats-
Unis. Ils achèvent la construction d'un beau bâtiment qu'ils espèrent voir
complètement installé dans trois mois. MM. Trow ont aussi de grands
ateliers à Brooklyn qu'ils m'ont invité à visiter, ce que je n'ai pu faire faute

de temps. MM. Little et C° de Lafayette Place sont occupés à perfectionner une machine pour fixer les livres à leurs couvertures. C'est une opération de reliure à laquelle on n'a pas encore appliqué la machine. La Compagnie Américaine du Livre (*Américan Book C°*) de Washington Square, possède un bâtiment et un outillage magnifiques. Cette maison édite principalement des livres classiques dont la production moyenne est de 20.000 par jour. Un trait caractéristique ici est l'emploi de l'électricité comme force motrice : chaque machine a son moteur séparé : la presse à poser les bouquets ou machine à dorer est entièrement chauffée à l'électricité. L'Affaire des Livres Méthodistes (*Methodist Book Concern*) de la Cinquième Avenue est également un très vaste établissement. On y fait un grand commerce de Bibles, Recueils d'Hymnes, de Nouveaux Testaments, de parties de l'Ecriture et d'ouvrages religieux de beaucoup d'auteurs connus. Un autre excellent outillage est celui de M. M. Williams, de Duane Street. Le Monsieur qui se trouve à la tête de la maison quitta Londres, il y a trente ans environ et après avoir travaillé comme ouvrier pendant quelques années s'établit très modestement à son compte. L'outillage actuel est estimé 70.000 dollars et la maison est l'une des plus prospères de New-York. MM. Russel et C°, de Chambers Street, ont également une entreprise très florissante. Dans plusieurs de ces établissements, il y a un département de papeterie et de livres de commerce, bien que cette spécialité soit surtout fabriquée par des maisons qui ne font guère que ce genre d'articles, à peu près comme cela se passe ici. Le temps ne m'a pas permis de jeter autre chose qu'un coup d'œil rapide sur nombre d'autres établissements ; on comprendra facilement que pour visiter la totalité des usines de notre profession dans cette ville immense il eût été indispensable de faire un séjour plus long qu'il n'était commode et désirable de le faire. Dans tous les ateliers que j'ai visités, les employeurs, directeurs et contre-maîtres nous ont témoigné beaucoup de courtoisie. On ne nous a opposé ni hésitation, ni résistance pour nous donner tous les renseignements demandés sur les méthodes et les conditions du travail. En dehors des maisons ci-dessus mentionnées, j'ai également demandé des renseignements aux fonctionnaires des Unions qui m'ont aussi très bien reçu.

Relativement à la méthode de travail j'ai constaté que les tarifs aux pièces dominent, les prix étant fixés par entente commune, généralement ; l'emploi est assez régulier, la variation extrême entre la bousculade de la saison alternant avec des semaines et même des mois de stagnation, comme nous l'éprouvons à Londres, est totalement inconnue ici, non que les ouvriers soient toujours également occupés, mais le travail semble être mieux réparti. Je cherchai à trouver quelque preuve positive de la plus grande intensité de travail que l'on attribue à l'ouvrier Américain comme l'un des traits principaux le distinguant de son « confrère » de Londres. Je n'ai pu trouver de base, dans notre profession tout au moins, à l'affirmation que les ouvriers travaillent tellement plus dur. Partout les ouvriers travaillent activement, mais sans cette hâte fébrile que l'on s'attendrait à trouver après avoir lu quelques unes des déclarations répandues ici. Je suis tout à fait certain que la vitesse moyenne du travail à Londres est tout aussi grande que celle de New-York. Si la production moyenne est supérieure, cela est dû au meilleur outillage des ateliers avec les machines modernes les plus parfaites, ainsi qu'à l'attention spéciale que l'on donne à leur disposition, de sorte qu'il est complètement inutile de transporter des charges et que le passage d'une opération à l'autre se trouve grandement facilité.

Le bien-être d'une industrie telle que la nôtre dépend de l'état de prospérité des branches industrielles plus importantes. Il n'y a aucun doute que les grands progrès réalisées par les industries du fer et de l'acier et le merveilleux développement de grandes villes qui n'étaient que de gros bourgs il y a quelques années, ont eu pour effet de créer une grande demande de livres instructifs et littéraires. Les grands centres d'Enseignements ont également une demande constante de livres scientifiques tant pour les écoles ordinaires que pour les collèges supérieurs.

Avant de terminer je trouve qu'il est de mon devoir de dire à quel point j'ai senti la cordialité qui m'a été prodiguée de tous côtés au cours de cette visite mémorable. J'ai partout entendu exprimer les vœux les plus cordiaux pour la perpétuation de relations amicales entre les deux pays. Le désir intense de la suprématie peut ne pas être aussi apparent chez nous, mais je suis certain que nous possédons encore tous les attributs nécessaires pour atteindre au succès. La patience, l'opiniâtreté, la détermination bien arrêtée de conserver notre rang dans la voie du progrès ne peuvent pas nous avoir abandonnés, même si nous avons montré quelque tendance à passer au second plan. En reconnaissant clairement les conditions nouvelles créées par l'avance qu'ont prise les peuples plus jeunes, en nous attachant davantage et plus sérieusement aux difficultés et aux problèmes complexes, sociaux et économiques, qui demandent l'attention la plus assidue des nations et des hommes d'État, notre nation sera certainement à même de conserver son prestige dans les conseils du monde et de maintenir sa bannière flottant fièrement à l'avant garde de la marche vers le progrès. Je voudrais aussi exprimer ma très sincère reconnaissance à M. Mosely pour m'avoir donné cette occasion splendide de visiter les grands centres industriels des États-Unis. Le désir qu'il a montré d'assurer le bien-être des membres de la Commission est en lui-même digne de remercîments spéciaux, tandis que l'esprit d'Homme d'État qu'il a montré en organisant la Commission, en incitant les Unions et les employeurs à se rendre compte qu'il était indispensable d'augmenter, dans leur intérêt commun, leur vigilance pour sauvegarder et conserver leur bien-être, commun ne mérite pas seulement des remerciments mais la reconnaissance et les honneurs publics.

Réponses de M. W. COFFEY au questionnaire.

Questions.

Réponses.

A. APPRENTISSAGE DES JEUNES OU-
VRIERS.

1. Par l'apprentissage qu'il a fait et l'instruction qu'il a reçue, le jeune ouvrier Américain est-il mieux préparé à son travail que le jeune Anglais?

2. Si oui quelles modifications avez-vous à proposer au système d'en-seignement suivi en Angleterre?

3. Avez-vous quelques indications à fournir relativement aux cours complémentaires et aux cours pro-fessionnels du soir pour les ouvriers occupés toute la journée?

1. 2. 3. Le système d'enseignement semble être bien adapté aux besoins de la nation. L'ambition de bien des ouvriers de voir leurs fils occu-per une bonne situation dans la vie est encouragée et aidée par les grandes facilités accordées à la jeunesse studieuse pour passer de l'école élémentaire au Collège Su-périeur et même à l'Université. Il y a maintenant d'excellents cours du soir créés par le Con-seil de l'enseignement (*School Board*) de New-York, mais ils n'existent pas depuis assez long-temps pour permettre d'établir une comparaison avec notre sys-tème de cours complémentaires. Ceux établis par la *Cooper Union* ont donné d'excellents résultats. C'est à tous les points de vue une institution modèle. En dehors des classes très nombreuses, il y a un *hall* splendide, pouvant con-tenir 2.000 personnes, où ont lieu des conférences, des concerts et autres distractions pour les élèves et le public. En même temps je

trouve que les facilités existant
ici pour perfectionner son instruction par les cours du soir des Polytechnics et par ceux placés sous la
direction du Conseil de l'Enseignement sont plus grandes que celles
existant actuellement à New-York.
Ici la difficulté est de décider ceux
pour lesquels sont créés ces cours
à venir les suivre. Les employeurs
peuvent faire beaucoup en encou-
rageant leurs jeunes ouvriers à
profiter des avantages de l'enseignement accordé dans les divers
instituts, mais il faut qu'il existe
également le désir des jeunes ouvriers de se perfectionner, faute
de quoi tous les efforts des Conseils
de l'Enseignement seront stériles.
Voici un exemple, il existe ici à
Londres un grand établissement de
notre industrie où le directeur
notifia aux jeunes gens du département de l'imprimerie et de la reliure que s'ils désiraient suivre les
cours, soit des Polytechnics, soit des
écoles complémentaires, la maison
leur accorderait le temps nécessaire et payerait la moitié des
droits de scolarité. La réponse fut
des plus décourageantes. Sur plus
de trente jeunes gens, il n'y en eut
que trois qui manifestèrent le désir
de profiter de cette offre. Ceci peut
être un cas exceptionnel. D'autre
part il y en a beaucoup qui sui-
vraient les cours s'ils étaient sûrs
de pouvoir le faire régulièrement.
Ils en sont, quoi qu'il en soit, em-
pêchés parce qu'on les fait travailler

B. Relations entre employeurs et employés.

4. Quelle est la durée du travail dans votre métier en Amérique. Comment se compare-t-elle à la durée du travail en Angleterre ?

5. L'ouvrier Américain a-t-il, par heure, une production moyenne supérieure à celle de l'ouvrier Anglais ?

6. Les tarifs aux pièces (travail aux pièces, ou aux pièces et au temps) sont-ils très en vigueur en Amérique ?

trop tard pour qu'ils puissent aller à leurs cours ; par suite ils perdent courage et y renoncent.

4. 5. La durée du travail dans notre profession est légèrement supérieure à ce qu'elle est habituellement ici. Il y a cependant quelques exceptions importantes là où la journée de huit heures est établie. Il y a un fort mouvement en faveur de la généralisation de la journée de huit heures. Actuellement dans la plupart des maisons la semaine est de 54 heures. On paye les heures supplémentaires à raison de une fois et demie le salaire normal par heure. Je n'ai vu aucune preuve du travail à haute pression qui domine, dit-on, dans les ateliers Américains. Il semble y avoir en général une moyenne équitable de travail, mais elle n'est certes pas plus grande, et je suis sûr que dans certains cas elle n'est pas aussi grande, qu'elle l'est d'ordinaire dans beaucoup de grands ateliers chez nous.

6. Dans tous les grands centres on emploie beaucoup les tarifs aux pièces. Cependant le plus souvent pour les machines on paye au temps. A Philadelphie les coupeurs, doreurs, ouvriers faisant les couvertures à la machine et ceux faisant les dos et les arrondissant gagnent en moyenne 18 dollars par semaine. A New-York le taux est de 20 dollars. Les ouvriers aux pièces gagnent de 3,5 à 5 dollars par jour.

7. Ce système est-il avantageux (*a*) à l'ouvrier, (*b*) aux employeurs ? Donne-t-il un avantage inéquitable à l'une des deux parties ?

7. Je n'ai pas entendu dire que ce système donnait un avantage injustifié à l'employeur, bien que beaucoup aient exprimé fortement leur opinion en faveur d'une adoption plus générale du travail au temps. Le terrain de la discussion est que les tarifs aux pièces tendent à la production de travail de qualité inférieure et aussi qu'ils conduisent à la détérioration de l'ouvrier, physiquement en raison de ce qu'il est soumis à un effort constant et moralement par l'appel incessant que l'on fait à ses instincts d'égoïsme et de rapacité par lesquels il est continuellement poussé à circonvenir ses compagnons dans le but d'obtenir un travail mieux payé, laissant à l'ouvrier plus lent la partie la plus dure et la plus maigrement rétribuée du travail. Dans la plupart des centres il y a maintenant une liste de prix établis pour presque tous les genres de travail.

8. Quand des ouvriers qualifiés travaillant aux pièces augmentent la production par leur propre habileté, les employeurs Américains réduisent-ils les tarifs pour empêcher un ouvrier de gagner plus qu'une certaine somme ?

8. En règle générale l'employeur n'essaye pas de réduire ces tarifs aux pièces, quel que soit le total de ce que gagne un ouvrier.

9. Les systèmes de primes et bonis sont-ils plus généralement adoptés en Amérique qu'en Angleterre ? Dans ce cas quels sont leurs résultats pour l'employeur et les employés ?

9. Aussi loin qu'ait pu porter mon enquête je n'ai pu trouver de systèmes de primes et bonis employés dans ma profession. Pour le travail au temps, il y a comme chez nous, un minimum de production bien déterminé au-dessous duquel l'ou-

vrier ne peut descendre sans risquer
d'être promptement renvoyé, mais
s'il dépasse cette quantité, son
salaire se trouve augmenté.

10. Là où existe le salaire hebdomadaire :

(a) Les ouvriers semblent-ils désireux de faire de leur mieux
et de fournir une bonne journée de travail en échange d'un
bon salaire ?

(b) Avec ce système l'énergie
personnelle et l'initiative sont-
elles dûment rénumérées ?

11. Les employeurs Américains semblent-ils désireux de pousser le
personnel payé au temps à augmenter sa production par homme,
et sont-ils prêts à accroître proportionnellement le salaire par ouvrier ?

12. Les suggestions faites par les employeurs en vue d'améliorer l'outillage, l'introduction de procédés
mécaniques économisateurs de
main-d'œuvre et les machines du
dernier modèle sont-elles favorablement accueillies par les ouvriers
ou le contraire se produit-il ?

13. Les propositions de perfectionne-

10. Là où l'on paye le salaire hebdomadaire, il y a, ainsi que cela a
été indiqué plus haut, un désir
apparent de donner une bonne
journée de travail en échange d'un
bon salaire. Un homme qui montrerait des capacités dépassant la
normale les verrait dûment rémunérées.

11. Sachant que ses efforts seront
dûment reconnus l'ouvrier se
trouve naturellement aiguillonné
et encouragé à déployer toute son
énergie pour accroître la production, tandis que, dans la plupart des
cas, l'employeur voit qu'il est de
son intérêt d'augmenter le salaire
de l'ouvrier énergique.

12. J'ai déjà parlé plus haut du système de récompense des perfectionnements suggérés par les employés notamment dans des établissements modèles comme ceux
de la Compagnie des Caisses Enregistreuses, des Moulins à Grains et
de Marshall, Field et Cie. Bien
entendu des suggestions de ce
genre viennent fréquemment des
employeurs et en règle générale
on trouve que les perfectionnements, tels que machines économisatrices de main-d'œuvre, sont
acceptés volontiers et comme un
fait inéluctable par les employés.

13. On nous a exposé de nombreux

ments émanant des ouvriers sont-elles bien accueillies par les employeurs et récompensées par eux ?

11. (*a*) Les ouvriers conduisent-ils un plus grand nombre de machines qu'en Angleterre ?

(*b*) Si oui, ce système est-il favorable aux deux parties ou l'une d'elle a-t-elle un avantage injustifié ?

15. L'ouvrier Américain nécessite-t-il une plus grande « surveillance » ? Quelle comparaison peut-on établir, sous ce rapport, entre lui et l'ouvrier Anglais ?

16. L'ouvrier Américain est-il capable d'initiative et de travailler sans ordres fréquents et détaillés ? Quelles comparaisons peut-on établir sous ces divers rapports entre lui et l'ouvrier Anglais ?

17. L'ouvrier Américain donne-t-il un fort coup de collier en temps de presse et le fait-il gaiement ? Quel rapport y a-t-il entre sa production pendant ces heures supplémentaires et sa production normale ? Quelles comparaisons peut-on établir à ces divers points de

cas où les ouvriers ont été promus et récompensés pour l'intérêt qu'ils ont montré en faisant ou en suggérant des perfectionnements. Les employeurs prodiguent de grands encouragements à leurs ouvriers dans ce sens.

14. La surveillance de plusieurs machines n'est pas usuelle, ni même possible dans notre profession, les machines en usage nécessitant toute l'attention d'un homme au moins. Dans l'atelier de pliage un homme est généralement occupé à régler les dimensions et à veiller à ce que plusieurs machines soient en bon ordre de marche, tandis que le pliage proprement dit est surveillé par une femme.

15. La surveillance des divers ateliers est organisée très sensiblement comme chez nous, c'est-à-dire un contre-maître (homme ou femme) par atelier, tous sous les ordres du directeur général.

16. Avec notre genre de travail, il n'est pas besoin d'ordres aussi fréquents et détaillés que dans beaucoup d'autres industries, les différents procédés étant dans une très large mesure la répétition de ceux qui sont usités constamment.

17. Faute d'observations suffisantes je ne serais pas justifiable de m'être formé une opinion.

vue entre lui et l'ouvrier Anglais ?

18. Les employeurs Américains sont-ils plus facilement accessibles à leurs ouvriers que les employeurs Anglais ?

18. La plus grande facilité d'accès, auprès des employeurs et directeurs, que celle existant communément en Angleterre, est très profitable aux deux parties : l'employeur prenant grand soin de montrer du tact dans les cas qui lui sont directement soumis et d'exercer sagement son jugement, et l'ouvrier, qui peut, peut-être, avoir un grief, ou une communication confidentielle à faire à son employeur, sentant qu'on lui accordera une attention beaucoup plus satisfaisante que s'il était obligé d'exposer son affaire par l'entremise d'un contre-maître ou d'un autre employé subalterne.

19. D'une façon générale un ouvrier a-t-il plus de chances de s'élever en Amérique qu'en Angleterre ?

19. Dans l'état actuel de notre industrie, je suis convaincu qu'il y a beaucoup d'occasions offertes à des ouvriers intelligents et énergiques, de s'élever plus rapidement en Amérique que chez nous.

20. L'usine Américaine répond-elle mieux que l'usine Anglaise aux besoins des ouvriers relativement à l'hygiène, à la ventilation et au bien-être en général ?

20. Dans toutes les usines que j'ai visitées, j'ai trouvé que l'on se préoccupait beaucoup de l'hygiène, de la ventilation et du bien-être en général. Comme il est facile de le supposer, il y a bien des maisons où cette préoccupation n'est pas aussi grande qu'il serait désirable qu'elle le fût; mais la tendance générale est de réaliser de grands progrès dans cette voie, les employeurs reconnaissant qu'un personnel ouvrier bien portant est plus capable de produire les meilleurs résultats. Bien entendu ceci

21. (a) L'outillage des usines Américaines est-il supérieur au point de vue de la production ?

(b) Sont-elles mieux dirigées ? La proportion des directeurs sortis des Universités est-elle plus grande qu'en Angleterre ?

(c) Les produits sont-ils de meilleure qualité ?

est reconnu ici, mais les ateliers aux États-Unis sont remarquables par la fréquence avec laquelle on les balaye et les précautions prises pour éviter l'accumulation de poussières et d'immondices.

21. En ce qui touche l'outillage des manufactures, il y a un grand désir chez les Américains de se tenir prêts à satisfaire les besoins modernes. La réalisation de ce désir se trouve beaucoup facilitée pour eux par le fait que les bâtiments atteignent à des hauteurs beaucoup plus grandes qu'elles ne le sont habituellement ici. On peut établir les ateliers d'après un plan beaucoup plus rationnel. Plus d'espace étant réservé pour les diverses opérations, les ouvriers échappent à la difficulté ordinaire, éprouvée ici, d'être, aux moments de presse surtout, incapables de trouver de la place pour installer convenablement leur ouvrage. En dehors de cette disposition rationnelle, je n'ai pas observé d'autres indications d'une meilleure direction. Les contre-maîtres, et, dans bien des cas, les employeurs sont des hommes qui sont partis de la situation d'ouvriers ordinaires. La qualité du travail ne diffère guère de celle qui est produite ici, surtout dans la reliure en peau. Il y a quelques maisons produisant actuellement un travail de meilleure qualité, mais elles n'égalent pas nos premières maisons soit comme style, soit comme qualité du travail. L'on

22. Pour combien la plus grande
production des usines Américaines
est-elle dûe :

   (*a*) A la durée du travail supérieure à ce qu'elle est ici ?

   (*b*) A la plus grande rapidité de
marche des machines ?

23. Y a-t-il des pratiques de l'organisation Américaine qu'il y aurait
lieu, à votre avis, d'introduire dans
les usines Anglaises ?

fait des perfectionnements considérables dans ces ateliers.

22. Je pense qu'il est très douteux
que la production par homme soit
plus grande que chez nous. La
durée du travail est certainement
plus grande et il est possible que
le mode de répartition des heures
donne un léger avantage. Voici
comment se répartissent les 54 h.
aux Etats-Unis : — Le travail
commence le matin à 7 heures 1/2
et prend fin à midi et demi ; il y
a une interruption de 1/2 heure
pour le déjeuner (*lunch*). On reprend à 1 heure jusqu'à 5 heures
et demie les 5 premiers jours et
pendant 1 heure et demie le samedi
pour compléter les 54 heures. Il y
a des maisons où, le travail ne commençant qu'à 8 heures, les ouvriers
doivent demeurer 1/2 heure plus
tard.

23. Les pratiques ordinaires sont si
semblables, la machinerie et les
méthodes si similaires, qu'il est
difficile de dire quels sont les points
de l'organisation Américaine qu'il
y aurait lieu d'imiter ici. On pourrait adopter le même système des
suggestions de perfectionnements,
avec profit pour les deux parties,
comme le serait également l'abais-
sement de la barrière de convention qui empêche un employeur de
prendre de l'intérêt au bien-être
personnel de ses ouvriers et également, ce qui se trouve implicite-
ment contenu dans le désidératum
précédent, qu'un ouvrier pût ap-

C. CONDITIONS GÉNÉRALES DE LA VIE
DE L'OUVRIER EN DEHORS DE L'USINE.

24. (*a*) Les ouvriers sont-ils mieux
nourris en Amérique qu'en
Angleterre ?

(*b*) Quel rapport peut-on établir
entre les prix de la nourriture
en Amérique et en Angleterre ?

25. (*a*) Les ouvriers sont-ils mieux
vêtus en Amérique qu'en Angleterre ?

(*b*) Quel rapport peut-on établir
entre les prix des vêtements
en Amérique et en Angleterre ?

26. (*a*) Les habitations des ouvriers
Américains sont-elles supé-
rieures à celles des ouvriers
Anglais ?

(*b*) Quel rapport y a-t-il entre les
loyers dans les deux pays ?

(*c*) Y a-t-il une plus grande
proportion d'ouvriers proprié-

procher son employeur sans encou-
rir le risque d'un blâme ou d'un
renvoi.

24. (*a*) Sur la question du mode
d'existence, il faudrait avoir
une expérience actuelle, pour
qu'une réponse catégorique
fût justifiée. Autant que j'ai
pu l'observer, il y a une apparence générale de bonne santé
et de vigueur parmi les ouvriers hommes et femmes, de
notre profession, ce qui amène
à l'induction qu'ils sont dans
l'ensemble bien soignés et
convenablement nourris.

(*b*) Le prix de la nourriture n'est
pas plus élevé que chez nous.
La viande a considérablement
renchéri au cours de ces dernières années, mais, malgré
ce résultat des opérations des
trusts, les prix sont à peu près
les mêmes que ceux de nos
marchés.

25. Les chapeaux, vêtements et autres
objets de toilette sont beaucoup
plus chers, coûtant presque le
double de ce qu'ils coûtent chez
nous et cependant l'ouvrier Américain est bien et même ordinairement élégamment habillé.

26. La question de l'habitation à
New-York est un problème effroya-
blement vaste. Le principal système d'habitation est celui des
maisons à appartements. Elles sont,
dans un très grand nombre de cas,
construites si proches l'une de
l'autre que l'espace laissé à la cir-

taires en Amérique qu'en Angleterre? Si oui, à quoi attribuez-vous ce fait ?

culation de l'air est tout à fait insuffisant et, dans le passé, on a
complètement négligé d'ordonner
des mesures convenables d'hygiène.
Les maux dûs au surpeuplement
et à la malpropreté ont atteint à
une proportion tout à fait dangereuse. Depuis la création de la
Commission des maisons à appartements (*Tenement Houses*), on a
fait des efforts prodigieux pour
diminuer le mal, et le travail accompli par la Commission et ses inspecteurs est un record dont ils
peuvent être fiers à juste titre ; en
fait, l'on peut même aller jusqu'à
recommander leurs méthodes rapides et tyranniques, à l'attention de
quelques-uns de nos Comités d'Hygiène et leurs recommandations
relatives au cube d'air, à la lumière
et à l'espace indispensables pour les
ouvriers pourraient même être re-
commandées à nos conseillers de
Comtés qui, à en juger par quelques unes de leurs œuvres récentes,
pourraient être considérés comme
ayant cherché à construire des
foyers pour une race de Pygmées
ou de Liliputiens. Dans les autres
villes le problème de l'habitation
n'est pas aussi difficile à résoudre.
A Philadelphie on peut louer une
maison confortable de six pièces
pour 12 à 15 dollars par mois. Mais,
encore que le loyer soit généralement très élevé, il dépasse rarement
un quart du revenu de l'ouvrier et
l'on trouvera, en ce qui concerne
Londres tout au moins, que c'est

une estimation très modérée de la proportion que payent des milliers de membres de la classe ouvrière. Dans la ville de New-York, il n'y a que peu d'ouvriers, s'il y en a, qui possèdent leur maison. Le terrain est trop coûteux pour un *cottage* ou une petite maison particulière, mais dans bien des villes l'ouvrier peut, grâce aux *building-societies* coopératives, devenir propriétaire de sa maison. Il y a un nombre croissant de petits propriétaires, encore qu'il ne semble pas que ce mouvement ait eu autant de succès que dans certaines parties de l'Angleterre.

27. Quel rapport existe-t-il entre les salaires des ouvriers de votre profession en Amérique et en Angleterre, ces salaires *étant exprimés en argent?*

27. Le salaire moyen dans notre profession s'est considérablement accru en Amérique au cours des 7 ou 8 dernières années: les prix également. Avec cet accroissement, il y a eu un développement régulier de la puissance des organisations professionnelles tant d'hommes que de femmes. Par suite les employeurs ont fait droit à la demande d'un salaire plus élevé mais seulement après une lutte amère et une victoire durement achetée par les ouvriers. Les salaires, en règle générale, sont de 70 à 100 0/0 plus élevés qu'en Angleterre. En fait j'ai vu des ouvriers, conduisant des machines, recevoir 20 dollars par semaine, alors que pour ce travail les employeurs considéreraient ici que 36 sh. est un salaire suffisant et même très élevé.

28. Quel rapport existe-t-il entre la

28. En prenant en considération le

valeur des salaires de l'ouvrier Américain et de l'ouvrier Anglais , en tenant compte du *coût de l'existence ?*

29. L'ouvrier sobre, prévoyant et de bonne conduite peut-il, tout en vivant convenablement, épargner davantage en Amérique qu'en Angleterre ?

30. Si oui, son épargne est-elle plus grande *en fait ?*

31. Les paris aux courses, etc. jouent-ils un rôle aussi important dans la vie de l'ouvrier Américain que dans celle de l'ouvrier Anglais ?

coût de l'existence, les hauts loyers, la chèreté des vêtements et autres dépenses indispensables, l'ouvrier de notre profession gagne, pour le moins, 25 0/0 de plus que son collègue Anglais.

29. 30. Un homme sobre, prévoyant et de bonne conduite peut certainement épargner davantage qu'il n'est possible de le faire ici. On m'en a cité plusieurs exemples qui en sont la preuve. Voici l'un des cas : celui d'un jeune homme ayant quitté Londres il y a 15 mois environ avec sa femme et ses deux jeunes enfants et qui n'a pu, m'a-t-il dit, trouver du travail pendant 15 mois. Il était à bout de ressources quand il fut embauché comme ouvrier. Son emploi avait été à peu près continu pendant les 5 mois précédant ma conversation avec lui. « Je me suis débarrassé de certaines dettes, j'ai 100 dollars à la Banque et 25 à y porter : vous savez que je n'aurais pu le faire si j'étais resté à Londres ». J'en suis pleinement convaincu, mais je ne saurais dire si les ouvriers économisent plus qu'ici. Beaucoup semblent dépenser tout leur revenu ; mais s'ils veulent épargner, ils peuvent le faire dans une plus grande mesure qu'en Angleterre.

31. Je n'ai pas trouvé que les paris aux courses fussent, en quoi que ce soit, comparables à ce qu'ils sont ici. Il ne semble pas y avoir de « bookmakers » des rues, tels que nous les connaissons. Je ne dis pas

qu'il n'en existe pas, mais ils ne sont pas de moitié aussi nombreux que chez nous, certainement, et la folie qui pousse à Londres le gamin qui fait les courses, de même que l'apprenti et l'ouvrier à jouer sur leur « fantaisie » leurs shillings si durement gagnés, ne semble pas avoir atteint nos cousins d'Amérique à un degré perceptible.

32. L'ouvrier Américain est-il plus sobre que l'ouvrier Anglais ?

32. On ne boit pas autant qu'ici ; on reconnaîtra immédiatement que l'on boit cependant beaucoup trop, et qu'il y a bien trop de cafés (*saloons*) mais le mastroquet, tel que nous le connaissons n'existe pas.L'ouvrier alcoolique perd toute chance d'être embauché et il doit, soit renoncer à boire, soit à se décider à partir.

33. Est-il vrai que pendant sa jeunesse l'ouvrier Américain fournisse une plus grande somme de travail que l'ouvrier Anglais, mais qu'il soit usé jeune et que ses années de travail soient peu nombreuses ?

33. Encore qu'il puisse être vrai que dans certaines industries l'effort dû à une grande fatigue physique use les hommes à un âge relativement moins élevé, je ne crois pas qu'il en soit ainsi dans notre profession, ou du moins à un plus haut degré que chez nous.

34. Est-il vrai que l'ouvrier Américain soit renvoyé quand il est jeune encore ?

34. J'ai vu bien des têtes grises dans les ateliers de reliure, et des hommes âgés tout à fait capables de faire une bonne journée de travail et capables de se maintenir au niveau de bien des jeunes gens autour d'eux.

35. (*a*) Est-il vrai que la durée moyenne de la vie soit moindre chez l'ouvrier Américain que chez l'ouvrier Anglais ?
(*b*) Si oui, cela est-il dû à une

35. Je ne puis entreprendre de répondre à cette question parce que je n'ai pu obtenir quoi que ce soit d'analogue à des déclarations sur lesquelles on puisse se baser.

fatigue excessive, à un climat
moins sain ou à quelqu'autre
cause ?

36. Y a-t-il une proportion supérieure ou moindre d'ouvriers à la
charge de l'Assistance publique, en
Amérique qu'en Angleterre ?

36. La misère existe sans doute et
cela est pleinement démontré par
le nombre de gamins mal vêtus qui
courent les rues pour vendre des
journaux, mais d'autre part, il n'y
a pas de signe apparent que le
nombre des pauvres soit aussi
grand que chez nous.

37. Les enfants et les amis des ouvriers Américains trop âgés pour
travailler ou que la maladie et les
accidents en rendent incapables,
leur viennent-ils plus en aide qu'en
Angleterre? Si oui, à quoi attribuez-vous la différence ?

37. Je n'ai pu obtenir de données sérieuses sur la question de savoir si
les ouvriers trop âgés pour travailler ou que la maladie en rend incapables sont aidés davantage par
leurs enfants et leurs amis qu'en
Angleterre. Je doute cependant qu'il
en soit ainsi, cependant, car l'une
des caractéristiques marquantes des
peuples de nos îles est de venir en
aide à leurs parents âgés autant
qu'ils le peuvent. Bien entendu il
y a des exceptions.

38. Trouvez-vous que les conditions
générales d'existence de l'ouvrier
Américain soient meilleures que
celles de l'ouvrier Anglais ?
En quoi pourrions-nous imiter
l'exemple des Américains pour
améliorer les conditions de la vie
en Angleterre ?

38. Quant à cela, je dirai que là où
existe le véritable idéal Anglais il
est difficile de trouver quelque
chose de mieux. Les liens étroits
de famille existant en Amérique
sont basés sur la pratique et
l'exemple Anglais. Mon séjour fut
trop court pour me permettre
d'apprendre si ces relations de
famille sont tenus par les Américains en aussi haute estime que
chez nous. Je crois qu'elles le sont.
J'ai été très heureux de voir que
les grands magasins ne favorisent
pas le système de la « vie à crédit »
existant ici ; dans ce cas particulier

au moins, il serait bon que les méthodes Américaines fussent copiées
ici. Quant au fait que le manufacturier Américain, tout en payant de
plus hauts salaires, soit encore à
même de lutter avec succès sur
les marchés du monde, il est indubitablement vrai que ce succès est
dû en grande partie à l'attention
donnée aux plus petits détails d'un
bon outillage aussi bien qu'à la
plus grande rapidité moyenne de
marche des machines. En eux-
mêmes ces facteurs ne seraient pas
suffisants pour assurer le succès
s'il n'existait pas le facteur plus
important et plus substantiel des
immenses ressources naturelles
les entourant de toute part. A
Pittsburg, par exemple, le minerai
de fer se trouve, affleurant à la
surface en quantités colossales, que
l'on peut avoir avec la plus faible
dépense possible de main-d'œuvre,
aucun travail de mine n'étant nécessaire. De plus, de splendides
voies navigables sont à la disposition des promoteurs entreprenants
de l'industrie pour laquelle elles
peuvent être le mieux utilisées.
Ceux-ci et bien d'autres avantages
dûs à la main providentielle de la Nature permettent au manufacturier
Américain de produire à meilleur
marché et par grandes quantités à
des prix inférieurs au coût minimum de production dans ce pays-ci
où les grandes dépenses pour l'extraction, la construction de routes
et de canaux augmentent considé-

rablement le coût de production. Le fait que les savants Américains ont si bien utilisé ces avantages, que leur génie national en a tiré si grand profit doit entrer en ligne de compte; quoi qu'il en soit, ces conditions n'influent pas encore de façon sensible sur notre profession. Je ne sache pas de cas de concurrence heureuse dans le monde du livre sauf là où le produit Américain est protégé par les droits de douane. Des ateliers plus spacieux et un outillage plus complet de machinerie moderne doivent avoir pour résultat une plus grande production par ouvrier. Les encouragements donnés immédiatement par les employeurs à l'ouvrier qui a des mérites spéciaux doivent également avoir des résultats similaires. Actuellement dans notre profession, les besoins du marché intérieur suffisent à occuper activement les centres de production. Il ne semble pas qu'il existe une concurrence aussi intense qu'ici, entre employeurs, par suite les prix sont maintenus à un niveau plus équitable et les employeurs ne sont pas autant disposés à tenter de faire leurs affaires en réduisant constamment les salaires de leurs ouvriers.

D. QUESTIONS D'ORDRE GÉNÉRAL.

39. Approuvez-vous le fonctionnement de la Fédération Civique ?

40. Pourrait-on introduire en Angleterre une organisation établie sur la même base ou sur une base un peu différente ?

39. 40. 41. En Angleterre nous sommes familiarisés depuis des années avec l'œuvre des Conseils de Conciliation et d'Arbitrage. C'est par suite, dans de très favorables dispositions d'esprit, que nous

41. Les délégués sont-ils en faveur d'une tentative pour établir une organisation analogue en Angleterre ?

nous sommes occupés de l'action de la Fédération Civique d'Amérique. Cette Fédération a pour objet d'éviter les conflits industriels en tachant d'amener les parties en litige à conférer à l'amiable sur les points en discussion. On pourrait croire que parce que des Conseils de Conciliation et d'Arbitrage existent déjà ici, la constitution d'une organisation telle que la Fédération Civique serait superflue et par suite inutile. Encore que l'œuvre des Conseils, ci-dessus mentionnés, soit excellente, il semble à la réflexion qu'il y a place pour une organisation du genre de la Fédération Civique et, que de sa création résulterait un grand avantage pour les intérêts professionnels et commerciaux en général. Dans les conflits éclatant chez nous chacune des parties ou les deux peuvent obtenir les bons offices du Conseil de Conciliation et d'Arbitrage établi dans le district (s'il y en a un) relatif à l'industrie en question. Cela suffit généralement. Il y a cependant des cas où l'influence de l'opinion publique pourrait s'exercer avec grand avantage en aidant à donner une solution satisfaisante au litige. Généralement le public ne prend qu'un intérêt vague et superficiel aux questions du Travail, les considérant comme des choses devant être réglées par des gens d'expérience. Le but de la Fédération Civique est d'introduire ce troisième

élément ou plutôt à l'amener à
aider à la solution pacifique des
problèmes touchant au Travail.
Cela ne serait pas en prenant partie, mais par une persuasion amicale, poussant les parties en litige
à se remuer et à discuter les difficultés, en présence l'une de l'autre, pour arriver à un règlement
amiable. Cette organisation ne
comprendrait pas seulement les
experts, pas seulement les hommes
d'affaires si fins voulant à tout
prix obtenir les conditions qu'ils
désirent, pas seulement les représentants des ouvriers anciens et
même pleins d'un désir ardent de
se faire accorder toutes les concessions que demandent leurs organisations, mais elle comprendrait encore, des hommes d'Etat,
des hommes d'Eglise, des professionnels; en un mot les représentants de la grande classe qui
souffre du dérangement du train-
train ordinaire des affaires, dû aux
conflits et aux difficultés industriels.

Pour cette raison seule, je
suis complètement, et de façon
décidée, en faveur d'un mouvement
tendant à la création de l'organisation établie sur le type de la Fédération Civique. Il n'est pas besoin
de toucher à l'œuvre des Conseils
existants. Le fait même d'éveiller
l'intérêt du grand public en s'assurant la coopération des hommes
d'une influence sociale marquante
serait un énorme avantage pour

celui qui pourrait clairement prouver le bien fondé et la justice de
ses prétentions.

W. Coffey.

RAPPORT

de M. W. C. STEADMAN du Comité Parlementaire du Congrès des Trades-Union (¹)

—

Ayant été élu pour son représentant à la Commission Industrielle Mosely, en Amérique, par le Comité Parlementaire du Congrès des Trades-Union et, ne représentant aucune industrie particulière, mon rapport sera général en ses termes. Je partis l'esprit non prévenu et l'intérêt très vivement excité par ce que je devais voir dans ce grand pays dont j'avais tant entendu parler (et que je visitais pour la première fois) et pendant mon voyage d'une durée de trois semaines et trois jours j'ai visité les villes suivantes : Niagara, Buffalo, Cleveland, Chicago, Dayton, Pittsburg, Philadelphie, Washington, New-York, Brooklyn et Blackwells Islands.

Le système d'enseignement des Etats-Unis est, sans aucun doute, meilleur que le nôtre : il permet à l'enfant de commencer à l'école communale et de terminer ses études à l'Université sans avoir aucune espèce de droits de scolarité à payer : le fils d'un ouvrier se trouvant sur un pied d'égalité avec celui d'un millionnaire. Chaque Etat fait ses propres lois et, dans la plupart des cas, la législation sur l'enseignement interdit aux enfants de commencer à travailler avant l'âge de 14 ans — règle excellente que je voudrais, pour ma part, voir adopter dans ce pays. Je regrette de dire que dans certains Etats on ne fait aucun effort pour faire observer ces lois, par suite on les tourne et on les viole avec impunité, car en pratique tout ce que l'on exige pour la délivrance d'un certificat de capacité d'emploi est une attestation sous serment (*affidavit*) des parents qui ont simplement à prêter serment que leur enfant a 14 ans alors qu'il n'en a, en réalité, que douze et même moins. Ceci se fait aisément depuis que la loi autorise un notaire quelconque à recevoir ces at-

(¹) *Of the Parliamentary Committee of the Trades-Union Congress.*

testations sous serment, et c'est de cette manière que l'on tourne les bonnes lois et que la dépense énorme ainsi que l'énergie que le pays a engloutie dans son système scolaire se trouve l'avoir été en pure perte et des milliers d'enfants sont, tout comme les nôtres, à l'atelier alors qu'ils devraient être à l'école. Ce système n'est pas aussi mauvais dans le Nord que dans le Sud. Je n'ai pas vu d'écoles techniques gratuites comme nous en avons, à Londres par exemple. Il y en a quelques-unes privées ; dont celle d'Armour à Chicago, que j'ai visitées : les élèves sont les fils de la classe moyenne, et l'on y fait les ingénieurs expérimentés auxquels sera un jour confiée la direction d'une ou l'autre de leurs grandes industries, chose bonne en son genre, car il vaut beaucoup mieux avoir un homme de l'art à la tête de l'entreprise, qu'un homme sans connaissances qui y est placé parce qu'il se trouve être l'ami de l'un des directeurs-propriétaires. Mais relativement à l'enseignement technique pour les fils des classes ouvrières je trouve que nous avons le pas sur l'Amérique encore que notre système pût être bien perfectionné. Tout employeur devrait être obligé, légalement, de permettre à ses apprentis de suivre les cours d'une école technique au moins deux après-midi par semaine.

Le système d'apprentissage Américain, s'il a jamais existé, se meurt, car j'ai trouvé après recherches qu'il n'y a que peu d'apprentis et, dans le plus grand nombre des cas, engagés seulement pour trois ans. D'après Samuel Gompers, le président de la Fédération Américaine du travail (*American Federation of Labour*), la division extrême du travail par suite de l'introduction de machinerie perfectionnée, a tué le système d'apprentissage, à tel point que l'on doit importer d'Europe et particulièrement d'Angleterre les ouvriers qualifiés. Dans tous les ateliers et manufactures que j'ai visités, voyant que tout avait été dit par une partie de la presse anglaise et d'autres, sur la production totale de l'ouvrier Américain par rapport à celle de l'ouvrier Anglais, j'ai fait tout particulièrement attention à ce côté de la question et dans aucun cas je n'ai vu en Amérique les ouvriers travailler plus dur que chez nous. Dans les usines de M. Carnegie à Homestead je m'attendais à voir les ouvriers nus jusqu'à la ceinture, il n'en est rien et cet établissement est typique, plus que tout autre. Tandis qu'ils produisent une grande quantité de travail, ils prennent les choses très calmement. J'ai vu défourner un gros bloc d'acier et je l'ai vu porter au laminoir, et moins de trois minutes trente secondes plus tard il était transformé en une plaque d'acier de 150 pieds de long sur 3 de large et 3/4 de pouce d'épaisseur. Il y a dans ces usines 16 fours produisant chacun 800 tonnes d'acier par semaine. Les bénéfices furent l'an dernier de 38,000,000 de dollars et la part de M. Carnegie était de 58 0/0. On me dit que le salaire quotidien des ouvriers non qualifiés est de 1 demi-dollar par jour. Les ouvriers Américains ne travaillent pas plus dur que leurs frères Anglais,

la tendance étant d'employer de la machinerie moderne du type le plus récent : si l'on monte aujourd'hui une machine nouvelle et que l'on en crée
une autre demain qui produira davantage, on jettera celle d'aujourd'hui
à là ferraille pour monter la plus récente en son lieu, quel qu'ait été le coût
de la première. Tandis que dans ce pays-ci nous employons la machinerie
pour réduire les salaires, en Amérique son introduction se traduit par un
plus haut salaire et une réduction des heures de travail, et les ouvriers sont
encouragés par leurs employeurs à suggérer des perfectionnements pour
lesquels ils sont largement payés et promus dans bien des cas, tandis qu'ici
on leur dirait de s'occuper de ce qui les regarde. Je n'ai pas trouvé que le
travail aux pièces fût plus répandu là-bas qu'ici, certaines industries (tout
comme ici) ont le salaire aux pièces, d'autres le salaire à l'heure. Dans l'industrie du bâtiment le travail se fait à l'heure. A Cleveland un briqueteur
gagne de 50 à 60 *cents* par heure ; les plâtriers sensiblement la même chose,
les menuisiers 35 *cents*. J'ai demandé la raison pour laquelle les menuisiers
gagnaient moins que les briqueteurs, l'on me répondit qu'ils ne sont pas
aussi bien organisés. Les manœuvres des maçons gagnent 25 cents par heure
et, dans cette profession la durée quotidienne du travail est de huit heures.
A Chicago et à New-York les salaires sont encore plus élevés ; dans cette
dernière ville les briqueteurs gagnent 5 dollars 20 *cents* par jour et pour les
canalisations sur la voie publique un dollar par heure. Là où des ouvriers
qualifiés travaillent aux pièces, les employeurs ne font aucune tentative pour
empêcher un ouvrier de gagner plus qu'une certaine somme par jour. Au
contraire plus la production est grande, plus les salaires sont élevés. Je n'ai
pas vu employer de système de primes ou boni. D'une façon générale les salaires sont de 25, 50 et 100 0/0 plus élevés qu'ici ; la durée quotidienne du
travail est de huit, neuf et dix heures ; ceci comprend le samedi, sauf en été
pour quelques industries où il y a une demi-journée de repos le samedi, ce
temps étant perdu.

La Manufacture des Aliments Naturels (*Natural Food C°*) que j'ai visitée à
Niagara est décrite comme la plus belle construction industrielle du monde.
Basant mon jugement sur ce que nous avons vu, je dis que cela est exact. Certaines parties m'en ont paru être plus semblables à un palais qu'à une usine :
des bains splendides électro-argentés et des *lavatories* pour les ouvriers, une
salle à manger et un hall de conférences splendides, le salaire hebdomadaire le plus bas payé aux femmes est de 5 dollars et on n'emploie pas de gamins au-dessous de 16 ans. Dans certaines manufactures de poteries, il y a une
salle de repos, semi-hôpital, avec infirmières, pour empêcher les intoxications
par le plomb ; on permet aux ouvriers de changer de vêtements deux fois
par jour et de prendre un bain pendant leurs heures de travail. Mais la plus

intéressante de nos visites fut peut-être celle faite à l'Usine Nationale des
Caisses Enregistreuses (*National Cash Register*) à Dayton (Ohio). Il y a de
très belles salles de bains, des salles à manger et des salles de récréation. Les
femmes y gagnent de 5 à 10 dollars par semaine, on leur permet de quitter
le travail une demi-heure avant les hommes afin qu'elles puissent trouver
des tramways pour rentrer avant que la bousculade ne se produise, de même
le samedi est demi-repos. On demande aussi aux employés de suggérer des
perfectionnements et l'on distribue ainsi annuellement 1,200 dollars de prix.
J'ai vu dans cette usine un ouvrier s'occupant de huit machines, son travail
était très simple, il n'avait qu'à les alimenter de barres d'acier, la machine
faisant tout le reste. Les magasins (*Stores*) Marshall Field de Chicago sont
également très intéressants. C'est un beau bâtiment de douze étages présentant
un développement superficiel de 1.000.000 pieds carrés. Il y a 7.000 employés.
Ici encore on demande au personnel de faire des propositions d'amélioration
et l'on donne un dollar dans chaque cas ; on en a distribué ainsi 200 l'an
dernier. L'un des étages est entièrement réservé comme vestiaire aux em-
ployées-dames. On leur donne tout ce qui est nécessaire à leur bien-être, le
repas de midi étant fourni à prix coûtant. On leur permet aussi de commencer à travailler une demi-heure plus tard que les hommes et de cesser
à 6 heures du soir, heure de la fermeture : aucune espèce d'amendes, et des
salaires beaucoup plus élevés que ceux payés ici pour ce genre de travail. Je
voudrais recommander l'établissement Marshall Field à quelques-unes de
nos grandes maisons de Londres.

Sans aucun doute les meilleurs ateliers et manufactures sont de beaucoup
supérieurs aux nôtres. Les ouvriers sont traités comme des hommes par
leurs employeurs dont l'accès est beaucoup plus facile que dans ce pays-ci ;
les ouvriers ont, dans la majorité des cas, de beaucoup plus grandes chances
de promotions qu'ici et ne sont pas soumis à la même surveillance. Des milliers d'Anglais sont employés et occupent dans bien des cas des situations
de confiance avec de hauts traitements. Dans son ensemble, le travail des
Américains n'est pas d'une qualité supérieure au nôtre, en fait, pour formuler
honnêtement mon avis je ne le trouve pas aussi bon. Comme partout il y a
des bonnes et des mauvaises maisons. La tannière du sweater Américain est
encore pire qu'ici ; dans celle-ci les salaires sont bas, la durée du travail très
longue et les conditions de travail tout-à-fait mauvaises. Il y a d'horribles
bouges et le problème de l'habitation se présente dans des conditions de
grande acuité, encore que de 1856 à 1894 plusieurs Commissions aient été
nommées par l'Etat et des lois votées, comme conséquence de leurs recommandations. Les ouvriers de New-York habitent pour la plupart dans des
maisons à appartements ; telle qu'elle est définie par la loi, la maison type de

New-York est la « maison à double douzaine ([1]) » et bien que le problème de
l'habitation soit l'une des principales questions à l'ordre du jour dans ce pays-
ci, les conditions existant chez nous sont idéales par rapport à celles de New-
York. Les maisons à appartements ont de six à sept étages, 25 pieds de largeur et construites sur un terrain de même largeur et de 100 pieds de profondeur. En règle générale la construction ne se prolonge en longueur que
sur 90 pieds laissant 10 pieds de libres à l'arrière de telle sorte que les pièces
situées sur le derrière puissent avoir air et lumière. Une famille habitant
une telle maison paye pour quatre chambres de 12 à 18 dollars par mois ;
pour trois chambres sur le derrière le loyer est de 10 à 15 dollars par mois.
D'une façon générale le loyer est plus élevé en Amérique qu'ici, sauf dans
quelques cas à East-London.

Des milliers d'ouvriers possèdent la maison qu'ils habitent, mais mes informations ne me permettent pas de dire qu'il y en a plus qu'ici. Le coût de
l'existence n'est pas plus élevé qu'ici, mais les ouvriers qualifiés vivent mieux
qu'ici, mangeant de la viande et des fruits à tous les repas. Les bottines et
les vêtements coûtent plus cher qu'en Angleterre ; les paris aux courses, parmi
les ouvriers, ne sont pas une malédiction comparable à celle qu'ils sont en
Angleterre ; la plupart des ouvriers ont des habitudes régulières et une bonne
conduite de telle sorte que dans l'ensemble un ouvrier qualifié, employé sans
interruption, est dans une meilleure situation que dans notre pays et en ce
qui touche au cri de détresse : « trop âgé à quarante ans ! » que poussa la
presse Anglaise il y a quelque temps, je trouve que l'ouvrier Américain n'est
pas plus à plaindre à ce point de vue que le nôtre. Que l'Amérique prenne
de l'avance sur nous, cela ne saurait se nier, et elle en prendra encore dans
l'avenir. Sa production d'acier fut de 15.000.000 tonnes anglaises l'an dernier tandis que la nôtre n'était que de 7.000.000 tonnes anglaises et l'on
construit actuellement (à Lackawanna) des usines qui, une fois terminées,
seront les plus vastes aciéries du monde.

Mais, après tout, les deux pays ne sont pas comparables. L'Amérique a des
avantages naturels que nous ne possédons pas ici. Prenez ses lacs, par
exemple, qui ressemblent plus à des mers intérieures et ses fleuves et com-
parez-les à notre Tamise, à notre Tyne et à notre Clyde. On ne peut avoir
que de l'admiration pour le vieux pays qui a pu, et qui est encore capable
de faire de si grandes choses avec des moyens naturels si faibles. Dans le
port de New-York il y a 40 pieds d'eau à marée basse, de telle sorte que le
navire du plus fort tonnage peut toujours arriver à son mouillage sans attendre la marée. Son revenu annuel est de 3.000.000 dollars, un seul des
ports étant loué annuellement 3.500.000 dollars.

([1]) Maison à vingt-quatre locataires.

L'ouvrier Anglais n'a rien à apprendre de l'Amérique, mais les employeurs y ont beaucoup à étudier. Je ne prétends pas pour un instant que nous soyions les meilleurs, mais j'affirme que nous ne pouvons être battus dans le monde pour un travail bon, solide et bien fini qui résistera à l'épreuve de l'avenir. Que nos employeurs se rendent compte que le Travail est un facteur de la production aussi important que le Capital et que le succès ou l'échec de leurs entreprises dépend des deux ; ils ont les meilleures matières premières à travailler. Qu'ils les traitent comme il convient et ils n'ont pas besoin de craindre la concurrence Américaine ou celle d'aucun autre pays du globe, car de hauts salaires sont aussi profitables aux employeurs qu'aux employés. Les Américains l'ont compris et ils ont agi conformément à cette vérité d'où le secret de leur succès. On a accusé les Trade-Unions de ce pays de chasser l'industrie, cependant les mêmes forces qui agissent ici agissent là-bas également et même davantage, car le Trade-Unionisme dans ce pays-là progresse par bonds et devient une force purement industrielle et de combat : cependant l'Amérique continue à prendre de l'avance.

Je regrette que des occupations pressantes à remplir à Londres m'aient empêché d'assister à l'Assemblée annuelle de la Fédération Civique. Son Comité est composé de 12 employeurs, de 12 représentants ouvriers et de 12 citoyens occupant de hautes situations sociales : son but est de faire ce qu'elle croira le meilleur pour faire naître la paix industrielle, remédier aux grèves et les éviter — véritablement c'est un but digne de louange. Je n'ai pas eu occasion de me renseigner sur l'opinion qu'en avait la généralité des Trade-Unionistes. Je considère que les promoteurs sont des sages, car je suis certain qu'à moins que quelque chose ne soit fait pour se concilier le Travail, je système des Trusts amènera un soulèvement tel que l'Amérique n'en a pas vu depuis 40 ans. Les Trade-Unions ont un ami dans le président Roosevelt; et pour ma part j'accueillerais avec bonheur dans ce pays-ci, toute tentative n'ayant pas un caractère obligatoire, qui réglerait les conflits industriels sans grèves.

Nous fûmes traités avec la plus grande bonté par tout le monde en commençant par le Président.

J'ai tâché de donner dans ce rapport une opinion équitable et honnête des impressions que m'a causées mon voyage en Amérique qui, dans l'ensemble, fut une excellente œuvre d'enseignement et de vulgarisation.

Réponses de M. W. C. STEADMAN au questionnaire.

Questions.   *Réponses.*

A. APPRENTISSAGE DES JEUNES OU-
VRIERS.

1. Par l'apprentissage qu'il a fait
et l'instruction qu'il a reçue, le jeune ouvrier Américain est-il mieux
préparé à son travail que le jeune
Anglais?

1. Par l'instruction élémentaire,
oui; mais pas par l'instruction
technique.

2. Si oui quelles modifications avez-
vous à proposer au système d'enseignement suivi en Angleterre?

3. Avez-vous quelques indications
à fournir relativement aux cours
complémentaires du soir et aux
cours professionnels du soir pour
les ouvriers occupés toute la journée?

2, 3. Que l'on prenne les mesures
convenables pour l'instruction de
tous les enfants de moins de quinze
ans; que l'on ne fixe aucune limite
d'âge supérieure et que l'on n'impose aucun droit de scolarité dans
les écoles élémentaires, complémentaires, supérieures ou professionnelles et que des bourses soient
accordées à ceux des parents qui
désirent pousser l'instruction de
leurs enfants.

B. RAPPORTS ENTRE EMPLOYEURS ET
EMPLOYÉS.

4. Quelle est la durée du travail dans
votre profession en Amérique?
Comment se compare-t-elle à la
durée du travail en Angleterre?

4. La durée du travail est parfois
plus longue, jamais plus courte.

5. L'ouvrier Américain a-t-il, par
heure, une production moyenne
supérieure à celle de l'ouvrier Anglais?

5. Non.

6. Les tarifs aux pièces (travail aux
pièces ou aux pièces et au temps)
sont-ils très en vigueur en Amérique?

6. A peu près comme ici.

7. Ce système est-il avantageux (a)
à l'ouvrier (b) aux employeurs?
Donne-t-il un avantage injustifié à
l'une des deux parties?

7. Il ne profite ni à l'un ni aux autres.

8. Quand des ouvriers qualifiés, travaillant aux pièces, augmentent la production par leur propre habileté, les employeurs Américains réduisent-ils les tarifs pour empêcher un ouvrier de gagner plus qu'une certaine somme ?

8. Non.

9. Les systèmes de primes et bonis sont-ils très employés en Amérique, si oui quels sont leurs résultats pour l'employeur et les employés ?

9. Non, pas actuellement.

10. Là où existe le salaire hebdomadaire :

   (a) Les ouvriers semblent-ils désireux de faire de leur mieux et de fournir une bonne journée de travail en échange d'un bon salaire?

   (b) Avec ce système l'énergie personnelle et l'initiative sont-elles dûment rémunérées ?

10. (a, b) Pas plus qu'en Angleterre.

11. Les employeurs Américains sont-ils désireux de pousser le personnel payé au temps à augmenter la production par homme et sont-ils prêts à accroître proportionnellement le salaire par ouvrier ?

11. Oui.

12. Les suggestions faites par les employeurs en vue d'améliorer l'outillage, l'introduction de procédés mécaniques économisateurs de main-d'œuvre et les machines du dernier modèle sont-elles favorablement accueillies par les ouvriers ou le contraire se produit-il ?

12. Oui.

13. Les propositions de perfectionnements émanant des ouvriers sont-elles bien accueillies par les employeurs et récompensées par eux ?

13. Oui.

14. (a) Les ouvriers conduisent-ils un plus grand nombre de machines qu'en Angleterre ?

(b) Si oui ce système est-il favorable aux deux parties, ou l'une d'elle a-t-elle un avantage injustifié ?

14. Je n'en sais rien.

15. L'ouvrier Américain nécessite-t-il une plus grande « surveillance »? Quelle comparaison peut-on établir sous ce rapport entre lui et l'ouvrier Anglais ?

15. Pas plus qu'en Angleterre.

16. L'ouvrier Américain est-il capable d'initiative et de travailler sans ordres fréquents et détaillés ? Quelles comparaisons peut-on établir sous ces divers rapports entre lui et l'ouvrier Anglais ?

16. Oui, parce qu'il a plus de liberté.

17. L'ouvrier Américain donne-t-il un fort coup de collier en temps de presse et le fait-il gaîment ? Quel rapport y a-t-il entre sa production pendant ces heures supplémentaires et sa production normale ? Quelles comparaisons peut-on établir à ces divers points de vue entre lui et l'ouvrier Anglais ?

17. Je n'en sais rien.

18. Les employeurs Américains sont-ils plus facilement accessibles à leurs ouvriers que les employeurs Anglais ?

18. Oui.

19. D'une façon générale un ouvrier a-t-il plus de chances de s'élever en Amérique qu'en Angleterre ?

19. Oui.

20. L'usine Américaine répond-elle mieux que l'usine Anglaise aux besoins des ouvriers, relativement à l'hygiène, à la ventilation et au bien-être en général ?

20. Dans certains cas, oui ; dans d'autres non ; il n'y a pas de lois sur les manufactures (*Factory Acts*) en Amérique.

21. (a) L'outillage des usines Améri-

21. (a) Dans certaines oui, dans

caines est-il supérieur au point
de vue de la production ?

(b) Sont-elles mieux dirigées ;
la proportion des directeurs
sortis des Universités est-elle
plus grande qu'en Angleterre?

(c) Les produits sont-ils de meilleure qualité ?

22. Pour combien la plus grande
production des usines Américaines
est-elle dûe :

(a) A la durée du travail, supérieure à ce qu'elle est ici?

(b) A la plus grande rapidité de
marche des machines?

23. Y a-t-il des pratiques de l'organisation Américaine qu'il y aurait
lieu d'introduire à votre avis, dans
les usines Anglaises?

C. CONDITIONS GÉNÉRALES DE L'EXIS-
TENCE DES OUVRIERS EN DEHORS DE
L'USINE.

24. (a) Les ouvriers sont-ils mieux
nourris en Amérique qu'en
Angleterre?

(b) Quel rapport peut-on établir
entre les prix de la nourriture
en Amérique et en Angle-
terre?

25. (a) Les ouvriers sont-ils mieux
vêtus en Amérique qu'en Angleterre?

(b) Quel rapport peut-on établir
entre le prix des vêtements en
Amérique et en Angleterre?

26. (a) Les habitations des ouvriers
Américains sont-elles supé-
rieures à celles des ouvriers
Anglais?

d'autres non.

(b) Oui.

(c) Non.

22. A la machinerie.

23. Oui, dans un ou deux des exemples que j'ai vus.

24. (a) Oui en général.
(b) Prix à peu près semblables.

25. (a) A peu près la même chose.
(b) Plus chers.

26. (a) Non.
(b) Plus cher, en général.
(c) Je n'en sais rien.

(b) Quel rapport y a-t-il entre les loyers dans les deux pays?

(c) Y a-t-il une plus grande proportion d'ouvriers-propriétaires en Amérique qu'en Angleterre? Si oui à quoi attribuez-vous ce fait?

27. Quel rapport y a-t-il entre les salaires des ouvriers de votre profession en Amérique et en Angleterre, ces salaires étant *exprimés en argent*?

27. Le salaire américain représente 50 0/0 de plus que le salaire anglais.

28. Quel rapport existe-t-il entre *la valeur* des salaires de l'ouvrier Américain et de l'ouvrier Anglais en tenant compte *du coût de l'existence*?

29. L'ouvrier sobre, prévoyant et de bonne conduite peut-il, tout en vivant convenablement, épargner davantage en Amérique qu'en Angleterre?

29. Oui.

30. Si oui, son épargne est-elle plus grande *en fait*?

30. Je n'en sais rien.

31. Les paris aux courses etc., ont-ils un rôle aussi important dans la vie de l'ouvrier Américain que dans celle de l'ouvrier Anglais?

31. Non.

32. L'ouvrier Américain est-il plus sobre que l'ouvrier Anglais?

32. Oui, d'après ce que j'ai vu.

33. Est-il vrai que pendant qu'il est jeune l'ouvrier Américain fournisse une plus grande somme de travail que l'ouvrier Anglais, mais qu'il soit usé jeune et que ses années de travail soient peu nombreuses?

33. Pas plus qu'en Angleterre.

34. Est-il vrai que l'ouvrier Américain soit renvoyé quand il est jeune encore?

34. Je n'en sais rien.

35. (*a*) Est-il vrai que la durée   35. Je n'en sais rien.
moyenne de la vie soit moindre
chez l'ouvrier Américain que
chez l'ouvrier Anglais?

(*b*) Si oui, cela est-il dû à une
fatigue excessive, à un climat
moins sain ou à quelque autre
cause?

36. Y a-t-il une proportion supérieure   36. Plus petite.
ou moindre d'ouvriers à la charge
de l'Assistance publique en Amérique qu'en Angleterre?

37. Les enfants et les amis des ou-   37. Je n'ai pas de renseignements sur
vriers Américains trop âgés pour   ce point.
travailler, ou que la maladie ou les
accidents en rendent incapables,
leur viennent-ils plus en aide qu'en
Angleterre? Si oui à quoi attribuez-vous la différence?

38. Trouvez-vous que les conditions   38. C'est une affaire d'opinion.
générales d'existence de l'ouvrier
soient meilleures en Amérique
qu'en Angleterre? En quoi pourrions-nous imiter l'exemple des
Américains pour améliorer les conditions de la vie en Angleterre?

D. QUESTIONS D'ORDRE GÉNÉRAL.

39. Approuvez-vous le fonctionne-   39. Oui, d'après ce que j'en sais.
ment de la Fédération Civique?

40. Pourrait-on introduire en An-   40. Je ne vois aucune raison allant à
gleterre une organisation établie   l'encontre.
sur la même base ou sur une base
un peu différente?

41. Les délégués sont-ils en faveur   41. Les délégués doivent décider cela
d'une tentative pour établir une   eux-mêmes.
organisation analogue en Angle-
terre.

W. C. STEADMAN.

APPENDICE

SUR LE DÉVELOPPEMENT DE L'INDUSTRIE AUX ÉTATS-UNIS
A LA FIN DU DIX-NEUVIÈME SIÈCLE.

—

« Nous ne pouvons produire le charbon, même avec la plus grande habileté des ingénieurs et une grande abondance de main-d'œuvre qualifiée, à beaucoup près aussi bon marché qu'on peut l'avoir sur les rives de l'Ohio...

« En dehors des atteintes du doute, il n'y a aucune autre portion de la surface terrestre qui soit aussi naturellement outillée pour devenir le siège de grandes industries.

« Mais pourquoi, peut-on demander, une richesse si étonnante en charbon n'affecte-t-elle pas notre prospérité, si tant de choses dépendent du prix du charbon ? C'est parce que l'Amérique n'a pas atteint et n'atteindra pas encore pendant une longue période cet état de développement industriel nécessaire à l'existence d'un grand système de manufactures. Si grande que soit la richesse en charbon, la fertilité du sol est, par rapport à celle de la terre des pays Européens, plus grande encore et l'agriculture a et devrait avoir la préférence sur les manufactures... Les progrès de l'industrie houillère en Amérique sont retardés seulement par la richesse, relativement plus grande, d'autres branches. » Jevons. « *La question du charbon* » 1865.

[N.-B. — Les chiffres donnés dans les documents ci-dessous reproduisent dans tous les cas cités (sauf quand le contraire se trouve énoncé) les chiffres publiés par les gouvernements dont il s'agit. Les totaux des exportations et importations (bien que ce ne soient pas ceux de la production) publiés par les États-Unis se rapportent aux années fiscales, c'est-à-dire aux années se terminant le 30 juin, mais on les a comparés aux chiffres britanniques et autres se rapportant à des années Grégoriennes, c'est-à-dire se terminant le 31 décembre, en comparant à une période de trois années fiscales (c'est-à-dire aux années se terminant le 30 juin 1901) deux années Grégoriennes (1899 et 1900). La dernière année dont on s'est occupé est en général l'année Grégorienne 1900 et dans le cas du commerce extérieur des États-Unis, l'année fiscale terminée le 30 juin 1901. Encore que l'on puisse quelquefois citer les chiffres relatifs à des périodes plus rapprochées, on a pensé qu'il était préférable, dans le but d'établir des comparaisons, de limiter les principales discussions à une période pour laquelle les principaux résultats peuvent être cités de façon à peu près complète].

Exportations croissantes des objets manufacturés.

Le grand développement industriel des Etats-Unis, si proche, qu'avait prévu Jevons en 1865, n'attendit pas la fin du siècle, au cours duquel celui-ci avait écrit, avant que les signes s'en manifestassent abondamment, mais alors qu'il avait été capable de le prédire, nous pouvons bien croire qu'il aurait été surpris des progrès faits par ce pays pendant les dernières années. Vers la fin du dix-neuvième siècle une modification importante se produisit dans la nature de ses exportations. Autrefois les Etats-Unis étaient considérés comme un pays dont la situation dans le commerce international était presque exclusivement celle d'un grand exportateur de produits agricoles, mais, dans ces dernières années, ses objets manufacturés se sont affirmés de façon croissante sur les marchés du monde. On pourra voir se dessiner la nature de cette modification dans le tableau suivant qui montre pour l'année financière se terminant le 30 juin 1875 et pour des moyennes triennales, séparées par des périodes quinquennales, les proportions en produits agricoles et objets manufacturés des exportations totales. Un coup d'œil jeté sur ce tableau montrera que les modifications les plus remarquables des proportions relatives se sont produites pendant les deux dernières et principalement pendant la dernière des périodes quinquennales.

ÉTATS-UNIS — EXPORTATIONS.

Années financières terminées au 30 juin	Proportions des exportations totales des marchandises domestiques consistant en		
	Produits agricoles, pour cent	Objets manufacturés, pour cent	Divers, pour cent
1875	77	16 1/2	6 1/2
1879-1881	81 1/2	14	4 1/2
1884-1886	73	20	7
1889-1891	73 1/2	19	7 1/2
1894-1896	69 1/2	23 1/2	7
1899-1901	63 1/2	29 1/2	7

Ce tableau montre suffisamment que c'est pendant les dix dernières années du siècle que se sont produites les principales modifications dans la nature des exportations des Etats-Unis. On verra, en fait, qu'alors qu'il y a environ dix ans la proportion des objets manufacturés, dans les exportations, demeurait à peu près stationnaire, elle a passé, depuis dix ans, de 19 à 29 1/2 du total, tandis que la proportion des produits agricoles a décru du même nombre d'unités. Il faut bien se souvenir qu'il n'y a pas eu réduction de la quantité de produits agricoles exportés. Ceux-ci (consistant principalement en blé et en coton) n'ont jamais été plus grands, dans une période triennale, que dans la période 1899-1901, mais l'accroissement de valeur des articles manufacturés a été beaucoup plus rapide pen-

dant ces dix dernières années. La valeur totale des exportations de ces derniers
a passé de 31.000.000 dollars par an pendant la période 1889-1891 à 41.400.000 dollars cinq années plus tard et à 82.300.000 dollars en 1899-1901. Elle a pratiquement doublé au cours des cinq dernières années. On peut dire que dans leur ensemble ces totaux sont faibles par rapport aux exportations d'objets manufacturés
du Royaume-Uni où la presque totalité des exportations est formée de ces objets.
On peut aussi faire bien remarquer que certains articles, tels que l'huile minérale
et le cuir, ne sont que peu manipulés et doivent la majeure partie de leur valeur
à la valeur des matières premières y contenues, dans la production desquelles les
Etats-Unis ont inévitablement des avantages naturels, et ne concurrencent en aucune manière ce pays-ci. Nous avons donné ces détails dans le tableau suivant
qui montre, converti en millions de livres sterlings, la valeur des principales catégories d'objets manufacturés par période quinquennale, une moyenne triennale
d'années financières étant prise dans chaque cas : ce tableau servira à montrer
que, si les dix dernières années du siècle ont été des années de grande expansion,
c'est dans la dernière moitié de cette période qu'ont été réalisés les plus grands
progrès.

ÉTATS-UNIS.
EXPORTATIONS D'OBJETS MANUFACTURÉS.

Catégories d'articles	Moyenne de 1889-1891	Moyenne de 1894-1896	Moyenne de 1899-1901
	millions de £	millions de £	millions de £
Machines agricoles.	0,7	1,1	3,1
Machines.	2,0	3,5	10,4
Voitures et matériel de chemins de fer . .	0,0	0,7	2,1
Autres objets manufacturés en fer et en acier. .	2,3	3,4	12,7
Cuivre et objets manufacturés (non compris le minerai)	0,6	3,7	9,5
Huile minérale, raffinée.	9,4	9,4	12,8
Cuir et objets manufacturés	2,5	3,5	5,5
Objets de coton manufacturés	2,3	3,1	4,7
Autres produits manufacturés	10,3	13,3	21,5
Total (millions de £)	31,0	41,4	82,3

On verra que pour chacune de ces catégories l'accroissement absolu de valeur
des exportations et, dans la plupart des cas, l'accroissement relatif aussi, fut plus
grand entre la deuxième et la troisième période qu'entre la première et la seconde. Dans chacun des quatre premiers groupes la valeur des exportations à la
fin du siècle était, en gros, le triple de leur valeur cinq ans plus tôt.

On peut traiter le cas du cuivre en quelques mots. Les Etats-Unis produisent
actuellement plus de cuivre que tous les autres pays du monde réunis, le grand
accroissement de la production au cours de ces dernières années pouvant s'attribuer sans doute à la grande demande de cuivre pour les constructions électriques. C'est une branche de l'industrie des métaux dans laquelle nous pouvons à
peine oser espérer lutter avec eux. Notre propre production de cuivre est presque
entièrement tirée actuellement de minerais, pyrites, régules et précipités importés

et est inférieure au quart de celle des Etats-Unis. L'extraction du cuivre des
mines Britanniques est une industrie morte.

Bien qu'elles ne montrent pas, au cours de toute la période, un total s'approchant,
comparativement, de celui du cuivre, ce sont les quatre premières catégories qui nous
intéressent le plus directement. Comme nous l'avons déjà montré, les valeurs qui
ne s'accroissent que peu pendant la première et la seconde périodes, sus-indiquées,
ont subitement triplé pendant les cinq dernières années tandis que les importations d'objets manufacturés en fer et en acier ont diminué. Cet accroissement rapide des exportations, beaucoup plus rapide, d'après ce que nous en savons, que
celui de la production, semble indiquer que, en ce qui touche au marché intérieur,
le point de saturation est presque atteint et que au moins une grande proportion
de toute nouvelle augmentation de production ira gonfler les exportations. Nous
semblons nous trouver face à face sur les marchés étrangers avec un nouveau ri-
val pour l'industrie du fer et de l'acier. On pourra peut-être préjuger combien
cette rivalité deviendra sérieuse en comparant les chiffres des exportations ci-
dessus avec ceux tirés de nos propres statistiques industrielles. Pour rendre ces
chiffres aussi comparables que possible on a pris la moyenne des deux années
grégoriennes comprises dans les trois années financières pour lesquelles les
chiffres des Etats-Unis ont déjà été reproduits.

ROYAUME-UNI — EXPORTATIONS.

Catégories d'objets	Moyenne de 1889-1890	Moyenne de 1894-1895	Moyenne de 1899-1900
	millions de £	millions de £	millions de £
Voitures et wagons	2,5	2,3	2,7
Quincaillerie et coutellerie.	2,0	1,8	2,1
Outils et divers.	1,3	1,2	1,5
Machinerie et outillage	15,8	14,7	19,6
Autres objets fabriqués en fer et en acier	30,4	19,2	30,0
Totaux (millions de £).	52,0	39,2	55,9

Comparer les intitulés des divers chapitres des statistiques des deux pays, peut
être quelque peu incertain, mais l'on peut en tirer l'opinion qu'il est probable que
les Etats-Unis deviendront un plus gros exportateur de fer et d'acier que ce pays-
ci on remarquant que la valeur de la machinerie exportée et des exportations totales des objets fabriqués en fer et en acier, qui pour les Etats-Unis étaient toutes
deux, il y a cinq ans, inférieures au quart des valeurs correspondantes pour l'Angleterre, se montaient à la fin du siècle à plus de la moitié de ces valeurs pour
l'Angleterre.

Populations des Etats-Unis et du Royaume-Uni.

En comparant les statistiques de la production et des exportations pour ces
deux pays, il faut, bien entendu, faire entrer en ligne de compte leurs populations

respectives. La population des États et Territoires organisés des États-Unis était (en dehors du territoire Indien et de ses dépendances, ainsi que de l'Alaska et d'Hawaï) de 62.622.250 habitants en 1890. En 1900 elle avait passé à 75.693.734 habitants ce qui représente un accroissement de près de 21 0/0 pour la période décennale. Pendant l'intervalle de deux recensements, 1891 à 1901, la population du Royaume-Uni a crû de 37.732.922 à 41.456.621 habitants ou environ de 10 0/0. Conséquemment la population des États-Unis augmente plus de deux fois plus vite que celle du Royaume-Uni. Un autre point auquel on doit faire allusion est que, sans aucun doute, et ce fait étant largement motivé par le courant continu d'immigrants qui se compose presque exclusivement d'adultes mâles, la population comprend plus d'hommes que de femmes, tandis que c'est le contraire dans ce pays-ci.

Quoiqu'il en soit en comparant les exportations de deux pays, il faut toujours se rappeler que dans un grand pays les exportations par tête tendent, (toutes choses étant égales d'ailleurs) à être moindres que celles d'un petit pays. Lorsqu'il existe une union douanière entre deux pays contigus, le commerce qui se fait par la frontière commune cesse d'être compté comme commerce extérieur et il y a par suite une réduction immédiate dans la valeur totalisée des exportations des deux pays. Les exportations par tête de la Confédération Australasienne (*Australian Commonwealth*), par exemple, sont inférieures à la moyenne des exportations par tête des États qui les composent.

Développement Général des Manufactures aux États-Unis.

Chiffres du « Census »

Une idée générale du développement des industries manufacturières des États-Unis pendant la dernière décade est fournie par le Census des États-Unis, encore qu'il ne faille, pour diverses raisons, en accepter les résultats que sous grandes réserves. Dans ce recensement on demande aux employeurs des renseignements relatifs au capital, au nombre d'employés, aux salaires, au coût des matières premières, à la valeur des produits etc., pendant l'année précédente. On ne peut encore obtenir les résultats du Census de 1900 pour bien des catégories particulières d'industries, mais les chiffres préliminaires qui suivent, se rapportant à l'ensemble des manufactures, et qui sont empruntés au rapport final de la Commission Industrielle du Gouvernement des États-Unis, sont intéressants :

Désignation	Pourcentage des augmentations en 1890 par rapport à 1880	Désignation	Pourcentage des augmentations en 1890 par rapport à 1880
Nombre d'établissements .	44,2	Dépenses diverses . . .	62,0
Capital	51,0	Coût des mat. premières .	42,4
Salariés, nombres moyens.	24,9	Valeur des produits . .	38,0
Salaires totaux	22,0	Valeur due aux transform.	34,7

On pourrait donner des chiffres semblables pour les comparaisons entre 1880 et
1879 et les décades précédentes. Mais toutes ces comparaisons précédentes
sont cependant à n'accepter que sous réserves à cause de l'exactitude croissante
des enquêtes successives et des modifications des méthodes, et on reconnaît
que l'on peut beaucoup moins se fier aux chiffres des décades précédentes qu'à
ceux ci-dessus. Ces chiffres ne se rapportent, au plus, qu'à l'exploitation pendant
une seule année, mais ils valent la peine d'être cités, ne fut-ce que pour la confirmation intéressante qu'ils apportent au fait bien connu de l'emploi croissant aux
Etats-Unis de procédés mécaniques économiseurs de main-d'œuvre. On observera
qu'alors que le capital employé a augmenté, dit-on, de 51 0/0 et les dépenses diverses autres que salaires, de 63 0/0, le total des salaires ne s'est accru que de
23 0/0 et le personnel de 25 0/0 : ces derniers accroissements sont aussi notablement inférieurs à l'accroissement de valeur dû aux transformations, c'est-à-dire,
valeur des produits après déduction du coût des matières premières. Les chiffres
confirment également cette affirmation déjà faite que le développement propor-
tionnel des manufactures dans leur ensemble n'atteint pas et de beaucoup, celui
des exportations.

Production et Consommation du Charbon.

L'une des nécessités principales de développement des industries du fer et de
l'acier ainsi d'ailleurs que de presque toutes les autres catégories d'industries, est
d'avoir une fourniture abondante de charbon à bon marché, ce qui ne peut exister
qu'avec le charbon indigène. On ne peut fournir aucune estimation, même ap-
proximative, du total du charbon employé dans les manufactures d'aucun pays
mais lorsqu'on se rappelle que même dans la première opération de la fabrication
du fer et de l'acier — production de fonte — le poids du charbon nécessaire est
aussi grand que celui du minerai de fer employé et environ deux fois celui de la
fonte obtenue, on peut se faire une idée de l'importance que présente pour un
pays industriel une fourniture de charbon facilement obtensible. La production
du charbon aux Etats-Unis, qui a rapidement augmenté dans ces dernières années,
dépasse celle du Royaume-Uni, tandis que la consommation est encore proportionnellement plus grande, car la proportion du charbon exporté est beaucoup
plus grande chez nous que chez eux. Les importations de charbon dans les deux
pays sont insignifiantes.

On peut, au mieux, estimer très grossièrement combien les quantités de charbon
disponible aux Etats-Unis dépassent les nôtres. Ecrivant en 1865, Jevons donnait comme probable le rapport de 37 à 1. La facilité relative d'extraction dans les
deux pays dépend beaucoup de la période de développement de l'exploitation. Les
affleurements d'un pays comme le nôtre ont été épuisés il y a longtemps, mais
ce sont les affleurements des Etats-Unis et les facilités d'extraction en résultant,
et conséquemment les facilités offertes aux manufactures, qui constituent un han-
dicap considérable pour nous dans la lutte pour la prééminence dans les industries du fer et de l'acier.

Le tableau suivant montre le développement relatif dans la production du charbon aux Etats-Unis et dans le Royaume-Uni depuis quelques années.

PRODUCTION DU CHARBON.

Années.	Etats-Unis.	Royaume-Uni.
	tonnes	tonnes
Moyenne de 1884-1885	102 083 000	160 035 000
» 1889-1890	133 492 000	170 226 000
» 1894-1895	162 437 000	198 070 000
» 1899-1900	233 760 000	222 038 000

On verra que dans les deux pays la dernière période quinquennale fut celle de la plus grande augmentation dans la production, mais au cours de chaque période l'accroissement fut plus grand aux Etats-Unis qu'ici, le bond final d'une production inférieure à la nôtre de 26 1/2 millions de tonnes à une production de 11 millions de tonnes supérieure est particulièrement remarquable. Les chiffres de 1901 que l'on peut obtenir maintenant sont encore plus favorables aux Etats-Unis; la production ayant passé à 267.850.000 tonnes, tandis que la production du Royaume-Uni a légèrement décru et a atteint seulement 219.037.000 tonnes. Les opinions des propriétaires de mines et des manufacturiers diffèrent quelque peu sur la valeur du charbon bon marché. Il faut noter cependant qu'alors que, dans ce pays-ci, la valeur moyenne du charbon sur le carreau qui était de 6 sh. 8 par tonne en 1894, et de 6 sh. 1/2 d en 1895 s'élevait à 7s h. 7 d en 1899 et à 10 sh.0 3/4 d. en 1900, aux Etats-Unis, malgré un accroissement proportionnellement beaucoup plus grand de l'extraction, la valeur moyenne ne s'élevait que d'environ 1 penny par tonne (4 sh. 11 d à 5 sh.) entre 1894-1895 et 1899-1900. Ce serait une faute que de conclure directement de ces chiffres au bon marché comparatif du charbon dans les deux pays; pour le faire il nous faudrait connaître les prix relatifs des charbons de même catégorie, car il y a charbon et charbon; mais ces chiffres, très suggestifs, donnent une idée de l'augmentation relative des prix. Les prix les plus élevés qui ont régné dans ce pays-ci pendant une partie des deux dernières années étaient bien entendu des prix de monopole. La grande demande mondiale du charbon à vapeur, que seul ce pays peut fournir, éleva énormément les prix et l'exploitation du charbon était si loin de se faire en ne laissant qu'une faible marge de bénéfices, que pendant une courte période des profits considérables furent, sans aucun doute, réalisés par les propriétaires des mines. On prétendrait conséquemment à tort que toute la différence des prix pratiqués ici entre 1894-95 et 1899-1900 représente les dépenses additionnelles d'extraction dûes à une plus grande production. Maintenant, cependant, que la période d'inflation extrême est passée, il est évident que l'accroissement de production des quelques dernières années, a eu pour conséquence une élévation des prix sensiblement plus importante que celle qui, aux Etats-Unis, correspond à une augmentation beaucoup plus considérable de la production. Par conséquent les chiffres des prix, même sans comparaison directe des prix dans les deux pays peuvent servir jusqu'à un certain point à montrer les difficultés relatives d'extraction.

Le tableau suivant montre la production de charbon par tête d'habitant aux Etats-Unis et dans le Royaume-Uni pendant les mêmes périodes :

Désignation	Etats-Unis	Royaume-Uni
	tonnes	tonnes
Moyenne 1884-1885	1,86	4,46
»　　1884-1890	2,16	4,80
»　　1894-1891	2,38	4,85
»　　1899-1900	3,11	5,47

Entre la deuxième et la troisième de ces périodes, l'augmentation de production par tête fut plus considérable de ce côté-ci de l'Atlantique, mais pendant les cinq années suivantes, alors que notre production était sensiblement stationnaire, la leur augmentait. La période finale montre un grand accroissement dans les deux pays, bien qu'il ait été un peu plus grand aux Etats-Unis qu'ici. Leur production par tête est encore considérablement inférieure à la notre, bien que, en voyant que la production en 1901 correspond à 3,45 tonnes par tête, tandis que dans ce pays-ci nous sommes retombés à 5,28 tonnes par tête, il semble qu'avec la rapidité actuelle de la progression, cette supériorité même ne nous appartiendra pas long-temps.

Que cela soit dû à la nature du charbon lui-même, ou aux plus grandes facilités d'exploitation, au plus grand rapprochement de la surface etc., les méthodes d'exploitation aux Etats-Unis sont très différentes de celles en usage dans le Royaume-Uni, la différence principale étant que les outils mécaniques prédominent sur le pic ordinaire. Pour des raisons diverses, mais principalement à cause de la facilité de l'extraction et de l'emploi de la machinerie, la production par ouvrier est beaucoup plus élevée aux Etats-Unis que dans ce pays, la moyenne étant environ de 550 tonnes par homme et par an, contre 300 environ dans le Royaume-Uni. Les progrès réalisés par l'extraction mécanique ont été rapides ; surtout au cours des quelques dernières années, et maintenant plus d'un quart de la production totale est extrait ainsi. Ceci apparaît dans le tableau suivant, qui montre pour 1891 et pour les cinq dernières années du siècle la proportion de la production totale extraite par des procédés mécaniques, les quantités moyennes extraites par ouvrier étant également données.

ÉTATS-UNIS — PRODUCTION DU CHARBON.

Années	Pourcentage du charbon extrait par des procédés mécaniques	Production moyenne par ouvrier employé
	pour cent	tonnes
1891	6,66	453
1896	14,17	443
1897	16,19	450
1898	20,39	490
1899	23,00	552
1900	25,15	548

Dans le Royaume-Uni, l'extraction mécanique n'a porté que sur 3.321.000 tonnes soit 1 1/2 0/0 de la production totale en 1900. Quant à l'effet que l'extraction mécanique produit sur le charbon, c'est une question à réserver aux experts, mais il n'est que juste de dire qu'à l'époque (vers la fin de 1901) où l'on tenta d'introduire du charbon Américain en Europe, la prédominance de l'extraction mécanique fut indiquée comme l'une des raisons pour lesquelles le charbon Américain était plus cassé que le charbon Anglais (¹).

Bien que durant la période récente des hauts prix du charbon Britannique, l'on ait fait des tentatives énergiques pour assurer un marché en Europe au charbon Américain, il apparaît clairement que sauf dans des circonstances exceptionnelles, nous n'avons que peu à craindre de ce côté. Pour le nord de l'Europe, la différence des frêts de ce pays-ci et des Etats-Unis est très considérable, et même pour le midi de la France et la Méditerrannée, elle est encore considérable (²).

En fait, bien que l'augmentation des exportations de charbon des Etats-Unis ait été très rapide, la quantité totale se monte (y compris le coke) à une moyenne de près de 7.000.000 de tonnes pendant les deux années achevées le 30 juin 1901, contre 3.750.000 pendant les cinq années précédentes et 2.000.000 il y a 10 ans; la majeure partie des exportations se fait au Canada, et le Mexique et Cuba prennent le reste. En d'autres termes les Etats-Unis ne nous font presque pas concurrence dans le commerce d'exportation du charbon.

L'importance des chiffres relatifs au charbon Américain réside dans sa convenance pour les manufactures de ce pays et les statistiques de la consommation du charbon sont une indication utile de la vigueur de développement de ces manufactures. Dans le Royaume-Uni la consommation du charbon s'est accrue d'une moyenne de 146.000.000 tonnes en 1894-95 à 166.000.000 en 1899-1900 c'est-à-dire de 3 3/4 à 4 tonnes par tête d'habitant. Aux Etats-Unis la consommation était en 1899-1900 de 231.000.000 tonnes. Encore qu'elle ne représente qu'une consommation légèrement supérieure à 3 tonnes par tête d'habitant, la consommation cinq ans auparavant n'était que de 160.000.000 tonnes, ou moins de 2 1/2 tonnes par tête de telle sorte que la consommation par tête croît considérablement plus vite que dans ce pays-ci.

Minerai de Fer aux Etats-Unis et dans le Royaume-Uni.

Contrairement au Royaume-Uni ,les Etats-Unis sont presque indépendants des sources étrangères de minerai de fer. La quantité importée (tirée principalement de Cuba) n'a pas, depuis 1892, dépassé 1.000.000 tonnes. L'extraction des Etats-Unis qui dépassait 16.000.000 tonnes en 1892, tomba au dessous de 12.000.000 les deux années suivantes, mais s'est élevée régulièrement depuis : 19.500.000 tonnes en 1898, 24.500.000 en 1897 et 27.500.000 en 1900, les chiffres relatifs à ces deux dernières années n'ont jamais été atteints jusqu'ici par aucun pays du monde. Les trois quarts environ de la production de 1900 ont été tirés de la région du Lac Supérieur qui comprend les mines de fer des trois Etats de Minnesota, Michigan et Wisconsin. D'autre part la production Britannique qui est d'environ 14.000.000 tonnes est considérablement moindre qu'elle ne l'était il y a quelque vingt ans. Actuellement, un tiers environ du minerai de fer utilisé à la production de la fonte dans ce pays-ci, se compose de minerai importé, tiré presque exclusivement d'Espagne et en général plus riche que le minerai Britannique.

(¹) Voir le rapport du Consul des Etats-Unis à Rouen du 28 Novembre 1901.
(²) Voir les Rapports Consulaires spéciaux Américains. Vol. XXI, 1ʳᵉ partie.

Production de la Fonte et de l'Acier aux Etats-Unis et dans le Royaume-Uni.

Les quantités de fonte et d'acier produites annuellement aux Etats-Unis depuis 1890 ont été généralement plus grandes et sont actuellement considérablement plus grandes que dans le Royaume-Uni. Cette prédominance est plus marquée dans le cas de l'acier : la proportion de fonte transformée en acier étant inférieure ici à ce qu'elle est là-bas. Avec les méthodes modernes de manipulations par des moyens mécaniques et l'adoption plus complète de procédés économisateurs de main-d'œuvre aux Etats-Unis que dans ce pays-ci, on dit qu'il est maintenant possible aux Etats-Unis de transformer le minerai cru depuis le chargement dans le haut fourneau, la fusion en fonte, la bessemerisation en lingots d'acier et rails finis dans une période de moins de 24 heures [1].

Il y a très peu de doute que les Américains nous dépassent dans l'emploi de procédés économisateurs de main-d'œuvre dans l'industrie du fer et de l'acier et pour les économies résultant de la fabrication sur une grande échelle. Au point de vue de la capacité des hauts-fourneaux employés, il y a certainement une différence très considérable entre les méthodes Américaines et les nôtres. Dans les deux pays on remplacé les anciens petits hauts-fourneaux par des plus grands de construction plus moderne mais, dans le Royaume-Uni, même pendant les cinq dernières années du siècle, la production moyenne par fourneau en marche ne se montait qu'à 23.000 tonnes par an. On peut se rendre compte des beaucoup plus grands progrès réalisés dans cette voie par les Etats-Unis par le fait qu'en 1900, d'après le rapport de la Commission Industrielle [2] la production de fonte qui s'élevait à 13.789.000 tonnes avait été fournie par 223 fourneaux seulement donnant une production moyenne annuelle de 62.000 tonnes par fourneau.

La production de fonte aux Etats-Unis augmenta rapidement de 1885 à 1890 et de 1895 à 1900. Il sera intéressant de montrer côte à côte les quantités totales de fonte et d'acier produites aux Etats-Unis et dans ce pays-ci à différentes périodes.

Années	Production de fonte		Production d'acier	
	Etats-Unis	Royaume-Uni	Etats-Unis	Royaume-Uni
	tonnes	tonnes	tonnes	tonnes
Moyenne de 1884-1885	4 071 000	7 614 000	1 631 000	(3)
» 1889-1890	8 403 000	8 114 000	3 138 000	3 575 000
» 1894-1895	8 052 000	7 555 000	5 263 000	3 061 000
» 1899-1900	13 705 000	9 191 000	10 414 000	4 895 000

(3) Les chiffres sont collationnés sur les statistiques publiées par l Association Britannique de l'Industrie du fer (*Brittisch Iron Trade Association*) et sur le Seventh Annual Abstract of Labour Statistics du Royaume-Uni où ils ne remontent pas plus loin que 1885 : à cette date la production s'élevait à 1 888 000 tonnes.

[1] Voir le Rapport Final de la Commission Industrielle du Gouvernement des Etats-Unis p. 247.

[2] Voir le Rapport Final de la Commission Industrielle du Gouvernement des Etats-Unis p. 247.

Les chiffres suivants ont à peine besoin de commentaires. Partant d'une moindre production de fer et d'acier en 1884-85 les Etats-Unis étaient déjà nos égaux cinq années plus tard et maintenant ils nous dépassent de beaucoup. La supériorité est encore plus marquée dans le cas de l'acier que du fer.

Prenant les chiffres de la production par rapport aux estimations de la population des deux pays, il semble que pendant les années 1899-1900 la production de fer par tête d'habitant n'était pas encore aussi grande, mais que la production d'acier par tête était plus grande aux Etats-Unis que dans le Royaume-Uni. Voici les chiffres :

Désignation	Etats-Unis	Royaume-Uni
Production de fonte par tête d'habitant	0t,18	0t,23
» d'acier »	0, 14	0, 12

Parmi les divers articles de fer et d'acier, il faut citer spécialement les rails de fer et d'acier dont la production en Amérique s'élève maintenant à plus de 2.250.000 tonnes — la production de ce pays-ci n'ayant jamais atteint 1.250 000 tonnes et étant actuellement inférieure à 1.000.000 tonnes. Encore qu'une faible fraction de ces rails soit exportée, la quantité exportée étant encore moindre que dans le cas du Royaume-Uni, l'accroissement des exportations (surtout en rails d'acier) a été très rapide au cours des dernières années. Cela a été très marqué pendant ces cinq dernières années, ainsi qu'on le verra par le tableau suivant :

EXPORTATIONS DE RAILS D'ACIER PAR LES ÉTATS-UNIS.

Années finissant au 30 juin	Quantité	Valeur
	tonnes	livres sterlings
1896	22 263	113 000
1897	107 991	517 000
1898	229 783	961 000
1899	266 409	1 104 000
1900	341 656	1 920 000
1901	373 638	2 259 000

Machinerie et appareils électriques

Dans le chapitre Machinerie, un intérêt spécial s'attache à la Machinerie électrique. Malheureusement cette catégorie de machinerie n'était pas séparée dans les rapports publiés sur les exportations avant l'année terminée au 30 juin 1898 : la valeur de ces exportations étant de 428,000 £. Deux ans plus tard elles atteignaient 904,000 £ et pour l'année se terminant au 30 juin 1901 elles avaient encore augmenté et étaient arrivées au chiffre de 1.211.000 £ ; même en faisant la part de l'accroissement des prix, il est évident dans ce cas qu'il y a eu un accroissement considérable des quantités exportées. On n'a pas séparé dans les publica-

tions les plus petites sortes d'appareils électriques, tels qu'*instruments* (sic) de
téléphone et de télégraphe. Le groupe des instruments et appareils d'études scientifiques, dans lequel on les a (plutôt à tort) fait rentrer a augmenté rapidement
de valeur, mais ce n'est presque pas la peine de donner les chiffres pour un groupe
d'objets aussi disparates. Il n'y a pas aux Etats-Unis de statistiques pour la production de la machinerie et des appareils électriques, mais la rapidité avec laquelle
les transports électriques et les méthodes électriques de transmission de puissance
motrice ont été adoptées dans ce pays est bien connue. Ces deux applications
sont encore probablement dans leur enfance, mais quand on se souvient qu'il n'y
a pas longtemps encore un courant de 1000 volts était inquiétant à manier, alors
qu'aujourd'hui les électriciens maîtrisent des courants de 20 à 30.000 volts lancés
à de longues distances, il est difficile d'imposer des limites à l'emploi futur de
courants électriques à haute tension pour les transmissions de puissance motrice.
Il est à craindre (bien qu'il soit difficile de produire des chiffres à l'appui de cette
opinion) que les ingénieurs ainsi que les membres de la communauté industrielle se
rendent beaucoup mieux compte, aux Etats-Unis qu'ici, des économies possibles
qui résulteraient de l'emploi d'applications électriques.

Il serait trop long de passer ici en revue, de façon détaillée, le développement
de sections particulières des industries du fer et de l'acier. Cependant dans le but
d'échapper au reproche de tracer un tableau trop favorable de la situation de
l'Industrie Américaine, il est désirable de se référer à deux branches manufacturières connexes à l'industrie métallurgique et dans lesquelles les Etats-Unis
semblent être actuellement incapables de nous concurrencer sur les marchés
neutres. La première des deux, l'industrie du fer blanc, nous donne aussi une
indication intéressante de la manière dont la fabrication pour le marché intérieur
peut être artificiellement stimulée par l'action du tarif protecteur. Ce cas mérite
également une attention particulière à cause de l'atteinte très sérieuse portée à
l'une de nos propres industries.

Industrie du fer blanc.

Avant 1890 les Etats-Unis ne fabriquaient pratiquement pas de fer blanc ni de
feuilles et cette industrie doit presque totalement son existence au tarif protecteur
de 1890 frappant ces articles et qui entra en vigueur le 1er juillet 1891. Depuis
cette date le développement de cette industrie a été très remarquable et a eu pour
conséquence que ce pays-ci a, dans une très large mesure, perdu son meilleur
client. Les statistiques suivantes de la production et des importations aux Etats-
Unis sont empruntées au Rapport annuel sur les statistiques de l'Association
Américaine du Fer et de l'Acier (*American Iron and Steel Association*). Les années
auxquelles elles se rapportent sont des années grégoriennes.

Années	Tonnes	Années	Tonnes
Production de fer-blanc aux Etats-Unis		*Importations de fer-blanc aux Etats-Unis*	
Dernier semestre de 1891. .	999	Moyenne de 1889-1890 . .	330 373
Moyenne de 1894-1895 . .	93 963	» 1894-1895 . .	217 306
» 1899-1900 . .	331 770	» 1899-1900 . .	59 651

Ainsi, bien que la consommation actuelle de fer blanc aux Etats-Unis n'ait pas sensiblement décru, la quantité importée a été réduite à environ 60.000 tonnes par an. La différence est presque entièrement comblée par le fer blanc « drawback », c'est-à-dire par le fer blanc sur lequel un drawback de près de 99 0/0 des droits est payé par le gouvernement des Etats-Unis lorsqu'on l'emploie à la fabrication d'articles (principalement des bidons à pétrole et des boîtes à conserves pour les fruits et la viande) exportés. Le fait que l'on importe encore du fer blanc dans ces conditions signifie que le fer blanc de fabrication étrangère sur lequel les droits sont remboursés continue à être meilleur marché que celui de fabrication indigène. En fait les Etats-Unis ne peuvent pas encore (quoi qu'il puisse arriver dans l'avenir) concurrencer ce pays-ci sur les marchés neutres pour la fabrication du fer blanc. Dans les trois années financières se terminant au 30 juin 1901, les exportations totales se sont élevées à 840 tonnes ou en moyenne à 280 tonnes par an. Environ les trois quarts de ces exportations ont été faites pendant la dernière année.

Malheureusement on ne peut se procurer aucun renseignement relatif à la production du Royaume-Uni, mais le résumé suivant de ses exportations présente un intérêt considérable.

EXPORTATIONS DU ROYAUME-UNI EN FER-BLANC ET FEUILLES.

Années	Aux Etats-Unis	Dans les autres pays	Exportations totales
	tonnes	tonnes	tonnes
Moyenne de 1889-1890	328 899	97 234	426 223
» 1894-1895	224 978	135 046	360 024
» 1899-1900	60 795	203 830	264 625

Les chiffres cités pour les exportations faites de ce pays-ci aux Etats-Unis dépassent quelque peu ceux donnés ci-dessus qui montrent les importations totales aux Etats-Unis (qui viennent et sont venues presque totalement de ce pays-ci) mais les différences ne sont pas très considérables et les chiffres concordent dans leur ensemble. On verra qu'une grande partie de la perte résultant de la fermeture du marché Américain a été compensée par l'ouverture d'autres marchés, mais malgré cela le coup porté à cette industrie a été très rude.

Constructions navales.

La seconde industrie actuellement, pour sa plus grande partie, l'une des branches des industries du fer et de l'acier, à laquelle je désire me référer spécialement et dans laquelle jusqu'à présent les Etats-Unis ne sont pas capables de lutter avec nous, est celle des constructions navales en fer et acier. Le nombre des bâtiments construits dans un pays varie tellement d'une année à l'autre que l'on ne peut obtenir une moyenne à peu près exacte qu'en considérant des périodes assez longues. Pendant les dix dernières années du dix-neuvième siècle, le tonnage total des vaisseaux (en dehors des vaisseaux de guerre pour le Gouvernement de Sa Majesté) lancés dans le Royaume-Uni s'élevait à 7.658.000 tonneaux, tandis qu'aux Etats-Unis le total pour une période semblable (les dix années terminées au 30 juin 1901) ne s'élevait qu'à 2.471.000 tonneaux dont non moins de 1.027.000 avaient été construits sur le Mississipi et ses tributaires et sur les Grands Lacs, principalement (cela est probable) pour la navigation intérieure; les vaisseaux naviguant sur l'Océan comprenant par suite moins de 1.500.000 tonneaux. Le tonnage des vaisseaux construits pour les étrangers ou qui leur sont vendus n'est qu'une très faible partie du tonnage similaire de ce pays-ci. Les cinq dernières années de la période dont il vient d'être parlé fournissent certainement une comparaison beaucoup plus favorable aux Etats-Unis que l'ensemble de la décade, néanmoins voici un fait curieux relatif à l'industrie des constructions navales aux Etats-Unis. Elle travaille presque exclusivement pour la navigation intérieure et côtière, tandis que le total construit pour le commerce extérieur est insignifiant. Pendant la dernière décade du dix-neuvième siècle, le tonnage enregistré pour le commerce extérieur n'était que de 207.000 tonneaux. Dans ces conditions et remarquant que l'on refuse généralement d'enregistrer sous pavillon Américain les navires de construction étrangère, il n'est pas surprenant qu'il n'y ait qu'environ un cinquième du tonnage entré dans les ports des Etats-Unis, pour le commerce extérieur, sous pavillon Américain (¹), proportion de beaucoup inférieure à celle d'avant la guerre de Sécession. D'autre part, le cabotage côtier des Etats-Unis est légalement réservé aux vaisseaux construits et possédés dans ce pays, de telle sorte qu'il semble, en pratique, que toute la construction navale des Etats-Unis fait partie de cette catégorie dont toute concurrence a été bannie par la loi. Il est indubitable qu'actuellement il en coûte d'avantage de construire un vapeur de première classe sur les chantiers Américains que sur les chantiers Anglais encore que la différence, à ce que l'on dit, décroisse rapidement.

∴

Bien que le progrès réalisé par les industries manufacturières des Etats-Unis ne soit nulle part aussi remarquable que dans l'industrie métallurgique, il y a deux groupes d'industries, présentant un intérêt considérable pour ce pays-ci, dans lesquelles des progrès très remarquables ont été accomplis aux Etats-Unis pendant ces dernières années et qui, par suite, semblent mériter quelques mots. Ce sont la fabrication des tissus de coton et l'industrie de la chaussure.

Industrie cotonnière.

La valeur des exportations des Etats-Unis en tissus de coton à la fin du 19ᵉ siècle a déjà été donnée comme atteignant en gros 4.700.000 £ par an. C'est encore très peu de chose par rapport à la valeur des produits manufacturés exportés par le

(¹) Si l'on exclut le commerce des Grands Lacs entre les Etats-Unis et le Canada, la proportion de vaisseau [na]viguant sous pavillon Américain est encore plus faible : elle n'est plus que de 16 % environ.

Royaume-Uni qui, en moyenne, pour les deux dernières années du siècle (y compris le filé) atteignaient plus de 68.500.000 £. Mais en même temps cela représente un accroissement de 1.600.000 £ en cinq ans et 2.400 000 £ en dix ans et mérite quelque considération. Tandis que les Etats-Unis ne nous feront vraisemblablement pas concurrence, dans un avenir rapproché, comme exportateurs, il ne faut pas oublier que cette industrie se développe très rapidement, de telle sorte qu'actuellement le total de coton brut entrant dans les usines des Etats-Unis est probablement plus considérable que celui entrant dans les nôtres et que le nombre de leurs bobines a, certainement, au cours des dernières années, augmenté plus vite que celui du Royaume-Uni.

Industrie de la chaussure.

Ainsi que cela a été précédemment dit, la valeur du cuir et produits en cuir exportés par les Etats-Unis a augmenté de 2.500.000 £ en 1890 et 3.500.000 £ en 1895 à 5.500.000 £ à la fin du dix-neuvième siècle. La majeure partie de cette somme est constituée par des exportations de cuir proprement dit mais le développement des exportations d'une catégorie particulière d'objets fabriqués, savoir les chaussures, a été beaucoup plus rapide. Pour le cuir nous ne pouvons, bien entendu, espérer lutter avec les Etats-Unis. Nous sommes et nous avons toujours été de grands importateurs de cuir, mais, pour la chaussure, les Etats-Unis sont nos concurrents à la fois sur notre marché intérieur et sur les marchés étrangers. Voici les chiffres des exportations de chaussures pendant les trois mêmes périodes pour lesquelles des chiffres ont été donnés déjà relativement aux exportations d'autres articles.

EXPORTATIONS DES ÉTATS-UNIS EN CHAUSSURES.

Moyenne des trois années terminées le 30 juin 1891	. . . .	553 000 paires
»	»	»	le 30 juin 1896	. . . .	835 000 »
»	»	»	le 30 juin 1901	. . . .	2 814 000 »

Ces exportations sont encore loin d'atteindre les chiffres de notre propre commerce d'exportation ; néanmoins l'accroissement indiqué est très rapide et pendant ce temps nos exportations sont stationnaires ou déclinent tandis que nos importations ont augmenté, surtout depuis quelques années. Nous en tirons une proportion croissante, encore qu'elle ne soit pas très considérable, des Etats-Unis. La Belgique et la France ont continué toutes deux, jusqu'à la fin du siècle, à nous envoyer plus de bottines et souliers que les Etats-Unis, mais l'augmentation de nos importations Américaines a été si rapide que si elle continue à se produire de la même façon il ne faudra pas longtemps avant que la majeure partie de nos importations vienne de cette source. Les faits principaux se rapportant aux modifications survenues dans nos importations et nos exportations sont suffisamment indiqués dans ce tableau résumé :

Années	Nombre de paires exportées par le Royaume-Uni	Nombre de paires importées dans le Royaume-Uni	
		De toutes provenances	Des Etats-Unis
Moyenne de 1889-1890.	8 170 000	1 119 000	12 000
» 1894-1895.	8 059 000	1 485 000	144 000
» 1899-1900.	7 402 000	2 751 000	511 000

En 1901 nos exportations se sont légèrement améliorées : 8.143.000 paires. D'autre part, sur notre marché intérieur nous avons eu à faire face à une concurrence de 3.570.000 paires (nombre sans précédent) dont non moins de 1.028.000 paires venant des Etats-Unis.

Clients étrangers des Etats-Unis et du Royaume-Uni.

Nous avons maintenant étudié rapidement les diverses catégories d'industries pour lesquelles les Etats-Unis sont des exportateurs, mais tout naturellement la question se pose de savoir si les effets de cette rivalité nouvelle se sont manifestés d'une façon sensible sur les marchés du monde. Le tableau suivant tente de donner une réponse à cette question.

Le grand développement des exportations des produits manufacturés des Etats-Unis s'est produit, ainsi que nous l'avons montré, au cours des cinq dernières années du siècle et encore que, pendant la même période, les exportations des produits agricoles se soient également accrues, leur accroissement relatif fut d'autant moindre que toute augmentation considérable de produits Américains, absorbés par n'importe quel pays, est indubitablement dû à un accroissement des importations de produits manufacturés venant de cette origine. Le tableau ci-dessous a donc été dressé par suite dans le but de montrer, pour un grand nombre de pays, les proportions relatives des importations fournies par les Etats-Unis et le Royaume-Uni en 1894-1895 et 1899-1900 [1].

Ce tableau montre que, d'une façon générale, notre commerce avec l'Europe n'a, au cours de ces dernières années, été que peu touché s'il l'a été par la concurrence Américaine. Nous fournissons, dans la première comme dans la deuxième période, 15 0/0 des importations des principaux pays d'Europe bien que les Etats-Unis s'en soient assuré 12 0/0 au lieu de 8 0/0.

Les chiffres montrent un gain des Américains dans presque tous les cas, mais dans l'ensemble il n'a pas été obtenu à nos dépens. En ce qui concerne les quatre plus grands pays importateurs, nous avons perdu pour l'Allemagne et les Pays-

[1] Les chiffres donnés pour plusieurs pays ne sont pas absolument concordants comme origine mais ils se rapportent pour la plupart aux importations d'objets de consommation, à l'exclusion de monnaies et d'espèces.

Bas (moins cependant que les Etats-Unis n'ont gagné) mais nous avons augmenté notre chiffre d'affaires avec la France et la Belgique.

Pays	Moyenne de 1891-1895			Moyenne de 1899-1900		
	Proportion des importations venant		Valeur moyenne des importations de tous les pays	Proportion des importations venant		Valeur moyenne des importations de tous les pays
	des Etats-Unis	du Royaume-Uni		des Etats-Unis	du Royaume-Uni	
	pour cent	pour cent	milliers de £	pour cent	pour cent	milliers de £
Russie (¹)	7	22	56 481	7	19	66 919
Norwège	4	29	11 897	6	20	17 254
Suède	3	38	19 318	2	32	23 881
Danemark	3	20	19 805	15	20	28 302
Allemagne	12	13	201 475	17	12	281 217
Hollande	8	17	121 028	15	15	161 847
Belgique	8	11	65 099	12	14	89 520
France.	8	13	151 406	10	14	184 322
Suisse	4	5	37 219	5	5	49 816
Portugal	17	27	8 494	15	33	12 416
Espagne	11	19	32 806	11	24	40 637
Italie	10	21	45 639	12	21	64 135
Autriche-Hongrie . . .	5	11	59 265	8	9	63 859
Grèce (¹)	3	28	4 391	3	24	5 689
Bulgarie	²/₁₀	21	3 365	⁴/₁₀	19	2 131
Roumanie	²/₁₀	20	14 534	⁵/₁₀	17	11 005
Moyenne des principaux pays européens.	8	15	852 226	12	15	1 112 949
Egypte.	1	34	9 057	2	39	13 130
Mexique	46	19	6 429	49	18	11 219
Chili	7	47	9 792	9	37	8 804
Uruguay	7	32	5 123	9	27	5 169
Argentine.	11	39	18 788	13	36	23 033
Chine	4	19	27 957	8	17	37 883
Japon	8	35	12 981	10	22	26 454
Inde (²)	2	74	51 352	2	68	62 091
Canada	49	32	22 483	61	25	34 403
Australie (³). . . .	3	38	43 098	7	35	66 276
Nouvelle-Zélande. . .	6	60	6 594	9	62	9 693
Natal	5	73	2 353	8	66	6 706
Colonie du Cap. . .	5	81	15 841	10	67	19 443

(¹) Dans ces cas on a donné les chiffres de 1898-1899 dans les trois dernières colonnes du tableau, ceux de 1900 n'étant pas encore prêts à l'époque où il a été dressé.
(²) Les années sont des années financières se terminant le 31 mars. Les chiffres ne se rapportent qu'aux importations par voie maritime.
(³) Le commerce entre les divers Etats Australiens est compris dans ces chiffres. Si l'on n'avait pris que le commerce purement extérieur, la proportion des importations du Royaume Uni eût été considérablement plus grande.

Il apparaît que, dans le cas des trois pays de l'Amérique du Sud pour lesquels ces chiffres peuvent être fournis, nous avons perdu plus que les Etats-Unis n'ont gagné, et cela est également vrai dans le cas du Japon et de nos possessions du Cap et du Natal. Dans ces cas nous avons perdu, en fait, non seulement par rapport aux États-Unis mais par rapport aux autres concurrents. Au Mexique, en Chine, au Canada, en Australasie, en Nouvelle Zélandeet en Egypte, d'autre part, les gains des Etats-Unis ont été réalisés jusqu'à un certain point aux dépens d'autres pays que le nôtre. Aux Indes, le commerce des Etats-Unis n'a pratiquement pas réalisé de progrès.

Avant de conclure il semble qu'il est bon d'indiquer brièvement les causes qui ont contribué à l'énorme expansion industrielle des Etats-Unis. Ce n'est pas ici le lieu de grouper les causes que l'on peut classer comme causes politiques. Qu'une certaine portion de ce développement industriel des Etats-Unis soit attribuable à l'action directe du Gouvernement et surtout à la mise en vigueur des tarifs protecteurs, cela est évident et d'ailleurs nous nous y sommes référés en discutant incidemment le développement de l'industrie du fer blanc aux Etats-Unis. Cependant on peut dire un mot des causes qui dépendent des ressources naturelles que possèdent les Etats-Unis et du génie propre de cette nation.

En premier lieu, et peut-être est-ce le facteur le plus important, il faut citer les énormes richesses en charbon des Etats-Unis. Celles-ci, comme Jevons le prévoyait, ont contribué plus que tout autre chose à la puissance manufacturière des Etats-Unis et, jointes aux riches gisements de minerai de fer, ont amené au développement spécial des industries diverses du fer et de l'acier.

En second lieu vient tout un groupe de caractéristiques échappant en majeure partie à l'analyse statistique. Il y a d'abord l'industriel toujours prêt à adopter et l'ouvrier disposé à accepter, l'emploi des procédés économisateurs de main-d'œuvre qui sont un fait si général dans l'industrie Américaine, mais fait pour lequel on ne peut qu'occasionnellement donner des chiffres à l'appui. Alliée à cela se trouve la conception des manufactures établies sur une vaste échelle — avec les économies en résultant, ainsi que la mise en pratique de cette conception. Il y a des preuves évidentes d'économies similaires (telles que l'emploi de charges plus lourdes remorquées dans des wagons plus grands par des locomotives plus puissantes) dans le transport international. On peut également faire allusion à un autre point, c'est que l'attitude générale des ouvriers, non seulement pour les procédés économisateurs de main-d'œuvre mais pour la question du niveau des salaires et des méthodes de rémunération etc., est entièrement différente de celle de la normale des Trade-Unionistes de ce pays. Que cette attitude leur soit plus favorable, ainsi qu'à leurs descendants et en fin de compte pour l'ensemble du pays, que celle des ouvriers Britanniques est un fait qui peut être discuté, mais elle a pour effet d'augmenter considérablement la production.

Un mot final : Ce n'est pas dans un esprit de panique que le document qui précède a été établi. Comme exportateurs de produits manufacturés, les Etats-Unis sont encore loin derrière nous, et même leur très rapide développement n'est pas sans précédent ni sans exemple dans certains chapitres de l'histoire des débuts de notre développement industriel. Ce qui est évident, c'est qu'aujourd'hui il y a, dans certaines directions, des progrès beaucoup plus rapides qu'ici et l'on ne saurait nier que les chiffres qui ont été cités peuvent bien fournir matière à de sérieuses réflexions, si ce n'est même à une certaine alarme. Il est indubitable que sur certains marchés, notamment ceux du Canada et du Far-West, bien qu'il n'en soit pas ainsi dans toute l'Europe, la situation des Etats-Unis s'est faite et se fait considérablement à nos dépens.

Juin 1902

TABLE DES MATIÈRES

SAINT-AMAND (CHER). — IMPRIMERIE SCIENTIFIQUE ET LITTÉRAIRE BUSSIÈRE.

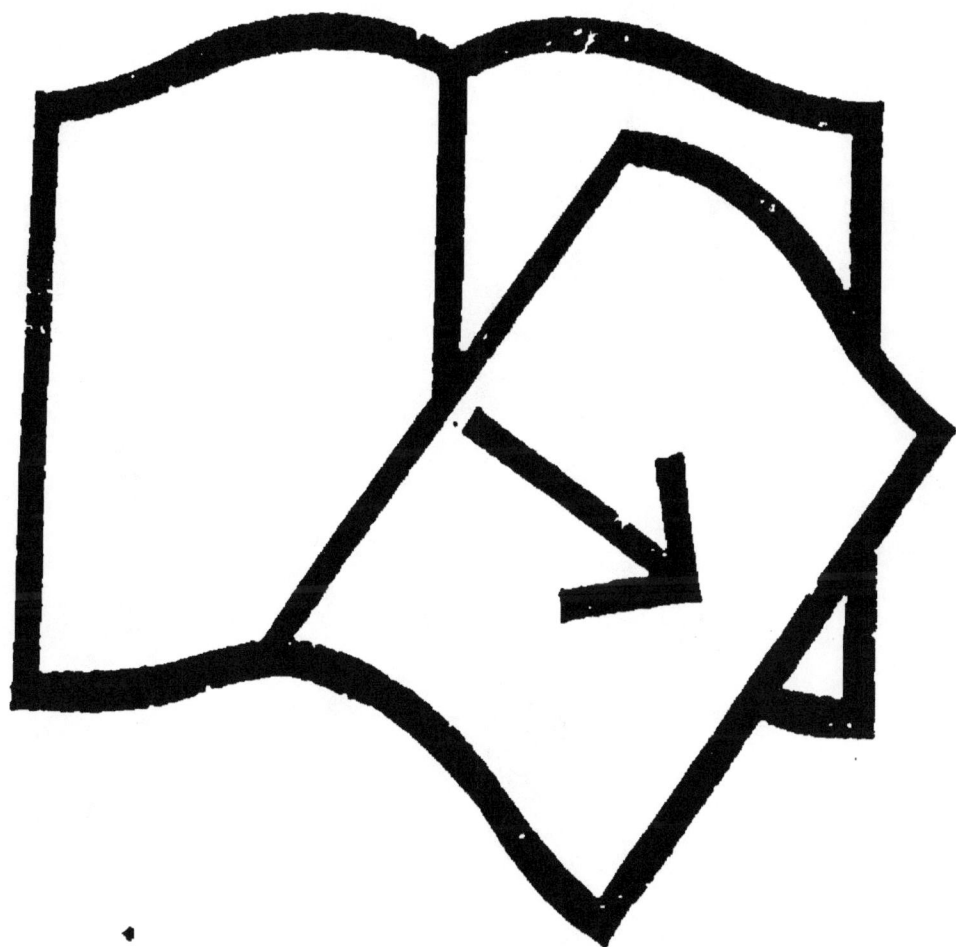

Documents manquants (pages, cahiers...)
NF Z 43-120-13

www.ingramcontent.com/pod-product-compliance
Lightning Source LLC
Chambersburg PA
CBHW031612210326
41599CB00021B/3151